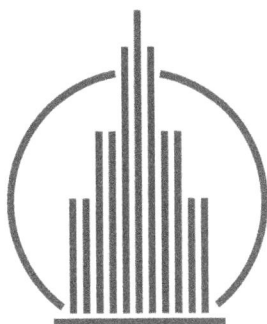

完善公司治理，赋能企业成长
预警投资风险，把握发展趋势
促进合规有序，融入全球体系

中国公司治理50人论坛图书

中国上市公司治理分类指数报告

NO.20

2021

高明华　周炳羽　朱玥　等◎著

Report on the Classified Corporate
Governance Index of
Chinese Listed Companies
No.20, 2021

中国纺织出版社有限公司

内 容 提 要

《中国上市公司治理分类指数报告 . No.20，2021》是第三方评价机构——北京师范大学公司治理与企业发展研究中心研制的第20部全样本、全方位、多角度、分类并整体评价中国上市公司治理水平的指数研究报告。

本报告以国际通行的公司治理规范，同时基于中国的制度架构，将公司治理划分为六类，即中小投资者权益保护、董事会治理、企业家能力、财务治理、自愿性信息披露和高管薪酬，并分别设计了评价指标体系，每类指数含有 30 ~ 38 个二级指标，利用各种公开渠道，采集基础数据和指标数据近 100 万个，在此基础上，运用科学的方法，计算出了 2020 年 3774 家上市公司（占 2020 年全部 A 股上市公司的 91.62%）的六类治理指数（其中高管薪酬指数的样本公司是 3754 家）和总指数，进而从总体、行业、地区、所有制、上市板块等角度分别进行了深入比较，分析了各类公司治理水平近年来的发展变化。全部被评价公司的六类指数和总指数数据（包括总体排名，以及按行业、按地区、按所有制、按上市板块的排名），以及高管薪酬绝对值排名可以通过北京师范大学公司治理与企业发展研究中心获取。

本报告在多个方面填补了国内外公司治理评价研究的空白，被国内外专家认为是"可以列入公司治理评级史册的重要研究成果"。其对于企业强化公司治理以保证可持续发展，助推产权平等保护以及国企混改有序推进，促使监管机构加强公司治理立法和执法以及穿透式监管，引导投资者理性投资以降低风险，防止资本无序扩张和隐形实际控制人操纵，为各类利益相关者提供公司治理风险预警，都具有重要的应用价值；也能够为公司治理理论和实证研究提供大数据支持。

图书在版编目（CIP）数据

中国上市公司治理分类指数报告 . No. 20，2021 / 高明华等著 . -- 北京：中国纺织出版社有限公司，2021. 11

ISBN 978-7-5180-9126-3

Ⅰ . ①中… Ⅱ . ①高… Ⅲ . ①上市公司—企业管理—研究报告—中国— 2021 Ⅳ . ① F279. 246

中国版本图书馆 CIP 数据核字（2021）第 223076 号

策划编辑：史 岩　　　　责任编辑：曹炳镝
责任校对：王惠莹　　　　责任印制：储志伟

中国纺织出版社有限公司出版发行
地址：北京市朝阳区百子湾东里 A407 号楼　邮政编码：100124
销售电话：010—67004422　传真：010—87155801
http://www.c-textilep.com
中国纺织出版社天猫旗舰店
官方微博 http://weibo.com/2119887771
北京虎彩文化传播有限公司印刷　各地新华书店经销
2021年 11 月第 1 版第 1 次印刷
开本：787×1092　1/16　印张：34.25
字数：670千字　定价：388.00元

高明华教授简历

北京师范大学公司治理与企业发展研究中心主任，经济与工商管理学院教授（二级），博士生导师，中国公司治理50人论坛学术委员会执行主任兼秘书长，中国公司治理论坛主席。经济学博士（南开大学），经济学博士后（北京大学）。曾任国家社科基金重大项目首席专家，兼任教育部工商管理类专业教学指导委员会委员，国资委—中国社科院国有经济研究智库学术委员，清华大学中国现代国有企业研究院学术委员，四川省公司治理研究会名誉会长，中国财政学会国有资产治理专业委员会顾问，中国行为法学会企业治理分会副会长，中国产权协会董事分会主要发起人和理事，上海证券交易所首届信息披露咨询委员会委员，中国贸促会全国企业合规委员会专家委员，中国管理科学学会战略管理专业委员会委员，凤凰财经研究院特邀经济学家，海南仲裁委员会仲裁员，多家学术机构的学术委员或研究员，多个政府机构和企业的咨询专家，多家主流媒体的特约专家。先后就职于南开大学、北京大学和中国银行总行。

2001年初，高明华创立北京师范大学公司治理与企业发展研究中心，这是中国最早的公司治理专门研究机构之一。早在20世纪90年代初期，作为最早研究中国公司治理问题的学者之一，高明华就提出了国有资产三级运营体系的设想，对国企公司治理进行了较深入的探索。其关于国有资产三级运营体系、国企分类改革和分类治理、国企负责人分类和分层、董事会治理、企业负责人自我约束等观点均为国家及有关政府机构所采纳。30年来，作为中国公司治理理论的探索者和先行者，高明华及其研究团队取得了丰硕的成果，奠定了其在学术界的领先地位。2007年，在国内外率先提出"中国公司治理分类指数"概念，并创立"中国公司治理分类指数数据库"，推出"中国公司治理分类指数系列报告"，目前已出版6类20部指数报告，出版指数报告类型和数量均居国内首位，并建成了国内最大规模的公司治理分类指数专业性数据库。中国公司治理分类指数系列被国内外专家认为是"可以列入公司治理评级史册的重要研究成果"。2014年10月，发起成立"中国公司治理论坛"。2020年10月与其他专家共同发起成立"中国公司治理50人论坛"。2021年，又首次成功开发"中国上市公司质量指数"。

高明华主持及参与的国内外各类重要课题有40余项，独立、合作出版著译作57部，发表论文和研究报告300余篇。相关成果（包括合作）曾获第十届和第十一届孙冶方经济科学奖等各种奖励，其代表性著述主要有：《关于建立国有资产运营体系的构想》（1994）、《权利配置与企业效率》（1999）、《公司治理：理论演进与实证分析》（2001）、《公司治理学》（2009）、《中国国有企业公司治理分类指引》（2016）、《政府规制与国有垄断企业公司治理》（2016）、《公司治理与国有企业改革》（2017）、《深入推进国有经济战略性调整研究——基于国有企业分类改革的视角》（2020）、《发展混合所有制经济研究——基于公司治理的视角》（2021）、《中国上市公司质量指数报告. No.1，2021》（2021）、"中国上市公司治理分类指数报告系列"（2009～2021）（包括高管薪酬、自愿性信息披露、财务治理、企业家能力、董事会治理和中小投资者权益保护等6类20部），主编《治理译丛》（4本）和《公司治理与国企改革丛书》（8本）。

研究方向：公司治理、资本市场、国资监管与国企改革、民营企业发展等。

中国公司治理50人论坛

中国上市公司治理分类指数报告课题组

课 题 组 组 长：高明华

课 题 组 副 组 长：（按姓氏字母顺序排列）周炳羽　朱　玥

课 题 撰 稿 人：高明华　周炳羽　朱　玥　程恒森　薛佳安　郭传孜
　　　　　　　　谭祖坤　蔡慧莹　陈柯谚　彭　圣　刘波波　任　辉
　　　　　　　　高方喆　楚序平　李国文　雷桂林　贾洪图　史　岩

数据采集和录入：杨羽鸥　赵智勇　谭祖坤　王小山　张梦倩　王梦婕
　　　　　　　　马　睿　丁国宁　赵雪廷　彭　圣　谢　睿　郝　苗
　　　　　　　　陈柯谚　蔡慧莹　韩　斐　顾嘉欣　万　琳　易　萌
　　　　　　　　范文婷　葛　涛　周炳羽　杨博星　张琳琳　洪梓羚
　　　　　　　　潘红珊　李家瑞　徐福佳　陈诗诺　高垲霖　徐　坤
　　　　　　　　郭传孜　邵梦影　程恒森　薛佳安　朱　玥　李国文
　　　　　　　　贾洪图　雷桂林　黄　琳　金洪玉

数 据 核 实：韩　斐　程恒森　朱　玥　周炳羽　薛佳安　邵梦影
　　　　　　　郭传孜　马　睿

数据库开发和维护：于学德

目 录
CONTENTS

第一篇 总 论

第二篇　中小投资者权益保护指数

第三篇 董事会治理指数

第五篇　财务治理指数

第六篇　自愿性信息披露指数

第七篇　高管薪酬指数

第八篇　政策建议

第一篇　总论

导　论

2021 年，新冠疫情仍在肆虐，中美关系仍然僵持，资本市场仍未显向好，企业运行下行压力仍然很大。瑞幸咖啡造假犹在昨日，蚂蚁集团又暂停上市，滴滴出行也被审查，诸等案例，都昭示着同一个问题：公司治理的缺陷。

2021 年，是国家"十四五"规划开局之年。国有企业改革继续着攻坚之战，民营企业继续着规范之路，金融市场继续着强监管之旅。不管是国企改革攻坚，还是民营企业规范化，抑或金融市场强监管，基础性工程都是公司治理，这是企业改革和发展不可动摇的根基。因此，全面评价上市公司的治理现状，是一个永恒的课题。

自 2007 年开始，中国公司治理分类指数研究已经历经 15 个年头。截至本年度（2021），我们的公司治理研究创造了四个全国之最的成绩：一是出版公司治理指数报告种类最多，有 6 类；二是出版公司治理指数报告数量最多，有 20 部；三是列入国家重点图书的公司治理指数报告最多，"十二五"期间的 12 部报告，全部被列入"十二五"国家重点图书，2017 年度报告也被列入国家"十三五"重点图书；四是建成了全国最大规模的、专业性的"中国公司治理分类指数数据库"。也由此，"中国公司治理分类指数报告系列"被国内外专家认为是"可以列入公司治理评级史册的重要研究成果"。在历年中国公司治理分类指数研究的基础上，响应《国务院关于进一步提高上市公司质量的意见》（国发〔2020〕14 号），本年度又新开发了"中国上市公司相对质量指数指标体系"，并单独出版《中国上市公司相对质量指数报告 . NO.1，2021》。

2015 年及以前的公司治理指数报告都是按"类"出版的，包括单独出版的《中国上市公司中小投资者权益保护指数报告》《中国上市公司董事会治理指数报告》《中国上市公司企业家能力指数报告》《中国上市公司财务治理指数报告》《中国上市公司自愿性信息披露指数报告》和《中国上市公司高管薪酬指数报告》，共计 6 类 12 部，每类指数隔年开发一次。每类指数报告不仅有大量的指数数据分析，更有对指数数据的各种有效性检验，而后者证明了指数数据的客观性和可靠性。由于这种有效性检验进行了多年，已无必要重复，更加之研究资源条件（主要是研究力量）所限，使之前按"类"出版公司治理指数报告已变得非常困难。更重要的是，作为一项探索性研究，每类隔年开发和出版一次，指数数据缺乏年度连贯性，不能完全建立起连续和平衡的面板数据，而社会对我们指数数据的需求越来越大。于是，从2016年开始，我们在过去9年开展中国上市公司治理水平评价成功经验的基础上，集中研究资源，同时开发6类公司治理指数，以对中国公司治理水平进行多维度、全景式评价，帮助使用者从不同维度了解中国公司治理，尤其便于为研究人员、投资者、政府和企业提供时间序列的大数据支持。基于这种考虑，2016年开始我们把过去的6类独立的指数报告合并，每年的指数报告只出版一部，这部公司治理指数报告同时涵盖6类指数。

6类指数报告的合并，无疑使报告的规模大幅扩张，为此，就只能撤下部分内容，包括已无多少必要的指数数据有效性检验和全部的6类指数排名。但其实，6类指数排名并非撤下，2016年和2017年制作成光盘附在报告中，2018年和2019年则采用电子版形式。由于电子版没有容量限制，6类指数的各种排名，包括按行业、按地区、按所有制、按上市板块，以及总体排名，都可以由读者自由选择。2020年开始，我们探索将指数的电子数据置于网站中，但由于经费、人力所限，还未运行。

另外，几年前有专家建议我们在6类指数基础上构造一个综合的公司治理指数，以了解上市公司的整体治理水平。尽管我们一直不主张编制公司治理总指数（原因在下文分析），但2019年我们还是接受这个建议，开始编制中国上市公司治理总指数，并加入指数报告中。

2016年的《中国公司治理分类指数报告》第一次以"新面目"问世，即把原来按"类"单独出版的公司治理指数报告整合到一个报告中，"类"没有变，但报告整体化了，指数数据全面化了，自此以后的各年度都沿用了这种整合化的报告。实际上，2016年以来的报告更像是一部统计年鉴，在当下的大数据时代，这样的"统计年鉴"是非常稀缺的。另外，由于我们评价的对象是上市公司，所以从2018年开始书名更改为《中国上市公司治理分类指数报告》。

一、为什么公司治理评价要分类

公司治理研究属于多学科研究领域，包括经济学（主要是新制度经济学、微观金融学）、工商管理（主要是战略管理学、财务学）、法学（主要是民商法学、诉讼法学）、政治学（主要是政府监管）、社会学（主要是社会责任）等。在公司治理评价研究上，不同学科的研究者往往侧重点不同，如法学家侧重从国家层面来研究各国的公司治理相关法规是否健全和到位。法学家对公司治理的评价很难从微观的企业层面来研究，因为立法和执法都是国家层面的问题，不是企业所能左右的。经济学家和管理学家对公司治理评价的研究则主要着眼于微观的企业层面，但是，在如何评价公司治理上，却存在着分歧，有的学者侧重公司治理整体的评价，有的学者则侧重公司治理不同方面或类型的评价。

公司治理涉及投资者（股东）、董事会、监事会、经理层、财务治理、信息披露、利益相关者（或社会责任）、政府监管等许多方面，显然，要从整体上评价一个企业的公司治理水平，几乎是不可能的事情，即使做到了，也是不全面的。一方面，公司治理涉及面广泛，在评价中不可能考虑到所有方面；另一方面，也是更重要的，公司治理的不同方面，或者不同维度，没有清晰的界限，不同方面往往存在着交叉。比如，投资者权益保护（有学者称之为股东治理）不可能不涉及董事会，因为董事会是投资者的代理人；也不能不涉及财务治理，因为股东是重要的财务主体，其与其他财务主体存在财权配置问题；也不能不涉及信息披露，因为股东的一项重要权利就是知情权。再比如，董事会治理不能不涉及股东治理，因为董事是股东选举产生的，董事会的构成取决于股东不同的投票方式，有的国家则主要取决于股东持股比例（像中国）；也不能不涉及经理层，因为总经理（在市场经济发达国家是CEO）是董事会选聘的，其贡献是由董事会评估的，与贡献对应的报酬是由董事会决定的；也不能不涉及信息披露，因为董事会中的独立董事是外在于企业的，需要充分的信息才能进行科学决策和对经理层进行有效监督。还比如，利益相关者涉及股东、董事、高管、员工、债权人、供应商、客户、社会居民（尤其是周边居民）等众多群体，他们与企业都有密切的关系，有的还贡献了专用性投资，评价利益相关者治理水平显然与股东治理、董事会治理、财务治理、社会责任等都有交叉。如此等等，不一而足。

公司治理不同方面或维度的界限不可能严格分清，如何把这些方面或维度进行整合，一些指标到底应该放在哪个维度中，难以有一致的意见，从而在计算总指数时就容易出现一些指标的重复问题，而如要避免重复，就需要把不同维度的相同指标剔除，但这又造成这些维度的不完整或低估问题。而且，发布总指数有个缺陷，就是容易忽视薄弱环节，就类似于单纯看人均收入，从中无法判断高收入者和低收入者的收入差距，从而就容易忽视低收入者的贫困问题。同样道理，如果企业、投资者、监管者和其他利益相关者只注重公司治理总指数，就可能在表面光鲜的背后，掩盖公司治理的"病根"，导致久病不治，不利于公司的可持续发展，最终损害各利益相关者的利益。而分类指数却可以直指"病根"，从而有利于及时化解风险。

以上就是我们编制中国公司治理分类指数13年而未编制总指数的原因，直至2019年才考虑同时编制分类指数和总指数。

顺便提到一点，有学者提出"经理层治理"这个概念，我们认为这个概念是不成立的。经理层可以参与治理，如进入董事会，但进入董事会的经理人员不能太多，英美发达国家一般是 1～2 名，标准普尔 500 强企业独立董事的平均比例达到了 85%。如果董事会中经理层人员过多（如中国目前的情况），董事会对经理层的监督就失去了意义，董事会就不能独立了。反过来，董事会也不能为了独立性而拒绝任何经理人员（尤其是总经理或 CEO）进入，因为经理人员是走在市场最前沿的一群人，他们最了解市场，最了解竞争对手，最了解行业发展态势，因此，董事会的战略决策离不开经理人员，经理人员是战略决策的拟定者，只不过不是战略决策的最终决定者，最终决定权掌握在董事会手中。由此，1～2 名经理人员进入董事会足矣。经理人员是董事会战略决策的执行者，尽管拥有独立的日常经营决策权，但需要董事会的监督（不是干预）和指导。可见，总体上，经理人员属于被治理者。在公司治理结构中，治理主体主要是股东（或股东会）和董事会，不是经理层，经理层是治理的客体，因此，不存在"经理层治理"的概念。当然，经理层不总是被动的治理客体，他们有时也会发挥治理主体的作用。从此角度，区分治理主体和治理客体也没有多大的意义。

既然难以从整体上评价公司治理水平，分类评价就是必要的了。近年来，有学者专注于评价公司治理的某个方面，其中，对董事会治理水平、信息披露水平进行评价的相对较多，也有对社会责任进行评价的，但由于对社会责任的界定争议太大，加之绝大部分企业没有社会责任报告，在年报中体现的社会责任内容又没有一致的格式和标准，因此，社会责任评价难以做到客观。自 2007 年开始，我们开始对公司治理进行分类评价，在国内最早使用"中国公司治理分类指数"的概念。最初，我们设计了八类公司治理指数，包括投资者权益保护、董事会治理、企业家能力、财务治理、信息披露、高管薪酬、社会责任、政府监管。由于各方面限制，没有一次性开发，而是隔年开发一个"新类"，同时继续评估已开发的"旧类"。至 2015 年，我们开发完成前六类，出版了 14 部公司治理指数报告。之后便开始了六类指数的同时开发。需要说明的是，尽管我们没有专门开发社会责任指数，但在相关类型公司治理指数中，如企业家能力指数、自愿性信息披露指数中，都涵盖了社会责任的很多指标。

分类评价公司治理水平，不需要严格分清不同类型公司治理之间的界限（因为这种严格的界限是不存在的），而是允许不同公司治理方面评价时的部分指标（只是少部分）的交叉（这种交叉是必须的，原因在于公司治理的不同方面本身就有交叉），这一点，在整体评价时是难以做到的。由于允许少部分指标的交叉，从而分类评价对某一个方面来说，指标更全面，评价结果也更客观，这一点对于整体评价来说同样也是做不到的，因为指标过多就会出现不同方面的重复，而作为一个整体是不允许有重复指标的。更重要的是，分类评价可以使监管者、投资者、董事会、经理层等各利益相关者更容易判断公司治理问题到底出在哪里，从而精准给出解决的方案，这是公司治理分类评价的最大优点。

　　这里有必要提及一下目前正在兴起的 ESG 评价问题，因为它也是一种整体评价。所谓 ESG，就是环境（Environment）、社会（Society）和治理（Governance）的简称。对于企业来说，"环境"是指企业对环境或生态的保护，"社会"是指企业的社会责任，"治理"就是指公司治理。其实，从严格的公司治理理论意义上，ESG 概念是不成立的，因为它对公司治理的理解倒退了。

　　从 20 世纪末开始，原先狭义的公司治理就逐渐被广义的公司治理所替代。美国学者布莱尔（Blair，Margaret M.，1995）是较早地划分狭义公司治理和广义公司治理的学者。她认为，狭义的公司治理是"有关董事会的结构和权利，或者是股东在董事会决策中的权利和天赋特权"，而广义的公司治理则可归纳为"一种法律、文化和制度性安排的有机整合"，是"关于把哪些约束和要求强加给那些管理公司的人，公司经理必须服务于谁的利益，企业不同组成人员拥有哪些影响和追索权以及他们能在什么压力下去观察其利益是否被保护等一系列安排"。[1] 狭义的公司治理是基于对公司治理的传统的理解，即公司治理主要集中于股东所有权和经营权分离而可能导致的经营者对股东利益的损害问题，因此狭义的公司治理就是一种所谓的"股东价值观"（Shareholder-value Perspective）。广义的公司治理是从一个更宽泛的思维框架来理解公司治理，即公司不仅仅对股东，而且要对更多的利益相关者的预期做出反应，包括经理、雇员、债权人、顾客、政府和社区等。这些多元的利益必须协调，以实现公司长期的价值最大化。2019 年 8 月 19 日，美国"商业圆桌会议"（Business Roundtable）发表《公司的目的》的宣言，强调企业要更重视履行对社会的责任，不再独尊股东利益。这项宣言已经获得美国 188 位顶尖企业 CEO 的联合签署。由于强调公司利益相关者的权利和利益，因此广义的公司治理被视为一种利益相关者价值观（Stakeholder-value Perspective）。由于公司不同利益相关者权益保护的客观存在，并且直接关系着企业的可持续发展，因此，广义的公司治理取代狭义的公司治理就成必然了。

　　从广义的公司治理理解，公司治理包括社会责任，而社会责任包括环境保护，因此，ESG 不是一个科学的概念。从我们六类公司治理指数的评价看，其中就包括着公司的社会责任，如企业家能力指数中专门设有"社会责任"维度，自愿性信息披露指数中设有"利益相关者"维度（针对不同利益相关者的自愿性信息披露）。另外，独立董事也不是仅仅代表投资者，而应代表更广泛的利益相关者。因此，从实际意义上，我们的六类公司治理评价也可以说是 ESG 评价。当然，把"E"和"S"从公司治理中独立出来，也有其意义，它有助于突出这两个方面的重要性。

---

　　[1]　[美]玛格丽特·M·布莱尔：《所有权与控制：面向21世纪的公司治理探索》，中国社会科学出版社1999年版，第2～3页。

二、中小投资者权益保护指数

2015 年，我们在国内首次对中国全部上市公司的中小投资者权益保护水平进行了测度，2016 ～ 2020 年又进行了五次测度，本年度是第七次测度。七次测度结果表明，中国上市公司中小投资者权益保护水平尽管有所提高，但仍然非常不到位。

在我们开发的 6 类公司治理指数中，按开发时间，中小投资者权益保护指数是最后一类，但本报告却把它列为首位，因为，我们认为，中小投资者权益保护在公司治理中应居于核心地位。尽管严格来说，各类投资者权益应该平等得到保护，这是各国法律尤其是市场经济发达国家的法律都明确规定的。然而，现实却是中小投资者权益是最容易受到侵害的，尤其是在市场经济不成熟、法律不健全、存在一股独大和一致行动人或最终控制人的国家，中国无疑是在列的。公司的任何欺瞒和欺诈行为，如瑞幸咖啡造假、健康元内幕交易，首当其冲受到损失的往往都是中小投资者。即使是西方市场经济成熟的国家，之所以有专门的保护中小投资者权益的法律规定，也是因为其弱势地位。当然，在英美习惯法系国家，投资者基本上都是"中小"的，甚至都是"小"的。当前，中国国企改革如火如荼，国企发展混合所有制必须要吸引更多的中小投资者参与，包括那些看起来很"牛"但一旦参与到国企混改中便会变"小"的投资者，而中小投资者参与国企混改的最大担忧就是其权益如何得到切实的和平等的保护；民营企业要发展壮大，同样需要吸引更多的中小投资者的参与，单纯依赖于"一股独大"来实现其增长，无异于缘木求鱼，自断双臂。因此，把中小投资者权益保护置于核心地位，不是要忽视大投资者的权益，而是为了更好地保护各类投资者权益，实现共同增长。

何为"中小投资者"？从字面上理解，中小投资者是相对于大投资者（大股东）而言的。但大投资者也是一个相对概念。在一个较小规模企业中的大投资者，置于一个规模很大的企业中，则可能就是中小投资者，甚至是小小投资者。因此，中小投资者只能是限定在一个企业内的相对概念，换言之，中小投资者是指某个企业内相对于大投资者的其他投资者。这里，还有两点需要进一步明晰：

（1）中小投资者概念应该限定在什么企业内？

无疑，应该是针对有多个投资者或投资主体多元化的企业，但这样的企业大体有三类：一是合伙制企业；二是有限责任公司；三是股份制公司（包括非上市的股份制公司和上市的股份制公司）。

合伙制企业是指由两人或两人以上按照协议投资，共同经营、共负盈亏的企业。很显然，在合伙制企业里，由于信息共享，且共同经营，企业尽管有多个投资者，但不存在中小投资者权益保护的问题。尽管也可能有部分投资者不参与经营，从而可能存在一定风险，但合伙制企业的出资人通常不会太多，而且具有参与经营的法定权利，因此这种风险在法律上是可以避免的。

有限责任公司由 50 个以下的股东出资设立，每个股东以其所认缴的出资额对公司承担有限责任。这类公司筹资规模小，一般适合于中小企业。这类企业不必发布年报，看似存在信息不对称，有些投资者因不参与决策和经营而可能存在一定风险，但因投资者人数有限，出资额有限，且承担有限责任，而且，投资者参与决策和监督的成本低，因此，风险总体是可控的。从中小投资者权益保护角度，这类企业似乎也难以纳入考虑范围。

股份制公司是指由 3 人或 3 人以上（至少 3 人）的利益主体，以集股经营的方式自愿结合的一种企业组织形式。其主要特征是：发行股票、股东众多、所有权分散、风险较大、收益波动性大。尤其是其中的上市公司，由于投资者多而分散，参与决策和监督的成本较高，尽管要求依法披露公司信息，但信息不对称程度仍然很高，加之投资者知识的局限性，代理问题仍然严重，投资风险仍然较大。此时，中小投资者权益保护问题就变得相当突出。

综合三类企业的特点，从中小投资者权益保护角度，最应该针对的是股份制公司，尤其是其中的上市公司。

（2）与中小投资者相对的大投资者如何界定？

没有大投资者或大股东的界定，就谈不上中小投资者及其权益的保护问题。那么，哪个或哪些投资者可以被界定为大投资者？是第一大股东，还是前几大股东，比如前五大股东，抑或前十大股东？其实，这难以有一定之规，这要看投资者是否对企业具有实际控制力。现实的股份制公司尤其是上市的股份制公司中，更尤其是中国的上市公司中，普遍存在"一股独大"或实际控制人或一致行动人现象，这个"独大"的股东通常就是第一大股东或实际控制人（第一大股东和实际控制人也有不一致的），一致行动人背后也是最终控制人，对于这种公司，除了第一大股东或一致行动人，其他都可以列为中小投资者，他们的权益最容易受到侵害。但是，也存在"几股共大"但非一致行动人的公司，即一个公司中共存几个持股比例相近的大股东，这几位出资者尽管也有大小之分，但由于比较接近，彼此可以互相制衡，他们的利益在公司中基本上可以得到保证。而除这几位股东之外的其他投资者，就可以认为是其权益容易遭受侵害的中小投资者。从这个角度，中小投资者是指一个公司中除了拥有实际控制力的投资者之外的其他投资者。

总之，从权益保护角度，中小投资者可以界定为：股份制公司中，除对公司拥有实际控制力的大股东之外的其他投资者。

那么，如何评价中小投资者权益保护水平？

在目前存在的其他有关中小投资者权益保护的评价中，存在一些明显的缺陷，导致中小投资者权益保护的真实水平难以反映出来，其主要表现在：一是评价依据的标准偏低，不能反映中国与发达国家之间的差距；二是评价指标不完整，有的甚至比较单一，不能完整反映中小投资者的权利以及保障中小投资者行权的制度环境；三是指标权重的确定过于主观，使得评价结果有些随意；四是数据来源缺乏可持续性，样本选择少或缺乏典型性，使得评价难以纵向比较；五是把公司治理与投资者权益保护的法律法规分割开来。

本报告借鉴国内外已有中小投资者权益保护评价研究成果，基于国内既有的相关法律法规，特别参照国际先进的中小投资者权益保护规范，提出了中小投资者权益保护四个维度的指标体系，即知情权、决策与监督权、收益权和维权环境。我们认为，信息不对称是大股东和经营者侵占的前提条件，中小投资者的决策与监督权缺失是大股东和经营者侵占的权力基础，收益权是中小投资者权益保护的直接体现，维权环境体现了中小投资者权益保护的救济手段，因此，知情权、决策与监督权、收益权和维权环境是中小投资者权益保护的四个不可分割的组成部分。

知情权维度主要从公司定期报告披露的及时性、年报预披露时间与实际披露时间的一致性、预告业绩与实际业绩的一致性、公司是否因违规而被监管机构公开批评、谴责或行政处罚、外部审计是否出具标准无保留意见、公司是否建立与投资者沟通平台、分析师关注度、独立董事过去3年的任职经历是否详细披露、可预见的财务风险是否披露等方面，来考察中小投资者对于公司经营决策关键信息的知情权落实情况。

决策与监督权维度主要从是否采用网络投票制、是否实行累积投票制、是否采用中小投资者表决单独计票、独立董事比例、独立董事是否担任本公司董事长、有无单独或者合计持有公司10%以上股份的股东提出召开临时股东大会、有无单独或者合并持有公司3%以上股份的股东提出议案、三个委员会是否设立（审计、提名、薪酬）、审计委员会主席是否由独立董事担任、独立董事董事会实际出席率、董事长是否来自大股东单位等方面，来考察中小投资者行使权利和监督代理人的情况。

收益权维度主要从个股收益率是否大于或等于市场收益率、现金分红、股票股利、财务绩效、增长率、是否ST、是否有中小股东收益权的制度安排（分红权）等方面，来考察中小投资者的投资回报情况，包括现实的回报和可预期的回报。

维权环境维度主要从股东诉讼及赔偿情况、控制性股东是否因直接或者间接转移、侵占公司资产受到监管机构查处、是否建立违规风险准备金制度、投资者关系建设情况、董事会或股东大会是否定期评估内部控制、各专门委员会是否在内部控制中发挥作用、是否披露存在重大内部控制缺陷、风险控制委员会设置情况、股价异动等方面，来考察中小投资者权益维护方面的制度建设情况。

上述四个维度中，决策与监督权、收益权是中小投资者的天然权利，任何国家的法律也都明确中小投资者享有这些权利，并非只有大股东才拥有这些权利。由于大股东经常处于控制地位，大股东的这些权利是可以得到保证的，但中小投资者的这些权利却经常丧失，甚至被人为侵占和剥夺。要实现这些权利，中小投资者还必须拥有公司经营信息的知情权，没有充分的知情权，决策与监督权、收益权将无从谈起。即使有了充分的知情权，但如果维权环境偏紧，则这些权利仍然难以落实。因此，知情权、决策与监督权、收益权、维权环境四个方面应该作为一个不可分割的整体，构成完整的中小投资者权益保护系统。

评价中小投资者权益保护的目的是希望对广大中小投资者产生导向作用，促使中小投资者高度重视自身的权益维护，引导中小投资者理性投资，降低中小投资者的投资风险，帮助监管机构实现针对性监管。同时，促使中国公司按照国际规范，落实中小投资者的各项权益，实现公司的长期、有效和规范运作。具体包括以下几个方面：①帮助监管机构了解中小投资者遭遇的侵害类型及程度，促使监管机构加强中小投资者权益保护的立法和执法工作，使监管更加有的放矢。②帮助中小投资者降低信息不对称程度，使投资者更好地了解自己的代理人即董事会的治理情况以及由此产生的潜在风险，从而有效规避投资风险，发现有长期价值的投资对象，提升投资收益。③帮助公司了解自身对中小投资者权益保护的情况，督促自己不断提升对中小投资者权益保护的水平，避免类似内幕交易和利益输送等侵害行为，以增强中小投资者的投资信心，获得更多的融资机会。④防止股市炒作误导中小投资者，避免股市崩盘风险，促使资本市场真实反映公司信息，引导股票价格客观反映公司业绩，推动资本市场实现稳定发展并走向成熟。⑤助推国有企业发展混合所有制取得成功。国企混改是国资和民资的混合，进入国企的民资，基本上属于中小投资者，或者进入后只能做中小投资者。鉴于目前大股东和经营者侵害中小投资者的普遍性而造成的中小投资者的忧虑，如何有针对性地加强对进入国企的民资的保护，是政府和国企必须考虑的首要问题。⑥为上市公司中小投资者权益保护的实证研究提供数据支持。

三、董事会治理指数

2013～2020 年，我们对中国全部上市公司的董事会治理水平进行了七次测度，本年度是第八次测度。八次测度结果表明，中国上市公司的董事会治理水平仍然偏低，董事会治理亟须改革和改进。

何谓董事会治理？我们认为，董事会治理是董事会作为治理主体，如何通过一系列正式或非正式制度安排，通过有效治理，实现委托人的利益诉求和公司的可持续发展。其主要内容包括：①董事会作为代理人如何做到对委托人尽职尽责？②董事会作为决策者如何做到科学决策？③董事会作为监督者如何做到监督到位而不会被经营者（被监督者）所干扰？④董事会作为利益主体如何做到既有动力又不被利益所"俘虏"（激励与约束）？⑤董事会作为责任主体如何对自己决策和监督的错误、失误独立承担责任？

目前理论界存在着把董事会治理泛化的现象，即把董事会治理混同于或基本混同于公司治理。这种混同在 20 世纪 80 年代之前的西方发达国家非常普遍，那时的公司治理在现今被称为"狭义的公司治理"。如前文所述，"狭义的公司治理"的核心是股东利益至上，董事会一切问题的核心就是股东利益，这就是所谓的公司治理的股东价值观。其实，那时不是把董事会治理混同于公司治理，而是等同于公司治理，这是由那个时代公司治理研究的局限性所致。因为，由于所有权和经营权的分离，董事会作为股东的代理人，是不可能全心全意为股东服务的，尽管理论上他们应该如此。于是，20 世纪 80 年代之后，有了更广义的公司治理。既然董事会不可能全心全意为股东服务，就必须有单独的股东治理以及其他利益相关者的参与治理。股东治理以及其他利益相关者的参与治理，意味着股东和其他利益相关者不能把全部希望都寄托在其代理人——董事会身上，他们必须积极参与到公司治理中来。由此，股东治理和其他利益相关者的参与治理就与董事会治理成为互相补充的公司治理的重要方面。不同的主体，职责不同，从而治理的内容也就不同，需要区别对待，因此不能再回到 20 世纪 80 年代之前，把董事会治理等同于或混同于公司治理。

那么，如何评价董事会治理水平？

从根本上说，董事会治理评价是对董事会治理质量的评价，这种质量评价的实质是评估董事会在多大程度上代表投资者的利益。也就是说，是否代表投资者，在多大程度上代表投资者，是董事会治理评价的全部内容。需要强调的是，从企业可持续发展角度，董事会尤其是其中的独立董事也应该代表除股东以外的其他利益相关者。由于董事会治理的高质量能够实现企业的可持续发展，因此，董事会代表除股东以外的其他利益相关者，本质上也是代表投资者的利益，尤其是代表投资者的长期利益。

但在现有的董事会治理评价中，却存在严重的评价缺陷，导致董事会治理的真实水平难以反映出来，其主要表现在：一是重形式评价轻实质评价，比如重点考察董事会组织结构是否完善，而不关注它们是否发挥了实质性作用；二是由于把董事会治理混同于公司治理，从而在董事会治理评价中，把一些不属于董事会治理范畴的指标纳入董事会治理评价指标体系中，如股权结构；三是把董事会治理评价等同于董事会业绩评价，或者把董事会业绩作为董事会治理评价的重要内容，而董事会业绩又往往等同于公司绩效，这无疑是对董事会治理的误解或错误认识；四是一些指标或者无法判断董事会治理的有效性，或者不具有可操作性，主观性很强，难以对董事会治理的有效性作出判断，如"董事会规模"和"董事会会议次数"，它们并非越大（多）越好。

本报告借鉴国内外已有董事会治理评价的研究成果，参照国际先进的董事会治理规范，同时也考虑国内既有的相关法律法规，提出了董事会治理四个维度的指标体系，即董事会结构、独立董事独立性、董事会行为和董事激励与约束。如此确定的指标体系和评价结果接近国际标准，高于国内既有法律和政策规定。

董事会结构维度主要从外部董事比例，有无外部非独立董事，两职是否合一，董事长是否来自大股东单位，有无小股东代表，有无职工董事，董事学历，年龄等于和超过60岁的董事比例，是否设置审计、薪酬、提名和合规委员会等方面来衡量董事会成员构成和机构设置情况，以此来评价董事会结构的有效性。

独立董事独立性维度主要从审计委员会主席是否由独立董事担任，独立董事中有无财务专家、法律专家、其他企业高管，独立董事是否拥有政府背景，独立董事是否担任本公司董事长，是否同时在多家公司担任独立董事，独立董事实际出席董事会的比例，独立董事津贴是否超过10万元，是否详细披露独立董事过去3年的任职经历等方面来衡量独立董事的专业素质和履职情况，以此来评价独立董事是否能够实现独立履职。

董事会行为维度主要从内部董事和外部董事是否有明确的沟通制度、投资者关系建设、是否存在董事会提交的决议事项或草案被股东大会撤销或者否决的情况、是否有规范的《董事会议事规则》、财务控制、董事会是否有明确的高管考评和激励制度、是否披露股东大会出席率等方面来衡量董事会行为相关制度的建立和执行情况，以此来评价董事会的实际履职情况。

董事激励与约束维度主要从执行董事薪酬是否与其业绩相吻合，股东诉讼及赔偿情况，董事会成员是否遭到监管机构处罚或谴责，是否有明确的董事考核或薪酬制度，是否公布董事考评/考核结果，是否披露董事薪酬情况，是否有董事会会议记录或者董事会备忘录，是否有董事行为准则相关的规章制度，独立董事是否明确保证年报内容的真实性、准确性和完整性或不存在异议等方面来衡量董事激励和约束制度的建立和执行情况，以此来评价董事激励与约束机制的健全程度和有效性，尤其是约束机制的健全程度和有效性。

在四个维度中，前两个维度侧重从形式上来评价董事会治理制度的健全程度，后两个维度则侧重从实质上来评价董事会治理的有效性。董事会治理制度没有形式上的健全，就不可能产生实质上的有效。但反过来，董事会治理制度有了形式上的健全，却未必产生实质上的有效。董事会治理制度只有在形式上健全后充分落到实处，才能实现董事会治理的真正有效。在现实中，从监管机构的要求看，中国上市公司董事会的设置近乎健全（并不等于完善），但董事会治理却仍然不断遭到诟病。在我们对2012年及2014～2020年七个年度董事会治理的评估中，及格公司（60分及以上）的比例尽管一直在提高，但董事会治理水平仍然很低，2020年董事会治理指数均值仍然只有

58.2670分，仍未达到60分的及格线，这恰恰反映了中国上市公司董事会治理形式和实质的高度背离和不对称。因此，要全面了解中国上市公司董事会治理的质量和效果，就不能仅仅满足于形式上的评价，更要重视实质上的评价，实现形式和实质的高度统一。

评价董事会治理的目的是希望对中国已上市公司和计划上市公司的董事会治理发挥导向作用，促使中国公司按照国际标准，不仅从形式上，更要从实质上，实现中国公司董事会的全方位规范化运作，并引导投资者的投资方向，降低投资者的投资风险，帮助监管机构实现针对性监管。具体包括以下几个方面：①帮助投资者尤其是中小投资者降低信息不对称程度，使投资者更好地了解自己的代理人即董事会的治理情况以及由此产生的潜在风险和价值，从而有效规避投资风险，发现有长期投资价值的企业，提升投资收益。②帮助监管机构了解上市公司董事会的运作和相关政策法规的执行情况，从而使监管更加有的放矢，并促使监管机构对公司董事会的运作施以规范化引导。③帮助公司了解自身董事会治理存在的问题，督促自己不断提高董事会治理的质量，以增强投资者的投资信心，获得更多的融资机会。④向投资者和其他利益相关者及时提供真实、完整的信息，是董事会的重要职责，市场获得可靠、及时和完整的信息，有利于保证股票价格与公司真实业绩的吻合度，而这种吻合是资本市场成熟的重要标志。⑤为上市公司董事会治理实证研究提供数据支持。

四、企业家能力指数

2012年，我们在国内首次对中国全部上市公司的企业家（总经理）能力进行了测度，2014～2020年又进行了六次测度，本年度进行了第八次测度。八次测度结果表明，中国上市公司总经理由于不具有独立性，以及责任机制不到位，总经理能力的发挥受到严重制约，企业家能力处于低下水平。

何谓企业家？熊彼特在1934年出版的《经济发展理论》中指出，企业家就是创新者。按照熊彼特的观点，社会任何领域都存在企业家，不仅有企业界企业家，也有政界企业家、教育界企业家、学界企业家等，这可以说是广义的企业家。本报告的企业家是指企业界企业家，这可以说是狭义的企业家。

在熊彼特的创新意义上，企业内的企业家显然不是一个人，也不是几个人，而是多个人，甚至是一种集体行为。那么，我们对企业家的评价是针对一个人，还是针对几个人，或者是针对一个企业家群体？

企业的发展需要创新，创新者越多，创新越活跃，企业发展就越充满生机和活力。不过，如果因此而评价多个企业家（即创新者），或者是评价一个企业家群体，那么我们的评价对于企业家市场的形成和发育就没有多少针对性意义。因此，对企业家的评价只能针对一个特定的创新者。

那么，如何选择这个特定的创新者？无疑，这个创新者只能是企业的领袖，因为企业的领袖是企业家的典型代表。在现实的企业中，企业的领袖一般有两个人选，或者是董事长，或者是总经理（或总裁，下文统称"总经理"。在西方发达国家一般称为 CEO，即首席执行官）。如果两职由同一人担任，那就不存在选择的难题；如果两职由两个不同的人担任（这是绝大多数企业的情况），那么选择哪一个来评价？

其实，这个难题是人为制造的，原因在于我们中很多人把董事长和总经理的职能误解了。在中国，董事长通常被确定为公司的"一把手"，董事长的权利要高于总经理，这意味着，中国公司的董事长事实上履行的是西方发达国家 CEO 的职权，有的公司直接明确董事长兼任 CEO，而中国公司的总经理实际上被降到了副总经理的位置上，这显然是对公司治理本质的背离。公司治理层是通过契约来规范的，董事会中并不存在"一把手"的概念。董事会是一个会议体，每个董事的权利是平等的，董事长仅仅是"董事会的发言人"或"董事会的召集人"，并不是凌驾于其他董事和总经理之上的领导者，向总经理授权进行企业正常经营管理工作的是董事会而不是董事长。因此，应在厘清董事会职能的前提下，高度重视总经理的独立性和能动性，应使总经理回归 CEO 的定位，使其在法律框架和恪守董事会战略决策的前提下发挥最大潜能。况且，在企业实践中，董事长也有很多属于兼职角色，这些董事长既不在公司领薪（一般在股东单位或自身所在单位领薪），也不负责公司经营管理工作，如果我们评价的对象是董事长，则意味着不是所有的董事长都能进入我们的评价范围，这就使评价失去了一般性。而总经理则是所有公司都具有的角色，况且我们评价的目的是引导政府、企业和投资者要高度重视总经理的地位，尊重总经理在不违反董事会决策下的自由裁量权并且独立承担责任，就此看来，我们所选择的企业家的典型代表就只能是总经理了。但需要说明的是，尽管评价对象是总经理个人，但其工作是离不了企业中众多的管理人员和职工的，因此，对总经理的评价其实也包含着对企业整体经营能力的评价。

那么，如何评价企业家能力？

近些年，国内外相关学者对企业家能力及评价进行了深入的研究。然而，已有研究却存在三个方面的不足：一是在理论研究方面，各个理论视角都仅仅停留在某一层面上对企业家的界定，没有一个完整的、有说服力的概念界定，或者仅把评估对象确定为相同规模的企业，或者忽视企业家关系网络能力的评估。二是在实证研究方面，大部分学者对企业家能力的研究主要聚焦在理论分析的定性研究层面，实证研究明显不足，因为缺少连续的、可比较的、客观性强的大数据支持。三是简单地将人力资源测评方法用于企业家能力评价。人力资源测评只是基于个人背景和经历（基本上都是个人提供的成功的经历，缺少失败的经历）所作的一种比较主观的潜在能力评价，至于被评对象的实际能力，尤其是其诚信水平，是难以测评出来的。

本报告借鉴国际先进的评价标准，基于中国国情，着眼于推动职业经理人市场，提出了企业家人力资本、关系网络能力、社会责任能力和战略领导能力四个维度的指标体系，力求对中国企业家能力作出全面的、客观的评价。

企业家人力资本维度主要从学历（最高学历）、工作年限、工作经历变更、是否担任其他公司的独立董事、是否有海外留学和工作经历、选聘路径等几个方面进行评价。这些方面对于一家要聘任总经理的公司来说，并非现实的企业家能力，而是潜在的企业家能力。尽管如此，企业家人力资本却是企业家能力中最基础的能力。一旦存在某种或某些动力机制，这些潜在的企业家能力就会很快变成现实的企业家能力，如企业家的激励或约束机制，通过这些动力机制，能够促使总经理产生把潜在能力变成现实能力的欲望。当然，这些动力机制不属于企业家能力评价的范围。

企业家关系网络能力维度主要从政府官员是否到企业访问、总经理是否陪同政府官员出国访问、是否担任党代表、是否担任人大代表、是否担任政协委员、是否在军队任过职、总经理是否获得过相关荣誉称号、是否在行业协会任职、是否曾经在政府部门任职等几个方面进行评价。从规范的市场规则角度，关系网络能力是不应该纳入企业家能力评价范围的，因为关系网络可能存在"寻租"问题。然而，关系网络并不必然产生"寻租"，而正常的关系网络也能够为企业带来资源，并进而能够促进企业发展。况且，把关系网络能力纳入评价范围，有助于我们判断中国企业家更偏重哪个方面能力的培养，或者比较企业家哪个方面的能力更加突出。比如，人力资本与关系网络能力是否存在替代关系？关系网络能力是否更多地通过履行社会责任而获得？等等，了解这些问题对于发展和培养中国的经理人市场无疑是意义非凡的。

企业家社会责任能力维度主要从企业是否捐赠慈善事业、总经理是否在非营利组织兼职（如担任理事）、总经理个人有没有被证监会谴责、有没有产品质量和安全的投诉事件、有没有环境保护的投诉事件、员工的收入增长率是否不低于公司利润增长率、有无现金分红、有无债权人和股东诉讼等几个方面进行评价。企业的持续发展包含着众多利益相关者的努力和投入，其中很多投入具有高度的专用性，一旦损失将难以收回，如员工投入了专用技能和劳动、社区居民可能承受了企业释放的环境污染、顾客可能承担了因产品质量低劣对身心造成的损害等，无疑这些利益相关者的努力和投入必须从企业得到回报。把社会责任能力考虑到企业家能力评价中，目的是引导企业家树立强烈的社会责任意识，承担起更多的社会责任。更重要的是，对利益相关者承担责任，是企业家诚信意识和水平的重要反映，没有这种责任担当，就不能称为企业家。

企业家战略领导能力维度主要从总经理贡献、国际化程度、企业员工数、企业总资产、企业在行业中的地位、企业有无完整的 ERP 系统、企业有无制定战略目标和计划等方面进行评价。企业家战略领导能力实际上是企业家各种能力的综合体现，企业家其他方面的能力最终要落实在其战略领导能力上。在存在一个成熟的经理人市场的情况下，总经理必须本着对企业利益相关者高度负责的精神，以其敏锐的市场和战略意识，恪尽职守，尽最大努力制定出科学的和可行的企业经营决策，一旦董事会批准该决策，总经理就必须坚决贯彻和执行。不过，需要特别强调的是，总经理绝不是被动地执行董事会批准的决策，被动接受董事会决策的总经理不是真正意义上的企业家。作为总经理，他（她）的企业家能力实际上更多地体现在日常经营决策的制定和执行中，战略性决策更多的是指明方向，是框架式的，具体如何落实，需要靠总经理的开拓和创新。也正是这一点，体现出我们把总经理作为评价对象的原因所在。

评价企业家能力的目的是希望对企业家市场选择发挥导向作用，进而促进中国经理人市场（或称企业家市场）的发展，具体说，就是要促使政府和社会各界认识到：①总经理的独立性和能动性以及问责机制是至关重要的，这样才能促使总经理能够在恪守法律和董事会战略决策的前提下发挥其最大潜能。②高能力的企业家只能产生于职业化的经理人市场，从而高度重视职业经理人市场的建设。③经理人完备信息的披露是职业经理人市场建立的要件，这些信息中，不仅有潜在能力的信息，更有实际能力的信息；不仅有成功的信息，也有不成功的信息。在充分、真实的信息中，体现着企业家诚信经营、敢于创新和担当的品质和精神。经理人市场必须有惩戒机制，即必须能够让不诚信的经理人承担隐瞒信息的代价。④选聘总经理的权利必须回归董事会，只有在董事会独立选聘并对选错承担责任的情况下，董事会才有动力选出最有能力的企业家。

五、财务治理指数

2010 年，我们在国内首次对中国全部上市公司的财务治理水平进行了测度。2012～2020 年又进行了七次测度，本年度是第九次测度。九次测度结果表明，中国上市公司的财务治理仍然不理想，权利配置不合理，内控不力，监督不严，激励和约束不到位，中国上市公司的财务治理仍需要改进。

财务治理是关于企业财权配置、财务控制、财务监督和财务激励的一系列正式和非正式制度安排，这些制度安排通过财权配置将各个财务主体紧密联系起来，同时通过财务控制、财务监督和财务激励对财务主体形成合理的控制、监督和激励。较高的财务治理质量不仅能够合理配置各财务主体的权责利，有力控制各个财务环节，有效监督财务行为，还能适当激励财务主体，是公司正常运行的关键保障。

财权配置、财务控制、财务监督和财务激励是财务治理的四个不可分割的部分，是我们借鉴国内外已有财务治理研究成果，参照国际先进的财务治理规范，同时也考虑国内既有的相关法律法规而提出来的。其中，财权配置是指财务决策权在各个财务主体之间的配置和落实，主要的财务主体包括股东（股东大会）、董事会、总经理（或 CEO）、首席财务官（CFO）。当然还有其他利益相关者，如政府、员工、供应商等，但这些利益相关者的财权是可以包含在董事会中的，但这种"包含"必须有一个前提，那就是董事会是以股东为核心的所有利益相关者的代理人，作为这种代理人，董事会与经理层是监督与被监督的关系，进一步说，董事会是必须独立于经理层的，否则，就容易发生董事会和经理层"同体"现象，其他财务主体的利益将无法得到保证。在董事会治理缺乏独立性的情况下，即使形式上反映了各财务主体的利益，各财务主体的利益也得不到切实保证。因此，公允的财权配置可以实现公司分权制衡，杜绝专权，保障财务活动的合法性和透明度。

财务控制是指财务权力的执行过程，具体包括企业的内部控制体系和风险控制体系。健全的财务控制能够从程序上保证财务信息生成的合法、合规，提高财务信息的真实性和准确性，从而保证财务主体决策的科学性和可行性。2001 年和 2002 年，美国安然和世界通讯两家公司爆发财务丑闻，促成了萨班斯－奥克斯利法案（Sarbanes-Oxley Act）的出台。该法案的核心就是强化财务控制，包括三个方面：一是建立公众公司会计监察委员会，对会计师事务所提供的上市审计服务进行监管；二是对上市公司高管人员造假予以重罚；三是在美上市企业必须建立内部控制体系。这被认为是美国自 20 世纪 30 年代经济大萧条以来涉及范围最广、处罚措施最严厉、影响力最大的上市公司法案。该法案的全称是《公众公司会计改革投资者保护法案》，从法案名称不难看出，财务控制在投资者权益保护中具有重要作用。

财务监督是指对财务权力执行的监督。这种监督需要相应的机制设计，包括企业内部监督机制和外部监督机制。内部监督主要来自董事会，尤其是其中的审计委员会；外部监督主要来自外部审计机构和政府监管部门，当然也包括广大投资者，甚至包括公众。而监督机制要有效发挥作用，有赖于信息的公开、全面和真实，有赖于董事会的独立性，有赖于外部审计机构的中立性，更有赖于政府监管部门的立法和执法的公信力。

财务激励是指对财务主体投入的回报，这种投入既包括资金资本的投入（如股东的资金投入），也包括人力资本的投入（如企业高管和员工的人力投入）。有投入就必须有相应的权利和利益，前者即财务权利，后者即财务激励。财务激励是财务治理的驱动器，适当的财务激励能够有效激发企业各利益主体的工作热情和积极性，降低经营者的道德风险。在财务激励中，核心的是股东利益，如果股东合理的回报得不到保证，将会影响股东投资的信心，进而会影响资本市场的稳定。

以上四个方面中，财权配置是财务治理的核心和基础，合理的、有效的财权配置能够协调各个利益相关者的利益，从而有利于形成合力；财务控制和财务监督是手段，前者重在财权执行，后者重在对财权执行的监督；财务激励是财权执行的结果，财权最终要落实在利益方面，没有财务激励，各财务主体就不可能形成合力。财务治理的四个维度，不是独立发挥作用的，它们共同构成了财务治理系统，只有系统性发挥作用，才能保证企业的健康和可持续发展。

那么，如何评价财务治理水平？

基于我们提出的财务治理的四个方面（或维度），即财权配置、财务控制、财务监督和财务激励，我们设计了既具有科学性和客观性，又具有可操作性和稳定性的指标体系。由于借鉴了国际先进的财务治理规范，因此，如此确定的指标体系和评价结果接近国际标准，高于国内既有法律和政策规定。

财权配置维度主要从关联交易是否提交（临时）股东大会讨论通过、独立董事薪酬和高管股票期权是否通过（临时）股东大会、两权分离度、董事会是否提出清晰的财务目标、内部董事与外部董事是否有明确的沟通交流制度、独立董事比例、独立董事中是否有财务或会计方面的专家、董事长和总经理是否两职分离、CFO是否具有高级职称或相关资格认证等方面来衡量各财务主体的权利是否得到合理配置，以此评价财权配置的有效性。需要注意的是，如果财权配置过于形式化，尽管表面上看各个财务主体都可以在财权配置中找到自己的"位置"，但这并不能保证财权配置的有效性。

财务控制维度主要从董事会或股东大会是否定期评估内部控制、各专门委员会是否在内部控制中起作用、董事会或股东大会是否披露具体内部控制措施、风险控制委员会设置情况如何、公司财务弹性、公司对外部资金依赖程度、是否披露可预见的财务风险因素、是否ST公司等方面来衡量企业内部控制体系和风险控制体系的健全程度，以此评价财务主体决策的科学性、可行性和抗风险性。

财务监督维度主要从审计委员会设置，外部审计是否出具标准无保留意见，公司网站是否及时披露当年和过去连续三年财务报告，公司是否披露公司发展前景的相关信息，公司是否披露关联方交易状况，公司是否对会计政策的变化做出解释，公司是否因违规而被监管部门公开批评、谴责或行政处罚等方面来衡量企业内外部监督机制的到位情况，以此评价内外部监督机制的效果。

财务激励维度主要从现金分红、股票股利分配、高管薪酬支付的合理性、薪酬委员会设置情况、公司是否采用股票期权激励政策、员工报酬增长率是否不低于公司营业收入增长率等方面来衡量各财务主体的收益保障情况，以此评价财务主体的动力。

评价财务治理的目的是希望对中国已上市公司和计划上市公司的财务治理发挥导向作用，促使中国公司按照国际标准，尊重各财务主体的权益，实现中国公司财务运作的规范化，从而降低财务风险，提高抗风险能力。具体包括以下几个方面：①有助于投资者进行理性投资，塑造投资者长期投资的信心。财务治理评价可使投资者尤其是中小投资者认识到公司的潜在风险和价值，从而有效规避投资风险，发现有长期价值的投资对象，提升投资收益。由于中国目前中小投资者权益受到大股东和经营者的侵害比较普遍，因此，财务治理对于中国中小投资者权益保护具有特殊的意义。②有助于监管机构进行针对性监管，严防财务欺诈。财务治理评价可以帮助监管机构了解公司财务运作的规范化程度，尤其是能够洞悉国家有关财务运作的法律法规的落实情况，从而使政府监管更加有的放矢，并促使政府通过经济和法律手段对公司的财务运作施以规范化引导。③有助于企业及时发现潜在风险，防患于未然。财务治理评价可使公司了解自身财务治理中存在的问题，督促公司不断提高财务治理水平。不仅有助于发现本公司与其他公司财务治理的差距，而且也有助于发现本公司财务治理与国际水平的差距，从而及时弥补不足和缺陷，从而保证投资者的投资信心，获得更多的融资机会。④有助于资本市场反映公司真实信息，实现资本市场有序运行。财务治理评价可以发现信息失真，信息失真会加大投资者投资的财务风险，从而导致投资者转移投资方向。因此，财务治理评价能够引导公司披露真实信息，进而促使资本市场的股票价格反映公司真实绩效，股票价格和公司真实绩效的吻合是资本市场成熟的重要标志，也是防止股市动荡甚至"股灾"的重要因素。⑤有助于大数据平台建设，深化财务治理理论研究和实证分析。近些年财务治理研究总体落后于公司治理其他方面的研究，一个重要原因是缺乏财务治理的大数据支持。财务治理评价所赖以支撑的数据库提供了深化财务治理理论研究和实证分析的平台，而且基于大数据的财务治理研究更加符合现实。

六、自愿性信息披露指数

2010 年和 2012 年，我们对中国全部上市公司的信息披露水平进行了测度，测度结果表明，中国"能不说就不说"的现象非常普遍。中国随着注册制的推行，对信息披露的要求也越来越高。"能不说就不说"属于自愿性信息披露范畴，而强制性信息披露则不存在多大问题，于是，从 2014 年开始，我们对中国上市公司信息披露的评价改为专门对其中的自愿性信息披露的评价，2016～2020 年又进行了五次评价，本年度是对自愿性信息披露水平的第七次评价（总计九次评价）。七次评价结果证明，在中国上市公司中，"能不说就不说"现象仍然非常普遍和严重。

自愿性信息披露（Voluntary Disclosures）是相对于强制性信息披露而言的。自愿性信息披露的关键词是"自愿"。"自愿"，顾名思义，就是可披露也可不披露。披露了，使用者欢迎；不披露，监管者也不会追究，因为监管者没有追究的法律依据，但并不意味着其他需求者（尤其是投资者）不追究或不计较。投资者追究与否，取决于投资者权益保护的法律是否健全（如有无集体诉讼和集体索赔法律、维权的成本等）。更多的投资者是计较的，如何计较，这就涉及市场机制了，即投资者可以"用脚投票"。投资者是上市公司信息的最大需求者，也是上市公司的核心利益相关者，投资者不投资，公司上市就没有意义了。但投资者投资依赖于其所获取的信息，不同投资者的信息需求不同。随着市场的完善，越来越多的投资者的投资趋于理性，他们不再满足于监管机构强制要求公司披露的信息，而是通过更多的信息来最大限度地降低自己的投资风险，即追求所谓信息的"有用性"，而强制性披露难以满足许多投资者所要求的"有用性"。如果投资者难以获得他们认为"有用"的信息，他们就会认为投资有风险，从而不投、少投、转投，如果很多投资者不投、少投、转投，则这家公司就可能被并购或倒闭，这就是投资者的"用脚投票"。从这个角度来讲，自愿性信息披露并不是可有可无的，是上市公司吸引投资者的不可或缺的重要方式。

　　不论是自愿性信息披露还是强制性信息披露，都没有统一的国际标准。在一个国家是自愿性披露的信息，在另一个国家可能是强制性披露的信息。一般来说，市场发育程度越高，相应的法律制度就越完善，就越注重自愿性信息披露，通过投资者"用脚投票"来促使上市公司自愿披露更多的信息；相反，市场发育程度越低，相应的法律制度就越不完善，"用脚投票"的效果就越低，通过自愿披露信息就难以满足投资者投资要求，从而就越强调强制性信息披露。但这是一种比较理想的状态，实际情况比理论推导的情况要糟糕得多。原因在于，企业都是追求最大利益的"经济人"，都有投机取巧的本性，只要不违背法律规则，对自己不利的信息就尽量不披露。因此，即使在市场经济高度发达的英美等国家，也通过大量的规则甚至法律，强制性要求上市公司披露更多的信息。我们不难看到，尽管英、美等国家市场经济很发达，但其强制性披露信息的范围远远大于市场经济还不太发达的中国。

　　然而，由于市场千变万化，投资者的信息需求也是多种多样，而规则和法律都是由人制定出来的，每个人的理性都是有限的，从而，再细致的强制性披露的信息也难以满足投资者理性投资对信息的需求。另外，企业外部的利益相关者也绝不仅仅是单一的投资者，供应商、客户、居民（尤其是企业周边居民）都是企业的重要利益相关者，他们对企业也有各种各样的信息需求，而其中很多信息难以纳入强制性范畴。显然，自愿性信息披露不是可有可无的，而是必须的。比如，高管薪酬结构及额度信息。该项信息在英美等国家的披露是很完整的，即不仅要披露高管薪酬总额，还要披露薪酬结构以及各部分的额度，如固定薪金、奖金、股票、股票期权、养老金等。但这些信息在中国属于自愿性披露范畴，在上市公司披露的信息中，几乎没有几家公司披露该项信息。那么，该项信息对于投资者是否必须？回答是肯定的，因为通过该项信息，投资者可以了解高管的长期薪酬和短期薪酬构成，并进而了解高管行为是满足于企业短期发展还是立足于企业长期发展。再比如，董事完整的任职经历，英、美等国家的公司对该项信息的披露也很详细，但在中国则属于自愿性披露范畴。该项信息对投资者同样至关重要。原因在于：董事（会）是投资者的代理人，他们要代表投资者对经营者进行监督。通过董事任职经历的详细披露，投资者可以了解董事是否与经营者有关联，以此判断董事和经营者是否存在合谋的可能性；对于中小投资者而言，还需要了解董事是否与大股东有关联，以此判断董事是否仅代表大股东，进而可能侵害中小投资者的利益。

自愿性信息披露也是企业诚信经营的重要体现。诚信意味着企业必须向包括投资者在内的利益相关者及时披露真实、全面的信息，这不仅是为了使投资者降低投资风险，更是为了增强投资者的投资信心。因为，投资者"被骗"一次容易，第二次"被骗"就难了，多次"被骗"几乎不可能，而且，"被骗"具有扩散效应，失去投资者意味着企业经营的失败。对于供应商、客户等利益相关者来说，也是如此。

总之，自愿性信息披露尽管是"自愿"的，但不是可有可无的。企业要想获得可持续发展，就不能仅仅满足于强制性信息披露，而必须高度重视自愿性信息披露。尽管自愿性信息披露增加了信息披露的成本，但相对于企业所由此获得的投资者信心和其他利益相关者的信赖，以及企业的良好声誉和长期发展，则这些成本支付是非常值得的。

那么，如何评价自愿性信息披露水平？

在既有的其他相关研究中，主要采取三种形式对自愿性信息披露进行评价：一是由分析师和相关实践人员评价，但不公布指标体系和计算方法。显然这种评价的结果难以验证，而难以验证就不能让使用者监督，不能监督就难以保证其客观性，会有很大程度的主观性，投资者使用的针对性很差。二是选择年报中具有代表性的指标作为衡量自愿性信息披露的指标。这种评价用个别指标来替代范围较广的自愿性信息整体，存在以偏概全的问题，投资者难以通过这种评价克服自己的投资风险，与第一种形式的评价相同，投资者使用时基本没有针对性。三是自己构建体系庞大的自愿性信息披露指标体系，但很多指标难以获得数据，尤其是难以获得连续数据，因此，操作性较差，难以连续进行跟踪和比较分析。

本报告借鉴国内外已有的自愿性信息披露评价研究成果，基于国内信息披露相关法律法规，特别参照国际先进的信息披露规范，立足于投资者权益保护，提出了自愿性信息披露四个维度的指标体系，即治理结构、治理效率、利益相关者和风险控制。

治理结构维度主要评价董事会构成、董事学历和任职经历（不含兼职、社会称号等）、专门委员会构成、监事会构成和成员、高管层学历、高管层任职经历（不低于三年）（不含兼职、社会称号）等方面的信息披露情况。这些信息的披露对于投资者了解代理人（董事会、监事会、经理层）有无可能代表自己作为委托人的利益，以及是否着眼于企业发展（尤其是长期发展）具有重要价值。

治理效率维度主要评价股东大会（包括临时股东大会）股东出席率、股东大会（包括临时股东大会）投票机制、董事考评制度及结果、董事会议事规则、董事会召开方式、独立董事参与决策、高管薪酬结构及额度、高管层关系网络等方面的信息披露情况。这些信息的披露重在评估治理结构的有效性，对于投资者了解代理人的实际履职效果具有重要价值。

利益相关者维度主要评价投资者关系建设情况、社会责任、债权人情况、债务人情况、供应商情况、客户情况等方面的信息披露情况。这些信息的披露对于投资者了解自己的利益是否得到尊重和保护具有重要价值。其中，投资者关系信息是企业直接针对投资者的沟通渠道和沟通方式的信息，而社会责任以及债权人、债务人、供应商、客户等方面的信息，则能让投资者详细了解企业其他利益相关者对自己利益的影响，使投资者能够以更加理性的心态来对待多元化的企业经营，这无疑也是对投资者的一种尊重。

风险控制维度主要评价企业发展战略目标、盈利能力、营运能力、偿债能力、发展能力、会计师事务所、宏观形势对企业的影响、行业地位（或市场份额）、竞争对手等方面的信息披露情况。这些信息的披露对于投资者降低投资风险，获得稳定的投资回报具有重要价值。

不难看出，基于自愿性信息披露四个维度设计的指标体系，能够使投资者全方位了解企业，从而满足自己理性投资的信息需求。在这四个维度中，投资者不仅能够从形式上了解代理人是否有可能代表自己作为委托人的利益，而且能够了解到代理人的实际履职效果；不仅能够了解自己与企业的沟通渠道和方式，感觉到自己受到尊重的程度，而且能够了解自己投资的风险大小。显然，这种基于投资者保护的自愿性信息披露四维度评价，是一种全方位的评价，也是一种更客观的评价。

评价自愿性信息披露的目的是希望中国上市公司改变"能不说就不说"的旧观念，树立"能说的都要说"的新理念，具体包括如下几个方面：①自愿性信息披露不是可有可无的，它对投资者理性投资具有重要价值，而投资者基于"有用信息"而进行投资对企业的发展尤其是长期发展具有重要影响。②在市场不成熟尤其是法律不健全的情况下，自愿性信息披露应更多地转化为强制性信息披露，单纯靠自愿是不能满足投资者理性投资对信息的需求的。③法律规则要具有很强的威慑作用，如果因信息披露不到位而使投资者和其他利益相关者遭受严重损失，即使这些信息披露属于自愿性的，企业负责人也必须要承担重大责任，并给予高成本的处罚。④自愿性信息披露对董事会的科学决策，以及董事会对经理层的有效监督也具有重要影响。独立董事是外在于企业的，而独立董事拥有参与战略决策以及对经理层进行监督的权利。独立董事的科学决策和对经理层的有效监督高度依赖于充分、真实的信息披露，其中也包括自愿披露的信息。否则，就会产生决策科学性差和监督失效的可能，而这些直接影响企业的发展。

七、高管薪酬指数

2007年，当我们开始进行中国公司治理分类评价时，首选的便是高管薪酬指数，即高管薪酬合理性评价。然而遗憾的是，由于当时没有开发数据库系统，只是运用传统的方法采集数据，加之经验不足，导致数据丢失严重。2008年，我们从头再来，仍是因首次开发，经验缺乏，研究工作进展缓慢，当我们于2009年5月完成《中国上市公司高管薪酬指数报告2008》的撰写时，各上市公司新一年的年度报告已经公布，出版的价值已经降低。于是，我们再次采集新年度的数据，最终完成并出版国内首部《中国上市公司高管薪酬指数报告2009》；2011～2020年，我们又进行了七次评价，本年度是第九次评价。九次评价结果表明，中国上市公司高管薪酬存在比较严重的不合理问题，包括激励过度和激励不足。

高管薪酬是一个敏感而又十分重要的问题。20世纪80年代末90年代初，英国率先发起公司治理运动，并很快波及整个世界，其起因就是公司高管薪酬大幅超过公司绩效而过快增长，由此引起公众和股东的大为不满。在此背景下，1995年7月15日英国发表了《格林伯里报告》（Greenbury Report），其核心就是关于公司董事会报酬决定和相应说明的《最佳做法准则》。

近30年后的今天，我们仍犯着当初公司治理运动发生时和发生前的错误。不过，这种错误在中国发生了部分变化，在一些企业高管薪酬过度增长的同时，还有一些企业的高管薪酬由于人为减少而导致公司业绩的更大幅度下滑。在规范的公司治理中，高管薪酬与公司业绩应该是吻合的。这说明，我们的公司治理还没有真正融入全球公司治理运动之中，公司化改革在较大程度上还是形式上的。

中国在高管薪酬上出现的问题，与市场（尤其是资本市场和经理人市场）不成熟、不完善存在着密切的关系。这种不完善主要表现在两个方面：一是对于国有企业来说，政府或大股东对代理人干预或过度控制；二是对于民营企业（非国有企业）来说，则是家族或创始人干预或过度控制。

对于国有企业来说，一方面，政府仍然掌控着国有企业大部分决策的权力；另一方面，国有企业又总是处于失控之中。这两个方面看似一个悖论，其实二者之间具有必然的联系，前者是后者的直接原因。正是由于政府干预或控制过多，企业才会向政府隐瞒真实信息，或上报虚假信息，而政府与企业之间的代理链条过长，以及政府对企业的非现场决策又使这种隐瞒和虚报成为可能。在政府不了解企业真实信息的情况下，某些企业高管就可以利用其所控制的国有资产任意所为，如购置豪华的办公设施、发放过高的福利待遇和超标准的在职消费等。近几年，高管薪酬又部分走向了反面，即政府主导下的"一刀切"式的降薪和工资总额控制，而这种方式的降薪和工资总额控制，使一些国有企业的高管薪酬由此偏离了其对企业的实际贡献，即出现了激励不足，由此产生的企业改革和发展不力，也严重侵害了投资者权益，其中也包括国有投资者的权益。显然，政府主导下的国有企业公司治理改革，其成本是很高的，效果则是不高的。

对于民营企业来说，尤其是家族或创始人过度控制下的上市公司，一是信息披露不充分，透明度不高；二是企业上市的主要（甚至是首要）目的是圈钱，而不是完善公司治理。这种不完善的市场会产生三个方面的负面效应：其一，高管人员（与家族大股东或创始人往往混同）不能及时地、充分地向投资者（尤其是中小投资者）报告公司的真实经营绩效；其二，高管人员可能会利用内部信息人为地操纵股价，甚至可能为了巨额套现而制造虚假信息；其三，董事会难以对高管人员进行有效监督，而是常常形成利益共同体。显然，在不成熟的市场上，试图使高管人员的未来利益与公司和投资者的利益有机结合起来，是很难实现的。

在完善的市场上，高管薪酬的高低并不是由某个政府机构或家族大股东和创始人说了算的。高管的薪酬可能很高，也可能很低，但不管高低，均是由市场决定的，也是投资者认可的。这是因为：第一，完善的市场使董事会可以在市场上选聘高管人员，并使董事会对选错人负起责任来；第二，完善的市场要求高管薪酬及其相关信息必须对外公开，以接受政府、投资者和公众的监督；第三，完善的市场意味着制度安排的强化，而强化的制度安排大大加大了高管的违规成本，使其远远高于违规的收益。

在涉及报酬问题时，很多国有企业还沿袭着过去的思维逻辑，即先讲贡献，再讲报酬。而市场选择恰恰相反，是先讲报酬，再讲贡献。但如果贡献达不到报酬支付的要求，则意味着经营者违反了合同，该经营者就要被解聘；如果贡献超过报酬支付要求，则会给予奖励。在这种情况下，经营者要求的薪酬与其贡献将是基本吻合的。

如何评价目前中国上市公司高管薪酬，这既是一个理论问题，又是一个技术问题。在现实中，人们总感觉高管的薪酬过高了，于是谴责声不断。其实，这种感觉正确与否，需要进行科学的分析。实际上，相对于公司绩效，高管的薪酬有偏高的，也有偏低的，当然，也有适度的。只是关注高管薪酬的绝对值是没有多少意义的，因为高管对企业的贡献不同。因此，有必要对高管薪酬的合理性进行科学评估。

如何评估高管薪酬的合理性？显然，对高管薪酬的评估难以采取前面五种指数的方法。对高管薪酬的合理性进行评估，只能基于企业绩效，或者准确地说，基于高管对企业的实际贡献。同时，由于各行业性质不同，还需要考虑不同行业对高管实际贡献的影响。本报告所做的工作就是考虑企业绩效，运用科学的方法，计算出上市公司的高管薪酬指数，以此评价高管薪酬的合理性。通过这一研究，既希望能对高管激励制度研究及公司治理理论的完善有所贡献，同时也希望能有效服务于公司治理实践，充分发挥其信号显示作用，为股东、董事会、经营者、政府及其他利益相关者提供一个高管薪酬治理的"晴雨表"。

八、本报告内容和特色

本报告是作为第三方评价机构的北京师范大学公司治理与企业发展研究中心开发和出版的年度公司治理指数成果。报告以国际通行的公司治理规范，尤其借鉴了《G20/OECD 公司治理原则（2015）》的基本精神，同时基于中国的制度架构和现实国情，分类设计了中国公司治理评价指标体系，在此基础上，运用科学的方法，计算出了 2020 年 3774 家上市公司的中小投资者权益保护指数、董事会治理指数、企业家能力指数、财务治理指数和自愿性信息披露指数，以及 3754 家上市公司的高管薪酬指数，进而在前五类指数基础上形成了公司治理总指数，并对六类指数和总指数进行了排序和比较分析。

本报告是对中国资本市场开放以来上市公司中小投资者权益保护、董事会治理、企业家能力、财务治理、自愿性信息披露和高管薪酬合理性，以及公司治理总水平的全面评估，在很多方面填补了国内外在公司治理评价研究方面的空白。报告全面评估了中国上市公司六方面治理的现状，深刻揭示了中国上市公司六方面治理存在的问题，对于全面、客观地反映中国上市公司的治理水平，了解政府在公司治理方面的立法和执法现状，具有非常重要的现实意义。同时，报告又构成了中国公司治理理论和实证研究的重要基础，是企业强化公司治理以保证企业可持续发展的重要依据，是监管机构加强公司治理立法和执法的重要参考。尤其是，它对于提升投资者尤其是中小投资者的权益保护意识，引导投资者理性投资，降低投资风险，具有重要的参考价值；对于助推国有企业全面深化改革，尤其是混合所有制改革，对于强化金融业公司治理以防范金融业系统性风险，同样意义非凡。

这里需要说明一下国企混改与公司治理的关系。目前一些学者和政策部门把公司治理作为国企混改的目的，或者说，国企混改是为了完善公司治理，这是一种错误的认识。其实，二者是彼此促进的关系，国企混改确实有利于公司治理的进一步完善，但没有有效的公司治理，国企混改是不可能成功的。在很大程度上，有效的公司治理是国企混改的前提，因为在设计混改方案时，公司治理的合理设计是肯定不可缺失的，否则，就不可能吸引更多的投资者进入，也就谈不上下一步的混改推进。

（一）本报告主要内容

本报告除了导论外，包括八篇 26 章内容。

报告的第一篇是总论，包括导论、第 1 章和第 2 章，第八篇只包括第 26 章，中间六篇 23 章是对六类公司治理指数的统计分析，这六篇的结构基本相同，包括总体指数统计分析、分项指数统计分析（高管薪酬指数没有分项指数，故没有该部分分析）、所有制比较统计分析、年度比较统计分析。具体内容如下：

①设计了全面、客观、专业、可连续、可验证、可重复的中小投资者权益保护、董事会治理、企业家能力、财务治理、自愿性信息披露评价指标体系。根据各指标体系计算出来的五类公司治理指数具有科学性、可靠性和可比性。据此，公司可以发现公司治理五个方面的成绩、不足和潜在风险，促使公司有针对性提升公司治理水平；投资者可以发现具有更大投资价值和更低投资风险的投资对象；监管机构可以发现资本市场中潜在的风险点和潜在的违规因素，并及时予以矫正，从而为投资者创造更好的投资环境。

②基于公司绩效计算了高管薪酬指数并进行了评价。本报告基于公司绩效，并考虑行业因素，计算出了高管薪酬指数，然后根据统计学的四分之一分位法，将高管薪酬激励划分为激励过度、激励不足和激励适中三个区间。与其他五类公司治理指数不同的是，高管薪酬指数不是越高越好，也不是越低越好，而是数值越接近100越好，表明激励与绩效是匹配的，而两端的数据表明激励与绩效偏离较大，薪酬制度是低效率的。从高管薪酬绝对值与高管薪酬指数的比较看，高管薪酬绝对值高的不一定激励过度，高管薪酬绝对值低的也不一定激励不足，衡量高管薪酬合理与否要结合公司业绩，即应该考虑相对薪酬，而不应该过度关注高管薪酬绝对值。

③全样本、全方位评估了中国上市公司中小投资者权益保护、董事会治理、企业家能力、财务治理、自愿性信息披露、高管薪酬六方面的治理水平。本报告对沪深两市近乎全部A股上市公司（只剔除退市、年报不完整，以及截至本报告撰写时仍未披露年报的少量公司），从总体、地区、行业、上市板块等多角度评价了中国上市公司六方面的治理水平。研究发现，2020年中国上市公司中小投资者权益保护指数、董事会治理指数、企业家能力指数和财务治理指数的均值仍未达到60分，只有自愿性信息披露指数均值刚刚超过60分，为63.4487分，总体上仍处于低下水平，尤其是企业家能力，均值只有32.7635分。在评价的样本公司中，2020年中小投资者权益保护指数、董事会治理指数、企业家能力指数、财务治理指数和自愿性信息披露指数的及格率（60分及以上）分别是11.90%（比上年下降0.74个百分点）、38.18%（比上年提高7.86个百分点）、0%（与上年相同）、18.39%（比上年下降3.72个百分点）和71.75%（比上年提高19.89个百分点）。2020年高管薪酬指数均值为194.9432分，比上年有所上升。其中激励适中、激励过度和激励不足三个区间的高管薪酬指数均值分别是89.8681分、584.5328分和15.8068分，均比上年有不同程度的上升，三个区间相差很大；激励适中、激励过度和激励不足三个区间的高管薪酬均值分别是110.61万元、117.59万元和123.94万元，都比上年有所上升。通过高管薪酬指数和高管薪酬的对比，可以发现高管薪酬与高管激励之间未必一定是正

向关系，这有利于纠正社会对较高或较低的高管薪酬存在的误区，即认为高薪酬就是激励过度，低薪酬就是激励不足，而这种误区导致一刀切的降薪或提薪。

④中小投资者权益保护、董事会治理、企业家能力、财务治理、自愿性信息披露都从四个维度或分项全面评估了中国上市公司五方面的治理水平。其中，中小投资者权益保护指数分解为知情权、决策与监督权、收益权和维权环境四个分项指数，2020年只有知情权分项指数略超60分，而对于中小投资者权益保护最具有实质意义的决策与监督权以及收益权两个分项指数的均值则很低，都未达到47分。董事会治理指数分解为董事会结构、独立董事独立性、董事会行为和董事激励与约束四个分项指数，2020年独立董事独立性和董事会行为两个分项指数超过60分，其中董事会行为分项指数接近70分，反映着董事会行为进一步规范化；董事会结构分项指数均值仅为42.2604分，反映着董事会结构并未如人们想象中的那么健全；具有实质性治理意义的董事激励与约束分项指数均值为58.2862分，反映董事激励与约束机制还不到位。企业家能力指数分解为人力资本、关系网络能力、社会责任能力和战略领导能力四个分项指数，2020年未有一项达到60分的及格线，而且人力资本、关系网络能力和战略领导能力三个分项指数都在31分以下，这意味着CEO因不具有独立性而难以发挥最大潜能。财务治理指数分解为财权配置、财务控制、财务监督和财务激励四个分项指数，四个分项指数的均值差异较大。2020年财务监督和财务控制两个分项指数均值都在70分边缘上，财权配置分项指数均值不到49分，财务激励分项指数则不到27分。自愿性信息披露指数分解为治理结构、治理效率、利益相关者、风险控制四个分项指数，2020年治理结构和治理效率两个分项指数都在70分上下，利益相关者和风险控制两个分项指数均值则都没有超过55分，都处于偏低水平。

⑤从所有制角度对中国上市公司中小投资者权益保护、董事会治理、企业家能力、财务治理、自愿性信息披露、高管薪酬六方面的治理水平作了深入的比较分析。2020年，从均值上比较，在企业家能力指数上，非国有控股公司高于国有控股公司；中小投资者权益保护指数和财务治理指数则是国有控股公司高于非国有控股公司；而董事会治理指数和自愿性信息披露指数非常接近。在这五个指数上，除了董事会治理指数，中央企业（或监管机构）控制的公司与地方国企（或监管机构）控制的公司非常接近外，其他四个分项指数都是中央企业（或监管机构）控制的公司高于地方国企（或监管机构）控制的公司。对于高管薪酬指数，非国有控股公司大大高于国有控股公司，地方国企（或监管机构）控制的公司高于中央企业（或监管机构）控制的公司；但在前三位薪酬最高高管的薪酬绝对值上，则是国有控股公司高于非国有控股公司，中央企业（或监管机构）控制的公司高于地方国企（或监管机构）控制的公司。需要注意的是，在比较高管薪酬指数时，没有考虑客观存在的政府赋予部分国企的垄断因素。

⑥对中国上市公司中小投资者权益保护、董事会治理、企业家能力、财务治理、自愿性信息披露、高管薪酬等六方面的治理水平作了深入的年度比较分析。从均值上比较，对于中小投资者权益保护指数，2014～2017年连续上升，2017～2020年，基本上都徘徊在52分左右。对于董事会治理指数，2014和2015年连续下降，2016～2020年逐年上升。对于企业家能力指数，2011～2019年间基本呈下降态势，但2020年出现较大幅度的上升。对于财务治理指数，2014～2018年，基本上在53分左右，2019年上升，但2020年又下降。对于自愿性信息披露指数，2013～2020年，基本上呈现上升态势。对于高管薪酬指数，从2012～2016年连续上升，但之后连续三年下降，2020年有所回升；但从高管薪酬绝对值上看，2012～2020年均增长7.76%，2020年比2019年上升9.92%，这说明高管薪酬指数与高管薪酬绝对值二者的增长并非总是一致，关注基于业绩的高管薪酬增长才是更重要的。

⑦对中国上市公司治理总指数进行了测算。本年度在六类公司治理指数的基础上，计算了2015～2020年中国上市公司治理总指数。六年来，上市公司治理总指数均值连续上升。2020年比2015年提高7.2492分，比上年提高1.6298分。其中，国有控股公司和非国有控股公司都在五年间连续上升，2015～2017年国有控股公司都低于非国有控股公司，2018～2020年则是国有控股公司略高于非国有控股公司。

⑧结合本报告公司治理指数所揭示的问题，以金融业为例，提出了完善金融企业公司治理的政策建议。包括建立与国际接轨和中国特色的现代金融企业治理制度；加强中小金融机构穿透式监管，维护中小股东权益；完善独立董事制度，加强独立董事人才建设；加强信息经济时代反垄断，坚决防止资本无序扩张。

（二）本报告主要特色

本报告的最大特色就是对公司治理进行分类评价，把公司治理指数分为六类，六类公司治理指数既有共性也有各自的特色。

六类公司治理指数的共性特色表现在以下六个方面：

①指标体系设计借鉴国际通行的公司治理规范。全球经济一体化是世界经济发展趋势，中国也有越来越多的企业走向海外或国外，与全球市场融为一体。同时，各国公司治理尽管有自己的特点，但趋同的方面越来越多，发达国家长期以来形成的规范的公司治理，正逐渐演化为国际通行的治理规范，像中国政府认同并与G20国家共同签署的《G20/OECD公司治理原则》，正在世界许多国家得到重视和贯彻。在指标设计时引入国际通行的标准，有助于引导中国企业尽快融入国际体系，有助于中国企业的国际化。

②指标评分标准清晰。评分标准模糊、难以分层是指标评分之大忌，是产生主观评价的主要根源。为此，在确定指标体系时，一方面力求指标标准清晰可辨；另一方面，对于容易产生主观判断的部分指标，制定近乎苛刻的分层标准。由于评分标准清晰，加

之对数据录入人员进行严格的培训，尽管评价对象是全部 A 股上市公司，数据量庞大，但仍能保证数据的高准确度。

③全样本评价。本报告的评价对象是沪深两市 A 股全部上市公司，这与既有研究只是抽样评价形成明显区别。抽样评价得出的结果不能代表全部，尤其是其中的所谓"最佳"只能是抽样中的"最佳"，而不是真正的"最佳"，无法得到上市公司的普遍认同。更有甚者，个别评价依赖于部分专家的主观推荐，抽样并不具有客观性，指标体系只是针对推荐出来的公司，这种评价无疑是极不严肃的。

④数据来源公开可得，评价具有连续性。指标数据全部可以从证监会、公司年报、公司网站、官方指定媒体等公开的权威渠道取得，避免通过问卷调查等主观性很强、不能连续、调查对象不稳定的渠道获取数据，从而使公司治理指数评价具有连续性，评价对象高度稳定，评价结果更加客观，可以长期跟踪分析。

⑤评价标准全公开，评价结果可验证。这是本报告的最大特色。15 年来，我们一直秉持这一做法，这种做法极具挑战性和风险性，因为标准全公开意味着每个公司和研究者都可以验证评价结果的准确性和客观性，从而容不得我们犯错误。该系列指数报告曾经是唯一全面公开评价标准的研究成果，现在已经产生示范效果，近年来也有其他相近研究公开其评价标准。

⑥避免模糊指标。在既有评价研究中，存在不少模糊指标。以董事会治理评价为例，有研究者把董事会规模、会议次数等纳入评价指标，这无异于假定董事会规模越大，董事会会议次数越多，董事会治理就越好。其实，这个假设是错误的。董事会规模多大、董事会会议次数多少才是最佳的，难以断定，从而无法给出公认的客观标准。没有公认的客观标准，就不能得出评价结果。像这类指标，只能说，它们对董事会治理有影响，而不是董事会治理本身。在本报告中，指标体系设计均按照既有法律法规，尤其是遵从国际规范，所有指标均有公认的标准，这保证了评价结果的客观性和可比性。

六类公司治理指数各自的特色表现在如下几个方面。

①对于中小投资者权益保护指数，指标体系分为权利行使和权利行使保障两个层面。前者包括决策与监督权以及收益权两个维度，后者包括知情权和维权环境两个维度；前者对中小投资者更具有实质意义，后者则要保障中小投资者权益得到落实。这种指标体系的设计，可以全面评价中小投资者权益保护的实际水平。

②对于董事会治理指数，要回归"董事会"。董事会治理是公司治理的重要组成部分，甚至是核心范畴，但不是全部，因此，本报告克服了既有研究中混沌不清的缺陷，把不属于董事会治理的指标予以剔除（如股东大会、股权结构、监事会等），基于董事会作为股东的代理人和经营者的监督者以及本身作为利益主体的角度来设计指标体系，从形式上和实质上全面评价董事会治理的水平。

③对于企业家能力指数，指标体系设计充分考虑企业家的潜在能力和现实能力。为了反映企业家能力的全貌，在指标设计上，不仅有反映企业家潜在能力信息的指标，如教育水平、工作年限、工作经历、选聘路径等，更有反映企业家实际能力信息的指标，如关系网络、社会责任、对企业的实际贡献等；不仅有反映企业家成功信息的指标，如被聘为独立董事、担任人大代表、国际化战略等，也有反映不成功信息的指标，如贷款诉讼（未按期偿还）、投资者低回报或无回报、被监管机构谴责等。指标体系的设计，要能够体现企业家诚信经营、敢于创新和担当的品质和精神。

④对于财务治理指数，指标体系设计借鉴国际财务报告准则。在全球资本市场趋于一体化的情况下，采用国际财务报告准则，财务报告将具有透明度和可比性，从而可以大大降低公司的会计成本，提高公司运营绩效。因此，将国际财务报告准则部分纳入财务治理指标体系，有助于加快企业财务治理的规范化程度，也有利于提升其国际化水平。

⑤对于自愿性信息披露指数，从投资者权益保护角度设计指标体系。信息披露的目的是吸引投资者的关注和投资，投资者理性投资的前提也是充分、真实和及时的信息披露，无疑，投资者是上市公司所披露的信息的主要使用者，因此，自愿性信息披露评价指标体系的设计必须紧密围绕投资者，以投资者为核心，使投资者使用时具有很强的针对性。基于这种考虑，指标体系要全面但又不宜过多，要使投资者利用有限的知识了解他们所需要的全面信息。同时，指标体系要具有可连续的数据支持，可以使投资者进行连续的跟踪分析，以引导投资者立足于公司的长远发展，而不是仅仅满足于短期回报。本报告的四个维度指标体系就是基于以上原则而设计的。其中，治理结构维度反映代理人是否可能代表投资者，治理效率维度反映代理人是否实际代表投资者，利益相关者维度反映投资者（以及其他利益相关者）是否得到尊重，风险控制维度反映投资者投资的实际结果。

⑥对于高管薪酬指数，基于绩效对高管薪酬进行客观评价。既有的高管薪酬研究大都基于高管薪酬绝对值，这种研究简单地把高薪酬等同于高激励，或者把低薪酬等同于低激励，其结果便是盲目攀比。而本报告的研究表明，考虑企业绩效因素后可以对高管的实际贡献做出客观评价，考虑到高管的实际贡献，则高薪酬未必高激励，低薪酬也未必低激励，这种评价有利于避免高管薪酬的攀比效应。

本报告强调公司治理评价要分类，但从 2019 年也开始测算中国上市公司治理总指数。但本报告特别指出，公司治理涉及领域很广，很难形成全面的各分类指数，且不同方面的界限不能严格分清，因此，编制总指数，只能是一个"大约数"。这也可视为本报告的一个不那么"特色"的特色吧。

第1章 中国公司治理分类指数指标体系、计算方法和评价范围

如导论所述，公司治理涉及很多方面，如投资者权益保护、董事会治理、企业家能力、财务治理、信息披露、高管薪酬、社会责任（包括环境保护责任）、政府监管等诸多方面，本报告基于已经相对成熟的、连续出版的"中国上市公司治理分类指数报告系列"，只包括其中的中小投资者权益保护、董事会治理、企业家能力（含企业家的社会责任）、财务治理（含涉及社会责任的财务监督）、自愿性信息披露（含利益相关者或社会责任信息披露）、高管薪酬六个方面。

1.1 中国公司治理分类指数研究的两个关键问题

与已经出版的六类19部指数报告一样，本报告采取的方法是"指数"形式。在指数研究中，有两大关键问题，分别是指数涉及的指标体系选择和指标权重设计，这两个方面构成了指数研究的核心内容。

在指标体系选择上，考虑到公司治理是一个国际话题，以及全球经济一体化的发展，本报告各类指数在制定指标体系上，既参照国际先进的公司治理规范，包括国际组织的公司治理准则和市场经济发达国家的公司治理准则，也借鉴国内外已有的公司治理评价研究结果，同时也考虑国内既有的相关法律法规。如此确定的指标体系和评价结果接近国际标准，高于国内既有法律和政策规定，是对各类公司治理水平的真实反映。本报告基本沿用已出版的六类19部公司治理指数报告的评价体系，并根据国际国内公司治理变化趋势对个别指标作了微调。

在指标权重设计上，目前常见的方法主要有专家打分法、因子分析法、层次分析法等。就技术层面而言，这些方法各有优劣，并没有一种公认的所谓"最适合"的方法。具体而言，专家打分法是一种主观定权方法，其优势在于简单实用，容易构造指标权重，但是其不足在于这种方法主观性太强，对专家经验的依赖程度很高；因子分析法

是一种客观定权方法，其优势在于较为客观，通过提取主要因子的方法即可完成权重设计，但其劣势在于随着时间的推移和数据的变化，各指标权重将会发生变化，这将导致指数结果在年度之间不可比较，从而对跨年度分析带来困扰，而跨年度比较是本报告系列指数的一个重要内容；层次分析法是一种主观和客观相结合的方法，其优势在于将定性分析和定量分析相结合，用决策者的经验来判断和衡量目标能否实现的标准之间的相对重要程度，并给出每个决策方案的标准权重。它不仅适用于存在不确定性和主观信息的情况，还允许以合乎逻辑的方式运用经验、洞察力和直觉，由于其具有主观打分和客观定权相结合的特点，其劣势就在于同样会受到这两种因素的影响，同时其操作也相对复杂。

从近年来指数研究的情况来看，以算术平均值作为指标权重（即等权重）的处理方法得到了越来越多的青睐。例如，樊纲等（2011）[1] 在其被广泛引用的《中国市场化指数》设计中，就使用算术平均值处理方法来替代以往使用的层次分析法，并且他们的稳健性分析表明，采用算数平均值处理方法得到的结果与其他方法是非常接近的，这说明算术平均值处理方法是可行的，特别是在评价指标较多的情况下，更是如此。其他类似的研究还包括美国传统基金会（The Heritage Foundation）和加拿大弗雷泽研究所（The Fraser Institute）的"经济自由度测度"，以及香港中文大学的"亚洲银行竞争力测度"等项目。

本报告在指标权重选择方法上，对中小投资者权益保护、董事会治理、财务治理、自愿性信息披露四类指数以及公司治理总指数，均采用目前国际通行的等权重方法。但企业家能力则采用了层次分析法（AHP）。这主要是因为企业家能力指数的四个维度具有明显的重要性区分。具体方法将在以下各节中说明。

1.2　中国上市公司治理总指数计算方法

我们编制"中国上市公司治理分类指数"已经 15 年，2019 年之前一直没有编制总指数，也一直不主张编制总指数，原因已在导论中分析。但是，公司治理总指数并非没有必要，它可以给人一种总体的认识，并且易于传播。只是，这种总指数一定是在分类指数的基础上汇总而成。问题在于，公司治理涉及领域很广，很难形成全面的各类指数，因此，即使编制总指数，也只能是一个"大约数"。我们编制了六类指数，尽管已经比较全面，但仍不能涵盖公司治理的全部内容，因此，尽管我们响应社会需求，从2019 年度开始编制公司治理总指数，但仍是一个"约数"。

---

[1] 樊纲等：《中国市场化指数：各地区市场化相对进程 2011 年报告》，经济科学出版社，2011 年。

如何在已编制的六类公司治理指数的基础上，形成公司治理总指数，我们尝试了比较流行的因子分析法，但正如前文所述，由于各年度的权重不同，使得指数结果在年度之间的可比性较差。于是，我们又回归算数平均法。那么，六类公司治理指数如何取舍？不同类别的公司治理指数中的重复指标如何处理（尽管只是很少一部分）？在已开发的六类公司治理指数中，与其他五类公司治理指数都是百分制不同，高管薪酬指数由于衡量的是高管贡献与公司绩效的吻合度，因此 100 分是薪酬激励最适中的指数值。指数值越大，薪酬激励就越趋向过度；指数值越小，薪酬激励越趋向不足。据此，我们把高管薪酬激励区分为激励过度、激励适中、激励不足三个区间，并作为六类指数之一的财务治理指数的一个重要指标。因此，在编制公司治理总指数中就舍弃了高管薪酬指数，只把其他五类公司治理指数作为编制基础。至于不同类别公司治理指数中的重复指标，我们原计划只在某一类指数中计算，但这样会削弱放弃该指标的那一类指数的重要性，而这种重要性是不能忽视的。比如"股东诉讼及赔偿情况"是中小投资者权益保护的重要方面，同时也是对董事进行约束的重要方面（因为董事会是全体股东的代理人），因此，在中小投资者权益保护指数和董事会治理指数中都有这个指标，这两类指数中的任何一类放弃该指标，都意味着该类指数重要性的降低。于是，我们最终选择不放弃。这意味着，在五类公司治理指数进行算术平均时，其实加大了那几个重复指标的权重，我们认为，对于涉及领域很广泛的公司治理指数编制来说，这应该是更科学的做法。

基于以上考虑，我们将计算得到的中小投资者权益保护指数（$CCMII^{BNU}$）、董事会治理指数（$CCBI^{BNU}$）、企业家能力指数（$CCEI^{BNU}$）、财务治理指数（$CCFI^{BNU}$）和自愿性信息披露指数（$CCVDI^{BNU}$）进行加总，然后进行简单平均，得到中国上市公司治理总指数，其计算公式为：

$$CCGI^{BNU} = \frac{1}{5}\left(CCMII^{BNU} + CCBI^{BNU} + CCEI^{BNU} + CCFI^{BNU} + CCVDI^{BNU}\right)$$

公式中，$CCGI^{BNU}$ 代表中国上市公司治理总指数（"北京师范大学公司治理总指数"）。

1.3　中小投资者权益保护指数指标体系及计算方法

1.3.1　中小投资者权益保护指数指标体系

本报告基于国际规范的中小投资者权益保护规范，同时考虑中国中小投资者的立法和执法状况，从知情权、决策与监督权、收益权和维权环境四个维度来计算中小投资者权益保护指数，据此来评价上市公司的中小投资者权益保护质量，具体包括 4 个一级指标（维度），36 个二级指标。其中，知情权维度包括 9 个二级指标；决策与监督权维度包括 11 个二级指标；收益权维度包括 7 个二级指标；维权环境维度包括 9 个二级指标，参见表 1-1。

表 1-1　中小投资者权益保护指数指标体系

一级指标	二级指标	评价标准
知情权（MIK）	1. 是否按时披露公司定期报告	包括一季度报、半年报、三季度报和年报，每项分值 0.25 分
	2. 年报预披露时间与实际披露时间是否一致	A. 基本一致（延后在 10 天之内，包括提前，1 分）； B. 差距较大（延后在 10-30 天，0.5 分）； C. 差距很大（延后在 30 天以上，0 分）
	3. 预告业绩与实际业绩是否一致	A. 实际的数据落入预测区间（1 分）； B. 没有落入预测区间（0 分）
	4. 公司是否因违规而被证监会、证交所等部门公开批评、谴责或行政处罚	A. 否（0 分）；B. 是（-1 分）
	5. 外部审计是否出具标准无保留意见	A. 是（1 分）；B. 否（0 分）
	6. 上市公司是否开通微信 / 微博 / 网站 / 投资者咨询电话或在线互动平台	重点关注网站、微博或微信、投资者咨询电话或在线互动平台三项，每一项分别赋分为 0.34 分、0.33 分、0.33 分
	7. 分析师关注度	用会计年度内分析师发布研究报告的次数衡量，标准化处理为 0～1 区间数值
	8. 是否详细披露独立董事过去 3 年的任职经历	A. 详细披露（1 分）； B. 笼统披露（0.5 分）； C. 未披露（0 分）
	9. 是否披露可预见的财务风险因素	A. 是（1 分）；B. 否（0 分）
决策与监督权（MIE）	10. 是否采用网络投票制	A. 是（1 分）；B. 否（0 分）
	11. 是否实行累积投票制	A. 是（1 分）；B. 否（0 分）
	12. 是否采用中小投资者表决单独计票	A. 是（1 分）；B. 否（0 分）
	13. 独立董事比例	A. 独立董事比例 ≥ 2/3（1 分）； B. 1/2 ≤ 独立董事比例 <2/3（0.7 分）； C. 1/3 ≤ 独立董事比例 <1/2（0.35 分）； D. 独立董事比例 <1/3（0 分）
	14. 有无单独或者合计持有公司 10% 以上股份的股东提出召开临时股东大会	A. 是（1 分）；B. 否（0 分）

一级指标	二级指标	评价标准
决策与监督权（MIE）	15. 独立董事是否担任本公司董事长	A. 是（1分）；B. 否（0分）
	16. 有无单独或者合并持有公司3%以上股份的股东提出议案	A. 是（1分）；B. 否（0分）
	17. 三个委员会是否设立（审计、提名、薪酬）	A.0个（0分）； B.1个（0.35分）； C.2个（0.7分）； D.3个（1分）
	18. 审计委员会主席是否由独立董事担任	A. 是（1分）； B. 否（0分）； C. 未披露（0分）
	19. 独立董事的董事会实际出席率	公司所有独立董事实际出席董事会次数的总和 /公司所有独立董事应出席董事会次数的总和
	20. 董事长是否来自大股东单位	A. 否（1分）；B. 是（0分）
收益权（MIR）	21. 个股收益率是否大于或等于市场收益率	A. 是（1分）；B. 否（0分）
	22. 现金分红	最近三年现金分红累计分配利润与最近三年实现的可分配利润的比例，标准化处理为0～1区间数值
	23. 股票股利	股票股利情况，标准化处理为0～1区间数值
	24. 财务绩效	取 ROE，标准化处理为0～1区间数值
	25. 增长率	取营业总收入增长率，标准化处理为0～1区间数值
	26. 是否 ST	A. 否（0分）；B. 是（-1分）
	27. 是否有中小股东收益权的制度安排（分红权）	A. 是（1分）；B. 否（0分）
维权环境（MII）	28. 股东诉讼及赔偿情况	A. 无股东诉讼（0分）； B. 有股东诉讼无赔偿或存在未决诉讼（-0.5分）； C. 有股东诉讼且有赔偿（-1分）
	29. 控股股东（实际控制人）是否因直接或者间接转移、侵占上市公司资产受到监管机构查处	A. 否（0分）；B. 是（-1分）
	30. 是否建立违规风险准备金制度	A. 是（1分）；B. 否（0分）

一级指标	二级指标	评价标准
维权环境 （MII）	31. 投资者关系建设情况	A. 详细披露投资者关系沟通细节或接待措施（1分）； B. 只说明有《投资者关系管理制度》，但没有具体内容（0.5分）； C. 关于投资者关系建设没有任何说明或者笼统说明（0分）
	32. 董事会或股东大会是否定期评估内部控制	A. 有《报告》且有出处或全文（1分）； B. 有《报告》但无出处或全文（0.5分）； C. 没有《报告》（0分）
	33. 各专门委员会是否在内部控制中发挥作用	A. 是（1分）；B. 否（0分）
	34. 是否披露存在重大内部控制缺陷	A. 重大缺陷（-1分）； B. 重要缺陷（-0.7分）； C. 一般缺陷（-0.35分）； D. 无缺陷（0分）
	35. 风险控制委员会设置情况	A. 设置且独董比例不低于2/3（1分）； B. 设置但独董比例低于2/3或未披露独董比例（0.5分）； C. 未设置或未披露（0分）
	36. 是否存在股价异动	A. 否（0分）；B. 是（-1分）

对于中小投资者权益保护指数指标体系，简要解释如下：

（1）知情权维度

知情权维度包括9个二级指标，主要考察中小投资者对于公司经营决策关键信息的知情权。其中，指标1、2和3从定期报告角度，评价中小投资者对公司经营定期报告知情权的掌握情况；指标4和5是从外部监管和审计角度，评价中小投资者对重大监管和审计事项知情权的掌握情况；指标6至9则是从中小投资者参与决策所需要的其他重要信息来评价中小投资者的知情权。

（2）决策与监督权维度

决策与监督权维度包括11个二级指标，主要考察中小投资者行使权利和监督代理人的情况。其中，指标10、11和12从直接角度评价中小投资者行使权利和监督代理人情况；指标13至20从间接角度评价中小投资者行使权利和监督代理人情况。

（3）收益权维度

收益权维度包括7个二级指标，主要考察上市公司为中小投资者提供的投资回报情况，是中小投资者权益保护的目标。其中，指标21、22和23从直接收益角度评价上市公司中小投资者回报情况；指标 24 至 27 从间接收益和制度角度评价上市公司中小投资者回报情况。

（4）维权环境维度

维权环境维度包括 9 个二级指标，主要考察中小投资者权益维护方面的制度建设情况。其中，指标 28 和 29 主要是从行政司法角度反映中小投资者的权益维护；指标 30 至 35 主要是从内部治理角度反映中小投资者的权益维护；指标 36 则是从股价波动角度反映中小投资者的权益维护。

1.3.2 中小投资者权益保护指数计算方法

首先要考虑计分方法。按计分方法分类，中小投资者权益保护指数指标体系中的 36 个二级指标可以分为三类：一是 0/1（或 -1/0）变量，使用该种计分方法的二级指标有 19 个，包括指标 3、4、5、9、10、11、12、14、15、16、18、20、21、26、27、29、30、33 和 36；二是程度变量，按照某个指标的质量高低对指标进行分层，使用该种计分方法的二级指标有 11 个，包括指标 1、2、6、8、13、17、28、31、32、34 和 35；三是连续变量，有的比例指标数据本身就是连续数据，在 [0，1] 区间，可以直接采用原始数据，这类指标有 1 个，即指标 19；有的指标数据尽管是连续数据，但超越 [0,1] 区间，通过标准化 ❶ 折算到 [0,1] 区间，这类指标有 5 个，包括指标 7、22、23、24、25。

接着要考虑权重的确定。我们认为，本报告所选择的中小投资者权益保护指数的四个维度（一级指标）和 36 个指标（二级指标）并无孰轻孰重的区分，因此，为了避免主观性偏差，在计算中小投资者权益保护指数时，不论是四个维度还是每个维度内的单个指标，都采用算术平均值（等权重）处理方法来设定指标权重，即首先针对某个一级指标内的所有二级指标进行等权重计算，然后对四个一级指标进行等权重计算，以此得出中小投资者权益保护指数。具体计算方法如下：

（1）二级指标赋值

根据表 1-1 对每个二级指标 I_i（i=1，2，…，36）进行打分和计算，使每个二级指标的取值均位于 0 ~ 1 的数值区间。

（2）计算四个分项指数

对隶属于同一个一级指标的二级指标的得分进行简单平均，并转化为百分制，得到四个一级指标得分，即中小投资者知情权分项指数、中小投资者决策与监督权分项指数、中小投资者收益权分项指数和中小投资者维权环境分项指数。具体计算公式如下：

---

❶ 标准化的方法为：标准化数值＝（指标得分－样本最小值）/（样本最大值－样本最小值）。

$$MIK = \frac{1}{9}\left(\sum_{i=1}^{9} I_i + 1\right) \times 100$$

$$MIE = \frac{1}{11}\sum_{i=10}^{20} I_i \times 100$$

$$MIR = \frac{1}{7}\left(\sum_{i=21}^{27} I_i + 1\right) \times 100$$

$$MII = \frac{1}{9}\left(\sum_{i=28}^{36} I_i + 4\right) \times 100$$

其中，MIK、MIE、MIR 和 MII 分别代表知情权分项指数、决策与监督权分项指数、收益权分项指数和维权环境分项指数。

需要特别说明的是，由于知情权分项指数、收益权分项指数和维权环境分项指数中有 6 个二级指标（指标 4、26、28、29、34、36）有部分负分取值，为了保证所有四个一级指标（维度）都位于 [0，100] 区间，在对每个一级指标（维度）进行分项指数计算时，对负值进行简单调整，即对负分指标加上一个相应的正值，从而使每个分项指数落在 [0，100] 区间，具体就是对涉及的一级指标 MIK、MIR 和 MII，分别加上正值 1、1、4。

但是，这种方法对于获得负分（即应处罚或谴责）的企业，无异于是一种"奖励"。因此，为保证真实性和客观性，在相应的分项指数计算出来后，需要对这些企业扣减与负分相对应的分值。对于每个负分项，扣减的分值是：$1/n \times 100$，式中，n 是负分项所在分项指数所包含的指标数。

具体而言，在知情权分项指数（MIK）中，有 9 个指标，其中有 1 个负分指标（二级指标 4），对得负分的企业，需要在该分项指数中扣减 $1/9 \times 100$ 分。在收益权（MIR）中，有 7 个指标，其中有 1 个负分指标（二级指标 26），需要在该分项指数中扣减 $1/7 \times 100$ 分。在维权环境（MII）中，有个 9 指标，其中有 4 个负分指标（二级指标 28、29、34 和 36），对于得 −1 分的企业，均扣减 $1/9 \times 100$ 分。需要注意的是，指标 28 和 34 是程度指标，以指标 34 为例，企业有 −1、−0.7、−0.35 和 0 四个不同得分，对于得分 −0.7 的企业，扣减 $0.7/9 \times 100$ 分；对于得分 −0.35 的企业，则扣减 $0.35/9 \times 100$ 分。如果扣减后分项指数出现负分情况，则该分项指数最低为 0 分。

这种扣减分方法从 2017 年开始采用，其中"28. 股东诉讼及赔偿情况"是 2018 年评价时由原来的正分项调整为负分项的，为了使不同年度具有可比性，对之前年度的中小投资者权益保护指数数据库也进行了同样的调整。本次评价仍采用这种方法对指数进行调整。

（3）计算总指数

将根据二级指标计算得到的一级指标进行加总并进行简单平均，便得到中国上市公司中小投资者权益保护指数，其计算公式为：

$$CCMII^{BNU} = \frac{1}{4}(MIK + MIE + MIR + MII)$$

公式中，$CCMII^{BNU}$ 代表中国上市公司中小投资者权益保护指数（"北京师范大学中小投资者权益保护指数"）。

1.4 董事会治理指数指标体系及计算方法

1.4.1 董事会治理指数指标体系

本报告以董事会治理质量评价为核心，以中国《上市公司治理准则》（2018）为基准，综合考虑《公司法》《证券法》《关于在上市公司建立独立董事制度的指导意见》等国内有关上市公司董事会治理的法律法规，以及《G20/OECD公司治理准则》（2015）和标准普尔公司治理评级系统等国际组织和机构有关公司治理的准则指引，借鉴国内外已有的董事会评价指标体系，从董事会结构、独立董事独立性、董事会行为和董事激励与约束四个维度和38个指标对董事会治理质量通过指数形式做出评价。其中董事会结构维度包括12个二级指标，独立董事独立性维度包括10个二级指标，董事会行为维度包括7个二级指标，董事会激励与约束维度包括9个二级指标，参见表1-2。

表 1-2　董事会治理指数指标体系

一级指标	二级指标	评价标准
董事会结构（BS）	1. 外部董事比例	A. 独立董事比例 ≥ 2/3（1分）； B. 独立董事比例 <2/3，外部董事（含独立董事）比例 ≥ 1/2（0.7分）； C.1/3 ≤外部董事（含独立董事）比例 <1/2（0.35分）； D. 外部董事（含独立董事）比例 <1/3（0分）
	2. 有无外部非独立董事	A. 有（1分）；B. 无（0分）
	3. 两职分离	A. 是（1分）；B. 否（0分）
	4. 董事长是否来自大股东单位	A. 否（1分）；B. 是（0分）
	5. 有无小股东代表（是否实行累积投票制）	A. 是（1分）；B. 否（0分）
	6. 有无职工董事	A. 有职工董事且披露职工董事姓名（1分）； B. 有但没有标明具体名字（0.5分）； C. 无（0分）

一级指标	二级指标	评价标准
董事会结构（*BS*）	7. 董事学历	A. 博士（1分）； B.MBA（1分）； C.EMBA（1分）； D. 其他类型硕士（1分）； E. 学术硕士（1分）； F. 本科（0.7分）； G. 专科（0.35分）； H. 高中及以下（0分）； I. 未披露（0分）
	8. 年龄超过60岁（包括60岁）的董事比例	A. 比例≥1/3（0分）；B. 比例<1/3（1分）
	9. 审计委员会设置情况	A. 设置且独董比例为100%（1分）； B. 设置但独董比例低于100%或未披露独董比例（0.5分）； C. 未设置或未披露（0分）
	10. 薪酬委员会设置情况	A. 设置且独董比例不低于50%（1分）； B. 设置且独董比例低于50%或未披露独董比例（0.5分）； C. 未设置或未披露（0分）
	11. 提名委员会设置情况	A. 设置且独董比例不低于50%（1分）； B. 设置且独董比例低于50%或未披露独董比例（0.5分）； C. 未设置或未披露（0分）
	12. 合规委员会设置情况	A. 在董事会下设置（1分）； B. 在经营层下设置（0.5分）； C. 未设置或未披露（0分）
独立董事独立性（*BI*）	13. 审计委员会主席是否由独立董事担任	A. 是（1分）； B. 否（0分）； C. 未披露（0分）
	14. 独立董事中有无财务专家	A. 有（1分）；B. 无（0分）
	15. 独立董事中有无法律专家	A. 有（1分）；B. 无（0分）
	16. 独立董事中有无其他企业高管	A. 有（1分）；B. 无（0分）
	17. 独立董事中是否有人曾就职于政府部门或人大、政协（人大、政协可以是现任）	A. 否（1分）；B. 是（0分）
	18. 独立董事是否担任本公司董事长	A. 是（1分）；B. 否（0分）

续表

一级指标	二级指标	评价标准
独立董事独立性（BI）	19. 在多家公司担任独立董事情况（包括本公司）	A. 只有 1 家（1 分）； B.2-3 家（0.5 分）； C.4 家及以上（0 分）
	20. 独立董事董事会实际出席率	公司所有独立董事实际出席董事会次数的总和 / 公司所有独立董事应出席董事会次数的总和
	21. 独立董事津贴是否超过 10 万元（税前，不包括 10 万）	A. 是（0 分）；B. 否（1 分）
	22. 是否详细披露独立董事过去 3 年的任职经历	A. 详细披露（1 分）； B. 笼统披露（0.5 分）； C. 未披露（0 分）
董事会行为（BB）	23. 内部董事与外部董事是否有明确的沟通交流	A. 是（1 分）；B. 否（0 分）
	24. 投资者关系建设情况	A. 详细披露投资者关系沟通细节或接待措施（1 分）； B. 只说明有《投资者关系管理制度》，但没有具体内容（0.5 分）； C. 关于投资者关系建设没有任何说明或者笼统说明（0 分）
	25. 是否存在董事会提交的决议事项或草案被股东大会撤销或者否决的情况	A. 否（1 分）；B. 是（0 分）
	26.《董事会议事规则》的说明	A. 详细介绍议事规则（1 分）； B. 只作一般性说明（0.5 分）； C. 未披露任何信息（0 分）
	27. 财务控制	作者同期"财务治理指数"中"财务控制分项指数（FC）"①得分转化为 [0，1] 的得分区间，即 FC/100
	28. 董事会是否有明确的高管考评和激励制度	A. 是（1 分）；B. 否（0 分）
	29. 股东大会（包括临时股东大会）股东出席率	A. 完全披露（1 分）； B. 未完全披露（0.5 分）； C. 未披露（0 分）
董事激励与约束（BIR）	30. 执行董事薪酬是否与其业绩相吻合	根据作者同期"高管薪酬指数"②中"激励区间"进行判断，如激励适中，则得 1 分；过度或不足，则得 0 分

一级指标	二级指标	评价标准
董事激励与约束（*BIR*）	31. 股东诉讼及赔偿情况	A. 无股东诉讼（0分）； B. 有股东诉讼无赔偿或存在未决诉讼（-0.5分）； C. 有股东诉讼且有赔偿（-1分）
	32. 董事会成员是否遭到监管机构处罚或谴责	A. 否（0分）；B. 是（-1分）
	33. 是否有明确的董事考评和激励制度	A. 是（1分）；B. 否（0分）
	34. 是否公布董事考评/考核结果	A. 是（1分）；B. 否（0分）
	35. 是否披露董事薪酬情况	A. 逐一披露（1分）： B. 笼统披露（0.5分）； C. 无披露（0分）
	36. 是否有董事会会议记录或者董事会备忘录	A. 是（1分）；B. 否（0分）
	37. 是否有董事行为准则相关的规章制度	A. 是（1分）；B. 否（0分）
	38. 所有董事是否明确保证年报内容的真实性、准确性和完整性或不存在异议	A. 是（1分）；B. 否（0分）

注：①作者同期完成的"中国上市公司财务治理指数"从财权配置、财务控制、财务监督和财务激励四个方面来评价上市公司财务治理水平，其中财务控制包括8个二级指标，主要考察企业的财务权力执行过程，包括企业是否有一个健全的内部控制体系和风险控制体系等。②作者同期完成的"中国上市公司高管薪酬指数"以调整后的高管薪酬与营业总收入的比值作为高管薪酬合理性评价标准，并按照四分之一分位数法将所有上市公司分为激励不足、激励适中和激励过度三类。由于执行董事均为公司高管，高管薪酬与执行董事薪酬基本上是等价的。

对于董事会治理指数指标体系，简要解释如下：

（1）董事会结构维度

董事会结构维度衡量董事会成员构成和机构设置情况，侧重从形式上评价董事会结构的有效性，包括编号1～12的12个二级指标。其中指标1和2衡量董事会成员构成中独立董事和外部董事情况。指标3和4衡量董事长的独立性。指标5和6衡量董事会中有无小股东和职工等利益相关者代表。由于很多公司没有明确说明哪位董事是小股东代表，而累积投票制是反映小股东参与治理的重要指标，因此，可以用指标"是否实行累积投票制"来代替指标"有无小股东代表"。指标7和8衡量董事成员的学历和年龄构成。指标9～12衡量董事会下设专门委员会情况，主要包括审计、薪酬、提名和合规四个委员会，其中合规委员会为 2018 年评价时新增的指标，以反映近年来合规管理在董事会治理中日益突出的重要性。

（2）独立董事独立性维度

独立董事独立性维度衡量独立董事专业素质和履职情况，主要从形式上来评价独立董事的独立性，包括指标编号 13 ～ 22 的 10 个二级指标。指标 13 "审计委员会主席是否由独立董事担任"之所以单独提出来，是因为审计委员会的设置主要是为了提高公司财务信息的可靠性和诚信度，提高审计师的独立性，防范舞弊或其他违规和错误等。对于审计委员会来说，它的独立性可以说是确保审计委员会有效性的前提，审计委员会的主席由独立董事来担任相对另外两个委员会来说更重要。指标 14 ～ 17 反映独立董事的背景及来源。指标 18 反映独立董事作用的发挥和董事长参与决策和监督的独立性。指标 19 反映独立董事的时间、精力投入程度，同时在多家公司担任独立董事可能会限制独立董事时间和精力的分配。指标 20 是反映独立董事履职情况的非常重要的指标。指标 21 从报酬上反映独立董事独立于公司的情况。独立董事要保证其独立性，就不应该以从公司领取报酬为目的，津贴只是对独立董事履职的一种象征性鼓励，与公司规模或利润无关。10 万元津贴标准的制定参考了纽约证券交易所 10 万美元的相关规定。指标 22 反映董事会对独立董事任职情况的披露是否详细，以使股东尤其是中小股东能够判断独立董事是否满足独立性的基本要求。

（3）董事会行为维度

董事会行为维度侧重从实质上来衡量董事会的实际履职情况，主要是相关制度的建立及其执行情况，包括编号 23 ～ 29 的 7 个二级指标。其中，指标 23 反映外部董事信息获取及其与内部董事沟通制度的建设情况。指标 24 反映董事会作为投资人的代理人对投资者关系的重视和维护情况。指标 25 反映董事会的决策质量和违反股东意志的情况。指标 26 衡量董事会运作的规范性。《上市公司治理准则》对此有明确规定，其中第二十九条明确指出"上市公司应当制定董事会议事规则，报股东大会批准，并列入公司章程或者作为章程附件"。指标 27 反映董事会对公司内部控制和风险控制的监督和执行情况。《G20/OECD 公司治理准则》（2015）对此给予特别强调，该《准则》指出：董事会应"确保公司会计和财务报告系统（包括独立审计）的完整性，并确保适当的管理控制系统到位，特别是风险管理系统、财务和经营控制系统，以及合规系统"。指标 28 反映董事会关于高管考评制度的建立情况，因为对高管的考评是董事会的重要职能。指标 29 反映董事会作为股东大会的召集人，对股东大会召开效果的披露情况。

（4）董事激励与约束维度

董事激励与约束维度衡量董事激励和约束制度的建立和执行情况，主要从实质上评价董事激励与约束机制，尤其是约束机制的有效性，包括编号 30 ～ 38 的 9 个二级指标。

其中指标 30 考察执行董事薪酬激励的合理性。执行董事是公司经营者，经营者的薪酬必须与其贡献相对应，对此，标准普尔公司治理评价系统中有明确说明，即薪酬应该与绩效匹配（performance based pay）。指标 31 考察董事会对股东是否尽到了受托责任，其中赔偿情况反映董事会对股东利益诉求的反馈是否到位。指标 32 是通过考察外部监管机构的介入来反映董事会的履职是否合规。指标 33、34 和 35 考察董事薪酬制度的建立和执行情况。《G20/OECD 公司治理准则》（2015）、《标准普尔公司治理评价系统》，以及中国的《上市公司治理准则》对于董事薪酬制度都有相关规定。中国《上市公司治理准则》第五十七条规定："董事会、监事会应当向股东大会报告董事、监事履行职责的情况、绩效评价结果及其薪酬情况，并由上市公司予以披露"。指标 36 考察董事会的履职程序是否完备。董事会会议记录或董事会备忘录一旦经董事会通过，便对董事具有法律约束力。中国《上市公司治理准则》第三十二条规定："董事会会议记录应当真实、准确、完整，出席会议的董事、董事会秘书和记录人员应当在会议记录上签名。董事会会议记录应当妥善保存"。指标 37 考察董事行为准则等制度的完备和执行。《G20/OECD 公司治理准则》（2015）中指出："董事会应当适用严格的职业道德标准，应当考虑利益相关者的利益"。指标 38 考察所有董事对董事会的约束作用。《G20/OECD 公司治理准则》（2015）明确指出："董事会应当对公司风险管理系统的监督以及确保报告系统的完整性承担最终责任"。该指标对独立董事自身（涉及明晰责任问题）和董事会整体均具有约束作用。

1.4.2　董事会治理指数计算方法

首先是计分方法。董事会治理指数指标体系中的 38 个二级指标，按赋值方法可以分为三类。第一类是 0/1（或 -1/0）变量，使用该种赋值方法的指标有 22 个，包括指标 2、3、4、5、8、13、14、15、16、17、18、21、23、25、28、30、32、33、34、36、37、38，这类指标以董事会治理有效性作为判断依据，有利于董事会治理有效性得 1 分，否则 0 分，例如指标 "3. 两职合一"，董事长和总经理两职分离有利于董事长和总经理各自独立性的发挥，本指标如果选 "是" 则赋值 1 分，否则赋值 0 分。指标 "32. 董事会成员是否遭到监管机构处罚或谴责" 为 -1/0 指标，即惩罚性指标，如果受到处罚或谴责，则赋值 -1 分，否则赋值 0 分。需要说明的是，有些指标，如 "13. 审计委员会主席是否由独立董事担任"，对于董事会的独立性非常重要，应该向其委托人（即全体股东）披露，对于未披露者，要赋值 0 分，以促使公司向全体股东披露这些信息。第二类是程度变量，按照某个指标的质量高低对指标分层赋值，使用该种赋值方法的指标有 14 个，包括指标 1、6、7、9、10、11、12、19、22、24、26、29、31、35。其中，指标 9、10、11、26、29 在 2013 年和 2015 年两次评估时为 0/1 变量，2016 年起改为程度变量，以使评价更加严谨。其中，指标 12 为 2018 年增加指标，使对董事会结构的考察更加全面。指标 6 于 2021 年起从原来的 0/1 变量改为程度变量，以使评价更加严谨。另外需要说明的是，指标 1 考虑了外部非独立董事，这是中国很多公司的一种制度设置，即外部董事包括独立董事和外部非独立董事，尽管外部非独立董事不具有独立性，但相比内部执行董事，其具有更好的中立性。第三类是连续变量，有 2 个指标，即指标 20 和 27，取值在 [0，1] 区间内。

其次是权重确定。我们认为，本报告所选择的董事会治理指数的四个维度（一级指标）和 38 个指标（二级指标）并无孰轻孰重的区分，因此，为了避免主观性偏差，在计算董事会治理指数时，不论是四个维度还是每个维度内的单个指标，都采用算术平均值（等权重）处理方法来设定指标权重，即首先针对某一个一级指标内的所有二级指标进行等权重计算，然后对所有一级指标进行等权重计算，以此得出董事会治理指数。具体计算方法如下：

（1）二级指标赋值

根据赋值标准对每个上市公司的二级指标 B_i（$i=1，2，\cdots，38$）进行打分和计算，使每个二级指标的取值均位于 0～1 的数值区间。其中指标 B_{27} "财务控制" 调用作者同期 "财务治理指数" 中 "财务控制分项指数（FC）" 得分，指标 B_{30} "执行董事薪酬是否与其业绩相吻合" 调用作者同期 "高管薪酬指数" 中 "激励区间" 数据。

（2）计算四个分项指数

对隶属于同一个一级指标的二级指标的得分进行简单平均，并转化为百分制，得到四个一级指标得分，即董事会结构分项指数、独立董事独立性分项指数、董事会行为分项指数和董事激励与约束分项指数。具体计算公式如下：

$$BS = \frac{1}{12}\sum_{i=1}^{12} B_i \times 100$$

$$BI = \frac{1}{10}\sum_{i=13}^{22} B_i \times 100$$

$$BB = \frac{1}{7}\sum_{i=23}^{29} B_i \times 100$$

$$BIR = \frac{1}{9}\left(\sum_{i=30}^{38} B_i + 2\right) \times 100$$

其中，BS、BI、BB 和 BIR 分别代表董事会结构分项指数、独立董事独立性分项指数、董事会行为分项指数、董事激励与约束分项指数。

需要特别说明的是，在董事激励与约束分项指数中，指标 31 和 32 为负分取值。为保证该分项指数与其他三个分项指数一样都位于 [0，100] 区间，对负值进行简单调整，即对得负分的指标 31 和 32 分别加上一个相应的正值，具体而言就是对涉及负分指标的一级指标 BIR 加上正值 2。

但是，这种方法对于获得负分（即应处罚或谴责）的企业，无异于是一种 "奖励"。

因此，为保证真实性和客观性，在董事激励与约束分项指数计算出来后，需要对这些企业扣减与负分相对应的分值 1/9×100，式中，9 是该分项指数的指标数。对于指标 31 "股东诉讼及赔偿情况"，其评分为 -1、-0.5 和 0，对于得分为 -1 的企业需要在该分项指数扣减 1/9×100 分，对于得分 -0.5 的企业需要扣减 0.5/9×100 分。如果扣减后该分项指数出现负分情况，则该分项指数最低为 0 分。

这种扣减分方法从 2017 年开始采用，其中 "31. 股东诉讼及赔偿情况" 是 2018 年评价时由原来的正分项调整为负分项的，为了使不同年度具有可比性，对之前年度的董事会治理指数数据库也进行了同样的调整。本次评价仍采用这种方法对指数进行调整。

（3）计算总指数

四个一级指标（董事会结构、独立董事独立性、董事会行为、董事激励与约束）的得分简单平均，得到中国上市公司董事会治理指数。

$$CCBI^{BNU} = \frac{1}{4}(BS + BI + BB + BIR)$$

上面公式中，$CCBI^{BNU}$ 代表中国上市公司董事会治理指数（"北京师范大学董事会治理指数"）。

1.5　企业家能力指数指标体系及计算方法

1.5.1　企业家能力指数指标体系

企业家能力并不是孤立的单一能力，而是多种能力的集合，即企业家能力是一种能力束。第一，企业家的人力资本是企业家能力的基础，可以通过其受教育程度、相关工作经验、在位工作时间等来测量。第二，企业家的战略领导能力对企业发展具有关键作用，尤其是在当今企业内外部环境瞬息万变的时代，企业家是否具有战略领导能力成为企业能否获得持续发展的决定性因素。第三，关系网络能力也是企业家能力的一个重要方面。人们常常发现，一个企业的成败往往与企业家是否拥有广泛的社会交往和联系紧密相关。国外许多研究发现，公司高管的社会背景或社会资本作为公司的一个特征性质，如同公司的股权结构、多元化经营一样，会对公司价值产生影响。第四，企业家的社会责任能力是企业作为社会细胞对社会的贡献能力。企业发展史不断警示人们，企业想要实现可持续发展，应着眼于企业社会责任的建设，其中不仅包括对股东的经济责任，还包括对企业其他利益相关者的社会责任，包括保护生态环境、向消费者提供高质量的产品、向员工提供优良的工作环境、诚信经营等。

基于此，本报告从企业家的人力资本、关系网络能力、社会责任能力和战略领导能力四个方面来计算企业家能力指数，据此来评价上市公司的企业家能力，具体包括四个一级指标（维度）和32个二级指标。其中，人力资本维度包括7个二级指标，关系网络能力维度包括9个二级指标，社会责任能力维度包括9个二级指标，战略领导能力维度包括7个二级指标，参见表1-3。

表 1-3　企业家能力指数指标体系

一级指标	二级指标	评价标准
人力资本（EH）	1. 总经理的最高学历	A. 博士（1分）； B.MBA（1分）； C.EMBA（1分）； D. 其他类型硕士（1分）； E. 学术硕士（1分）； F. 本科（0.7分）； G. 专科（0.35分）； H. 高中及以下（0分）； I. 未披露（0分）
	2. 总经理工作年限	A.0～10年（0分）； B.10～20年（0.35分）； C.20～30年（0.7分）； D.30年及以上（1分）
	3. 总经理工作经历的变更	A.3家及以上（1分）； B.1～2家（0.5分）； C.0家（0分）
	4. 总经理是否担任其他公司的独立董事	A. 是（1分）；B. 否或未披露（0分）
	5. 总经理是否有海外留学经历（半年以上）	A. 是（1分）；B. 否或未披露（0分）
	6. 总经理是否有海外工作经历（半年以上）	A. 是（1分）；B. 否或未披露（0分）
	7. 总经理选聘路径	A. 外部选聘（1分）； B. 内部提拔（0分）； C. 未披露（0分）
关系网络能力（EN）	8. 政府官员是否到企业访问	A. 省部级及以上（1分）； B. 地市及以下（0.5分）； C. 否或未披露（0分）
	9. 总经理是否陪同政府官员出国访问	A. 省部级及以上（1分）； B. 地市及以下（0.5分）； C. 否或未披露（0分）

一级指标	二级指标	评价标准
关系网络能力（*EN*）	10. 总经理是否担任党代表	A. 全国及省级（1分）； B. 地市及以下（0.5分）； C. 否或未披露（0分）
	11. 总经理是否担任人大代表	A. 全国及省级（1分）； B. 地市及以下（0.5分）； C. 否或未披露（0分）
	12. 总经理是否担任政协委员	A. 全国及省级（1分）； B. 地市及以下（0.5分）； C. 否或未披露（0分）
	13. 总经理是否在军队任过职	A. 是（1分）；B. 否或未披露（0分）
	14. 总经理是否获得过相关荣誉称号	A. 全国及省级（1分）； B. 地市及以下（0.5分）； C. 否或未披露（0分）
	15. 总经理是否在行业协会任职	A. 全国及省级（1分）； B. 地市及以下（0.5分）； C. 否或未披露（0分）
	16. 总经理是否曾经在政府部门任职	A. 全国及省级（1分）； B. 地市及以下（0.5分）； C. 否或未披露（0分）
社会责任能力（*ER*）	17. 企业是否在本年度捐赠慈善事业（包括总经理个人捐赠）	A. 是（1分）；B. 否（0分）
	18. 总经理是否在公益机构兼职（如理事等）	A. 是（1分）；B. 否或未披露（0分）
	19. 本年度总经理个人是否被证监会谴责	A. 否（0分）；B. 是（-1分）
	20. 企业是否有关于产品质量和安全（含员工工作环境）的重大投诉或因此被处罚事件	A. 否（0分）； B. 存在未决诉讼（-0.5分）； C. 是（-1分）
	21. 企业是否有关于环境保护的重大投诉或因此被处罚事件	A. 否（0分）； B. 存在未决诉讼（-0.5分）； C. 是（-1分）
	22. 员工收入增长率是否不低于公司利润增长率	A. 是（1分）；B. 否（0分）
	23. 现金分红	最近三年现金分红累计分配利润与最近三年实现的可分配利润的比例。标准化

续表

一级指标	二级指标	评价标准
社会责任能力（ER）	24.有无债权人（或贷款）诉讼	A.没有（0分）； B.存在未决诉讼（−0.5分）； C.有（−1分）
	25.股东诉讼及赔偿情况	A.无股东诉讼（0分）； B.有股东诉讼无赔偿或存在未决诉讼（−0.5分）； C.有股东诉讼且有赔偿（−1分）
战略领导能力（ES）	26.高管贡献	实际企业业绩与估计企业业绩的差值。标准化
	27.国际化程度	海外收入/总收入，标准化
	28.企业员工数	标准化
	29.企业总资产	标准化
	30.企业在行业中的地位	按行业（19）标准化
	31.企业有无完整的ERP系统	A.有（1分）；B.无（0分）
	32.企业有无制定战略目标和计划	A.有（或披露）（1分）；B.无或未披露（0分）

对于企业家能力指数指标体系，简要解释如下：

（1）人力资本指维度

企业家人力资本维度包括7个二级指标，可以通过其受教育程度、相关工作经验、在位工作时间等来测量。其中，指标1和5从教育角度评价总经理的人力资本水平；指标2从工作年限角度评价总经理人力资本水平；指标3、4、6和7从总经理个人工作经历角度评价其人力资本水平。这里需要说明的是，指标7中，集团内或企业内的选聘，大股东派出并任命的总经理均属于内部任命。

（2）关系网络能力维度

企业家关系网络能力维度包括9个二级指标，主要包括总经理是否有完善的政府关系和社会关系等。其中，指标8、9、10、11、12、13和16评价总经理与政府的关系网络能力；指标14和15评价总经理在行业中的关系网络能力。

（3）社会责任能力维度

企业家社会责任能力维度包括9个二级指标，主要考察总经理在社会责任方面做出的贡献。其中，指标17和18从公益事业角度评价总经理的社会责任；指标19、20、21、22、23和24从公司主要利益相关者（政府、客户、员工、股东、债权人等）角度评价总经理的社会责任，其中 20 和 21 是把以前年度的指标 20 一分为二，目的是促使公司加强对生态环境的保护；指标 25 评价股东的诉讼请求及实现，该指标是 2016 年评价时新增加的指标，为了体现对股东权益保护的重视，从 2018 年评价开始特将存在股东诉讼的公司调整为负分取值。需要注意的是，企业家对社会公益的贡献不是以绝对额来衡量的，而是以公益行为来衡量的，因为企业规模和利润不同，对社会公益的贡献额度必然有差异，但爱心无价。

（4）战略领导能力维度

企业家战略领导能力维度包括 7 个二级指标。其中，指标 26 "高管贡献"指的是剔除企业资产规模、负债比率、增长机会、第一大股东持股比例、政府补贴和行业等影响因素后，高管对企业业绩的实际贡献，反映了高管努力的实际结果。该指标利用企业业绩回归的残差（即实际企业业绩与估计企业业绩的差值）代表高管贡献，由于残差有正有负，因此我们将残差形式的高管贡献指标进一步标准化，将其转化为位于 [0, 1] 区间的小数。指标 27 评价总经理在任期间公司的国际化水平；指标 28 和 29 评价总经理对企业人员和资产的控制能力；指标 30 评价总经理在任期间企业的行业地位，是由企业的营业总收入按行业（19 个❶）进行标准化来计算；指标 31 评价总经理在任期间企业的办公现代化的程度；指标 32 评价总经理在任期间企业的战略规划，反映总经理的长远规划能力。

1.5.2　企业家能力指数计算方法

首先是计分方法。企业家能力指数指标体系中的 32 个二级指标可以分为四类：第一类是 0/1（或 -1/0）变量，使用该种计分方法的二级指标有 11 个，包括指标 4、5、6、7、13、17、18、19、22、31 和 32。第二类是程度变量，按照某个指标的质量高低对指标进行分层，使用该种计分方法的二级指标有 15 个，包括指标 1、2、3、8、9、10、11、12、14、15、16、20、21、24 和 25。第三类变量为连续变量，为了便于分析，我们将其标准化为 [0, 1] 区间，使用该种计分方法的二级指标有 5 个，包括指标 23、26、28、29、30。需要说明的是，第 23 个指标在 2016 年之前的评价中是 0/1 变量，2016 年评价开始改为标准化后的连续变量，这种改变更能反映公司现金分红的客观实际。第四类变量是比值，使用该变量的指标只有 1 个，即指标 27。考虑到该指标过小，为便于分析，也进行了标准化。

然后是权重确定。我们认为，企业家能力指数的四个维度具有明显的重要性区分。最重要的当属企业家的战略领导能力，这是企业家自身能力大小的最重要的现实体现；其次是企业家的社会责任能力，它关系到企业的可持续发展；再次是企业家的人力资

---

❶ 按中国证监会《上市公司行业分类指引》（2012 年修订），上市公司分为 19 个行业。

本，它反映的是企业家的潜在能力，需要一些因素（如市场竞争、权责清晰、薪酬和声誉激励、内外部约束等）把它激发出来；最后是企业家的关系网络能力。在中国，关系网络曾被视为企业家的重要能力，在畸形的政商关系下往往被异化，但正常的关系网络还是有必要的。总之，企业家能力指数的四个维度按重要性依次是：战略领导能力、社会责任能力、人力资本、关系网络能力。

由于能够很容易确定四个维度重要性的顺序，因此，本报告采用 AHP 方法来确定四个维度的权重，但每个维度内的二级指标是难以区分重要性的，因此，仍然采用等权重方法。

AHP 方法是国际上比较常用的一种确定权重的方法，由美国学者萨蒂（T. L. Saaty）于 20 世纪 70 年代初提出。AHP 方法是一种解决多目标复杂问题的定性与定量相结合的决策分析方法。它不仅适用于存在不确定性和主观信息的情况，还允许以合乎逻辑的方式运用经验、洞察力和直觉。使用 AHP 方法的基本步骤如下：

（1）建立层次结构模型

在深入分析的基础上，将各个因素按照不同属性自上而下地分解成若干层次，同一层的因素从属于上一层的因素或对上层因素有影响，同时又支配下一层的因素或受到下层因素的作用。最上层为目标层，通常只有 1 个因素，最下层通常为方案或对象层，中间可以有一个或几个层次，通常为准则或指标层。当准则过多时（譬如多于 9 个）应进一步分解出子准则层。

（2）构造成对比较阵

从层次结构模型的第 2 层开始，对于从属于上一层每个因素的同一层因素，用成对比较法和 1-9 比较尺度构建成对比较矩阵，直到最下层。

（3）计算权向量并做一致性检验

对每个成对比较矩阵计算最大特征根及对应特征向量，利用一致性指标、随机一致性指标和一致性比率做一致性检验。若检验通过，特征向量（归一化后）即为权向量；若不通过，需重新构建成对比较阵。

（4）计算组合权向量并作组合一致性检验

计算最下层对目标的组合权向量，并根据公式作组合一致性检验，若检验通过，则可按照组合权向量表示的结果进行决策，否则需要重新考虑模型或重新构造那些一致性比率较大的成对比较阵。

在实际应用 AHP 法时，可使用已有的计算机软件来处理相关数据。因此，大多数情况下，我们要做的工作是对相关指标之间的重要性进行排序。在本报告中，为了计算企业家能力指数，需要确定各项指标在其所属体系中的权重。由于企业家能力指数指标体系的层次关系非常明确，我们仅需要确定指标的重要性比较矩阵。二级指标数目较多，各指标之间的重要性不易排序，因此将属于同一个一级指标的二级指标视为重要性相同。而对于四个一级指标（维度）而言，其重要性排序已如前所述。

本报告企业家能力指数的具体计算方法如下：

（1）二级指标赋值

根据评价标准对每个上市公司的 32 个二级指标 E_i（i=1，2，…，32）进行打分和计算，使各个二级指标的取值均位于 0 ～ 1 的数值区间。

（2）计算四个分项指数

将隶属于同一个一级指标的二级指标得分进行相加，然后将该二级指标的得分转化成百分制，得到企业家人力资本分项指数、企业家关系网络能力分项指数、企业家社会责任能力分项指数、企业家战略领导能力分项指数。具体计算公式如下：

$$EH = \frac{1}{7}\sum_{i=1}^{7}E_i \times 100$$

$$EN = \frac{1}{9}\sum_{i=8}^{16}E_i \times 100$$

$$ER = \frac{1}{8}\left(\sum_{i=17}^{25}E_i + 5\right) \times 100$$

$$ES = \frac{1}{7}\sum_{i=26}^{32}E_i \times 100$$

其中，EH 代表人力资本分项指数，EN 代表关系网络能力分项指数 ER 代表社会责任能力分项指数，ES 代表战略领导能力分项指数。

需要特别说明的是，由于企业家社会责任能力分项指数（维度）有 5 个二级指标（指标 19、20、21、24、25）有部分负分取值，为保证该分项指数与其他三个分项指数都位于 [0，100] 区间，在对企业家社会责任能力分项指数进行计算时，对负值进行简单调整，即对负分指标加上一个相应的正值。由于该分项指数有五个负分指标，故加上正值 5。

但是，这种方法对于获得负分（即应处罚或谴责）的企业，无异于是一种"奖励"。因此，为保证真实性和客观性，在企业家能力分项指数计算出来后，对得负分的企业，需要扣减与负分相对应的分值。对于每个负分指标，扣减的分值是：$1/9 \times 100$，式中，9 是企业家社会责任能力分项指数（维度）的二级指标数目。对于社会责任维度的二级指标 20 "企业是否有关于产品质量和安全（含员工工作环境）的重大投诉或因此被处罚事件"、21 "企业是否有关于环境保护的重大投诉或因此被处罚事件"、24 "有无债权人（或贷款）诉讼"、25 "股东诉讼及赔偿情况"，其取值为 -1、-0.5 和 0，因此，对于得分为 -1 的企业需要在该分项指数扣减 $1/9 \times 100$ 分，对于得分 -0.5 的企业需要扣减 $0.5/9 \times 100$ 分。如果扣减后该分项指数出现负分情况，则该分项指数最低为 0 分。

这种扣减分方法在 2017 年评价时开始采用，其中"25. 股东诉讼及赔偿情况"是 2018 年评价时由原来的正分项调整为负分项的，为了使不同年度具有可比性，对之前年度的企业家能力指数数据库也进行了同样的调整。本次评价仍采用这种方法对指数进行调整。

（3）计算总指数

将四个一级指标（人力资本、关系网络能力、社会责任能力、战略领导能力）按照重要性进行排序。如前所述，我们认为，战略领导能力最为重要，其次是社会责任能力，再次是人力资本，最后是关系网络能力，我们据此构造成对比较矩阵，如表1-4所示。

表1-4　企业家能力指数四个一级指标成对比较矩阵

企业家能力指数	人力资本	关系网络	社会责任	战略领导
人力资本	1	2	1/2	1/3
关系网络	1/2	1	1/3	1/4
社会责任	2	3	1	1/2
战略领导	3	4	2	1

我们通过计算权向量，并做了一致性检验，获得通过。最后，用AHP方法计算所得的权重依次为：人力资本0.2207，关系网络能力0.1804，社会责任能力0.2695，战略领导能力0.3294，由此得到某上市公司企业家能力指数：

$$CCEI^{BNU} = 0.2207 \times EH + 0.1804 \times EN + 0.2695 \times ER + 0.3294 \times ES$$

其中，$CCEI^{BNU}$代表中国上市公司企业家能力指数（"北京师范大学企业家能力指数"）。

1.6　财务治理指数指标体系及计算方法

1.6.1　财务治理指数指标体系

本报告基于国际财务报告准则和通行的财务治理规范，同时参考中国既有法律和规定，从财权配置、财务控制、财务监督和财务激励四个维度（一级指标）和31个二级指标来计算财务治理指数，据此来评价上市公司的财务治理质量。其中，财权配置维度包括9个二级指标，财务控制维度包括8个二级指标，财务监督维度包括8个二级指标，财务激励维度包括6个二级指标（见表1-5）。

表 1-5　财务治理指数指标体系

一级指标	二级指标	评价标准
财权配置（FA）	1. 关联交易是否提交（临时）股东大会讨论通过	A. 是（1分）；B. 否（0分）
	2. 独立董事薪酬和高管股票期权是否通过（临时）股东大会	A. 两项都通过股东大会（如果没有高管股票期权，则只计独董薪酬一项）（1分）； B. 独立董事报酬和股票期权其中任一项通过股东大会（0.5分）； C. 两项都没有通过股东大会（0分）
	3. 两权分离度（1）	现金流权/控制权
	4. 董事会是否提出清晰的财务目标	A. 是（1分）；B. 否（0分）
	5. 内部董事与外部董事是否有明确的沟通交流	A. 是（1分）；B. 否（0分）
	6. 独立董事比例	A. 独立董事比例≥2/3（1分）； B.1/2≤独立董事比例<2/3（0.7分）； C.1/3≤独立董事比例<1/2（0.35分）； D. 独立董事比例<1/3（0分）
	7. 独立董事中是否有财务或会计方面的专家	A. 是（1分）；B. 否或未披露（0分）
	8. 董事长和总经理是否两职分离	A. 是（1分）；B. 否（0分）
	9. CFO、财务总监、总会计师是否具有财会类高级职称或相关资格认证	A. 是（1分）；B. 否或未披露（0分）
财务控制（FC）	10. 董事会或股东大会是否定期评估内部控制	A. 有《报告》且有出处或全文（1分）； B. 有《报告》但无出处或全文（0.5分）； C. 没有《报告》（0分）
	11. 各专门委员会是否在内部控制中起作用	A. 是（1分）；B. 否（0分）
	12. 董事会或股东大会是否披露具体内部控制措施	A. 详细说明（1分）； B 笼统说明（0.5分）； C. 无说明（0分）
	13. 风险控制委员会设置情况	A. 设置且独董比例不低于2/3（1分）； B. 设置但独董比例低于2/3或未披露独董比例（0.5分）； C. 未设置或未披露（0分）
	14. 公司财务弹性（2）	标准化
	15. 公司对外部资金依赖程度（3）	标准化
	16. 是否披露可预见的财务风险因素	A. 是（1分）；B. 否（0分）
	17. 是否ST	A. 否（0分）；B. 是（−1分）

续表

一级指标	二级指标	评价标准
财务监督（FS）	18.审计委员会设置情况如何	A.设置且独董比例为100%（1分）； B.设置但独董比例低于100%或未披露独董比例（0.5分）； C.未设置或未披露（0分）
	19.外部审计是否出具标准无保留意见	A.是（1分）；B.否（0分）
	20.公司网站是否及时披露当年财务报告	A.是（1分）；B.否（0分）
	21.公司网站是否披露过去连续三年财务报告	A.是（1分）；B.否（0分）
	22.公司是否披露公司发展前景的相关信息	A.是（1分）；B.否（0分）
	23.公司是否披露关联方交易状况	A.是（1分）；B.否（0分）
	24.当公司会计政策发生变化时，是否做出解释	A.未变更（1分）； B.变更并做出解释（0.5分）； C.变更但未做解释（0分）
	25.公司是否因违规而被证监会、证交所等监管部门公开批评、谴责或行政处罚	A.是（-1分）；B.否（0分）
财务激励（FI）	26.现金分红	最近三年现金分红累计分配利润与最近三年实现的可分配利润的比例。标准化
	27.股票股利分配	标准化
	28.高管薪酬支付是否合理（4）	A.是（1分）；B.否（0分）
	29.薪酬委员会设置情况如何	A.设置且独董比例不低于50%（1分）； B.设置但独董比例低于50%或未披露独董比例（0.5分）； C.未设置或未披露（0分）
	30.公司是否采用股票期权激励政策	A.是（1分）；B.否（0分）
	31.员工报酬增长率是否不低于公司营业收入增长率	A.是（1分）；B.否（0分）

注：①本报告采用与拉－波塔、洛佩兹－德－西拉内斯和施莱弗（La Porta, Lopez-de-Silanes & Shleifer, 1999）类似的方法[1]，通过层层追溯上市公司股权控制链（Control Chain）的方式来找出最终控制人。两权分离度是所有权与控制权的比值。其中，控制权又称投票权，用控制链条上最弱的一环表示；所有权又称现金流权，用控制链条上各所有权比例的乘积表示。②本报告采用"经营活动产生的现金流量净额／总资产"表示财务弹性。③本报告采用"（投资产生的现金流出－经营活动产生的现金流出）／投资产生的现金流出"表示外部资金依赖度。④根据作者同期完成的"中国上市公司高管薪酬指数"中"激励区间"进行判断，如激励适中，则视为合理，得1分；如过度或不足，则视为不合理，得0分。

---

[1] La Porta, Lopez-de-Silanes and Shleifer, 1999. Corporate ownership around the world", The Journal of Finance, Vol. 54, No. 2. pp. 471-517.

对于财务治理指数指标体系，简要解释如下：

（1）财权配置维度

财权配置维度包括 9 个二级指标，主要考察上市公司的各利益相关主体是否有适当的财务决策权，是否能够行使好自己的财务决策权。其中，指标 1、2 和 3 从股东角度出发，评价上市公司的股东是否有效执行了财务决策权；指标 4、5、6 和 7 从董事会角度出发，评价上市公司的董事会是否有效执行了财务决策权；指标 8 从总经理角度出发，评价上市公司的总经理是否有效执行了财务决策权；指标 9 从首席财务官（CFO）角度出发，评价上市公司的 CFO 是否有效执行了财务决策权。需要说明的是，2016 年开始，指标 2 评价内容与之前评价相比略做调整，由只关注董事薪酬是否通过股东大会改变为同时关注独立董事薪酬和高管股票期权是否都通过股东大会，这种变化可以更加准确地反映股东在独立董事报酬和高管股票期权方面的决策权，因为二者都属于股东大会的决策范畴。尤其对于高管股票期权，流行的认识是认为它是董事会的决策范畴，这种认识是错误的，因为高管股票期权涉及股东持股比例的变化和股东利益的调整，因此其决策权无疑是应归属于股东的。

（2）财务控制维度

财务控制维度包括 8 个二级指标，主要考察企业的财务权力执行过程，包括企业是否有一个健全的内部控制体系和风险控制体系等。其中，指标 10、11 和 12 评价上市公司内部控制制度及其运行的有效性；指标 13 评价上市公司风险控制委员会的建立和健全情况；指标 14、15、16 和 17 评价上市公司的财务风险状况。

（3）财务监督维度

财务监督维度包括 8 个二级指标，主要考察企业各个职能部门及其他利益相关者对财务权力执行过程的监督，包括企业的内部监督机制（审计委员会、财务信息披露）以及外部监督机制（外部审计师）。其中，指标 18 评价上市公司内部监督机制运行状况；指标 19 评价上市公司外部监督机制运行状况；指标 20、21、22、23、24 和 25 评价上市公司财务信息披露质量。这里需要说明的是"指标 24：当公司会计政策发生变化时，是否做出解释"，我们认为，严格意义上讲，在法律、法规以及国家会计制度既定的情况下，会计政策是不允许随意变更的。上市公司会计政策变更本身就是财务治理质量较差的表现。如果上市公司变更了会计政策且未做出任何解释，情况就更加严重了。

（4）财务激励维度

财务激励维度包括 6 个二级指标，主要考察企业是否具有足够有效的财务激励机制。其中，指标 26、27 评价上市公司对股东的激励情况；指标 28、29 和 30 评价上市公司对高管的激励情况；指标 31 评价上市公司对员工的激励情况。需要说明的是，指标 30 "公司是否采用股票期权激励政策"，虽然目前实施股票期权激励的上市公司还是少数，股票期权激励的效果也有待商榷，但国际经验告诉我们，随着资本市场的成熟，股权激励是一种有效的激励手段。因此，我们将股票期权激励纳入指标体系，以反映上市公司对高管人员的财务激励。

1.6.2 财务治理指数计算方法

首先是计分方法。财务治理指数指标体系中的 31 个二级指标可以分为四类：一是 0/1（或 -1/0）变量，使用该种计分方法的二级指标有 18 个，包括指标 1、4、5、7、8、9、11、16、17、19、20、21、22、23、25、28、30 和 31。需要说明的是，指标 28 "高管薪酬支付是否合理"，该指标利用本年度对高管薪酬指数的评价结果，若高管薪酬激励适中，认为其高管薪酬支付合理，赋值 1；若高管薪酬激励不足或过度，则认为其高管薪酬支付不合理，赋值 0。二是程度变量，按照某个指标的质量高低对指标进行分层，使用该种计分方法的二级指标有 8 个，包括指标 2、6、10、12、13、18、24 和 29。需要说明的是，指标 6 "独立董事比例"，根据中国证监会的规定要达到 1/3，由于要求很低，几乎每家上市公司的独立董事比例都达到了 1/3，这使得独立董事比例这个指标失去了可分性。为了区分不同上市公司董事会的独立性，我们按照国际规范，采用了更加严格的独立性标准。指标 10 "董事会或股东大会是否定期评估内部控制"，也是考虑到年报对内部控制的披露程度不同，以准确反映上市公司对内部控制的重视程度。三是连续变量，为便于分析，我们将其标准化，使用该种计分方法的二级指标有 4 个，包括指标 14、15、26、27。四是实际值变量，即实际值就是得分，这类只有一个指标，即指标 3。

然后是权重确定。我们在 2011 年和 2013 年评估中国上市公司财务治理时，曾采用 AHP 方法确定权重，后来课题组讨论认为，四个维度难以区分孰重孰轻，即使区分，也难免有主观性，于是在 2015 年评价时改为等权重。具体方法如下：

（1）二级指标赋值

根据表 1 ～ 5 对各个二级指标 F_i（i=1，2，…，31）进行打分和计算，使各个二级指标的取值均位于 0 ～ 1 的数值区间。

（2）计算四个分项指数

对隶属于同一个一级指标的二级指标的得分进行简单平均，并转化为百分制，得到四个一级指标得分，即财权配置分项指数、财务控制分项指数、财务监督分项指数和财务激励分项指数。具体计算公式如下：

其中，FA 代表财权配置分项指数，FC 代表财务控制分项数，FS 代表财务监督分项指数，FI 代表财务激励分项指数。

$$FA = \frac{1}{9}\sum_{i=1}^{9}F_i \times 100$$

$$FC = \frac{1}{8}\left(\sum_{i=10}^{17}F_i + 1\right) \times 100$$

$$FS = \frac{1}{8}\left(\sum_{i=18}^{25}F_i + 1\right) \times 100$$

$$FI = \frac{1}{6}\sum_{i=26}^{31}F_i \times 100$$

需要特别说明的是，在财务控制和财务监督两个分项指数中，各有一个二级指标有负分取值（即指标17和25），为了保证每个一级指标（维度）都位于 [0，100] 区间，在对每个一级指标（维度）进行分项指数计算时，对负值进行简单调整，即对每个负分指标各加上一个相应的正值1，从而使每个分项指数落在 [0，100] 区间。

但是，这种方法对于获得负分（即应处罚或谴责）的企业，无异于是一种"奖励"。因此，为保证真实性和客观性，在财务控制和财务监督两个分项指数计算出来后，需要对这些企业扣减与负分相对应的分值 $1/8 \times 100$，式中，8是财务控制和财务监督两个分项指数的指标数目。如果扣减后该分项指数出现负分情况，则该分项指数最低为0分。

这种扣减分方法在2017年评价时开始采用，为了使不同年度具有可比性，对之前年度的财务治理指数数据库也进行了同样的调整。

（3）计算总指数

将四个一级指标（财权配置、财务控制、财务监督和财务激励）的得分简单平均，得到中国上市公司财务治理指数：

$$CCFI^{BNU} = \frac{1}{4}(FA + FC + FS + FI)$$

公式中，$CCFI^{BNU}$ 代表中国上市公司财务治理指数（"北京师范大学财务治理指数"）。

1.7　自愿性信息披露指数指标体系及计算方法

1.7.1　自愿性信息披露指标体系

本报告借鉴国内外已有的自愿性信息披露评价研究成果，基于国内信息披露相关法律法规，特别参照国际先进的信息披露规范，立足于投资者权益保护，提出了自愿性信息披露四个一级指标（维度）和31个二级指标的指标体系，即治理结构方面的自愿性信息披露（简称"治理结构"）、治理效率方面的自愿性信息披露（简称"治理效率"）、利益相关者方面的自愿性信息披露（简称"利益相关者"）和风险控制方面的自愿性信息披露（简称"风险控制"）。其中治理结构维度包括 8 个二级指标，治理效率包括 8 个二级指标，利益相关者维度包含 6 个二级指标，风险控制维度标包括 9 个二级指标，参见表 1-6。

表 1-6　自愿性信息披露指数指标体系

一级指标	二级指标	评价标准
治理结构（GS）	1. 董事会构成	A. 明确披露董事会构成（1分）； B. 未披露或模糊披露董事会构成（0分）
	2. 董事学历	A. 完全披露（1分）； B. 未完全披露（0.5分）； C. 未披露（0分）
	3. 董事任职经历（不含兼职、社会称号等）	A. 完全披露（1分）； B. 笼统披露（0.5分）； C. 未披露（0分）
	4. 专门委员会构成	A. 详细介绍委员会成员的情况（1分）； B. 只作一般性说明（0.5分）； C. 未披露任何信息（0分）
	5. 监事会构成	A. 明确披露监事会构成（1分）； B. 未披露或模糊披露监事会构成（0分）
	6. 监事会成员	A. 既披露个人背景信息也披露履职情况（1分）； B. 只披露个人背景信息或只披露履职情况（0.5分）； C. 未披露任何信息（0分）
	7. 高管层学历	A. 完全披露（1分）； B. 未完全披露（0.5分）； C. 未披露（0分）
	8. 高管层任职经历（不低于三年）（不含兼职、社会称号）	A. 完全披露（1分）； B. 笼统披露（0.5分）； C. 未披露（0分）
治理效率（GE）	9. 股东大会（包括临时股东大会）股东出席率	A. 完全披露（1分）； B. 未完全披露（0.5分）； C. 未披露（0分）
	10. 股东大会（包括临时股东大会）投票机制的说明	A. 完全披露（1分）； B. 未完全披露（0.5分）； C. 未披露（0分）

一级指标	二级指标	评价标准
治理效率（GE）	11. 是否有明确的董事考评和激励制度	A. 是（1分）； B. 否（0分）
	12.《董事会议事规则》的说明	A. 详细介绍议事规则（1分）； B. 只作一般性说明（0.5分）； C. 未披露任何信息（0分）
	13. 董事会召开方式的说明	A. 披露（1分）； B. 未披露（0分）
	14. 独立董事同意、质疑或否决董事会某项决议的说明	A. 披露（1分）； B. 未披露（0分）
	15. 高管薪酬结构及额度	A. 完全披露（1分）； B. 未完全披露（0.5分）； C. 未披露（0分）
	16. 高管层关系网络	A. 明确披露高管层关系网络（1分）； B. 未披露任何信息（0分）
利益相关者（SH）	17. 投资者关系建设情况的说明	A. 详细披露投资者关系沟通细节或接待措施（1分）； B. 只说明有《投资者关系管理制度》，但没有具体内容（0.5分）； C. 关于投资者关系建设没有任何说明或者笼统说明（0分）
	18. 是否披露社会责任报告	A. 披露社会责任报告或可持续发展报告或ESG报告（1分）； B. 只披露参与社会公益或环保情况（0.5分）； C. 未披露任何信息（0分）
	19. 债权人情况	A. 披露（1分）； B. 部分披露（0.5分）； C. 未披露（0分）
	20. 债务人情况	A. 披露（1分）； B. 部分披露（0.5分）； C. 未披露（0分）
	21. 供应商情况	A. 披露（1分）； B. 未披露（0分）
	22. 客户情况	A. 披露（1分）； B. 未披露（0分）

续表

一级指标	二级指标	评价标准
风险控制（RC）	23. 企业发展战略目标	A. 披露（1分）； B. 未披露（0分）
	24. 盈利能力分析	A. 披露（1分）； B. 未披露（0分）
	25. 营运能力分析	A. 披露（1分）； B. 未披露（0分）
	26. 偿债能力分析	A. 披露（1分）； B. 未披露（0分）
	27. 发展能力分析	A. 披露（1分）； B. 未披露（0分）
	28. 关于现聘会计师事务所的说明	A. 详细披露（1分）； B. 笼统披露（0.5分）； C. 没有任何说明（0分）
	29. 宏观形势对公司业绩影响的分析	A. 披露（1分）； B. 未披露（0分）
	30. 行业地位（或市场份额）分析	A. 披露（1分）； B. 未披露（0分）
	31. 竞争对手分析	A. 披露（1分）； B. 未披露（0分）

对于自愿性信息披露指数指标体系，简要解释如下：

（1）治理结构信息披露维度

治理结构信息披露维度衡量与公司治理结构相关的信息披露情况，包括董事会和监事会的构成及成员情况、高层管理人员学历及经历情况，以及专门委员会的构成情况，包括编号1～8的8个二级指标，这些指标所反映的信息对于投资者和其他利益相关者了解代理人是否能够着眼于企业发展和满足各利益相关者的利益诉求具有重要价值。其中指标1衡量上市公司是否明确披露了董事会结构，包括董事类型（执行董事或内部董事、独立董事、外部非独立董事），以及相应的人员构成和兼职情况。指标2和3衡量关于董事个人背景的相关信息的披露情况。指标4衡量董事会下设的各专门委员会的信息披露情况，包括专门委员会召集人信息、委员会成员构成等。指标5和6衡量有关监事类型（外部监事、内部监事，股东监事、员工监事等），以及监事会成员方面的自愿性信息披露情况。指标7和8衡量有关高层管理人员个人背景信息的披露情况。

（2）治理效率信息披露维度

治理效率信息披露维度衡量关于股东大会和董事会的召开情况、独立董事履职情况、董事考评，以及高层管理人员薪酬和关系网络等与公司治理效率相关信息的披露情况，包括编号9～16的8个指标。这些指标所反映的信息对于投资者和其他利益相关者评估公司的治理效率有着至关重要的作用。其中指标9和10考察公司股东大会召开及投票机制（包括法定投票、累积投票、网络投票、举手表决、代理投票等）方面的信息披露情况。只有公司详细说明了每次股东大会（包括临时股东大会）的股东出席率以及投票机制，现有的和潜在的投资者，以及其他利益相关者才能判断股东大会的合法性和有效性。指标11衡量公司和投资者对董事的约束是否到位，反映董事的实际履职情况。指标12和13衡量公司董事会决策和监督的有效性，其中董事会召开方式包括通讯会议和现场会议等，会议方式不同，董事会履职的效果就会不同。指标14衡量独立董事提出的意见是否能被公司记录并进行披露，也反映着独立董事的独立性情况。指标15衡量高层管理人员薪酬的合理性，以及高管是否着眼于公司长期发展。指标16衡量高层管理人员的社会影响力，该类信息也有助于判断高层管理人员是否存在不规范交易问题。

（3）利益相关者信息披露维度

利益相关者信息披露维度衡量公司对投资者、债权人、债务人、供应商、客户等利益相关者利益保护有关的信息的披露情况，包括编号17～22的6个指标。其中，指标17衡量公司在投资者保护方面的措施是否到位，如公司是否披露与投资者的沟通或接待措施，或者是否建立《投资者关系管理制度》。指标18考察公司履行社会责任的情况，如节能环保、参与社会公益，以及是否发布社会责任报告等。指标19、20、21和22衡量公司对于排名前几位的主要债权人、债务人、供应商及客户信息的披露情况，其中对于债权人和债务人，公司还应披露他们与公司是否具有关联关系。

（4）风险控制信息披露维度

风险控制信息披露维度衡量公司经营风险及控制方面的信息分析与披露情况，包括编号23～31的9个指标。其中，指标23衡量公司是否明确披露至少三年的发展战略目标及经营计划。指标24、25、26和27衡量公司是否对自身的财务状况进行了分析并且进行了披露。指标28衡量公司对于会计师事务所聘任情况的说明。会计师事务所对公司进行独立审计，是投资人权益的重要维护者，对其聘任的相关信息进行披露，可以防止出现会计师事务所与公司存在私下交易的现象，有效地控制风险。指标29、30和31衡量宏观环境对企业发展的影响、行业竞争优势或劣势，以及竞争对手的竞争策略等，这些信息有助于投资者了解公司所处环境及地位，并对公司日后的发展做出预测。

1.7.2 自愿性信息披露指数计算方法

首先是计分方法。自愿性信息披露指数指标体系中的 31 个二级指标得分区间都为 [0，1]，按赋值方法可以分为两类。第一类是 0/1 变量，使用该种赋值方法的指标有 16 个，包括指标 1、5、11、13、14、16、21、22、23、24、25、26、27、29、30、31。这类指标以企业年报中是否披露了理应披露的相关信息作为判断依据。明确披露相关信息的得 1 分，否则得 0 分。第二类是程度变量，按照某个指标的信息披露程度高低对指标分层赋值，使用该种赋值方法的指标有 15 个，包括指标 2、3、4、6、7、8、9、10、12、15、17、18、19、20、28。这类指标将年报中的相关信息披露程度分为三种，并按照披露程度的高低进行得分高低的赋值。其中，指标 3、8、19、20 在 2020 年之前评估时为 0/1 变量，2020 年起改为程度变量，以使评价更加严谨。

然后是权重确定。我们认为，自愿性信息披露指数的四个维度具有基本同等的重要性，每个维度内的二级指标也具有基本同等的重要性，为了避免主观性偏差，本报告计算自愿性信息披露指数时所涉及的所有一级指标和二级指标都设置为等权重。首先针对某个一级指标内的所有二级指标进行等权重计算，然后对所有四个一级指标进行等权重计算，以此得出自愿性信息披露指数。具体计算方法如下：

（1）二级指标赋值

根据赋值标准对每个上市公司的 31 个二级指标 V_i（i=1，2，…，31）进行打分和计算，使各个二级指标的取值均位于 0 ~ 1 的数值区间。

（2）计算四个分项指数

对隶属于同一个一级指标的二级指标的得分先进行加总，再简单平均，然后转化为百分制，得到四个一级指标得分，即治理结构分项指数、治理效率分项指数、利益相关者分项指数和风险控制分项指数。

$$GS = \frac{1}{8}\sum_{i=1}^{8} V_i \times 100$$

$$GE = \frac{1}{8}\sum_{i=9}^{16} V_i \times 100$$

$$SH = \frac{1}{6}\sum_{i=17}^{22} V_i \times 100$$

$$RC = \frac{1}{9}\sum_{i=23}^{31} V_i \times 100$$

其中，GS 代表治理结构分项指数，GE 代表治理效率分项指数，SH 代表利益相关者分项指数，RC 代表风险控制分项指数。

（3）计算总指数

对四个一级指标（治理结构、治理效率、利益相关者和风险控制）的得分进行简单平均，得到上市公司自愿性信息披露指数。

$$CCVDI^{BNU} = \frac{1}{4}(GS + GE + SH + RC)$$

$CCVDI^{BNU}$ 代表中国上市公司自愿性信息披露指数（"北京师范大学自愿性信息披露指数"）。

1.8　高管薪酬指数变量及计算方法[1]

1.8.1　高管薪酬指数评价变量

评价高管薪酬，必须首先对公司高管作出界定。对于如何界定公司高管，理论界有不同的认识和理解，主要有五种观点：①董事长；②总经理（或 CEO）；③董事长和总经理两人；④除董事长和总经理外，还包括党委书记和工会主席；⑤所有高层管理人员，既包括董事长和总经理，也包括副职。我们认为，从研究高管薪酬角度，不能把研究仅集中于某个高管，把研究扩展到高级管理层，更易于得到普遍适用的规律性结论。而且，高管的绩效是整个团队共同努力的结果。因此，我们将高管激励延伸至高管团队的激励，本报告所评价的高管是指公司执行层，包括总经理（或 CEO）、副总经理，以及执行董事（含担任执行董事的董事长）和董事会秘书。由于各公司高管人员的人数并不一致，为了保证评价的客观性和统一性，本报告在计算高管薪酬指数时，仅包括年报披露的薪酬最高的前三位高管成员。如无特别说明，本报告提及的高管薪酬均为薪酬最高的前三位高管的平均薪酬。

本报告对高管薪酬的评价不是单纯针对薪酬总额，而是在企业经营业绩的基础上对高管薪酬进行比较研究。换言之，本报告是基于经营业绩的薪酬评价，即用高管薪酬与企业营业总收入之比来计算高管薪酬指数。相关变量说明如下：

① 2020 年年报披露的薪酬最高的前三名高管的薪酬（不含股权激励）。

② 2020 年年报披露的公司年度营业总收入。

对于实施期权激励的公司，先将高管的期权收入折算成货币形式，然后将期权收入与披露的年薪相加，最终确定前三名高管的薪酬。期权激励主要包括股票期权、限制性股票、股票增值权、虚拟股票、股票奖励和业绩股票。目前中国实施高管期权激励的公

---

[1] 本指数所使用的原始数据来自公司年报，无法考虑某些公司可能存在的业绩造假情况。

司还不多，已经实施高管期权激励的公司基本上采用股票期权、限制性股票和股票增值权三种形式，因此，本报告只计算这三种形式的期权激励，且必须是 2020 年行权的部分，以反映高管可获得的真实收入。需要特别指出的是，由于公开信息披露中没有直接提供针对前三名高管的期权激励数据，只有针对整个高管团队的期权激励总和，如果直接把整个高管团队的期权激励收入总和当作薪酬最高的前三名高管的期权激励收入，将会使得后者的期权收入偏大，从而导致前三名高管薪酬指数偏高。因此，为了保证研究的准确性，我们对股票期权激励收入根据行权人数进行调整，薪酬最高的高管赋予最高权重，对薪酬次高的高管赋予次高权重，以此类推。具体计算公式如下：

$$行权人数调整系数 = \frac{3n-3}{n（n+1）/2}$$

其中，n 为行权人数，分子代表行权的薪酬最高前三位的高管赋值，分母代表公司所有行权人的总赋值。需要强调，这种方法只是相对准确。我们寄希望于上市公司能够公开每位高管的具体行权额度。

期权激励按行权人数调整方法从 2018 年评价时开始采用，为了使不同年度具有可比性，对之前年度的高管薪酬指数数据库也进行了同样的调整。

此外，将期权收入折算成货币收入的方法是：

高管的期权收入＝2020年年末可以行权的股票数量×（年均股价−行权股价）

前三位高管平均薪酬的具体计算方法：

前三位高管平均薪酬＝薪酬最高的前三位高管薪酬之和（含股票期权）÷3

1.8.2 高管薪酬指数计算方法

本报告在高管薪酬指数设计方法上采用基准法，即首先选择每个行业的基准公司，得到每个行业的调整系数，然后计算各行业全部公司的基准值，最后以该基准值为标杆，计算出各公司高管人员薪酬指数，并按照数值大小来排序。计算步骤和公式如下：

①计算第 j 个行业第 i 个上市公司薪酬最高前三位高管的平均薪酬与营业总收入的比值，计算公式是：

$$X_{ij} = \frac{i公司薪酬最高前三位高管的薪酬平均值}{i公司营业总收入}$$

其中，高管薪酬是折算成货币形式的收入，包括基本工资、各项奖金、福利、补贴和各种津贴，以及股票期权。

②找出 X_{ij} 的中位值，以位居该中位值的那家公司作为第 j 个行业的基准公司，该中位值即行业调整系数，令：

$$Y_j = X_j 的中位值$$

③把 Y_j 相加，再除以行业总数，得到所有上市公司薪酬最高前三位高管的薪酬平均值与营业总收入的比值（Z），计算公式是：

$$Z = \frac{\sum Y_j}{n}$$

其中，n 是行业总数，根据《上市公司行业分类指引（2012 年修订）》，上市公司分为 19 大类行业，2020 年样本中有 19 个行业有上市公司，故行业数定为 19。

④将 X_{ij} 除以 Z，得到第 j 个行业第 i 个上市公司的高管薪酬指数，计算公式是：

$$CCECI^{BNU} = \frac{X_{ij}}{Z} \times 100 \text{ [1]}$$

$CCECI^{BNU}$ 代表中国上市公司高管薪酬指数（"北京师范大学高管薪酬指数"）

将 $CCECI^{BNU}$ 值按照大小进行排名，即可得到基于经营业绩的上市公司高管薪酬指数排名。理论上讲，某家上市公司的 $CCECI^{BNU}$ 值越接近 100，该公司的高管薪酬激励越适度。在排名中，对所有上市公司按照四分位法进行分类，即按照高管薪酬指数将 3754 家上市公司进行降序排列，排名在前四分之一的公司确定为激励过度，排名在后四分之一的公司确定为激励不足，中间的公司定为激励适中，这样的划分考虑了行业差距的影响。

1.8.3　高管薪酬指数比较方法

为了进一步找出不同行业、不同地区、不同控股类型、不同板块上市公司高管薪酬指数的特点，分别比较不同类别上市公司的高管薪酬指数，具体方法如下：

（1）将上市公司高管薪酬指数按行业进行排名

方法是：

①各行业中激励适中公司所占比重的行业间排名：将各行业中激励适中公司数目除以该行业所有公司的数目，得出百分比，然后按照百分比的大小对各行业进行排名。百分比越大，说明该行业激励适中的公司数量相对越多，该行业整体的薪酬激励水平越合理。

②各行业中激励过度公司所占比重的行业间排名：将各行业中激励过度公司数目除以该行业所有公司的数目，得出百分比，然后按照百分比的大小对各行业进行排名。百分比越大，说明该行业激励过度的公司数量相对越多，该行业整体的薪酬水平越趋于激励过度。

③各行业中激励不足公司所占比重的行业间排名：将各行业中激励不足公司数目除

---

[1] 此处乘以 100，是因为假设全部上市公司的高管薪酬指数为 100。

以该行业所有公司的数目，得出百分比，然后按照百分比的大小对各行业进行排名。百分比越大，说明该行业激励不足的公司数量相对越多，该行业整体的薪酬水平越趋于激励不足。

④行业间高管薪酬指数排名：用各个行业的公司高管薪酬指数均值来代表各个行业的公司高管薪酬指数，然后把各个行业的公司高管薪酬指数均值按照由高到低的顺序进行排名。理论上讲，将每个行业的中位值与100来比较，如果越接近100，则该行业的高管薪酬越适度。

（2）将上市公司高管薪酬指数按地区进行排名

方法是：

以东部、中部、西部和东北上市公司高管薪酬指数均值分别代表四个地区的公司高管薪酬指数，然后按照该均值的大小进行排名。

（3）将上市公司高管薪酬指数按控股类型进行排名

方法是：

为了更细致地进行比较，我们将所有公司按控股类型划分为国有绝对控股公司、国有强相对控股公司、国有弱相对控股公司、国有参股公司、无国有股份公司等五种类型（关于所有制的定义详见本章第1.9节），分别确定出激励适中、激励过度和激励不足的公司在各类型上市公司中所占的比重，然后按照比重的大小对这五种所有制的公司进行排名。

1.9　中国公司治理分类指数评价范围及相关概念

1.9.1　评价范围

本报告的数据截至2020年12月31日，评价样本也是截至这个日期的全部A股上市公司。截至2020年12月31日，沪深两市有上市公司4131家，其中只在B股上市的公司有12家，A、B股同时上市的公司有81家。考虑到年报的完整性，剔除2020年4月1日之后上市的345家公司，同时剔除只在B股上市的12家公司，得到最终样本3774家。最终样本占全部A股上市公司的91.62%，占全部A、B股上市公司的91.36%，可以说，基本等同于全样本评价。3774家A股上市公司中，深市主板（含原中小企业板，2021年4月已与深市主板合并）1395家，深市创业板796家，沪市主板1489家，沪市科创板94家。需要注意的是，高管薪酬指数样本是3754家上市公司，原因是年报出现了19家公司高管零薪酬或未披露高管薪酬的不正常现象，以及1家公司营业总收入为负值的不正常现象，故予以剔除。

1.9.2　相关概念

中国公司治理分类指数评价，可能会受到控股类型、地区和行业等方面的影响，因此，需要对数据统计和指数计算中涉及的相关概念做出界定。

（1）控股或所有制类型

中国上市公司有不同的控股或所有制类型，不同控股类型对公司治理有不尽相同的影响。我们将所有公司按控股情况分为国有绝对控股公司、国有强相对控股公司、国有弱相对控股公司、国有参股公司和无国有股份公司五种类型。参照《股份有限公司国有股股东行使股权行为规范意见》第五条规定，并结合本报告研究的实际情况，我们对这五种所有制类型的界定是：

A.国有绝对控股公司：国有股东为第一股东，前十大股东中国有股持股比例下限为50%（不含50%）；

B.国有强相对控股公司：国有股股东为第一股东，前十大股东中国有股持股比例上限为50%（含50%），下限为30%（不含30%）；

C.国有弱相对控股公司：国有股股东为第一大股东，前十大股东中国有股持股比例小于30%（含30%）；

D.国有参股公司：有国有股东，但国有股比例不符合上述三条标准；

E.无国有股份公司：上述四种情形以外的公司。

在上述五类公司中，最后两类其实就是典型的民有或民营控股上市公司，或称非国有控股上市公司。

（2）地区

处于不同地区的公司的市场化程度、制度完善程度、环境条件等是不同的，所以地区也是影响公司治理指数的基本因素。按照中华人民共和国行政区域划分，中国内地有31个省、自治区和直辖市（不包括中国台湾、中国香港和中国澳门）。这些行政区域又可以划分为东部、中部、西部和东北等四个地区，其中，东部地区包括北京、福建、广东、海南、河北、江苏、山东、上海、天津、浙江10个行政区域，中部地区包括安徽、河南、湖北、湖南、江西、山西6个行政区域，西部地区包括重庆、甘肃、广西、贵州、内蒙古、宁夏、青海、陕西、四川、西藏、新疆、云南12个行政区域，东北地区包括黑龙江、吉林、辽宁3个行政区域。

（3）行业

中国证监会2012年修订的《上市公司行业分类指引》将上市公司行业分为19个门类，具体分类结构与代码如下：A.农、林、牧、渔业；B.采矿业；C.制造业；D.电力、热力、燃气及水生产和供应业；E.建筑业；F.批发和零售业；G.交通运输、仓储和邮政业；H. 住宿和餐饮业；I. 信息传输、软件和信息技术服务业；J. 金融业；K. 房地产业；L. 租赁和商务服务业；M. 科学研究和技术服务业；N. 水利、环境和公共设施管理业；O. 居民服务、修理和其他服务业；P. 教育；Q. 卫生和社会工作；R. 文化、体育和娱乐业；S. 综合。在本报告的 3774 家样本上市公司中，19 个行业均有上市公司。

在 19 个大类行业中，制造业是上市公司最多的行业。本报告 3774 家公司样本中，制造业企业共 2373 家。按照中国证监会 2012 年修订的《上市公司行业分类指引》，制造业还可以细分为 31 个小类，分别是 C13. 农副食品加工业；C14. 食品制造业；C15. 酒、饮料和精制茶制造业；C16. 烟草制品业；C17. 纺织业；C18. 纺织服装、服饰业；C19. 皮革、毛皮、羽毛及其制品和制鞋业；C20. 木材加工和木、竹、藤、棕、草制品业；C21. 家具制造业；C22. 造纸和纸制品业；C23. 印刷和记录媒介复制业；C24. 文教、工美、体育和娱乐用品制造业；C25. 石油加工、炼焦和核燃料加工业；C26. 化学原料和化学制品制造业；C27. 医药制造业；C28. 化学纤维制造业；C29. 橡胶和塑料制品业；C30. 非金属矿物制品业；C31. 黑色金属冶炼和压延加工业；C32. 有色金属冶炼和压延加工业；C33. 金属制品业；C34. 通用设备制造业；C35. 专用设备制造业；C36. 汽车制造业；C37. 铁路、船舶、航空航天和其他运输设备制造业；C38. 电气机械和器材制造业；C39. 计算机、通信和其他电子设备制造业；C40. 仪器仪表制造业；C41. 其他制造业；C42. 废弃资源综合利用业；C43. 金属制品、机械和设备修理业。目前制造业上市公司涉及 29 个小类，尚没有 C16（烟草制品业）和 C43（金属制品、机械和设备修理业）上市公司。2015 年及之前我们出版的指数报告对制造业细分行业都有分析，自 2016 年度报告开始，限于篇幅，不再对制造业细分类型进行分析。

第2章 中国上市公司治理总指数排名及比较

根据第 1 章确定的中国上市公司治理总指数计算方法,我们对 2015 ～ 2020 年六个年度中国上市公司治理水平进行了测度。本章首先对 2020 年度上市公司治理总指数进行排名,然后分别从地区、行业、所有制和上市板块四个角度进行比较分析,最后再从总体、地区、行业、所有制和上市板块五个角度比较分析 2015 ～ 2020 六个年度中国上市公司治理水平的变化。

2.1 上市公司治理总指数分布及排名

基于上市公司 2020 年的公开数据,对 3774 家上市公司治理总指数进行计算,从而得到中国上市公司治理总指数的整体排名情况。

2.1.1 上市公司治理总指数分布

2020 年上市公司治理总指数的总体得分情况参见表 2-1。

表 2-1 2020 年上市公司治理总指数的总体情况

项目	公司数目	平均值	中位值	最大值	最小值	标准差	偏度系数	峰度系数
数值	3774	52.0471	52.3712	64.4862	29.3140	4.3017	−0.6270	1.1253

从表 2-1 可以看出,2020 年上市公司治理总指数最大值 64.4862 分,最小值 29.3140 分,平均值 52.0471 分,中位值 52.3712 分,样本均值未及格(60 分为及格线),得分整体偏低。

为进一步了解上市公司治理总指数在各个得分区间的分布情况,我们将上市公司治理总指数以 5 分为间隔,划分为 10 个区间(公司数目为 0 的连续区间合并),每个指数区间的企业数目和所占比重参见表 2-2 和图 2-1。

表2-2 2020年上市公司治理总指数区间分布

指数区间	公司数目	占比（%）	累计占比（%）
[0，25)	0	0.00	0.00
[25，30)	1	0.03	0.03
[30，35)	5	0.13	0.16
[35，40)	44	1.17	1.32
[40，45)	172	4.56	5.88
[45，50)	864	22.89	28.78
[50，55)	1777	47.09	75.86
[55，60)	842	22.31	98.17
[60，65)	69	1.83	100.00
[65，100)	0	0.00	100.00
总计	3774	100	

从表2-2和图2-1可以看出，上市公司治理总指数主要分布在[40，60)区间，总计3483家，占样本总数的92.29%。及格的公司有69家，及格率为1.83%，比上年（0.73%）提高1.10个百分点，没有得分超过65分的公司。这说明中国上市公司治理总水平依然很低。从表2-1反映出来的整体分布偏离正态分布的程度来看，偏度系数为-0.6270，峰度系数为1.1253，上市公司治理总指数分布为负偏态分布，基本满足正态分布。

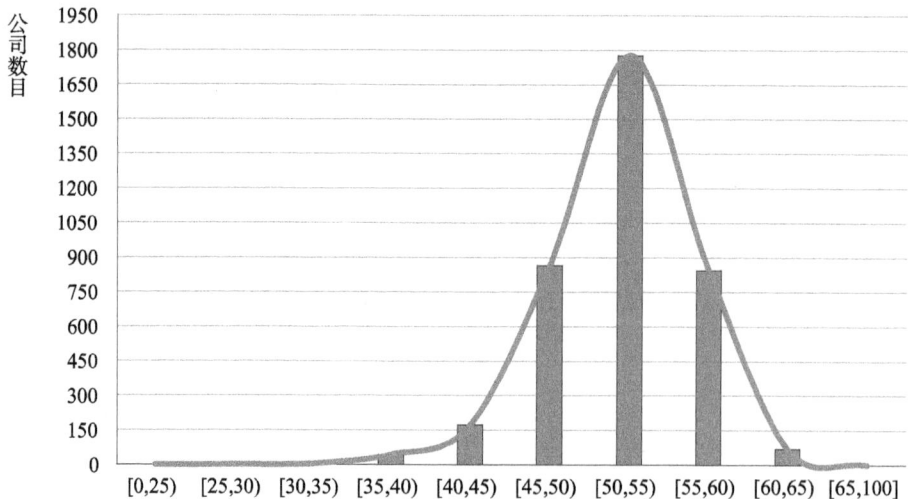

图2-1 2020年上市公司治理总指数区间分布

2.1.2　上市公司治理总指数前100名

表2-3列出了3774家上市公司中排名前100家公司的总指数情况。可以看出，前100名公司的治理总指数均值为60.7391分，刚达到及格线（60分），比上年（57.4221分）提高3.3170分。

表 2-3　2020 年上市公司治理总指数前 100 名情况

项目	平均值	中位值	最大值	最小值	标准差
前100名	60.7391	60.4466	64.4862	59.3999	1.0836
总体	52.0471	52.3712	64.4862	29.3140	4.3017

对3774家上市公司治理总指数进行从大到小降序排列，上市公司治理总指数越高，说明上市公司治理综合水平越高。表2-4是上市公司治理总指数排名前100的上市公司情况。

表 2-4　2020 年上市公司治理总指数排名－前 100 名

排名	代码	公司简称	指数	排名	代码	公司简称	指数
1	600115	中国东航	64.4862	14	300197	节能铁汉	61.8456
2	002847	盐津铺子	64.4247	15	002449	国星光电	61.7591
3	000039	中集集团	64.1092	16	000513	丽珠集团	61.7425
4	300218	安利股份	62.8158	17	601319	中国人保	61.6373
5	600837	海通证券	62.6841	18	002925	盈趣科技	61.6132
6	601598	中国外运	62.4518	19	002758	浙农股份	61.6026
7	002926	华西证券	62.4278	20	600600	青岛啤酒	61.5631
8	002145	中核钛白	62.2910	21	002267	陕天然气	61.5555
9	600660	福耀玻璃	62.2305	22	600688	上海石化	61.5304
10	601318	中国平安	62.2157	23	601336	新华保险	61.5216
11	600026	中远海能	62.1440	24	603259	药明康德	61.4440
12	002783	凯龙股份	62.1074	25	600958	东方证券	61.4274
13	300253	卫宁健康	61.9791	26	002500	山西证券	61.3843

排名	代码	公司简称	指数	排名	代码	公司简称	指数
27	300627	华测导航	61.3492	55	601881	中国银河	60.2413
28	300005	探路者	61.3337	56	300498	温氏股份	60.2181
29	002507	涪陵榨菜	61.3023	57	002079	苏州固锝	60.2088
30	002939	长城证券	61.2906	58	002294	信立泰	60.1975
31	601288	农业银行	61.2613	59	601628	中国人寿	60.1860
32	000006	深振业A	61.1602	60	002153	石基信息	60.1553
33	601601	中国太保	61.1137	61	601939	建设银行	60.1534
34	001965	招商公路	61.1015	62	000166	申万宏源	60.1503
35	000686	东北证券	61.0651	63	000637	茂化实华	60.1465
36	603369	今世缘	61.0609	64	601688	华泰证券	60.1449
37	300017	网宿科技	61.0437	65	600718	东软集团	60.0887
38	002722	金轮股份	60.9664	66	001872	招商港口	60.0768
39	600028	中国石化	60.8756	67	002597	金禾实业	60.0553
40	000002	万科A	60.8581	68	300691	联合光电	60.0342
41	300638	广和通	60.8403	69	601857	中国石油	60.0009
42	002615	哈尔斯	60.8222	70	300717	华信新材	59.9892
43	000409	云鼎科技	60.7254	71	300298	三诺生物	59.9531
44	600933	爱柯迪	60.7147	72	601600	中国铝业	59.9474
45	600079	人福医药	60.6983	73	300174	元力股份	59.9470
46	002850	科达利	60.6934	74	000756	新华制药	59.9447
47	601186	中国铁建	60.6808	75	000965	天保基建	59.9065
48	601808	中海油服	60.6701	76	000050	深天马A	59.8925
49	600775	南京熊猫	60.4887	77	002179	中航光电	59.8909
50	601066	中信建投	60.4706	78	601107	四川成渝	59.8777
51	601088	中国神华	60.4227	79	601211	国泰君安	59.8619
52	002156	通富微电	60.3453	80	601828	美凯龙	59.7830
53	300383	光环新网	60.3111	81	300034	钢研高纳	59.7735
54	300146	汤臣倍健	60.3008	82	300796	贝斯美	59.7721

续表

排名	代码	公司简称	指数	排名	代码	公司简称	指数
83	000966	长源电力	59.7278	92	002022	科华生物	59.5852
84	300188	美亚柏科	59.6979	93	300003	乐普医疗	59.5847
85	600999	招商证券	59.6669	94	000976	华铁股份	59.5746
86	000831	五矿稀土	59.6661	95	000875	吉电股份	59.5324
87	002909	集泰股份	59.6561	96	000012	南玻A	59.4745
88	000936	华西股份	59.6337	97	002045	国光电器	59.4506
89	300019	硅宝科技	59.6241	98	000728	国元证券	59.4388
90	300406	九强生物	59.6183	99	002483	润邦股份	59.4180
91	000090	天健集团	59.6040	100	300088	长信科技	59.3999

从表2-4可以看出，上市公司治理总指数最高的是沪市主板的中国东航，排在第二、三位的分别是深市主板的盐津铺子和中集集团。有33家公司在2020年和2019年连续两年出现在前100名中[1]，它们是中国东航、盐津铺子、中集集团、海通证券、华西证券、中国平安、中远海能、卫宁健康、节能铁汉、国星光电、丽珠集团、新华保险、药明康德、华测导航、探路者、深振业A、招商公路、中国石化、哈尔斯、光环新网、温氏股份、中国人寿、石基信息、华泰证券、招商港口、三诺生物、新华制药、中航光电、钢研高纳、华西股份、硅宝科技、天健集团、科华生物。有13家公司近三年连续出现在前100名中，它们是盐津铺子、中集集团、中国平安、节能铁汉、国星光电、丽珠集团、新华保险、中国石化、哈尔斯、温氏股份、石基信息、华泰证券、华西股份。

从地区看，前100名中，东部、中部、西部和东北各有78家、12家、7家和3家，各占所在地区上市公司总数的2.95%、2.46 %、1.43 % 和2.01 %。从行业来看，前100名公司主要分布在制造业（50家），金融业（20家），信息传输、软件和信息技术服务业（7家），交通运输、仓储和邮政业（6家），各占所在行业上市公司总数的2.11 %、17.09 %、2.29% 和6.00 %。从控股类型来看，国有控股公司有52家、非国有控股公司有48家，分别占两类公司总数的4.48% 和1.84 %。从上市板块看，深市主板（含原中小板）、深市创业板和沪市主板各有45家、21家和34家，分别占所在板块上市公司总数的3.23%、2.64 % 和2.28%。

需要注意的是，上市公司治理总指数最高的前100名在地区、行业和控股类型中的

---

[1] 中国东航（股票代码600115）2019年公司简称为东方航空；节能铁汉（股票代码300197）2018年及2019年公司简称为铁汉生态。

分布,并不能完全说明某个地区、行业和控股类型整体表现就好,因为各地区、行业和控股类型的上市公司数量不同。比如,制造业进入前 100 名的公司数多于金融业,但金融业进入前 100 名的占比更高,无疑金融业表现更好。

2.2 分地区上市公司治理总指数比较

根据东部、中部、西部、东北四个地区的划分,对上市公司治理总指数按照均值从高到低的顺序进行排名和比较,结果参见表 2-5。

表 2-5 2020 年不同地区上市公司治理总指数比较

排名	地区	公司数目	平均值	中位值	最大值	最小值	标准差
1	东部	2647	52.2172	52.5524	64.4862	33.3225	4.2543
2	中部	488	51.9602	52.3325	64.4247	34.1220	4.3653
3	西部	490	51.7054	51.9868	62.4278	29.3140	4.3497
4	东北	149	50.4333	50.4701	61.0651	37.9852	4.3595
	总体	3774	52.0471	52.3712	64.4862	29.3140	4.3017

由表 2-5 可知,上市公司治理总指数均值最高的地区为东部,东北排在最后一位,上市公司治理总指数最大值出自东部地区,最小值出自西部地区。总体来看,上市公司治理总指数的地区间差异不是很大。

由图 2-2 可以直观地看出四个地区上市公司治理总指数之间的差异。

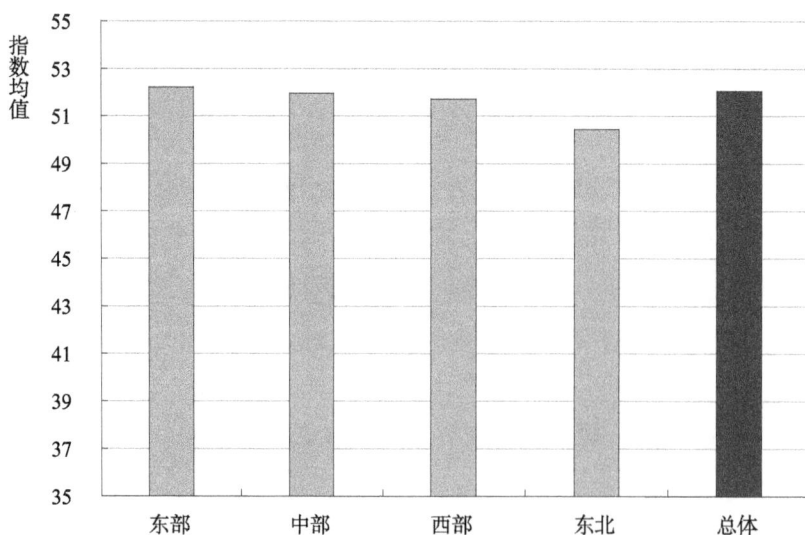

图2-2 2020年不同地区上市公司治理总指数比较

从图 2-2 可以看出，四个地区中，只有东部地区上市公司治理总指数均值高于总体均值，其他三个地区上市公司治理总指数均值都低于总体均值。

按照省份进一步进行细分，对 31 个省份的上市公司治理总指数按照均值从高到低的顺序进行排名，结果参见表 2-6。

表 2-6 2020 年不同省份上市公司治理总指数比较

排名	省份	公司数目	平均值	中位值	最大值	最小值	标准差
1	广东	622	53.2186	53.7052	64.1092	36.3224	4.1034
2	北京	343	53.0823	53.4332	62.4518	36.4877	4.1839
3	云南	37	52.8481	53.7669	57.5153	44.6106	3.4083
4	天津	55	52.5766	52.6583	61.1015	44.7366	3.7822
5	安徽	108	52.4089	52.1220	62.8158	38.0540	4.0087
6	江西	48	52.3783	53.0561	58.8192	40.3313	3.7857
7	重庆	53	52.2170	52.3685	61.3023	42.8358	3.6669
8	四川	126	52.1578	52.4642	62.4278	39.9619	4.4497
9	福建	141	52.0823	52.3830	62.2305	33.3225	4.1270
10	湖南	107	52.0448	52.3710	64.4247	34.4517	4.1686
11	山东	211	51.9798	52.4390	61.5631	36.0120	4.2023
12	河南	80	51.9671	53.2867	59.8909	34.1220	4.7371
13	陕西	52	51.6995	52.3786	61.5555	44.1725	3.7287
14	河北	57	51.6949	51.6625	58.9458	39.2407	4.3187
15	上海	300	51.6357	51.6160	64.4862	37.9698	4.2526
16	浙江	462	51.5750	52.0265	61.6026	36.1327	4.2425
17	广西	37	51.5337	52.2051	58.0029	38.8485	4.5866
18	湖北	106	51.5152	51.8413	62.1074	35.3511	4.6806
19	江苏	424	51.5108	51.8826	61.4440	33.9563	4.1893
20	宁夏	14	51.4962	51.1394	56.5657	43.4311	3.5003
21	内蒙古	25	51.4948	53.3764	59.1921	37.3392	5.7315
22	贵州	29	51.4589	53.4106	57.4904	33.5159	4.7914
23	吉林	40	51.2313	50.8596	61.0651	40.1584	4.3384
24	甘肃	33	51.1971	51.7533	62.2910	35.6964	4.9195
25	山西	39	51.1655	51.8789	61.3843	40.9997	4.5921
26	西藏	19	51.0474	51.4237	56.0499	44.2789	2.9883
27	青海	10	50.9478	50.3209	58.2276	44.9049	3.7809

续表

排名	省份	公司数目	平均值	中位值	最大值	最小值	标准差
28	黑龙江	36	50.9067	51.7886	56.4252	37.9852	4.3157
29	新疆	55	50.4773	50.9653	60.1503	29.3140	4.6016
30	海南	32	50.0348	51.1614	58.4451	37.6104	4.6729
31	辽宁	73	49.7625	49.9807	60.0887	39.8910	4.2877
	总体	3774	52.0471	52.3712	64.4862	29.3140	4.3017

从表 2-6 可以看出，31 个省份中有 9 个省份的上市公司治理总指数均值高于总体均值，这 9 个省份的省份最大均值与总体均值的绝对差距为 1.1715 分；其他 22 个省份的上市公司治理总指数均值低于总体均值，总体均值与 22 个省份的最小均值之间的绝对差距为 2.2846 分。高分区省份的内部差距略小于低分区省份。上市公司治理总指数最高的三个省份是广东、北京和云南；上市公司治理总指数最低的三个省份是辽宁、海南和新疆。

图 2-3 显示了上市公司治理总指数在省份间的差异。可以看出，各省份上市公司治理总指数呈现较平缓的变化，各省份之间差距不大，最高省份上市公司治理总指数均值与最低省份均值的绝对差距只有 3.4567 分。

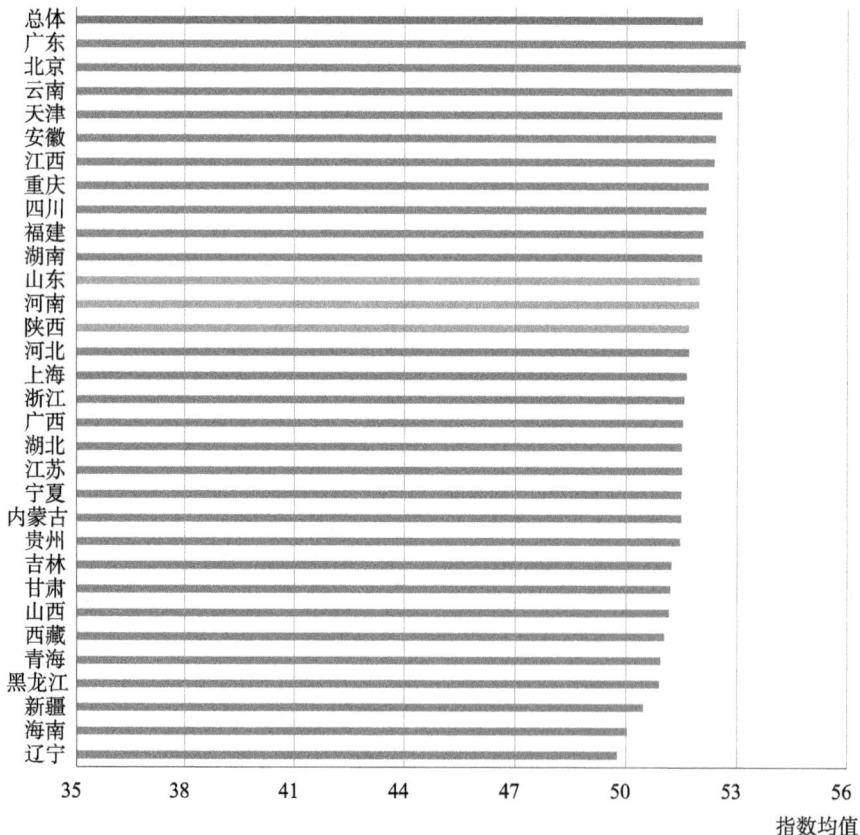

图2-3　2020年不同省份上市公司治理总指数比较

2.3　分行业上市公司治理总指数比较

对18行业上市公司治理总指数按照均值从高到低的顺序进行排名和比较，结果参见表2-7。

表 2-7　2020 年不同行业上市公司治理总指数比较

排名	行业	公司数目	平均值	中位值	最大值	最小值	标准差
1	金融业（J）	117	54.5678	55.0637	62.6841	34.4517	5.0531
2	交通运输、仓储和邮政业（G）	100	53.4961	53.2467	64.4862	44.4724	3.8921
3	科学研究和技术服务业（M）	51	53.2367	53.6450	61.4440	43.7271	3.9844
4	水利、环境和公共设施管理业（N）	62	52.3866	53.1148	61.8456	39.2407	4.4196
5	文化、体育和娱乐业（R）	58	52.3366	52.8156	58.4884	41.7481	3.3754
6	建筑业（E）	95	52.2996	53.1185	60.6808	36.0120	4.1323
7	信息传输、软件和信息技术服务业（I）	306	52.1244	52.7293	61.9791	33.3225	4.4265
8	制造业（C）	2373	52.0077	52.2644	64.4247	29.3140	4.1347
9	采矿业（B）	75	51.7940	52.1848	60.8756	35.6964	4.6996
10	电力、热力、燃气及水生产和供应业（D）	114	51.7137	51.4197	61.5555	37.8206	4.2137
11	住宿和餐饮业（H）	7	51.6553	51.1794	55.4130	49.0298	2.3447
12	农、林、牧、渔业（A）	42	51.5646	51.5711	60.2181	36.7783	4.5827
13	房地产业（K）	117	51.1641	51.4115	61.1602	36.4877	4.6714
14	批发和零售业（F）	162	50.9614	51.9187	61.6026	33.9563	4.4884
15	租赁和商务服务业（L）	58	50.9239	51.8252	59.7830	35.3511	5.1824
16	卫生和社会工作（Q）	13	50.3827	52.4129	58.2820	41.5639	5.7031
17	教育（P）	10	50.1542	51.9553	55.1162	42.8280	4.0149
18	综合（S）	13	49.9876	51.3191	56.9584	41.8026	5.1627
	总体	3774	52.0471	52.3712	64.4862	29.3140	4.3017

注：居民服务、修理和其他服务业（O）只有1家上市公司，难以代表该行业整体水平，故排名时剔除。

从表 2-7 可以看出，18 个行业中有 7 个行业的上市公司治理总指数均值高于总体均值，这 7 个行业的行业最大均值与总体均值的绝对差距为 2.5207 分；低于总体均值的行业有 11 个，总体均值与这 11 个行业的行业最小均值之间的绝对差距为 2.0595 分。高分区行业的内部差距略高于低分区行业。上市公司治理总指数最高的三个行业是金融业（J），交通运输、仓储和邮政业（G），以及科学研究和技术服务业（M）；上市公司治理总指数最低的三个行业是综合（S），教育（P），以及卫生和社会工作（Q）。

图 2-4 显示了上市公司治理总指数在行业间的差异。可以看出，各行业上市公司治理总指数呈现较平缓的变化，各行业差距不大，行业最大均值与最小均值之间的绝对差距只有 4.5802 分。

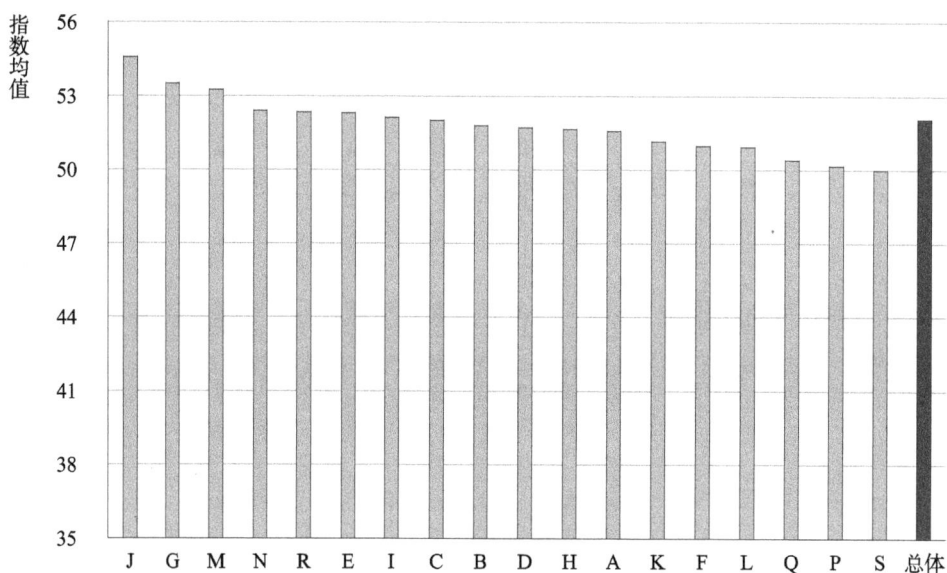

图2-4　2020年不同行业上市公司治理总指数比较

2.4　分所有制上市公司治理总指数比较

根据第 1 章的五类所有制类型划分，对不同所有制上市公司治理总指数按照均值从高到低的顺序进行排名和比较，结果参见表 2-8。

表 2-8　2020 年不同所有制上市公司治理总指数排名及比较

排名	所有制性质	公司数目	平均值	中位值	最大值	最小值	标准差
1	国有绝对控股公司	490	52.9105	52.8456	62.4518	42.7055	3.8082
2	国有强相对控股公司	434	52.4451	52.3968	64.4862	40.9997	3.7608

排名	所有制性质	公司数目	平均值	中位值	最大值	最小值	标准差
3	国有参股公司	870	52.2682	52.7704	62.8158	36.4877	4.3891
4	国有弱相对控股公司	237	51.9514	52.3704	64.1092	38.9987	4.6787
5	无国有股份公司	1743	51.6079	52.0392	64.4247	29.3140	4.4055
	总体	3774	52.0471	52.3712	64.4862	29.3140	4.3017

根据表2-8，从整体上看，五类所有制上市公司治理总指数均值没有很大的差异，也都未达到及格线。其中，国有绝对控股公司治理总指数均值最高，为52.9105分，无国有股份公司治理总指数均值最低，为51.6079分。五类国有制公司的中位值和标准差也没有多大差异。

为了更直观地反映不同所有制上市公司治理总指数的差异，图2-5按照前十大股东中的国有股份比例从大到小进行了排序。可以看出，随着国有股比例降低，五类所有制上市公司的治理水平呈先下降后上升再下降的平缓"S"型态势，有国有股份的公司，公司治理总指数均值高于无国有股份公司。

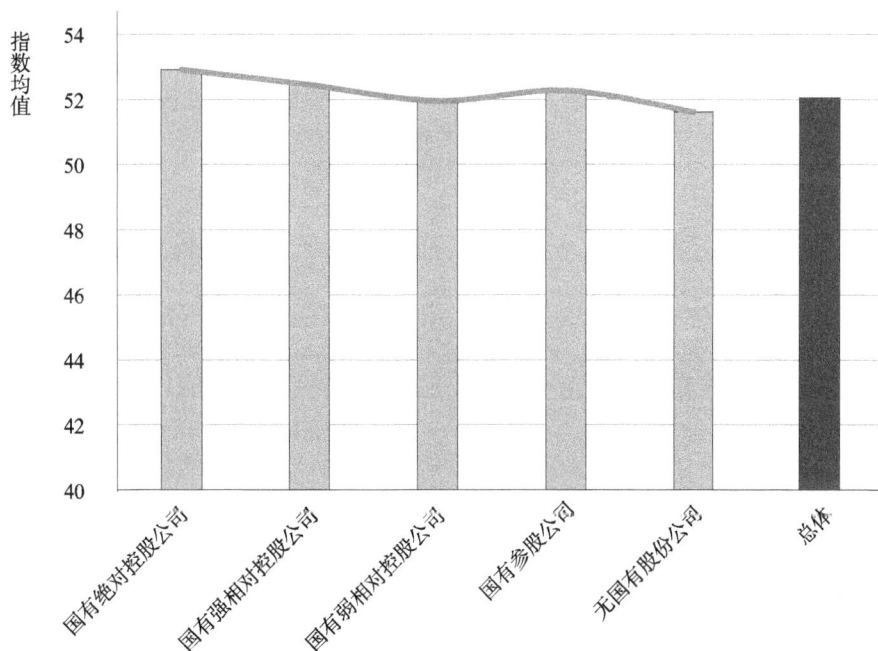

图2-5 2020年不同所有制上市公司治理总指数均值比较

我们进一步将国有绝对控股公司、国有强相对控股公司和国有弱相对控股公司归类为国有控股公司，将国有参股公司和无国有股份公司归类为非国有控股公司，比较两大类公司的公司治理总指数情况，如表2-9所示。

表 2-9　2020 年国有控股和非国有控股公司的治理总指数排名及比较

排名	所有制性质	公司数目	平均值	中位值	最大值	最小值	标准差
1	国有控股公司	1161	52.5407	52.6046	64.4862	38.9987	4.0011
2	非国有控股公司	2613	51.8277	52.2044	64.4247	29.3140	4.4110
	总体	3774	52.0471	52.3712	64.4862	29.3140	4.3017

　　从表 2-9 可以看出，2020 年上市公司中，国有控股公司与非国有控股公司在平均值、中位值上的差距都很小，且都未达到及格线（60 分）。其中，国有控股公司治理总指数均值和中位值都略高于非国有控股公司。

　　根据最终控制人的不同，我们进一步将上市公司划分为中央企业（或监管机构）、地方国企（或监管机构）和非国有企业或自然人最终控制的公司三类。表 2-10 比较了三类上市公司治理总指数情况。

表 2-10　2020 年不同最终控制人上市公司治理总指数排名及比较

排名	最终控制人	公司数目	平均值	中位值	最大值	最小值	标准差
1	中央企业（或监管机构）	411	53.2863	53.1689	64.4862	42.8280	3.9146
2	地方国企（或监管机构）	811	52.1891	52.4162	64.1092	37.2933	4.0593
3	非国有企业或自然人	2552	51.8024	52.1870	64.4247	29.3140	4.3986
	总体	3774	52.0471	52.3712	64.4862	29.3140	4.3017

　　从表 2-10 可以看出，中央企业（或监管机构）控制的公司的治理总指数均值最高，非国有企业或自然人控制的公司的治理总指数均值最低，且低于总体均值。

2.5　分板块上市公司治理总指数比较

　　根据四个上市板块的划分，对上市公司治理总指数按照均值从高到低的顺序进行排名和比较，结果参见表 2-11，其中，深市主板含原来的中小企业板。

表 2-11　2020 年不同板块上市公司治理总指数比较

排名	上市板块	公司数目	平均值	中位值	最大值	最小值	标准差
1	深市创业板	796	53.4276	53.8989	62.8158	33.3225	3.6595
2	深市主板	1395	52.8494	53.3590	64.4247	36.0120	4.2693
3	沪市科创板	94	51.3533	51.4420	58.2608	45.9192	2.9064
4	沪市主板	1489	50.6012	50.6987	64.4862	29.3140	4.2884
	总体	3774	52.0471	52.3712	64.4862	29.3140	4.3017

从表 2-11 可以看出，3774 家上市公司中，上市公司治理总指数平均值从高到低排列依次为深市创业板、深市主板、沪市科创板和沪市主板。从整体上看，深市上市公司治理水平好于沪市。

图 2-6 更直观地反映了不同板块上市公司治理总指数的差异。可以看到，深市两个板块上市公司治理总指数均值都高于总体均值，而沪市两个板块上市公司治理总指数均值低于总体均值。

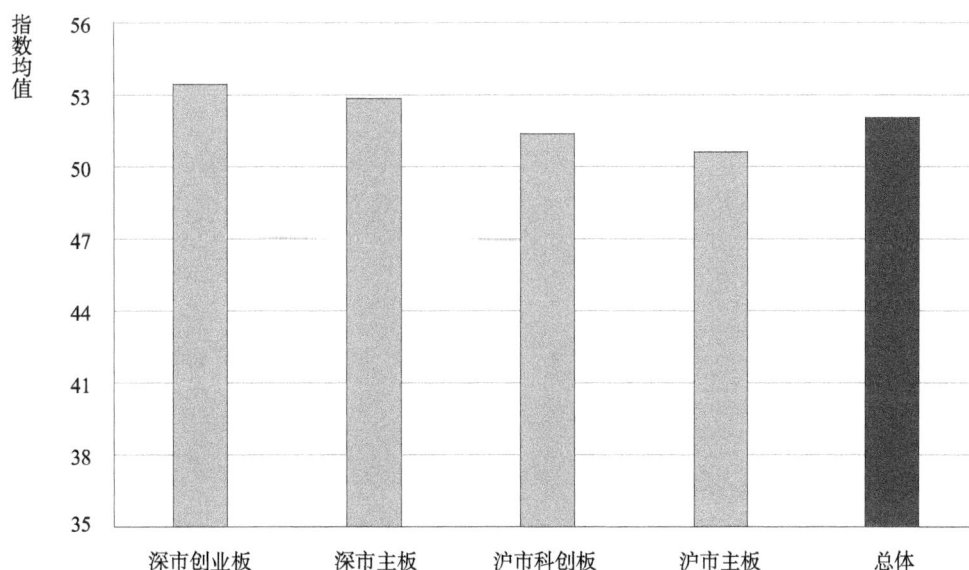

图2-6　2020年不同板块上市公司治理总指数比较

2.6 上市公司治理总指数年度比较（2015～2020）

本节将从总体、地区、行业、所有制和上市板块五个角度，比较分析2015～2020年六个年度的中国上市公司治理水平，以了解上市公司治理水平的发展趋势，进而对提高中国上市公司治理水平提供参考。

2.6.1 上市公司治理总指数总体的年度比较

在对2015～2020年六个年度中国上市公司治理总指数的评价中，样本公司数从2655家增至3774家，基本上是对全部上市公司的评价。比较2015～2020年六个年度的样本上市公司治理总指数，结果参见表2-12。

表2-12 2015～2020年上市公司治理总指数均值比较

年份	样本量	总指数	年份	样本量	总指数
2015	2655	44.7979	2018	3490	48.3781
2016	2840	46.5700	2019	3569	50.4173
2017	3147	47.3617	2020	3774	52.0471

由表2-12可知，2015～2020年，上市公司治理总指数均值连续上升。2020年比2015年提高7.2492分，比上年提高1.6298分。

2.6.2 分地区上市公司治理总指数的年度比较

按照四个地区的划分，将2015～2020年六个年度不同地区的上市公司治理总指数进行比较，从而更清晰地了解不同地区上市公司治理在不同年度的变化，结果参见表2-13和图2-7。

表2-13 2015～2020年不同地区上市公司治理总指数均值比较

地区	年份	总指数	排名	地区	年份	总指数	排名
东部	2015	45.2749	1	西部	2015	43.8561	3
	2016	46.9829	1		2016	45.5967	3
	2017	47.6095	1		2017	46.9486	3

地区	年份	总指数	排名	地区	年份	总指数	排名
东部	2018	48.6765	1	西部	2018	47.6438	3
	2019	50.6770	1		2019	49.9013	3
	2020	52.2172	1		2020	51.7054	3
中部	2015	44.3856	2	东北	2015	42.5554	4
	2016	46.4443	2		2016	44.2987	4
	2017	47.1061	2		2017	45.7307	4
	2018	48.2448	2		2018	46.2540	4
	2019	50.3420	2		2019	48.0117	4
	2020	51.9602	2		2020	50.4333	4

由表 2-13 和图 2-7 可知，四个地区上市公司治理总指数均值都在六年间连续上升。东部连续六年都位居第一，表现相对较好；东北连续六年都排名最后，表现相对较差。

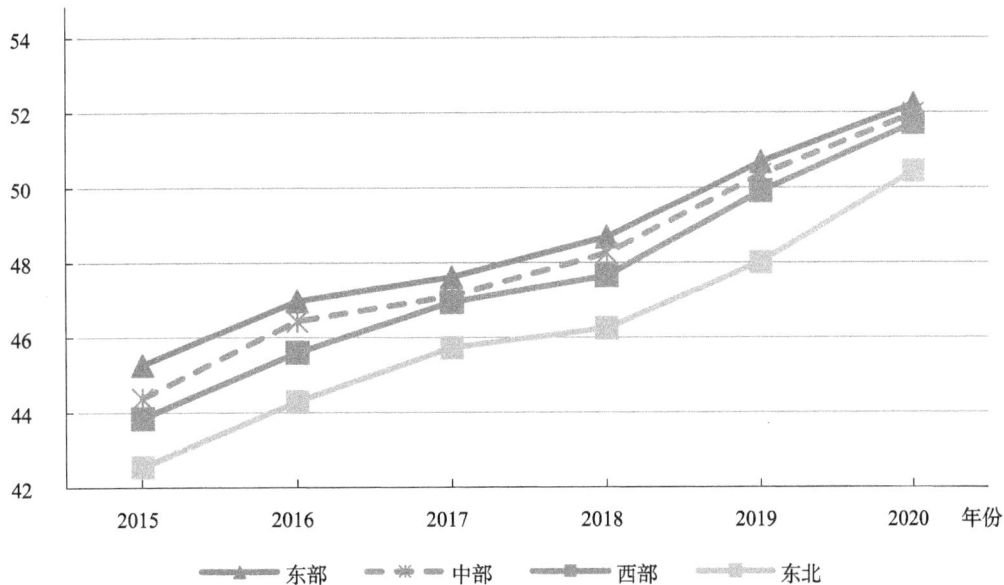

图2-7 2015~20120年不同地区上市公司治理总指数均值比较

2.6.3 分行业上市公司治理总指数的年度比较

将 2015 ~ 2020 年六个年度不同行业的上市公司治理总指数进行比较，以了解不同行业上市公司治理在不同年度的变化，结果如表 2-14 所示。

表 2-14　2015～2020 年分行业上市公司治理总指数均值比较

行业	年份	总指数	行业	年份	总指数
农、林、牧、渔业（A）	2015	43.3215	金融业（J）	2015	46.0245
	2016	47.0187		2016	48.4510
	2017	47.3798		2017	49.3286
	2018	47.1771		2018	50.3019
	2019	49.5108		2019	52.2700
	2020	51.5646		2020	54.5678
采矿业（B）	2015	43.6547	房地产业（K）	2015	42.4970
	2016	45.4024		2016	45.2722
	2017	46.5260		2017	46.8601
	2018	47.6700		2018	47.4921
	2019	49.5695		2019	49.9792
	2020	51.7940		2020	51.1641
制造业（C）	2015	45.2163	租赁和商务服务业（L）	2015	44.6028
	2016	46.8367		2016	46.2162
	2017	47.4135		2017	46.1985
	2018	48.5271		2018	47.7451
	2019	50.4389		2019	49.5320
	2020	52.0077		2020	50.9239
电力、热力、燃气及水生产和供应业（D）	2015	43.6875	科学研究和技术服务业（M）	2015	46.7473
	2016	45.3104		2016	47.1494
	2017	46.5905		2017	47.7314
	2018	47.2329		2018	48.7302
	2019	49.9120		2019	51.5161
	2020	51.7137		2020	53.2367
建筑业（E）	2015	45.0863	水利、环境和公共设施管理业（N）	2015	45.9741
	2016	47.0780		2016	46.9769

行业	年份	总指数	行业	年份	总指数
建筑业（E）	2017	47.3808	水利、环境和公共设施管理业（N）	2017	48.5319
	2018	47.9556		2018	49.1929
	2019	51.1857		2019	51.8529
	2020	52.2996		2020	52.3866
批发和零售业（F）	2015	43.2514	教育（P）	2015	41.8153
	2016	44.6720		2016	43.4211
	2017	45.8534		2017	48.4660
	2018	47.3093		2018	45.7363
	2019	49.3037		2019	50.6767
	2020	50.9614		2020	50.1542
交通运输、仓储和邮政业（G）	2015	44.7660	卫生和社会工作（Q）	2015	45.0161
	2016	46.6015		2016	48.4448
	2017	47.6008		2017	47.2958
	2018	48.6263		2018	50.2964
	2019	51.2703		2019	50.1942
	2020	53.4961		2020	50.3827
住宿和餐饮业（H）	2015	41.6794	文化、体育和娱乐业（R）	2015	44.4233
	2016	42.8766		2016	46.5139
	2017	45.9096		2017	48.4323
	2018	47.3351		2018	48.9379
	2019	50.2659		2019	49.8258
	2020	51.6553		2020	52.3366
信息传输、软件和信息技术服务业（I）	2015	45.3806	综合（S）	2015	40.9329
	2016	47.0894		2016	44.0360
	2017	48.0193		2017	45.6561
	2018	48.6658		2018	43.7331
	2019	50.4051		2019	46.9385
	2020	52.1244		2020	49.9876

注：居民服务、修理和其他服务业（O）只有1家上市公司，难以代表该行业整体水平，故排名时剔除。

由表 2-14 可知，从上市公司治理总指数的均值来看，2015～2020 年，18 个行业中，有 13 个行业六年间连续上升；有 1 个行业 2017 年下降，其他年度均为上升；有 2 个行业 2018 年下降，其他年度均为上升；有 1 个行业 2017 年和 2019 年下降，其他年度均为上升；有 1 个行业 2018 年和 2020 年下降，其他年度均为上升。相比 2015 年，2020 年各行业上市公司治理总指数均值升幅在 5.36～9.98 分，升幅最大的三个行业分别是住宿和餐饮业（H）、综合（S），以及交通运输、仓储和邮政业（G）；相比 2019 年，2020 年除教育（P）略有下降外，其他行业升幅在 0.18～3.05 分，升幅最大的三个行业分别是综合（S）、文化、体育和娱乐业（R），以及金融业（J）。18 个行业中，金融业（J）除在 2015 年排名第二外，其他年度都排名第一，反映其上市公司治理水平相对较好且较稳定。

2.6.4 分所有制上市公司治理总指数的年度比较

依照第 1 章的五种所有制类型的划分，对 2015～2020 年五个年度上市公司治理总指数进行所有制比较，结果参见表 2-15 Panel A。另外，进一步将样本按照国有控股公司和非国有控股公司分类，统计信息见表 2-15 Panel B。

表 2-15　2015～2020 年不同所有制上市公司治理总指数均值比较

所有制类型	年份	总指数	排名	所有制类型	年份	总指数	排名
Panel A 按照五类所有制公司分类							
国有绝对控股公司	2015	44.3893	3	国有参股公司	2015	45.4219	1
	2016	46.3438	3		2016	47.4933	1
	2017	47.7064	2		2017	47.7603	1
	2018	48.8425	1		2018	48.6786	2
	2019	51.1712	1		2019	50.7436	3
	2020	52.9105	1		2020	52.2682	3
国有强相对控股公司	2015	44.2443	4	无国有股份公司	2015	45.0507	2
	2016	45.9479	4		2016	46.5351	2
	2017	47.2565	3		2017	47.1690	4
	2018	48.3422	3		2018	48.1694	5
	2019	50.7655	2		2019	49.9394	5
	2020	52.4451	2		2020	51.6079	5

所有制 类型	年份	总指数	排名	所有制 类型	年份	总指数	排名
国有弱相对 控股公司	2015	43.8464	5				
	2016	45.7212	5				
	2017	47.1369	5				
	2018	48.2842	4				
	2019	50.6571	4				
	2020	51.9514	4				
Panel B 按照国有控股公司和非国有控股公司分类							
国有控股 公司	2015	44.1757	2	非国有控 股公司	2015	45.1879	1
	2016	45.9701	2		2016	46.9108	1
	2017	47.3266	2		2017	47.3794	1
	2018	48.4435	1		2018	48.3501	2
	2019	50.8219	1		2019	50.2347	2
	2020	52.5407	1		2020	51.8277	2

从表 2-15 Panel A 可知，五类所有制上市公司治理总指数均值都在六年间连续上升，相比 2015 年，2020 年国有绝对控股公司升幅最大，上升 8.5212 分。相比 2019 年，2020 年仍是国有绝对控股公司升幅最大，上升 1.7393 分。

图 2-8 则更直观地显示了五类所有制上市公司在 2015 ～ 2020 年六个年度上市公司治理总指数均值的变化。可以看到，五类所有制上市公司总指数每年均值差别不大，变化趋势也差别不大。

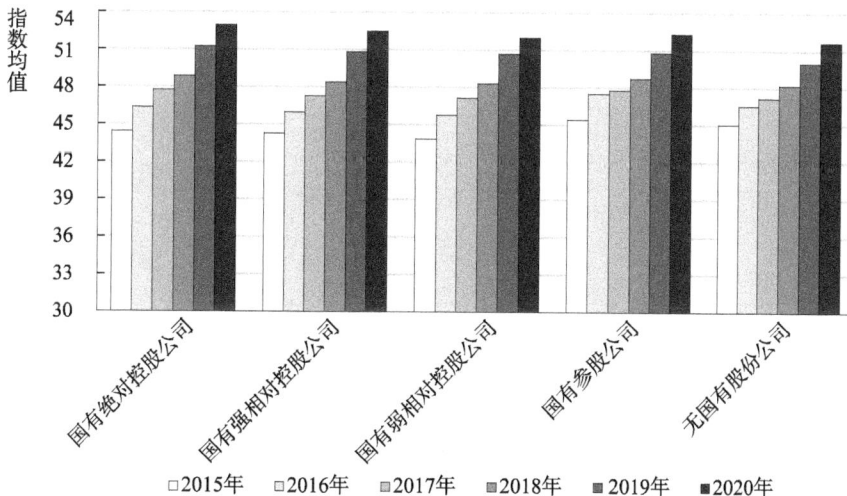

图2-8 2015～2020年不同所有制上市公司治理总指数比较

从表 2-15 Panel B 可知，把五类所有制公司归纳为国有控股公司和非国有控股公司后，在公司治理总指数均值上，两类公司都在六年间连续上升。相比 2015 年，2020 年国有控股公司和非国有控股公司分别上升 8.3650 分和 6.6398 分；相比 2019 年，2020 年国有控股公司和非国有控股公司分别上升 1.7188 分和 1.5930 分。2015～2017 年国有控股公司都低于非国有控股公司，2018～2020 年则是国有控股公司略高于非国有控股公司。

2.6.5 分板块上市公司治理总指数的年度比较

按照深市主板（含原中小企业板）、深市创业板和沪市主板的划分，对 2015～2020 年不同板块上市公司治理总指数进行比较（沪市科创板因只有 1 年数据无法比较），结果参见表 2-16。

表 2-16 2015～2020 年不同板块上市公司治理总指数均值比较

上市板块	年份	总体指数	总体指数排名	上市板块	年份	总体指数	总体指数排名
深市主板	2015	46.6690	1	沪市主板	2015	41.8693	3
	2016	48.5424	1		2016	43.3887	3
	2017	46.5103	2		2017	45.1218	3
	2018	49.8383	2		2018	45.9117	3
	2019	51.9436	2		2019	47.9675	3
	2020	52.8494	2		2020	50.6012	4
深市创业板	2015	46.4665	2	沪市科创板	2020	51.3533	3
	2016	48.5328	2				
	2017	49.2872	1				
	2018	50.3996	1				
	2019	52.3505	1				
	2020	53.4276	1				

由表 2-16 可见，深市创业板和沪市主板的上市公司治理总指数均值都在六年间连续上升；深市主板除 2017 年曾出现下降外，其他年度都是上升的。在除沪市科创板的三个板块中，相比 2015 年，2020 年沪市主板升幅最大，上升 8.7319 分；相比 2019 年，仍是沪市主板升幅最大，上升 2.6337 分。

图 2-9 更直观地反映出三个板块上市公司治理总指数在 2015～2020 年六个年度的变化。可以看到，三个板块上市公司治理总指数均值总体上都呈上升趋势。

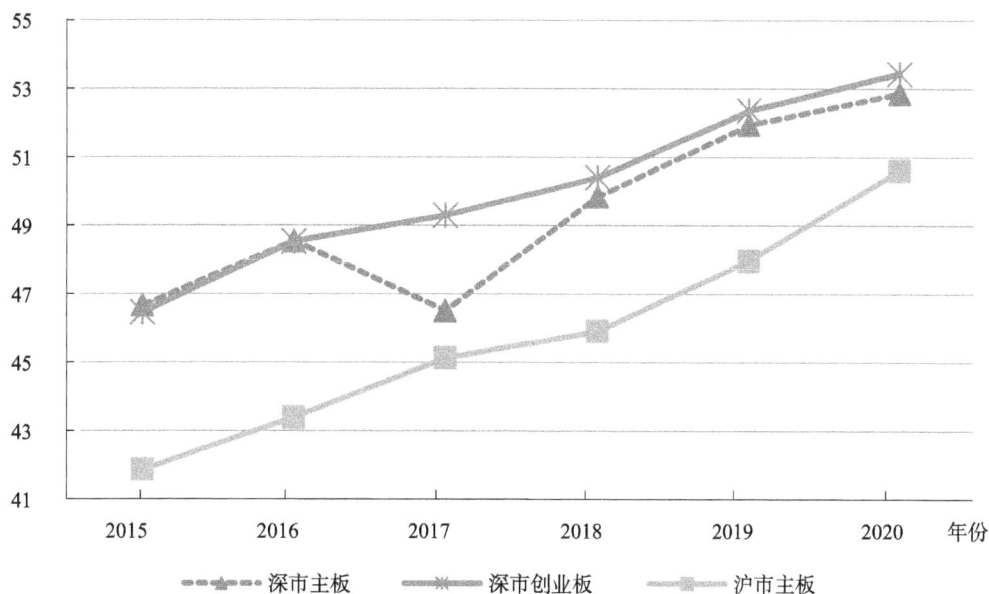

图2-9　2015～2020年不同板块上市公司治理总指数均值比较

2.7　本章小结

本章分别从总体、地区、行业、所有制和上市板块等方面对 2020 年及 2015～2020 年上市公司的治理总指数进行了截面和年度比较分析。主要结论如下：

从总体看，2020 年上市公司治理总指数最大值 64.4862 分，最小值 29.3140 分，平均值 52.0471 分，中位值 52.3712 分，样本均值未及格（60 分为及格线），得分整体偏低。上市公司治理总指数主要分布在 [40，60）区间，占样本总数的 92.29%；及格率仅为 1.83%，及格率偏低，但比上年提高 1.10 个百分点。

从地区看，上市公司治理总指数均值最高的地区为东部，东北排在最后一位。总体来看，上市公司治理总指数的地区间差异不是很大。从省份看，上市公司治理总指数最高的三个省份是广东、北京和云南；上市公司治理总指数最低的三个省份是辽宁、海南和新疆。总体来看，上市公司治理总指数的省份间差异不是很大。

从行业看，2020 年上市公司治理总指数最高的三个行业是金融业（J）、交通运输、仓储和邮政业（G），以及科学研究和技术服务业（M）；上市公司治理总指数最低的三个行业是综合（S）、教育（P），以及卫生和社会工作（Q）。

从所有制看，五类所有制上市公司治理总指数均值都未达到及格线；五类国有制公司的中位值和标准差没有多大差异。随着国有股比例降低，五类所有制上市公司的治理水平呈先下降后上升再下降的平缓 "S" 型态势, 有国有股份的公司, 公司治理总指数均值高于无国有股份公司。

从上市板块看, 2020 年上市公司治理总指数平均值从高到低排列依次为深市创业板、深市主板、沪市科创板和沪市主板。从整体上看, 深市上市公司治理水平好于沪市。

从年度比较看, 对 2015 ～ 2020 年上市公司治理总指数进行比较分析, 主要结论有: A. 2015 ～ 2020 年, 上市公司治理总指数均值连续上升。B. 四个地区上市公司治理总指数均值都在六年间连续上升。东部连续六年都位居第一; 东北连续六年都排名最后。C. 18 个行业中, 有 13 个行业六年间连续上升; 金融业 (J) 除在 2015 年排名第二外, 其他年度都排名第一, 反映其上市公司治理水平相对较好且较稳定。D. 国有控股公司和非国有控股公司的治理总指数都在六年间连续上升, 2015 ～ 2017 年国有控股公司都低于非国有控股公司, 2018 ～ 2020 年则是国有控股公司高于非国有控股公司。E. 深市创业板和沪市主板的上市公司治理总指数均值都在六年间连续上升; 深市主板除 2017 年曾出现下降外, 其他年度都是上升的。

第二篇 中小投资者权益保护指数

第3章　中小投资者权益保护总体指数排名及比较

根据第1章确定的中小投资者权益保护指数评价方法，以及我们评估获得的2020年度3774家样本上市公司治理指数数据，本章对这些公司的中小投资者权益保护指数进行排名，然后分别从地区、行业、上市板块三个角度进行比较分析。

3.1　中小投资者权益保护指数总体分布及排名

基于上市公司2020年的公开数据，根据本报告构建的中小投资者权益保护指数指标体系和指数计算方法，对3774家上市公司中小投资者权益保护指数进行计算，从而得到中国上市公司中小投资者权益保护指数的整体排名情况。

3.1.1　中小投资者权益保护指数总体分布

2020年上市公司中小投资者权益保护指数的总体得分情况参见表3-1。

表 3-1　2020 年上市公司中小投资者权益保护指数总体情况

项目	公司数目	平均值	中位值	最大值	最小值	标准差	偏度系数	峰度系数
数值	3774	51.9541	52.8851	73.4725	13.2702	7.8610	-1.0293	2.1208

从表3-1可以看出，2020年上市公司中小投资者权益保护指数最大值73.4725分，最小值13.2702分，平均值51.9541分，中位值52.8851分，样本均值未及格（60分为及格线），得分整体偏低。

为进一步了解中小投资者权益保护指数在各个得分区间的分布情况，我们将中小投资者权益保护指数在有分布的区间以5分为间隔，划分为15个区间（75分及以上的公司数目为0，合并为一个区间），每个指数区间的企业数目和所占比重参见表3-2和图3-1。

表 3-2 2020 年上市公司中小投资者权益保护指数区间分布

指数区间	公司数目	占比（%）	累计占比（%）
[0，10)	0	0.00	0.00
[10，15)	1	0.03	0.03
[15，20)	8	0.21	0.24
[20，25)	27	0.72	0.95
[25，30)	44	1.17	2.12
[30，35)	61	1.62	3.74
[35，40)	116	3.07	6.81
[40，45)	288	7.63	14.44
[45，50)	725	19.21	33.65
[50，55)	1100	29.15	62.80
[55，60)	955	25.30	88.10
[60，65)	372	9.86	97.96
[65，70)	72	1.91	99.87
[70，75)	5	0.13	100.00
[75，100]	0	0.00	100.00
总计	3774	100	

从表 3-2 和图 3-1 可以看出，中小投资者权益保护指数主要集中在 [45，60) 区间，总计为 2780 家，占样本总数的 73.66%。其中在 [50，55) 区间的公司数量最多，有 1100 家，占样本总数的 29.15%。及格（达到 60 分）的公司有 449 家，及格率为 11.90%，比 2019 年 12.64% 的及格率下降 0.74 个百分点；并且达到及格的指数值大多在 [60，65)、[65，70) 两个区间，只有 5 家公司得分超过 70 分。这说明中国上市公司中小投资者权益保护水平整体依然很低。从表 3-1 反映出来的整体分布偏离正态分布的程度来看，偏度系数为 -1.0293，峰度系数为 2.1208，中小投资者权益保护指数分布为负偏态分布，基本满足正态分布。

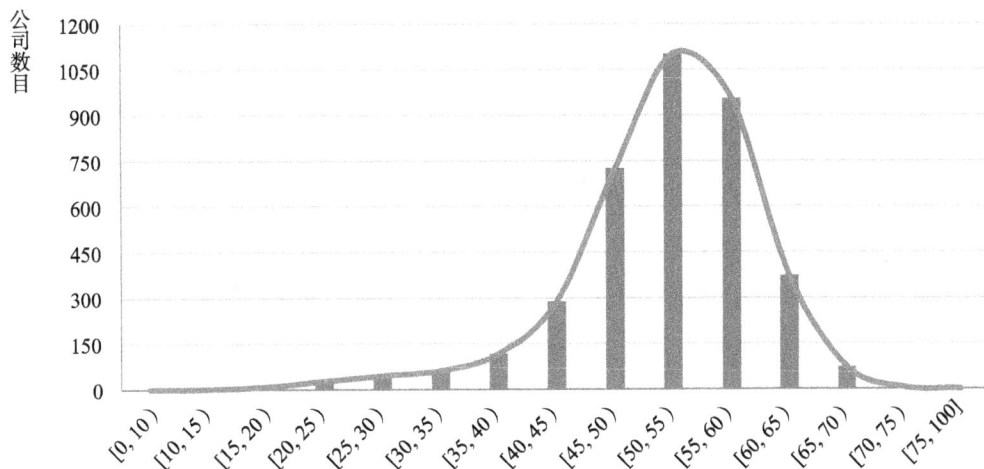

图3-1 2020年上市公司中小投资者权益保护指数区间分布

3.1.2 中小投资者权益保护指数前100名

表 3-3 列出了 3774 家上市公司中排名前 100 名公司的中小投资者权益保护指数情况。可以看出，前 100 名公司的中小投资者权益保护指数均值为 66.5531 分，比 2019 年前 100 名的均值 65.9629 分上升 0.5902 分。

表 3-3 2020 年上市公司中小投资者权益保护指数前 100 名情况

项目	平均值	中位值	最大值	最小值	标准差
前100名	66.5531	65.9580	73.4725	64.4241	1.8428
总体	51.9541	52.8851	73.4725	13.2702	7.8610

对 3774 家上市公司的中小投资者权益保护指数进行从大到小降序排列，中小投资者权益保护指数越高，说明上市公司中小投资者权益保护水平越高。表 3-4 是中小投资者权益保护指数排名前 100 的上市公司情况。

表 3-4 2020 年上市公司中小投资者权益保护指数排名前 100 名名单

排名	代码	公司简称	指数	排名	代码	公司简称	指数
1	601601	中国太保	73.4725	5	600926	杭州银行	70.1686
2	601318	中国平安	72.2594	6	603369	今世缘	69.4968
3	002507	涪陵榨菜	70.8627	7	000039	中集集团	69.4640
4	300378	鼎捷软件	70.8071	8	000686	东北证券	69.2981

续表

排名	代码	公司简称	指数	排名	代码	公司简称	指数
9	600036	招商银行	69.0159	37	601881	中国银河	66.9754
10	002926	华西证券	68.7178	38	000951	中国重汽	66.9486
11	600600	青岛啤酒	68.6523	39	600998	九州通	66.8817
12	002839	张家港行	68.6430	40	300638	广和通	66.7590
13	002179	中航光电	68.5565	41	601818	光大银行	66.6180
14	300406	九强生物	68.5275	42	000965	天保基建	66.5018
15	002758	浙农股份	68.4910	43	600000	浦发银行	66.4326
16	000012	南玻A	68.4150	44	002332	仙琚制药	66.4298
17	600763	通策医疗	68.3980	45	002293	罗莱生活	66.4052
18	002142	宁波银行	68.2472	46	601328	交通银行	66.3391
19	002410	广联达	68.0998	47	601166	兴业银行	66.2660
20	300454	深信服	68.0306	48	601128	常熟银行	66.1348
21	300782	卓胜微	67.9727	49	300059	东方财富	66.0433
22	000555	神州信息	67.9552	50	300308	中际旭创	65.9939
23	002936	郑州银行	67.9171	51	000875	吉电股份	65.9221
24	601998	中信银行	67.8912	52	300012	华测检测	65.7790
25	601229	上海银行	67.8383	53	000656	金科股份	65.7458
26	300146	汤臣倍健	67.7637	54	603043	广州酒家	65.7312
27	601288	农业银行	67.6919	55	600438	通威股份	65.6924
28	601577	长沙银行	67.6890	56	002001	新和成	65.6572
29	600928	西安银行	67.6877	57	002538	司尔特	65.6490
30	601319	中国人保	67.6827	58	001914	招商积余	65.5408
31	600837	海通证券	67.5792	59	002372	伟星新材	65.4926
32	000902	新洋丰	67.5064	60	002202	金风科技	65.4560
33	300357	我武生物	67.4823	61	601808	中海油服	65.4415
34	002254	泰和新材	67.3361	62	601688	华泰证券	65.4313
35	002850	科达利	67.2639	63	300661	圣邦股份	65.4097
36	000166	申万宏源	67.0622	64	600026	中远海能	65.4033

排名	代码	公司简称	指数	排名	代码	公司简称	指数
65	603259	药明康德	65.3711	83	300496	中科创达	64.8816
66	002891	中宠股份	65.3497	84	000069	华侨城A	64.8640
67	300762	上海瀚讯	65.2958	85	002056	横店东磁	64.8639
68	300470	中密控股	65.2902	86	000516	国际医学	64.8083
69	000933	神火股份	65.1883	87	300607	拓斯达	64.8070
70	000090	天健集团	65.1776	88	002078	太阳纸业	64.7905
71	600383	金地集团	65.1484	89	601618	中国中冶	64.7786
72	300323	华灿光电	65.1256	90	300207	欣旺达	64.7164
73	002352	顺丰控股	65.1108	91	000006	深振业A	64.7070
74	600538	国发股份	65.0747	92	002064	华峰化学	64.6776
75	601111	中国国航	65.0572	93	300502	新易盛	64.6671
76	300019	硅宝科技	65.0213	94	002373	千方科技	64.6609
77	000002	万科A	65.0189	95	300601	康泰生物	64.5812
78	300327	中颖电子	64.9955	96	002438	江苏神通	64.5683
79	002007	华兰生物	64.9820	97	002918	蒙娜丽莎	64.5545
80	002230	科大讯飞	64.9593	98	002367	康力电梯	64.4607
81	300573	兴齐眼药	64.9529	99	002493	荣盛石化	64.4463
82	002807	江阴银行	64.9060	100	000028	国药一致	64.4241

从表3-4可以看出，中小投资者权益保护指数最高的前三家公司分别是中国太保、中国平安和涪陵榨菜。有21家公司近两年连续出现在前100名中，它们是中国平安、涪陵榨菜、中集集团、张家港行、中航光电、通策医疗、广联达、海通证券、科达利、中国银河、中际旭创、华测检测、金科股份、华泰证券、中远海能、天健集团、中国国航、中颖电子、华兰生物、拓斯达和康泰生物。有8家公司近三年连续出现在前100名中，分别是中国平安、涪陵榨菜、中集集团、中航光电、通策医疗、华测检测、华泰证券和天健集团。

在前100名上市公司中，从地区来看，东部、中部、西部和东北各有75家、10家、12家和3家，各占所在地区上市公司总数的2.83%、2.05%、2.45%和2.01%；从行业来看，主要分布在制造业（45家），金融业（26家），信息传输、软件和信息技术服务业

（7家），房地产业（7家），分别占所在行业上市公司总数的 1.90%、22.22%、2.29% 和 5.98%；从所有制类型来看，国有控股公司有 43 家、非国有控股公司有 57 家，分别占两类公司总数的 3.71% 和 2.18%。从最终控制人类型看，中央企业（或监管机构）、地方国企（或监管机构）、非国有企业或自然人控制的公司分别有 19 家、28 家和 53 家，分别占同类最终控制人类型公司总数的 4.62%、3.45% 和 2.08%；从上市板块看，深市主板（含原中小企业板）、深市创业板和沪市主板各有 47 家、22 家和 31 家，分别占所在板块上市公司总数的 3.37%、2.76% 和 2.08%。

需要注意的是，中小投资者权益保护指数最高的前 100 名在地区、行业和控股类型中的分布，并不能完全说明某个地区、行业和控股类型整体表现就好，因为各地区、行业和控股类型的上市公司数量不同。比如，制造业进入前 100 名的公司数多于金融业，但金融业进入前 100 名的占比更高，无疑金融业表现更好。再如，国有控股公司进入前 100 名的公司数少于非国有控股公司，但前者占比却高于后者，显然国有控股公司表现较好。

图 3-2 直观地反映了中小投资者权益保护指数前 100 名的变化。可以看出，前 100 名上市公司的中小投资者权益保护指数的分布并不平坦，前 40 名公司间的指数差距较大，但排在 40 名之后的公司得分差距并不大，绝大多数公司得分在 65 分附近浮动。

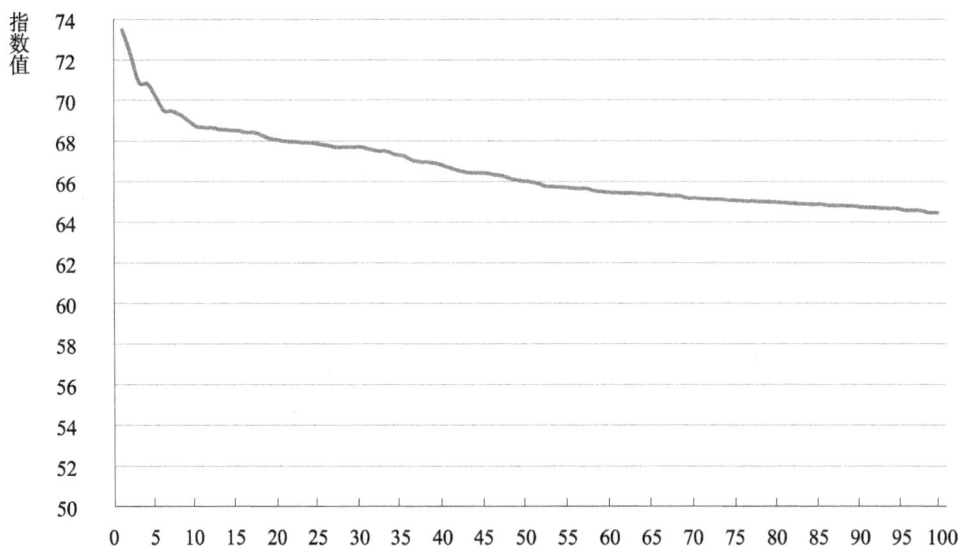

图3-2　2020年上市公司中小投资者权益保护指数前100名分布情况

3.2　分地区中小投资者权益保护指数比较

根据东部、中部、西部和东北四个地区的划分，对上市公司中小投资者权益保护指数按照均值从高到低的顺序进行排名和比较，结果参见表 3-5。

表 3-5　2020 年不同地区上市公司中小投资者权益保护指数比较

排名	地区	公司数目	平均值	中位值	最大值	最小值	标准差
1	东部	2647	52.3050	53.2669	73.4725	15.9141	7.6731
2	中部	488	51.7405	52.8450	68.5565	15.4419	8.0321
3	西部	490	51.0983	52.1136	70.8627	13.2702	8.4721
4	东北	149	49.2354	49.9607	69.2981	19.8218	7.8171
	总体	3774	51.9541	52.8851	73.4725	13.2702	7.8610

由表 3-5 可知，上市公司中小投资者权益保护指数均值最高的地区为东部，东北排在最后一位，中小投资者权益保护指数最大值出自东部，最小值出自西部。总体来看，除东北以外，其他地区中小投资者权益保护指数的差异不是很大。

由图 3-3 可以直观地看出四个地区上市公司中小投资者权益保护指数之间的差异。

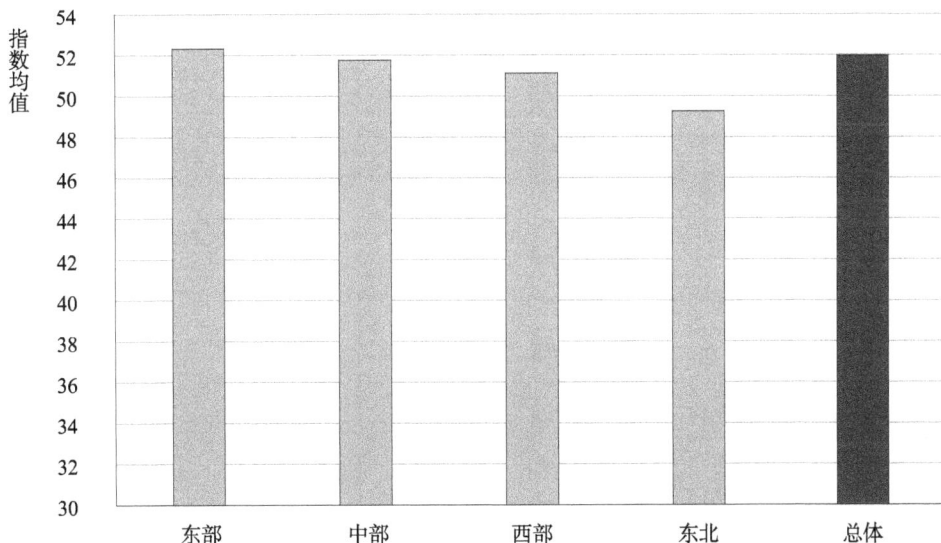

图3-3　2020年不同地区上市公司中小投资者权益保护指数比较

从图 3-3 可以看出，四个地区中，除东部外，中部、西部和东北三个地区上市公司中小投资者权益保护指数均值都低于总体均值。东部中小投资者权益保护指数高于其他三个地区，这说明由于东部地区经济发达，市场经济发展较其他地区相对更为成熟，对中小投资者权益保护也更好一些。

按照省份进一步进行细分，对 31 个省份的上市公司中小投资者权益保护指数按照均值从高到低的顺序进行排名，结果参见表 3-6。

表 3-6　2020 年不同省份上市公司中小投资者权益保护指数比较

排名	省份	公司数目	平均值	中位值	最大值	最小值	标准差
1	北京	343	53.8387	54.3271	68.5275	22.0861	7.2502
2	天津	55	53.4553	54.8218	66.5018	25.6238	7.2544
3	广东	622	53.2054	54.3368	72.2594	20.0945	7.8655
4	安徽	108	53.0158	52.9840	65.6490	21.8485	7.5660
5	四川	126	52.7207	53.6522	68.7178	28.2739	7.8186
6	云南	37	52.6906	53.1718	64.3992	30.9091	7.7518
7	山东	211	52.2449	53.4093	68.6523	15.9141	7.6263
8	上海	300	52.2204	52.4555	73.4725	27.4469	6.8837
9	陕西	52	52.2049	52.5803	67.6877	36.5019	7.8189
10	重庆	53	51.9114	51.9215	70.8627	31.0985	7.7647
11	湖南	107	51.8653	52.8228	67.6890	22.4222	7.5445
12	福建	141	51.7984	53.1082	66.2660	19.8583	7.7886
13	江西	48	51.6576	52.9011	63.9375	22.0707	6.7798
14	河南	80	51.6176	53.1295	68.5565	15.4419	9.7360
15	江苏	424	51.4653	52.4480	69.4968	23.0649	7.4335
16	浙江	462	51.4563	52.4656	70.1686	19.1982	8.0232
17	贵州	29	51.3674	53.2177	64.1595	22.9596	9.3065
18	湖北	106	51.0193	52.2393	67.5064	22.3535	8.1930
19	河北	57	50.6570	51.6041	61.9908	22.4546	7.5333
20	广西	37	50.3575	50.5475	65.0747	22.0018	9.8217
21	山西	39	50.1806	52.6726	59.7930	25.5909	7.6674
22	吉林	40	50.0499	50.5309	69.2981	26.9369	8.8175
23	青海	10	49.9368	51.5212	60.2683	35.3844	8.5372
24	黑龙江	36	49.6693	50.4347	64.3334	19.8218	8.5195
25	甘肃	33	49.5955	50.4521	63.7873	27.8599	7.8303
26	内蒙古	25	49.3383	52.9596	62.6224	17.5379	10.7996
27	西藏	19	48.7033	49.1570	56.4349	33.0281	6.2543

排名	省份	公司数目	平均值	中位值	最大值	最小值	标准差
28	辽宁	73	48.5752	49.7663	64.9529	28.0898	6.8782
29	新疆	55	48.2983	49.9233	67.0623	13.2702	9.5919
30	宁夏	14	48.2648	50.2531	57.4714	29.1162	7.2811
31	海南	32	46.1219	47.7756	57.6451	25.2911	8.0520
	总体	3774	51.9541	52.8851	73.4725	13.2702	7.8610

从表3-6可以看出，31个省份中，有9个省份的上市公司中小投资者权益保护指数均值高于总体均值，这9个省份的最大均值与总体均值的绝对差距为1.8846分；低于总体均值的省份有22个，总体均值与这22个省份的最小均值之间的绝对差距为5.8322分。显然，低分区省份的内部差距明显大于高分区省份。上市公司中小投资者权益保护指数均值最高的三个省份是北京、天津和广东；中小投资者权益保护指数均值最低的三个省份是海南、宁夏和新疆。

图3-4进一步显示了中小投资者权益保护指数在省份间的差异。可以看出，除海南明显低于整体水平以外，其他各省份上市公司中小投资者权益保护指数的变化曲线比较平缓。

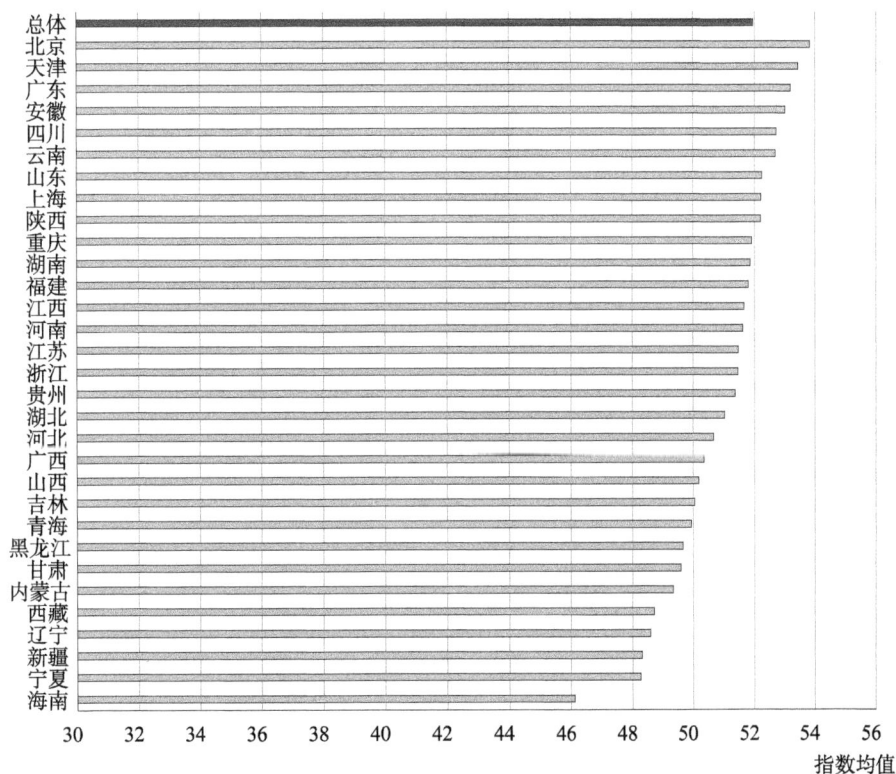

图3-4 2020年不同省份上市公司中小投资者权益保护指数比较

3.3 分行业中小投资者权益保护指数比较

对18个行业上市公司中小投资者权益保护指数按照均值从高到低的顺序进行排名和比较，结果参见表3-7。

表3-7 2020年不同行业上市公司中小投资者权益保护指数比较

排名	行业名称	公司数目	平均值	中位值	最大值	最小值	标准差
1	金融业（J）	117	58.0769	60.7574	73.4725	22.4222	9.1509
2	交通运输、仓储和邮政业（G）	100	54.2923	54.7611	65.4033	38.6553	5.4950
3	科学研究和技术服务业（M）	51	53.3577	54.3493	65.7790	28.6224	7.0035
4	水利、环境和公共设施管理业（N）	62	52.7836	54.6164	63.1125	29.1649	7.4359
5	建筑业（E）	95	52.6799	53.6819	65.1776	24.7980	7.3782
6	信息传输、软件和信息技术服务业（I）	306	52.2102	53.3932	70.8072	19.5758	8.1099
7	采矿业（B）	75	52.1271	52.5621	65.4415	29.2404	7.6863
8	文化、体育和娱乐业（R）	58	52.1086	52.0039	63.2537	31.2117	6.7553
9	制造业（C）	2373	51.7059	52.7774	70.8627	13.2702	7.6069
10	电力、热力、燃气及水生产和供应业（D）	114	51.5302	52.3224	65.9221	22.0861	7.2933
11	批发和零售业（F）	162	50.8658	52.2938	68.4910	23.0649	7.9043
12	房地产业（K）	117	50.8357	51.9112	66.5018	21.8485	9.1906
13	农、林、牧、渔业（A）	42	50.8322	51.6401	64.1208	15.9141	9.5879
14	住宿和餐饮业（H）	7	50.7785	51.8868	62.9348	39.9369	7.1619
15	综合（S）	13	50.0660	52.3390	62.4692	30.5429	8.6458
16	教育（P）	10	49.9422	49.5983	61.4301	36.5879	7.3814

续表

排名	行业名称	公司数目	平均值	中位值	最大值	最小值	标准差
17	卫生和社会工作（Q）	13	49.4070	47.3208	68.3980	28.3461	13.3142
18	租赁和商务服务业（L）	58	49.0901	50.7530	62.8167	24.0530	9.7151
	总体	3774	51.9541	52.8851	73.4725	13.2702	7.8610

注：居民服务、修理和其他服务业（O）只有1家上市公司，难以代表该行业整体水平，故排名时剔除。

从表3-7可以看出，18个行业中，有8个行业的中小投资者权益保护指数均值高于总体均值，这8个行业的行业最大均值与总体均值的绝对差距为6.1228分；低于总体均值的行业有10个，总体均值与这10个行业的行业最小均值之间的绝对差距为2.8640分。显然，高分区行业的内部差距明显大于低分区行业。上市公司中小投资者权益保护指数均值最高的三个行业是金融业（J），交通运输、仓储和邮政业（G），以及科学研究和技术服务业（M），其中金融业（J）连续七年排名第一。中小投资者权益保护指数均值最低的三个行业是租赁和商务服务业（L），卫生和社会工作（Q），以及教育（P）。

图3-5进一步显示了中小投资者权益保护指数在行业间的差异。可以看出，除金融业（J）明显高于整体水平，其他各行业上市公司中小投资者权益保护指数呈现平缓的变化。

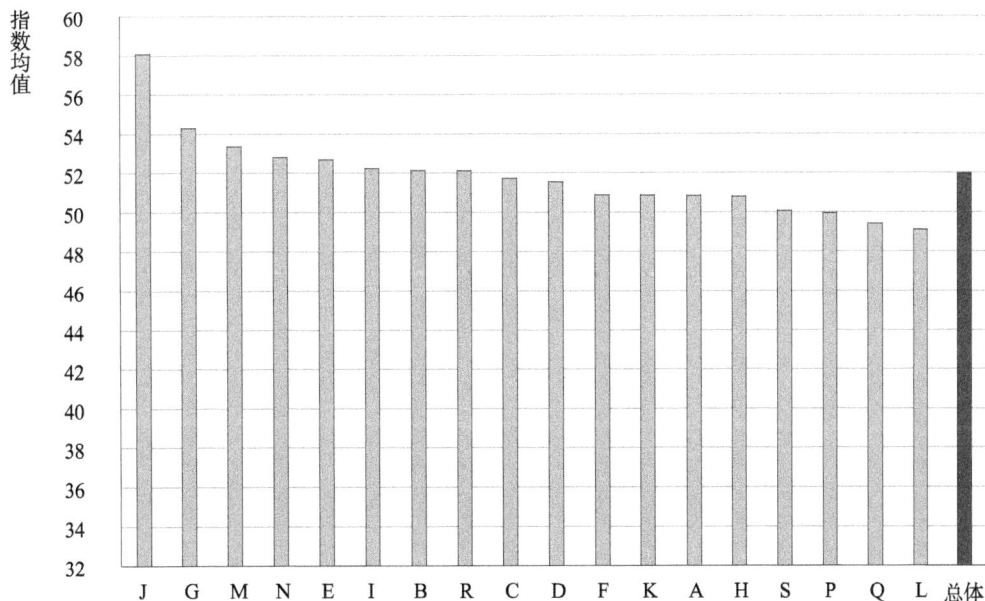

图3-5　2020年分行业上市公司中小投资者权益保护指数比较

3.4   分上市板块中小投资者权益保护指数比较

根据四个上市板块的划分（深市主板含原中小企业板），对上市公司中小投资者权益保护指数按照均值从高到低的顺序进行排名和比较，结果参见表3-8。

表 3-8   2020 年不同板块上市公司中小投资者权益保护指数比较

排名	上市板块	公司数目	平均值	中位值	最大值	最小值	标准差
1	沪市科创板	94	54.0565	54.1363	64.2102	41.6050	4.3729
2	深市创业板	796	53.4545	54.5106	70.8072	20.5934	6.8693
3	深市主板	1395	52.4527	53.6874	70.8627	15.9141	8.4782
4	沪市主板	1489	50.5522	50.9725	73.4725	13.2702	7.6981
	总体	3774	51.9541	52.8851	73.4725	13.2702	7.8610

从表 3-8 可以看出，四个板块中，中小投资者权益保护指数平均值从高到低排列依次为沪市科创板、深市创业板、深市主板和沪市主板，四个板块之间的差异比较明显。

图 3-6 更直观地反映了不同板块上市公司中小投资者权益保护指数的差异。可以看到，沪市科创板、深市创业板和深市主板上市公司的中小投资者权益保护指数均高于总体均值，沪市主板的中小投资者权益保护指数则低于总体均值。

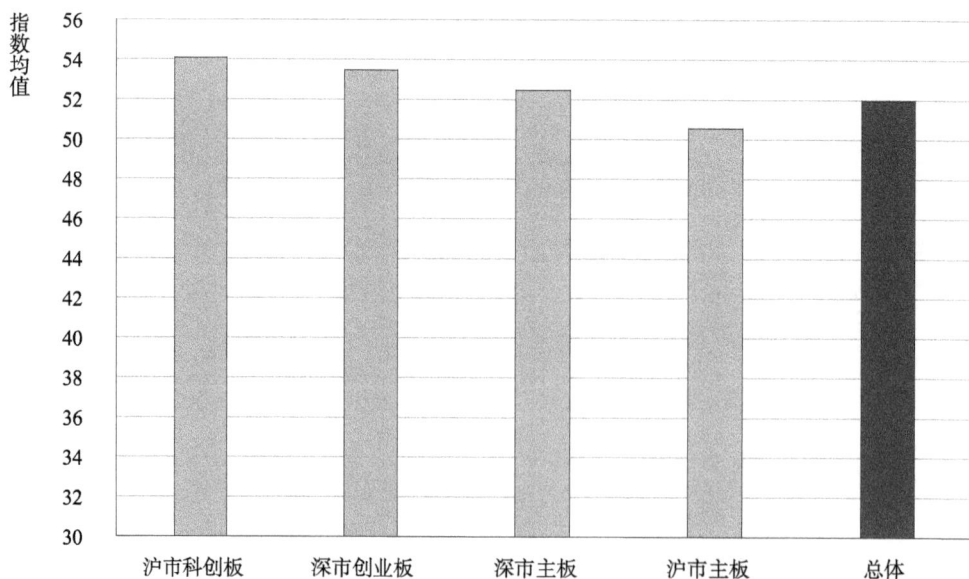

图3-6   2020年不同板块上市公司中小投资者权益保护指数比较

3.5　本章小结

本章分别从总体、地区、行业及上市板块等方面对 2020 年上市公司的中小投资者权益保护指数进行了比较分析。主要结论如下：

从总体看，中国上市公司中小投资者权益保护指数最大值为 73.4725 分，最小值为 13.2702 分，平均值为 51.9541 分，中位值为 52.8851 分；中小投资者权益保护指数主要集中在 [45，60）区间，占样本总数的 73.66%；及格率为 11.90%。中小投资者权益保护整体水平仍然很低。

从地区看，上市公司中小投资者权益保护指数均值从高到低分别是东部、中部、西部和东北。从省份看，中小投资者权益保护指数均值最高的三个省份是北京、天津和广东，中小投资者权益保护指数均值最低的三个省份是海南、宁夏和新疆。

从行业看，上市公司中小投资者权益保护指数均值最高的三个行业是金融业（J），交通运输、仓储和邮政业（G），以及科学研究和技术服务业（M），其中金融业（J）中小投资者权益保护指数连续七年排名第一；最低的三个行业是租赁和商务服务业（L），卫生和社会工作（Q），以及教育（P）。

从上市板块看，中小投资者权益保护指数均值从大到小依次是沪市科创板、深市创业板、深市主板和沪市主板。

第4章 中小投资者权益保护分项指数排名及比较

第3章从总体上对中国上市公司中小投资者权益保护指数做了排名，并从地区、行业及上市板块三个角度进行了分类汇总和分析。本章按照中小投资者权益保护指数四个维度的划分，把中小投资者权益保护指数分为知情权、决策与监督权、收益权和维权环境四个分项指数，对2020年四个分项指数进行排名和比较分析。

4.1 中小投资者权益保护分项指数总体比较

本报告以2020年3774家上市公司样本，计算获得了2020年中国上市公司中小投资者权益保护的四个分项指数，其描述性统计结果参见表4-1。

表4-1 2020年上市公司中小投资者权益保护分项指数描述性统计

分项指数	公司数目	平均值	中位值	最大值	最小值	标准差
知情权	3774	62.8212	66.6667	86.7320	11.1111	12.0096
决策与监督权	3774	46.9828	48.6364	75.9091	21.3636	7.7481
收益权	3774	41.1518	40.5494	69.2257	0.0000	11.8519
维权环境	3774	56.8607	55.5556	100.0000	0.0000	17.3914

从表4-1中可以看出，四个分项指数中知情权分项指数的平均值最大，略超及格分60分，其余三个分项指数均未达到及格线。收益权分项指数的平均值最小，知情权和维权环境两个分项指数的平均值明显高于决策与监督权以及收益权两个分项指数，说明上市公司在知情权和维权环境方面做得相对好一点，而在决策与监督权以及收益权方面表现较差。从标准差看，维权环境分项指数的标准差最大，说明上市公司维权环境分项指数的离散度高于其他三个分项指数。

图 4-1 直观地反映了中小投资者权益保护四个分项指数的平均值和中位值的差异。可以看出，四个分项指数的平均值和中位值的排序一致。

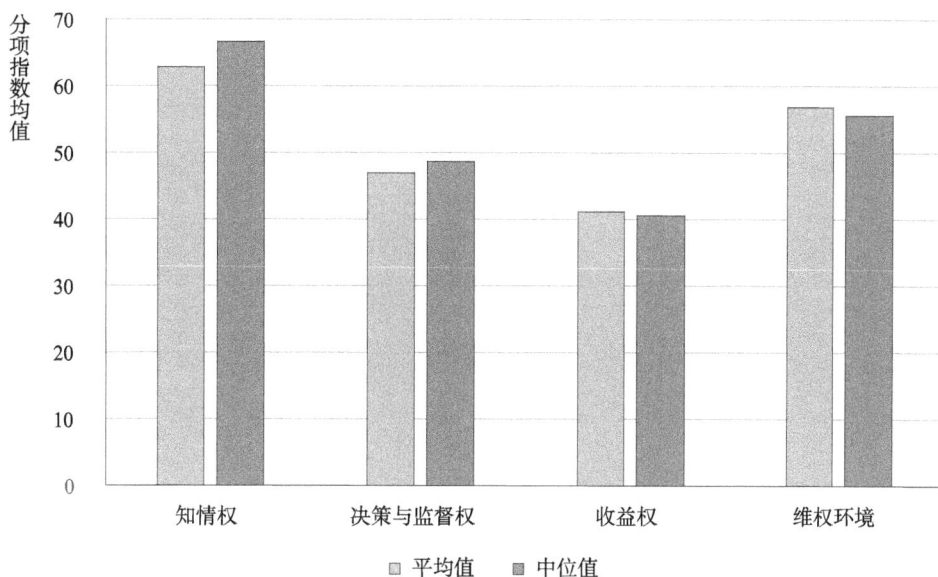

图4-1 2020年上市公司中小投资者权益保护四个分项指数比较

4.2 知情权分项指数排名及比较

中小投资者知情权分项指数考察中小投资者对于公司重要信息的可获取程度，以了解中小投资者知情权的落实状况。本节对知情权分项指数的总体情况进行说明，并分地区和行业进行比较。

4.2.1 知情权分项指数总体分布

基于 3774 家上市公司中小投资者知情权的各项指标，我们得出了每家上市公司中小投资者知情权分项指数。以 10 分为间隔，可以将知情权分项指数划分为 10 个区间段，每个分数区间段的公司数目和所占比重参见表 4-2。

表 4-2 2020 年上市公司中小投资者知情权分项指数区间分布

指数组别	公司数目	占比（%）	累计占比（%）
[0，10）	0	0.00	0.00
[10，20）	13	0.34	0.34
[20，30）	71	1.88	2.23

续表

指数组别	公司数目	占比（%）	累计占比（%）
[30，40）	105	2.78	5.01
[40，50）	358	9.49	14.49
[50，60）	365	9.67	24.17
[60，70）	2216	58.72	82.88
[70，80）	499	13.22	96.10
[80，90）	147	3.90	100.00
[90，100]	0	0.00	100.00
总计	3774	100.00	—

由表 4-2 可见，2020 年上市公司中小投资者知情权分项指数分布比较集中，主要分布在 [60，70）区间，有 2216 家公司，占样本总数的 58.72%。及格（达到 60 分）的公司有 2862 家，及格率为 75.83%，比上年（68.53%）上升 7.30 个百分点。

图 4-2 直观地描绘了中小投资者知情权分项指数的分布区间。可以看出，2020 年上市公司中小投资者知情权分项指数从低分到高分，公司数目呈负偏态分布，偏度系数是 -1.1136。

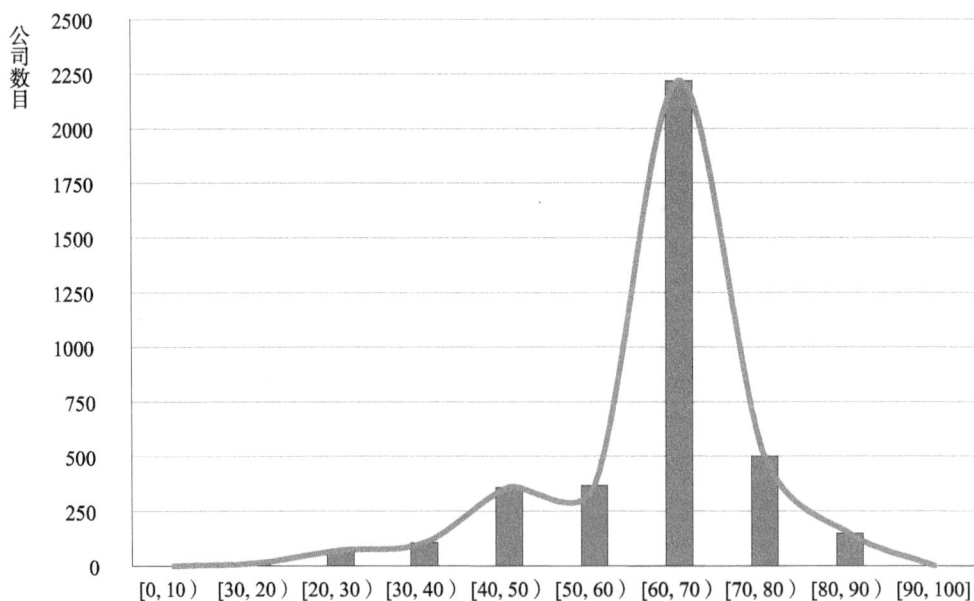

图4-2　2020年上市公司中小投资者知情权分项指数区间分布

4.2.2 分地区知情权分项指数比较

按照东部、中部、西部和东北四个地区的划分，对上市公司中小投资者知情权分项指数按照均值从高到低的顺序进行排名和比较，结果参见表4-3。

表 4-3 2020 年不同地区上市公司中小投资者知情权分项指数比较

排名	地区	公司数目	平均值	中位值	最大值	最小值	标准差
1	东部	2647	63.3218	66.6667	86.1111	18.5556	11.9222
2	中部	488	62.5562	66.6667	82.2484	11.1111	12.1234
3	西部	490	61.5928	63.5425	86.7320	19.4444	11.9952
4	东北	149	58.8358	63.0000	81.5163	16.6667	12.2850
总体		3774	62.8212	66.6667	86.7320	11.1111	12.0096

从表4-3可以看到，2020年中小投资者知情权分项指数在四个地区的差别不太大。其中，东部上市公司中小投资者知情权分项指数均值最高，东北最低，二者绝对差距为4.4860分。

图4-3直观地反映了四个地区上市公司中小投资者知情权分项指数均值的差异。可以看到，东部地区中小投资者知情权分项指数均值高于总体均值，其他三个地区中小投资者知情权分项指数均值都低于总体均值。

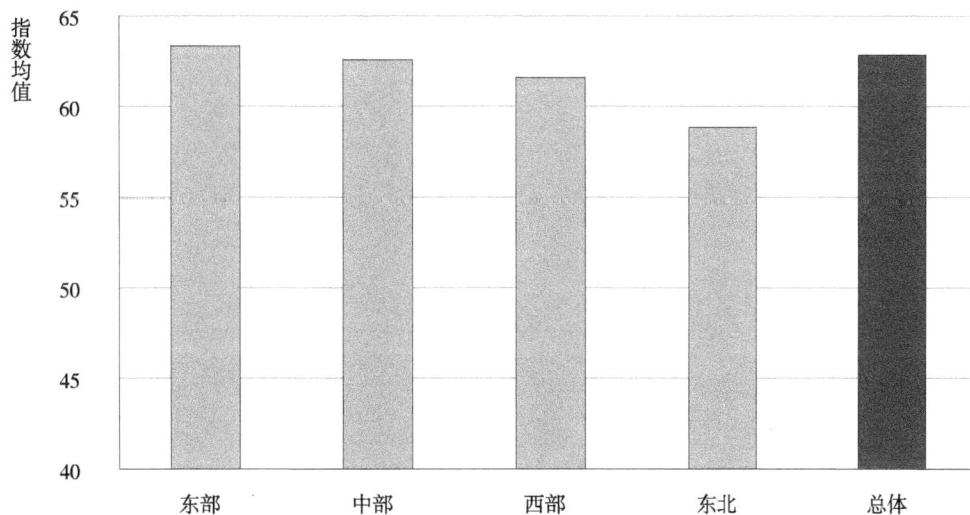

图4-3 2020年不同地区上市公司中小投资者知情权分项指数比较

4.2.3 分行业知情权分项指数比较

对 18 个行业上市公司中小投资者知情权分项指数按照均值从高到低的顺序进行排名和比较，结果参见表 4-4。

表 4-4　2020 年不同行业上市公司中小投资者知情权分项指数比较

排名	行业	公司数目	平均值	中位值	最大值	最小值	标准差
1	科学研究和技术服务业（M）	51	66.5863	66.6667	82.2092	33.4902	9.0466
2	交通运输、仓储和邮政业（G）	100	65.6971	66.6667	82.6536	38.9281	8.1454
3	金融业（J）	117	65.6385	66.7059	82.7974	22.2222	13.9042
4	住宿和餐饮业（H）	7	65.4939	66.6667	70.5686	55.5556	4.9819
5	卫生和社会工作（Q）	13	64.0820	66.6667	81.1242	29.6667	14.4998
6	水利、环境和公共设施管理业（N）	62	63.4215	66.6667	80.2876	33.3333	11.1266
7	文化、体育和娱乐业（R）	58	63.0086	65.6046	81.1634	33.3333	10.3915
8	制造业（C）	2373	62.9259	66.6667	86.7320	16.6667	11.9991
9	建筑业（E）	95	62.8421	66.6667	80.6797	19.4444	10.4890
10	信息传输、软件和信息技术服务业（I）	306	62.6743	66.6667	83.3464	11.1111	12.6263
11	电力、热力、燃气及水生产和供应业（D）	114	61.9512	63.1242	78.8366	19.4444	10.1997
12	采矿业（B）	75	61.9182	63.5882	81.9477	22.2222	12.3979
13	批发和零售业（F）	162	61.4940	63.2157	80.6013	22.2222	11.9193
14	农、林、牧、渔业（A）	42	61.3892	63.2745	80.3268	24.1111	13.1117
15	房地产业（K）	117	60.3334	63.1176	84.0784	22.2222	12.9258
16	教育（P）	10	59.4634	64.0784	75.5882	40.8954	12.8855
17	综合（S）	13	59.1403	63.0000	66.7451	38.8889	8.9098
18	租赁和商务服务业（L）	58	58.1085	63.0261	80.9804	19.4444	15.5722
	总体	3774	62.8212	66.6667	86.7320	11.1111	12.0096

注：居民服务、修理和其他服务业（O）只有 1 家上市公司，难以代表该行业整体水平，故排名时剔除。

从表 4-4 可以看出，18 个行业中，有 9 个行业的中小投资者知情权分项指数均值高于总体均值，这 9 个行业的行业最大均值与总体均值的绝对差距为 3.7651 分；其他 9 个行业的上市公司中小投资者知情权分项指数均值低于总体均值，总体均值与这 9 个行业的行业最小均值的绝对差距为 4.7127 分。显然，知情权分项指数的高分区行业内部差距小于低分区行业。中小投资者知情权分项指数均值排名前三位的行业分别是科学研究和技术服务业（M），交通运输、仓储和邮政业（G），金融业（J）；排名最后三位的行业分别是租赁和商务服务业（L），综合（S），教育（P）。中小投资者知情权分项指数最大值出自制造业（C），最小值出自信息传输、软件和信息技术服务业（I）。

图 4-4 直观地反映了不同行业中小投资者知情权分项指数均值的差异。可以看到，排名前四位行业的中小投资者知情权分项指数均值明显高于其他行业；排名最低的一个行业的中小投资者知情权分项指数均值则明显低于其他行业。

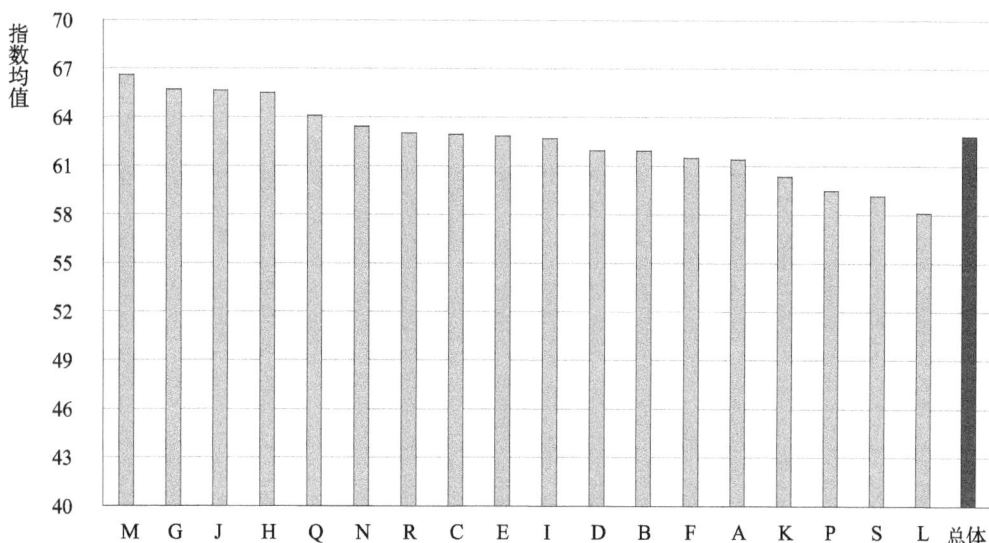

图4-4　2020年不同行业上市公司中小投资者知情权分项指数比较

4.3　决策与监督权分项指数排名及比较

中小投资者决策与监督权分项指数考察中小投资者参与决策的机制及其监督代理人的情况，以测度中小投资者决策与监督权的落实情况。本节对决策与监督权分项指数的总体情况进行说明，并分地区和行业进行比较。

4.3.1　决策与监督权分项指数总体分布

我们将中小投资者决策与监督权分项指数得分以 10 分为间隔，划分成 8 个区间段（公司数目为 0 的连续区间合并），得到的结果参见表 4-5 和图 4-5。

表 4-5　2020 年上市公司中小投资者决策与监督权分项指数区间分布

指数区间	公司数目	占比（%）	累计占比（%）
[0，20）	0	0.00	0.00
[20，30）	7	0.19	0.19
[30，40）	1252	33.17	33.36
[40，50）	1661	44.01	77.37
[50，60）	705	18.68	96.05
[60，70）	136	3.60	99.66
[70，80）	13	0.34	100.00
[80，100]	0	0.00	100.00
总体	3774	100.00	—

由表 4-5 与图 4-5 可以看出，中小投资者决策与监督权分项指数非常集中，主要分布在 [30，60）区间，总计有 3618 家公司，占样本总数的 95.87%。60 分及以上的公司共 149 家，及格率为 3.95%，比上年（3.92%）上升 0.03 个百分点。

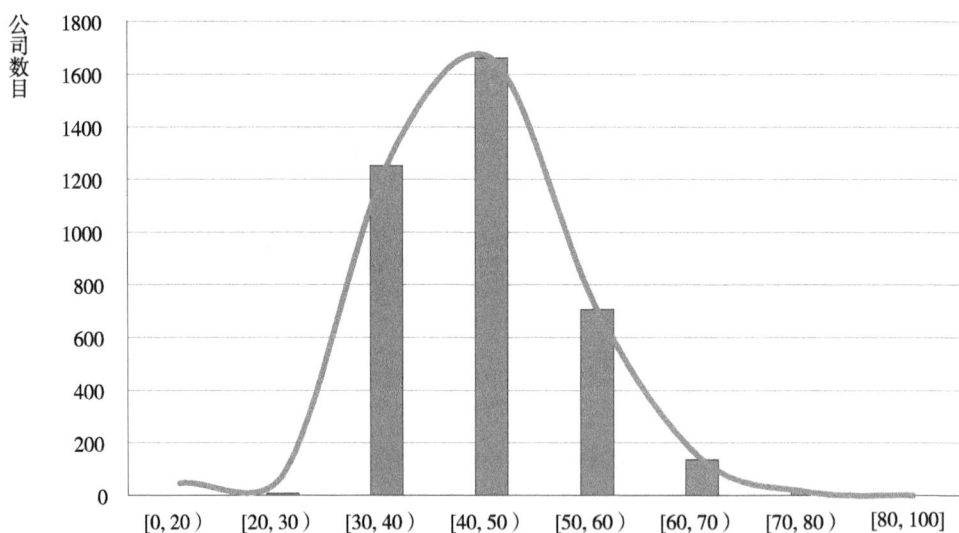

图4-5　2020年上市公司中小投资者决策与监督权分项指数区间分布

4.3.2　分地区决策与监督权分项指数比较

按照东部、中部、西部和东北四个地区的划分，对上市公司中小投资者决策与监督权分项指数按照均值从高到低的顺序进行排名和比较，结果参见表 4-6。

表 4-6　2020 年不同地区上市公司中小投资者决策与监督权分项指数比较

排名	地区	公司数目	平均值	中位值	最大值	最小值	标准差
1	西部	490	47.4615	48.6364	75.9091	30.0758	8.2152
2	东北	149	47.4139	48.6364	75.9091	27.7273	8.2989
3	中部	488	47.1223	48.6364	75.9091	29.5887	7.9134
4	东部	2647	46.8442	48.6364	75.9091	21.3636	7.5946
总体		3774	46.9828	48.6364	75.9091	21.3636	7.7481

由表 4-6 可以看出，西部上市公司中小投资者决策与监督权分项指数均值最高，东部最低，二者之间的绝对差距为 0.6173 分，差别很小。中小投资者决策与监督权分项指数最大值同时出自四个地区，最小值出自东部。

图 4-6 更直观地反映了四个地区上市公司中小投资者决策与监督权分项指数均值的差异。可以看出，西部、东北和中部的上市公司中小投资者决策与监督权分项指数均值高于总体均值，东部低于总体均值。

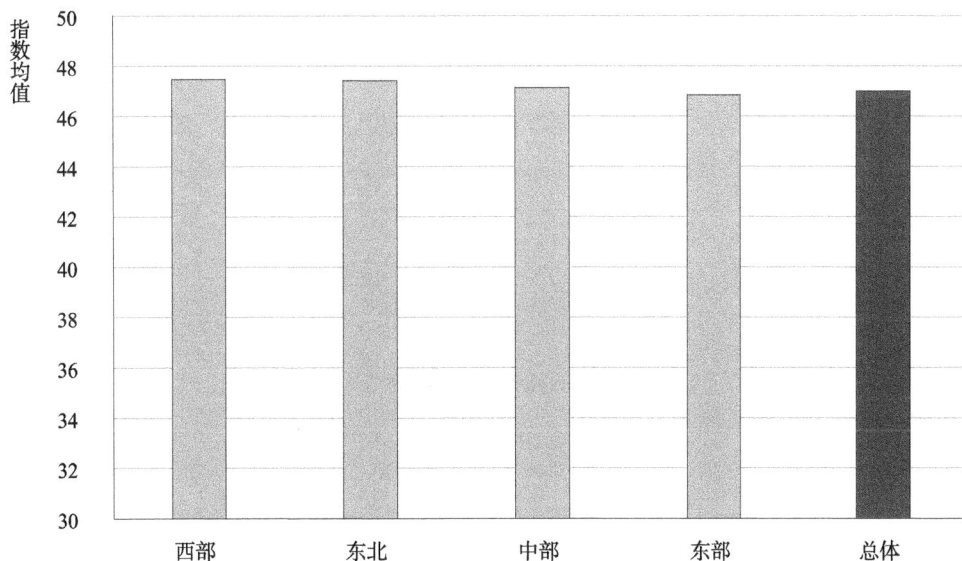

图4-6　2020年不同地区上市公司中小投资者决策与监督权分项指数比较

4.3.3　分行业决策与监督权分项指数比较

对 18 个行业上市公司中小投资者决策与监督权分项指数按照均值从高到低的顺序进行排名和比较，结果参见表 4-7。

表 4-7　2020 年不同行业上市公司中小投资者决策与监督权分项指数比较

排名	行业	公司数目	平均值	中位值	最大值	最小值	标准差
1	金融业（J）	117	53.8743	56.9416	75.9091	30.2020	7.6650
2	卫生和社会工作（Q）	13	50.3073	48.6364	66.8182	39.5455	8.8119
3	农、林、牧、渔业（A）	42	49.7232	48.6364	57.7273	39.5455	6.3122
4	采矿业（B）	75	48.9559	48.6364	75.9091	30.4545	7.8337
5	交通运输、仓储和邮政业（G）	100	48.3861	48.6364	70.0000	33.6364	7.4649
6	建筑业（E）	95	48.0496	48.6364	66.2317	30.1178	7.5290
7	批发和零售业（F）	162	47.9758	48.6364	75.9091	30.4545	8.7888
8	科学研究和技术服务业（M）	51	47.5445	48.6364	66.8182	33.6364	7.6210
9	水利、环境和公共设施管理业（N）	62	47.3758	48.6364	66.8182	33.6364	7.5404
10	房地产业（K）	117	47.3595	48.6364	66.8182	30.4545	7.6176
11	电力、热力、燃气及水生产和供应业（D）	114	47.2142	48.6364	66.8182	33.6364	7.2405
12	租赁和商务服务业（L）	58	47.1230	48.6364	66.8182	33.6364	8.3113
13	信息传输、软件和信息技术服务业（I）	306	46.9317	48.6364	66.8182	30.4545	7.4680
14	综合（S）	13	46.4840	48.6364	57.7273	24.5455	9.9565
15	制造业（C）	2373	46.3385	48.6364	75.9091	21.3636	7.5799
16	文化、体育和娱乐业（R）	58	46.1643	48.6364	66.8182	33.6364	7.3991
17	教育（P）	10	45.3636	47.2727	60.9091	33.6364	7.6295
18	住宿和餐饮业（H）	7	43.5065	42.7273	48.6364	36.8182	5.0936
	总体	3774	46.9828	48.6364	75.9091	21.3636	7.7481

注：居民服务、修理和其他服务业（O）只有 1 家上市公司，难以代表该行业整体水平，故排名时剔除。

由表4-7可知，18个行业中，有12个行业的中小投资者决策与监督权分项指数均值高于总体均值，这12个行业的最大均值与总体均值的绝对差距为6.8915分；其他6个行业的决策与监督权分项指数均值低于总体均值，总体均值与这6个行业的最小均值的绝对差距为3.4763分。显然，中小投资者决策与监督权分项指数高分区行业的内部差距远大于低分区行业。18个行业中，中小投资者决策与监督权分项指数均值排名前三位的行业分别是金融业（J），卫生和社会工作（Q），农、林、牧、渔业（A）；排在最后三位的分别是住宿和餐饮业（H），教育（P）和文化、体育和娱乐业（R）。中小投资者决策与监督权分项指数最大值出自金融业（J）、采矿业（B）、批发和零售业（F）和制造业（C）（四行业并列），最小值出自制造业（C）。

图4-7直观地反映了不同行业上市公司中小投资者决策与监督权分项指数均值的差异。可以看到，除了排名第一的金融业（J）中小投资者决策与监督权分项指数均值远高于其他行业，最后一名住宿和餐饮业（H）中小投资者决策与监督权分项指数均值明显低于其他行业外，其他行业中小投资者决策与监督权分项指数均值从大到小差别不大，较为平缓。

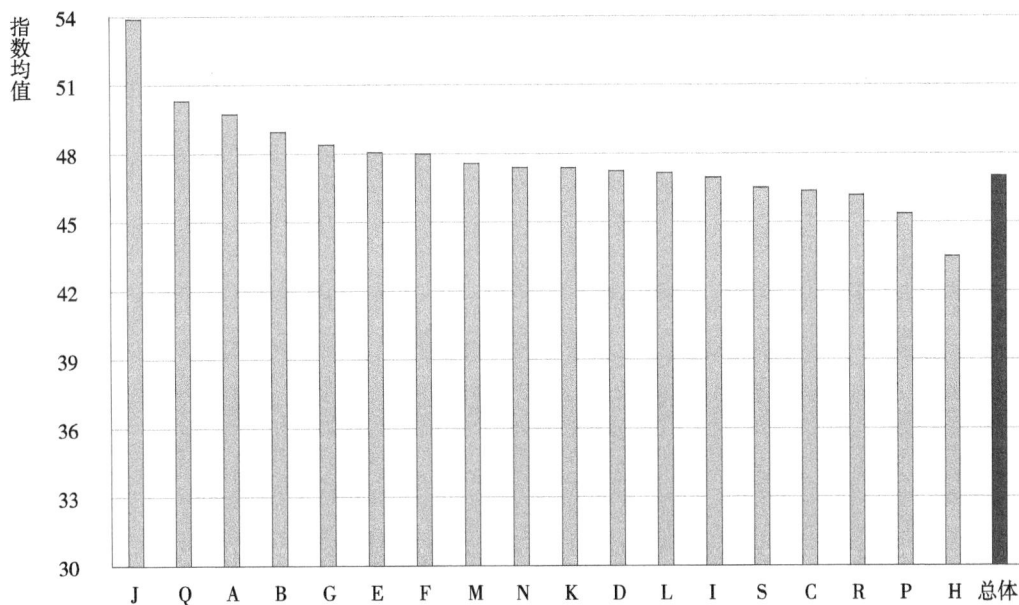

图4-7 2020年不同行业上市公司中小投资者决策与监督权分项指数比较

4.4 收益权分项指数排名及比较

中小投资者收益权分项指数考察中小投资者收益权的保障和落实情况。本节对收益权分项指数的总体情况进行说明，并分地区和行业进行比较。

4.4.1 收益权分项指数总体分布

我们将中小投资者收益权分项指数以 10 分为间隔,划分为 8 个区间段(公司数目为 0 的连续区间合并),所有上市公司中小投资者收益权分项指数分布参见表 4-8 和图 4-8。

表 4-8　2020 年上市公司中小投资者收益权分项指数区间分布

指数组别	公司数目	占比(%)	累计占比(%)
[0, 10)	82	2.17	2.17
[10, 20)	84	2.23	4.40
[20, 30)	510	13.51	17.91
[30, 40)	46	1.22	19.13
[40, 50)	1982	52.52	71.65
[50, 60)	1064	28.19	99.84
[60, 70)	6	0.16	100.00
[70, 100]	0	0.00	100.00
总计	3774	100.00	—

由表 4-8 和图 4-8 可知,2020 年上市公司中小投资者收益权分项指数区间分布并不规则,主要分布在 [40, 60) 区间,共计有 3046 家公司,占样本总数的 80.71%;达到 60 分及格线的公司有 6 家,及格率为 0.16%,比上年(0.34%)下降 0.18 个百分点。

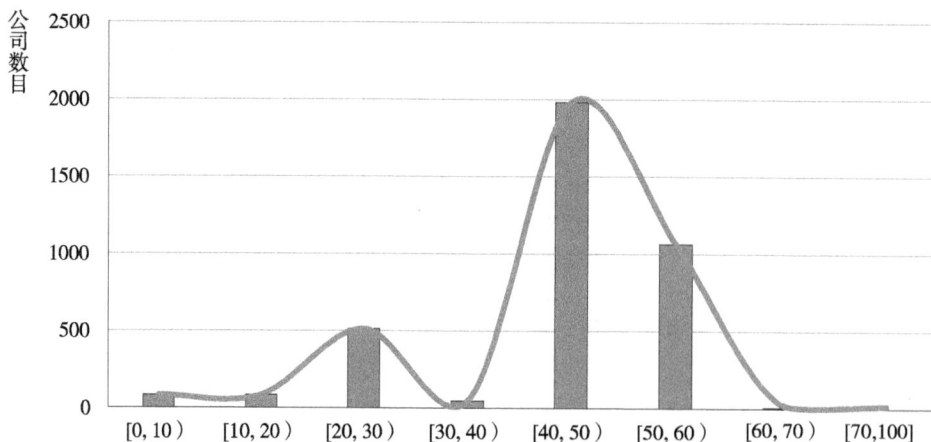

图4-8　2020年上市公司中小投资者收益权分项指数区间分布

4.4.2　分地区收益权分项指数比较

按照东部、中部、西部和东北四个地区的划分，对上市公司中小投资者收益权分项指数按照均值从高到低的顺序进行排名和比较，结果表4-9。

表 4-9　2020 年不同地区上市公司中小投资者收益权分项指数比较

排名	地区	公司数目	平均值	中位值	最大值	最小值	标准差
1	东部	2647	41.6090	40.5561	69.2257	0.0000	11.3443
2	中部	488	41.2862	40.5438	62.1928	0.0000	11.9229
3	西部	490	39.5519	40.5275	55.2577	0.0000	13.5736
4	东北	149	37.8509	40.4786	55.1230	0.0000	13.4322
总体		3774	41.1518	40.5494	69.2257	0.0000	11.8519

由表 4-9 可知，东部中小投资者收益权分项指数均值最高，东北排在最后，二者之间的绝对差距为 3.7581 分。中小投资者收益权分项指数最大值为 69.2257 分，出自东部；最小值为 0.0000 分，四个地区都出现了最小值。

图 4-9 更直观地反映了不同地区上市公司中小投资者收益权分项指数均值的差异。可以看出，东部和中部地区中小投资者收益权分项指数均值高于总体均值，西部和东北地区低于总体均值，四个地区之间有一定的差距。

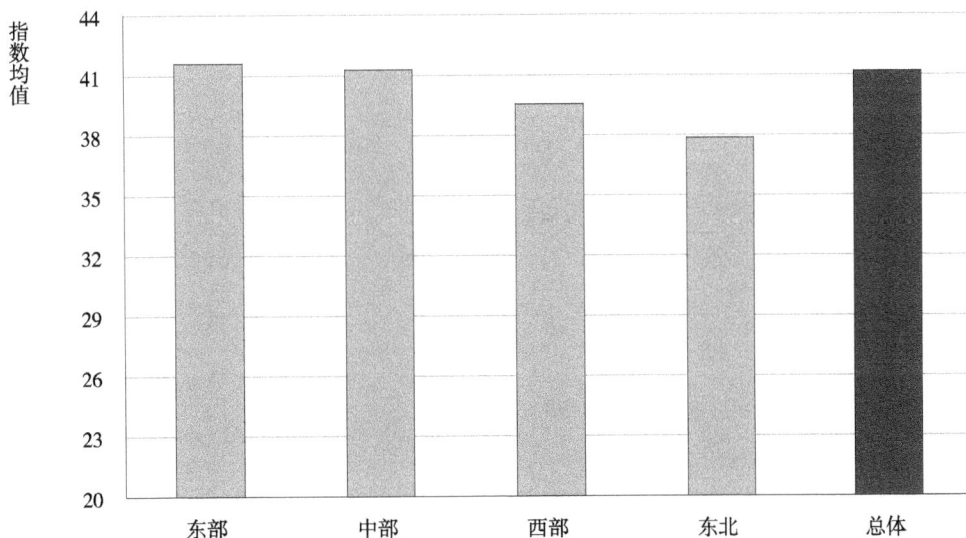

图4-9　2020年不同地区上市公司中小投资者收益权分项指数比较

4.4.3 分行业收益权分项指数比较

对 18 个行业上市公司中小投资者收益权分项指数按照均值从高到低的顺序进行排名和比较，结果参见表 4-10。

表 4-10 2020 年不同行业上市公司中小投资者收益权分项指数比较

排名	行业	公司数目	平均值	中位值	最大值	最小值	标准差
1	金融业（J）	117	44.6753	40.6046	55.1839	0.0000	11.9070
2	文化、体育和娱乐业（R）	58	41.8862	40.5238	54.9472	0.0000	10.8078
3	教育（P）	10	41.8308	40.5022	55.4167	25.2849	8.4476
4	交通运输、仓储和邮政业（G）	100	41.6194	40.5145	54.9864	5.9849	9.0125
5	建筑业（E）	95	41.3134	40.5363	55.0567	0.0000	11.5347
6	电力、热力、燃气及水生产和供应业（D）	114	41.2730	40.5433	55.0118	0.0000	11.5178
7	水利、环境和公共设施管理业（N）	62	41.2691	40.5505	55.1164	0.0000	13.5982
8	科学研究和技术服务业（M）	51	41.2389	40.5851	55.2640	0.0000	11.6776
9	制造业（C）	2373	41.1997	40.5555	69.2257	0.0000	11.5138
10	批发和零售业（F）	162	41.1608	40.5240	55.1256	0.0000	12.4449
11	采矿业（B）	75	41.0417	40.5285	54.9908	0.0000	10.3185
12	信息传输、软件和信息技术服务业（I）	306	40.8979	40.5281	55.4377	0.0000	12.5957
13	房地产业（K）	117	40.0658	40.5389	68.9212	0.0000	13.1068
14	农、林、牧、渔业（A）	42	39.3858	40.5375	55.6177	0.0000	15.6473
15	综合（S）	13	38.4005	40.5074	54.9339	0.0000	16.9890
16	租赁和商务服务业（L）	58	37.4315	40.4776	55.0572	0.0000	15.4504
17	住宿和餐饮业（H）	7	34.5899	40.3630	54.7564	0.0000	17.3819
18	卫生和社会工作（Q）	13	34.0080	40.5136	55.2826	0.0000	18.8247
	总体	3774	41.1518	40.5494	69.2257	0.0000	11.8519

注：居民服务、修理和其他服务业（O）只有 1 家上市公司，难以代表该行业整体水平，故排名时剔除。

从表 4-10 中可以看出，18 个行业中，有 10 个行业的中小投资者收益权分项指数均值高于总体均值，这 10 个行业的最大均值与总体均值的绝对差距为 3.5235 分；其他 8 个行业的收益权分项指数均值低于总体均值，总体均值与这 8 个行业的最小均值的绝对差距为 7.1438 分，中小投资者收益权分项指数低分区行业的内部差距高于高分区行业。中小投资者收益权分项指数均值排名前三位的行业分别是金融业（J），文化、体育和娱乐业（R），以及教育（P）；最后三位分别是卫生和社会工作（Q），住宿和餐饮业（H），以及租赁和商务服务业（L）。中小投资者收益权分项指数最大值出自制造业（C），最小值为 0 分，有 16 个行业有最小值（并列）。

图 4-10 更直观地反映了不同行业上市公司中小投资者收益权分项指数均值的差异。除了金融业（J）中小投资者收益权分项指数均值较明显高于其他行业，卫生和社会工作（Q）和住宿和餐饮业（H）中小投资者收益权分项指数均值明显低于其他行业外，其余行业间差距较小，曲线变化较为平缓。

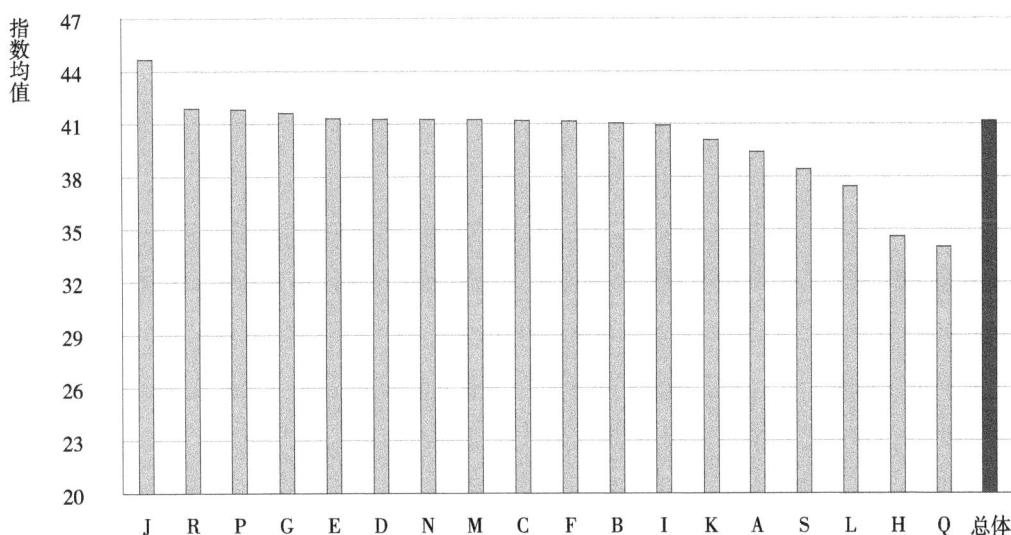

图4-10　2020年不同行业上市公司中小投资者收益权分项指数比较

4.5　维权环境分项指数排名及比较

中小投资者维权环境分项指数考察中小投资者权利受到侵害时是否可以得到充分的维权。本节对维权环境分项指数的总体情况进行说明，并分地区和行业进行比较。

4.5.1　维权环境分项指数总体分布

我们把中小投资者维权环境分项指数以 10 分为间隔划分为 10 个组，10 个区间的公司分布如表 4-11 所示。

表 4-11 2020 年上市公司中小投资者维权环境分项指数区间分布

指数区间	公司数目	占比（%）	累计占比（%）
[0，10）	41	1.09	1.09
[10，20）	62	1.64	2.73
[20，30）	141	3.74	6.47
[30，40）	373	9.88	16.35
[40，50）	654	17.33	33.68
[50，60）	860	22.79	56.47
[60，70）	685	18.15	74.62
[70，80）	789	20.91	95.52
[80，90）	154	4.08	99.60
[90，100]	15	0.40	100.00
总计	3774	100.00	—

由表 4-11 可知，上市公司中小投资者维权环境分项指数主要分布在 [40，80）区间，共有 2988 家公司，占样本总数的 79.17%。达到 60 分及格线的公司有 1643 家，及格率为 43.53%，比上年（43.93%）下降 0.40 个百分点。

图 4-11 直观地描绘了中小投资者维权环境分项指数的分布区间。可以看出，中小投资者维权环境分项指数分布比较分散，且不规则。

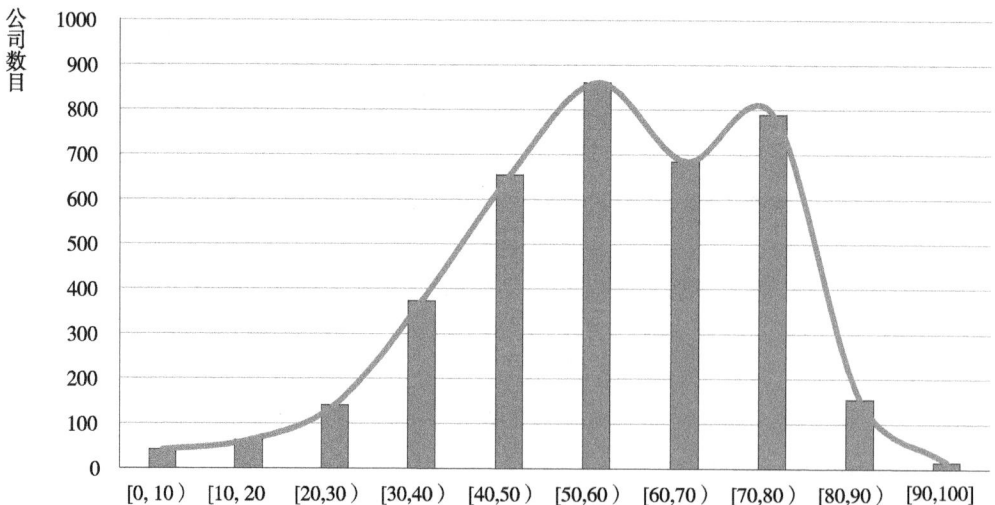

图4-11 2020年上市公司中小投资者维权环境分项指数区间分布

4.5.2　分地区维权环境分项指数比较

按照东部、中部、西部和东北四个地区的划分，对上市公司中小投资者维权环境分项指数按照均值从高到低的顺序进行排名和比较，结果见表 4-12。

表 4-12　2020 年不同地区上市公司中小投资者维权环境分项指数比较

排名	地区	公司数目	平均值	中位值	最大值	最小值	标准差
1	东部	2647	57.4449	55.5556	100.0000	0.0000	17.2336
2	中部	488	55.9973	55.5556	94.4444	0.0000	17.6727
3	西部	490	55.7868	55.5556	94.4444	0.0000	17.6593
4	东北	149	52.8412	55.5556	88.8889	11.1111	17.7230
	总体	3774	56.8607	55.5556	100.0000	0.0000	17.3914

由表 4-12 可知，东部中小投资者维权环境分项指数均值最高，为 57.4449 分；东北最低，为 52.8412 分，二者之间的绝对差距为 4.6037 分。在四个地区中，中小投资者维权环境分项指数最大值出自东部；最小值为 0 分，东部、中部和西部地区均有最小值。

图 4-12 更直观地反映了不同地区上市公司中小投资者维权环境分项指数均值的差异。可以看到，只有东部地区中小投资者维权环境分项指数均值超过总体均值，其他三个地区都低于总体均值。

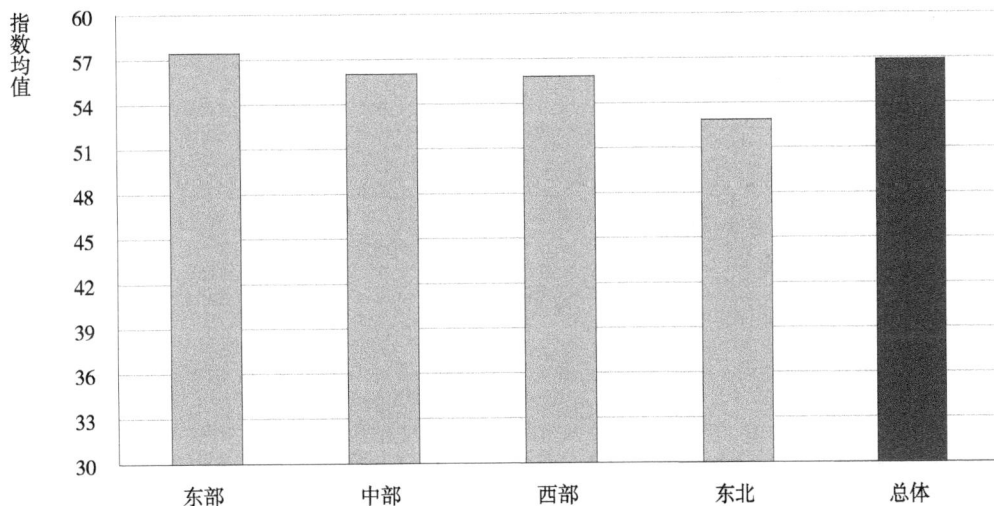

图4-12　2020年不同地区上市公司中小投资者维权环境分项指数比较

4.5.3 分行业维权环境分项指数比较

对18个行业上市公司中小投资者维权环境分项指数按照均值从高到低的顺序进行排名和比较，结果参见表4-13。

表4-13　2020年不同行业上市公司中小投资者维权环境分项指数比较

排名	行业	公司数目	平均值	中位值	最大值	最小值	标准差
1	金融业（J）	117	68.1197	70.0000	100.0000	0.0000	19.8625
2	交通运输、仓储和邮政业（G）	100	61.4667	61.6667	88.8889	31.1111	14.9671
3	住宿和餐饮业（H）	7	59.5238	55.5556	77.7778	44.4444	10.4990
4	水利、环境和公共设施管理业（N）	62	59.0681	66.6667	83.3333	3.3333	16.2320
5	建筑业（E）	95	58.5146	55.5556	88.8889	0.0000	17.9437
6	信息传输、软件和信息技术服务业（I）	306	58.3370	55.5556	83.3333	0.0000	17.5203
7	科学研究和技术服务业（M）	51	58.0610	55.5556	83.3333	11.1111	15.9905
8	文化、体育和娱乐业（R）	58	57.3755	55.5556	83.3333	0.0000	17.4739
9	采矿业（B）	75	56.5926	61.1111	83.3333	5.5556	17.0627
10	制造业（C）	2373	56.3595	55.5556	94.4444	0.0000	16.9186
11	综合（S）	13	56.2393	55.5556	83.3333	33.3333	14.6252
12	电力、热力、燃气及水生产和供应业（D）	114	55.6823	55.5556	83.3333	0.0000	16.5213
13	房地产业（K）	117	55.5840	55.5556	83.3333	0.0000	18.4571
14	租赁和商务服务业（L）	58	53.6973	55.5556	77.7778	0.0000	19.0770
15	教育（P）	10	53.1111	50.0000	77.7778	22.2222	20.6400
16	批发和零售业（F）	162	52.8326	55.5556	83.3333	0.0000	18.9321

排名	行业	公司数目	平均值	中位值	最大值	最小值	标准差
17	农、林、牧、渔业（A）	42	52.8307	55.5556	83.3333	0.0000	18.9362
18	卫生和社会工作（Q）	13	49.2308	47.7778	77.7778	0.0000	25.5732
	总体	3774	56.8607	55.5556	100.0000	0.0000	17.3914

注：居民服务、修理和其他服务业（O）只有 1 家上市公司，难以代表该行业整体水平，故排名时剔除。

由表 4-13 可以看出，18 个行业中，有 8 个行业的中小投资者维权环境分项指数均值高于总体均值，这 8 个行业的最大均值与总体均值的绝对差距为 11.2590 分；其他 10 个行业的维权环境分项指数均值低于总体均值，总体均值与这 10 个行业的最小均值的绝对差距为 7.6299 分。显然，中小投资者维权环境分项指数高分区行业的内部差距大于低分区行业。中小投资者维权环境分项指数均值排在前三位的行业分别是金融业（J），交通运输、仓储和邮政业（G），住宿和餐饮业（H）；排在最后三位的行业是卫生和社会工作（Q），农、林、牧、渔业（A），批发和零售业（F）。中小投资者维权环境分项指数最大值出自金融业（J），最小值为 0.0000 分，出自金融业（J）等十一个行业（并列）。

图 4-13 直观地反映了不同行业上市公司中小投资者维权环境分项指数均值的差异。可以看到，中小投资者维权环境分项指数最高的行业和最低的行业之间的差距较大。金融业（J）远高于其他行业，卫生和社会工作（Q）明显低于其他行业。

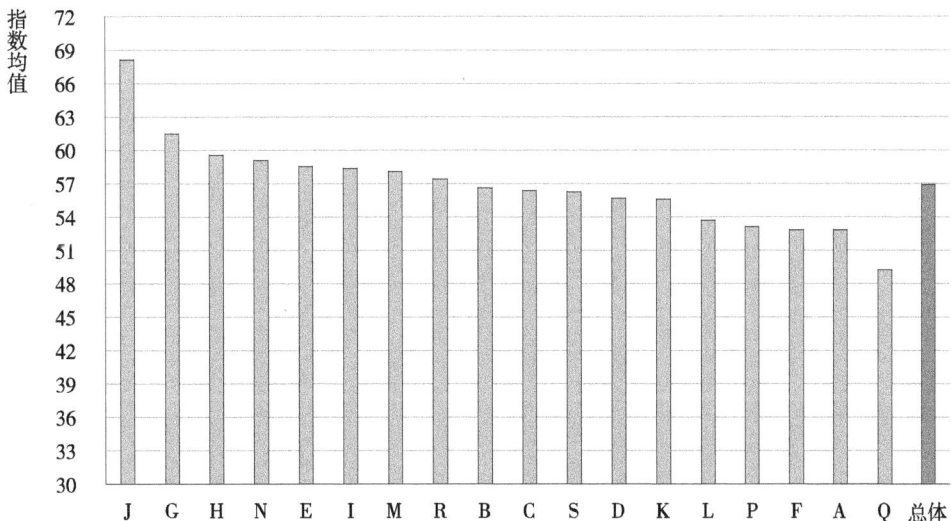

图4-13　2020年不同行业上市公司中小投资者维权环境分项指数比较

4.6　本章小结

本章从总体、地区和行业三个方面，对 2020 年中小投资者权益保护的四个分项指数，即知情权、决策与监督权、收益权和维权环境进行了比较分析，通过分析我们发现：

从中小投资者权益保护四个分项指数比较来看，2020 年知情权分项指数的平均值最大，略超及格分 60 分，其余三个分项指数均未达到及格线，收益权分项指数的平均值最小。从指数分布区间来看，知情权分项指数主要分布在 [60，70）区间，占样本总数的 58.72%；决策与监督权分项指数主要分布在 [30，60）区间，占样本总数的 95.87%；收益权分项指数主要分布在 [40，60）区间，占样本总数的 80.71%；维权环境分项指数主要分布在 [40，80）区间，占样本总数的 79.17%。

从地区来看，东部在知情权、收益权和维权环境三个分项指数中都排名第一，表现较好；东北除了在决策与监督权分项指数中排在第二外，在其他三个分项指数中都位居最后，表现较差。

从行业来看，18 个行业（剔除居民服务、修理和其他服务业）中，知情权分项指数均值排名前三位的行业分别是科学研究和技术服务业（M），交通运输、仓储和邮政业（G），金融业（J）；决策与监督权分项指数均值排名前三位的行业分别是金融业（J），卫生和社会工作（Q），农、林、牧、渔业（A）；收益权分项指数均值排名前三位的行业分别是金融业（J），文化、体育和娱乐业（R），以及教育（P）；维权环境分项指数均值排名前三位的行业分别是金融业（J），交通运输、仓储和邮政业（G），住宿和餐饮业（H）。其中，金融业（J）在四个分项指数中都位居前三，说明金融业（J）上市公司在中小投资者权益保护方面表现相对较好。

第5章 中小投资者权益保护指数的所有制比较

根据第1章的控股或所有制类型划分，本章对2020年3774家样本上市公司的中小投资者权益保护及四个分项指数从所有制角度进行比较分析，以了解国有控股公司和非国有控股公司在中小投资者权益保护方面存在的异同。

5.1 中小投资者权益保护指数总体的所有制比较

5.1.1 中小投资者权益保护总体指数比较

不同的所有制会对上市公司中小投资者权益保护产生影响，表5-1比较了不同所有制上市公司的中小投资者权益保护指数，并按照均值从高到低的顺序进行了排名。

表 5-1 2020 年不同所有制上市公司中小投资者权益保护指数比较

排名	所有制性质	公司数目	平均值	中位值	最大值	最小值	标准差
1	国有绝对控股公司	490	54.2803	54.2663	69.0159	33.8758	5.7968
2	国有强相对控股公司	434	52.8747	53.2446	70.8627	25.6238	6.5598
3	国有弱相对控股公司	237	52.1925	52.7279	73.4725	19.1982	8.3585
4	国有参股公司	870	52.1403	53.4523	70.1686	19.8218	8.5111
5	无国有股份公司	1743	50.9456	51.9445	70.8071	13.2702	8.0752
	总体	3774	51.9541	52.8851	73.4725	13.2702	7.8610

根据表5-1，从整体上看，五类上市公司的中小投资者权益保护指数均值没有很大的差异，也都未达到60分的及格线，说明中小投资者权益保护水平仍普遍较低。其中，国有绝对控股公司的中小投资者权益保护指数均值最高，为54.2803分，无国有股份公

司的中小投资者权益保护指数均值最低，为 50.9456 分。从中位值看，中小投资者权益保护指数中位值从高到低依次为国有绝对控股公司、国有参股公司、国有强相对控股公司、国有弱相对控股公司和无国有股份公司。从标准差看，五类所有制公司标准差均在 5 分以上，最大的国有参股公司与最小的国有绝对控股公司之间相差 2.7143 分，说明五类所有制上市公司之间的离散程度差距不大。

为了更直观地反映不同所有制上市公司中小投资者权益保护指数的差异，图 5-1 按照前十大股东中的国有股比例从大到小进行了排序。可以看出，随着国有股比例的降低，中小投资者权益保护水平随之下降，但总体降幅不大。这意味着，国有股比例越高，中小投资者权益保护越好。不过，由于五种类型所有制公司的中小投资者权益保护指数差距不大，所以这个结论还需要进一步验证。

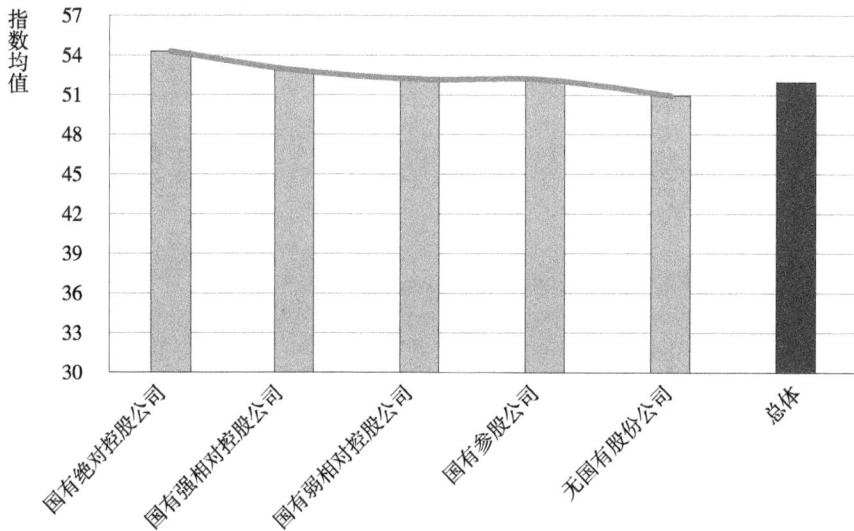

图5-1　2020年不同所有制上市公司中小投资者权益保护指数均值比较

我们进一步将国有绝对控股公司、国有强相对控股公司和国有弱相对控股公司归类为国有控股公司，将国有参股公司和无国有股份公司归类为非国有控股公司，比较两大类公司的中小投资者权益保护水平，如表 5-2 所示。

表 5-2　2020 年国有与非国有控股公司中小投资者权益保护指数比较

排名	所有制性质	公司数目	平均值	中位值	最大值	最小值	标准差
1	国有控股公司	1161	53.3287	53.5083	73.4725	19.1982	6.7270
2	非国有控股公司	2613	51.3434	52.6158	70.8071	13.2702	8.2421
	总体	3774	51.9541	52.8851	73.4725	13.2702	7.8610

从表 5-2 可以看出，2020 年上市公司中，国有控股公司与非国有控股公司在平均值、中位值上的差距都很小，都未达到及格线（60 分）。不管是平均值还是中位值，国有控股公司都高于非国有控股公司。

根据实际控制人的性质，我们还可以将上市公司进一步区分为中央企业（或监管机构）、地方国企（或监管机构）和非国有企业或自然人最终控制的上市公司三类。表 5-3 比较了三类公司的中小投资者权益保护指数。

表 5-3 2020 年不同最终控制人上市公司中小投资者权益保护指数比较

排名	最终控制人	公司数目	平均值	中位值	最大值	最小值	标准差
1	中央企业（或监管机构）	411	54.4670	54.7866	69.0159	28.2739	6.3350
2	地方国企（或监管机构）	811	52.6513	53.0108	73.4725	19.1982	7.1842
3	非国有企业或自然人	2552	51.3278	52.6307	70.8071	13.2702	8.1826
	总体	3774	51.9541	52.8851	73.4725	13.2702	7.8610

从表 5-3 可以看出，中央企业（或监管机构）最终控制的公司的中小投资者权益保护指数均值最高，非国有企业或自然人最终控制的公司的中小投资者权益保护指数均值最低，且低于总体均值，三类公司的中小投资者权益保护指数总体差异不大。

5.1.2 中小投资者权益保护分项指数总体比较

中小投资者权益保护指数包括知情权、决策与监督权、收益权和维权环境四个分项指数，对五类所有制上市公司的四个分项指数进行比较，如表 5-4 所示。

表 5-4 2020 年不同所有制上市公司中小投资者权益保护分项指数均值比较

所有制类型	知情权	决策与监督权	收益权	维权环境
国有绝对控股公司	65.5639	48.2175	42.8204	60.5193
国有强相对控股公司	64.1607	47.3620	41.4737	58.5023
国有弱相对控股公司	62.0432	49.4881	40.5062	56.7323
国有参股公司	62.7709	46.8538	41.2672	57.6692
无国有股份公司	61.8474	46.2651	40.6327	55.0373
总体	62.8212	46.9828	41.1518	56.8607

从表 5-4 可以看出，四个分项指数中，除国有绝对控股公司外，其他四类所有制公司都只有知情权分项指数均值达到了 60 分的及格水平，其他三个分项指数均值均未及格，且收益权分项指数均值距及格线差距最大。图 5-2 更直观地反映了不同所有制类型上市公司中小投资者权益保护四个分项指数的差异。可以看出，五类所有制上市公司在四个分项指数上，都是知情权分项指数最高，其次是维权环境分项指数，决策与监督权分项指数和收益权分项指数则明显低于其他两个分项指数。各所有制类型上市公司在每个分项指数上的差别较小。

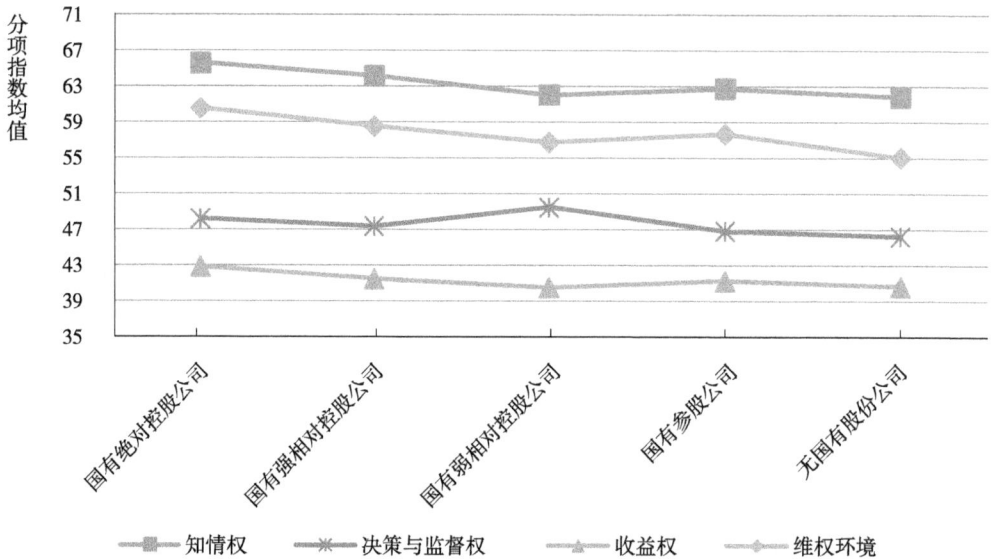

图5-2　2020年不同所有制上市公司中小投资者权益保护分项指数变化趋势

我们进一步将国有绝对控股公司、国有强相对控股公司和国有弱相对控股公司合并，归为国有控股公司，将国有参股公司和无国有股份公司合并，归为非国有控股公司，两者的比较见表 5-5 和图 5-3。可以看出，国有控股公司在四个分项指数上都高于非国有控股公司。

表 5-5　2020 年国有与非国有控股上市公司中小投资者权益保护分项指数均值比较

所有制类型	知情权	决策与监督权	收益权	维权环境
国有控股公司	64.3207	48.1571	41.8446	58.9922
非国有控股公司	62.1549	46.4611	40.8440	55.9136
总体	62.8212	46.9828	41.1518	56.8607

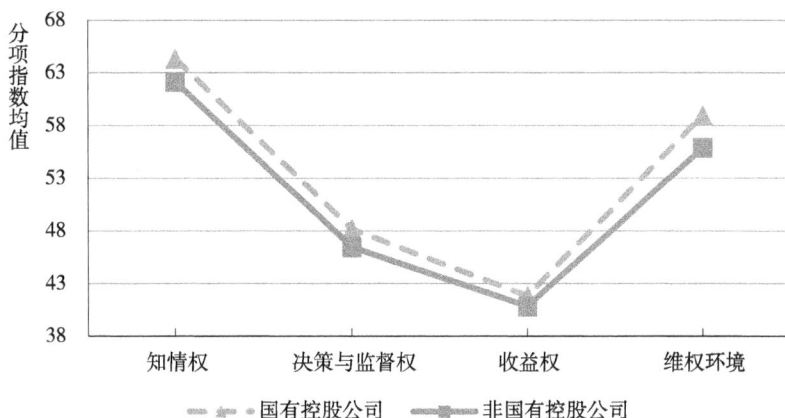

图5-3　2020年国有与非国有控股上市公司中小投资者权益保护分项指数均值比较

根据实际控制人性质划分为三种类型，对三类上市公司中小投资者权益保护在四个分项指数上进行比较，参见表5-6和图5-4。可以看出，中央企业（或监管机构）最终控制的公司在四个分项指数上都高于地方国企（或监管机构）和非国有企业或自然人最终控制的公司；地方国企（或监管机构）最终控制的公司在四个分项指数上也都高于非国有企业或自然人最终控制的公司。不同最终控制人控制的上市公司在四个分项指数上的均值差异不是很大。

表 5-6　2020 年不同最终控制人上市公司中小投资者权益保护分项指数均值比较

最终控制人	知情权	决策与监督权	收益权	维权环境
中央企业（或监管机构）	65.9355	48.5334	42.1125	61.2868
地方国企（或监管机构）	63.1286	48.3328	41.3387	57.8052
非国有企业或自然人	62.2219	46.3041	40.9377	55.8477
总体	62.8212	46.9828	41.1518	56.8607

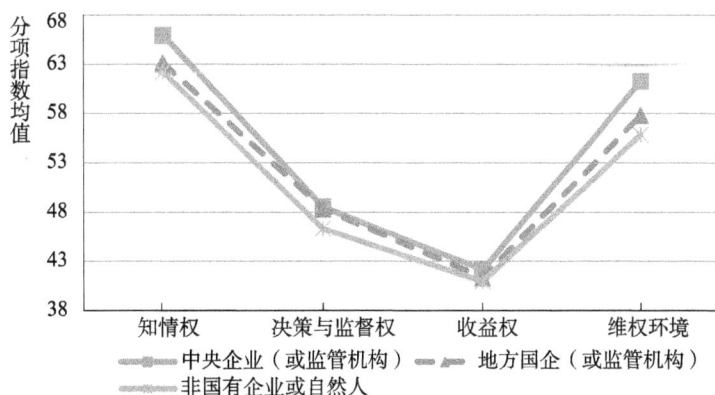

图5-4　2020年不同最终控制人上市公司中小投资者权益保护分项指数均值比较

5.2　分地区中小投资者权益保护指数的所有制比较

5.2.1　分地区中小投资者权益保护总体指数比较

按照四个地区的划分，我们比较四个地区上市公司中小投资者权益保护指数的差异，参见表5-7。

表 5-7　2020 年不同地区国有与非国有控股上市公司中小投资者权益保护指数比较

地区	所有制类型	公司数目	平均值	中位值	最大值	最小值	标准差
东部	国有控股公司	693	53.8125	54.2164	73.4725	19.1982	6.8931
	非国有控股公司	1954	51.7703	52.8851	70.8071	15.9141	7.8621
	总体	2647	52.3050	53.2669	73.4725	15.9141	7.6731
中部	国有控股公司	197	52.7092	52.9572	68.5565	33.8758	6.1752
	非国有控股公司	291	51.0847	52.7587	67.5064	15.4419	9.0048
	总体	488	51.7405	52.8450	68.5565	15.4419	8.0238
西部	国有控股公司	213	53.1081	53.1718	70.8627	30.9091	6.5215
	非国有控股公司	277	49.5528	51.1710	67.6877	13.2702	9.4081
	总体	490	51.0983	52.1136	70.8627	13.2702	8.4635
东北	国有控股公司	58	50.4610	50.4192	65.9221	33.8763	6.3160
	非国有控股公司	91	48.4543	49.1921	69.2981	19.8218	8.5083
	总体	149	49.2354	49.9607	69.2981	19.8218	7.7909

从表5-7可以看出，四个地区国有控股公司中小投资者权益保护指数的均值和中位值都高于非国有控股公司。

图5-5更直观地反映了四个地区不同所有制上市公司中小投资者权益保护指数均值的差异。可以看到，四个地区的国有控股公司与非国有控股公司中小投资者权益保护水平存在1.62～3.56分的差异，总体上差距不大。

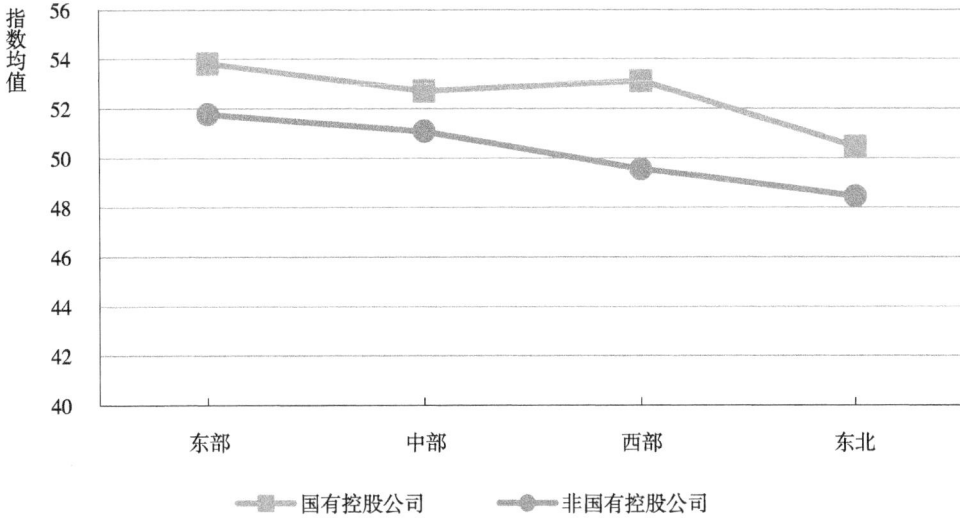

图5-5 2020年不同地区国有与非国有控股上市公司中小投资者权益保护指数均值比较

5.2.2 分地区中小投资者权益保护分项指数比较

我们继续对四个地区国有控股与非国有控股上市公司的中小投资者权益保护分项指数均值进行比较分析，参见表 5-8。

表 5-8 2020 年不同地区国有与非国有控股公司中小投资者权益保护分项指数均值比较

地区	所有制类型	知情权	决策与监督权	收益权	维权环境
东部	国有控股公司	64.7515	48.5427	42.4819	59.4741
	非国有控股公司	62.8147	46.2419	41.2994	56.7252
	总体	63.3218	46.8442	41.6090	57.4449
中部	国有控股公司	64.5308	47.3404	41.7069	57.2589
	非国有控股公司	61.2194	46.9747	41.0013	55.1432
	总体	62.5562	47.1223	41.2862	55.9973
西部	国有控股公司	64.0795	47.7243	40.7225	59.9061
	非国有控股公司	59.6805	47.2595	38.6518	52.6193
	总体	61.5928	47.4615	39.5519	55.7868
东北	国有控股公司	59.3457	47.9129	38.8189	55.7663
	非国有控股公司	58.5107	47.0959	37.2338	50.9768
	总体	58.8358	47.4139	37.8509	52.8412

由表 5-8 可知，在四个分项指数中，总体来看，四个地区两类所有制上市公司都是知情权分项指数均值最高，收益权分项指数均值最低。为了便于比较，我们计算出四个地区非国有控股公司中小投资者权益保护四个分项指数均值与对应的国有控股公司中小投资者权益保护四个分项指数均值的差值，由此可以反映四个地区两类所有制上市公司中小投资者权益保护四个分项指数的差异，如图 5-6 所示。可以看出，在四个地区，国有控股公司在四个分项指数上的表现均好于非国有控股公司。

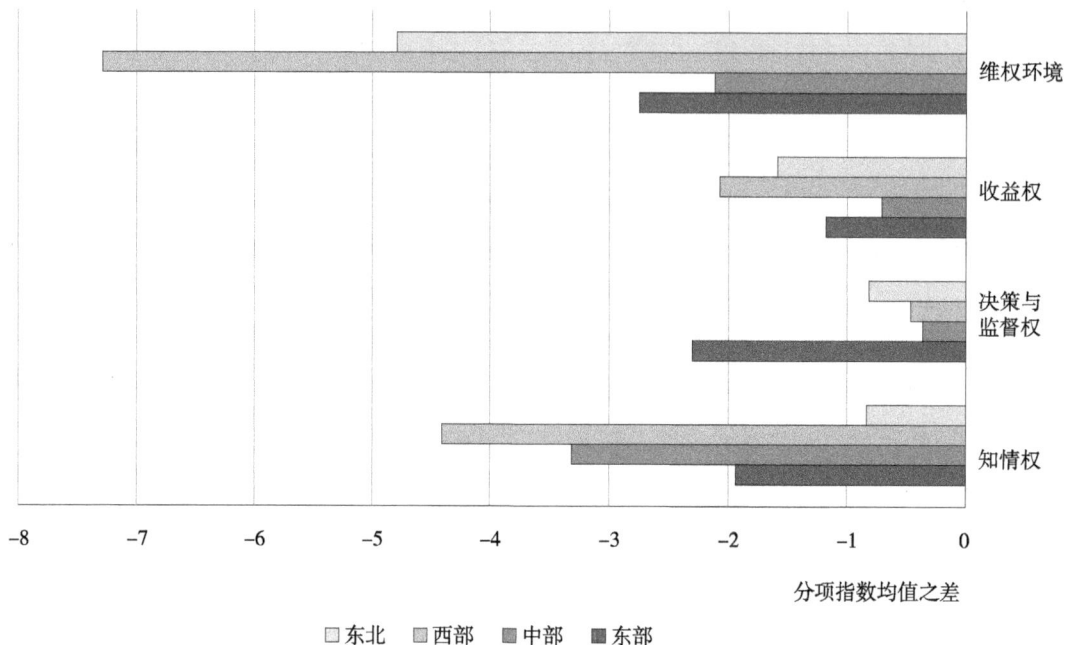

注：指数均值之差 = 非国有控股公司中小投资者权益保护分项指数均值 − 国有控股公司中小投资者权益保护分项指数均值。

图5-6　2020年不同地区国有与非国有控股公司中小投资者权益保护分项指数差值比较

5.3　分行业中小投资者权益保护指数的所有制比较

5.3.1　分行业中小投资者权益保护总体指数比较

我们选择制造业（C），电力、热力、燃气及水生产和供应业（D），交通运输、仓储和邮政业（G），信息传输、软件和信息技术服务业（I），金融业（J）和房地产业（K）这六个上市公司较多且具有代表性的行业，对这六个行业上市公司中小投资者权益保护指数进行比较，结果如表 5-9 所示。

表 5-9　2020 年不同行业国有与非国有控股公司中小投资者权益保护指数比较

行业	所有制类型	公司数目	平均值	中位值	最大值	最小值	标准差
制造业（C）	国有控股公司	547	52.5762	53.2339	70.8627	19.1982	6.8194
	非国有控股公司	1826	51.4452	52.5628	68.4150	13.2702	7.8065
	总体	2373	51.7059	52.7774	70.8627	13.2702	7.6053
电力、热力、燃气及水生产和供应业（D）	国有控股公司	84	52.9969	53.5173	65.9221	41.0891	5.1867
	非国有控股公司	30	47.4232	49.2989	63.4048	22.0861	10.1065
	总体	114	51.5302	52.3223	65.9221	22.0861	7.2613
交通运输、仓储和邮政业（G）	国有控股公司	71	55.1485	55.6159	65.4033	46.3639	4.8306
	非国有控股公司	29	52.1962	51.3008	65.1108	38.6553	6.3056
	总体	100	54.2923	54.7611	65.4033	38.6553	5.4675
信息传输、软件和信息技术服务业（I）	国有控股公司	50	53.3469	54.1944	64.9593	36.6886	5.9174
	非国有控股公司	256	51.9882	53.3083	70.8071	19.5758	8.4391
	总体	306	52.2102	53.3932	70.8071	19.5758	8.0967
金融业（J）	国有控股公司	75	60.5383	61.6497	73.4725	40.0144	6.4635
	非国有控股公司	42	53.6817	55.3392	70.1686	22.4222	11.2490
	总体	117	58.0769	60.7574	73.4725	22.4222	9.1117
房地产业（K）	国有控股公司	59	52.4881	52.0345	66.5018	25.6238	7.1919
	非国有控股公司	58	49.1549	50.5913	65.7458	21.8485	10.5221
	总体	117	50.8357	51.9112	66.5018	21.8485	9.1512

从表 5-9 可以看出，在全部六个行业中，国有控股公司中小投资者权益保护指数均值都高于非国有控股公司。

图 5-7 更直观地反映了六个行业国有控股公司与非国有控股公司中小投资者权益保护指数的差异。六个行业中，国有控股公司和非国有控股公司中小投资者权益保护指数均值最高的都是金融业（J），而国有控股公司中小投资者权益保护指数均值最低的是房地产业（K），非国有控股公司均值最低的是电力、热力、燃气及水生产和供应业（D）。

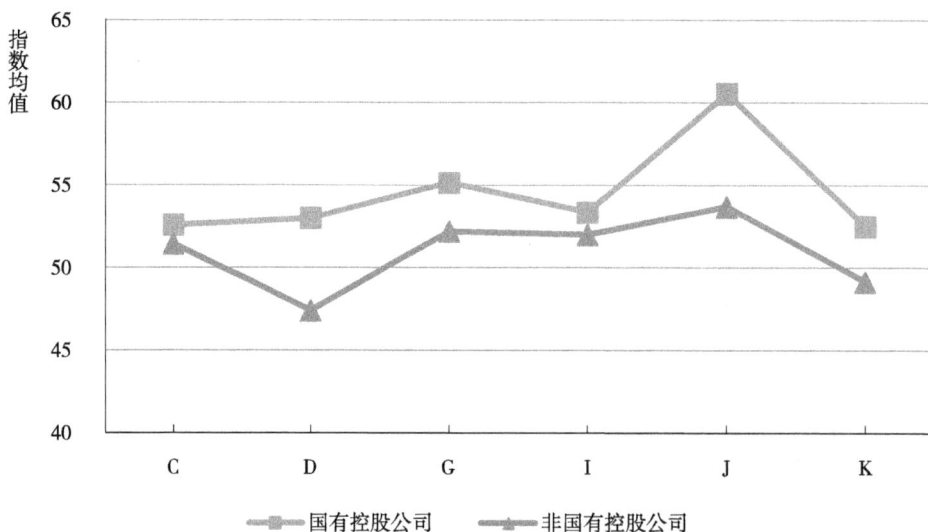

图5-7 2020年不同行业国有与非国有控股公司中小投资者权益保护指数均值比较

5.3.2 分行业中小投资者权益保护分项指数比较

表5-10对六个行业国有控股公司与非国有控股公司的中小投资者权益保护分项指数进行了比较。

表 5-10 2020 年不同行业国有与非国有控股公司中小投资者权益保护分项指数比较

行业	所有制类型	知情权	决策与监督权	收益权	维权环境
制造业（C）	国有控股公司	63.9235	47.6538	41.0267	57.7006
	非国有控股公司	62.6270	45.9444	41.2515	55.9578
	总体	62.9259	46.3385	41.1997	56.3595
电力、热力、燃气及水生产和供应业（D）	国有控股公司	64.1874	47.1500	43.0577	57.5926
	非国有控股公司	55.6900	47.3939	36.2756	50.3333
	总体	61.9512	47.2142	41.2730	55.6823
交通运输、仓储和邮政业（G）	国有控股公司	65.6916	49.8880	41.9626	63.0516
	非国有控股公司	65.7104	44.7089	40.7791	57.5862
	总体	65.6971	48.3861	41.6194	61.4667
信息传输、软件和信息技术服务业（I）	国有控股公司	63.7833	46.9682	42.2361	60.4000
	非国有控股公司	62.4577	46.9246	40.6366	57.9340
	总体	62.6743	46.9317	40.8979	58.3370
金融业（J）	国有控股公司	68.4711	54.3909	46.8467	72.4444
	非国有控股公司	60.5801	52.9518	40.7979	60.3968
	总体	65.6385	53.8743	44.6753	68.1197

续表

行业	所有制类型	知情权	决策与监督权	收益权	维权环境
	国有控股公司	63.2288	47.4949	41.7710	57.4576
房地产业（K）	非国有控股公司	57.3882	47.2218	38.3313	53.6782
	总体	60.3334	47.3595	40.0658	55.5840

由表5-10可以看出，六个行业两类所有制上市公司在中小投资者权益保护指数四个分项指数上的排序并不一致。为便于比较，我们进一步计算出六个行业非国有控股公司中小投资者权益保护四个分项指数均值与对应的国有控股公司中小投资者权益保护四个分项指数均值的差值，由此可以反映这六个行业两类所有制公司中小投资者权益保护四个分项指数的差异，参见图5-8。可以看出，在知情权分项指数上，交通运输、仓储和邮政业（G）的非国有控股公司略高于国有控股公司，其他五个行业均为国有控股公司高于非国有控股公司；在决策与监督权分项指数上，电力、热力、燃气及水生产和供应业（D）的非国有控股公司高于国有控股公司，其他五个行业均为国有控股公司高于非国有控股公司；在收益权分项指数上，制造业（C）的非国有控股公司高于国有控股公司，其他五个行业均为国有控股公司高于非国有控股公司；在维权环境分项指数上，六个行业都是国有控股公司均值高于非国有控股公司。总体来看，电力、热力、燃气及水生产和供应业（D）国有控股公司在知情权和收益权两个分项指数上优势相对明显；交通运输、仓储和邮政业（G）国有控股公司在决策与监督权分项指数上优势相对明显；金融业（J）国有控股公司在维权环境分项指数上优势相对明显。

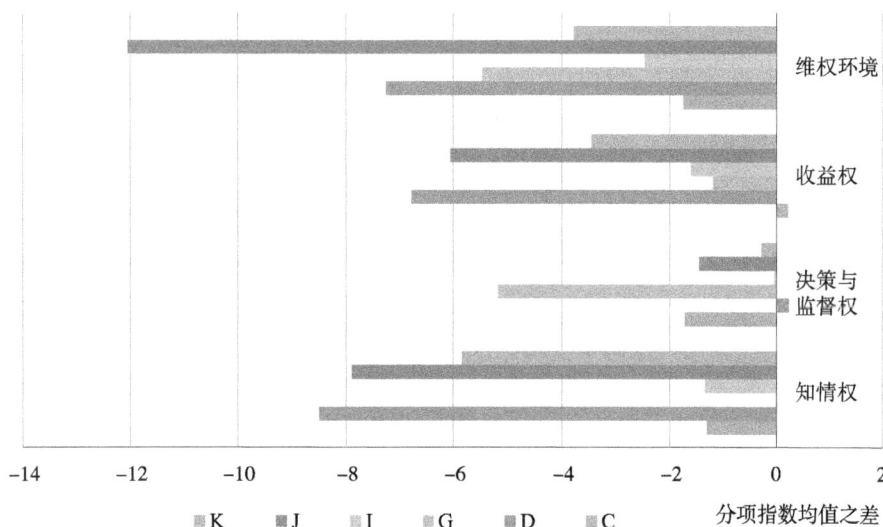

注：指数均值之差＝非国有控股公司中小投资者权益保护分项指数均值－国有控股公司中小投资者权益保护分项指数均值。

图5-8 2020年不同行业国有与非国有控股公司中小投资者权益保护分项指数差值比较

5.4 本章小结

本章从所有制或控股类型角度对 2020 年沪深两市 3774 家上市公司中小投资者权益保护指数及四个分项指数进行了统计和分析，主要结论如下：

关于中小投资者权益保护总体指数：①国有控股公司和非国有控股公司的中小投资者权益保护指数均值均未达到及格水平。②随着前十大股东中的国有股比例的降低，中小投资者权益保护水平随之下降，但总体降幅不大。这意味着，国有股比例越高，中小投资者权益保护越好。但由于五类公司差距很小，这个结论需要进一步验证。③国有控股公司中小投资者权益保护水平总体上好于非国有控股公司。④中央企业（或监管机构）最终控制的公司的中小投资者权益保护指数均值高于地方国企（或监管机构）和非国有企业或自然人最终控制的公司，非国有企业或自然人最终控制的公司的中小投资者权益保护指数均值最低。⑤从地区看，四个地区的国有控股公司中小投资者权益保护指数均值都略高于非国有控股公司。⑥从行业看，六个代表行业均是国有控股公司中小投资者权益保护指数均值高于非国有控股公司。

关于中小投资者权益保护分项指数：①五类所有制公司在四个分项指数中都是知情权分项指数最高，其次是维权环境分项指数，而决策与监督权、收益权两个分项指数则明显低于其他两个分项指数。②国有控股公司在四个分项指数上都高于非国有控股公司。③中央企业（或监管机构）最终控制的公司在四个分项指数上都高于地方国企（或监管机构）和非国有企业或自然人最终控制的公司；地方国企（或监管机构）最终控制的公司在四个分项指数上也都高于非国有企业或自然人最终控制的公司。④从地区看，四个地区的国有控股公司在四个分项指数上的表现均好于非国有控股公司。⑤从行业看，电力、热力、燃气及水生产和供应业（D）国有控股公司在知情权和收益权两个分项指数上优势相对明显；交通运输、仓储和邮政业（G）国有控股公司在决策与监督权分项指数上优势相对明显；金融业（J）国有控股公司在维权环境分项指数上优势相对明显。

第6章 中小投资者权益保护指数的年度比较（2014～2020）

2015～2020年，我们连续六年对2014～2019年中国上市公司中小投资者权益保护水平进行了测度，本年度是第七次评价。本章将从总体、地区、行业、所有制和上市板块五个角度，比较分析2014～2020年七个年度的中国上市公司中小投资者权益保护水平，以了解中小投资者权益保护水平的发展趋势，进而对完善中国中小投资者权益保护制度提供参考。

6.1 中小投资者权益保护指数总体的年度比较

中小投资者权益保护指数评价的样本公司每年增加，从2014年（2015年评价）的2514家增至2020年（2021年评价）的3774家，基本上是对全部上市公司的评价。比较2014～2020年七个年度的样本上市公司中小投资者权益保护总体指数，以及知情权、决策与监督权、收益权和维权环境四个分项指数，结果参见表6-1和图6-1。

表6-1 2014～2020年上市公司中小投资者权益保护指数均值比较

年份	样本量	总体指数	分项指数			
			知情权	决策与监督权	收益权	维权环境
2014	2514	43.0725	54.7728	35.6674	27.7833	54.0666
2015	2655	45.6560	57.2432	40.0962	40.9259	44.3587
2016	2840	47.6505	57.9181	38.2866	38.5055	55.8920
2017	3147	52.4006	62.1646	44.2825	43.8235	59.3320
2018	3490	51.7099	60.8504	46.5092	41.2533	58.2267

年份	样本量	总体指数	分项指数			
			知情权	决策与监督权	收益权	维权环境
2019	3569	52.1392	61.1028	46.6984	43.5789	57.1766
2020	3774	51.9541	62.8212	46.9828	41.1518	56.8607

由表 6-1 和图 6-1 可知：

第一，从中小投资者权益保护总体指数看，2014～2020 年，除了 2018 年和 2020 年出现下降外，其他年度都是上升的，其中 2017～2020 年中小投资者权益保护总体指数均值明显高于 2016 年及之前的各个年度。相比 2014 年，2020 年上升 8.8816 分；相比 2019 年，2020 年下降 0.1851 分。

第二，从知情权分项指数看，2020 年该分项指数均值为 62.8212 分，连续七年在四个分项指数中始终保持最高位置。相比 2014 年，2020 年上升 8.0484 分；相比 2019 年，2020 年上升 1.7184 分。

第三，从决策与监督权分项指数看，2020 年该分项指数均值为 46.9828 分。相比 2014 年，2020 年上升 11.3154 分；相比 2019 年，2020 年上升 0.2844 分。

第四，从收益权分项指数看，2020 年该分项指数均值为 41.1518 分。相比 2014 年，2020 年上升 13.3685 分，提升幅度较大；相比 2019 年，2020 年下降 2.4271 分。

第五，从维权环境分项指数看，2020 年该分项指数均值为 56.8607 分。相比 2014 年，2020 年上升 2.7941 分，在四个分项指数中提升幅度最小；相比 2019 年，2020 年下降 0.3159 分。

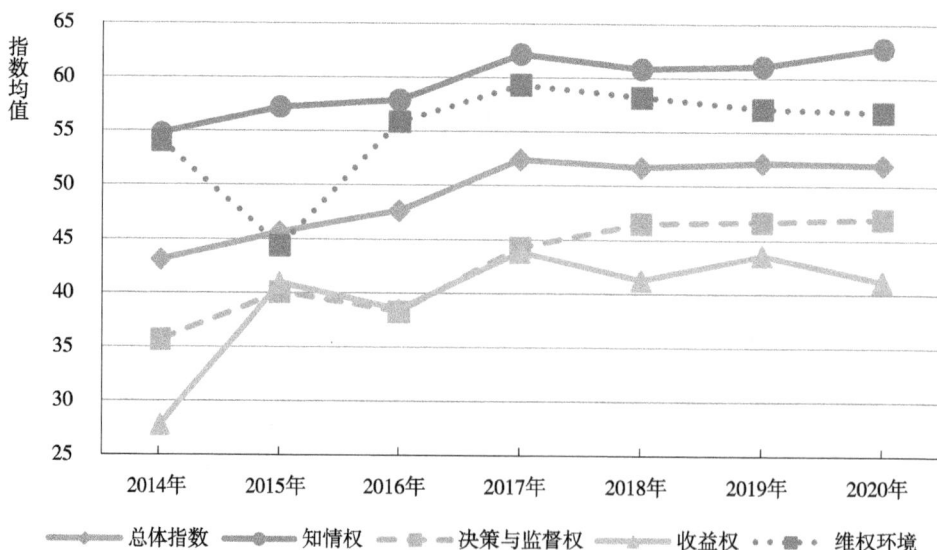

图6-1　2014～2020年上市公司中小投资者权益保护指数的变化

6.2　分地区中小投资者权益保护指数的年度比较

按照四个地区的划分，对不同地区上市公司2014～2020年七个年度中小投资者权益保护总体指数和四个分项指数进行比较，结果参见表6-2。

表6-2　2014～2020年不同地区上市公司中小投资者权益保护指数均值比较

地区	年份	总体指数	分项指数				总体指数排名
			知情权	决策与监督权	收益权	维权环境	
东部	2014	43.2961	55.2955	35.4075	28.3215	54.1601	1
	2015	46.2340	58.3801	40.4071	41.4665	44.6824	1
	2016	48.2532	58.8827	38.5090	38.8172	56.8039	1
	2017	52.9653	62.8001	44.4178	44.7009	59.9422	1
	2018	52.2622	61.4184	46.6153	41.9750	59.0401	1
	2019	52.6838	62.0380	46.5465	44.3346	57.8159	1
	2020	52.3050	63.3218	46.8442	41.6090	57.4449	1
中部	2014	42.9013	53.5783	35.5611	27.4429	55.0227	2
	2015	44.8437	55.3368	39.2081	40.8048	44.0252	2
	2016	47.3800	57.3843	37.7459	38.9148	55.4750	2
	2017	51.2938	60.7612	43.8306	42.6928	57.8907	3
	2018	50.8880	60.0220	46.0800	39.9829	57.4670	2
	2019	51.6169	60.0543	46.6010	43.0550	56.7575	2
	2020	51.7405	62.5562	47.1223	41.2862	55.9973	2
西部	2014	42.4465	54.0067	36.5027	26.3563	52.9205	4
	2015	44.4869	55.2858	39.8204	39.0671	43.7743	3
	2016	45.7351	55.3216	37.8067	37.0314	52.7805	4
	2017	51.0253	60.8751	44.0761	41.1949	57.9552	4
	2018	50.4963	59.1655	46.7014	40.0106	56.1076	3
	2019	50.8862	58.8946	47.4450	41.4344	55.7708	3
	2020	51.0983	61.5928	47.4615	39.5519	55.7868	3

续表

地区	年份	总体指数	分项指数				总体指数排名
			知情权	决策与监督权	收益权	维权环境	
东北	2014	42.5138	53.7344	36.8494	26.0320	53.4395	3
	2015	43.8495	53.5918	39.3779	39.5957	42.8326	4
	2016	45.9410	54.1600	38.2276	37.4613	53.9153	3
	2017	51.5016	60.8573	44.2536	42.1351	58.7604	2
	2018	49.0716	59.4601	45.4907	37.3235	54.0119	4
	2019	48.7524	55.9305	47.1428	39.5373	52.3988	4
	2020	49.2354	58.8358	47.4139	37.8509	52.8412	4

由表 6-2 可知:

第一,从中小投资者权益保护总体指数看,四个地区的总体指数均值在 2014~2017 年都是连续上升,2018 年全部下降,2019 年除东北地区继续下降外,其他三个地区都有小幅上升,2020 年除东部地区有小幅下降外,其他三个地区都有小幅上升。东部地区连续七年位居第一,中部地区除 2017 年被东北地区赶超外,其余年份均位居第二(参见图 6-2)。相比 2014 年,2020 年四个地区都上升,升幅在 6.72~9.01 分,东部升幅最大;相比 2019 年,2020 年除了东部地区略微下降外,其他三个地区都上升,但升幅都未超过 0.5 分。

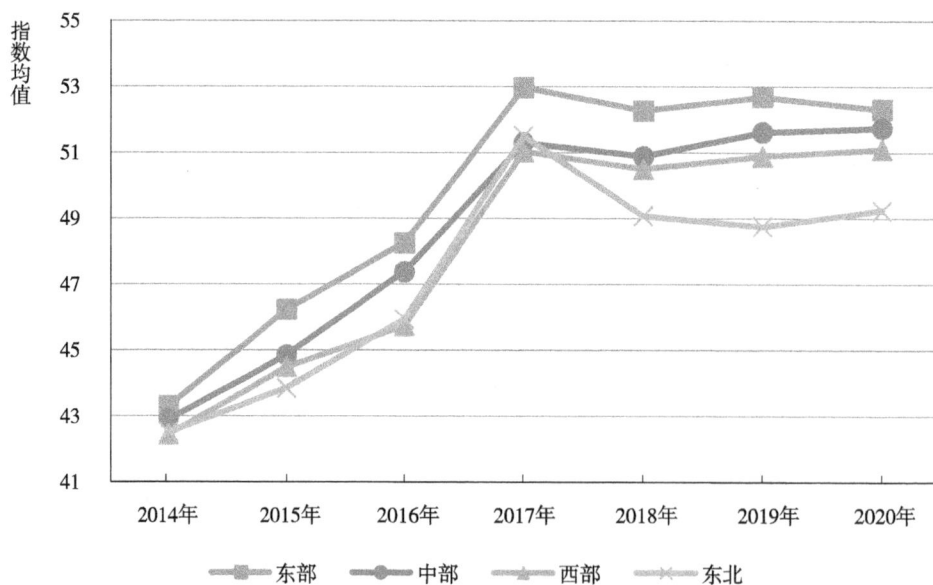

图6-2 2014~2020年不同地区中小投资者权益保护总体指数的变化

第二，从知情权分项指数看，相比 2014 年，2020 年四个地区都上升，升幅在 5.10～8.98 分，中部升幅最大。相比 2019 年，2020 年四个地区也都上升，升幅在 1.28～2.91 分，东北升幅最大。

第三，从决策与监督权分项指数看，相比 2014 年，2020 年四个地区都上升，升幅在 10.56～11.57 分，中部升幅最大。相比 2019 年，2020 年四个地区也都上升，升幅在 0.01～0.53 分，中部升幅仍最大。

第四，从收益权分项指数看，相比 2014 年，2020 年四个地区都较大幅度上升，升幅在 11.81～13.85 分，中部升幅最大。相比 2019 年，2020 年四个地区全部出现下降，降幅在 1.68～2.73 分，东部降幅最大。

第五，从维权环境分项指数看，相比 2014 年，2020 年除了东北下降 0.5983 分外，其他三个地区都上升，升幅在 0.97～3.29 分，东部升幅最大。相比 2019 年，2020 年东部和中部分别下降 0.3710 分和 0.7602 分，西部和东北分别上升 0.0160 分和 0.4424 分。

6.3　分行业中小投资者权益保护指数的年度比较

对 18 个行业上市公司 2014～2020 年七个年度中小投资者权益保护总体指数和四个分项指数进行比较，结果参见表 6-3。

表 6-3　2014～2020 年分行业上市公司中小投资者权益保护指数均值比较

行业	年份	总体指数	分项指数			
			知情权	决策与监督权	收益权	维权环境
农、林、牧、渔业（A）	2014	42.6878	54.2903	36.5568	24.3763	55.5278
	2015	43.9545	54.4538	38.5939	39.7808	42.9894
	2016	48.0790	56.2953	40.0940	40.5481	55.3788
	2017	51.9558	60.3654	44.0942	41.2474	62.1164
	2018	49.9627	58.4681	46.8614	37.2856	57.2358
	2019	49.2819	58.1250	47.4498	39.8726	51.6802
	2020	50.8322	61.3892	49.7232	39.3858	52.8307
采矿业（B）	2014	43.4506	56.0581	35.7773	27.2650	54.7021
	2015	43.3604	55.6446	39.3508	35.7367	42.7093
	2016	46.9354	58.1810	38.8115	39.9273	50.8219

行业	年份	总体指数	分项指数			
			知情权	决策与监督权	收益权	维权环境
采矿业（B）	2017	51.0282	58.9822	44.7944	43.2191	57.1171
	2018	50.9246	58.2563	48.0406	41.9339	55.4679
	2019	52.5341	59.7480	47.1842	45.3375	57.8667
	2020	52.1271	61.9182	48.9559	41.0417	56.5926
制造业（C）	2014	43.0682	54.7994	35.2801	27.6051	54.5879
	2015	45.7615	57.3809	40.0348	40.8581	44.7721
	2016	47.6475	57.9955	37.9521	38.7978	55.8448
	2017	52.3584	62.3935	43.8405	43.6790	59.5206
	2018	51.8138	61.1018	46.0843	41.2946	58.7746
	2019	51.9867	61.4265	46.0095	43.4676	57.0432
	2020	51.7059	62.9259	46.3385	41.1997	56.3595
电力、热力、燃气及水生产和供应业（D）	2014	43.9841	56.6041	36.0883	28.4067	54.8374
	2015	45.0464	56.7773	40.7022	39.4727	43.2335
	2016	47.2367	59.1396	37.4903	38.6593	53.6574
	2017	51.5463	61.7235	44.3705	44.5031	55.5879
	2018	50.2860	59.5096	46.3320	40.4135	54.8889
	2019	51.9143	60.2092	47.1036	44.1468	56.1978
	2020	51.5302	61.9512	47.2142	41.2730	55.6823
建筑业（E）	2014	42.8735	56.4913	35.1240	27.7911	52.0875
	2015	46.2280	59.4730	40.9465	40.6584	43.8341
	2016	48.5287	60.2079	38.8874	41.0512	53.9683
	2017	52.3568	62.2868	45.3193	44.9323	56.8889
	2018	52.1518	61.1636	46.9618	42.2347	58.2469
	2019	53.3895	61.4782	47.8341	44.5145	59.7310
	2020	52.6799	62.8421	48.0496	41.3134	58.5146
批发和零售业（F）	2014	42.9961	53.6763	37.6602	27.0239	53.6242
	2015	43.6555	54.7753	39.1890	39.4786	41.1791

行业	年份	总体指数	分项指数			
			知情权	决策与监督权	收益权	维权环境
批发和零售业（F）	2016	46.2264	55.5094	38.5842	38.3045	52.5075
	2017	51.5923	60.8199	43.7733	43.6607	58.1153
	2018	51.2555	60.5460	46.9859	41.5280	55.9621
	2019	51.1308	58.4746	47.0959	42.8794	56.0732
	2020	50.8658	61.4940	47.9758	41.1608	52.8326
交通运输、仓储和邮政业（G）	2014	43.3420	55.9543	35.4714	27.1274	54.8148
	2015	45.7789	56.9287	39.9482	42.0821	44.1564
	2016	49.0615	57.6401	39.5360	39.6575	59.4125
	2017	52.5764	62.3319	44.3302	45.2116	58.4321
	2018	51.8326	61.1299	46.9120	40.9494	58.3391
	2019	53.9607	62.1656	47.7296	45.3918	60.5556
	2020	54.2923	65.6971	48.3861	41.6194	61.4667
住宿和餐饮业（H）	2014	40.7078	45.9368	40.1653	24.7090	52.0202
	2015	40.3651	50.2985	37.1610	35.0109	38.9899
	2016	43.3241	49.2260	39.0040	32.2381	52.8283
	2017	51.5338	63.1685	41.6162	41.1038	60.2469
	2018	50.0270	59.7025	46.5758	35.0644	58.7655
	2019	54.7548	61.3940	46.6667	41.2055	69.7531
	2020	50.7785	65.4939	43.5065	34.5899	59.5238
信息传输、软件和信息技术服务业（I）	2014	40.0978	52.3039	31.0482	30.0656	46.9735
	2015	47.3074	59.2932	39.6315	44.4273	45.8774
	2016	47.5175	58.3390	38.0992	35.2264	58.4055
	2017	53.1794	63.0199	45.4522	44.9275	59.3181
	2018	52.0608	61.2502	46.3995	41.2467	59.3467
	2019	51.5666	60.9077	47.2409	42.7944	55.3236
	2020	52.2102	62.6743	46.9317	40.8979	58.3370

行业	年份	总体指数	分项指数			
			知情权	决策与监督权	收益权	维权环境
金融业（J）	2014	49.4602	58.4564	46.5328	32.4900	60.3618
	2015	52.8519	62.3184	49.4680	46.6960	52.9252
	2016	54.0216	60.2975	47.2256	41.3118	67.2515
	2017	56.5470	63.5600	51.4082	45.7942	65.4257
	2018	55.2126	60.7994	53.3699	44.6229	62.0581
	2019	56.9225	66.2494	53.4708	46.8274	61.1422
	2020	58.0769	65.6385	53.8743	44.6753	68.1197
房地产业（K）	2014	43.5303	54.6224	38.4435	27.3010	53.7542
	2015	43.3686	53.9639	39.4199	39.7010	40.3897
	2016	46.3376	56.2299	37.2436	37.5390	54.3378
	2017	50.9716	59.8344	43.9913	42.3095	57.7511
	2018	51.3034	60.0411	46.9873	41.5006	56.6846
	2019	52.0086	58.9917	47.4979	42.7024	58.8426
	2020	50.8357	60.3334	47.3595	40.0658	55.5840
租赁和商务服务业（L）	2014	45.5304	58.5542	33.9394	31.2484	58.3796
	2015	47.4210	59.9429	39.4378	43.6796	46.6239
	2016	47.4160	57.3663	38.7163	36.0257	57.5556
	2017	51.8522	60.7869	42.8836	42.9709	60.7672
	2018	49.2588	57.8548	46.6298	38.6305	53.9204
	2019	51.2806	56.0039	48.4699	42.7211	57.9274
	2020	49.0901	58.1085	47.1230	37.4315	53.6973
科学研究和技术服务业（M）	2014	41.6164	56.0100	31.5702	27.8752	51.0101
	2015	46.9269	59.7685	42.1362	41.0500	44.7531
	2016	47.2647	58.7895	37.1881	36.4143	56.6667
	2017	52.6212	61.4582	45.8274	44.1715	59.0278
	2018	52.3594	61.9718	47.7334	40.9594	58.7732
	2019	53.2124	63.5535	46.6463	43.0201	59.6296
	2020	53.3577	66.5863	47.5445	41.2389	58.0610

行业	年份	总体指数	分项指数			
			知情权	决策与监督权	收益权	维权环境
水利、环境和公共设施管理业（N）	2014	43.4407	51.5356	37.0280	29.2164	55.9829
	2015	48.0286	60.5654	40.3220	44.1530	47.0741
	2016	49.0338	61.6964	38.7842	36.0251	59.6296
	2017	54.1087	65.2039	45.8909	43.0901	62.2500
	2018	52.1890	63.7909	46.5538	40.5891	57.8222
	2019	54.0122	61.8266	48.0235	45.8902	60.3087
	2020	52.7836	63.4215	47.3758	41.2691	59.0681
教育（P）	2014	40.9927	60.4084	30.4545	28.6632	44.4444
	2015	34.1289	60.9806	21.3636	23.0600	31.1111
	2016	44.7326	62.5587	39.4636	25.7970	51.1111
	2017	54.0706	64.6162	44.0909	49.7974	57.7778
	2018	47.8354	55.0035	42.9546	37.6891	55.6945
	2019	54.4682	65.3946	50.1074	44.8708	57.5000
	2020	49.9422	59.4634	45.3636	41.8308	53.1111
卫生和社会工作（Q）	2014	43.6228	55.3054	27.5000	43.0745	48.6111
	2015	51.4727	61.9884	43.1818	52.9427	47.7778
	2016	51.4501	62.1515	41.7532	37.9273	63.9683
	2017	55.1697	65.3379	45.9659	44.3749	65.0000
	2018	53.3775	62.6594	49.9243	38.3338	62.5926
	2019	51.2304	58.2698	47.1311	44.5206	55.0000
	2020	49.4070	64.0820	50.3073	34.0080	49.2308
文化、体育和娱乐业（R）	2014	43.3422	53.1464	38.0251	31.1627	51.0345
	2015	46.6340	60.2488	38.8541	44.5011	42.9321
	2016	47.0785	59.3870	37.0328	35.7968	56.0976
	2017	53.1773	63.9599	43.5339	45.2387	59.9769
	2018	50.7747	61.7793	45.2919	42.1388	53.8889
	2019	50.7697	59.3759	45.7940	43.2307	54.6784
	2020	52.1086	63.0086	46.1643	41.8862	57.3755

行业	年份	总体指数	分项指数			
			知情权	决策与监督权	收益权	维权环境
综合（S）	2014	41.1202	54.8146	37.6894	22.6711	49.3056
	2015	43.2707	52.9961	40.2557	37.1196	42.7111
	2016	45.4401	52.3574	38.9236	38.4504	52.0290
	2017	51.2537	58.2376	44.8265	40.6946	61.2560
	2018	46.0179	52.0886	46.9601	38.1975	46.8254
	2019	47.0534	51.9161	49.3462	41.7224	45.2288
	2020	50.0660	59.1403	46.4840	38.4005	56.2393

注：①由于教育（P）在2014年和2015年只有1家上市公司，难以反映该行业的实际平均水平，故只比较2016～2020年；②居民服务、修理和其他服务业（O）只有1家上市公司，难以代表该行业整体水平，故排名时剔除。

由表6-3可知：

第一，从中小投资者权益保护总体指数看，18个行业中，大部分行业上升和下降不断交替，但金融业（J）连续七年排名第一，反映其中小投资者权益保护相对较好且较稳定。相比2014年，2020年全部17个行业（剔除教育）都上升，升幅在3.55～12.12分，升幅最大的是信息传输、软件和信息技术服务业（I），升幅最小的是租赁和商务服务业（L）。相比2019年，2020年有7个行业上升，升幅在0.14～3.02分，升幅最大的是综合（S），升幅最小的是科学研究和技术服务业（M）；有11个行业下降，降幅在0.26～4.53分，降幅最大的是教育（P），降幅最小的是批发和零售业（F）。

第二，从知情权分项指数看，相比2014年，2020年除了租赁和商务服务业（L）外，其他16个行业（剔除教育）都上升，升幅在4.32～19.56分，升幅最大的是住宿和餐饮业（H）。相比2019年，2020年除了金融业（J）、教育（P）两个行业外，其他16个行业都上升，升幅在1.34～7.23分，升幅最大的是综合（S）。

第三，从决策与监督权分项指数看，相比2014年，2020年全部17个行业（剔除教育）都上升，升幅在3.34～22.81分，升幅最大的是卫生和社会工作（Q）。相比2019年，2020年有11个行业上升，升幅在0.11～3.18分，升幅最大的是卫生和社会工作（Q）；其他7个行业下降，降幅在0.13～4.75分，降幅最大的是教育（P）。

第四，从收益权分项指数看，相比2014年，2020年除了卫生和社会工作（Q）外，其他16个行业（剔除教育）都上升，升幅在6.18～15.73分，升幅最大的是综合（S）。相比2019年，2020年全部18个行业都下降，降幅在0.48～10.52分，降幅最大的是卫生和社会工作（Q）。

第五，从维权环境分项指数看，相比 2014 年，2020 年 14 个行业（剔除教育）上升，升幅在 0.61～11.37 分，升幅最大的是信息传输、软件和信息技术服务业（I）；其他 3 个行业下降，降幅在 0.79～4.69 分，降幅最大的是租赁和商务服务业（L）。相比 2019 年，2020 年 6 个行业上升，升幅在 0.91～11.02 分，升幅最大的是综合（S）；其他 12 个行业下降，降幅在 0.51～10.23 分，降幅最大的是住宿和餐饮业（H）。

6.4 分所有制中小投资者权益保护指数的年度比较

依照第 1 章的五种所有制类型的划分，对 2014～2020 年七个年度中小投资者权益保护总体指数和四个分项指数进行比较，结果参见表 6-4 Panel A。另外，进一步将样本按照国有控股公司和非国有控股公司分类，统计结果参见表 6-4 Panel B。

表 6-4　2014～2020 年不同所有制上市公司中小投资者权益保护指数均值比较

所有制类型	年份	总体指数	分项指数				总体指数排名
			知情权	决策与监督权	收益权	维权环境	
Panel A 按照五类所有制公司分类							
国有绝对控股公司	2014	44.1752	56.7246	36.7554	27.7777	55.4433	1
	2015	45.1921	57.5453	39.0220	38.9280	45.2731	3
	2016	48.3373	60.0109	38.2954	39.4784	55.5644	1
	2017	52.8579	62.6613	44.8942	45.6745	58.2015	2
	2018	53.1814	62.0645	47.3011	44.3664	58.9935	1
	2019	53.9891	64.1042	47.1744	46.0980	58.5798	1
	2020	54.2803	65.5639	48.2175	42.8204	60.5193	1
国有强相对控股公司	2014	43.7867	55.5650	36.8703	26.8723	55.8393	2
	2015	44.9070	56.5195	40.2755	40.5484	42.2848	4
	2016	47.6521	57.4672	38.2481	39.5509	55.3424	3
	2017	52.2775	62.3197	44.5057	43.5494	58.7351	3
	2018	52.4392	61.3870	46.7357	42.2029	59.4314	2
	2019	53.3470	62.2476	47.1735	45.4483	58.5185	2
	2020	52.8747	64.1607	47.3620	41.4737	58.5023	2

续表

所有制类型	年份	总体指数	分项指数				总体指数排名
			知情权	决策与监督权	收益权	维权环境	
国有弱相对控股公司	2014	43.4083	55.5650	36.8703	26.8723	53.9878	4
	2015	44.6300	55.6476	40.0769	39.0277	43.7676	5
	2016	46.9666	56.1515	38.7106	37.8721	55.1323	5
	2017	51.6304	60.5512	45.3812	41.2575	59.3314	5
	2018	51.4971	59.7675	48.1688	39.8365	58.2156	4
	2019	52.7641	61.0520	49.3471	43.2039	57.4535	3
	2020	52.1925	62.0432	49.4881	40.5062	56.7323	3
国有参股公司	2014	43.5952	54.4938	36.8887	27.4342	55.5642	3
	2015	46.2574	57.9186	40.1177	41.8617	45.1317	1
	2016	47.9983	58.2605	38.3502	38.3261	57.0563	2
	2017	52.9646	62.5253	43.8845	43.8006	61.6480	1
	2018	51.6692	60.4933	46.1155	40.4080	59.6600	3
	2019	52.0354	60.3730	47.1485	42.8520	57.7680	4
	2020	52.1403	62.7709	46.8538	41.2672	57.6692	4
无国有股份公司	2014	42.2440	54.0019	33.9210	28.5129	52.5400	5
	2015	46.0429	57.5134	40.3196	41.6370	44.7014	2
	2016	47.4784	57.9427	38.1296	38.1728	55.6686	4
	2017	52.2421	62.2366	44.0271	44.2386	58.4660	4
	2018	51.3465	60.9581	46.1485	41.2882	56.9912	5
	2019	51.3847	60.7135	45.5143	43.1591	56.1518	5
	2020	50.9456	61.8474	46.2651	40.6327	55.0373	5
Panel B 按照国有控股公司和非国有控股公司分类							
国有控股公司	2014	43.7916	55.7356	37.1371	27.1073	55.1863	1
	2015	44.9123	56.5732	39.8589	39.6590	43.5582	2
	2016	47.5948	57.6556	38.4106	38.9851	55.3277	2
	2017	52.2047	61.8174	44.8903	43.3087	58.8024	2
	2018	52.2891	60.9836	47.3759	41.8987	58.8984	1

所有制类型	年份	总体指数	分项指数				总体指数排名
			知情权	决策与监督权	收益权	维权环境	
国有控股公司	2019	53.2814	62.2423	47.9922	44.7588	58.1321	1
	2020	53.3287	64.3207	48.1571	41.8446	58.9922	1
非国有控股公司	2014	42.5912	54.1283	34.6836	28.2357	53.3171	2
	2015	46.1221	57.6631	40.2450	41.7200	44.8604	1
	2016	47.6822	58.0673	38.2161	38.2329	56.2127	1
	2017	52.4993	62.3394	43.9763	44.0827	59.5987	1
	2018	51.4610	60.7932	46.1368	40.9759	57.9380	2
	2019	51.6236	60.5885	46.1144	43.0463	56.7453	2
	2020	51.3434	62.1549	46.4611	40.8440	55.9136	2

从表 6-4 Panel A 可知：

第一，从中小投资者权益保护总体指数看，国有绝对控股公司在 2014～2020 年连续上升；国有强相对控股公司在 2014～2019 年连续上升，2020 年略有下降；国有弱相对控股公司和无国有股份公司在 2014～2017 年连续上升，此后三年波动式变化，但变化幅度都不大；国有参股公司在 2014～2017 年连续上升，2018 年有所下降，2019 年和 2020 年连续上升。相比 2014 年，2020 年五类公司都上升，升幅都超过了 8.50 分，升幅最大的是国有绝对控股公司，升幅为 10.1051 分（参见图 6-3）。相比 2019 年，2020 年除了国有绝对控股公司和国有参股公司两类公司略有上升外，其他三类公司都下降，降幅最大的是国有弱相对控股公司，降幅为 0.5716 分。

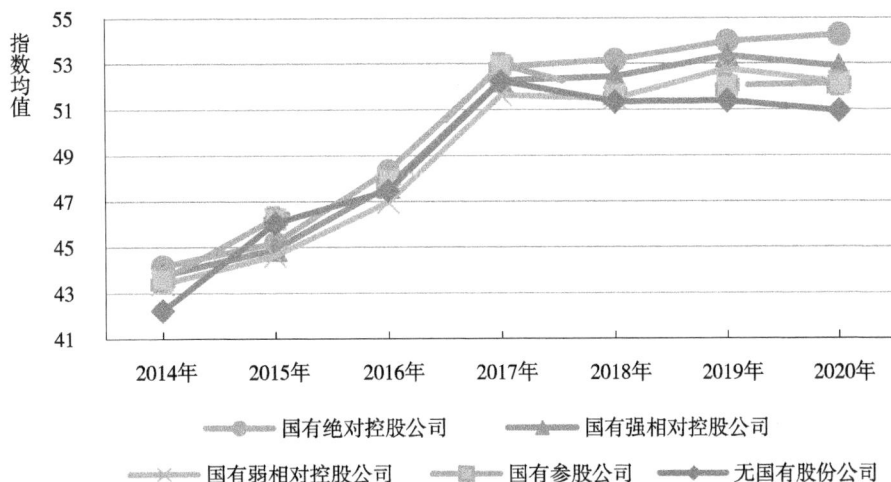

图6-3　2014～2020年不同所有制上市公司中小投资者权益保护总体指数的变化

第二，从知情权分项指数看，相比 2014 年，2020 年五类公司都上升，升幅在 6.47 ～ 8.84 分，升幅最大的是国有绝对控股公司。相比 2019 年，2020 年五类公司也都上升，升幅在 0.99 ～ 2.40 分，升幅最大的是国有参股公司。

第三，从决策与监督权分项指数看，相比 2014 年，2020 年五类公司都上升，升幅在 9.96 ～ 12.62 分，升幅最大的是国有弱相对控股公司。相比 2019 年，2020 年除了国有参股公司外，其他四类公司都上升，升幅在 0.14 ～ 1.05 分，升幅最大的是国有绝对控股公司。

第四，从收益权分项指数看，相比 2014 年，2020 年五类公司都上升，升幅在 12.11 ～ 15.05 分，升幅最大的是国有绝对控股公司。相比 2019 年，2020 年五类公司都下降，降幅在 1.58 ～ 3.98 分，降幅最大的是国有强相对控股公司。

第五，从维权环境分项指数看，相比 2014 年，2020 年五类公司都上升，升幅在 2.10 ～ 5.08 分，升幅最大的是国有绝对控股公司。相比 2019 年，2020 年除了国有绝对控股公司外，其他四类公司都下降，但降幅不大，在 0.01 ～ 1.12 分，降幅最大的是无国有股份公司。

从表 6-4 Panel B 可知：

第一，从中小投资者权益保护总体指数看，2014 ～ 2020 年，国有控股公司连续上升；非国有控股公司在 2014 ～ 2017 年连续上升，此后三年波动式变化，但变化幅度都很小（参见图 6-4）。相比 2014 年，2020 年两类公司的升幅都在 9 分左右，国有控股公司升幅大于非国有控股公司；相比 2019 年，2020 年国有控股公司上升 0.0473 分，而非国有控股公司下降 0.2802 分。

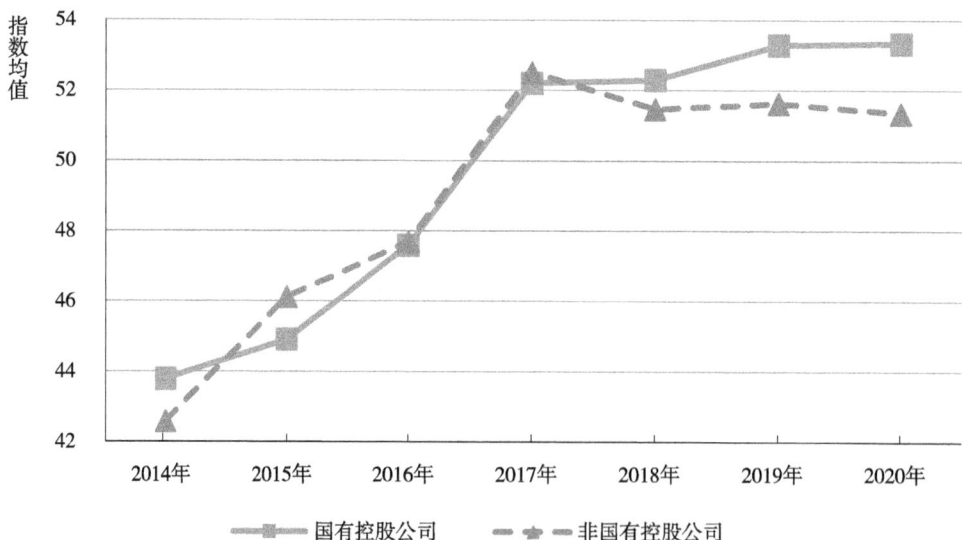

图6-4　2014～2020年国有控股和非国有控股上市公司中小投资者权益保护总体指数的变化

第二，从知情权分项指数看，相比 2014 年，2020 年两类公司上升都略超 8 分，国有控股公司升幅大于非国有控股公司；相比 2019 年，2020 年国有控股公司和非国有控股公司分别上升 2.0784 分和 1.5664 分。

第三，从决策与监督权分项指数看，相比 2014 年，2020 年两类公司上升都超过 11 分，不到 12 分，国有控股公司升幅小于非国有控股公司；相比 2019 年，2020 年国有控股公司和非国有控股公司分别上升 0.1649 分和 0.3467 分。

第四，从收益权分项指数看，相比 2014 年，2020 年国有控股公司和非国有控股公司分别上升 14.7373 分和 12.6083 分，上升幅度较大；相比 2019 年，2020 年国有控股公司和非国有控股公司分别下降 2.9142 分和 2.2023 分。

第五，从维权环境分项指数看，相比 2014 年，2020 年国有控股公司和非国有控股公司分别上升 3.8059 分和 2.5965 分；相比 2019 年，2020 年国有控股公司上升 0.8601 分，而非国有控股公司下降 0.8317 分。

6.5 分上市板块中小投资者权益保护指数的年度比较

按照四个上市板块的划分，对不同板块上市公司 2014～2020 年七个年度中小投资者权益保护总体指数和四个分项指数进行比较。由于沪市科创板 2019 年 6 月才开板，只有本年度的数据，所以只比较其他三个板块。另外，深市主板含原来的中小企业板。统计结果参见表 6-5。

表 6-5 2014～2020 年不同板块上市公司中小投资者权益保护指数均值比较

上市板块	年份	总体指数	分项指数				总体指数排名
			知情权	决策与监督权	收益权	维权环境	
深市主板	2014	46.4092	55.3103	38.8514	27.7891	63.6861	1
	2015	46.5830	57.5074	40.4173	40.6064	47.8007	2
	2016	48.4344	58.2700	38.6667	37.8250	58.9760	1
	2017	53.0059	61.7450	44.3258	43.2090	62.7440	2
	2018	52.2724	60.0785	46.8281	39.9892	62.1938	2
	2019	52.6737	60.4201	48.0206	41.3112	60.9429	2
	2020	52.4527	62.1138	48.0221	39.4637	60.2111	3
深市创业板	2014	37.7138	53.4384	23.8954	32.1317	41.3896	3
	2015	47.3502	59.7012	39.1573	43.6499	46.8925	1
	2016	48.3551	60.1635	36.6357	37.8381	58.7831	2

上市板块	年份	总体指数	分项指数				总体指数排名
			知情权	决策与监督权	收益权	维权环境	
深市创业板	2017	54.3961	63.6305	44.7530	45.9558	63.2449	1
	2018	54.1474	62.5636	47.5609	43.3396	63.1256	1
	2019	54.2429	62.3047	46.4001	46.2016	62.0652	1
	2020	53.4545	62.4368	46.9529	43.1274	61.3009	2
沪市主板	2014	42.8373	56.0248	36.3895	26.2351	52.6999	2
	2015	43.8401	55.8943	40.1094	40.1596	39.1970	3
	2016	46.4763	56.4710	38.6152	39.5984	51.2206	3
	2017	50.7647	61.8740	44.0015	43.4052	53.7780	3
	2018	49.9049	60.7207	45.6561	41.4116	51.8313	3
	2019	50.5482	61.1368	45.5899	44.3956	51.0704	3
	2020	50.5522	63.3248	46.1381	41.4447	51.3014	4
沪市科创板	2020	54.0565	68.5950	45.1945	44.8360	57.6005	1

由表 6-5 可以看出:

第一,从中小投资者权益保护总体指数看,深市主板和深市创业板两个板块都是在 2014～2017 年连续上升,此后呈现波动式变化,但变化幅度不大;沪市主板在 2014～2017 年连续上升,然后在 2018 年有所下降,2019 年和 2020 年连续上升,变化幅度也不大。三个板块中,深市创业板除 2014 年排在第三、2016 年和 2020 年排在第二外,其余年份都排在第一;沪市主板除 2014 年曾排在第二外,其他年份都排在最后一位(参见图 6-5)。相比 2014 年,2020 年三个板块都上升,升幅在 6.04～15.75 分,升幅最大的是深市创业板;相比 2019 年,2020 年只有沪市主板轻微上升,而深市主板和深市创业板分别下降 0.2210 分和 0.7884 分。

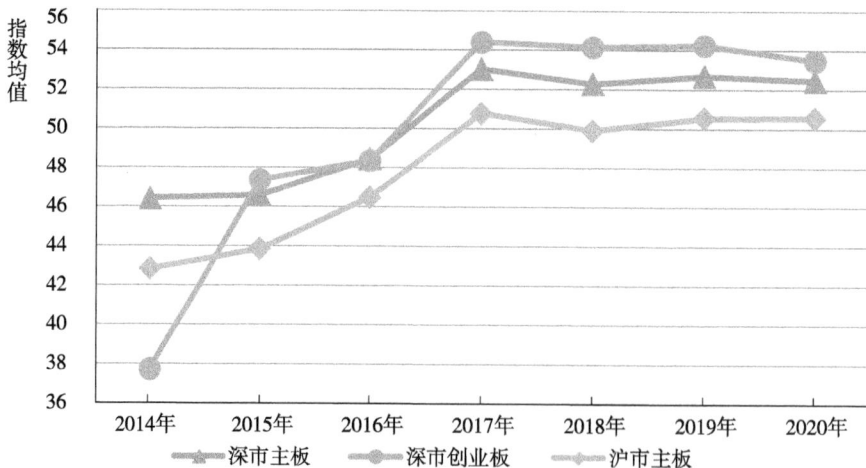

图6-5　2014～2020年不同板块上市公司中小投资者权益保护总体指数的变化

第二，从知情权分项指数看，相比 2014 年，2020 年其他三个板块都上升，升幅在 6.80～9.00 分，升幅最大的是深市创业板；相比 2019 年，2020 年三个板块也都上升，升幅在 0.13～2.19 分，升幅最大的是沪市主板。

第三，从决策与监督权分项指数看，相比 2014 年，2020 年其他三个板块都上升，升幅在 9.17～23.06 分，升幅最大的是深市创业板；相比 2019 年，2020 年三个板块也都上升，升幅在 0.001～0.56 分，升幅最大的同样是深市创业板。

第四，从收益权分项指数看，相比 2014 年，2020 年其他三个板块都上升，升幅在 10.99～15.21 分，升幅最大的是沪市主板；相比 2019 年，2020 年三个板块都下降，降幅在 1.84～3.08 分，降幅最大的是深市创业板。

第五，从维权环境分项指数看，相比 2014 年，2020 年只有深市创业板上升 19.9113 分，而深市主板和沪市主板分别下降 3.4750 分和 1.3985 分；相比 2019 年，2020 只有沪市主板上升 0.2310 分，而深市主板和深市创业板分别下降 0.7318 分和 0.7643 分。

6.6 本章小结

本章分别从总体、地区、行业、所有制和上市板块五个角度，对 2014～2020 年上市公司中小投资者权益保护总体指数及四个分项指数进行了比较分析，主要结论如下：

从总体看，2014～2020 年，除了 2018 年和 2020 年出现下降外，其他年度都是上升的。相比 2014 年，2020 年上升 8.8816 分；相比 2019 年，2020 年下降 0.1851 分。在四个分项指数上，七年中最高的始终是知情权分项指数。相比 2014 年，2020 年四个分项指数都是上升的，升幅最大的是收益权分项指数；相比 2019 年，2020 年知情权和决策与监督权两个分项指数都上升，而收益权和维权环境两个分项指数都下降。

从地区来看，四个地区的总体指数均值在 2014～2017 年都是连续上升，2018 年全部下降，2019 年除东北地区继续下降外，其他三个地区都有小幅上升，2020 年除东部地区有小幅下降外，其他三个地区都有小幅上升。东部地区连续七年位居第一。相比 2014 年，2020 年四个地区都上升，东部升幅最大；相比 2019 年，2020 年除了东部地区略微下降外，其他三个地区都上升。在知情权和决策与监督权两个分项指数上，相比 2014 年和 2019 年，2020 年四个地区都上升。在收益权分项指数上，相比 2014 年，2020 年四个地区都较大幅度上升；相比 2019 年，2020 年四个地区都下降。在维权环境分项指数上，相比 2014 年，2020 年除东北下降外，其他三个地区都上升；相比 2019 年，2020 年东部和中部两个地区都下降，而西部和东北两个地区都上升。

从行业来看，在总体指数上，18 个行业中，大部分行业上升和下降不断交替，但金融业（J）连续七年排名第一。相比 2014 年，2020 年全部 17 个行业（剔除教育）都上升；

相比 2019 年，2020 年有 7 个行业上升，有 11 个行业下降。在知情权分项指数上，相比 2014 年，2020 年有 16 个行业（剔除教育）上升；相比 2019 年，2020 年有 16 个行业上升。在决策与监督权分项指数上，相比 2014 年，2020 年全部 17 个行业（剔除教育）都上升；相比 2019 年，2020 年有 11 个行业上升。在收益权分项指数上，相比 2014 年，2020 年有 16 个行业（剔除教育）上升；相比 2019 年，2020 年全部 18 个行业都下降。在维权环境分项指数上，相比 2014 年，2020 年 14 个行业（剔除教育）上升；相比 2019 年，2020 年有 6 个行业上升。

从所有制来看，在总体指数上，2014 ～ 2020 年，国有控股公司连续上升；非国有控股公司 2014 ～ 2017 年连续上升，此后三年波动式变化，但变化幅度都很小。相比 2014 年，2020 年两类公司都上升，且国有控股公司升幅大于非国有控股公司；相比 2019 年，2020 年国有控股公司上升，而非国有控股公司下降。在知情权分项指数上，相比 2014 年和 2019 年，2020 年两类公司都上升，且国有控股公司升幅大于非国有控股公司。在决策与监督权分项指数上，相比 2014 年和 2019 年，2020 年两类公司都上升，且国有控股公司升幅小于非国有控股公司。在收益权分项指数上，相比 2014 年，2020 年两类公司都上升；相比 2019 年，2020 年两类公司都下降。在维权环境分项指数上，相比 2014 年，2020 年两类公司都上升；相比 2019 年，2020 年国有控股公司上升，而非国有控股公司下降。

从上市板块来看，在总体指数上，相比 2014 年，2020 年三个板块都上升；相比 2019 年，2020 年只有沪市主板轻微上升，而深市主板和深市创业板都下降。在知情权和决策与监督权两个分项指数上，相比 2014 年和 2019 年，2020 年三个板块都上升。在收益权分项指数上，相比 2014 年，2020 年三个板块都上升；相比 2019 年，2020 年三个板块都下降。在维权环境分项指数上，相比 2014 年，2020 年只有深市创业板上升，而深市主板和沪市主板都下降；相比 2019 年，2020 只有沪市主板上升，而深市主板和深市创业板都下降。

第三篇　董事会治理指数

第7章　董事会治理总体指数排名及比较

根据第1章确定的董事会治理指数评价方法，以及我们评估获得的2020年度3774家样本上市公司治理指数数据，本章对这些上市公司的董事会治理指数进行排名，然后分别从地区、行业、上市板块三个角度进行比较分析。

7.1　董事会治理指数总体分布及排名

基于上市公司2020年的公开数据，根据本报告构建的董事会治理指数指标体系和指数计算方法，我们对3774家上市公司董事会治理指数进行计算，可以得到中国上市公司董事会治理指数的整体排名情况。

7.1.1　董事会治理指数总体分布

2020年上市公司董事会治理指数的总体情况参见表7-1。

表 7-1　2020 年上市公司董事会治理指数总体情况

项目	公司数目	平均值	中位值	最大值	最小值	标准差	偏度系数	峰度系数
数值	3774	58.2667	58.3660	77.3893	35.2409	5.3829	−0.1774	0.2391

从表7-1可以看出，2020年上市公司董事会治理指数最大值为77.3893分，最小值为35.2409分，平均值为58.2670分，中位值为58.3660分，全部样本得分整体偏低。

为进一步了解董事会治理总体指数在各个得分区间的分布情况，我们将董事会治理指数以5分为间隔，划分为11个区间。由于35分以下和80分及以上的公司数为0，可以把 [0，35）和 [80，100] 各作为一个区间，每个得分区间的企业数目和所占比重参见表7-2和图7-1。

表 7-2 2020 年上市公司董事会治理指数区间分布

指数区间	公司数目（家）	占比（%）	累计占比（%）
[0，35）	0	0.00	0.00
[35，40）	6	0.16	0.16
[40，45）	33	0.87	1.03
[45，50）	213	5.64	6.68
[50，55）	731	19.37	26.05
[55，60）	1350	35.77	61.82
[60，65）	1071	28.38	90.20
[65，70）	330	8.74	98.94
[70，75）	35	0.93	99.87
[75，80）	5	0.13	100.00
[80，100]	0	0.00	100.00
总计	3774	100	—

从表 7-2 和图 7-1 可以看出，上市公司董事会治理指数在 [55，60）区间的公司数最多，有 1350 家，占样本总数的 35.77%。董事会治理指数主要集中在 [50，65）区间，共有 3152 家公司，占样本总数的 83.52%。达到 60 分及格线的公司有 1441 家，及格率为 38.18%，比上年的 30.32% 提升 7.86 个百分点，及格率仍然偏低。从表 7-1 反映的整体分布偏离正态分布的程度看，偏度系数为 -0.1774，董事会治理指数分布基本满足正态分布，略呈负偏态。

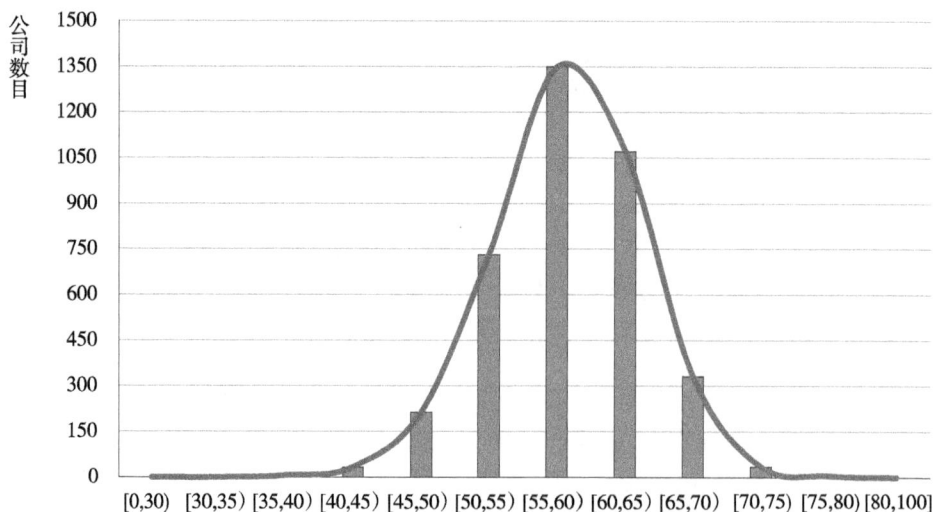

图7-1 2020年上市公司董事会治理指数区间分布

7.1.2 董事会治理指数前100名

表 7-3 显示了 3774 家上市公司中排名前 100 名的公司的情况。可以看出，前 100 名公司的董事会治理指数均值为 70.3854 分，比 2019 年提高 1.3833 分。

表 7-3　2020 年上市公司董事会治理指数前 100 名情况

项目	平均值	中位值	最大值	最小值	标准差
前100名	70.3854	69.7727	77.3893	68.2807	2.0038
总体	58.2667	58.3660	77.3893	35.2409	5.3829

我们对 3774 家上市公司的董事会治理指数从大到小降序排列，董事会治理指数越高，说明上市公司董事会治理水平越高。表 7-4 是董事会治理指数排名前 100 的上市公司情况。

表 7-4　2020 年上市公司董事会治理指数排名－前 100 名

排名	代码	公司简称	指数	排名	代码	公司简称	指数
1	600876	洛阳玻璃	77.3893	15	300602	飞荣达	72.0981
2	000686	东北证券	77.3092	16	002485	希努尔	72.0647
3	002500	山西证券	75.4317	17	300053	欧比特	72.0231
4	002939	长城证券	75.3573	18	002145	中核钛白	71.9705
5	000409	云鼎科技	75.0816	19	002847	盐津铺子	71.9330
6	000676	智度股份	74.9130	20	601939	建设银行	71.8558
7	600999	招商证券	74.5937	21	300254	仟源医药	71.7918
8	600958	东方证券	73.9309	22	300589	江龙船艇	71.5922
9	000039	中集集团	73.8453	23	000563	陕国投A	71.5896
10	601628	中国人寿	73.3051	24	601808	中海油服	71.5605
11	000728	国元证券	73.1339	25	000513	丽珠集团	71.4481
12	300627	华测导航	73.1063	26	002362	汉王科技	71.2889
13	601598	中国外运	72.7859	27	002483	润邦股份	71.0705
14	601066	中信建投	72.6184	28	300691	联合光电	71.0082

排名	代码	公司简称	指数	排名	代码	公司简称	指数
29	002466	天齐锂业	70.6967	57	300453	三鑫医疗	69.4754
30	000756	新华制药	70.6677	58	300667	必创科技	69.4296
31	001872	招商港口	70.6378	59	000605	渤海股份	69.3456
32	300319	麦捷科技	70.5088	60	002229	鸿博股份	69.3325
33	002424	贵州百灵	70.4725	61	600572	康恩贝	69.3063
34	002294	信立泰	70.4610	62	300137	先河环保	69.2927
35	000886	海南高速	70.4172	63	002538	司尔特	69.2724
36	002449	国星光电	70.3998	64	000429	粤高速A	69.2404
37	300328	宜安科技	70.3582	65	300504	天邑股份	69.2216
38	000166	申万宏源	70.0845	66	002079	苏州固锝	69.2122
39	601211	国泰君安	70.0577	67	300159	新研股份	69.1786
40	002873	新天药业	70.0294	68	000776	广发证券	69.1389
41	002926	华西证券	69.9735	69	601601	中国太保	69.1291
42	300383	光环新网	69.9644	70	601198	东兴证券	69.0796
43	002140	东华科技	69.9639	71	600155	华创阳安	69.0759
44	002948	青岛银行	69.9632	72	000836	富通信息	69.0690
45	688366	昊海生科	69.9136	73	002376	新北洋	69.0688
46	601988	中国银行	69.9113	74	002034	旺能环境	69.0245
47	300253	卫宁健康	69.8687	75	000669	*ST金鸿	68.9895
48	000949	新乡化纤	69.8591	76	002549	凯美特气	68.8768
49	601990	南京证券	69.8512	77	002968	新大正	68.8497
50	300062	中能电气	69.7800	78	002037	保利联合	68.8321
51	600688	上海石化	69.7653	79	002925	盈趣科技	68.8297
52	300703	创源股份	69.7520	80	002004	华邦健康	68.8226
53	002853	皮阿诺	69.7306	81	002138	顺络电子	68.8120
54	300463	迈克生物	69.6236	82	002709	天赐材料	68.8067
55	601878	浙商证券	69.5424	83	002935	天奥电子	68.7988
56	000885	城发环境	69.4927	84	603777	来伊份	68.7754

续表

排名	代码	公司简称	指数	排名	代码	公司简称	指数
85	300455	康拓红外	68.7667	93	600178	东安动力	68.4981
86	002747	埃斯顿	68.7465	94	300407	凯发电气	68.4593
87	000560	我爱我家	68.7052	95	600353	旭光电子	68.4543
88	002486	嘉麟杰	68.6305	96	601333	广深铁路	68.4259
89	000851	高鸿股份	68.6074	97	300039	上海凯宝	68.3725
90	300488	恒锋工具	68.6022	98	002451	摩恩电气	68.3671
91	002723	金莱特	68.5787	99	300618	寒锐钴业	68.3386
92	300803	指南针	68.5756	100	300197	节能铁汉	68.2807

从表7-4可以看出，董事会治理指数最高的前三名是洛阳玻璃、东北证券和山西证券。有27家公司2019年和2020年连续两年出现在前100名中，它们是洛阳玻璃、山西证券、智度股份、招商证券、东方证券、中集集团、中国人寿、中国外运、中信建投、飞荣达、希努尔、汉王科技、润邦股份、海南高速、国泰君安、华西证券、光环新网、青岛银行、卫宁健康、新乡化纤、中能电气、浙商证券、三鑫医疗、天邑股份、广发证券、东兴证券和富通信息。其中，有11家公司近三年连续出现在前100名中，它们是洛阳玻璃、山西证券、智度股份、招商证券、东方证券、希努尔、汉王科技、润邦股份、国泰君安、天邑股份和广发证券。

从地区看，在前100名公司中，东部、中部、西部和东北各有69家、11家、17家和3家，分别占四个地区上市公司总数的2.61%、2.25%、3.47%和2.01%；从行业看，前100名公司主要分布在制造业（56家），金融业（22家），交通运输、仓储和邮政业（5家），分别占所在行业上市公司总数的2.36%、18.80%和5.00%；从控股类型看，国有控股公司有41家，非国有控股公司有59家，分别占同类上市公司总数的3.53%和2.26%；从最终控制人类型看，最终控制人为中央企业（或监管机构）、地方国企（或监管机构）、非国有企业或自然人的公司分别有19家、24家和57家，分别占同类最终控制人类型上市公司总数的4.62%、2.96%和2.23%；从上市板块看，深市主板（含原中小企业板）、深市创业板、沪市主板和沪市科创板各有53家、25家、21家和1家，分别占所在板块全部上市公司的3.80%、3.14%、1.41%和1.06%。

需要注意的是，董事会治理指数得分最高的前100名在地区、行业和控股类型中的分布，并不能完全说明某个地区、行业和控股类型整体表现就好，因为各地区、行业和控股类型的上市公司数量不同。比如，制造业尽管有56家公司进入前100名，但比例却低于金融业，虽然后者只有22家公司进入前100名，但是比例更高，达到了18.80%。

从这个角度，金融业反而表现更好一些。

图 7-2 为前 100 名上市公司董事会治理指数的分布情况。可以看出，在前 100 名中，排在前几位的上市公司董事会治理指数下降较快，而后平缓下降。最高 77.3893 分，最低 68.2807 分，绝对差距 9.1086 分，说明有一定的差异。

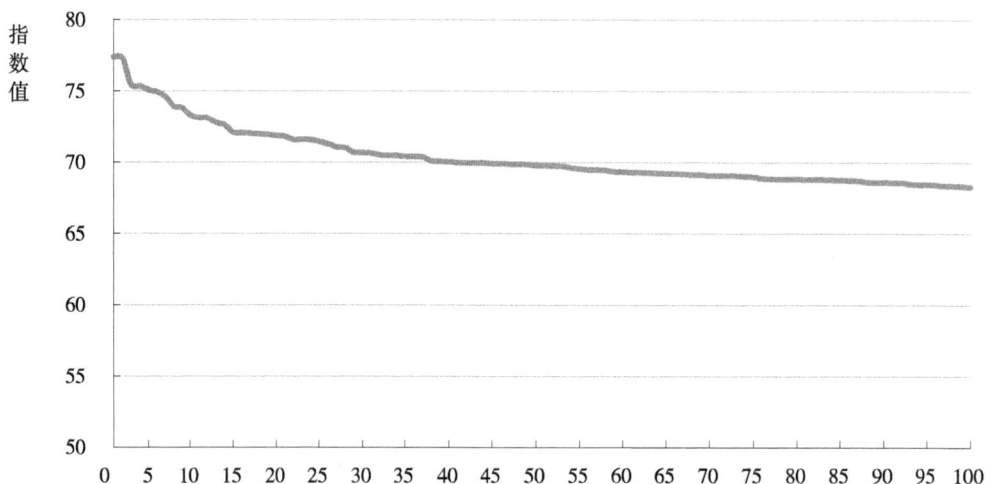

图7-2　2020年上市公司董事会治理指数分布情况-前100名

7.2　分地区董事会治理指数比较

根据东部、中部、西部和东北四个地区的划分，对上市公司董事会治理指数按照均值从高到低的顺序进行排名和比较，结果参见表 7-5。

表 7-5　2020 年不同地区上市公司董事会治理指数比较

排名	地区	公司数目	平均值	中位值	最大值	最小值	标准差
1	西部	490	58.3318	58.5742	71.9705	35.2409	5.4513
2	东部	2647	58.3138	58.4197	75.3573	38.2699	5.3448
3	中部	488	58.2685	58.3652	77.3893	38.3080	5.4727
4	东北	149	57.2111	57.0986	77.3092	42.2029	5.4267
	总体	3774	58.2667	58.3660	77.3893	35.2409	5.3829

由表 7-5 可知，各地区上市公司董事会治理指数均值由大到小分别为西部、东部、中部和东北。董事会治理指数的最大值出自中部，最小值出自西部。总体来看，除了东北地区董事会治理指数均值略低之外，其他三个地区之间差异不大。

图 7-3 更直观地反映了四个地区上市公司董事会治理之间的差异。可以看出，四个地区中，西部、东部和中部上市公司董事会治理指数均值高于总体均值，只有东北地区低于总体均值。

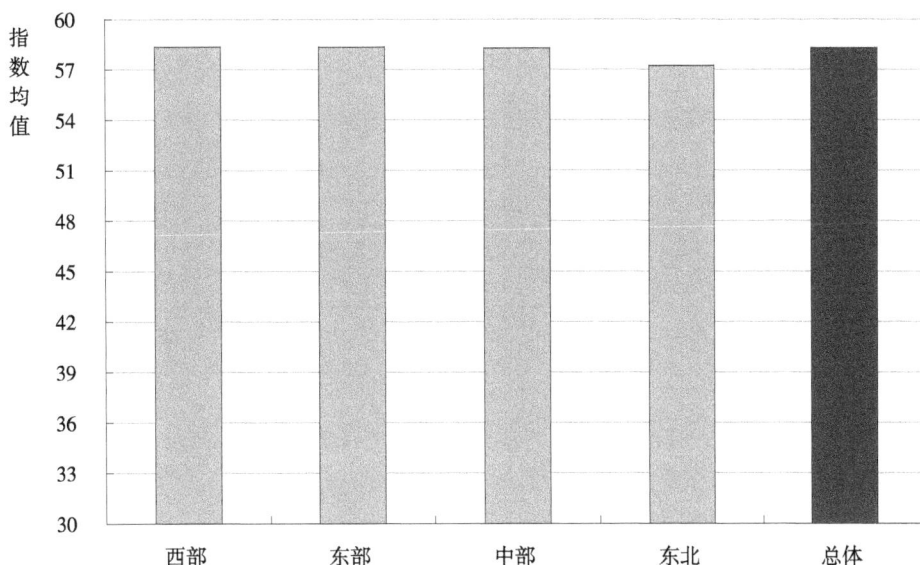

图7-3　2020年不同地区上市公司董事会治理指数比较

按照省份进一步进行细分，对 31 个省份的上市公司董事会治理指数按照均值从高到低的顺序进行排名，结果参见表 7-6。

表 7-6　2020 年不同省份上市公司董事会治理指数比较

排名	行业名称	公司数目	平均值	中位值	最大值	最小值	标准差
1	广东	622	59.4550	59.5018	75.3573	38.3266	5.1080
2	宁夏	14	59.4249	58.8348	67.5567	53.4366	4.2141
3	内蒙古	25	59.4111	59.9460	67.7177	49.4697	4.5658
4	广西	37	59.2780	60.2423	67.4878	47.3563	4.6805
5	河南	80	59.1757	59.1851	77.3893	38.3871	5.9996
6	贵州	29	58.7805	58.2433	70.4725	44.0199	6.1275
7	天津	55	58.7505	58.8255	71.5605	47.7806	4.9801
8	甘肃	33	58.7002	58.1149	71.9705	44.6939	4.8933

排名	行业名称	公司数目	平均值	中位值	最大值	最小值	标准差
9	四川	126	58.6333	58.9336	70.6967	44.1503	5.9535
10	湖南	107	58.5598	58.8307	71.9330	46.5793	5.3909
11	吉林	40	58.4797	57.8136	77.3092	42.2029	6.7244
12	山东	211	58.4452	58.8608	75.0816	38.2699	5.5396
13	安徽	108	58.2948	58.2661	73.1339	38.3080	5.1885
14	云南	37	58.2867	58.8261	68.7052	40.8521	5.2959
15	福建	141	58.2069	58.2061	69.7800	42.7551	4.8136
16	江西	48	58.1904	58.0244	69.4754	49.5217	4.7699
17	河北	57	58.1852	58.5110	69.2927	42.6640	5.4879
18	北京	343	58.1320	57.9245	73.3051	44.5915	5.6807
19	新疆	55	58.0906	59.1711	70.0845	35.2409	5.5956
20	黑龙江	36	58.0773	58.8159	68.4981	44.3281	4.6240
21	山西	39	58.0076	56.7855	75.4317	46.9710	6.1570
22	浙江	462	57.9722	58.1779	69.7520	42.3472	4.9940
23	青海	10	57.9205	56.5299	65.8124	50.0499	5.7063
24	江苏	424	57.8874	57.9855	71.0705	42.7213	5.1940
25	重庆	53	57.6440	56.8721	68.8497	47.3549	5.5861
26	海南	32	57.5857	57.6537	70.4172	46.8315	5.3713
27	湖北	106	57.3941	57.4288	67.9885	46.0340	5.3109
28	上海	300	57.2639	57.5264	73.9309	39.9035	5.8582
29	陕西	52	57.1431	57.1941	71.5896	43.7872	5.2694
30	西藏	19	57.1130	57.4910	63.5810	50.1463	3.4046
31	辽宁	73	56.0888	56.2691	65.2576	44.7243	4.7197
	总体	3774	58.2667	58.3660	77.3893	35.2409	5.3829

从表7-6可以看出，在31个省份中，董事会治理指数均值高于总体均值的省份有14个，这14个省份的最大均值与总体均值的绝对差距是1.1883分；董事会治理指数均值低于总体均值的省份有17个，总体均值与这10个行业的最小均值的绝对差距是2.1779分。显然，高分区的行业间差距略小于低分区的行业间差距。董事会治理指数均值最高的三个省份是广东、宁夏和内蒙古；董事会治理指数均值最低的三个省份是辽宁、西藏和陕西。

图7-4进一步显示了不同省份上市公司董事会治理指数的差别。可以看出，30个省份上市公司董事会治理指数集中在[57，60]这一范围内，占到样本公司总数的98.07%，各省份上市公司董事会治理水平差异不大。

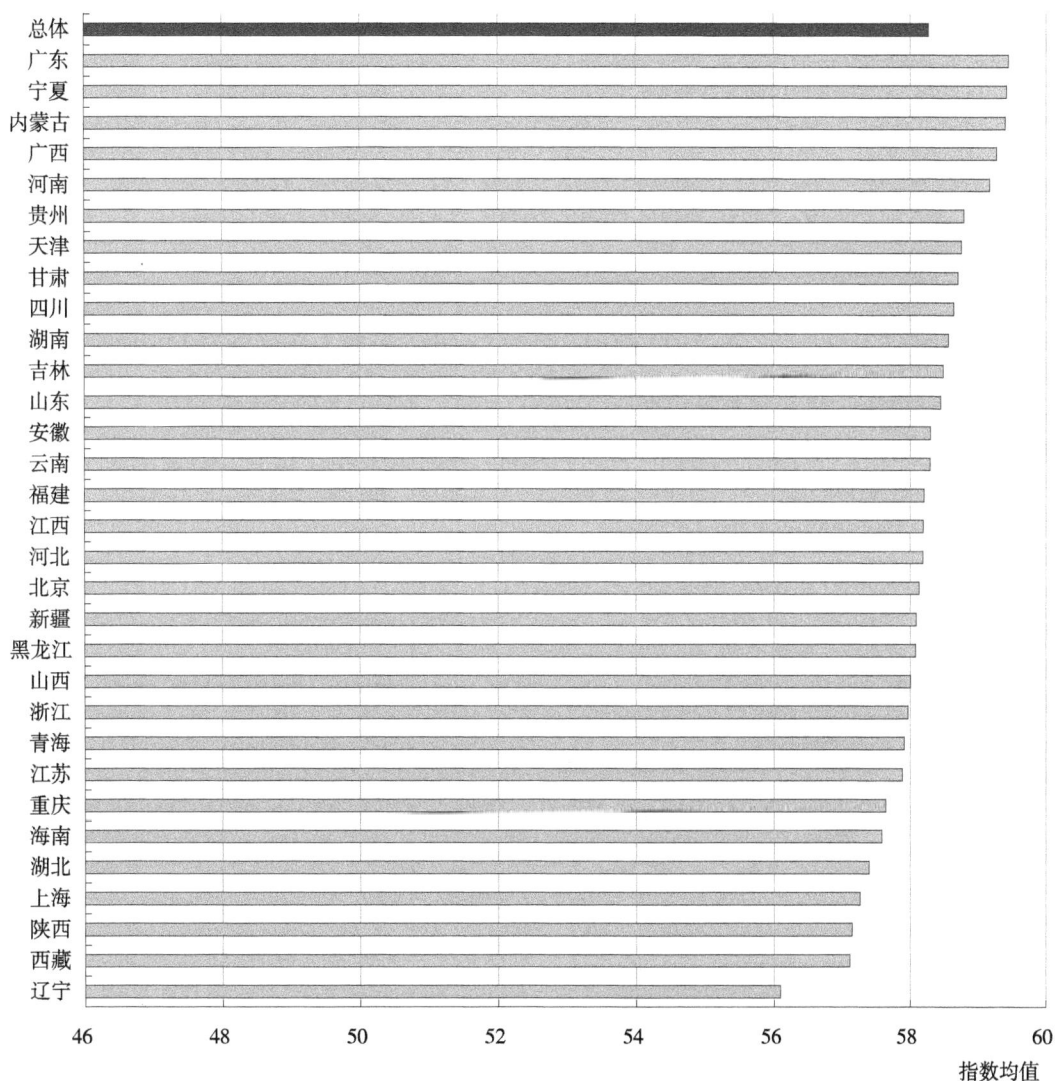

图7-4　2020年不同省份上市公司董事会治理指数比较

7.3 分行业董事会治理指数比较

对18个行业上市公司董事会治理指数按照均值从高到低的顺序进行排名和比较，结果参见表7-7。

表 7-7 2020年不同行业上市公司董事会治理指数比较

排名	行业名称	公司数目	平均值	中位值	最大值	最小值	标准差
1	金融业（J）	117	62.2246	62.8200	77.3092	46.6133	6.6030
2	交通运输、仓储和邮政业（G）	100	59.4260	59.0149	72.7859	47.1059	5.2152
3	水利、环境和公共设施管理业（N）	62	59.1336	59.2594	72.0647	46.8593	4.8327
4	科学研究和技术服务业（M）	51	59.0207	59.5569	67.9476	46.1551	5.1693
5	农、林、牧、渔业（A）	42	58.9327	59.7644	67.1451	46.0364	4.7538
6	建筑业（E）	95	58.8680	59.5326	69.9639	45.7182	4.8786
7	综合（S）	13	58.6881	59.3351	65.4536	45.9242	5.6374
8	信息传输、软件和信息技术服务业（I）	306	58.3307	58.5574	75.0816	42.7551	5.2130
9	租赁和商务服务业（L）	58	58.2521	58.7398	66.7373	42.3935	4.6197
10	制造业（C）	2373	58.2328	58.3756	77.3893	35.2409	5.2971
11	电力、热力、燃气及水的生产和供应业（D）	114	58.1964	58.4068	69.3456	47.1275	5.2912
12	采矿业（B）	75	57.1237	57.7796	71.5605	43.5922	5.6347
13	文化、体育和娱乐业（R）	58	56.9805	56.8037	66.6805	46.8315	4.6441
14	教育（P）	10	56.8544	59.0217	65.4254	44.5915	6.3829
15	批发和零售业（F）	162	56.6750	56.8950	68.7754	43.7972	5.0413
16	房地产业（K）	117	56.5397	56.7162	70.4172	39.9035	5.7081
17	卫生和社会工作业（Q）	13	55.9327	55.0005	65.3601	44.7220	5.8513
18	住宿和餐饮业（H）	7	55.3900	56.4667	59.2820	47.3765	3.7869
	总体	3774	58.2667	58.3660	77.3893	35.2409	5.3829

注：居民服务、修理和其他服务业（O）只有1家上市公司，难以代表该行业整体水平，故排名时剔除。

从表 7-7 可以看出，在 18 个行业中，董事会治理指数均值高于总体均值的行业有 8 个，这 8 个行业的最大均值与总体均值的绝对差距是 3.9579 分；董事会治理指数均值低于总体均值的行业有 10 个，总体均值与这 10 个行业的最小均值的绝对差距是 2.8767 分。显然，高分区的行业间差距略高于低分区的行业间差距。董事会治理指数均值最高的三个行业是金融业（J），交通运输、仓储和邮政业（G），水利、环境和公共设施管理业（N）；董事会治理指数均值最低的三个行业是住宿和餐饮业（H），卫生和社会工作业（Q），房地产业（K）。

整体来看，各行业上市公司董事会治理水平差异不大。由于近几年全社会金融风险防范意识增强，对交通运输、仓储和邮政业等的关注度提升，金融业（J），交通运输、仓储和邮政业（G）等行业的董事会治理有所强化，而住宿和餐饮业（H）、房地产（K）等行业近年有些乱象，这与董事会治理水平较低显然存在关系。

图 7-5 进一步显示了不同行业上市公司董事会治理指数的差别。可以看出，各行业上市公司董事会治理指数中的大部分（17 个行业）集中在 [55，60] 这一范围内，占到样本公司总数的 96.90%，各行业上市公司董事会治理水平之间差距不大。

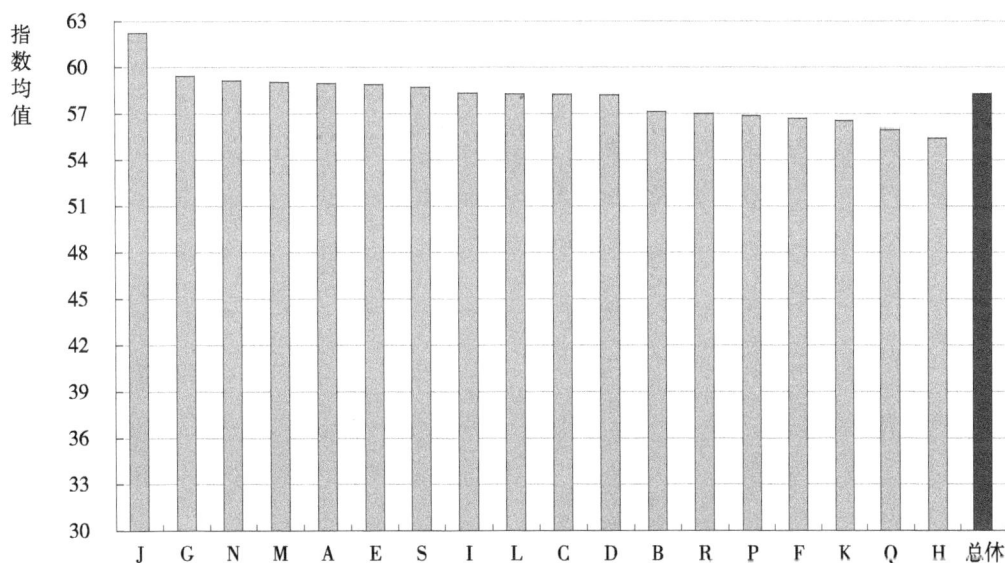

图7-5　2020年不同行业上市公司董事会治理指数比较

7.4　分上市板块董事会治理指数比较

根据四个上市板块的划分（深市主板含原中小企业板），对上市公司董事会治理指数按照均值从高到低的顺序进行排名和比较，结果参见表 7-8。

表 7-8　2020 年不同板块上市公司董事会治理指数比较

排名	上市板块	公司数目	平均值	中位值	最大值	最小值	标准差
1	深市创业板	796	59.7835	60.0212	73.1063	38.3266	4.7966
2	深市主板	1395	59.4808	59.6479	77.3092	38.3080	5.1597
3	沪市主板	1489	56.4365	56.4720	77.3893	35.2409	5.3550
4	沪市科创板	94	56.3958	56.5369	69.9136	43.9784	4.6133
	总体	3774	58.2667	58.3660	77.3893	35.2409	5.3829

从表 7-8 可以看出，董事会治理指数平均值从高到低排列依次为深市创业板、深市主板、沪市主板和沪市科创板。整体上看，深市上市公司董事会治理水平明显好于沪市上市公司，这说明深交所对所辖公司的监管力度大于上交所。另外，在深交所的两个板块中，深市创业板的董事会治理平均水平高于深市主板。

图 7-6 更直观地反映了不同上市板块上市公司董事会治理指数的差异。可以看到，深市创业板和深市主板上市公司的董事会治理指数均值高于总体均值；而沪市主板和沪市科创板上市公司的董事会治理指数则低于总体均值。

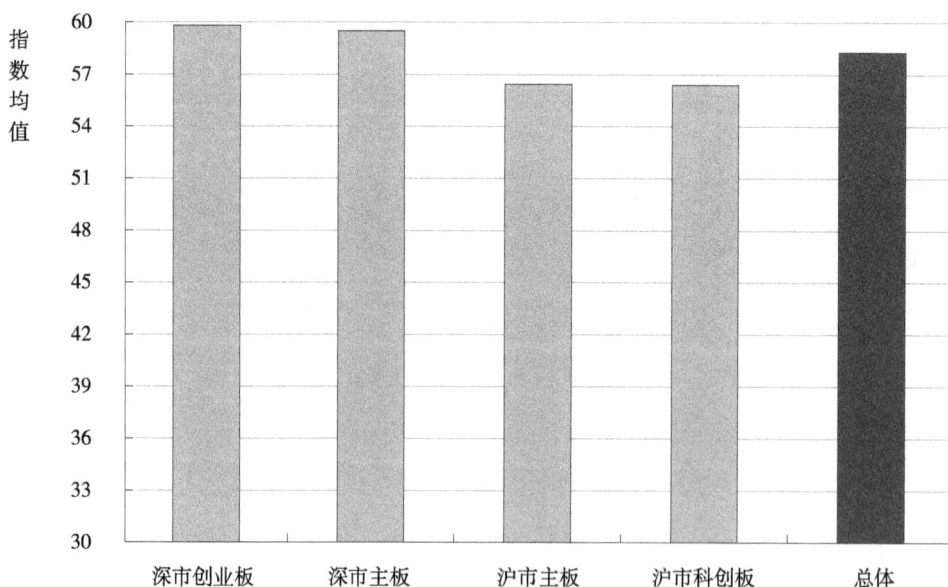

图7-6　2020年不同板块上市公司董事会治理指数比较

7.5　本章小结

本章计算了沪深两市 2020 年共计 3774 家上市公司的董事会治理指数，并分别从总体、地区、行业、上市板块四个角度全面评价了中国上市公司董事会治理水平，结论如下：

从总体看，2020 年上市公司董事会治理指数最大值为 77.3893 分，最小值为 35.2409 分，平均值为 58.2667 分，中位值为 58.3660 分。董事会治理指数主要集中在 [50，65) 区间，占样本总数的 83.52%，及格率为 38.18%，比上年的 30.32% 有较大幅度的提升，但董事会治理水平整体仍然偏低。

从地区看，西部上市公司董事会治理指数均值最高，为 58.3318 分；东北最低，为 57.2111 分。除了东北，其他三个地区上市公司董事会治理指数差异不大。从省份看，董事会治理指数均值最高的三个省份是广东、宁夏和内蒙古；董事会治理指数最低的三个省份是辽宁、西藏和陕西。整体来看，各省份上市公司董事会治理水平差异不大。

从行业看，上市公司董事会治理指数均值最高的三个行业是金融业（J），交通运输、仓储和邮政业（G），水利、环境和公共设施管理业（N）；董事会治理指数最低的三个行业是住宿和餐饮业（H），卫生和社会工作业（Q），房地产业（K）。总体来看，各行业上市公司董事会治理水平之间差距不大。

从上市板块看，董事会治理指数均值从高到低依次为深市创业板、深市主板、沪市主板和沪市科创板。深市上市公司董事会治理水平明显好于沪市上市公司。

第8章　董事会治理分项指数排名及比较

第 7 章从总体上对中国上市公司董事会治理指数进行了排名，并从地区、行业、上市板块三个角度进行了分类汇总和分析。本章按照对董事会治理四个维度的划分，把董事会治理指数分解为董事会结构、独立董事独立性、董事会行为和董事激励与约束四个分项指数，根据上市公司董事会治理分项指数数据，对 2020 年上市公司在不同维度下的董事会治理分项指数进行排名和比较分析。

8.1　董事会治理分项指数总体比较

依据我们评估的 3774 家上市公司董事会治理指数数据，2020 年中国上市公司董事会治理四个分项指数的描述性统计结果参见表 8-1。

表 8-1　2020 年上市公司董事会治理分项指数描述性统计

维度	公司数目	平均值	中位值	最大值	最小值	标准差
董事会结构	3774	42.2604	40.0595	80.6061	8.7500	9.9955
独立董事独立性	3774	62.8434	65.0000	90.0000	10.0000	10.6660
董事会行为	3774	69.6768	72.8190	98.7146	35.2690	9.6607
董事激励与约束	3774	58.2862	55.5556	77.7778	11.1111	9.6992

从表 8-1 中可以看出，董事会治理四个分项指数的平均值相差较大。其中董事会行为和独立董事独立性分项指数均值达到 60 分的及格水平，其他两个分项指数的平均值均未达到 60 分的及格水平。董事会结构分项指数均值最小，为 42.2604 分。独立董事独立性分项指数的标准差最大，说明上市公司独立董事独立性分项指数的离散程度高于其他三个分项指数。需要注意的是，董事会结构虽然是董事会建设和发展的基础，但因其

内部结构的不规范、下设机构的缺失、对利益相关者的忽视，使得董事会结构分项指数在四个分项指数中最低。

图 8-1 直观地反映了董事会治理四个分项指数的均值和中位值的差异。可以看出，四个分项指数的均值和中位值的变化方向是一致的，董事会行为分项指数的均值和中位值都是最高的，而董事会结构分项指数的均值和中位值都是最低的。

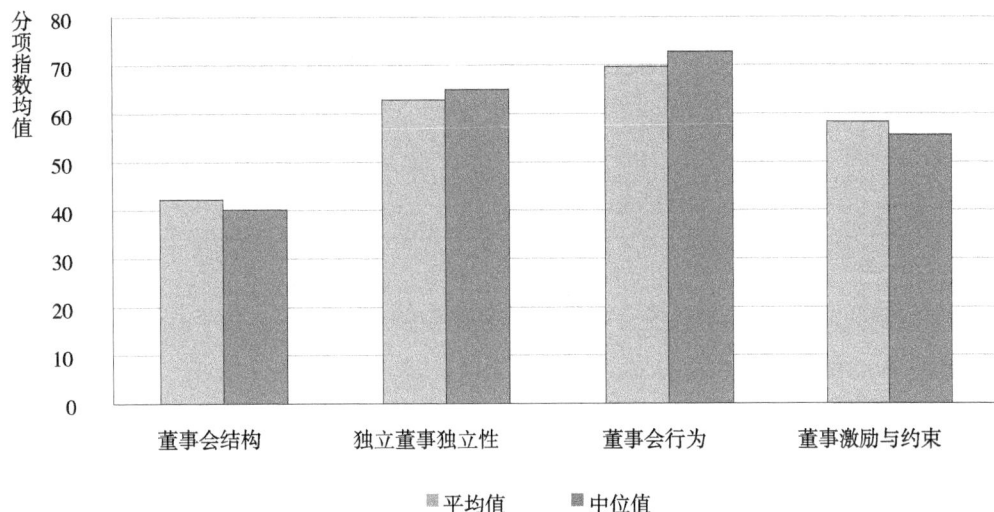

图8-1　2020年上市公司董事会治理四个分项指数比较

8.2　董事会结构分项指数排名及比较

董事会结构分项指数侧重从形式上考察上市公司董事会成员构成和机构设置的合理性和有效性。本节主要是对董事会结构分项指数排名的各种情况进行比较说明和分析。

8.2.1　董事会结构分项指数总体分布

基于 3774 家上市公司董事会结构的各项指标，我们得出了每家上市公司董事会结构分项指数。以 10 分为间隔，可以将董事会结构分项指数划分为 10 个区间，每个分数区间段的公司数目和所占比重参见表 8-2。

表 8-2　2020 年上市公司董事会结构分项指数区间分布

指数区间	公司数目	占比（%）	累计占比（%）
[0，10）	1	0.03	0.03
[10，20）	29	0.77	0.79
[20，30）	317	8.40	9.19

指数区间	公司数目	占比（%）	累计占比（%）
[30，40）	1528	40.49	49.68
[40，50）	1293	34.26	83.94
[50，60）	444	11.76	95.71
[60，70）	117	3.10	98.81
[70，80）	38	1.01	99.81
[80，90）	7	0.19	100.00
[90，100]	0	0.00	100.00
总计	3774	100.00	—

由表 8-2 可见，2020 年董事会结构分项指数在各个区间都有上市公司存在，主要集中在 [30，50）区间，共计 2821 家公司，占样本总数的 74.75%。及格（达到 60 分）的公司有 162 家，及格率为 4.29%，比上年（4.31%）下降 0.02 个百分点。

图 8-2 可以直观地看出上市公司董事会结构分项指数的区间分布。可以看到，2020 年上市公司董事会结构分项指数从低分到高分呈现正偏态分布，偏度系数是 0.4139。

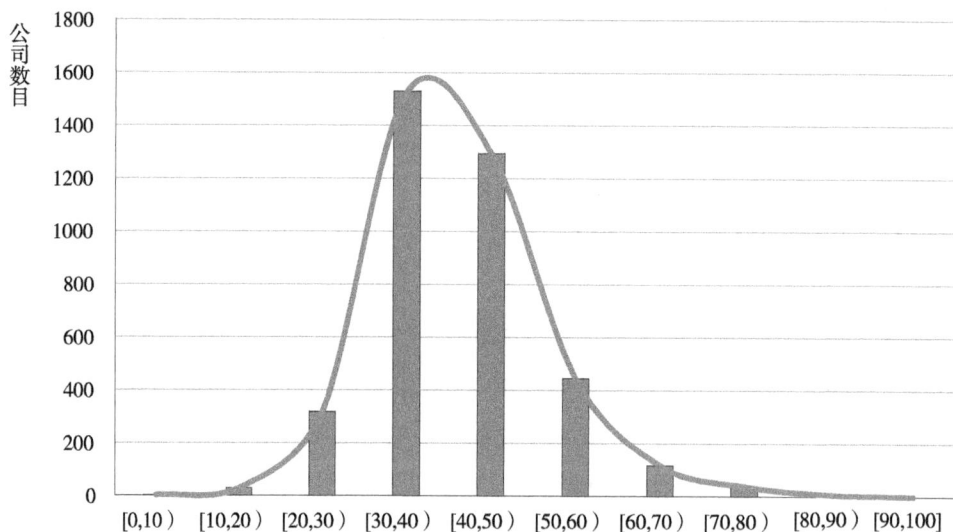

图8-2 2020年上市公司董事会结构分项指数区间分布

8.2.2 分地区董事会结构分项指数比较

根据东部、中部、西部和东北四个地区的划分，对上市公司董事会结构分项指数按照均值从高到低的顺序进行排名和比较，参见表 8-3。

表 8-3　2020 年不同地区上市公司董事会结构分项指数比较

排名	地区	公司数目	平均值	中位值	最大值	最小值	标准差
1	西部	490	43.4836	46.0774	80.6061	17.0833	9.8208
2	中部	488	43.3032	42.9688	80.0833	21.1667	9.3923
3	东北	149	42.9726	40.1042	73.1731	14.8611	9.7191
4	东部	2647	41.8017	39.8148	80.5833	8.7500	10.1143
总体		3774	42.2604	40.0595	80.6061	8.7500	9.9955

从表 8-3 可以看到，四个地区中，西部上市公司董事会结构分项指数均值最高，为 43.4836 分；东部上市公司董事会结构分项指数均值最低，为 41.8017 分，二者绝对差距为 1.6819 分。董事会结构分项指数的最大值出自西部，最小值出自东部。

图 8-3 直观地反映了四个地区上市公司董事会结构分项指数均值的差异。可以看到，不同地区上市公司董事会结构分项指数均值相差不是很大，东部的董事会结构分项指数均值低于总体均值，其余三个地区的董事会结构分项指数都高于总体均值。

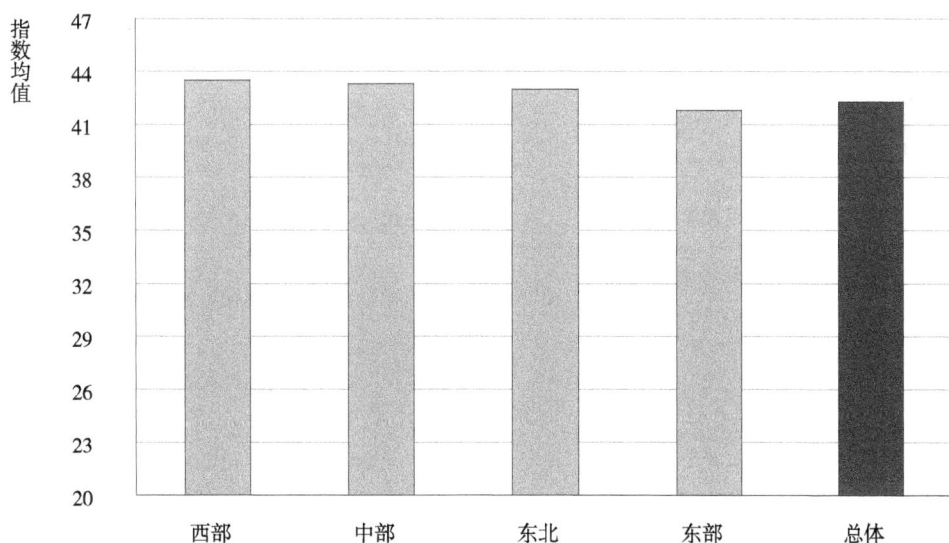

图8-3　2020年不同地区上市公司董事会结构分项指数比较

8.2.3　分行业董事会结构分项指数比较

对 18 个行业上市公司董事会结构分项指数按照均值从高到低的顺序进行排名和比较，结果参见表 8-4。

表 8-4 2020 年不同行业上市公司董事会结构分项指数比较

排名	行业	公司数目	平均值	中位值	最大值	最小值	标准差
1	金融业（J）	117	58.3676	59.5370	80.6061	30.3241	12.2470
2	交通运输、仓储和邮政业（G）	100	46.4399	47.1825	79.8864	18.4524	11.3207
3	采矿业（B）	75	46.2232	47.5833	80.5208	20.6548	10.4675
4	电力、热力、燃气及水生产和供应业（D）	114	45.5742	47.1991	77.6389	14.8611	9.8019
5	建筑业（E）	95	44.9566	46.7361	67.1970	18.4722	8.4689
6	综合（S）	13	44.9105	47.2619	57.0833	31.2500	7.1007
7	房地产业（K）	117	44.3954	46.4352	76.4394	13.9881	9.3545
8	卫生和社会工作（Q）	13	44.1818	44.0064	63.3333	31.7262	9.5665
9	科学研究和技术服务业（M）	51	44.1011	40.4167	65.1389	20.6548	9.8849
10	教育（P）	10	43.4225	39.8810	62.8125	31.5278	9.4185
11	农、林、牧、渔业（A）	42	43.3524	46.7083	56.8056	18.3796	8.2612
12	批发和零售业（F）	162	43.2296	43.7054	71.2963	16.9643	9.2118
13	租赁和商务服务业（L）	58	43.0105	41.4583	63.6310	22.2619	8.6979
14	水利、环境和公共设施管理业（N）	62	42.5381	39.9826	58.0093	26.2037	7.6616
15	文化、体育和娱乐业（R）	58	42.1354	40.0595	57.0833	21.0648	8.5674
16	信息传输、软件和信息技术服务业（I）	306	41.1602	39.7186	65.4167	19.3056	8.5383
17	制造业（C）	2373	40.7787	39.5370	80.5833	8.7500	9.3877
18	住宿和餐饮业（H）	7	35.8654	35.1136	44.5833	27.6667	5.1916
	总体	3774	42.2604	40.0595	80.6061	8.7500	9.9955

注：居民服务、修理和其他服务业（O）只有 1 家上市公司，难以代表该行业整体水平，故排名时剔除。

从表 8-4 可以看出，18 个行业中，有 14 个行业的董事会结构分项指数均值高于总体均值，这 14 个行业的董事会结构分项指数最大均值与总体均值的绝对差距为 16.1072 分；其他 4 个行业的上市公司董事会结构分项指数均值低于总体均值，总体均值与这 4 个行业的最低均值的绝对差距为 6.3950 分。显然，董事会结构分项指数高分区行业的内部差距远高于低分区行业。上市公司董事会结构分项指数均值排名前三位的行业分别是金融业（J）、交通运输、仓储和邮政业（G），以及采矿业（B）；排名最后三位的行业是住宿和餐饮业（H），制造业（C），以及信息传输、软件和信息技术服务业（I）。董事会结构分项指数最大值出自金融业（J），最小值出自制造业（C）。

图 8-4 直观地反映了不同行业上市公司董事会结构分项指数均值的差异。可以看到，得分最高的金融业（J）与其他行业相比，差异非常明显；得分最低的住宿和餐饮业（H）与其他行业也有一定差距；其他各行业董事会结构分项指数均值相差较小。

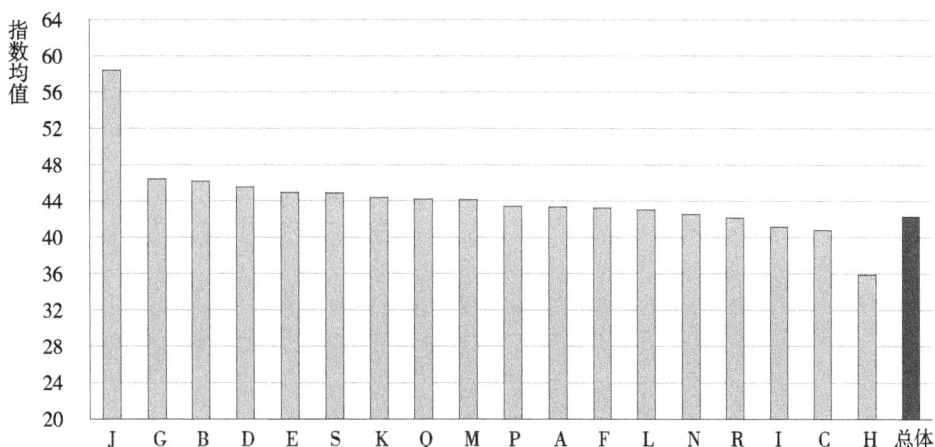

图8-4　2020年不同行业上市公司董事会结构分项指数比较

8.3 独立董事独立性分项指数排名及比较

独立董事独立性分项指数衡量独立董事的专业素质和履职情况，主要从形式上来评价独立董事的独立性。本节主要对独立董事独立性分项指数排名的各种情况进行比较分析。

8.3.1 独立董事独立性分项指数总体分布

根据独立董事独立性分项指数的分布，我们将独立董事独立性分项指数以 10 分为间隔，划分成 10 个区间，得到的结果参见表 8-5。

表 8-5　2020 年上市公司独立董事独立性分项指数区间分布

指数区间	公司数目	占比（%）	累计占比（%）
[0，10）	0	0.00	0.00
[10，20）	1	0.03	0.03

续表

指数区间	公司数目	占比（%）	累计占比（%）
[20，30）	3	0.08	0.11
[30，40）	40	1.06	1.17
[40，50）	247	6.54	7.71
[50，60）	897	23.77	31.48
[60，70）	1342	35.56	67.04
[70，80）	968	25.65	92.69
[80，90）	257	6.81	99.50
[90，100]	19	0.50	100.00
总计	3774	100.00	—

由表 8-5 可以看出，独立董事独立性分项指数主要分集中在 [50，80）区间，总计有 3207 家公司，占样本总数的 84.98%。及格（达到 60 分）的公司有 2586 家，及格率为 68.52%。比上年（63.54%）上升 4.98 个百分点。

图 8-5 直观地反映出上市公司独立董事独立性分项指数的区间分布。可以看出，2020 年上市公司独立董事独立性分项指数从低分到高分呈负偏态分布，偏度系数是 -0.2605。

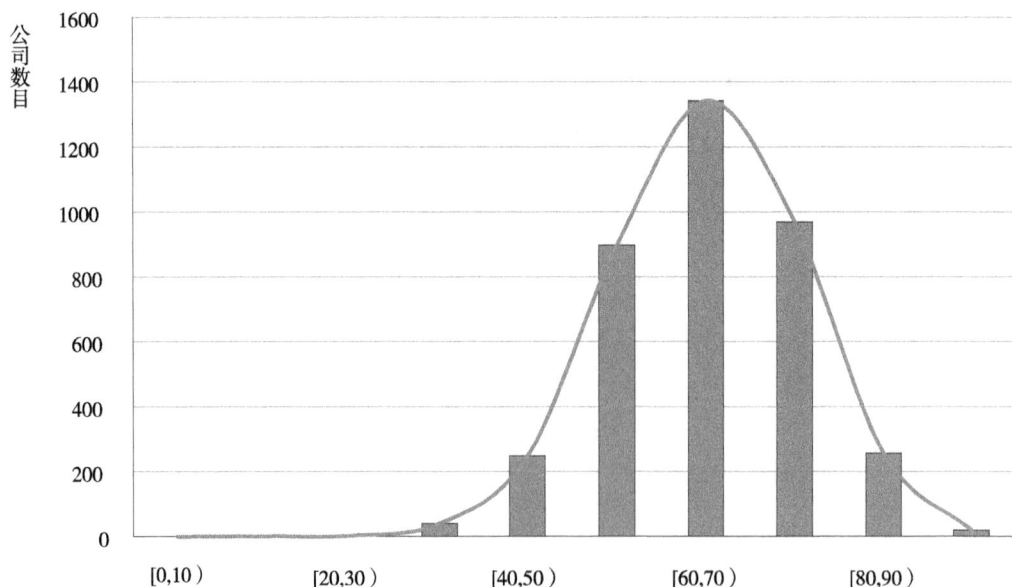

图8-5　2020年上市公司独立董事独立性分项指数区间分布

8.3.2 分地区独立董事独立性分项指数比较

根据东部、中部、西部和东北四个地区的划分，对上市公司独立董事独立性分项指数按照均值从高到低的顺序进行排名和比较，结果参见表 8-6。

表 8-6　2020 年不同地区上市公司独立董事独立性分项指数比较

排名	地区	公司数目	平均值	中位值	最大值	最小值	标准差
1	西部	490	63.6026	65.0000	90.0000	30.0000	11.0601
2	东部	2647	62.7833	65.0000	90.0000	29.0909	10.5706
3	东北	149	62.7325	65.0000	90.0000	28.8333	11.6239
4	中部	488	62.4411	64.8750	90.0000	10.0000	10.4336
总体		3774	62.8434	65.0000	90.0000	10.0000	10.6660

从表 8-6 可以看到，西部上市公司的独立董事独立性分项指数均值最高，为 63.6026 分；中部最低，为 62.4411 分，最高的西部与最低的中部之间的绝对差距为 1.1615 分，差距不大。独立董事独立性分项指数最大值同时出现在四个地区，最小值出自中部。

图 8-6 更直观地反映了四个地区上市公司独立董事独立性分项指数均值的差异。可以看出，只有西部上市公司的独立董事独立性分项指数均值高于总体均值，其他三个地区都低于总体均值。

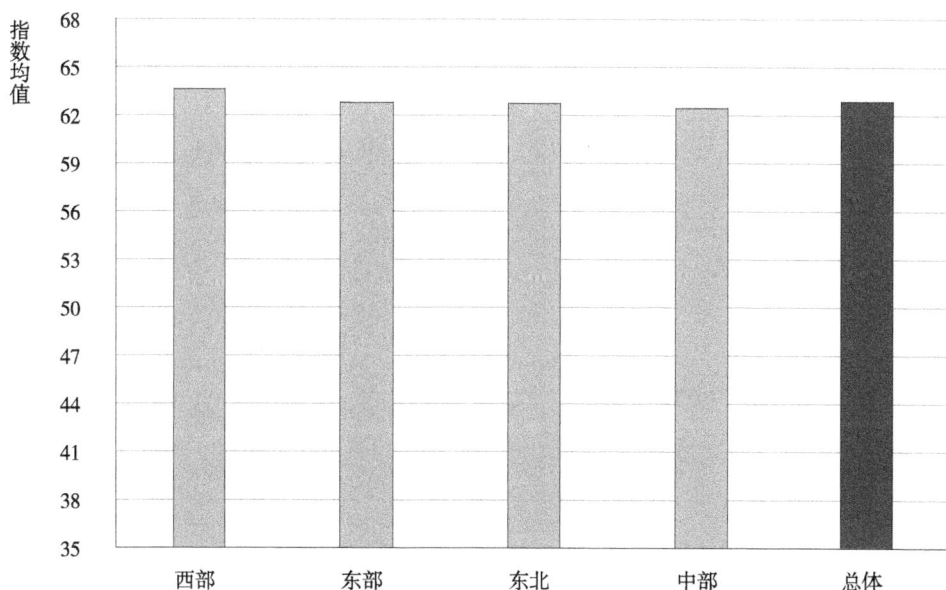

图8-6　2020年不同地区上市公司独立董事独立性分项指数比较

8.3.3 分行业独立董事独立性分项指数比较

对18个行业上市公司独立董事独立性分项指数按照均值从高到低的顺序进行排名和比较，结果参见表8-7。

表 8-7 2020 年不同行业上市公司独立董事独立性分项指数比较

排名	行业	公司数目	平均值	中位值	最大值	最小值	标准差
1	综合（S）	13	68.7477	70.0000	85.0000	40.0000	13.1781
2	水利、环境和公共设施管理业（N）	62	64.7989	65.0000	89.2500	30.0000	9.7739
3	农、林、牧、渔业（A）	42	64.2550	65.0000	80.0000	45.0000	9.7477
4	交通运输、仓储和邮政业（G）	100	64.1197	65.0000	90.0000	40.0000	10.4754
5	建筑业（E）	95	63.8124	65.0000	90.0000	40.0000	10.4322
6	信息传输、软件和信息技术服务业（I）	306	63.2621	65.0000	90.0000	35.0000	10.4865
7	制造业（C）	2373	63.2045	65.0000	90.0000	10.0000	10.5808
8	科学研究和技术服务业（M）	51	63.0146	65.0000	80.0000	35.0000	10.2313
9	电力、热力、燃气及水生产和供应业（D）	114	62.9049	64.8276	90.0000	29.2308	10.9125
10	租赁和商务服务业（L）	58	62.6284	60.0000	80.0000	35.0000	9.7771
11	卫生和社会工作（Q）	13	62.2611	64.3939	80.0000	50.0000	9.3144
12	批发和零售业（F）	162	62.0357	64.5139	90.0000	30.0000	10.5673
13	教育（P）	10	62.0000	62.5000	80.0000	40.0000	10.7703
14	住宿和餐饮业（H）	7	61.4286	65.0000	70.0000	45.0000	9.5298
15	金融业（J）	117	60.7917	60.0000	85.0000	30.0000	10.4243
16	文化、体育和娱乐业（R）	58	60.4704	60.0000	75.0000	30.0000	9.7963
17	采矿业（B）	75	59.5848	59.6296	85.0000	35.0000	11.3397
18	房地产业（K）	117	57.0015	55.0000	85.0000	30.0000	11.6960
	总体	3774	62.8434	65.0000	90.0000	10.0000	10.6660

注：居民服务、修理和其他服务业（O）只有1家上市公司，难以代表该行业整体水平，故排名时剔除。

由表 8-7 可知，18 个行业中，有 9 个行业的独立董事独立性分项指数均值高于总体均值，这 9 个行业的行业均值最大值与总体均值的绝对差距是 5.9043 分；其他 9 个行业的独立董事独立性分项指数均值低于总体均值，总体均值与这 9 个行业的最小均值的绝对差距是 5.8419 分。独立董事独立性分项指数高分区行业的内部差距大于低分区行业，但相差不大。上市公司独立董事独立性分项指数均值排名前三位的行业分别是综合（S），水利、环境和公共设施管理业（N），以及农、林、牧、渔业（A）；排在后三位的分别是房地产业（K），采矿业（B），以及文化、体育和娱乐业（R）。独立董事独立性分项指数最大值同时出现在交通运输、仓储和邮政业（G）等六个行业（并列）；最小值出自制造业（C）。

图 8-7 直观地反映了不同行业上市公司独立董事独立性分项指数均值的差异。可以看到，除最高和最低各一位外，各行业上市公司独立董事独立性分项指数均值从大到小差别不大，曲线变化较为平缓。

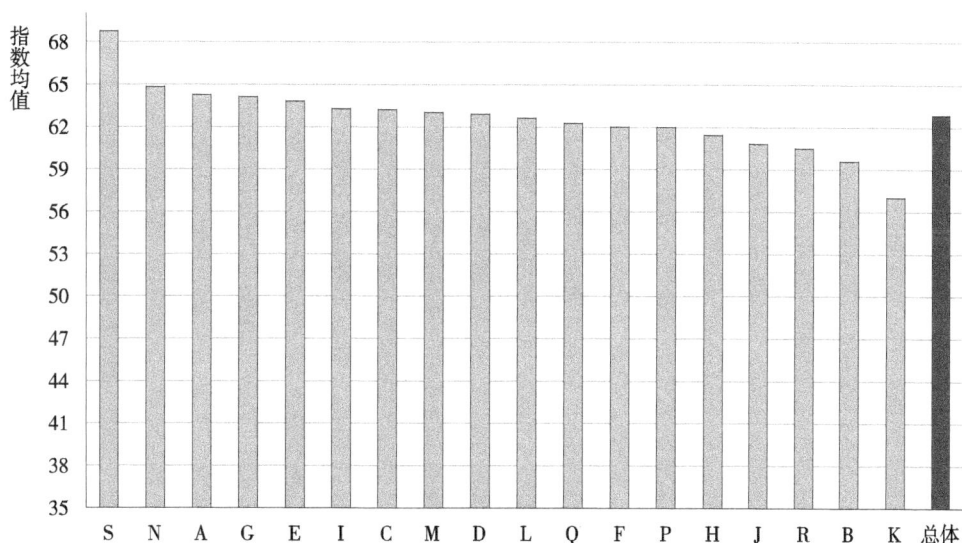

图8-7　2020年不同行业上市公司独立董事独立性分项指数比较

8.4　董事会行为分项指数排名及比较

董事会行为分项指数主要衡量董事会行为相关制度的建立及其执行情况，侧重从实质上来衡量董事会的实际履职情况。本节就董事会行为分项指数从不同角度进行比较和分析。

8.4.1　董事会行为分项指数总体分布

根据 3774 家样本上市公司的董事会行为分项指数，我们将其划分为 8 个区间，每个区间以 10 分为间隔（30 分以下区间的公司数为 0，合并为一个区间）。所有上市公司的董事会行为分项指数分布如表 8-8 所示。

表 8-8　2020 年上市公司董事会行为分项指数区间分布

指数区间	公司数目	占比（%）	累计占比（%）
[0，30）	0	0.00	0.00
[30，40）	14	0.37	0.37
[40，50）	37	0.98	1.35
[50，60）	687	18.20	19.55
[60，70）	866	22.95	42.50
[70，80）	1863	49.36	91.87
[80，90）	282	7.47	99.34
[90，100]	25	0.66	100.00
总计	3774	100.00	—

　　由表 8-8 可知，董事会行为分项指数主要集中在 [50，80）区间内，有 3416 家公司，占上市公司样本总数的 90.51%。及格（达到 60 分）的公司有 3036 家，及格率为 80.45%，比上年（61.25%）提高 19.20 个百分点。

　　图 8-8 直观地反映了上市公司董事会行为分项指数的分布情况。可以看到，各区间的公司数呈不规则分布。

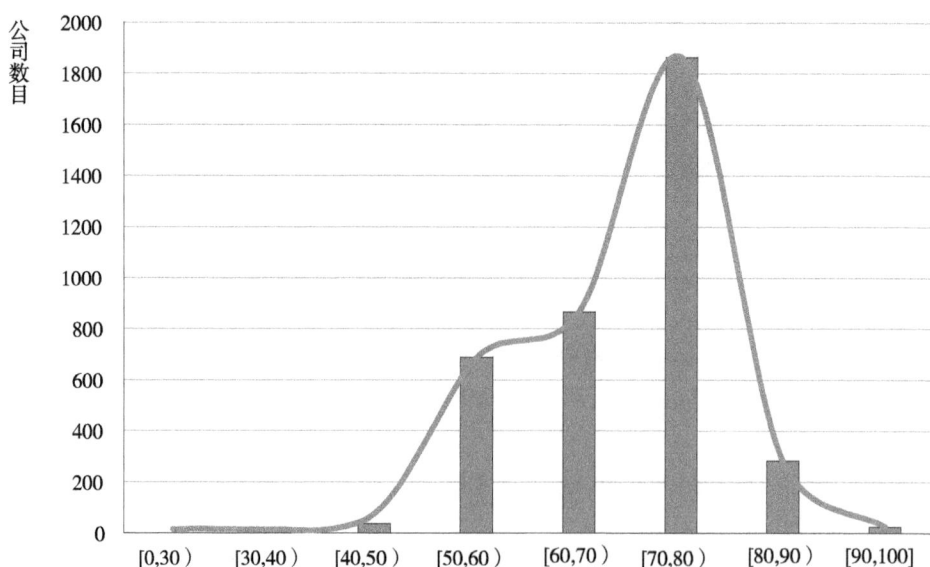

图8-8　2020年上市公司董事会行为分项指数区间分布

8.4.2 分地区董事会行为分项指数比较

根据东部、中部、西部和东北四个地区的划分，对上市公司董事会行为分项指数按照均值从高到低的顺序进行排名和比较，结果参见表8-9。

表 8-9　2020 年不同地区上市公司董事会行为分项指数比较

排名	地区	公司数目	平均值	中位值	最大值	最小值	标准差
1	东部	2647	70.0902	72.9234	98.7146	35.2848	9.5993
2	中部	488	69.3605	72.8098	96.9781	37.0740	10.0906
3	西部	490	68.6784	70.8576	98.6723	35.2690	9.3981
4	东北	149	66.6516	68.2798	89.8098	45.1513	9.3378
总体		3774	69.6768	72.8190	98.7146	35.2690	9.6607

由表 8-9 可知，东部上市公司的董事会行为分项指数均值最高，为 70.0902 分；东北地区董事会行为分项指数均值最低，为 66.6516 分，最高与最低地区的绝对差距为 3.4386 分。在四个地区中，董事会行为分项指数最大值出自东部，最小值出自西部。

图 8-9 更直观地反映了四个地区上市公司董事会行为分项指数均值的差异。可以看出，除东北地区明显低于其他三个地区外，东部、中部和西部地区的上市公司的董事会行为分项指数均值的差别不大。其中，仅东部上市公司董事会行为分项指数均值高于总体均值，其他三个地区的董事会行为分项指数均值都低于总体均值。

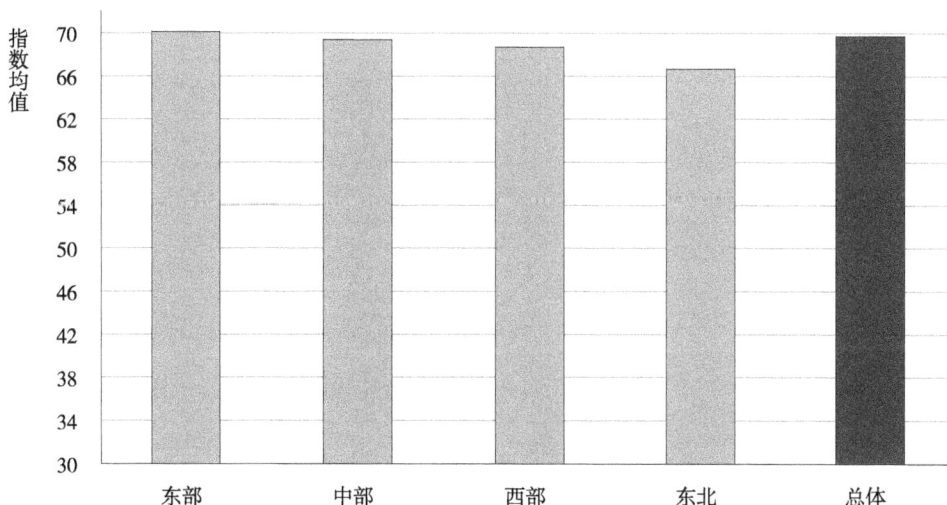

图8-9　2020年不同地区上市公司董事会行为分项指数比较

8.4.3 分行业董事会行为分项指数比较

对 18 个行业上市公司董事会行为分项指数按照均值从高到低的顺序进行排名和比较，结果参见表 8-10。

表 8-10　2020 年不同行业上市公司董事会行为分项指数比较

排名	行业	公司数目	平均值	中位值	最大值	最小值	标准差
1	金融业（J）	117	71.6195	73.6941	90.7113	45.1513	10.0874
2	信息传输、软件和信息技术服务业（I）	306	71.0391	73.7469	89.8324	37.0740	9.4460
3	租赁和商务服务业（L）	58	70.8563	73.7082	89.7754	49.4395	7.6060
4	建筑业（E）	95	70.2703	73.6636	89.7482	44.2155	8.3089
5	制造业（C）	2373	70.0259	72.8452	98.7146	35.2848	9.5901
6	水利、环境和公共设施管理业（N）	62	69.7890	72.7564	95.0644	38.8834	11.0911
7	农、林、牧、渔业（A）	42	69.6575	72.7969	89.8070	51.3932	10.1302
8	科学研究和技术服务业（M）	51	69.3809	73.6925	89.9275	51.3757	8.5188
9	文化、体育和娱乐业（R）	58	68.7069	72.7682	90.6373	49.5890	9.9851
10	交通运输、仓储和邮政业（G）	100	68.3667	70.5421	90.6482	51.3642	9.7290
11	住宿和餐饮业（H）	7	67.9167	68.3072	75.4640	59.3245	6.1227
12	房地产业（K）	117	67.4496	69.0794	89.7895	46.8905	8.8874
13	批发和零售业（F）	162	67.2167	68.3217	89.7653	35.2690	9.2271
14	采矿业（B）	75	67.2054	72.7642	96.9345	37.0773	12.1887
15	教育（P）	10	66.9949	73.2072	75.6520	51.2827	10.2360
16	电力、热力、燃气及水生产和供应业（D）	114	66.2168	65.7014	90.6466	50.4821	9.8626
17	卫生和社会工作（Q）	13	66.0059	67.5514	75.5775	49.5481	7.9476
18	综合（S）	13	64.6840	65.6859	76.3533	51.3358	8.0633
	总体	3774	69.6768	72.8190	98.7146	35.2690	9.6607

注：居民服务、修理和其他服务业（O）只有 1 家上市公司，难以代表该行业整体水平，故排名时剔除。

从表8-10中可以看出，18个行业中，有6个行业的董事会行为分项指数均值高于总体均值，这6个行业的行业均值最大值与总体均值的绝对差距是1.9427分；其他12个行业的董事会行为分项指数均值低于总体均值，总体均值与这12个行业的最小均值的绝对差距是4.9928分。董事会行为分项指数高分区行业的内部差距小于低分区行业。上市公司董事会行为分项指数均值排名前三位的行业分别是金融业（J）、信息传输、软件和信息技术服务业（I），以及租赁和商务服务业（L）；最后三位分别是综合（S）、卫生和社会工作（Q），以及电力、热力、燃气及水生产和供应业（D）。董事会行为分项指数最大值出自制造业（C）；最小值出自批发和零售业（F）。

图8-10更直观地反映了不同行业上市公司董事会行为分项指数均值的差异。可以看出，董事会行为分项指数行业均值逐次递减，曲线比较平缓。

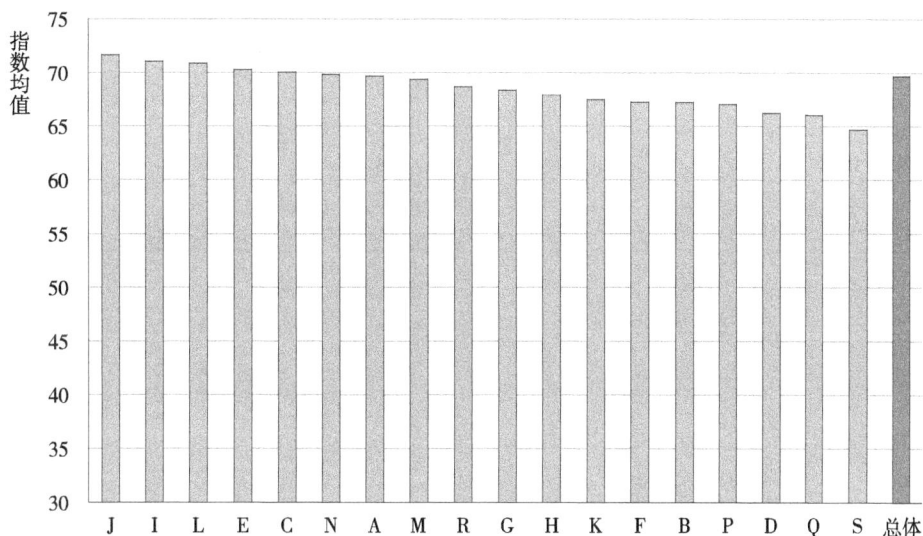

图8-10　2020年不同行业上市公司董事会行为分项指数比较

8.5　董事激励与约束分项指数排名及比较

董事激励与约束分项指数衡量董事激励和约束制度的建立和执行情况，主要从实质上评价董事激励与约束机制，尤其是约束机制的有效性。本节就董事激励与约束分项指数从不同角度进行比较和分析。

8.5.1　董事激励与约束分项指数总体分布

根据3774家样本上市公司的董事激励与约束分项指数，我们将其划分为9个区间，每个区间以10分为间隔（因80分以上区间的公司数目为0，合并为一个区间），所有上市公司的董事激励与约束分项指数分布如表8-11所示。

表 8-11　2020 年上市公司董事激励与约束分项指数区间分布

指数区间	公司数目	占比（%）	累计占比（%）
[0，10）	0	0.00	0.00
[10，20）	9	0.24	0.24
[20，30）	31	0.82	1.06
[30，40）	154	4.08	5.14
[40，50）	270	7.15	12.29
[50，60）	1616	42.82	55.11
[60，70）	1599	42.37	97.48
[70，80）	95	2.52	100.00
[80，100]	0	0.00	100.00
总计	3774	100.00	—

由表 8-11 可知，董事激励与约束分项指数主要集中在 [50，70） 区间内，共有 3215 家公司，占样本上市公司总数的 85.19 %。及格（达到 60 分）的公司有 1694 家，及格率为 44.89 %，比上年（39.23%）提升 5.66 个百分点。

从图 8-11 中可以更直观地看出，董事激励与约束分项指数分布较集中，偏度系数为 -1.0247，呈负偏态分布。

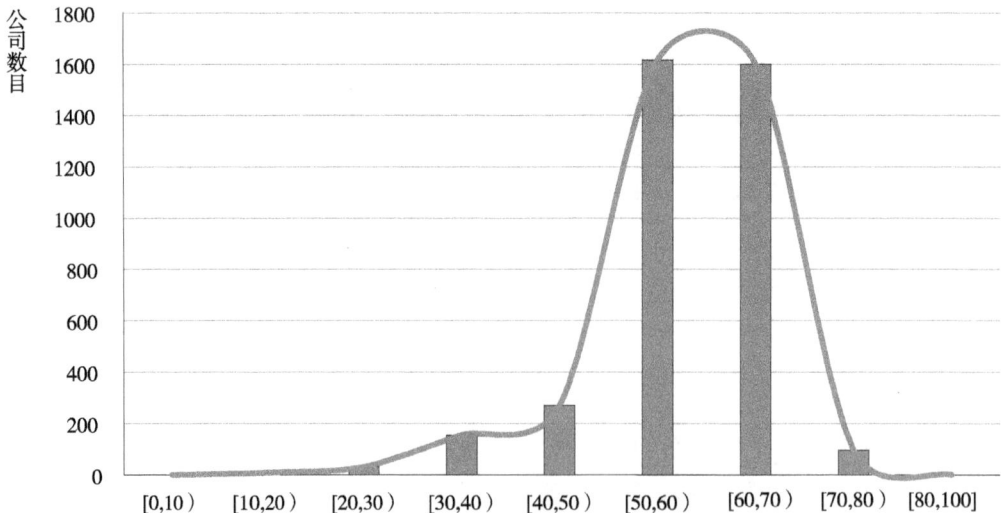

图8-11　2020年上市公司董事激励与约束分项指数区间分布

8.5.2 分地区董事激励与约束分项指数比较

根据东部、中部、西部和东北四个地区的划分，对上市公司董事激励与约束分项指数按照均值从高到低的顺序进行排名和比较，结果参见表 8-12。

表 8-12　2020 年不同地区上市公司董事激励与约束分项指数比较

排名	地区	公司数目	平均值	中位值	最大值	最小值	标准差
1	东部	2647	58.5799	55.5556	77.7778	11.1111	9.6174
2	中部	488	57.9690	55.5556	77.7778	22.2222	9.7398
3	西部	490	57.5624	55.5556	77.7778	16.6667	9.9224
4	东北	149	56.4877	55.5556	77.7778	22.2222	9.9173
	总体	3774	58.2862	55.5556	77.7778	11.1111	9.6992

由表 8-12 可知，东部上市公司的董事激励与约束分项指数均值最高，为 58.5799 分；东北地区上市公司的董事激励与约束分项指数均值最低，为 56.4877 分，最高与最低之间的绝对差距为 2.0922 分，差别不大。在四个地区中，董事激励与约束分项指数的最大值相同，最小值出自东部。

图 8-12 更直观地反映了四个地区上市公司董事激励与约束分项指数均值的差异。可以看到，东部上市公司董事激励与约束分项指数均值高于总体均值，其他三个地区的上市公司董事激励与约束分项指数均值则低于总体均值，各地区差异不大。

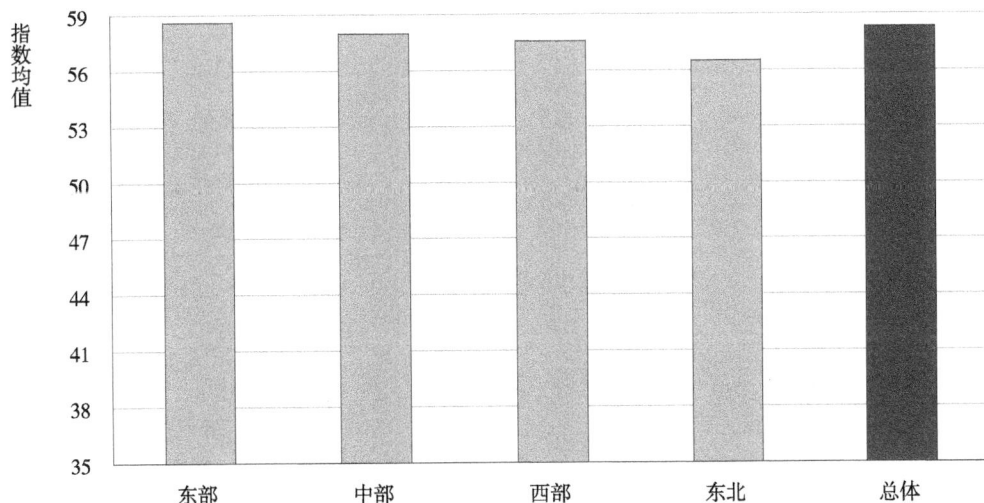

图8-12　2020年不同地区上市公司董事激励与约束分项指数比较

8.5.3　分行业董事激励与约束分项指数比较

对 18 个行业上市公司董事激励与约束分项指数按照均值从高到低的顺序进行排名，结果参见表 8-13。

表 8-13　2020 年不同行业上市公司董事激励与约束分项指数比较

排名	行业	公司数目	平均值	中位值	最大值	最小值	标准差
1	科学研究和技术服务业（M）	51	59.5861	55.5556	77.7778	33.3333	8.3843
2	水利、环境和公共设施管理业（N）	62	59.4086	58.3333	77.7778	33.3333	9.5492
3	制造业（C）	2373	58.9221	55.5556	77.7778	11.1111	9.5244
4	交通运输、仓储和邮政业（G）	100	58.7778	55.5556	77.7778	33.3333	8.0959
5	农、林、牧、渔业（A）	42	58.4656	55.5556	77.7778	33.3333	9.1719
6	金融业（J）	117	58.1197	55.5556	77.7778	33.3333	9.4577
7	电力、热力、燃气及水生产和供应业（D）	114	58.0897	55.5556	77.7778	11.1111	9.5700
8	信息传输、软件和信息技术服务业（I）	306	57.8613	55.5556	77.7778	22.2222	9.4014
9	房地产业（K）	117	57.3124	55.5556	77.7778	22.2222	10.2117
10	文化、体育和娱乐业（R）	58	56.6092	55.5556	77.7778	27.7778	10.2884
11	租赁和商务服务业（L）	58	56.5134	55.5556	77.7778	22.2222	11.3545
12	建筑业（E）	95	56.4327	55.5556	77.7778	33.3333	9.1311
13	综合（S）	13	56.4103	55.5556	66.6667	33.3333	9.9491
14	住宿和餐饮业（H）	7	56.3492	55.5556	66.6667	44.4444	7.5292
15	采矿业（B）	75	55.4815	55.5556	66.6667	16.6667	9.7497
16	教育（P）	10	55.0000	55.5556	66.6667	27.7778	11.2354
17	批发和零售业（F）	162	54.2181	55.5556	77.7778	11.1111	10.5987
18	卫生和社会工作（Q）	13	51.2821	55.5556	77.7778	11.1111	18.2514
	总体	3774	58.2862	55.5556	77.7778	11.1111	9.6992

注：居民服务、修理和其他服务业（O）只有 1 家上市公司，难以代表该行业整体水平，故排名时剔除。

由表 8-13 可以看出，18 个行业中，董事激励与约束分项指数均值高于总体均值的行业有 5 个，这 5 个行业董事激励与约束分项指数最大均值与总体均值的绝对差距为 1.2998 分；低于总体均值的行业有 13 个，总体均值与这 13 个行业董事激励与约束分项指数最小均值的绝对差距为 7.0042 分。高分区行业的内部差距小于低分区行业。董事激励与约束分项指数均值排名前三位的行业分别是科学研究和技术服务业（M）、水利、环境和公共设施管理业（N），以及制造业（C）；排名最后三位的行业分别是卫生和社会工作（Q）、批发和零售业（F），以及教育（P）。董事激励与约束分项指数最大值出现在科学研究和技术服务业（M）等 14 个行业中（并列），最小值出自制造业（C）等 4 个行业中（并列）。

图 8-13 直观地反映了不同行业上市公司董事激励与约束分项指数均值的差异。可以看到，除了最后一位外，其他行业的董事激励与约束分项指数均值逐次递减，曲线比较平坦。

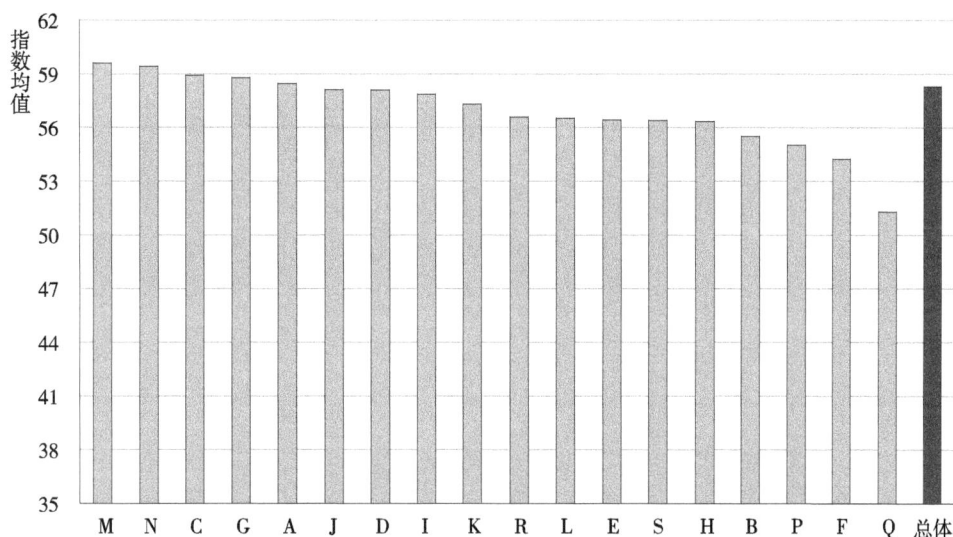

图8-13　2020年不同行业上市公司董事激励与约束分项指数比较

8.6　本章小结

本章从总体、地区、行业三个方面，对 2020 年董事会治理的四个分项指数，即董事会结构、独立董事独立性、董事会行为和董事激励与约束进行了全面分析，主要结论如下：

从董事会治理四个分项指数的比较看，2020 年董事会行为分项指数最高，董事会结构分项指数最低。从指数分布区间来看，董事会结构分项指数主要集中在 [30，50）区间，占样本总数的 74.75 %；独立董事独立性分项指数主要集中在 [50，80）区间，占样本总数的 84.98 %；董事会行为分项指数主要集中在 [50，80）区间内，占样本总数的 90.51 %；董事激励与约束分项指数主要集中在 [50，70）区间内，占样本上市公司总数的 85.19 %。总体上看，四个分项指数分布都比较集中。

从地区来看，西部上市公司在主要衡量董事会治理形式的董事会结构和独立董事独立性两个分项指数上表现较好，而东部上市公司在主要衡量董事会治理实质的董事会行为和董事激励与约束两个分项指数上表现更好。东北地区上市公司在董事会结构和独立董事独立性两个分项指数的平均值排名中位列第三，在另外两个分项指数均值排名中都位居最后。

从行业来看，董事会结构分项指数均值最高的三个行业分别是金融业（J），交通运输、仓储和邮政业（G），以及采矿业（B）；独立董事独立性分项指数均值最高的三个行业分别是综合（S），水利、环境和公共设施管理业（N），以及农、林、牧、渔业（A）；董事会行为分项指数均值最高的三个行业分别金融业（J），信息传输、软件和信息技术服务业（I），租赁和商务服务业（L）；董事激励与约束分项指数均值最高的三个行业分别是科学研究和技术服务业（M），水利、环境和公共设施管理业（N），以及制造业（C）。总体来看，各行业在四个分项指数中的表现各有侧重。

第9章 董事会治理指数的所有制比较

根据第1章的控股或所有制类型划分，本章对2020年3774家样本上市公司的董事会治理指数及四个分项指数从所有制角度进行比较分析，以了解国有控股公司和非国有控股公司在董事会治理方面存在的异同。

9.1 董事会治理指数总体的所有制比较

9.1.1 董事会治理总体指数比较

不同的所有制会对上市公司董事会治理产生影响，表9-1比较了不同所有制上市公司总体的董事会治理指数，并按照均值从高到低的顺序进行了排名。

表 9-1 2020 年不同所有制上市公司董事会治理指数比较

排名	所有制类型	公司数目	平均值	中位值	最大值	最小值	标准差
1	国有弱相对控股公司	237	58.6072	58.5159	77.3893	43.9260	5.8505
2	国有强相对控股公司	434	58.4094	58.1858	75.4317	42.2029	5.1497
3	国有参股公司	870	58.3846	58.6904	77.3092	38.2699	5.6340
4	国有绝对控股公司	490	58.1615	58.0905	75.3573	43.5922	5.7488
5	无国有股份公司	1743	58.1556	58.3006	74.9130	35.2409	5.1288
	总体	3774	58.2667	58.3660	77.3893	35.2409	5.3829

从表9-1可以看出，中国上市公司董事会治理指数总体较低，平均值58.2670分，未达到60分的及格水平。五类所有制公司的董事会治理指数均值差异不大，最大值和最小值之差仅为0.4516分。国有弱相对控股公司的董事会治理指数均值最高，为58.6072分，无国有股份公司的董事会治理指数均值最低，为58.1556分；国有参股公司

董事会治理指数的中位值最高，为 58.6904 分，国有绝对控股公司董事会治理指数的中位值最低，为 58.0905 分。董事会治理指数的最大值和最小值分别来自国有弱相对控股公司和无国有股份公司。从标准差来看，五类所有制公司的离散程度差别很小。

图 9-1 按照前十大股东中的国有股比例从大到小进行了排序。可以发现，国有绝对控股公司和无国有股份公司是董事会治理指数最低的两类公司。此外，随着前十大股东中的国有股比例的降低，董事会治理指数先逐渐上升，到国有弱相对控股公司达到最高，然后降低，大致呈现"倒 U"型关系，但这种变化非常平缓。根据历年董事会治理指数情况，基本可以认为，适度降低股权集中度可能是提高公司董事会治理水平的比较有效的方式。

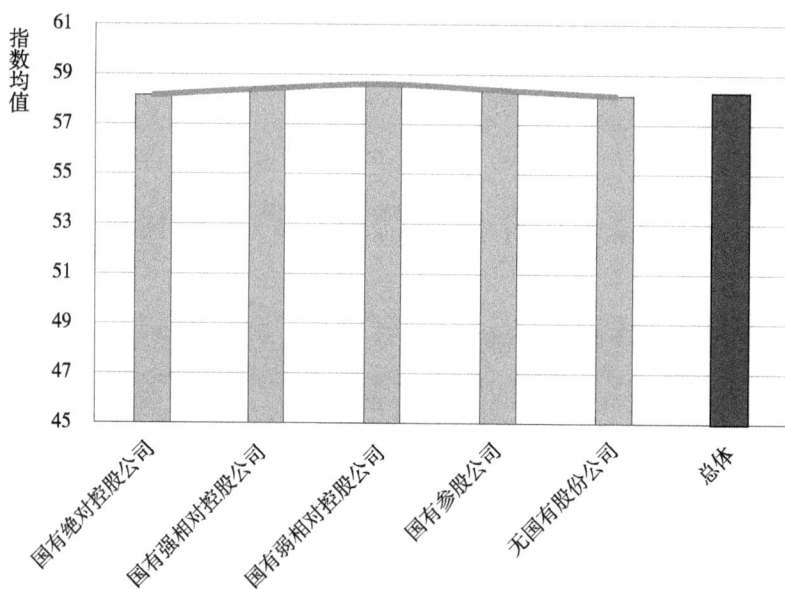

图9-1　2020年不同所有制上市公司董事会治理指数均值比较

我们进一步将国有绝对控股公司、国有强相对控股公司和国有弱相对控股公司归类为国有控股公司，将国有参股公司和无国有股份公司归类为非国有控股公司，表 9-2 比较了国有控股公司和非国有控股公司董事会治理指数的差异。

表 9-2　2020 年国有与非国有控股上市公司董事会治理指数比较

排名	控股类型	公司数目	平均值	中位值	最大值	最小值	标准差
1	国有控股公司	1161	58.3452	58.1525	77.3893	42.2029	5.5568
2	非国有控股公司	2613	58.2319	58.4538	77.3092	35.2409	5.3035
	总体	3774	58.2667	58.3660	77.3893	35.2409	5.3829

从表 9-2 可知，国有控股公司与非国有控股公司的董事会治理指数均值差距不大，二者相差仅为 0.1133 分。国有控股公司董事会治理指数均值略高于非国有控股公司。

我们进一步按照实际控制人划分为中央企业（或监管机构）、地方国有企业（或监管机构）和非国有企业或自然人最终控制的上市公司三种类型，表 9-3 对这三类不同最终控制人控制的上市公司进行了比较，并按照均值从高到低的顺序进行了排名。可以发现，中央企业（或监管机构）最终控制的公司的董事会治理指数最高，其次为地方国有企业（或监管机构）最终控制的公司，非国有企业或自然人最终控制的公司的董事会治理指数最低。

表 9-3　2020 年不同实际控制人上市公司董事会治理指数比较

排名	最终控制人	公司数目	平均值	中位值	最大值	最小值	标准差
1	中央企业（或监管机构）	411	58.6202	58.3297	77.3893	38.3080	5.7748
2	地方国有企业（或监管机构）	811	58.4158	58.3756	75.4317	38.2699	5.4991
3	非国有企业或自然人	2552	58.1624	58.3670	77.3092	35.2409	5.2756
总体		3774	58.2667	58.3660	77.3893	35.2409	5.3829

9.1.2　董事会治理分项指数总体比较

董事会治理指数包括董事会结构、独立董事独立性、董事会行为和董事激励与约束四个分项指数，表 9-4 对五类所有制上市公司的四个董事会治理分项指数进行了比较。

表 9-4　2020 年不同所有制上市公司董事会治理分项指数均值比较

所有制类型	董事会结构	独立董事独立性	董事会行为	董事激励与约束
国有绝对控股公司	47.5128	60.8964	67.3662	56.8707
国有强相对控股公司	45.8437	61.7710	67.7023	58.3205
国有弱相对控股公司	46.7202	60.8884	69.0611	57.7590
国有参股公司	41.5055	62.7467	70.9784	58.3078
无国有股份公司	39.6620	63.9719	70.2520	58.7365
总体	42.2604	62.8434	69.6768	58.2862

从表 9-4 可以看出，四个分项指数中，五类所有制公司都是董事会行为分项指数均值最高，均值都在 70 分附近；其次为独立董事独立性分项指数，刚达到 60 分的及格水

平。五类所有制公司的董事会结构和董事激励与约束两个分项指数均值均未及格，且董事会结构分项指数与及格线差距较大。

图 9-2 更直观地反映了不同所有制上市公司董事会治理四个分项指数均值的差异。可以发现，对于五种所有制上市公司，董事会行为分项指数均为最高，其后依次均为独立董事独立性和董事激励与约束两个分项指数，董事会结构分项指数均为最低。从各分项指数来看，对于董事会结构分项指数，三类国有控股公司高于两类非国有控股公司；而对于独立董事独立性分项指数和董事会行为分项指数，都是两类非国有控股公司高于三类国有控股公司；董事激励与约束分项指数得分最高的是无国有股份公司，得分最低的是国有绝对控股公司，二者的差异不大。随着前十大股东中的国有股份逐渐降低，董事会结构分项指数总体呈下降态势；独立董事独立性分项指数总体呈上升态势；董事会行为分项指数总体呈上升态势；董事激励与约束分项指数变化不大。

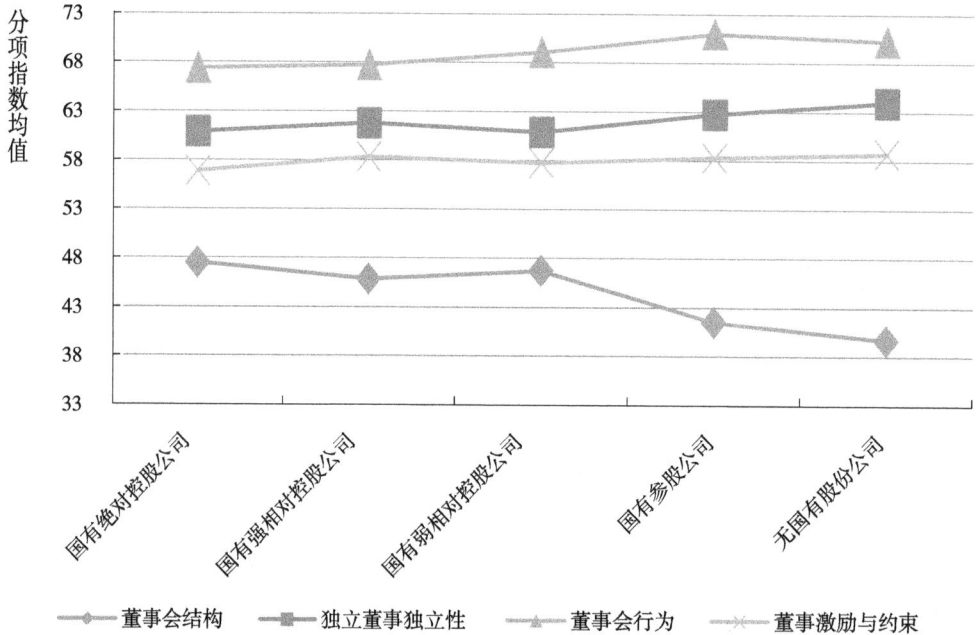

图9-2　2020年不同所有制上市公司董事会治理分项指数变化趋势

我们进一步将国有绝对控股公司、国有强相对控股公司和国有弱相对控股公司归类为国有控股公司，将国有参股公司和无国有股份公司归类为非国有控股公司，两类所有制上市公司董事会治理分项指数均值的比较参见表 9-5 和图 9-3。可以看出，在董事会结构分项指数上，国有控股公司高于非国有控股公司，在独立董事独立性、董事会行为与董事激励与约束三个分项指数上，都是非国有控股公司都高于国有控股公司。总体看，国有控股公司相对比较重视董事会结构，而非国有控股公司则相对比较重视独立董事独立性、董事会行为和董事激励与约束。

表 9-5　2020年国有与非国有控股上市公司董事会治理分项指数均值比较

控股类型	董事会结构	独立董事独立性	董事会行为	董事激励与约束
国有控股公司	46.7271	61.2217	67.8378	57.5940
非国有控股公司	40.2758	63.5640	70.4939	58.5938
总体	42.2604	62.8434	69.6768	58.2862

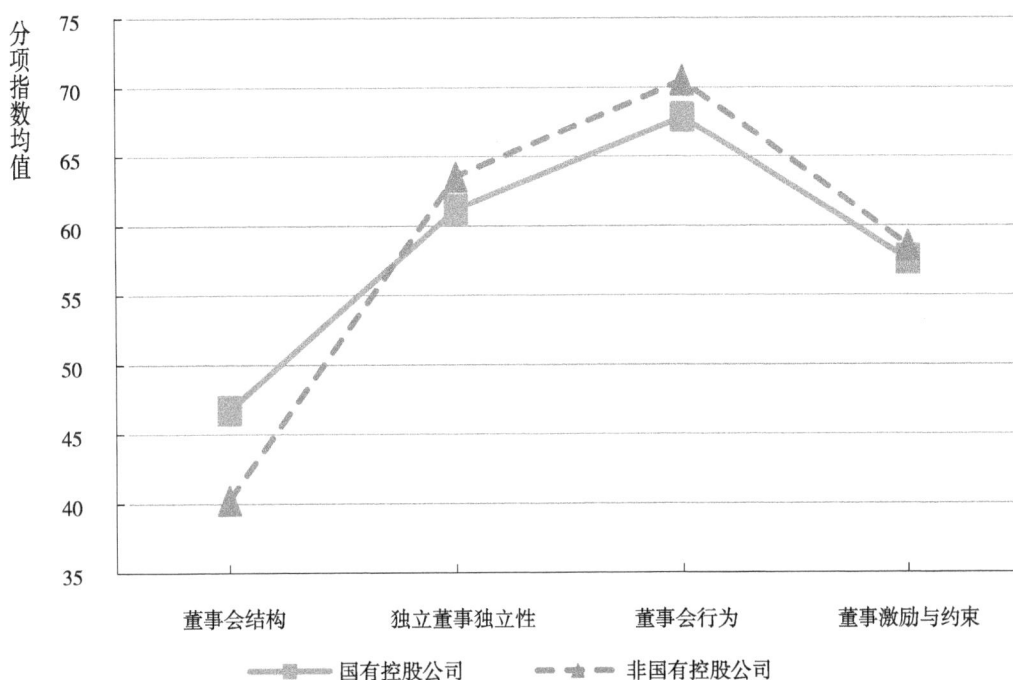

图9-3　2020年国有与非国有控股上市公司董事会治理分项指数均值比较

　　按照三类实际控制人的划分，进一步比较它们最终控制的公司在董事会分项指数上的差异，结果参见表9-6和图9-4。可以看出，在董事会结构分项指数上，中央企业（或监管机构）最终控制的公司好于地方国企（或监管机构）和非国有企业或自然人最终控制的公司。在独立董事独立性、董事会行为以及董事激励与约束三个分项指数上，非国有企业或自然人最终控制的公司均好于中央企业（或监管机构）和地方国有企业（或监管机构）最终控制的公司。这说明，非国有企业或自然人最终控制的公司对独立董事独立性、董事会行为以及董事激励与约束更重视一些，这与上面的结论一致。

表 9-6　2020 年不同实际控制人上市公司董事会治理分项指数均值比较

最终控制人	董事会结构	独立董事独立性	董事会行为	董事激励与约束
中央企业（或监管机构）	47.4573	60.5400	68.6976	57.7859
地方国有企业（或监管机构）	46.6617	61.8560	67.6788	57.4668
非国有企业或自然人	40.0248	63.5282	70.4694	58.6272
总 体	42.2604	62.8434	69.6768	58.2862

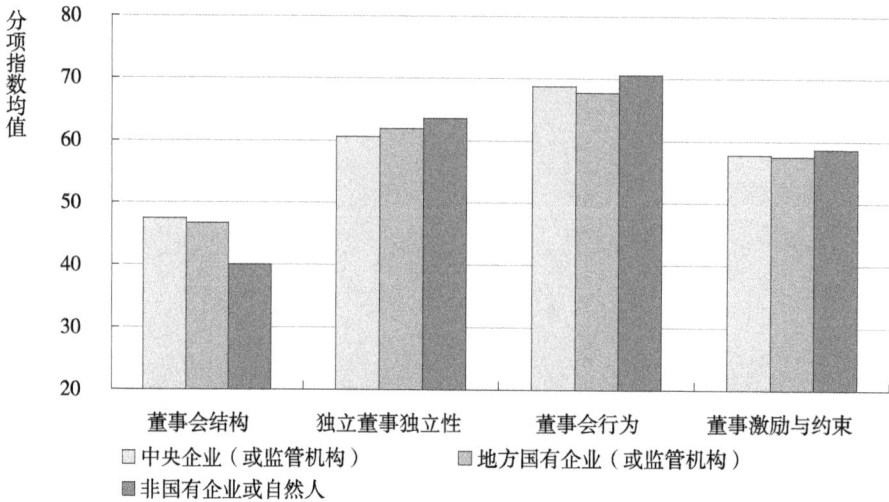

图9-4　2020年不同实际控制人上市公司董事会治理分项指数均值比较

9.2　分地区董事会治理指数的所有制比较

9.2.1　分地区董事会治理总体指数比较

按照四个地区的划分，我们进一步统计了不同地区国有控股和非国有控股上市公司的董事会治理指数，参见表 9-7。

表 9-7　2020 年不同地区国有与非国有控股上市公司董事会治理指数比较

地区	所有制类型	公司数目	平均值	中位值	最大值	最小值	标准差
东部	国有控股公司	693	58.2522	58.0709	75.3573	43.5922	5.7129
	非国有控股公司	1954	58.3356	58.5396	74.9130	38.2699	5.2078
	总体	2647	58.3138	58.4197	75.3573	38.2699	5.3448

地区	所有制类型	公司数目	平均值	中位值	最大值	最小值	标准差
中部	国有控股公司	197	58.2725	57.8475	77.3893	44.4218	5.6601
	非国有控股公司	291	58.2657	58.5414	71.9330	38.3080	5.3422
	总体	488	58.2685	58.3652	77.3893	38.3080	5.4727
西部	国有控股公司	213	59.0692	59.1896	71.5896	43.7872	4.8571
	非国有控股公司	277	57.7647	58.2146	71.9705	35.2409	5.8041
	总体	490	58.3318	58.5742	71.9705	35.2409	5.4513
东北	国有控股公司	58	57.0432	56.9417	68.4981	42.2029	5.3802
	非国有控股公司	91	57.3181	57.3741	77.3092	43.4300	5.4534
	总体	149	57.2111	57.0986	77.3092	42.2029	5.4267

从表 9-7 可以看出，东部和东北地区国有控股公司的董事会治理指数均值低于非国有控股公司，中部和西部地区国有控股公司的董事会治理指数均值高于非国有控股公司，但四个地区国有控股公司与非国有控股公司的董事会治理指数均值的差异比较小。

图 9-5 直观地反映了四个地区国有控股公司与非国有控股公司董事会治理指数均值的差异。可以看出，在国有控股公司董事会治理上，西部最好，其后依次是中部和东部，东北最差；在非国有控股公司董事会治理上，东部最好，其后依次是中部和西部，东北地区依旧最差。

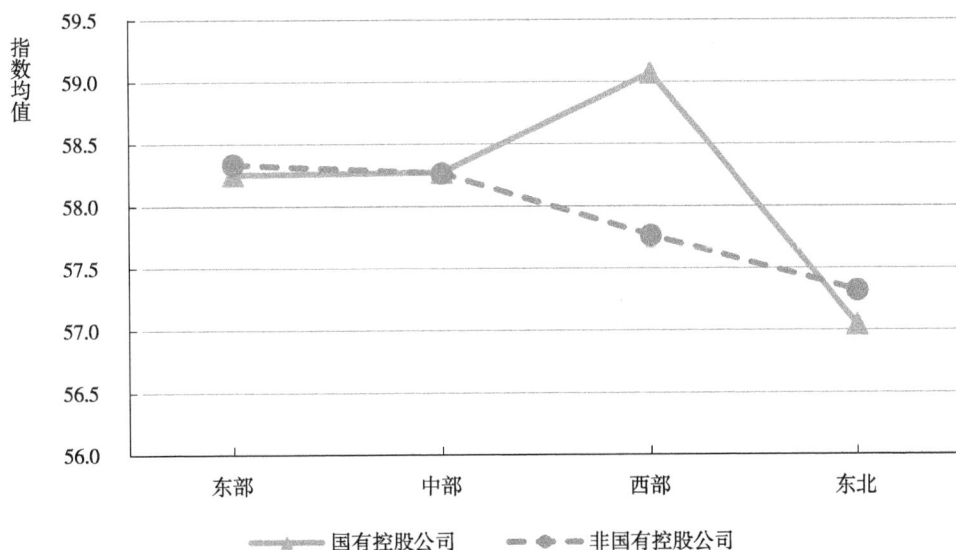

图9-5　2020年不同地区国有与非国有控股上市公司董事会治理指数均值比较

9.2.2 分地区董事会治理分项指数比较

接下来，我们对四个地区国有控股与非国有控股上市公司的董事会治理分项指数均值进行比较分析，参见表9-8。

表 9-8 2020 年不同地区国有与非国有控股上市公司董事会治理分项指数均值比较

地区	所有制类型	董事会结构	独立董事独立性	董事会行为	董事激励与约束
东部	国有控股公司	47.0582	60.2837	67.9951	57.6720
	非国有控股公司	39.9374	63.6698	70.8332	58.9020
	总体	41.8017	62.7833	70.0902	58.5799
中部	国有控股公司	46.4190	61.8968	67.3292	57.4450
	非国有控股公司	41.1938	62.8096	70.7356	58.3238
	总体	43.3032	62.4411	69.3605	57.9690
西部	国有控股公司	46.3249	63.4427	68.5803	57.9291
	非国有控股公司	41.2988	63.7255	68.7539	57.2804
	总体	43.4836	63.6026	68.6784	57.5624
东北	国有控股公司	45.2944	61.9801	64.9596	55.9387
	非国有控股公司	41.4927	63.2121	67.7300	56.8376
	总体	42.9726	62.7325	66.6516	56.4877

由表9-8可知，四个地区两类所有制上市公司在董事会治理四个分项指数上的排序并不一致。为了便于比较国有和非国有控股公司的地区差异，我们计算出四个地区非国有控股公司董事会治理四个分项指数均值与对应的国有控股公司董事会治理四个分项指数均值的差值，由此可以反映四个地区两类所有制上市公司董事会治理四个分项指数的差异，如图9-6所示。

由图9-6可以看出，在董事会结构分项指数上，四个地区均是国有控股公司优于非国有控股公司，且东部地区国有控股公司表现更为突出；在独立董事独立性分项指数上，四个地区均是非国有控股公司优于国有控股公司，且东部地区非国有控股公司表现更为突出；在董事会行为分项指数上，四个地区均是非国有控股公司表现优于国有控股公司，中部地区非国有控股公司表现更为突出；在董事激励与约束分项指数上，除西部地区，其他三个地区均是非国有控股公司优于国有控股公司。总体看，在四个地区中，国有控股公司董事会结构表现相对较好，而非国有控股公司独立董事独立性与董事会行为表现相对较好。

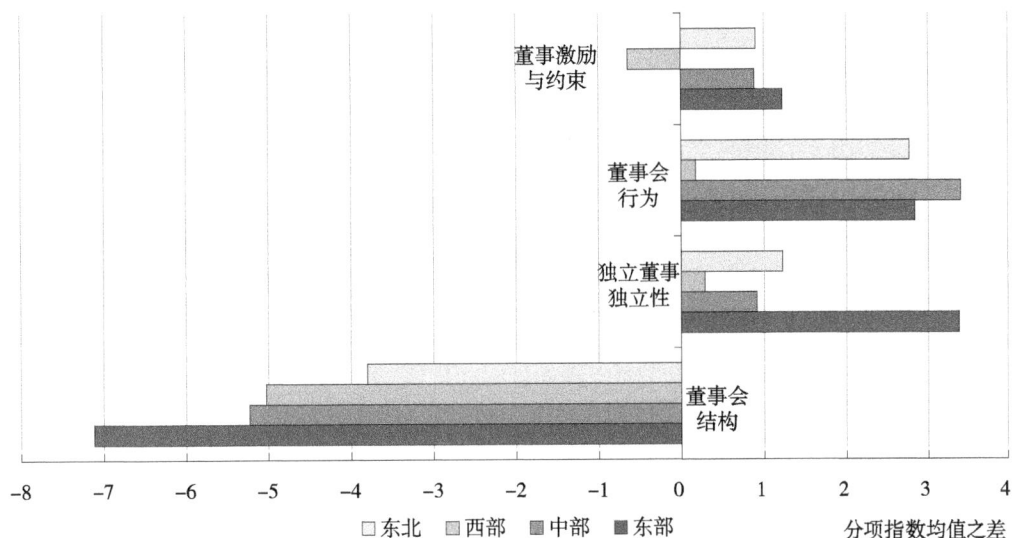

注：指数均值之差＝非国有控股公司董事会治理分项指数均值－国有控股公司董事会治理分项指数均值。

图9-6　2020年不同地区国有与非国有控股上市公司董事会治理分项指数差值比较

9.3　分行业董事会治理指数的所有制比较

9.3.1　分行业董事会治理总体指数比较

我们选择上市公司数量较多、且具有代表性的六个行业，即制造业（C），电力、热力、燃气及水生产和供应业（D），交通运输、仓储和邮政业（G），信息传输、软件和信息技术服务业（I），金融业（J）和房地产业（K），对这六个行业上市公司的董事会治理指数进行比较，参见表9-9。

表9-9　2020年不同行业国有与非国有控股上市公司董事会治理指数比较

行业	所有制类型	公司数目	平均值	中位值	最大值	最小值	标准差
制造业（C）	国有控股公司	547	58.1343	57.9509	77.3893	42.2029	5.2932
	非国有控股公司	1826	58.2623	58.4800	73.1063	35.2409	5.2979
	总体	2373	58.2328	58.3756	77.3893	35.2409	5.2971

续表

行业	所有制类型	公司数目	平均值	中位值	最大值	最小值	标准差
电力、热力、燃气及水生产和供应业（D）	国有控股公司	84	58.0150	57.9649	69.3456	47.1275	5.2422
	非国有控股公司	30	58.7041	59.3634	68.9895	47.1648	5.3936
	总体	114	58.1964	58.4068	69.3456	47.1275	5.2912
交通运输、仓储和邮政业（G）	国有控股公司	71	60.2971	59.7286	72.7859	47.1059	5.0821
	非国有控股公司	29	57.2933	57.0763	70.6378	49.2428	4.9139
	总体	100	59.4260	59.0149	72.7859	47.1059	5.2152
信息传输、软件和信息技术服务业（I）	国有控股公司	50	57.6713	57.2816	75.0816	47.8862	5.4722
	非国有控股公司	256	58.4595	58.6925	74.9130	42.7551	5.1510
	总体	306	58.3307	58.5574	75.0816	42.7551	5.2130
金融业（J）	国有控股公司	75	63.0451	63.9898	75.4317	48.4378	6.7246
	非国有控股公司	42	60.7595	60.5271	77.3092	46.6133	6.1122
	总体	117	62.2246	62.8200	77.3092	46.6133	6.6030
房地产业（K）	国有控股公司	59	56.9811	56.9531	70.4172	47.2228	5.4058
	非国有控股公司	58	56.0908	56.2777	68.8497	39.9035	5.9666
	总体	117	56.5397	56.7162	70.4172	39.9035	5.7081

从表9-9可以看出，六个行业中，制造业（C），电力、热力、燃气及水生产和供应业（D），以及信息传输、软件和信息技术服务业（I）三个行业的非国有控股公司董事会治理指数均值高于国有控股公司；其他三个行业则是国有控股公司董事会治理指数高于非国有控股公司。

图9-7更直观地反映了六个行业国有控股公司与非国有控股公司董事会治理指数的差异。可以看到，六个行业中，国有控股公司和非国有控股公司在金融业（J）的董事会治理水平都是最高，在房地产业（K）的董事会治理水平都是最低。国有控股公司在交通运输、仓储和邮政业（G），金融业（J），房地产业（K）的董事会治理水平好于非国有控股公司，其他三个行业则是非国有控股公司略好于国有控股公司。

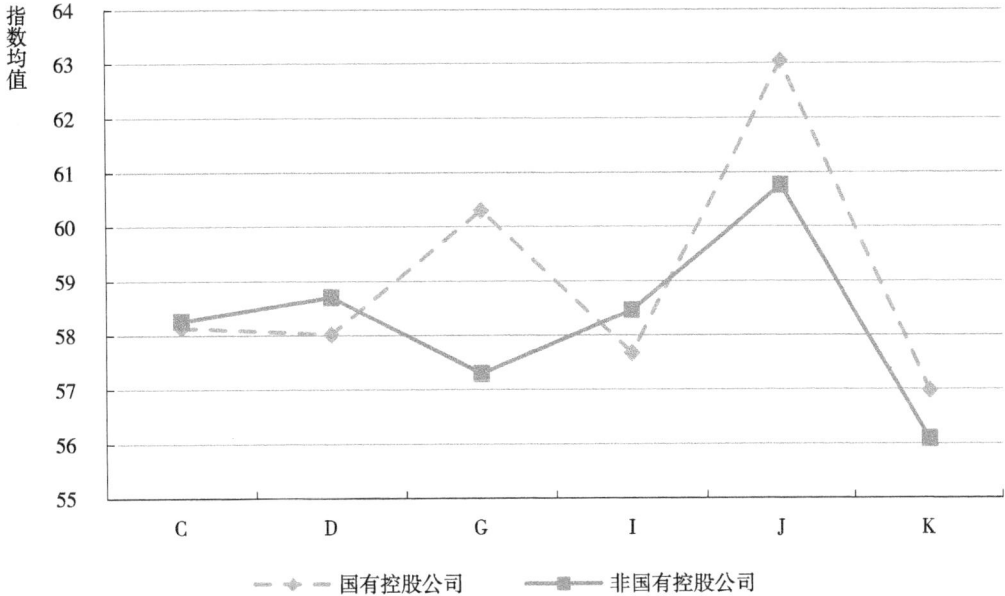

图9-7　2020年不同行业国有与非国有控股上市公司董事会治理指数均值比较

9.3.2　分行业董事会治理分项指数比较

接下来，我们对六个行业国有控股与非国有控股上市公司的董事会治理分项指数进行比较，参见表9-10。

表 9-10　2020 年不同行业国有与非国有控股上市公司董事会治理分项指数比较

行业	所有制类型	董事会结构	独立董事独立性	董事会行为	董事激励与约束
制造业（C）	国有控股公司	45.4532	61.1248	68.1287	57.8306
	非国有控股公司	39.3784	63.8275	70.5942	59.2491
	总体	40.7787	63.2045	70.0259	58.9221
电力、热力、燃气及水生产和供应业（D）	国有控股公司	46.2074	62.2161	65.7001	57.9365
	非国有控股公司	43.8012	64.8333	67.6634	58.5185
	总体	45.5742	62.9049	66.2168	58.0897
交通运输、仓储和邮政业（G）	国有控股公司	49.1572	64.6797	67.9620	59.3897
	非国有控股公司	39.7872	62.7488	69.3577	57.2797
	总体	46.4399	64.1197	68.3667	58.7778

续表

行业	所有制类型	董事会结构	独立董事独立性	董事会行为	董事激励与约束
信息传输、软件和信息技术服务业（I）	国有控股公司	42.9522	60.6650	68.5125	58.5556
	非国有控股公司	40.8102	63.7694	71.5326	57.7257
	总体	41.1602	63.2621	71.0391	57.8613
金融业（J）	国有控股公司	60.8356	60.6900	72.0623	58.5926
	非国有控股公司	53.9607	60.9732	70.8288	57.2751
	总体	58.3676	60.7917	71.6195	58.1197
房地产业（K）	国有控股公司	45.9846	56.6343	66.7367	58.5687
	非国有控股公司	42.7788	57.3750	68.1748	56.0345
	总体	44.3954	57.0015	67.4496	57.3124

由表9-10可知，六个代表性行业两类所有制上市公司在董事会治理四个分项指数上的排序也不一致。为便于比较国有和非国有控股公司的行业差异，我们计算了六个行业非国有控股公司董事会治理四个分项指数均值与对应的国有控股公司董事会治理四个分项指数均值的差值，由此可以反映出六个代表性行业两类所有制上市公司董事会治理四个分项指数的差异，如图9-8所示。

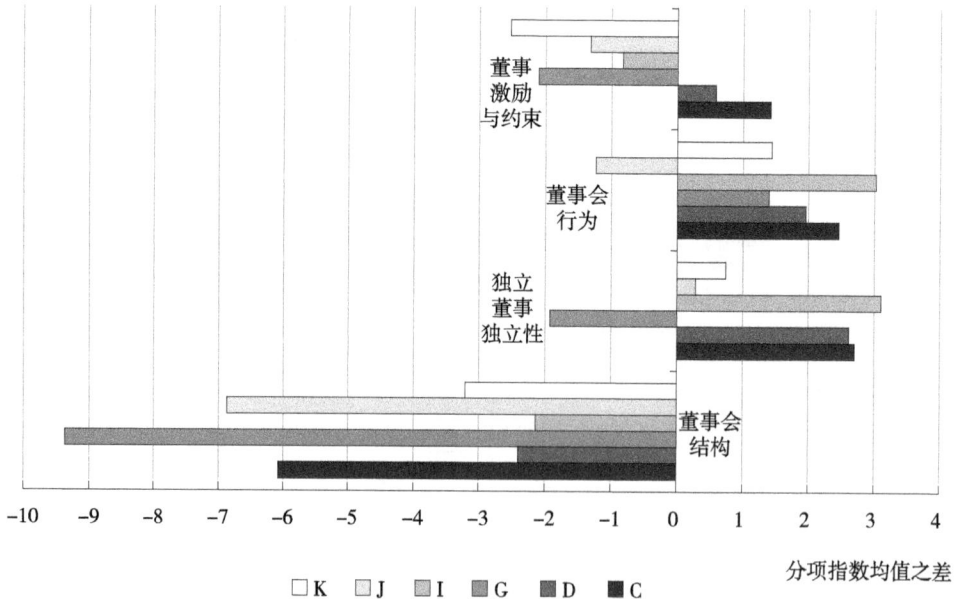

注：指数均值之差 = 非国有控股公司董事会治理分项指数均值 - 国有控股公司董事会治理分项指数均值。

图9-8　2020年不同行业国有与非国有控股上市公司董事会治理分项指数差值比较

由图 9-8 可知，在董事会结构分项指数上，六个行业的国有控股公司都明显优于非国有控股公司，尤其是交通运输、仓储和邮政业（G）表现更为突出；在独立董事独立性分项指数上，除交通运输、仓储和邮政业（G）之外的五个行业的非国有控股公司都优于国有控股公司，尤其是信息传输、软件和信息技术服务业（I）表现较为突出；在董事会行为分项指数上，除金融业（J）之外的五个行业的非国有控股公司都优于国有控股公司，尤其是信息传输、软件和信息技术服务业（I）表现较为突出；在董事激励与约束分项指数上，除制造业（C），电力、热力、燃气及水生产和供应业（D）之外的四个行业的国有控股公司都优于非国有控股公司。总体看，在六个代表性行业中，国有控股公司在董事会结构分项指数上均好于非国有控股公司；在董事激励与约束分项指数上国有控股公司表现相对较好；在董事会行为与独立董事独立性两个分项指数上，则是非国有控股公司表现相对更好。

9.4　本章小结

本章对 2020 年沪深两市国有控股公司与非国有控股公司的董事会治理指数及四个分项指数进行了统计和比较分析，主要结论如下：

关于董事会治理总体指数：①随着前十大股东中的国有股比例的降低，董事会治理指数先逐渐上升，到国有弱相对控股公司达到最高，然后降低，大致呈现"倒 U"型关系，但这种变化非常平缓。②国有控股公司与非国有控股公司的董事会治理指数均值差距不大。国有控股公司董事会治理指数均值略高于非国有控股公司。③中央企业（或监管机构）最终控制的公司的董事会治理指数最高，其次为地方国有企业（或监管机构）最终控制的公司，非国有企业或自然人最终控制的公司的董事会治理指数最低。④从地区看，东部和东北地区国有控股公司的董事会治理指数均值低于非国有控股公司，中部和西部地区国有控股公司的董事会治理指数均值高于非国有控股公司。⑤从行业看，六个代表性行业中，制造业（C），电力、热力、燃气及水生产和供应业（D），以及信息传输、软件和信息技术服务业（I）三个行业的非国有控股公司董事会治理指数均值高于国有控股公司；其他三个行业则是国有控股公司董事会治理指数高于非国有控股公司。

关于董事会治理分项指数：①四个分项指数中，五类所有制公司的董事会行为和独立董事独立性两个分项指数都达到了及格水平，而董事会结构和董事激励与约束两个分项指数均值均未及格，且董事会结构分项指数与及格线差距较大。②在董事会结构分项指数上，国有控股公司高于非国有控股公司；在独立董事独立性、董事会行为与董事激励与约束三个分项指数上，都是非国有控股公司都高于国有控股公司。③在董事会结构分项指数上，中央企业（或监管机构）最终控制的公司好于地方国企（或监管机构）和非国有企业或自然人最终控制的公司；在独立董事独立性、董事会行为以及董事激励与约束三个分项指数上，非国有企业或自然人最终控制的公司均好于中央企业（或监管机构）和地方国有企业（或监管机构）最终控制的公司。④从地区看，在董事会结构分项指数上，四个地区均是国有控股公司优于非国有控股公司；在独立董事独立性和董事会行为两个分项指数上，四个地区均是非国有控股公司优于国有控股公司；在董事激励与约束分项指数上，除西部地区，其他三个地区均是非国有控股公司优于国有控股公司。⑤从行业看，在六个代表性行业中，国有控股公司在董事会结构分项指数上均好于非国有控股公司，在董事激励与约束分项指数上国有控股公司表现相对较好；在董事会行为与独立董事独立性两个分项指数上，则是非国有控股公司表现相对更好。

第10章 董事会治理指数的年度比较
（2012～2020）

2013 ～ 2020 年，我们对 2012 ～ 2019 年中国上市公司董事会治理水平进行了七次测度，今年是第八次测度。本章将从总体、地区、行业、所有制和上市板块五个角度，比较分析八个年度中国上市公司董事会治理水平，以便了解董事会治理质量是否有所改进以及改进程度，以期对董事会治理的完善有所启示。

10.1 董事会治理指数总体的年度比较

董事会治理指数评价的样本公司每年增加，从 2012 年（2013 年评价）的 2314 家，增至 2020 年（2021 年评价）的 3774 家，基本上涵盖了全部上市公司。比较 2012 年以及 2014 年至 2020 年样本上市公司的董事会治理指数，以及董事会结构、独立董事独立性、董事会行为和董事激励与约束四个分项指数，结果参见表 10-1 和图 10-1。

表 10-1 2012 ～ 2020 年上市公司董事会治理指数均值比较

年份	样本量	总体指数	分项指数			
			董事会结构	独立董事独立性	董事会行为	董事激励与约束
2012	2314	51.8220	49.6966	58.8121	47.4252	51.3541
2014	2514	50.1722	49.0601	57.0975	42.6572	51.8740
2015	2655	50.1344	40.2751	60.5699	48.6130	51.0797
2016	2840	50.7269	40.5016	59.3846	51.0926	51.9288
2017	3147	51.4107	37.8602	60.7244	54.8657	52.1926
2018	3490	54.2273	38.5042	62.3343	61.7488	54.3219
2019	3569	56.3849	42.8039	61.1200	64.3884	57.2274
2020	3774	58.2667	42.2604	62.8434	69.6768	58.2862

由表 10-1 和图 10-1 可知：

第一，从董事会治理总体指数看，2012～2020 年八年间，2014 年和 2015 年连续下降，2016～2020 年逐年上升。相比 2012 年，2020 年提高 6.4447 分；相比 2019 年，2020 年提高 1.8818 分。

第二，从董事会结构分项指数看，2020 年该分项指数均值为 42.2604 分。相比 2012 年，2020 年下降 7.4362 分，降幅较大；相比 2019 年，2020 年下降 0.5435 分。

第三，从独立董事独立性分项指数看，2020 年该分项指数均值为 62.8434 分。相比 2012 年，2020 年上升 4.0313 分；相比 2019 年，2020 年上升 1.7234 分。

第四，从董事会行为分项指数看，2020 年该分项指数均值为 69.6768 分。相比 2012 年，2020 年大幅上升 22.2516 分；相比 2019 年，2020 年上升 5.2884 分。

第五，从董事激励与约束分项指数看，2020 年该分项指数均值为 58.2862 分。相比 2012 年，2020 年上升 6.9321 分；相比 2019 年，2020 年上升 1.0588 分。

从近几年的变化看，董事会行为和董事激励与约束两个分项指数上升幅度总体上大于董事会结构和独立董事独立性两个分项指数，反映了董事会实质性治理水平的提升。

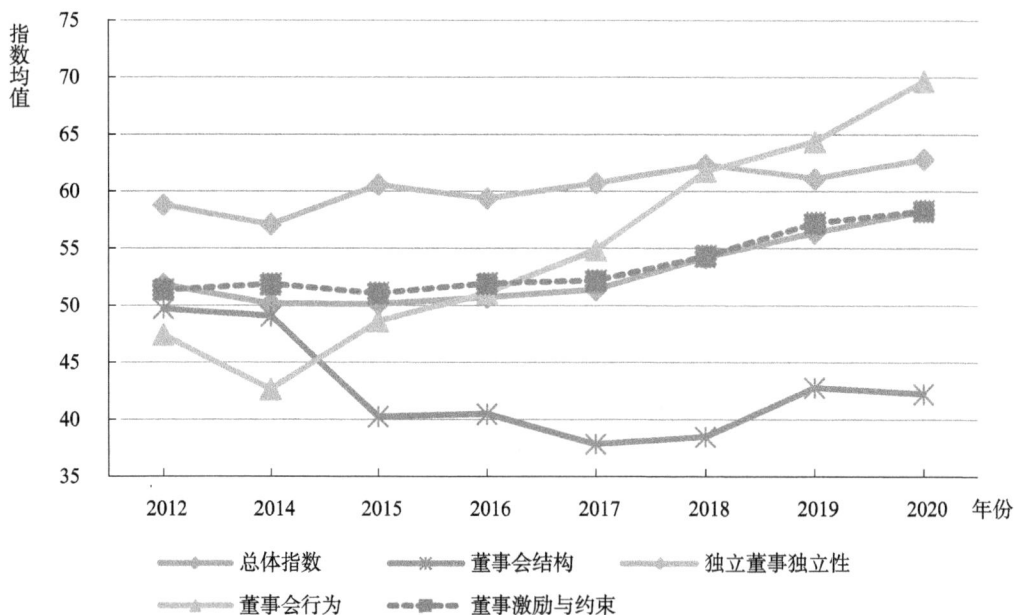

图10-1 2012～2020年上市公司董事会治理总体指数和分项指数的变化

10.2 分地区董事会治理指数的年度比较

按照四个地区的划分，对不同地区上市公司 2012 年以及 2014～2020 年八个年度董事会治理总体指数和四个分项指数进行比较，结果参见表 10-2。

表 10-2　2012～2020 年不同地区中国上市公司董事会治理指数均值比较

地区	年份	总体指数	分项指数				总体指数排名
			董事会结构	独立董事独立性	董事会行为	董事激励与约束	
东部	2012	52.0972	49.6929	59.0708	48.0436	51.5814	1
	2014	50.1932	48.9373	56.7206	42.8083	52.3067	2
	2015	50.3104	40.3700	60.4467	49.1716	51.2533	2
	2016	50.8815	40.4096	59.3311	51.5273	52.2581	2
	2017	51.4961	37.6673	60.5910	55.2672	52.4590	2
	2018	54.4635	38.2736	62.2958	62.4688	54.8158	1
	2019	56.5438	42.3739	61.0837	65.0859	57.6316	1
	2020	58.3138	41.8017	62.7833	70.0902	58.5799	2
中部	2012	51.0924	48.9875	57.9780	46.3752	51.0288	3
	2014	49.6033	48.0151	57.3733	41.9351	51.0899	4
	2015	49.7729	39.6478	60.4903	48.1033	50.8502	3
	2016	50.2845	40.2714	59.0042	50.0014	51.8611	3
	2017	51.1395	37.9105	60.6155	54.0047	52.0272	3
	2018	53.9416	38.6664	61.8476	61.5447	53.7078	3
	2019	56.2139	43.5256	60.7342	63.9173	56.6786	3
	2020	58.2685	43.3032	62.4411	69.3605	57.9690	3
西部	2012	51.9320	50.8373	58.5893	47.3086	50.9926	2
	2014	50.8464	50.9167	58.1421	43.3402	50.9866	1
	2015	50.3193	40.7816	61.4578	48.1095	50.9283	1
	2016	51.0356	41.3930	60.5308	51.2470	50.9715	1
	2017	51.9956	38.9828	62.1469	55.0524	51.8004	1
	2018	54.0059	39.8362	63.3193	60.0252	52.8429	2
	2019	56.4096	44.0976	62.2295	63.0421	56.2690	2
	2020	58.3318	43.4836	63.6026	68.6784	57.5624	1

地区	年份	总体指数	分项指数				总体指数排名
			董事会结构	独立董事独立性	董事会行为	董事激励与约束	
东北	2012	50.3528	48.6091	58.7010	43.5027	50.5983	4
	2014	49.6385	48.3695	58.1005	40.9401	51.1438	3
	2015	48.4310	39.4127	59.9072	44.4432	49.9609	4
	2016	49.0936	39.8477	57.9415	48.0560	50.5291	4
	2017	49.2499	37.2143	58.8014	51.0218	49.9622	4
	2018	51.9616	37.5595	61.3417	56.1113	52.8337	4
	2019	54.2269	43.5676	59.4134	58.6287	55.2980	4
	2020	57.2111	42.9726	62.7325	66.6516	56.4877	4

根据表 10-2 可以看出：

第一，从董事会治理总体指数看，2012 年、2018 年和 2019 年东部地区位居第一；2014 至 2017 年、2020 年西部地区居首位；东北除 2014 年获第三外，其他年度都位于末位。2012 年以来，四个地区的董事会治理指数在经历 2014 年或 2015 年的下降后逐渐提升，2020 年均成为八个年度以来的最高值。相比 2012 年，2020 年四个地区都上升，升幅在 6.21 ～ 7.18 分，中部升幅最大；相比 2019 年，2020 年四个地区也都上升，升幅在 1.77 ～ 2.99 分，东北升幅最大。

第二，从董事会结构分项指数看，相比 2012 年，2020 年四个地区都较大幅度下降，降幅在 5.63 ～ 7.90 分，东部降幅最大；相比 2019 年，2020 年四个地区都下降，降幅在 0.22 ～ 0.62 分，西部降幅最大。

第三，从独立董事独立性分项指数看，相比 2012 年，2020 年四个地区都上升，升幅在 3.71 ～ 5.02 分，西部升幅最大；相比 2019 年，2020 年四个地区也都上升，升幅在 1.37 ～ 3.32 分，东北地区升幅最大。

第四，从董事会行为分项指数看，相比 2012 年，2020 年四个地区都大幅度提升，升幅在 21.36 ～ 23.15 分，东北地区升幅最大；相比 2019 年，2020 年四个地区也都上升，升幅在 5.00 ～ 8.03 分，东北地区升幅最大。

第五，从董事激励与约束分项指数看，相比 2012 年，2020 年四个地区都上升，升幅在 5.88 ～ 7.00 分，东部升幅最大；相比 2019 年，2020 年四个地区也均上升，升幅在 0.94 ～ 1.30 分，西部升幅最大。

图 10-2 显示了四个地区董事会治理总体指数的变化趋势。可以看出，东部与中部

自 2015 年起连续六年呈现上升趋势，西部与东北自 2016 年起连续五年上升，四个地区近三年均增长较快。

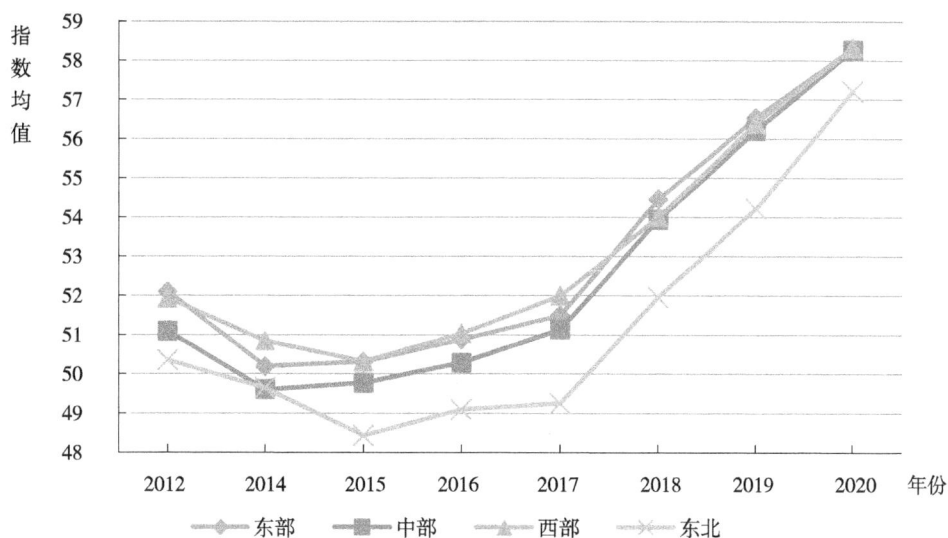

图10-2　2012～2020年不同地区上市公司董事会治理总体指数的变化

10.3　分行业董事会治理指数的年度比较

对 18 个行业上市公司 2012 年以及 2014 ～ 2020 年八个年度董事会治理总体指数和四个分项指数进行比较，结果参见表 10-3。

表 10-3　2012 ～ 2020 年不同行业上市公司董事会治理指数均值比较

行业	年份	总体指数	分项指数			
			董事会结构	独立董事独立性	董事会行为	董事激励与约束
农、林、牧、渔业（A）	2012	51.9521	49.2741	58.9423	47.1230	52.4691
	2014	53.3154	51.5785	60.5000	46.1830	55.0000
	2015	49.4305	38.7398	59.3818	49.4681	50.1323
	2016	51.4685	39.3256	60.8079	53.9731	51.7677
	2017	52.9386	36.5136	63.0869	58.7147	53.4392
	2018	53.3793	37.4688	62.4133	62.1446	51.4905
	2019	56.5859	43.0215	62.1215	65.1032	56.0976
	2020	58.9327	43.3524	64.2550	69.6575	58.4656

续表

行业	年份	总体指数	分项指数			
			董事会结构	独立董事独立性	董事会行为	董事激励与约束
采矿业（B）	2012	51.6178	49.7309	57.0607	48.9975	50.6823
	2014	50.2761	50.2145	59.0580	44.0864	47.7456
	2015	48.8876	41.0768	58.1763	45.6125	50.6849
	2016	48.8156	43.3075	57.7475	46.5665	47.6408
	2017	49.4091	41.1089	58.1252	49.6036	48.7988
	2018	52.7054	43.0336	61.4236	55.1949	51.1696
	2019	54.1713	44.2752	59.5426	57.0897	55.7778
	2020	57.1237	46.2232	59.5848	67.2054	55.4815
制造业（C）	2012	51.7430	49.1963	58.8384	47.4177	51.5196
	2014	50.1734	48.3955	57.0059	42.7593	52.5329
	2015	50.4672	39.7456	61.2551	49.5624	51.3058
	2016	50.9133	39.7612	59.8062	51.7508	52.3349
	2017	51.5549	36.8884	61.1907	55.5838	52.5569
	2018	54.4380	37.3672	62.7634	62.8998	54.7215
	2019	56.3655	41.4251	61.3879	65.3677	57.2813
	2020	58.2328	40.7787	63.2045	70.0259	58.9221
电力、热力、燃气及水生产和供应业（D）	2012	51.2467	50.6491	58.5701	43.8196	51.9481
	2014	50.1653	49.6323	58.8008	41.5505	50.6775
	2015	49.8174	41.9915	59.6376	44.0825	53.5581
	2016	49.2991	40.8815	57.6248	46.4333	52.2569
	2017	50.2894	40.3068	59.2347	49.4044	52.2114
	2018	53.0315	40.6809	62.1890	54.9173	54.3386
	2019	55.6033	45.7948	60.3644	57.6405	58.6137
	2020	58.1964	45.5742	62.9049	66.2168	58.0897
建筑业（E）	2012	53.0903	49.4457	58.5202	52.3119	52.0833
	2014	50.3517	50.8567	59.6818	44.6158	50.2525
	2015	50.5815	40.1488	59.5975	49.6061	52.9734

行业	年份	总体指数	分项指数			
			董事会结构	独立董事独立性	董事会行为	董事激励与约束
建筑业（E）	2016	50.9310	40.7111	59.8865	51.8999	51.2266
	2017	51.3453	39.2290	60.5902	54.2656	51.2963
	2018	53.5216	39.8273	61.1524	59.2794	53.8272
	2019	57.4384	45.7636	61.7701	65.9625	56.2573
	2020	58.8680	44.9566	63.8124	70.2703	56.4327
批发和零售业（F）	2012	51.4891	50.1455	60.0271	49.0060	50.7778
	2014	49.4314	49.4804	57.8591	40.9456	49.4407
	2015	48.4862	39.8619	59.7678	44.3528	49.9622
	2016	48.5603	40.0607	58.6859	46.5834	48.9114
	2017	48.5385	37.0769	58.8595	50.3272	47.8903
	2018	52.0216	39.0713	61.5717	55.8176	51.6260
	2019	55.0499	43.4977	61.1160	59.7886	55.7971
	2020	56.6750	43.2296	62.0357	67.2167	54.2181
交通运输、仓储和邮政业（G）	2012	53.0385	50.5281	58.9228	49.0955	53.6075
	2014	50.8385	49.8959	58.3951	43.4854	51.5775
	2015	50.4096	42.6532	58.4677	48.1856	52.3320
	2016	51.1708	43.4555	59.9494	48.4687	52.8097
	2017	51.8444	40.3825	62.7243	50.6906	53.5802
	2018	54.0475	41.5655	63.4434	56.1982	54.9828
	2019	56.6206	46.4183	62.0173	59.4955	58.5512
	2020	59.4260	46.4399	64.1197	68.3667	58.7778
住宿和餐饮业（H）	2012	54.2590	54.5959	62.6717	47.9167	51.8519
	2014	49.2138	52.4703	59.5455	43.4253	41.4141
	2015	49.5306	40.3565	60.6044	46.1513	51.0101
	2016	49.4225	42.0253	59.9498	51.7755	43.9394
	2017	48.3821	33.8777	55.5556	55.9471	48.1481
	2018	52.9774	36.7428	63.2333	64.4024	47.5309

续表

行业	年份	总体指数	分项指数			
			董事会结构	独立董事独立性	董事会行为	董事激励与约束
住宿和餐饮业（H）	2019	55.3964	38.5638	64.4444	65.4908	53.0864
	2020	55.3900	35.8654	61.4286	67.9167	56.3492
信息传输、软件和信息技术服务业（I）	2012	49.2696	47.3182	59.8364	49.7390	48.1848
	2014	47.9860	49.8415	53.5821	39.8254	52.6949
	2015	50.3573	40.4353	59.5740	50.4239	50.9962
	2016	51.7482	40.8666	60.4599	54.1596	51.5066
	2017	52.4564	37.5968	61.6949	58.1498	52.3844
	2018	55.1900	38.0854	63.0151	65.4358	54.2239
	2019	57.2286	42.7021	61.6444	67.8728	56.6952
	2020	58.3307	41.1602	63.2621	71.0391	57.8613
金融业（J）	2012	56.0669	62.6741	56.4566	54.5950	50.5420
	2014	53.0054	61.3309	59.3488	47.2799	48.0620
	2015	49.7628	49.5428	56.7413	50.1367	42.6304
	2016	52.6134	52.7567	53.1850	52.2702	52.2417
	2017	54.2745	52.7050	58.1334	55.3937	50.8658
	2018	56.5689	52.6008	59.1330	58.8599	55.6818
	2019	59.1768	57.0289	59.0982	60.7667	59.8131
	2020	62.2246	58.3676	60.7917	71.6195	58.1197
房地产业（K）	2012	52.5244	51.0853	60.0771	47.7616	51.1737
	2014	50.3785	51.8365	57.6894	41.6937	50.2946
	2015	48.3869	40.4784	59.1977	44.9496	48.9221
	2016	49.3171	40.6999	55.6560	49.5790	51.3333
	2017	50.1663	38.3241	56.8705	53.0705	52.4000
	2018	52.2568	39.2682	58.4562	58.2563	53.0466
	2019	54.6456	44.4991	56.8810	61.5541	55.6482
	2020	56.5397	44.3954	57.0015	67.4496	57.3124

行业	年份	总体指数	分项指数			
			董事会结构	独立董事独立性	董事会行为	董事激励与约束
租赁和商务服务业（L）	2012	52.7840	49.4709	57.8812	51.4031	52.3810
	2014	51.4592	49.8702	58.5417	45.5729	51.8519
	2015	49.7562	40.0187	58.4777	50.7422	49.7863
	2016	51.1025	40.4422	58.8629	52.8828	52.2222
	2017	49.9175	36.7750	58.1481	55.2759	49.4709
	2018	54.6110	37.4306	60.9154	66.1148	53.9832
	2019	56.3078	43.1814	58.8361	68.1922	55.0214
	2020	58.2521	43.0105	62.6284	70.8563	56.5134
科学研究和技术服务业（M）	2012	50.8180	41.6093	62.5116	53.4722	45.6790
	2014	50.6820	46.9216	57.7273	45.0487	53.0303
	2015	52.3374	42.2470	65.6276	50.2403	51.2346
	2016	51.9371	40.9034	63.2982	52.8222	50.7246
	2017	52.6849	40.5183	63.3945	54.3961	52.4306
	2018	55.4178	40.8660	65.5275	62.0367	53.2408
	2019	57.5174	43.3611	64.1331	62.3284	60.2469
	2020	59.0207	44.1011	63.0146	69.3809	59.5861
水利、环境和公共设施管理业（N）	2012	52.2696	51.4597	61.3366	46.0404	50.2416
	2014	51.7255	50.7598	56.1539	45.5014	54.4872
	2015	51.6046	41.8793	61.3376	50.6089	52.5926
	2016	51.8127	42.6087	58.4960	53.2842	52.8620
	2017	53.1349	39.6493	60.5300	56.9436	55.4167
	2018	55.2796	40.1499	60.4792	63.3781	57.1111
	2019	58.3625	44.8177	61.6591	66.4795	60.4939
	2020	59.1336	42.5381	64.7989	69.7890	59.4086
教育（P）	2012	60.4969	62.9798	71.6667	51.7857	55.5556
	2014	54.8061	45.4546	70.0000	48.2143	55.5556
	2015	51.2003	40.9091	70.0000	38.3366	55.5556

续表

行业	年份	总体指数	分项指数			
			董事会结构	独立董事独立性	董事会行为	董事激励与约束
教育（P）	2016	52.0097	41.4941	69.9099	37.3755	59.2593
	2017	52.5554	36.1921	67.5000	50.9737	55.5556
	2018	53.0014	34.9933	64.3750	62.6374	50.0000
	2019	57.3004	47.5089	63.0556	60.9982	57.6389
	2020	56.8544	43.4225	62.0000	66.9949	55.0000
卫生和社会工作（Q）	2012	47.3709	46.9096	53.2222	37.5000	51.8519
	2014	45.0260	46.2695	53.7500	31.4732	48.6111
	2015	51.0602	41.6111	64.0000	49.7409	48.8889
	2016	49.6250	40.7941	59.2857	47.6267	50.7937
	2017	51.2785	42.4424	59.3750	53.9911	49.3056
	2018	57.5180	43.2240	63.3333	65.6443	57.8704
	2019	56.0562	43.9837	57.0525	69.4849	53.7037
	2020	55.9327	44.1818	62.2611	66.0059	51.2821
文化、体育和娱乐业（R）	2012	53.1762	51.6794	59.1406	49.1071	52.7778
	2014	50.8285	51.0905	58.6207	41.6872	51.9157
	2015	49.4388	41.0871	60.2256	43.2019	53.2407
	2016	51.2896	41.8678	59.0287	48.7065	55.5556
	2017	51.7777	38.0063	59.7102	54.6490	54.7454
	2018	53.8054	39.5882	59.6400	60.6296	55.3640
	2019	55.7991	42.2695	60.7330	62.0068	58.1872
	2020	56.9805	42.1354	60.4704	68.7069	56.6092
综合（S）	2012	50.1483	49.7220	58.6950	41.9237	50.2525
	2014	49.5376	48.8417	56.6667	40.3274	52.3148
	2015	48.2421	40.1366	59.0013	41.6082	52.2222
	2016	50.0251	39.4016	61.9899	45.3271	53.3816
	2017	50.9541	36.9862	61.9830	50.2580	54.5894
	2018	50.1189	38.5633	61.2989	51.4072	49.2063

续表

行业	年份	总体指数	分项指数			
			董事会结构	独立董事独立性	董事会行为	董事激励与约束
综合（S）	2019	53.3912	45.5767	59.7514	53.3347	54.9020
	2020	58.6881	44.9105	68.7477	64.6840	56.4103

注：①由于教育（P）在2012年、2014年和2015年只有1家上市公司，难以反映该行业的实际平均水平，故只比较2016~2020年；②居民服务、修理和其他服务业（O）只有1家上市公司，难以代表该行业整体水平，故排名时剔除。

我们从表10-3中可以看出：

第一，从董事会治理总体指数看，相比2012年，2020年全部17个行业（剔除教育）都上升，升幅在1.13~9.07分，升幅最大的是信息传输、软件和信息技术服务业（I）；相比2019年，2020年除教育（P），卫生和社会工作（Q），住宿和餐饮业（H）之外的15个行业都上升，升幅在0.77~5.30分，升幅最大的是综合（S）。

第二，从董事会结构分项指数看，相比2012年，2020年除科学研究和技术服务业（M）之外的16个行业（剔除教育）都是下降的，降幅在2.72~18.74分，降幅最大的是住宿和餐饮业（H）；仅有科学研究和技术服务业（M）略有上升，上升2.4918分。相比2019年，2020年有6个行业上升，升幅在0.02~1.95分，上升最大的行业为采矿业（B），上升1.9480分；有12个行业下降，降幅在0.10~4.09分，降幅最大的是教育（P），下降4.0864分。

第三，从独立董事独立性分项指数看，相比2012年，2020年有15个行业上升，升幅在0.50~10.06分，升幅最大的是综合（S）；只有（剔除教育）住宿和餐饮业（H），以及房地产业（K）下降。相比2019年，2020年有14个行业上升，升幅在0.04~9.00分，升幅最大的是综合（S）；有4个行业下降，降幅在0.26~3.02分，降幅最大的是住宿和餐饮业（H）。

第四，从董事会行为分项指数看，相比2012年，2020年全部17个行业（剔除教育）都上升，升幅在15.90~28.51分，升幅最大的是卫生和社会工作（Q）。相比2019年，2020年只有卫生和社会工作（Q）行业下降，下降3.4790分，其他17个行业都上升，升幅在2.42~11.35分，升幅最大的是综合（S），上升11.3493分。

第五，从董事激励与约束分项指数看，相比2012年，2020年除卫生和社会工作（Q）之外的全部16个行业（剔除教育）都上升，升幅在3.44~13.91分，升幅最大的是科学研究和技术服务业（M）。相比2019年，2020年有9个行业上升，升幅在0.17~3.27分，升幅最大的是住宿和餐饮业（H）；有9个行业下降，降幅在0.29~2.64分，降幅最大的是教育（P）。

10.4 分所有制董事会治理指数的年度比较

依照第 1 章五种所有制类型的划分，对 2012 年以及 2014～2020 年八个年度董事会治理总体指数和四个分项指数进行比较，结果见表 10-4 Panel A。另外，进一步将样本按照国有控股公司和非国有控股公司分类，统计结果见表 10-4 Panel B。

表 10-4 2012～2020 年不同所有制上市公司董事会治理指数均值比较

所有制类型	年份	总体指数	分项指数				总体指数排名
			董事会结构	独立董事独立性	董事会行为	董事激励与约束	
Panel A 按照五类所有制公司分类							
国有绝对控股公司	2012	51.3830	50.2349	57.4871	47.4476	50.3623	4
	2014	49.9327	51.1554	56.9731	42.2198	49.3827	4
	2015	49.2353	41.2992	58.3869	45.5225	51.7326	5
	2016	49.1661	42.8285	57.2369	46.0658	50.5333	5
	2017	50.4530	41.3879	59.1268	50.0866	51.2105	5
	2018	53.1976	42.5491	61.4174	55.4253	53.3987	4
	2019	55.3361	46.1908	59.4839	57.6288	58.0410	5
	2020	58.1615	47.5128	60.8964	67.3662	56.8707	4
国有强相对控股公司	2012	52.4214	51.8172	58.7547	46.9145	52.1991	2
	2014	50.8110	51.7851	57.4272	42.4139	51.6176	2
	2015	50.0703	42.3986	59.8447	45.9109	52.1271	3
	2016	50.0440	42.9489	58.0943	47.6279	51.5049	4
	2017	50.7400	40.9798	59.1147	51.2285	51.6369	4
	2018	53.0426	41.8266	60.5982	56.0682	53.6776	5
	2019	55.6540	46.1572	60.4694	58.7644	57.2249	4
	2020	58.4094	45.8437	61.7710	67.7023	58.3205	2
国有弱相对控股公司	2012	53.0391	51.6198	59.7199	48.2375	52.5794	1
	2014	51.0383	51.4312	58.8584	42.3985	51.4650	1

所有制类型	年份	总体指数	分项指数				总体指数排名
			董事会结构	独立董事独立性	董事会行为	董事激励与约束	
国有弱相对控股公司	2015	50.4304	42.6243	60.9209	46.6504	51.5258	2
	2016	50.9194	42.7188	58.9894	48.9435	53.0258	2
	2017	51.7115	41.5564	59.8778	52.3871	53.0245	2
	2018	54.2528	42.9966	61.6174	58.1703	54.2271	3
	2019	56.8324	47.6163	60.5509	62.2113	56.9511	2
	2020	58.6072	46.7202	60.8884	69.0611	57.7590	1
国有参股公司	2012	51.6720	49.1394	59.2114	46.7108	51.6264	3
	2014	50.6939	49.0825	58.0491	43.7062	51.9380	3
	2015	50.6870	39.5999	60.9727	50.7473	51.4280	1
	2016	51.5811	39.8906	60.4916	54.0329	51.9092	1
	2017	51.9251	36.8569	61.2354	57.5425	52.0656	1
	2018	54.8313	37.5838	62.2570	64.9102	54.5740	1
	2019	57.0257	42.5524	60.7841	67.8758	56.8906	1
	2020	58.3846	41.5055	62.7467	70.9784	58.3078	3
无国有股份公司	2012	51.3783	48.3006	58.7642	47.6497	50.7986	5
	2014	49.5901	46.8572	56.2183	42.5691	52.7157	5
	2015	50.0144	38.8125	61.1757	49.9558	50.1134	4
	2016	50.7465	38.7060	59.7982	52.3879	52.0941	3
	2017	51.4541	35.7484	61.5006	56.1480	52.4192	3
	2018	54.3764	36.4071	63.1624	63.4069	54.5291	2
	2019	56.2722	40.1599	61.9256	65.6447	57.3586	3
	2020	58.1556	39.6620	63.9719	70.2520	58.7365	5
Panel B 按照国有控股公司和非国有控股公司分类							
国有控股公司	2012	52.3219	51.3032	58.7004	47.4875	51.7964	1
	2014	50.6181	51.4971	57.7080	42.3523	50.9149	1
	2015	49.9295	42.1442	59.7231	46.0042	51.8464	2
	2016	50.1166	42.8445	58.1783	47.6780	51.7655	2

所有制类型	年份	总体指数	分项指数				总体指数排名
			董事会结构	独立董事独立性	董事会行为	董事激励与约束	
国有控股公司	2017	50.9917	41.2702	59.3704	51.3337	51.9924	2
	2018	53.5049	42.4127	61.1549	56.6494	53.8026	2
	2019	56.0216	46.7147	60.2639	59.7903	57.3173	2
	2020	58.3452	46.7271	61.2217	67.8378	57.5940	1
非国有控股公司	2012	51.4625	48.5412	58.8924	47.3805	51.0360	2
	2014	49.8738	47.4291	56.6888	42.8613	52.5159	2
	2015	50.2629	39.1034	61.1007	50.2483	50.5991	1
	2016	51.0737	39.1704	60.0700	53.0328	52.0216	1
	2017	51.6217	36.1430	61.4062	56.6444	52.2934	1
	2018	54.5378	36.8245	62.8412	63.9402	54.5451	1
	2019	56.5489	41.0385	61.5064	66.4640	57.1868	1
	2020	58.2319	40.2758	63.5640	70.4939	58.5938	2

从表 10-4 Panel A 可以看出：

第一，从董事会治理总体指数看，2012 年、2014 年和 2020 年国有弱相对控股公司位居第一，2015 年至 2019 年，国有参股公司为第一。相比 2012 年，2020 年五类公司均上升，升幅在 5.56～6.78 分，国有绝对控股公司升幅最大；相比 2019 年，2020 年五类公司也都上升，升幅在 1.36～2.83 分，国有绝对控股公司升幅最大。

第二，从董事会结构分项指数看，相比 2012 年，2020 年五类公司全部下降，降幅在 2.72～8.64 分，降幅最大的是无国有股份公司；相比 2019 年，2020 年除国有绝对控股公司上升之外，其他四类公司都下降，降幅在 0.31～1.05 分，降幅最大的是国有参股公司。

第三，从独立董事独立性分项指数看，相比 2012 年，2020 年五类公司全部上升，升幅在 1.16～5.21 分，升幅最大的是无国有股份公司；相比 2019 年，2020 年五类公司也全部上升，升幅在 0.33～2.05 分，升幅最大的也是无国有股份公司。

第四，从董事会行为分项指数看，相比 2012 年，2020 年五类公司全部大幅上升，升幅在 19.91～24.27 分，升幅最大的是国有参股公司；相比 2019 年，2020 年五类公司也都上升，升幅在 3.10～9.74 分，升幅最大是国有绝对控股公司。

第五，从董事激励与约束分项指数看，相比 2012 年，2020 年五类公司都上升，升幅在 5.17～7.94 分，升幅最大的是无国有股份公司；相比 2019 年，2020 年除国有绝对控股公司下降 1.1703 分之外，其他四类公司均上升，升幅在 0.80～1.42 分，升幅最大的是国有参股公司。

图 10-3 显示了五类所有制公司董事会治理总体指数的变化。可以看出，国有绝对控股公司和国有强相对控股公司 2012～2016 年连续下降，2017～2020 年连续上升；国有弱相对控股公司和国有参股公司 2012～2015 年连续下降，2016～2020 年连续上升；无国有股份公司仅 2014 年下降，2015～2020 年连续六年上升。值得注意的是，近三年五类公司的董事会治理指数均上升较快，说明随着国企混改不断推进，以及公司治理逐渐与国际接轨，在一定程度上促进了董事会治理水平的提升。

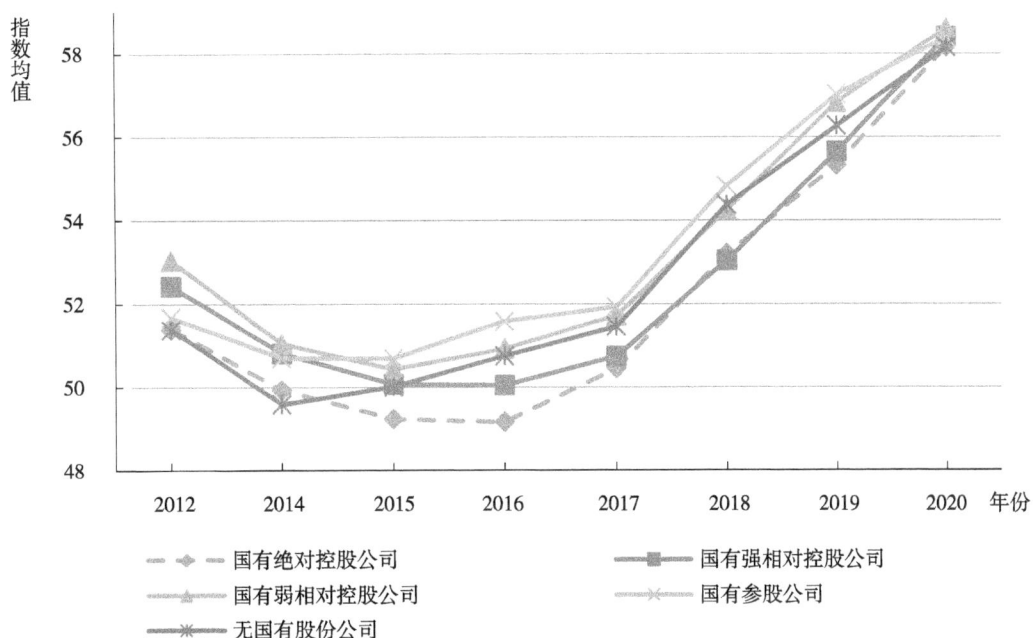

图10-3　2012～2020年不同所有制上市公司董事会治理总体指数的变化

从表 10-4 Panel B 可以看出：

第一，从董事会治理总体指数看，国有控股公司在 2014 年和 2015 年连续下降后，自 2016 年起连续上升；非国有控股公司在 2014 年下降后，自 2015 年起连续上升，并且在 2015 年至 2019 年超过国有控股公司，但 2020 年，国有控股公司又略超非国有控股公司（参见图 10-4）。相比 2012 年，2020 年国有控股公司和非国有控股公司分别上升 6.0233 分和 6.7694 分；相比 2019 年，2020 年国有控股公司和非国有控股公司分别上升 2.3236 分和 1.6830 分。

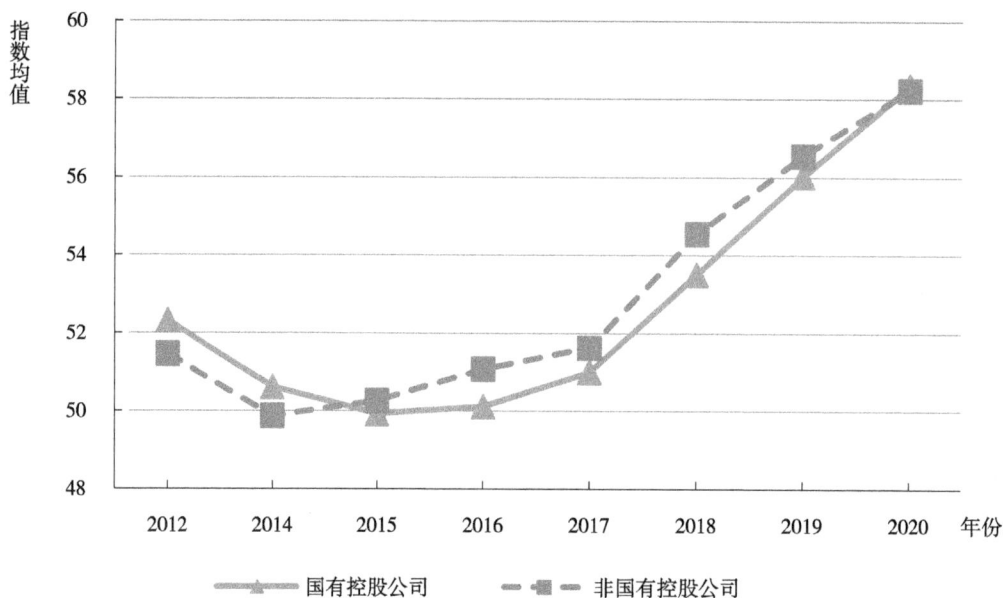

图10-4 2012～2020年国有控股与非国有控股上市公司董事会治理总体指数的变化

第二，从董事会结构分项指数看，相比2012年，2020年国有控股公司和非国有控股公司均有所下降，分别下降4.5761分和8.2654分，非国有控股公司降幅大于国有控股公司；相比2019年，2020年国有控股公司上升0.0124分，非国有控股公司下降0.7627分。

第三，从独立董事独立性分项指数看，相比2012年，2020年国有控股公司和非国有控股公司分别上升2.5213分和4.6716分，非国有控股公司升幅大于国有控股公司；相比2019年，2020年国有控股公司和非国有控股公司也均上升，分别上升0.9578分和2.0576分。

第四，从董事会行为分项指数看，两类公司都是2014年有较大幅度的下降，此后六年连续上升。经过六年的上升，国有控股公司超过及格水平，为67.8378分；非国有控股公司在2020年达到及格水平后继续攀升，2020年达到70.4939分。相比2012年，2020年国有控股公司和非国有控股公司均有大幅上升，分别上升20.3503分和23.1134分，非国有控股公司升幅大于国有控股公司；相比2019年，2020年国有控股公司和非国有控股公司分别上升8.0475分和4.0299分，国有控股公司升幅大于非国有控股公司。

第五，从董事激励与约束分项指数看，国有控股公司2012～2016年有所波动，但此后持续上升；非国有控股公司2012～2015年有所波动，但此后持续上升。相比2012年，2020年国有控股公司和非国有控股公司分别上升5.7976分和7.5578分，非国有控股公司升幅大于国有控股公司；相比2019年，2020年国有控股公司和非国有控股公司分别上升0.2767分和1.4070分。

10.5 分上市板块董事会治理指数的年度比较

按照四个上市板块的划分，对不同板块上市公司 2012 年以及 2014～2020 年八个年度董事会治理总体指数和四个分项指数进行比较。由于沪市科创板 2019 年 6 月才开板，只有本年度的数据，所以只比较其他三个板块。另外，深市主板含原来的中小企业板。统计结果参见表 10-5。

表 10-5　2012～2020 年不同板块上市公司董事会治理指数均值比较

板块	年份	总体指数	分项指数				总体指数排名
			董事会结构	独立董事独立性	董事会行为	董事激励与约束	
深市主板	2012	53.7315	51.7048	60.4739	50.6664	52.0809	1
	2014	52.0743	51.2216	58.6442	45.4898	52.9417	1
	2015	52.2135	41.0489	61.7310	54.8160	51.2580	1
	2016	53.1431	41.6712	60.1306	57.9572	52.8133	1
	2017	53.4195	38.6801	61.5447	60.8488	52.6046	2
	2018	56.7973	39.7638	62.5069	69.9115	55.0069	2
	2019	59.1920	44.5508	61.7653	73.7691	56.6828	2
	2020	59.4808	43.7550	62.9182	73.4005	57.8495	2
深市创业板	2012	46.7867	42.6673	54.2004	43.6007	46.6785	3
	2014	46.6467	41.9404	50.1979	39.1420	55.3064	3
	2015	51.4645	39.6964	61.6840	52.9851	51.4927	2
	2016	52.5617	38.9836	60.9967	57.8303	52.4361	2
	2017	54.1269	36.5039	62.5944	64.2708	53.1385	1
	2018	57.3351	38.0087	64.5573	72.2885	54.4860	1
	2019	59.3148	41.3857	62.7642	74.7347	58.3745	1
	2020	59.7835	40.7918	64.6771	74.2010	59.4640	1
沪市主板	2012	51.0411	49.4066	58.2028	44.6526	51.9023	2
	2014	49.3069	49.2023	57.9199	40.5210	49.5844	2
	2015	47.1010	39.5979	58.7196	39.3928	50.6938	3

板块	年份	总体指数	分项指数				总体指数排名
			董事会结构	独立董事独立性	董事会行为	董事激励与约束	
沪市主板	2016	47.0944	39.8599	57.7779	40.0645	50.6753	3
	2017	47.9345	37.6739	58.9244	43.8547	51.2852	3
	2018	50.1181	37.5305	61.0203	48.3526	53.5689	3
	2019	52.2005	41.8654	59.6592	50.1196	57.1577	3
	2020	56.4365	41.8952	61.7556	64.0400	58.0554	3
沪市科创板	2020	56.3958	38.3021	63.4373	65.3924	58.4515	4

从表 10-5 可以看出：

第一，从董事会治理总体指数看，深市主板和深市创业板除 2014 年出现下降外，之后历年连续上升；沪市主板则在 2012～2016 年连续下降后，2017～2020 年连续上升。三个板块中，深市创业板近四年都排名第一位，而沪市主板近六年都排名最后一位，深市主板近四年都排名第二位（参见图 10-5）。相比 2012 年，2020 年三个板块均有上升，升幅在 5.39～13.00 分，深市创业板升幅最大。相比 2019 年，三个板块也都上升，升幅在 0.28～4.24 分，沪市主板升幅最大。

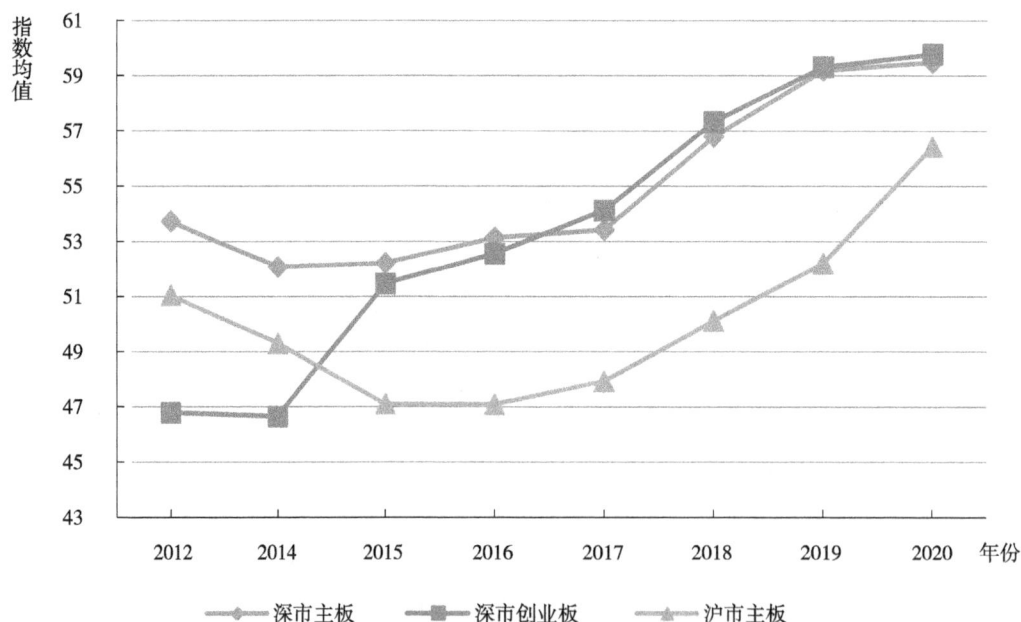

图10-5 2012～2020年不同板块上市公司董事会治理总体指数的变化

第二，从董事会结构分项指数看，相比 2012 年，2020 年三个板块全部下降，降幅在 1.87～7.95 分，深市主板降幅最大；相比 2019 年，2020 年只有沪市主板略有上升，上升 0.0298 分，其余两个板块下降，但下降幅度都没有超过 0.8 分。

第三，从独立董事独立性分项指数看，相比 2012 年，2020 年三个板块均上升，升幅在 2.44～10.48 分，深市创业板升幅最大；相比 2019 年，2020 年三个板块均上升，升幅在 1.15～2.10 分，沪市主板升幅最大。

第四，从董事会行为分项指数看，相比 2012 年，2020 年三个板块均有大幅提升，升幅在 19.38～30.61 分，其中深市创业板升幅最大；相比 2019 年，2020 年除沪市主板上升 13.9204 分之外，其余两个板块都有小幅下降，下降幅度都没有超过 0.6 分。

第五，从董事激励与约束分项指数看，相比 2012 年，2020 年三个板块均上升，升幅在 5.76～12.79 分，深市创业板升幅最大；相比 2019 年，2020 年三个板块也都上升，升幅在 0.89～1.17 分，深市主板升幅最大。

10.6　本章小结

本章从总体、地区、行业、所有制和上市板块五个角度分别比较了 2012～2020 年八个年度的中国上市公司的董事会治理水平，主要结论如下：

从总体看，2012～2020 年八年间，2014 年和 2015 年连续下降，2016～2020 年逐年上升。相比 2012 年，2020 年提高 6.4447 分；相比 2019 年，2020 年提高 1.8818 分。四个分项指数中，相比 2012 年，2020 年董事会结构分项指数下降，独立董事独立性、董事会行为、董事激励与约束分项指数上升，其中董事会行为分项指数升幅较大；相比 2019 年，董事会结构分项略有下降，其余三个分项指数有所上升。从近几年的变化看，董事会行为和董事激励与约束两个分项指数上升幅度总体上大于董事会结构和独立董事独立性两个分项指数，反映了董事会实质性治理水平的提升。

从地区看，在董事会治理总体指数上，2012 年以来，四个地区的董事会治理指数在经历 2014 年或 2015 年的下降后逐渐提升，2020 年均成为八个年度以来的最高值。相比 2012 年，2020 年四个地区都上升，中部升幅最大；相比 2019 年，2020 年四个地区也都上升，东北升幅最大。在董事会结构分项指数上，相比 2012 年，2020 年四个地区都较大幅度下降，东部降幅最大；相比 2019 年，2020 年四个地区都下降，西部降幅最大。在独立董事独立性分项指数上，相比 2012 年，2020 年四个地区都上升，西部升幅最大；相比 2019 年，2020 年四个地区也都上升，东北地区升幅最大。在董事会行为分项指数上，相比 2012 年，2020 年四个地区都大幅度提升，东北地区升幅最大；相比 2019 年，2020 年四个地区也都上升，东北地区升幅最大。在董事激励与约束分项指数上，相比 2012 年，

2020 年四个地区都上升，东部升幅最大；相比 2019 年，2020 年四个地区也均上升，西部升幅最大。

从行业看，在董事会治理总体指数上，相比 2012 年，2020 年全部 17 个行业（剔除教育）都上升；相比 2019 年，2020 年除教育（P），卫生和社会工作（Q），住宿和餐饮业（H）之外的 15 个行业都上升。在董事会结构分项指数上，相比 2012 年，2020 年除科学研究和技术服务业（M）之外的 16 个行业（剔除教育）都是下降的；相比 2019 年，2020 年有 6 个行业上升，有 12 个行业下降。在独立董事独立性分项指数上，相比 2012 年，2020 年有 15 个行业上升；相比 2019 年，2020 年有 14 个行业上升，有 4 个行业下降。在董事会行为分项指数上，相比 2012 年，2020 年全部 17 个行业（剔除教育）都上升；相比 2019 年，2020 年只有卫生和社会工作（Q）行业下降，其他 17 个行业都上升。在董事激励与约束分项指数上，相比 2012 年，2020 年除卫生和社会工作（Q）之外的全部 16 个行业（剔除教育）都上升；相比 2019 年，2020 年有 9 个行业上升，有 9 个行业下降。

从所有制看，在董事会治理总体指数上，国有控股公司在 2014 年和 2015 年连续下降后，自 2016 年起连续上升；非国有控股公司在 2014 年下降后，自 2015 年起连续上升。相比 2012 年和 2019 年，两类公司均有上升。在董事会结构分项指数上，相比 2012 年，2020 年国有控股公司和非国有控股公司均有所下降；相比 2019 年，2020 年国有控股公司上升，非国有控股公司下降。在独立董事独立性分项指数上，相比 2012 年和 2019 年，2020 年国有控股公司和非国有控股公司均上升。在董事会行为分项指数上，两类公司都是 2014 年有较大幅度的下降，此后六年连续上升。相比 2012 年和 2019 年，两类公司均有上升。在董事激励与约束分项指数上，相比 2012 年和 2019 年，两类公司均有所上升。

从上市板块看，在董事会治理总体指数上，沪市主板近六年都排名最后一位，相比 2012 年和 2019 年，2020 年三个板块均有上升。在董事会结构分项指数上，相比 2012 年，2020 年三个板块全部下降；相比 2019 年，2020 年只有沪市主板上升，其余两个板块下降。在独立董事独立性分项指数上，相比 2012 年和 2019 年，2020 年三个板块均上升。在董事会行为分项指数上，相比 2012 年，2020 年三个板块均有大幅提升；相比 2019 年，2020 年除沪市主板上升之外，其余两个板块都有小幅下降。在董事激励与约束分项指数上，相比 2012 年和 2019 年，2020 年三个板块均上升。

第四篇　企业家能力指数

第11章 企业家能力总体指数排名及比较

根据第 1 章确定的企业家能力指数评价方法，以及我们评估获得的 2020 年度 3774 家样本上市公司指数数据，本章对这些上市公司的企业家能力指数进行总体排名和分析，然后分别从地区、行业和上市板块三个角度依次进行比较和分析。

11.1 企业家能力指数总体分布及排名

基于上市公司 2020 年的公开数据，根据本报告构建的企业家能力指数指标体系和指数计算方法，对 3774 家上市公司企业家能力指数进行计算，可以得到中国上市公司企业家能力指数的整体排名情况。

11.1.1 企业家能力指数总体分布

2020 年上市公司企业家能力指数总体得分情况参见表 11-1。

表 11-1 2020 年上市公司企业家能力指数总体情况

项目	公司数目	平均值	中位值	最大值	最小值	标准差	偏度系数	峰度系数
数值	3774	32.7635	33.0286	54.4290	10.9885	5.7697	-0.2069	0.3440

从表 11-1 可以看出，2020 年上市公司企业家能力指数最大值 54.4290 分，最小值 10.9885 分，平均值 32.7635 分，中位值 33.0286 分。相对于 2019 年，本年度企业家能力指数有所上升，平均值从 29.6270 分上升至 32.7635 分，上升了 3.1365 分，但企业家能力仍然处于低水平，需要相关机构和企业进一步落实经理层的独立经营权，避免其他主体的不当干预。

为进一步了解企业家能力指数在各个区间的分布情况，我们将企业家能力指数以 5 分为间隔进行区间划分，由于企业家能力指数最大值为 54.4290，最小值为 10.9885，故可以划分为 [0，10）、[10，15）、[15，20）、[20，25）、[25，30）、[30，35）、[35，40）、[40，45）、[45，50）、[50，55）和 [55，100]11 个区间（公司数目为 0 的指数区间合并），每个得分区间的企业数目和所占比重参见表 11-2。

表 11-2　2020 年上市公司企业家能力指数区间分布

指数区间	公司数目	占比（%）	累计占比（%）
[0，10）	0	0.00	0.00
[10，15）	10	0.26	0.26
[15，20）	71	1.88	2.15
[20，25）	275	7.29	9.43
[25，30）	755	20.01	29.44
[30，35）	1314	34.82	64.26
[35，40）	1005	26.63	90.89
[40，45）	284	7.53	98.41
[45，50）	55	1.46	99.87
[50，55）	5	0.13	100
[55，100]	0	0.00	100.00
总计	3774	100.00	—

从表 11-2 可以看出，企业家能力指数主要集中在 [25，40）区间，有 3074 家公司，占样本总数的 81.45%。其中，在 [30，35）区间的公司最多，有 1314 家公司，占样本总数的 34.82%。值得关注的是，在 3774 家上市公司中，没有一家公司的企业家能力指数达到 60 分及格线。

图 11-1 更直观地显示了企业家能力指数在各个区间的分布情况。结合表 11-1，可以看出，企业家能力指数的偏度系数为 -0.2069，基本符合正态分布，略呈负偏态分布，且分布较集中。

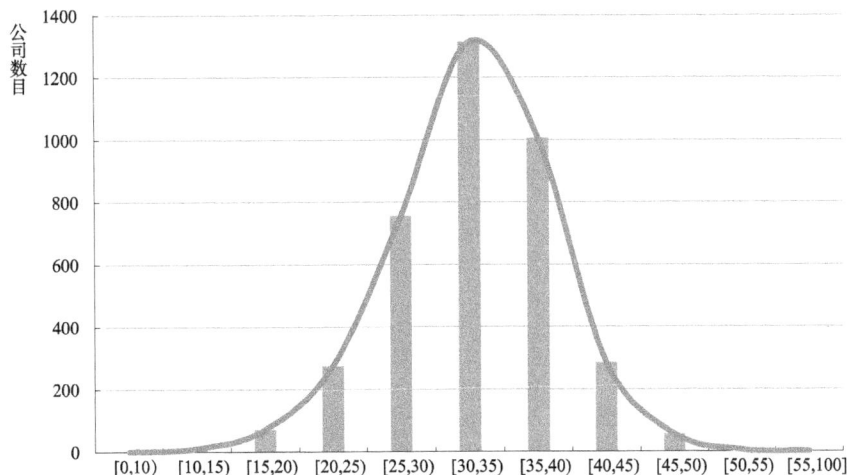

图11-1　2020年上市公司企业家能力指数区间分布

11.1.2　企业家能力指数前100名

表11-3给出了3774家上市公司中排名前100名公司的企业家能力指数情况。可以看出，前100名公司的企业家能力指数均值为46.0214分，比2019年上升3.6423分。

表11-3　2020年上市公司企业家能力指数前100名

项目	平均值	中位值	最大值	最小值	标准差
前100名	46.0214	45.4168	54.4290	43.6625	2.1475
总体	32.7635	33.0286	54.4290	10.9885	5.7697

我们对3774家上市公司的企业家能力指数从大到小降序排列，企业家能力指数越高，说明上市公司企业家能力水平越高。表11-4是企业家能力指数排名前100的上市公司情况。

表11-4　2020年上市公司企业家能力指数排名 - 前100

排名	代码	公司简称	总经理	指数值	排名	代码	公司简称	总经理	指数值
1	600050	中国联通	王晓初	54.4290	5	603898	好莱客	沈汉标	49.5041
2	300218	安利股份	姚和平	54.3503	6	002821	凯莱英	HAO HONG	49.3404
3	000078	海王生物	张锋	51.5355	7	600115	中国东航	李养民	49.0704
4	600718	东软集团	刘积仁	50.7312	8	600584	长电科技	郑力	48.9870

续表

排名	代码	公司简称	总经理	指数值	排名	代码	公司简称	总经理	指数值
9	688023	安恒信息	范渊	50.7107	34	300323	华灿光电	周建会	48.8901
10	002422	科伦药业	刘思川	48.7525	35	600176	中国巨石	张毓强	45.9430
11	300816	艾可蓝	刘屹	48.5553	36	000726	鲁泰A	刘子斌	45.9147
12	600933	爱柯迪	张建成	48.4896	37	600029	南方航空	马须伦	45.8196
13	300236	上海新阳	方书农	48.4110	38	300065	海兰信	陈炜	45.7675
14	002675	东诚药业	忻红波	48.3956	39	002755	奥赛康	陈庆财	45.7312
15	002156	通富微电	石磊	48.3780	40	601288	农业银行	张青松	45.7238
16	002435	长江健康	陆一峰	48.1364	41	300373	扬杰科技	王文信	45.5688
17	002818	富森美	刘义	47.9695	42	601857	中国石油	段良伟	45.5304
18	002403	爱仕达	陈合林	47.9639	43	600143	金发科技	李南京	45.5238
19	300668	杰恩设计	姜峰	47.7129	44	002615	哈尔斯	郭峻峰	45.4860
20	000782	美达股份	郭敏	47.7005	45	603737	三棵树	洪杰	45.4817
21	002324	普利特	周文	47.4412	46	600557	康缘药业	肖伟	45.4638
22	600428	中远海特	陈威	47.2114	47	300244	迪安诊断	黄柏兴	45.3697
23	300174	元力股份	官伟源	47.0158	48	300296	利亚德	李军	45.3691
24	000100	TCL科技	李东生	46.9576	49	603730	岱美股份	姜明	45.3622
25	300017	网宿科技	洪珂	46.8792	50	600572	康恩贝	罗国良	45.3607
26	002591	恒大高新	胡恩雪	46.8611	51	688008	澜起科技	杨崇和	45.3302
27	300640	德艺文创	吴体芳	46.7950	52	002714	牧原股份	秦英林	45.2476
28	300133	华策影视	赵依芳	46.7288	53	688005	容百科技	刘相烈	45.2064
29	300252	金信诺	余昕	46.6000	54	300082	奥克股份	董振鹏	45.1775
30	002520	日发精机	王本善	46.3700	55	300258	精锻科技	夏汉关	45.1476
31	300005	探路者	王静	46.3679	56	603667	五洲新春	张峰	45.1240
32	002363	隆基机械	张海燕	46.2751	57	002847	盐津铺子	张学武	44.9734
33	603358	华达科技	葛江宏	46.1221	58	600011	华能国际	赵平	44.9702

排名	代码	公司简称	总经理	指数值	排名	代码	公司简称	总经理	指数值
59	603668	天马科技	陈庆堂	46.0823	80	600340	华夏幸福	吴向东	44.8827
60	603558	健盛集团	张茂义	46.0113	81	600682	南京新百	张轩	44.8552
61	600439	瑞贝卡	郑文青	45.9646	82	002286	保龄宝	吴怀祥	44.8218
62	603586	金麒麟	孙鹏	45.9445	83	300162	雷曼光电	李漫铁	44.7416
63	603259	药明康德	李革	44.7406	84	002494	华斯股份	贺素成	44.1525
64	300741	华宝股份	袁肖琴	44.7291	85	600731	湖南海利	尹霖	44.0241
65	600338	西藏珠峰	王喜兵	44.7253	86	002536	飞龙股份	孙耀忠	44.0216
66	300003	乐普医疗	蒲忠杰	44.7213	87	603810	丰山集团	殷平	43.9931
67	000606	ST顺利	汪洋	44.7172	88	300084	海默科技	窦剑文	43.9892
68	300009	安科生物	宋礼华	44.7020	89	600351	亚宝药业	任伟	43.9698
69	300298	三诺生物	李少波	44.6983	90	300382	斯莱克	安旭	43.9385
70	601985	中国核电	马明泽	44.6757	91	603221	爱丽家居	宋正兴	43.8401
71	300024	机器人	曲道奎	44.5779	92	603660	苏州科达	陈卫东	43.8140
72	002571	德力股份	施卫东	44.5408	93	300780	德恩精工	雷永志	43.7788
73	688012	中微公司	尹志尧	44.3648	94	002393	力生制药	王福军	43.7682
74	688199	久日新材	解敏雨	44.3620	95	601336	新华保险	李全	43.7268
75	002241	歌尔股份	姜龙	44.3556	96	603131	上海沪工	舒振宇	43.7091
76	688202	美迪西	CHUN-LIN CHEN	44.3323	97	603313	梦百合	倪张根	43.7051
77	600028	中国石化	马永生	44.3210	98	002151	北斗星通	周儒欣	43.6963
78	300381	溢多利	陈少美	44.2990	99	300493	润欣科技	葛琼	43.6815
79	000718	苏宁环球	张桂平	44.2732	100	688333	铂力特	薛蕾	43.6625

从表11-4可以看出，企业家能力指数最高的前三位总经理分别是中国联通的王晓初、安利股份的姚和平和海王生物的张锋。有21位总经理连续出现在2020年和2019年两个年度的前100名（按企业名称统计有23家上市公司），分别是安利股份的姚和平、

华灿光电的周建会、上海新阳的方书农、东诚药业的忻红波、爱仕达的陈合林、德艺文创的吴体芳、华策影视的赵依芳、隆基机械的张海燕、瑞贝卡的郑文青、南方航空的马须伦、三棵树的洪杰、迪安诊断的黄柏兴、利亚德的李军、牧原股份的秦英林、盐津铺子的张学武、雷曼光电的李漫铁、药明康德的李革、三诺生物的李少波、机器人的曲道奎、中国石化的马永生和飞龙股份的孙耀忠。有 7 位总经理连续出现在 2020 年、2019 年和 2018 年三个年度的前 100 名（按企业名称统计有 11 家上市公司），分别是安利股份的姚和平、爱仕达的陈合林、华策影视的赵依芳、隆基机械的张海燕、瑞贝卡的郑文青、三诺生物的李少波和中国石化的马永生。

从地区看，前 100 家上市公司中，东部、中部、西部和东北各有 75 家、13 家、8 家和 4 家，分别占所在地区上市公司总数的 2.83%、2.66%、1.63% 和 2.68%。从行业看，制造业（C）有 71 家，信息传输、软件和信息技术服务业（I）有 6 家，分别占所在行业全部上市公司数的 2.99% 和 1.96%，其他行业都在 4 家及以下。从控股类型看，国有控股公司有 18 家，非国有控股公司有 82 家，分别占同类型上市公司总数的 1.55% 和 3.14%。从最终控制人看，中央企业（或监管机构）控股的公司有 13 家，地方国企（或监管机构）控股的公司有 4 家，非国有企业或自然人控股的公司有 83 家，分别占同类型公司总数的 3.16%、0.49% 和 3.25%。从上市板块来看，深市主板（含原中小企业板）、深市创业板、沪市主板和沪市科创板分别有 28 家、28 家、37 家和 7 家，分别占所在板块全部上市公司数的 2.01%、3.52%、2.48% 和 7.45%。

图 11-2 为前 100 名上市公司企业家能力指数分布情况。可以看出，前 100 名上市公司企业家能力指数分布在 43 ～ 55 分，最高分 54.4290，最低分 43.6625，绝对差距 10.7665 分，差距较上年有所扩大（上年差距为 7.6023 分）。绝大多数分布在 44 分以上，前几名相对比较突出。

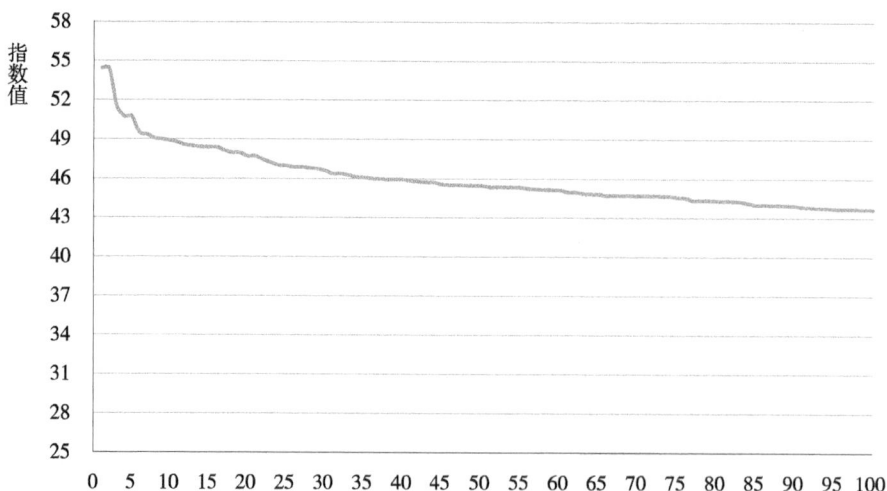

图11-2　2020年上市公司企业家能力指数分布情况-前100名

11.2　分地区企业家能力指数比较

根据东部、中部、西部、东北四个地区的划分，对上市公司企业家能力指数按照均值从高到低的顺序进行排名和比较，结果参见表 11-5。

表 11-5　2020 年不同地区上市公司企业家能力指数比较

排名	地区	公司数目	平均值	中位值	最大值	最小值	标准差
1	东部	2647	33.0022	33.2504	54.4290	10.9885	5.6657
2	中部	488	32.6717	33.0915	54.3503	14.2171	6.1764
3	西部	490	31.9339	32.3131	48.7525	14.7770	5.6611
4	东北	149	31.5530	31.3704	50.7312	14.2465	6.1498
总体		3774	32.7635	33.0286	54.4290	10.9885	5.7697

由表 11-5 可知，各地区上市公司企业家能力指数均值由大到小分别为东部、中部、西部和东北。企业家能力指数最大值和最小值都来自东部。

图 11-3 可以直观地看出四个地区上市公司企业家能力指数之间的差异。可以看出，四个地区中，仅东部地区的上市公司企业家能力指数均值略高于总体均值；中部、西部和东北地区上市公司企业家能力指数均值则低于总体均值。

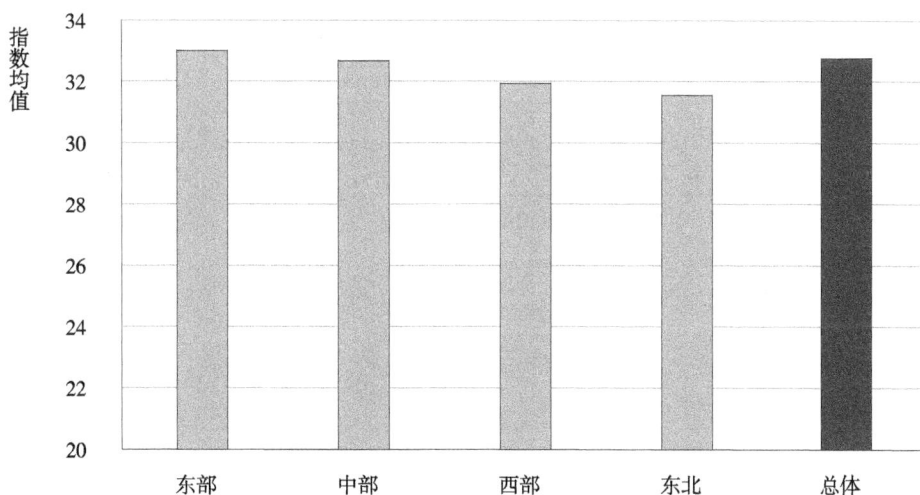

图11-3　2020年不同地区上市公司企业家能力指数比较

按照省份进一步进行细分，对 31 个省份的上市公司企业家能力指数按照均值从高到低的顺序进行排名，结果参见表 11-6。

表 11-6　2020 年不同省份上市公司企业家能力指数比较

排名	省份	公司数目	平均值	中位值	最大值	最小值	标准差
1	西藏	19	34.5714	34.4606	44.7291	24.9979	5.5033
2	重庆	53	33.9473	35.0732	43.0049	22.3693	5.1033
3	江西	48	33.7366	33.9017	46.8611	21.5349	5.2630
4	天津	55	33.5409	33.5669	49.3404	23.7636	5.0968
5	浙江	462	33.5223	33.7597	50.7107	15.0182	5.5289
6	安徽	108	33.4413	33.2217	54.3503	14.2171	6.7457
7	北京	343	33.1840	33.2129	54.4290	11.9019	5.7407
8	上海	300	33.1770	33.3480	49.0704	14.9107	5.6296
9	福建	141	33.0866	32.8387	47.0158	20.7479	5.4298
10	湖北	106	32.9513	33.7323	48.8901	19.0608	5.6507
11	云南	37	32.9403	32.5077	40.0337	20.7976	5.0060
12	湖南	107	32.8989	33.4619	44.9734	16.7407	5.7828
13	广东	622	32.8518	33.2977	51.5355	10.9885	5.8106
14	江苏	424	32.8440	32.9947	48.9870	13.6116	5.6634
15	山东	211	32.7024	32.8136	48.3956	17.3010	5.3290
16	内蒙古	25	32.3231	32.7860	39.7634	22.7077	4.9161
17	贵州	29	32.2724	33.9269	38.8847	15.5797	5.0519
18	吉林	40	32.1915	31.2974	44.2732	24.3981	4.8922
19	河南	80	32.0420	32.4364	45.9646	17.5206	6.3196
20	甘肃	33	31.8131	31.3851	43.9892	17.4252	6.7076
21	青海	10	31.8055	32.6378	44.7172	14.7770	7.9940
22	陕西	52	31.7736	32.0967	43.6625	17.8283	5.6630
23	辽宁	73	31.5369	31.8984	67.4433	16.7120	6.6662
24	四川	126	31.3993	32.2150	48.7525	17.0249	5.6708
25	河北	57	31.3898	31.4777	44.8827	18.2136	6.1011
26	广西	37	30.9900	31.7863	41.9740	16.4297	6.6029
27	黑龙江	36	30.8762	29.6685	42.6551	14.2465	6.2383
28	新疆	55	30.8095	30.8687	39.1813	22.1062	4.5275
29	海南	32	30.4731	31.3673	40.2155	14.1473	6.0588

续表

排名	省份	公司数目	平均值	中位值	最大值	最小值	标准差
30	宁夏	14	29.3725	29.1079	35.5236	19.5514	4.3797
31	山西	39	29.1383	29.6728	43.9698	16.8501	6.3322
	总体	3774	32.7635	33.0286	54.4290	10.9885	5.7697

由表 11-6 可知，在 31 个省份中，有 15 个省份的企业家能力指数均值高于总体均值，这 15 个省份的最大均值与总体均值之间的绝对差距为 1.8079，其他 16 个省份的企业家能力指数均值低于总体均值，总体均值与这 16 个省份的最小均值之间的绝对差距为 3.6252。高分区省份上市公司企业家能力指数的内部差距小于低分区省份。上市公司企业家能力指数均值最高的三个省份是西藏、重庆和江西；企业家能力指数均值最低的三个省份是山西、宁夏和海南。

图 11-4 直观地显示了 31 个省份上市公司企业家能力指数之间的差异。可以看出，各省份上市公司企业家能力指数均值集中在 [29，35] 这一范围内，各省份上市公司企业家能力指数之间的差距不算大。

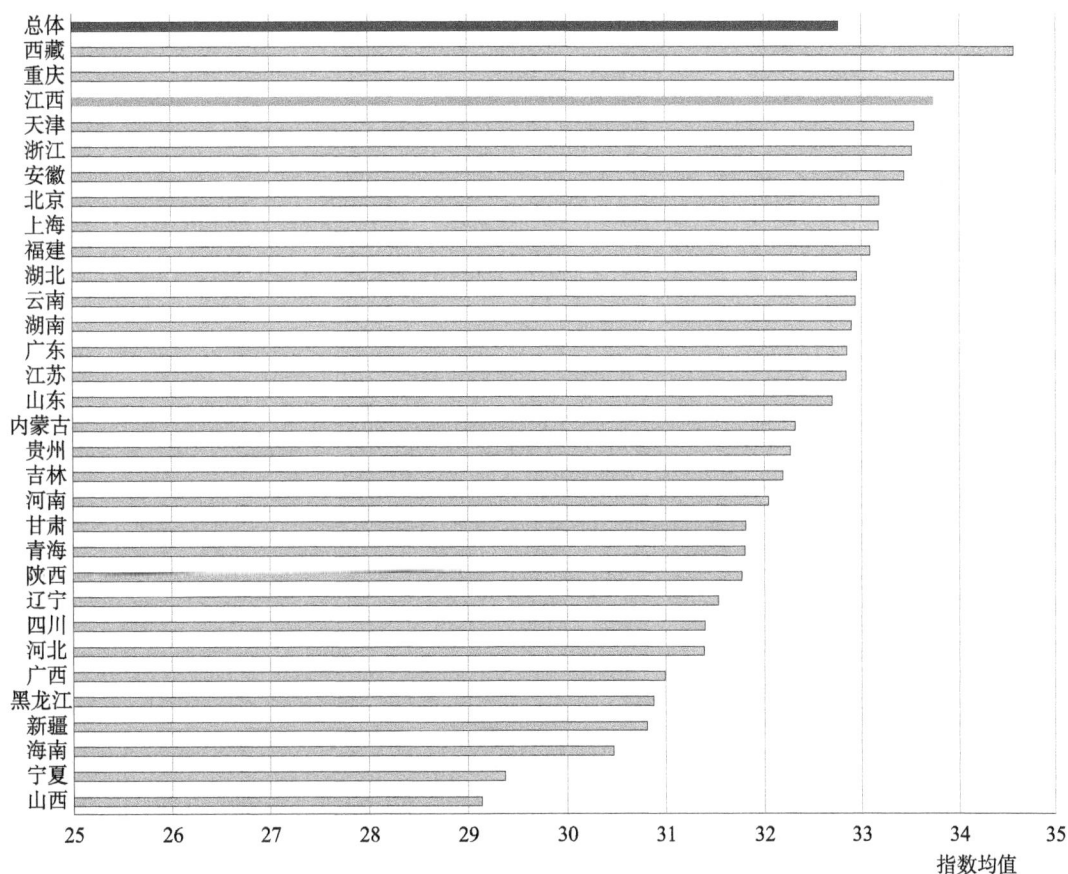

图11-4　2020年不同省份上市公司企业家能力指数比较

11.3 分行业企业家能力指数比较

对18个行业上市公司企业家能力指数按照均值从高到低的顺序进行排名和比较，结果参见表11-7。

表11-7 2020年不同行业上市公司企业家能力指数比较

排名	行业名称	公司数目	平均值	中位值	最大值	最小值	标准差
1	住宿和餐饮业（H）	7	34.0973	34.7355	38.9918	28.2634	3.9887
2	科学研究和技术服务业（M）	51	33.9734	33.9001	47.7129	24.5755	4.9573
3	教育（P）	10	33.7852	34.0898	40.5379	26.1105	4.7148
4	制造业（C）	2373	33.4185	33.6600	54.3503	10.9885	5.5389
5	农、林、牧、渔业（A）	42	32.9310	32.7562	45.2476	19.3111	5.5496
6	文化、体育和娱乐业（R）	58	32.9272	33.2433	46.7288	20.7700	5.4456
7	信息传输、软件和信息技术服务业（I）	306	32.4710	32.8289	54.4290	13.6116	5.7122
8	批发和零售业（F）	162	32.1179	32.5844	51.5355	11.9019	6.0295
9	卫生和社会工作（Q）	13	31.8644	32.6313	45.3697	17.0249	7.2209
10	采矿业（B）	75	31.5530	32.2696	45.5304	17.3010	6.1128
11	租赁和商务服务业（L）	58	31.4256	31.4982	47.9695	14.4456	6.0147
12	水利、环境和公共设施管理业（N）	62	31.3763	31.7647	48.5553	18.1126	7.0759
13	金融业（J）	117	30.9884	30.3453	45.7238	16.9800	5.5402
14	交通运输、仓储和邮政业（G）	100	30.8902	30.1911	49.0704	14.2465	6.1114
15	房地产业（K）	117	30.7463	31.3361	44.8827	14.2171	5.5244
16	电力、热力、燃气及水生产和供应业（D）	114	30.5302	30.6076	44.9702	16.7407	6.0301

续表

排名	行业名称	公司数目	平均值	中位值	最大值	最小值	标准差
17	建筑业（E）	95	30.2613	30.9703	43.2423	14.9107	6.3390
18	综合（S）	13	27.0627	27.7899	34.1856	14.1473	5.8435
	总体	3774	32.7635	33.0286	54.4290	10.9885	5.7697

注：居民服务、修理和其他服务业（O）只有1家上市公司，难以代表该行业整体水平，故排名时剔除。

从表11-7可以看出，18个行业中，有6个行业的上市公司企业家能力指数均值高于总体均值，这6个行业的行业最大均值与总体均值之间的绝对差距为1.3338；有12个行业的上市公司企业家能力指数均值低于总体均值，总体均值与这12个行业的最小均值之间的绝对差距为5.7080，企业家能力指数低分区行业的内部差距大于高分区行业。企业家能力指数均值最高的三个行业是住宿和餐饮业（H），科学研究和技术服务业（M），以及教育（P）；企业家能力指数均值最低的三个行业是综合（S），建筑业（E），以及电力、热力、燃气及水生产和供应业（D）。

图11-5进一步显示了不同行业上市公司企业家能力指数的差别。可以看出，各行业上市公司企业家能力指数中的大部分集中在[30，34]这一范围内，最高值与最低值差距比较明显，相差7.0346分，尤其是排名最后的综合（S），与其他行业的差距比较大。

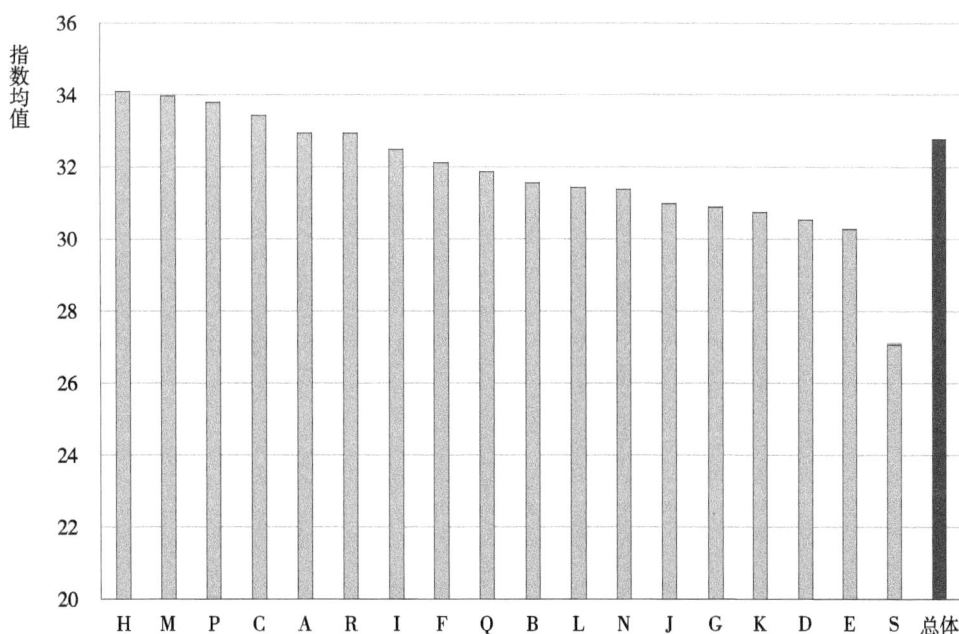

图11-5 2020年不同行业上市公司企业家能力指数比较

11.4 分上市板块企业家能力指数比较

根据四个上市板块的划分（深市主板含原中小企业板），对上市公司企业家能力指数按照均值从高到低的顺序进行排名和比较，结果参见表 11-8。

表 11-8 2020 年不同板块上市公司企业家能力指数比较

排名	上市板块	公司数目	平均值	中位值	最大值	最小值	标准差
1	沪市科创板	94	35.3439	35.5043	50.7107	10.9885	5.6617
2	深市创业板	796	33.5658	33.8224	54.3503	14.4456	5.4182
3	沪市主板	1489	32.8620	33.1032	54.4290	11.9019	5.7207
4	深市主板	1395	32.0268	32.3190	51.5355	11.5023	5.9032
	总计	3774	32.7635	33.0286	54.4290	10.9885	5.7697

图 11-6 更直观地反映了不同板块上市公司企业家能力指数的差异。从表 11-8 和图 11-6 可以看出，企业家能力指数平均值从高到低排列依次为沪市科创板、深市创业板、沪市主板和深市主板。沪市科创板、深市创业板和沪市主板上市公司的企业家能力指数均值高于总体均值，而深市主板的企业家能力指数均值低于总体均值。

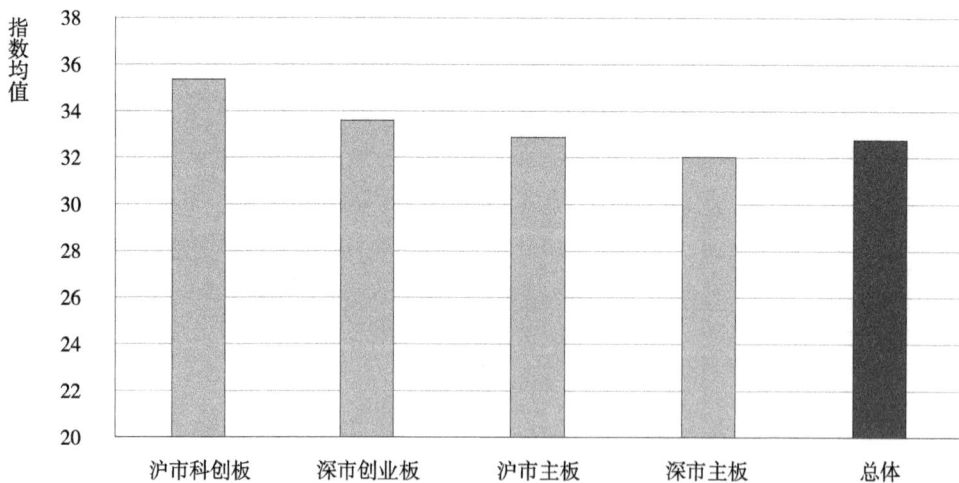

图11-6 2020年不同板块上市公司企业家能力指数比较

11.5　本章小结

本章计算了沪深两市2020年共计3774家上市公司的企业家能力指数，并分别从总体、地区、行业和上市板块的角度评价了中国上市公司企业家能力水平。主要结论如下：

从总体看，2020年上市公司企业家能力指数最大值54.4290分，最小值10.9885分，平均值32.7635分，中位值33.0286分。企业家能力指数主要集中在[25，40）区间，占样本总数的81.45%。相对于2019年，本年度企业家能力指数有所上升，平均值从29.6270分上升至32.7635分，但企业家能力总体仍然处于低水平，需要相关机构和企业进一步落实经理层的独立经营权，避免其他主体的不当干预。

从地区看，各地区上市公司企业家能力指数均值由大到小分别为东部、中部、西部和东北，四个地区总体差距不是特别明显。31个省份中，企业家能力指数均值最高的三个省份是西藏、重庆和江西，最低的三个省份是山西、宁夏和海南。

从行业看，企业家能力指数均值最高的三个行业是住宿和餐饮业（H），科学研究和技术服务业（M）和教育（P）。企业家能力指数均值最低的三个行业是综合（S），建筑业（E），以及电力、热力、燃气及水生产和供应业（D）。

从上市板块看，企业家能力指数均值从高到低依次为沪市科创板、深市创业板、沪市主板和深市主板。

第12章 企业家能力分项指数排名及比较

第 11 章从总体上对中国上市公司企业家能力指数作了排名，并从地区、行业、上市板块三个角度进行了分类汇总和分析。本章按照对企业家能力指数四个维度的划分，把企业家能力指数分解为人力资本、关系网络能力、社会责任能力和战略领导能力四个分项指数，对 2020 年四个分项指数进行排名和比较分析。

12.1 企业家能力分项指数总体比较

本报告以 2020 年 3774 家上市公司样本，计算获得了 2020 年中国上市公司企业家能力的四个分项指数，其描述性统计结果参见表 12-1。

表 12-1 2020 年上市公司企业家能力分项指数描述性统计

分项指数	公司数目	平均值	中位值	最大值	最小值	标准差
人力资本	3774	30.3867	28.5714	85.7143	5.0000	10.5696
关系网络能力	3774	7.3603	5.5556	72.2222	0.0000	9.5267
社会责任能力	3774	58.7983	66.6667	88.9355	0.0000	15.3742
战略领导能力	3774	26.9680	29.8819	65.1060	7.6766	8.1972

从表 12-1 中可以看出，企业家能力四个分项指数均值都未达到 60 分的及格水平。企业家社会责任能力分项指数均值最大，为 58.7983 分，与及格线（60 分）相差较小，而其他三个分项指数距离及格线相差还很大。企业家社会责任能力指数的标准差也最大，说明各企业企业家社会责任能力彼此之间差异较大。企业家关系网络能力分项指数均值最低，仅为个位数，这反映着目前社会对关系网络的一些偏差认识。企业家人力资本和战略领导能力两个分项指数的均值分别为 30.3867 分和 26.9680 分，也处于偏低水

平。需要特别说明的是，企业家社会责任能力分项指数较高，与本报告对社会责任的认识以及相应的指标设计有关。企业家社会责任能力指标包括 8 个二级指标，主要涉及两个角度，一是公益行为；二是对主要利益相关者（政府、客户、员工、股东、债权人等）的责任。关于企业家对社会公益的贡献，不能以绝对额来评价，而是以公益行为来评价，因为企业规模和利润不同，对社会公益的贡献额度必然有差异，但爱心无价；对于利益相关者的责任，有的可能因信息披露缺陷而使得分较高，如指标"企业是否有产品质量、安全和环境投诉事件"，没有投诉并不意味着产品质量绝对没有问题；再比如指标"是否有贷款诉讼"，没有贷款诉讼也不意味着企业征信水平一定很高。这是社会责任评价方面的一个难以避免的缺憾。

图 12-1 直观地反映了企业家能力四个分项指数的均值差异。可以明显看出，四个分项指数均值的差异较大。但需要注意的是，由于各分项指标体系的设计不同，不同指标之间的可比性有限。

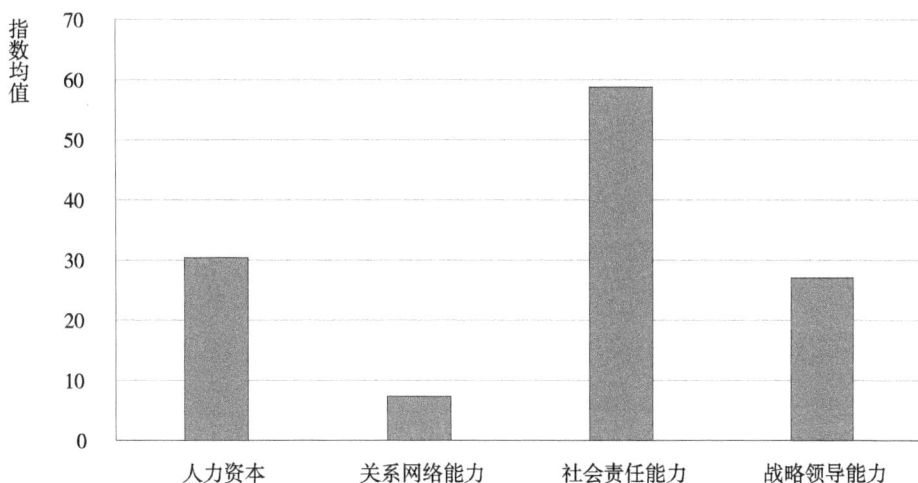

图12-1 2020年上市公司企业家能力四个分项指数比较

12.2 企业家人力资本分项指数排名及比较

企业家人力资本分项指数侧重评价企业家以往的教育和工作经历，以及选聘路径。本节主要是对企业家人力资本分项指数排名的各种情况进行比较说明和分析。

12.2.1 企业家人力资本分项指数总体分布

基于 3774 家上市公司企业家人力资本的各项指标，我们得出了每家上市公司企业家人力资本分项指数。以 10 分为间隔，可以将企业家人力资本分项指数划分为 10 个区间段，每个分数区间段的公司数目和所占比重参见表 12-2 和图 12-2。

表 12-2　2020 年上市公司企业家人力资本分项指数区间分布

指数区间	公司数目	占比（%）	累计占比（%）
[0, 10）	6	0.16	0.16
[10, 20）	440	11.66	11.82
[20, 30）	1647	43.64	55.46
[30, 40）	1091	28.91	84.37
[40, 50）	356	9.43	93.80
[50, 60）	172	4.56	98.36
[60, 70）	48	1.27	99.63
[70, 80）	12	0.32	99.95
[80, 90）	2	0.05	100.00
[90, 100]	0	0.00	100.00
总计	3774	100.00	—

　　由表 12-2 可见，2020 年企业家人力资本分项指数在 9 个分数段上有分布，但主要集中在 [20, 40）区间，有 2738 家公司，占样本总数的 72.55%。及格（达到 60 分）的公司有 62 家，及格率为 1.64%，仅比上年（1.34%）提高 0.3 个百分点。

　　图 12-2 直观地描绘了企业家人力资本分项指数的分布区间。可以看出，2020 年上市公司企业家人力资本分项指数从低分到高分，公司数目呈正偏态分布，偏度系数是 0.9753。

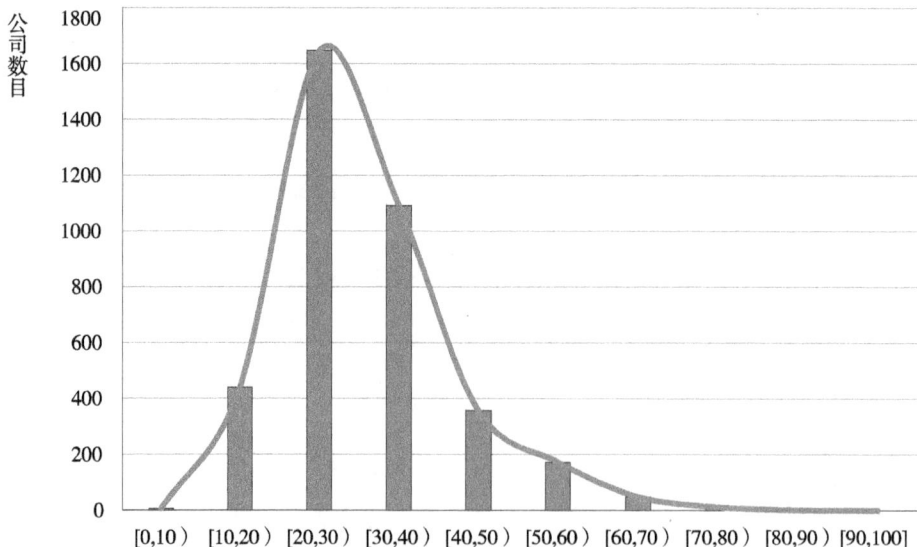

图12-2　2020年上市公司企业家人力资本分项指数区间分布

12.2.2 分地区企业家人力资本分项指数比较

按照东部、中部、西部和东北四个地区的划分，对上市公司企业家人力资本分项指数按照均值从高到低的顺序进行排名和比较，结果参见表 12-3。

表 12-3 2020 年不同地区上市公司企业家人力资本分项指数比较

排名	地区	公司数目	平均值	中位值	最大值	最小值	标准差
1	东部	2647	30.5956	28.5714	85.7143	5.0000	10.9054
2	西部	490	30.1370	28.5714	64.2857	5.0000	9.5357
3	东北	149	30.1055	28.5714	71.4286	10.0000	9.9682
4	中部	488	29.5902	28.5714	78.5714	5.0000	9.8121
总体		3774	30.3867	28.5714	85.7143	5.0000	10.5696

从表 12-3 可以看到，四个地区中，东部地区企业家人力资本分项指数均值最高，中部地区企业家人力资本分项指数均值最低，二者绝对差距为 1.0054 分，地区间差距相对较小。

图 12-3 直观地反映了四个地区上市公司企业家人力资本分项指数均值的差异。可以看到，只有东部地区的企业家人力资本分项指数均值略大于总体均值，而西部、东北与中部地区的企业家人力资本分项指数均值则低于总体均值。

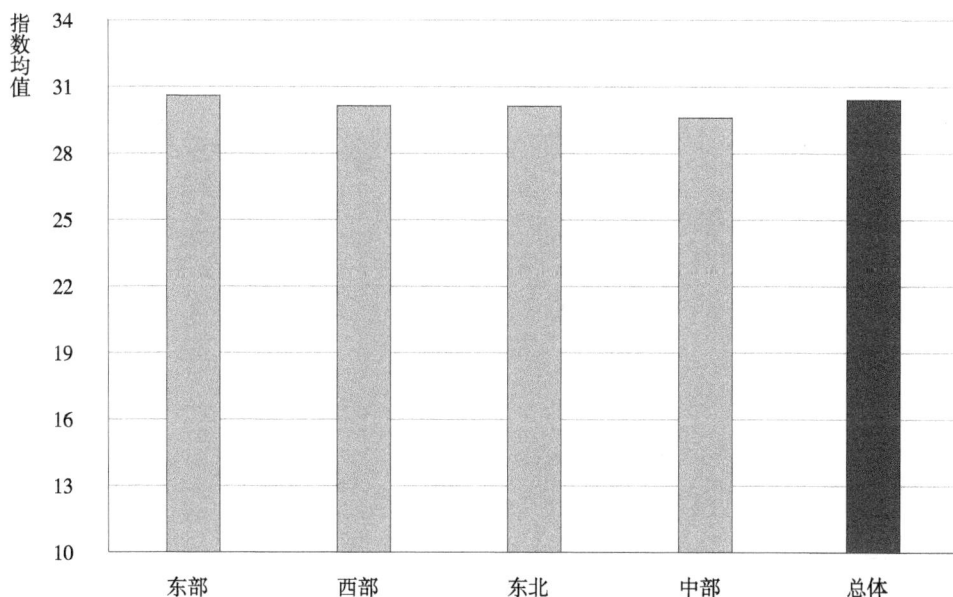

图12-3 2020年不同地区上市公司企业家人力资本分项指数比较

12.2.3 分行业企业家人力资本分项指数比较

对 18 个行业上市公司企业家人力资本分项指数按照均值从高到低的顺序进行排名和比较，结果参见表 12-4。

表 12-4 2020 年不同行业上市公司企业家人力资本分项指数比较

排名	行业	公司数目	平均值	中位值	最大值	最小值	标准差
1	卫生和社会工作（Q）	13	37.8571	35.7143	65.0000	19.2857	15.6317
2	住宿和餐饮业（H）	7	36.2245	31.4286	52.8571	27.1429	9.5123
3	金融业（J）	117	33.7057	31.4286	64.2857	15.0000	10.6426
4	科学研究和技术服务业（M）	51	32.0728	28.5714	67.1429	5.0000	13.5321
5	电力、热力、燃气及水生产和供应业（D）	114	31.6416	31.4286	57.1429	10.0000	9.2160
6	房地产业（K）	117	31.4164	31.4286	71.4286	14.2857	9.8444
7	建筑业（E）	95	31.1654	28.5714	67.1429	10.0000	9.8610
8	信息传输、软件和信息技术服务业（I）	306	31.0761	28.5714	71.4286	14.2857	11.0178
9	采矿业（B）	75	30.5429	28.5714	50.0000	19.2857	7.7177
10	批发和零售业（F）	162	30.3351	28.5714	64.2857	5.0000	10.7882
11	农、林、牧、渔业（A）	42	30.2211	28.5714	55.0000	15.0000	9.8501
12	制造业（C）	2373	30.0418	28.5714	85.7143	5.0000	10.6610
13	水利、环境和公共设施管理业（N）	62	29.7926	28.5714	69.2857	7.1429	9.8611
14	交通运输、仓储和邮政业（G）	100	29.6571	28.5714	67.1429	10.0000	8.5789
15	文化、体育和娱乐业（R）	58	29.2118	27.8571	52.8571	10.0000	8.8150
16	租赁和商务服务业（L）	58	28.2266	27.1429	50.7143	5.0000	9.8048
17	综合（S）	13	27.8571	28.5714	47.8571	10.0000	9.7416
18	教育（P）	10	26.4286	24.2857	47.8571	15.0000	8.9043
	总体	3774	30.3867	28.5714	85.7143	5.0000	10.5696

注：居民服务、修理和其他服务业（O）只有 1 家上市公司，难以代表该行业整体水平，故排名时剔除。

从表 12-4 可以看出，18 个行业中最大均值与最小均值的差距为 11.4286 分，差距比较大。有 9 个行业的企业家人力资本分项指数均值高于总体均值，这 9 个行业的行业均值最大值与总体均值的绝对差距是 7.4704 分。其他 9 个行业的上市公司企业家人力资本分项指数均值低于总体均值，总体均值与这 9 个行业的最小均值的绝对差距是 3.9581 分。企业家人力资本分项指数行业高分区的内部差距大于低分区。企业家人力资本分项指数均值排名前三位的行业分别是卫生和社会工作（Q），住宿和餐饮业（H），金融业（J）；排名最后三位的行业是教育（P），综合（S），租赁和商务服务业（L）。

图 12-4 直观地反映了不同行业企业家人力资本分项指数均值的差异。不难发现，排名前三行业的企业家人力资本指数均值明显地高于其他行业，而教育（P）的企业家人力资本指数则明显地低于其他各个行业。

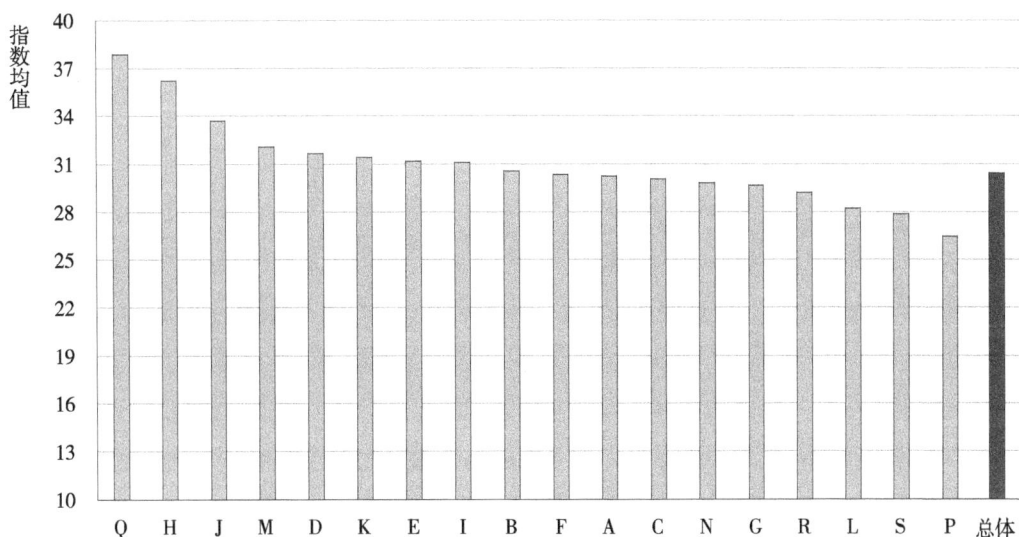

图12-4　2020年不同行业上市公司企业家人力资本分项指数比较

12.3　企业家关系网络能力分项指数排名及比较

企业家关系网络能力分项指数侧重评价企业家曾经的政府和社会任职、目前的社会兼职及其影响。本节主要对企业家关系网络能力分项指数排名的各种情况进行比较说明和分析。

12.3.1　企业家关系网络能力分项指数总体分布

基于 3774 家上市公司企业家关系网络能力的各项指标，我们得出了每家上市公司企业家关系网络能力分项指数。以 10 分为间隔，可以将企业家关系网络能力分项指数划分为 9 个区间段（公司数目为 0 的连续区间合并），每个分数区间段的公司数目和所占比重参见表 12-5。

表 12-5　2020 年上市公司企业家关系网络能力分项指数区间分布

指数区间	公司数目	占比（%）	累计占比（%）
[0，10）	2383	63.14	63.14
[10，20）	972	25.76	88.90
[20，30）	266	7.05	95.95
[30，40）	117	3.10	99.05
[40，50）	27	0.72	99.76
[50，60）	7	0.19	99.95
[60，70）	1	0.03	99.97
[70，80）	1	0.03	100.00
[80，100]	0	0.00	100.00
总计	3774	100.00	——

由表 12-5 可见，2020 年企业家关系网络能力分项指数主要集中在 [0，20）区间，有 3355 家公司，占样本总数的 88.90%。及格（达到 60 分）的公司有 2 家，及格率为 0.06%，比上年（0.11%）下降了 0.05 个百分点。特别需要指出的是，2020 年企业家关系网络能力分项指数中，有 1691 家上市公司得分为 0，占样本总数的 44.81%。

图 12-5 可以直观地看出企业家关系网络能力分项指数的分布区间。可以看到，2020 年企业家关系网络能力分项指数从低分区间到高分区间的公司数目呈明显下降趋势，大部分公司的指数得分很低。关系网络能力指数得分较低与近些年的强力反腐有一定关系，尽管反腐很有必要，但也使正常的关系网络受到很大影响。

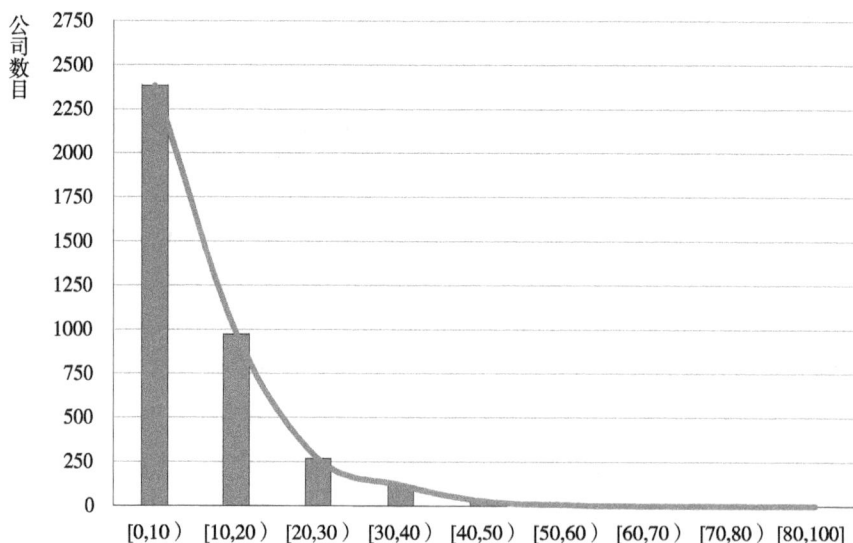

图12-5　2020年上市公司企业家关系网络能力分项指数区间分布

12.3.2　分地区企业家关系网络能力分项指数比较

按照东部、中部、西部和东北四个地区的划分，对上市公司企业家关系网络能力分项指数按照均值从高到低的顺序进行排名和比较，结果参见表 12-6。

表 12-6　2020 年不同地区上市公司企业家关系网络能力分项指数比较

排名	地区	公司数目	平均值	中位值	最大值	最小值	标准差
1	中部	488	9.1872	5.5556	72.2222	0.0000	10.4858
2	西部	490	7.3583	5.5556	66.6667	0.0000	9.7829
3	东部	2647	7.1087	5.5556	55.5556	0.0000	9.3272
4	东北	149	5.8538	0.0000	33.3333	0.0000	8.0078
总体		3774	7.3603	5.5556	72.2222	0.0000	9.5267

从表 12-6 可以看到，四个地区中，中部地区企业家关系网络能力分项指数均值最高，东北地区企业家关系网络能力分项指数均值最低，二者绝对差距为 3.3334 分，差距不大。

图 12-6 直观地反映了四个地区上市公司企业家关系网络能力分项指数均值的差异。可以看到，中部地区企业家关系网络能力分项指数均值明显地高于总体均值；西部和东部两个地区的企业家关系网络能力分项指数均值比较接近，但都低于总体均值；东北地区的企业家关系网络能力分项指数均值也低于总体均值，并且明显低于其他三个地区。

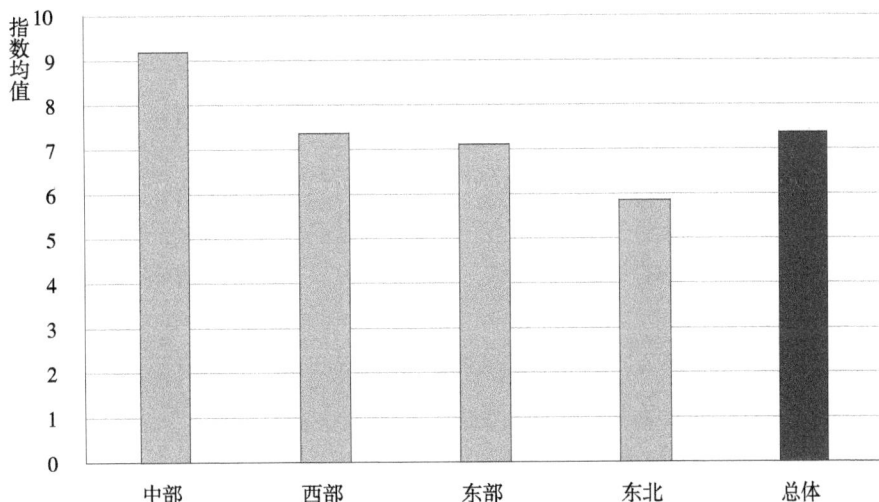

图12-6　2020年不同地区上市公司企业家关系网络能力分项指数比较

12.3.3 分行业企业家关系网络能力分项指数比较

对 18 个行业上市公司企业家关系网络能力分项指数按照均值从高到低的顺序进行排名和比较，结果参见表 12-7。

表 12-7 2020 年不同行业上市公司企业家关系网络能力分项指数比较

排名	行业	公司数目	平均值	中位值	最大值	最小值	标准差
1	农、林、牧、渔业（A）	42	10.7143	5.5556	44.4444	0.0000	11.4622
2	水利、环境和公共设施管理业（N）	62	10.3047	5.5556	55.5556	0.0000	10.2656
3	科学研究和技术服务业（M）	51	9.0414	5.5556	33.3333	0.0000	9.3327
4	教育（P）	10	8.8889	2.7778	33.3333	0.0000	11.7063
5	建筑业（E）	95	8.4795	5.5556	44.4444	0.0000	8.7875
6	制造业（C）	2373	7.6345	5.5556	72.2222	0.0000	9.8554
7	文化、体育和娱乐业（R）	58	7.5670	5.5556	44.4444	0.0000	10.6063
8	租赁和商务服务业（L）	58	7.3755	5.5556	44.4444	0.0000	9.2496
9	卫生和社会工作（Q）	13	6.8376	5.5556	22.2222	0.0000	6.5928
10	信息传输、软件和信息技术服务业（I）	306	6.5723	0.0000	44.4444	0.0000	9.3554
11	批发和零售业（F）	162	6.5158	0.0000	55.5556	0.0000	9.7324
12	住宿和餐饮业（H）	7	6.3492	5.5556	16.6667	0.0000	6.2492
13	金融业（J）	117	6.2678	5.5556	38.8889	0.0000	8.2989
14	房地产业（K）	117	5.9829	5.5556	33.3333	0.0000	7.9950
15	电力、热力、燃气及水生产和供应业（D）	114	5.9454	5.5556	44.4444	0.0000	6.9311
16	交通运输、仓储和邮政业（G）	100	5.9444	5.5556	33.3333	0.0000	7.2544
17	采矿业（B）	75	5.1111	5.5556	22.2222	0.0000	5.7205
18	综合（S）	13	3.8462	0.0000	22.2222	0.0000	6.3098
	总计	3774	7.3603	5.5556	72.2222	0.0000	9.5267

注：居民服务、修理和其他服务业（O）只有 1 家上市公司，难以代表该行业整体水平，故排名时剔除。

从表 12-7 可以看出，18 个行业中，行业最大均值与最小均值的差距为 6.8681 分。有 8 个行业的企业家关系网络能力分项指数均值高于总体均值，这 8 个行业的最大均值与总体均值的绝对差距是 3.3540 分；其他 10 个行业的企业家关系网络能力分项指数均值低于总体均值，总体均值与这 10 个行业最小均值的绝对差距为 3.5141 分。企业家关系网络能力分项指数低分区行业的内部差距略大于高分区行业。企业家关系网络能力分项指数均值排名前三位的行业分别是农、林、牧、渔业（A），水利、环境和公共设施管理业（N），科学研究和技术服务业（M）；排名最后三位的行业是综合（S），采矿业（B），交通运输、仓储和邮政业（G）。

图 12-7 直观地反映了不同行业企业家关系网络能力分项指数均值的差异。可以看到，各行业上市公司企业家关系网络能力分项指数相互之间有一定的差距，排名第一位和第二位的农、林、牧、渔业（A）与水利、环境和公共设施管理业（N）明显高于其他行业，而排名最后的综合（S）、采矿业（B）两个行业则明显低于其他行业。

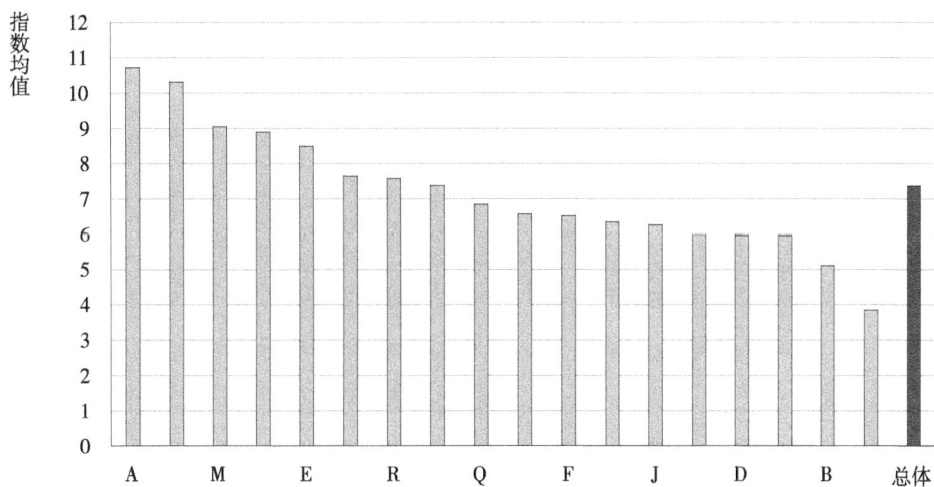

图12-7 2020年不同行业上市公司企业家关系网络能力分项指数比较

12.4 企业家社会责任能力分项指数排名及比较

企业家社会责任能力分项指数侧重评价企业家对利益相关者的回报和义务。本节主要对企业家社会责任能力分项指数排名的各种情况进行比较和分析。

12.4.1 企业家社会责任能力分项指数总体分布

基于 3774 家上市公司企业家社会责任能力的各项指标，我们得出了每家上市公司企业家社会责任能力分项指数。以 10 分为间隔，可以将企业家社会责任能力分项指数划分为 10 个区间段，每个区间段的公司数目和所占比重参见表 12-8。

表 12-8　2020 年上市公司企业家社会责任能力分项指数区间分布

指数区间	公司数目	占比（%）	累计占比（%）
[0，10）	9	0.24	0.24
[10，20）	34	0.90	1.14
[20，30）	115	3.05	4.19
[30，40）	277	7.34	11.53
[40，50）	545	14.44	25.97
[50，60）	748	19.82	45.79
[60，70）	1382	36.62	82.41
[70，80）	655	17.36	99.76
[80，90）	9	0.24	100.00
[90，100]	0	0.00	100.00
总计	3774	100.00	--

从表 12-8 可以发现，2020 年企业家社会责任能力分项指数分布在 9 个区间，但主要集中在 [50，80）区间，共有 2785 家公司，占样本总数的 73.79%。及格（达到 60 分）公司有 2046 家，及格率为 54.21%，比上年（55.98%）下降 1.77 个百分点。

图 12-8 可以直观地看出企业家社会责任能力分项指数的区间分布。2020 年上市公司企业家社会责任能力分项指数从低分区间到高分区间，公司数目呈负偏态分布，偏度系数是 -0.8682。

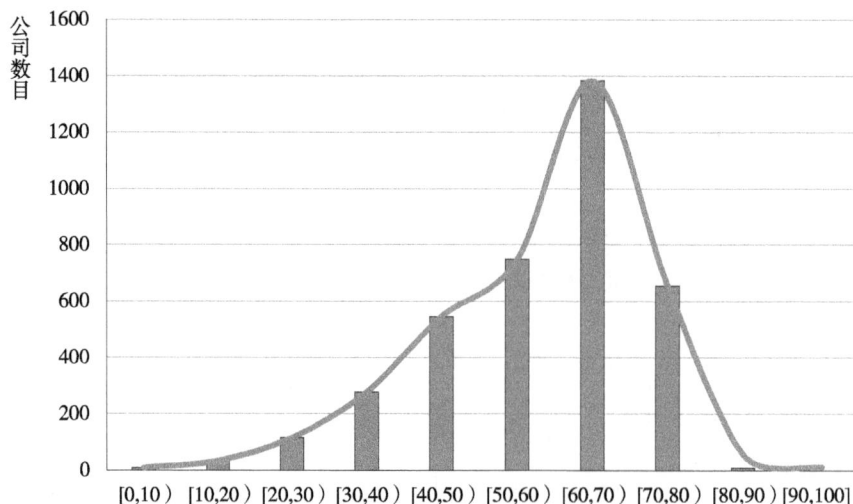

图12-8　2020年上市公司企业家社会责任能力分项指数区间分布

12.4.2　分地区企业家社会责任能力分项指数比较

按照东部、中部、西部和东北四个地区的划分，对上市公司企业家社会责任能力分项指数按照均值从高到低的顺序进行排名和比较，结果参见表 12-9。

表 12-9　2020 年不同地区上市公司企业家社会责任能力分项指数比较

排名	地区	公司数目	平均值	中位值	最大值	最小值	标准差
1	东部	2647	59.1841	66.6667	88.9355	0.0000	15.1630
2	西部	490	58.7704	66.6667	88.9265	0.0000	15.0650
3	中部	488	57.5371	66.6667	88.8889	11.1111	16.2340
4	东北	149	56.1657	55.5737	77.8275	0.0000	16.6778
	总计	3774	58.7983	66.6667	88.9355	0.0000	15.3742

从表 12-9 可以看到，四个地区中，东部地区企业家社会责任能力分项指数均值最高，东北地区企业家社会责任能力分项指数均值最低。

图 12-9 直观地反映了四个地区企业家社会责任能力分项指数均值的差异。可以看到，东部地区的企业家社会责任能力分项指数均值略高于总体均值，而西部、中部和东北地区的企业家社会责任能力分项指数均值则低于总体均值。东北企业家社会责任能力分项指数均值与其他三个地区的差距略大。

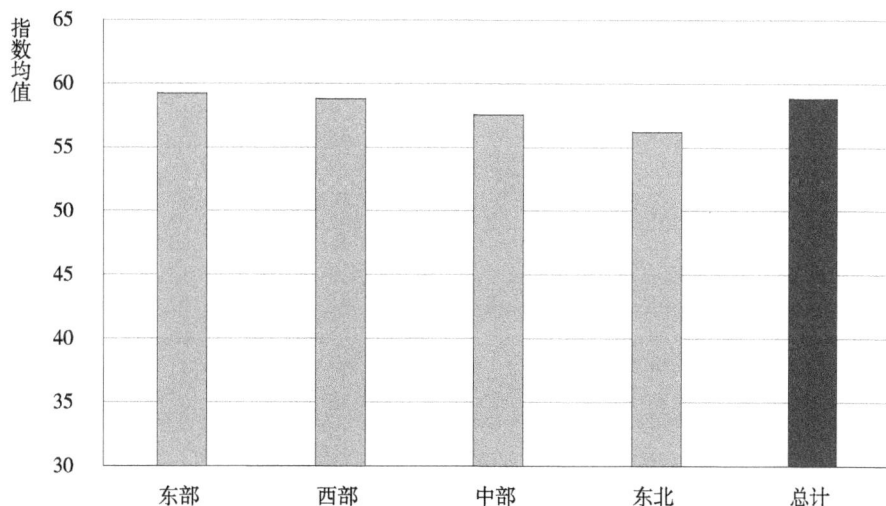

图12-9　2020年不同地区上市公司企业家社会责任能力分项指数比较

12.4.3 分行业企业家社会责任能力分项指数比较

对 18 个行业上市公司企业家社会责任能力分项指数按照均值从高到低的顺序进行排名和比较，结果参见表 12-10。

表 12-10 2020 年不同行业上市公司企业家社会责任能力分项指数比较

排名	行业	公司数目	平均值	中位值	最大值	最小值	标准差
1	教育（P）	10	65.5635	66.6896	88.8889	33.3669	16.0567
2	科学研究和技术服务业（M）	51	63.4183	66.6778	77.9412	33.3498	10.1597
3	住宿和餐饮业（H）	7	61.9160	66.6667	77.8064	44.4444	10.0489
4	文化、体育和娱乐业（R）	58	61.7026	66.6667	77.8882	22.2222	15.0514
5	信息传输、软件和信息技术服务业（I）	306	60.6928	66.6727	77.8636	11.1111	13.2048
6	农、林、牧、渔业（A）	42	60.5959	66.6667	77.8214	22.2222	16.1210
7	制造业（C）	2373	59.8492	66.6742	88.9355	0.0000	14.8444
8	租赁和商务服务业（L）	58	58.4462	61.1498	88.9265	22.2222	16.1952
9	交通运输、仓储和邮政业（G）	100	57.0262	55.5833	78.0764	11.1223	15.6149
10	水利、环境和公共设施管理业（N）	62	56.8221	66.6667	77.8256	11.1521	19.7656
11	房地产业（K）	117	56.7153	55.5772	77.8296	22.2222	15.3375
12	批发和零售业（F）	162	55.9215	55.5960	88.9002	0.0000	17.9991
13	电力、热力、燃气及水生产和供应业（D）	114	55.3804	55.5775	77.8282	11.1111	16.8459
14	采矿业（B）	75	53.4998	55.5556	77.8116	11.1111	17.5636
15	金融业（J）	117	52.1534	55.5706	77.7948	11.1169	14.0453
16	卫生和社会工作（Q）	13	52.1427	55.5556	77.7778	22.2222	16.5281
17	建筑业（E）	95	50.3201	44.4819	77.8029	11.1111	17.4071
18	综合（S）	13	47.8709	55.5615	66.6667	11.1111	13.3524
	总体	3774	58.7983	66.6667	88.9355	0.0000	15.3742

注：居民服务、修理和其他服务业（O）只有 1 家上市公司，难以代表该行业整体水平，故排名时剔除。

从表 12-10 可以看出，行业最大均值与最小均值的差距为 17.6926 分，差距较大。有 7 个行业的企业家社会责任能力分项指数均值高于总体均值，这 7 个行业的最大均值与总体均值之间的绝对差距是 6.7652 分；其他 11 个行业的企业家社会责任能力分项指数均值低于总体均值，总体均值与这 11 个行业的最小均值之间的绝对差距是 10.9274 分。企业家社会责任能力分项指数低分区行业的内部差距大于高分区行业。企业家社会责任能力分项指数均值排名前三位的行业分别是教育（P），科学研究和技术服务业（M），住宿和餐饮业（H）；排名最后三位的行业是综合（S），建筑业（E），卫生和社会工作（Q）。

图 12-10 直观地反映了不同行业企业家社会责任能力分项指数均值的差异。可以看到，企业家社会责任能力分项指数的行业间差距比较大，尤其是第一名与最后一名与其他行业的差距十分明显。

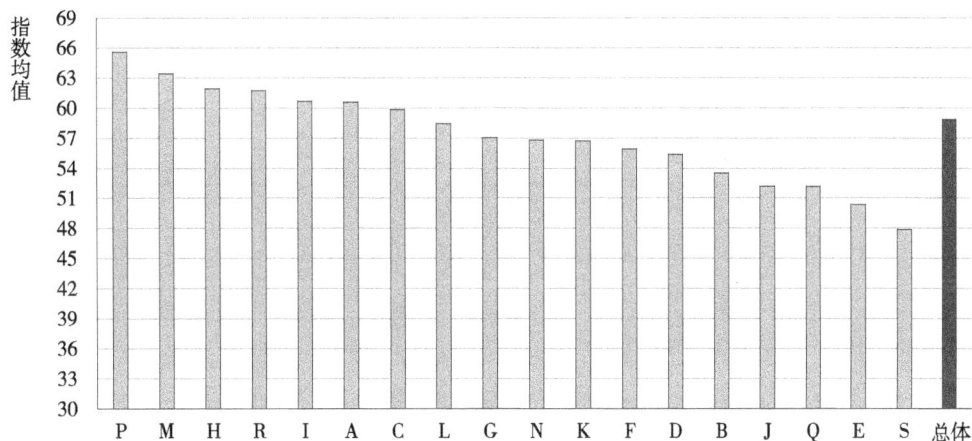

图12-10　2020年不同行业上市公司企业家社会责任能力分项指数比较

12.5　企业家战略领导能力分项指数排名及比较

企业家战略领导能力分项指数侧重评价企业家的实际贡献及其对企业发展战略的掌控能力。本节主要对企业家战略领导能力分项指数排名的各种情况进行比较和分析。

12.5.1　企业家战略领导能力分项指数总体分布

基于 3774 家上市公司企业家战略领导能力的各项指标，我们得出了每家上市公司企业家战略领导能力分项指数。以 10 分为间隔，可以将企业家战略领导能力分项指数划分为 8 个区间段（公司数目为 0 的连续区间合并），每个区间段的公司数目和所占比重参见表 12-11。

表 12-11　2020 年上市公司企业家战略领导能力分项指数区间分布

指数区间	公司数目	占比（%）	累计占比（%）
[0，10）	7	0.19	0.19
[10，20）	1092	28.93	29.12
[20，30）	859	22.76	51.88
[30，40）	1714	45.42	97.30
[40，50）	87	2.31	99.60
[50，60）	11	0.29	99.89
[60，70）	4	0.11	100.00
[70，100]	0	0.00	100.00
总计	3774	100.00	—

由表 12-11 可见，2020 年企业家战略领导能力分项指数主要集中在 [10，40）区间，共有 3665 家公司，占样本总数的 97.11%。及格（达到 60 分）的公司只有 4 家，及格率仅为 0.11%，比上年及格率（0.00%）提高了 0.11 个百分点。

图 12-11 直观地显示了企业家战略领导能力分项指数的分布区间。可以看出，企业家战略领导能力分项指数分布非常集中，而且绝大多数公司没能够达到 60 分及格线，说明 2020 年各上市公司企业家战略领导能力普遍表现不佳。

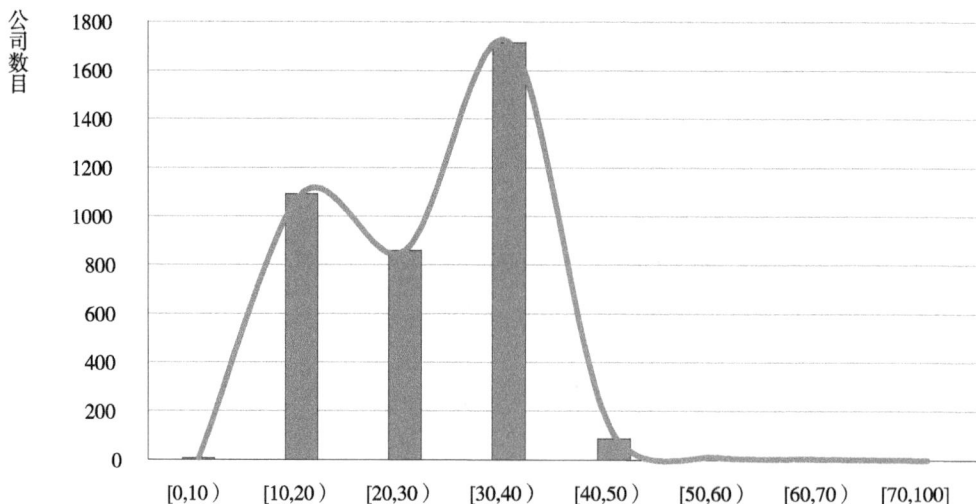

图12-11　2020年上市公司企业家战略领导能力分项指数区间分布

12.5.2　分地区企业家战略领导能力分项指数比较

按照东部、中部、西部和东北四个地区的划分，对上市公司企业家战略领导能力分项指数按照均值从高到低的顺序进行排名和比较，结果参见表 12-12。

表 12-12　2020 年不同地区上市公司企业家战略领导能力分项指数比较

排名	地区	公司数目	平均值	中位值	最大值	最小值	标准差
1	东部	2647	27.3746	30.0440	65.1060	9.5882	8.2775
2	中部	488	27.2543	30.0675	44.9290	9.2440	7.9169
3	东北	149	26.4603	29.4354	45.2256	9.4731	7.5304
4	西部	490	24.6407	28.4275	45.1031	7.6766	7.8275
总计		3774	26.9680	29.8819	65.1060	7.6766	8.1972

从表 12-12 可以看到，四个地区企业家战略领导能力分项指数均值差距不大。东部上市公司企业家战略领导能力分项指数均值最高，其次是中部和东北，西部最低。

图 12-12 直观地反映了四个地区企业家战略领导能力分项指数均值的差异。可以看到，东部和中部地区企业家战略领导能力分项指数均值高于总体均值，东北和西部地区企业家战略领导能力分项指数均值低于总体均值，西部企业家战略领导能力分项指数均值明显低于其他三个地区。

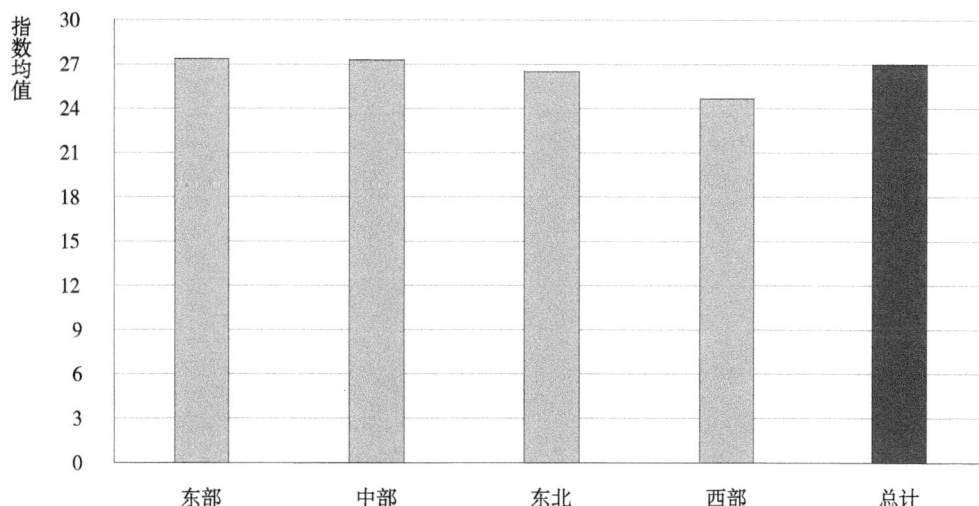

图12-12　2020年不同地区上市公司企业家战略领导能力分项指数比较

12.5.3 分行业企业家战略领导能力分项指数比较

对18个行业上市公司企业家战略领导能力分项指数按照均值从高到低的顺序进行排名和比较，结果参见表12-13。

表 12-13 2020年不同行业上市公司企业家战略领导能力分项指数比较

排名	行业	公司数目	平均值	中位值	最大值	最小值	标准差
1	采矿业（B）	75	28.7551	30.6039	59.7079	9.6380	10.2138
2	制造业（C）	2373	28.1773	30.3490	53.9291	9.2440	7.3923
3	批发和零售业（F）	162	27.8585	29.9584	47.1086	7.6766	7.9847
4	教育（P）	10	26.3494	27.2849	42.4728	15.4058	7.8234
5	文化、体育和娱乐业（R）	58	25.7626	26.9847	43.8219	11.6453	9.1844
6	金融业（J）	117	25.3901	27.5962	65.1060	9.4731	11.2848
7	建筑业（E）	95	25.1733	29.3961	50.1200	11.6533	8.7299
8	住宿和餐饮业（H）	7	25.1086	22.2301	45.6102	14.5008	10.6986
9	卫生和社会工作（Q）	13	24.9648	22.9192	44.9290	13.1091	11.1954
10	科学研究和技术服务业（M）	51	24.8108	29.3658	38.5334	12.4867	8.1857
11	租赁和商务服务业（L）	58	24.6333	28.8603	41.7153	10.7675	8.4581
12	信息传输、软件和信息技术服务业（I）	306	24.4995	29.0920	53.6845	10.1082	7.7761
13	农、林、牧、渔业（A）	42	24.2796	22.6094	44.8217	11.6291	9.1825
14	交通运输、仓储和邮政业（G）	100	23.9948	26.7171	55.3209	9.7261	9.2419
15	水利、环境和公共设施管理业（N）	62	23.1588	18.7757	53.7057	13.0330	8.7335
16	电力、热力、燃气及水生产和供应业（D）	114	22.9184	17.4117	47.6230	9.3324	9.1513
17	房地产业（K）	117	22.6126	25.8744	61.5181	10.3848	8.5358
18	综合（S）	13	22.2209	19.8970	44.8632	10.8864	9.7666
	总计	3774	26.9680	29.8819	65.1060	7.6766	8.1972

注：居民服务、修理和其他服务业（O）只有1家上市公司，难以代表该行业整体水平，故排名时剔除。

从表 12-13 可以看出，18 个行业中，行业最大均值与最小均值的差距为 6.5342 分。有 3 个行业的企业家战略领导能力分项指数均值高于总体均值，这 3 个行业的最大均值与总体均值的绝对差距是 1.7871 分；其他 15 个行业的企业家战略领导能力分项指数均值低于总体均值，总体均值与这 15 个行业的最小均值的绝对差距是 4.7471 分。企业家战略领导能力分项指数低分区行业的内部差距大于高分区行业。企业家战略领导能力分项指数均值排名前三位的行业分别是采矿业（B），制造业（C），批发和零售业（F）；排名最后三位的是综合（S），房地产业（K），电力、热力、燃气及水生产和供应业（D）。

图 12-13 直观地反映了不同行业上市公司企业家战略领导能力分项指数均值的差异。可以看到，除了前三名（采矿业（B），制造业（C），批发和零售业（F））明显高于其他行业外，其他行业企业家战略领导能力分项指数均值自高到低，曲线比较平缓，各行业之间差距不大。

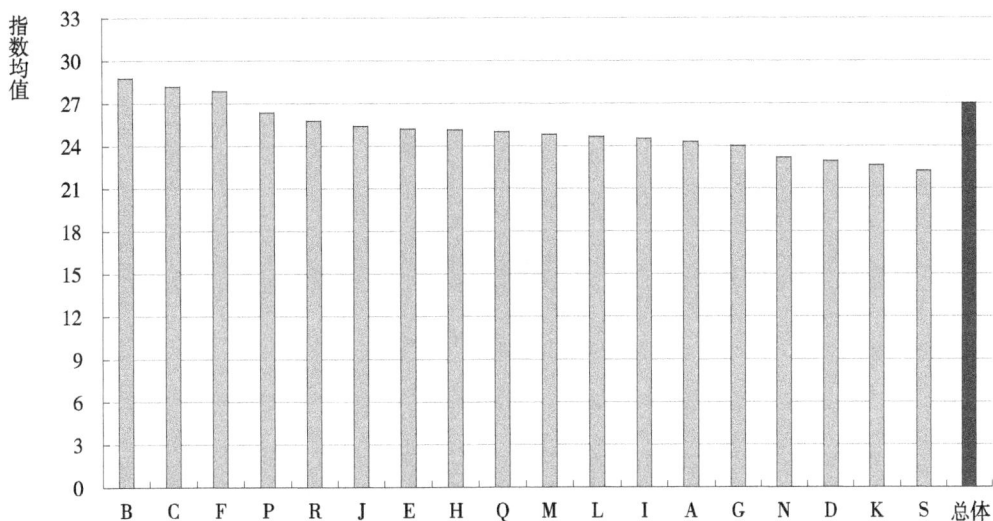

图12-13　2020年不同行业上市公司企业家战略领导能力分项指数比较

12.6　本章小结

本章从总体、地区和行业三个方面，对 2020 年企业家能力的四个分项指数，即人力资本、关系网络能力、社会责任能力和战略领导能力进行了比较分析，通过分析我们发现：

从企业家能力四个分项指数比较看，2020 年企业家社会责任能力分项指数均值最大，关系网络能力分项指数均值最低。从指数分布区间来看，企业家人力资本分项指数主要集中在 [20，40）区间，占样本总数的 72.55%；企业家关系网络能力分项指数主要集中

在 [0，20）区间，占样本总数的 88.90%；企业家社会责任能力分项指数主要集中在 [50，80）区间，占样本总数的 73.79%；企业家战略领导能力分项指数主要集中在 [10，40）区间，占样本总数的 97.11%。

从地区来看，企业家人力资本分项指数均值从高到低依次是东部、西部、东北和中部；企业家关系网络能力分项指数均值从高到低依次是中部、西部、东部和东北；企业家社会责任能力分项指数均值从高到低依次是东部、西部、中部和东北；企业家战略领导能力分项指数均值从高到低依次是东部、中部、东北和西部。总体看，在四个分项指数中，东部表现相对较好，东北表现相对较差。

从行业来看，企业家人力资本分项指数均值排名前三位的行业分别是卫生和社会工作（Q），住宿和餐饮业（H），金融业（J）；企业家关系网络能力分项指数均值排名前三位的行业分别是农、林、牧、渔业（A），水利、环境和公共设施管理业（N），科学研究和技术服务业（M）；企业家社会责任能力分项指数均值排名前三位的行业分别是教育（P），科学研究和技术服务业（M），住宿和餐饮业（H）；企业家战略领导能力分项指数均值排名前三位的行业分别是采矿业（B），制造业（C），批发和零售业（F）。在四个分项指数中，各行业排名并没有表现出特别的规律性。

第13章 企业家能力指数的所有制比较

根据第 1 章的控股或所有制类型划分，本章对 2020 年 3774 家样本上市公司的企业家能力指数及四个分项指数从所有制角度进行比较，以了解国有控股公司和非国有控股公司在企业家能力方面存在的异同。

13.1 企业家能力指数总体的所有制比较

13.1.1 企业家能力总体指数比较

不同的所有制会对上市公司企业家能力产生影响，表 13-1 比较了不同所有制上市公司的企业家能力指数，并按照均值从高到低的顺序进行了排名。

表 13-1 2020 年不同所有制上市公司企业家能力指数比较

排名	所有制类型	公司数目	平均值	中位值	最大值	最小值	标准差
1	无国有股份公司	1743	33.1640	33.5629	51.5355	10.9885	5.9152
2	国有参股公司	870	32.9414	32.8692	54.3503	14.7770	5.6989
3	国有强相对控股公司	434	32.3904	32.9282	54.4290	15.8593	5.2521
4	国有弱相对控股公司	237	32.1282	32.4688	48.9870	17.5206	5.6776
5	国有绝对控股公司	490	31.6608	31.9064	47.2114	11.9019	5.6643
	总体	3774	32.7635	33.0286	54.4290	10.9885	5.7697

从表 13-1 可以看出，五种所有制上市公司的企业家能力指数均值都远低于 60 分的及格线。无国有股份公司的企业家能力指数均值最高，为 33.1640 分，国有绝对控股

公司的企业家能力指数均值最低，为 31.6608 分。最大均值与最小均值的绝对差距为
1.5032 分，差距不大。从中位值看，同样是无国有股份公司企业家能力指数最大，国有
绝对控股公司企业家能力指数最小。从标准差看，无国有股份公司的标准差最大，国有
强相对控股公司的标准差最小，但五类公司企业家能力指数的标准差之间的差异很小，
即离散程度差不多。

图 13-1 更直观地反映了不同所有制上市公司企业家能力指数的差异。可以看出，
不同所有制上市公司的企业家能力指数均值相差很小。国有参股公司和无国有股份公司
的企业家能力指数均值高于总体均值，国有绝对控股公司、国有强相对控股公司和国有
弱相对控股公司的企业家能力指数均值低于总体均值。

如果按照前十大股东中的国有股份比例从大到小排列，则随着国有持股比例的降
低，企业家能力指数均值先上升，再下降，又上升，大体呈比较平缓的"S"状。这意
味着，两类非国有控股公司对企业家的吸引力较强，尤其是无国有股份公司，可能由于
不受国有股东的限制，薪酬激励较高，会激发较多的企业家更好地施展自己的才华，有
利于企业家的成长，而三类国有控股公司总体看略差一些，但由于其资源优势，也会吸
引很多较优秀的企业家。

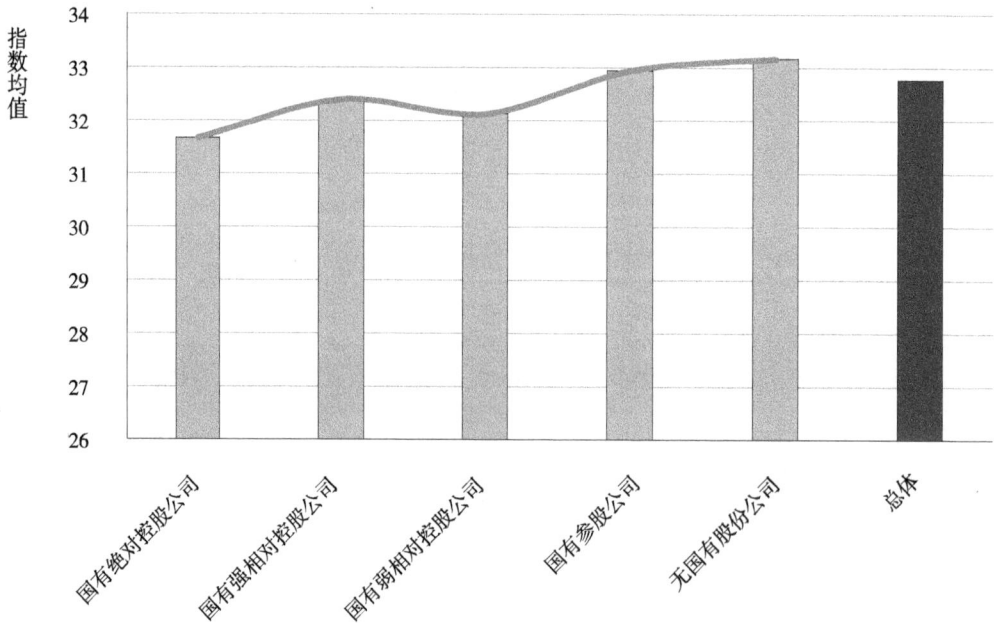

图13-1 2020年不同所有制上市公司企业家能力指数均值比较

我们进一步将国有绝对控股公司、国有强相对控股公司和国有弱相对控股公司归类
为国有控股公司，将国有参股公司和无国有股份公司归类为非国有控股公司，表 13-2 比
较了国有控股公司和非国有控股公司的企业家能力指数。

表 13-2　2020 年国有与非国有控股上市公司企业家能力指数比较

排名	所有制	公司数目	平均值	中位值	最大值	最小值	标准差
1	非国有控股公司	2613	33.0899	33.3111	54.3503	10.9885	5.8450
2	国有控股公司	1161	32.0289	32.3245	54.4290	11.9019	5.5264
	总体	3774	32.7635	33.0286	54.4290	10.9885	5.7697

从表 13-2 可以看出，2020 年上市公司中，非国有控股公司企业家能力指数均值与中位值都略高于国有控股公司，前者均值高出后者 1.0610 分，前者中位值高出后者 0.9866 分。就标准差反映的离散程度看，非国有控股公司企业家能力指数的离散程度稍高。

按照最终控制人类型，可以将上市公司划分为最终控制人为中央企业（或监管机构）、地方国企（或监管机构）、非国有企业或自然人最终控制的公司。表 13-3 比较了最终控制人不同的上市公司的企业家能力指数。可以看出，非国有企业或自然人最终控制的公司的企业家能力指数的均值和中位值都高于中央企业（或监管机构）和地方国企（或监管机构）最终控制的公司。不过，它们之间的差距并不大。

表 13-3　2020 年不同最终控制人上市公司企业家能力指数比较

排名	最终控制人	公司数目	平均值	中位值	最大值	最小值	标准差
1	非国有企业或自然人	2552	33.1439	33.3999	54.3503	10.9885	5.8551
2	中央企业（或监管机构）	411	32.5199	32.8158	54.4290	11.9019	5.7121
3	地方国企（或监管机构）	811	31.6901	31.9542	45.3607	16.7407	5.3725
	总体	3774	32.7635	33.0286	54.4290	10.9885	5.7697

13.1.2　企业家能力分项指数总体比较

企业家能力指数包括人力资本、关系网络能力、社会责任能力和战略领导能力四个分项指数，表 13-4 对五类所有制上市公司的四个企业家能力分项指数均值进行了比较。

表 13-4　2020 年不同所有制上市公司企业家能力分项指数均值比较

所有制类型	人力资本	关系网络能力	社会责任能力	战略领导能力
国有绝对控股公司	31.1341	6.3379	54.5145	27.1841
国有强相对控股公司	30.9990	6.4900	57.1369	27.2610

续表

所有制类型	人力资本	关系网络能力	社会责任能力	战略领导能力
国有弱相对控股公司	30.1989	7.6184	56.9857	26.5066
国有参股公司	30.7972	8.0587	58.0021	27.5019
无国有股份公司	29.8447	7.4807	61.0601	26.6306
总体	30.3867	7.3603	58.7983	26.9680

从表13-4可以看出，五类所有制上市公司的四个企业家能力分项指数存在一定差异。图13-2更直观地反映了不同所有制上市公司企业家能力四个分项指数均值的差异。可以看出，五类所有制上市公司中，四个分项指数中最高的都是社会责任能力分项指数，关系网络能力分项指数则普遍很低。随着前十大股东中的国有股比例的降低，人力资本分项指数呈现先下降，后上升，再下降的态势，国有绝对控股公司的人力资本分项指数最高。在关系网络能力分项指数上，随着前十大股东中的国有股比例的降低，呈现先上升后下降的态势，呈"倒U型"，两类非国有控股公司总体上高于三类国有控股公司，这意味着非国有控股公司有更强的意愿建立关系网络。在社会责任能力分项指数上，随着前十大股东中的国有股比例的降低，呈现先上升后下降然后再上升的"N型"，但总体呈上升趋势，两类非国有控股公司比三类国有控股公司有更好的社会责任表现。在战略领导能力分项指数上，随着前十大股东中的国有股比例的降低，大体呈现平缓的"M型"，国有弱相对控股公司和无国有股份公司的表现相对比较差。总体看，国有绝对控股公司、国有强相对控股公司和国有弱相对控股公司更偏重企业家人力资本和战略领导能力，而国有参股公司和无国有股份公司则更偏重关系网络能力和社会责任能力。

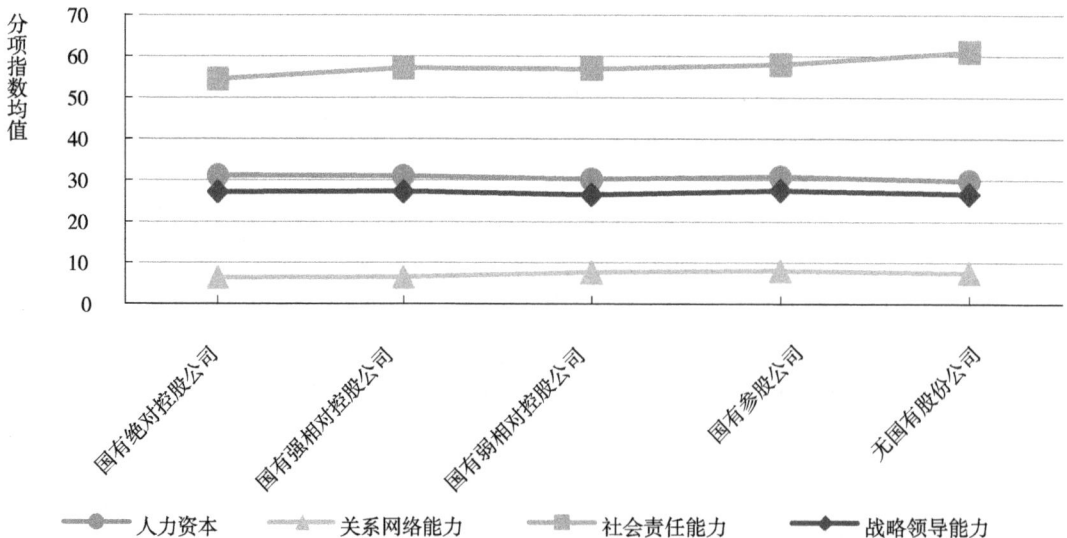

图13-2 2020年不同所有制上市公司企业家能力分项指数变化趋势

我们进一步将国有绝对控股公司、国有强相对控股公司和国有弱相对控股公司归类为国有控股公司，将国有参股公司和无国有股份公司归类为非国有控股公司，两者的比较见表13-5和图13-3。可以看出，在人力资本和战略领导能力两个分项指数上，国有控股公司高于非国有控股公司；在关系网络能力和社会责任能力两个分项指数上，则是国有控股公司低于非国有控股公司。两类公司除了社会责任能力分项指数有较明显差别外，在其他三个分项指数上的差距并不是很大。

表 13-5 2020年国有与非国有控股上市公司企业家能力分项指数均值比较

所有制类型	人力资本	关系网络能力	社会责任能力	战略领导能力
国有控股公司	30.8927	6.6561	55.9992	27.0746
非国有控股公司	30.1618	7.6732	60.0419	26.9207
总体	30.3867	7.3603	58.7983	26.9680

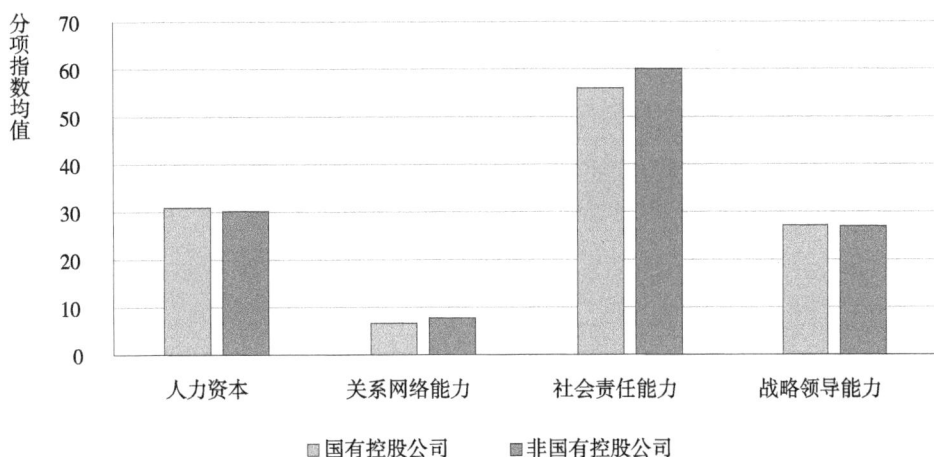

图13-3 2020年国有与非国有控股上市公司企业家能力分项指数均值比较

按照三类最终控制人的划分，三类最终控制人控制的上市公司企业家能力的四个分项指数均值的比较参见表13-6和图13-4。可以看到，中央企业（或监管机构）最终控制的公司在人力资本和战略领导能力两个分项指数上高于地方国企（或监管机构）和非国有企业或自然人最终控制的公司；在关系网络能力和社会责任能力两个分项指数上，则是中央企业（或监管机构）最终控制的公司低于地方国企（或监管机构）最终控制的公司，并且这两类公司都低于非国有企业或自然人最终控制的公司。三类最终控制人控制的公司除了在社会责任能力上有较明显的差别外，在其他三个分项指数上的差距都不太大。

表 13-6 2020 年不同最终控制人上市公司企业家能力分项指数均值比较

最终控制人	人力资本	关系网络能力	社会责任能力	战略领导能力
中央企业（或监管机构）	31.8457	5.9476	55.8452	28.4407
地方国企（或监管机构）	30.4272	6.7818	55.9622	26.3193
非国有企业或自然人	30.1388	7.7717	60.1751	26.9370
总体	30.3867	7.3603	58.7983	26.9680

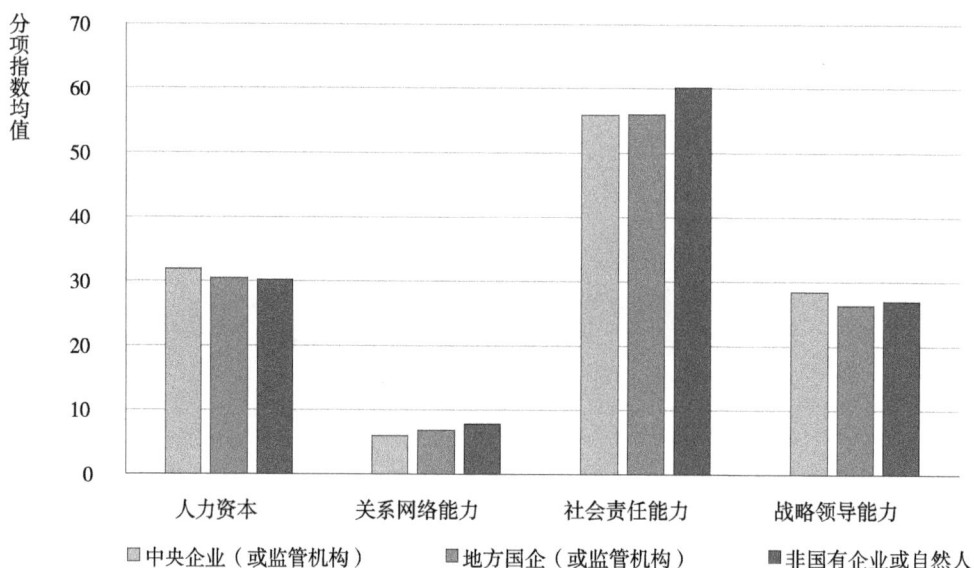

图13-4 2020年不同最终控制人上市公司企业家能力分项指数均值比较

13.2 分地区企业家能力指数的所有制比较

根据四个地区的划分，我们对各个地区不同所有制上市公司企业家能力指数及其分项指数进行比较分析。

13.2.1 分地区企业家能力总体指数比较

根据四个地区的划分，我们对四个地区上市公司企业家能力总体指数进行了统计，参见表 13-7。

表 13-7   2020 年不同地区国有与非国有控股上市公司企业家能力指数比较

地区	所有制类型	公司数目	平均值	中位值	最大值	最小值	标准差
东部	国有控股公司	693	32.1706	32.3825	54.4290	11.9019	5.5295
	非国有控股公司	1954	33.2971	33.5743	51.5355	10.9885	5.6840
	总体	2647	33.0022	33.2504	54.4290	10.9885	5.6657
中部	国有控股公司	197	31.7096	32.5204	44.0241	16.7407	6.0511
	非国有控股公司	291	33.3230	33.3549	54.3503	14.2171	6.1753
	总体	488	32.6717	33.0915	54.3503	14.2171	6.1764
西部	国有控股公司	213	31.8243	32.0182	42.3542	17.8283	4.8816
	非国有控股公司	277	32.0183	32.4672	48.7525	14.7770	6.1928
	总体	490	31.9339	32.3131	48.7525	14.7770	5.6611
东北	国有控股公司	58	32.1723	33.9097	44.5779	18.0293	5.7774
	非国有控股公司	91	31.1583	30.9582	50.7312	14.2465	6.3443
	总体	149	31.5530	31.3704	50.7312	14.2465	6.1498

从表 13-7 可以看出，东部、中部和西部国有控股公司企业家能力指数的均值和中位值都低于非国有控股公司，东北地区国有控股公司企业家能力指数的均值和中位值高于非国有控股公司。

图 13-5 直观地反映了四个地区不同所有制上市公司企业家能力指数均值的差异。可以看出，东北国有控股公司企业家能力指数均值最高，中部非国有控股公司企业家能力指数均值最高。

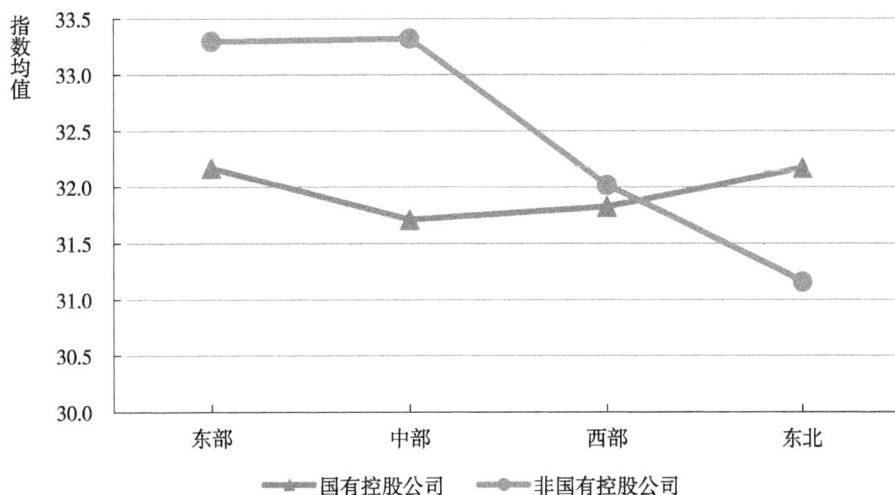

图13-5   2020年不同地区国有与非国有控股上市公司企业家能力指数均值比较

13.2.2 分地区企业家能力分项指数比较

接下来，我们对四个地区国有与非国有控股上市公司的企业家能力分项指数均值进行比较分析，参见表 13-8。

表 13-8 2020 年不同地区国有与非国有控股上市公司企业家能力分项指数均值比较

地区	所有制类型	人力资本	关系网络能力	社会责任能力	战略领导能力
东部	国有控股公司	31.3173	6.2530	55.7698	27.6287
	非国有控股公司	30.3396	7.4121	60.3950	27.2845
	总体	30.5956	7.1087	59.1841	27.3746
中部	国有控股公司	29.6229	8.1218	54.7966	27.1371
	非国有控股公司	29.5680	9.9084	59.3923	27.3336
	总体	29.5902	9.1872	57.5371	27.2543
西部	国有控股公司	30.7210	6.8336	57.9746	24.8550
	非国有控股公司	29.6880	7.7617	59.3824	24.4759
	总体	30.1370	7.3583	58.7704	24.6407
东北	国有控股公司	30.7635	5.8429	55.5708	28.3921
	非国有控股公司	29.6860	5.8608	56.5448	25.2291
	总体	30.1055	5.8538	56.1657	26.4603

由表 13-8 可知，四个地区两类所有制上市公司在企业家能力指数四个分项指数均值上的排序并不一致。为了便于比较，我们计算出四个地区非国有控股公司企业家能力四个分项指数均值与对应的国有控股公司企业家能力四个分项指数均值的差值，由此可以反映四个地区两类所有制上市公司企业家能力四个分项指数的差异，如图 13-6 所示。可以看出，在人力资本分项指数上，四个地区都是国有控股公司好于非国有控股公司；在关系网络能力分项指数上，四个地区都是非国有控股公司好于国有控股公司；在社会责任能力分项指数上，四个地区也都是非国有控股公司好于国有控股公司，且东部和中部两个地区非国有控股公司比国有控股公司有较大的领先优势；在战略领导能力分项指数上，东部、西部和东北三个地区均是国有控股公司好于非国有控股公司，而中部则是非国有控股公司好于国有控股公司。概括地讲，中部上市公司在除人力资本分项指数以外的其他三个分项指数上，都是非国有控股公司好于国有控股公司；东部、西部和东北三

个地区在人力资本和战略领导能力两个分项指数上国有控股公司好于非国有控股公司，在关系网络能力和社会责任能力两个分项指数上非国有控股公司好于国有控股公司。

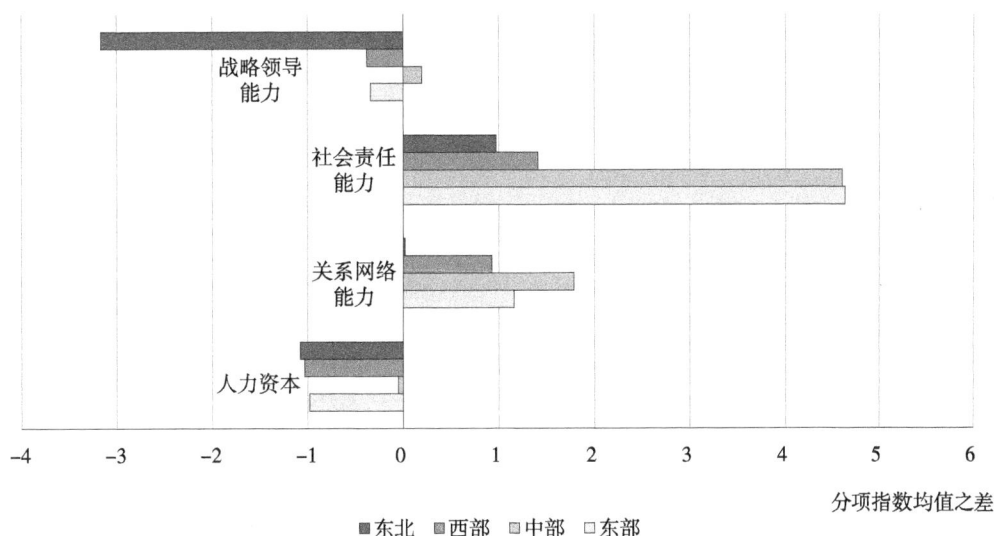

注：指数均值之差＝非国有控股公司企业家能力分项指数均值－国有控股公司企业家能力分项指数均值。

图13-6　2020年不同地区国有与非国有控股上市公司企业家能力分项指数差值比较

13.3　分行业企业家能力指数的所有制比较

我们选择上市公司较多且具有代表性的六个行业，即制造业（C），电力、热力、燃气及水生产和供应业（D），交通运输、仓储和邮政业（G），信息传输、软件和信息技术服务业（I），金融业（J）和房地产业（K），从所有制角度对这六个行业上市公司的企业家能力指数以及分项指数进行比较分析。

13.3.1　分行业企业家能力总体指数比较

六个代表性行业不同所有制上市公司的企业家能力指数比较参见表13-9。

表 13-9　2020 年不同行业国有与非国有控股上市公司企业家能力指数比较

行业	所有制类型	公司数目	平均值	中位值	最大值	最小值	标准差
	国有控股公司	547	32.6386	32.9790	48.9870	17.5206	5.1637
制造业（C）	非国有控股公司	1826	33.6521	33.9046	54.3503	10.9885	5.6255
	总体	2373	33.4185	33.6600	54.3503	10.9885	5.5389

续表

行业	所有制类型	公司数目	平均值	中位值	最大值	最小值	标准差
电力、热力、燃气及水生产和供应业（D）	国有控股公司	84	31.1695	31.4775	44.9702	16.7407	6.2465
	非国有控股公司	30	28.7401	29.3967	41.1771	19.1919	4.9574
	总体	114	30.5302	30.6076	44.9702	16.7407	6.0301
交通运输、仓储和邮政业（G）	国有控股公司	71	30.9216	29.6079	49.0704	19.5514	6.1600
	非国有控股公司	29	30.8132	32.3606	42.3628	14.2465	5.9901
	总体	100	30.8902	30.1911	49.0704	14.2465	6.1114
信息传输、软件和信息技术服务业（I）	国有控股公司	50	32.7709	32.9219	54.4290	20.7976	5.6200
	非国有控股公司	256	32.4124	32.8118	50.7312	13.6116	5.7282
	总体	306	32.4710	32.8289	54.4290	13.6116	5.7122
金融业（J）	国有控股公司	75	31.0424	30.3453	45.7238	16.9800	6.0015
	非国有控股公司	42	30.8921	30.3435	40.9575	18.4030	4.6014
	总体	117	30.9884	30.3453	45.7238	16.9800	5.5402
房地产业（K）	国有控股公司	59	31.3897	31.6414	42.7326	21.2609	5.0595
	非国有控股公司	58	30.0917	30.3866	44.8827	14.2171	5.8884
	总体	117	30.7463	31.3361	44.8827	14.2171	5.5244

从表 13-9 可以看出，六个代表性行业中，制造业（C）国有控股公司企业家能力指数均值低于非国有控股公司，另外五个行业的国有控股公司企业家能力指数均值都高于非国有控股公司，但差距都不大。

图 13-7 更直观地反映了六个行业国有控股公司与非国有控股公司企业家能力指数均值的差异。可以看出，六个行业中，国有控股公司企业家能力指数均值最高的是信息传输、软件和信息技术服务业（I），最低的是交通运输、仓储和邮政业（G）；非国有控股公司企业家能力指数均值最高的是制造业（C），最低的是电力、热力、燃气及水生产和供应业（D）。

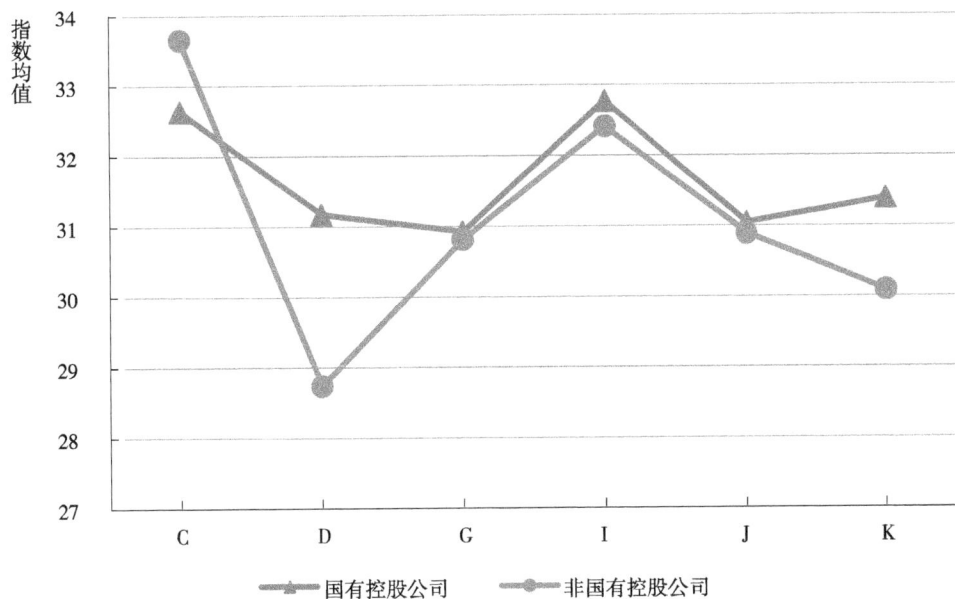

图13-7　2020年不同行业国有与非国有控股上市公司企业家能力指数均值比较

13.3.2　分行业企业家能力分项指数比较

六个行业国有与非国有控股上市公司的企业家能力分项指数比较结果参见表 13-10。

表 13-10　2020 年不同行业国有与非国有控股上市公司企业家能力分项指数比较

行业	所有制类型	人力资本	关系网络能力	社会责任能力	战略领导能力
制造业（C）	国有控股公司	30.4113	6.8454	56.8777	28.4254
	非国有控股公司	29.9312	7.8709	60.7394	28.1029
	总体	30.0418	7.6345	59.8492	28.1773
电力、热力、燃气及水生产和供应业（D）	国有控股公司	31.8878	6.4815	55.5764	24.2404
	非国有控股公司	30.9524	4.4444	54.8316	19.2168
	总体	31.6416	5.9454	55.3804	22.9184
交通运输、仓储和邮政业（G）	国有控股公司	30.2113	5.4773	55.8935	24.9015
	非国有控股公司	28.3005	7.0881	59.7992	21.7750
	总体	29.6571	5.9444	57.0262	23.9948
信息传输、软件和信息技术服务业（I）	国有控股公司	30.8571	7.3333	60.2445	25.5066
	非国有控股公司	31.1189	6.4236	60.7803	24.3028
	总体	31.0761	6.5723	60.6928	24.4995

续表

行业	所有制类型	人力资本	关系网络能力	社会责任能力	战略领导能力
金融业（J）	国有控股公司	33.8571	6.2222	50.3887	26.9212
	非国有控股公司	33.4354	6.3492	55.3048	22.6560
	总体	33.7057	6.2678	52.1534	25.3901
房地产业（K）	国有控股公司	32.7240	5.5556	58.5850	22.3942
	非国有控股公司	30.0862	6.4176	54.8133	22.8347
	总体	31.4164	5.9829	56.7153	22.6126

由表 13-10 可知，六个代表性行业两类所有制上市公司在企业家能力指数四个分项指数均值上的排序也不一致。为了便于比较，我们计算出六个行业非国有控股公司企业家能力四个分项指数均值与对应的国有控股公司企业家能力四个分项指数均值的差值，由此可以反映六个行业两类所有制上市公司企业家能力四个分项指数的差异，参见图 13-8。

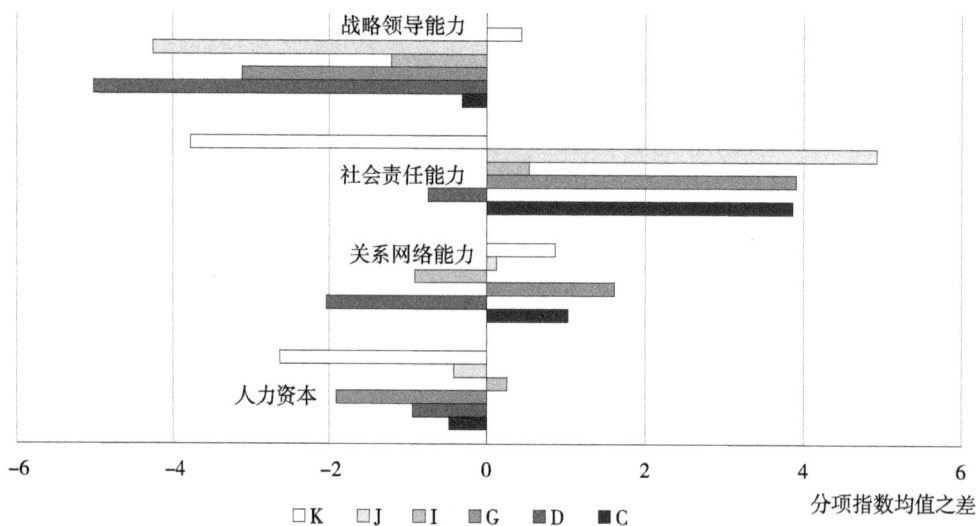

注：指数均值之差＝非国有控股公司企业家能力分项指数均值－国有控股公司企业家能力分项指数均值。

图13-8　2020年不同行业国有与非国有控股上市公司企业家能力分项指数差值比较

由图 13-8 可以看出，在人力资本分项指数上，除了信息传输、软件和信息技术服务业（I）之外，其余五个行业的国有控股公司均高于非国有控股公司；在关系网络能力分项指数上，电力、热力、燃气及水生产和供应业（D）以及信息传输、软件和信息技术服务业（I）两个行业的国有控股公司高于非国有控股公司，其他四个行业都是国有控股公司低于非国有控股公司；在社会责任能力分项指数上，电力、热力、燃气及水生产和供应业（D）以及房地产业（K）两个行业的国有控股公司高于非国有控股公司，其他四个行业的国有控股公司均低于非国有控股公司；在战略领导能力分项指数上，除了房地产业（K）之外，其余五个行业的国有控股公司均高于非国有控股公司。总体来看，六个代表性行业中，在人力资本分项指数上，房地产业（K）的国有控股公司表现比非国有控股公司较为突出；在关系网络能力分项指数上，电力、热力、燃气及水生产和供应业（D）的国有控股公司表现比非国有控股公司较为突出；在社会责任能力分项指数上，金融业（J）非国有控股公司表现比国有控股公司较为突出；在战略领导能力分项指数上，电力、热力、燃气及水生产和供应业（D），金融业（J）国有控股公司表现比非国有控股公司较为突出。

13.4　本章小结

本章从所有制角度对 2020 年沪深两市 3774 家上市公司企业家能力指数及四个分项指数进行了统计和分析，结论如下：

关于企业家能力总体指数：①随着前十大股东中的国有持股比例的降低，企业家能力指数均值先上升，再下降，又上升，大体呈比较平缓的"S"状。这意味着，无国有股份公司由于不受国有股东的限制，薪酬激励较高，会有较多的优秀企业家涌现，而国有控股公司由于其资源优势，也会吸引很多较优秀的企业家。②总体上，非国有控股公司企业家能力指数均值与中位值都略高于国有控股公司。③非国有企业或自然人最终控制的公司的企业家能力指数的均值和中位值都高于中央企业（或监管机构）和地方国企（或监管机构）最终控制的公司。不过，它们之间的差距并不大。④从地区看，东部、中部和西部国有控股公司企业家能力指数的均值和中位值都低于非国有控股公司，东北地区国有控股公司企业家能力指数的均值和中位值高于非国有控股公司。⑤从行业看，六个代表性行业中，制造业（C）国有控股公司企业家能力指数均值低于非国有控股公司，另外五个行业的国有控股公司企业家能力指数均值高于非国有控股公司，但差距都不是很大。

关于企业家能力分项指数：①在人力资本和战略领导能力两个分项指数上，国有控股公司高于非国有控股公司；在关系网络能力和社会责任能力两个分项指数上，则是国有控股公司低于非国有控股公司。两类公司除了社会责任能力有较明显差别外，在其他三个分项指数上差距并不是很大。②中央企业（或监管机构）最终控制的公司在人力资本和战略领导能力两个分项指数上高于地方国企（或监管机构）和非国有企业或自然人最终控制的公司；在关系网络能力和社会责任能力两个分项指数上，则是中央企业（或监管机构）最终控制的公司低于地方国企（或监管机构）最终控制的公司，并且这两类公司都低于非国有企业或自然人最终控制的公司。③从地区看，中部上市公司在除人力资本分项指数以外的其他三个分项指数上，都是非国有控股公司好于国有控股公司；东部、西部和东北在人力资本和战略领导能力两个分项指数上国有控股公司好于非国有控股公司，在关系网络能力和社会责任能力两个分项指数上非国有控股公司好于国有控股公司。④从行业看，六个代表性行业中，在人力资本分项指数上，房地产业（K）的国有控股公司表现比非国有控股公司较为突出；在关系网络能力分项指数上，电力、热力、燃气及水生产和供应业（D）的国有控股公司表现比非国有控股公司较为突出；在社会责任能力分项指数上，金融业（J）非国有控股公司表现比国有控股公司较为突出；在战略领导能力分项指数上，电力、热力、燃气及水生产和供应业（D），金融业（J）国有控股公司表现比非国有控股公司较为突出。

第14章　企业家能力指数的年度比较
（2011～2020）

2012～2020 年，我们对 2011 年、2013 年，以及 2015～2019 年七个年度的中国上市公司企业家能力水平进行了七次测度，今年是第八次测度。本章将从总体、地区、行业、所有制和上市板块五个角度，比较分析八个年度中国上市公司企业家能力水平，以便了解企业家能力水平是否有所提高以及提高程度，以期对企业家能力的完善有所启示。需要说明的是，由于评价对象是总经理，而很多公司的总经理可能有变化，所以这种比较不是对同一总经理的纵向比较，而是一定程度上反映公司选择总经理方式的变化。

14.1　企业家能力指数总体的年度比较

企业家能力指数评价的样本公司每年增加，从 2011 年（2012 年评价）的 1939 家增加到 2020 年（2021 年评价）的 3774 家，基本上是对全部上市公司总经理的评价。比较八年样本上市公司的企业家能力指数，以及人力资本、关系网络能力、社会责任能力和战略领导能力四个分项指数，结果见表 14-1。

表 14-1　2011～2020 年上市公司企业家能力指数均值比较

年份	样本量	总体指数	分项指数			
			人力资本	关系网络能力	社会责任能力	战略领导能力
2011	1939	35.7148	31.1754	12.7898	65.0234	27.3325
2013	2293	34.8096	29.2561	8.4286	67.3003	26.3960
2015	2655	34.0589	28.4504	6.9136	61.1558	30.5138
2016	2840	30.6948	27.7907	6.0452	61.9025	20.6075

年份	样本量	总体指数	分项指数			
			人力资本	关系网络能力	社会责任能力	战略领导能力
2017	3147	29.7777	28.0476	6.3323	60.3379	18.7740
2018	3490	30.6824	29.1210	6.6635	58.1174	22.4366
2019	3569	29.6270	29.6109	7.0094	55.7632	20.6410
2020	3774	32.7635	30.3867	7.3603	58.7983	26.9680

由表 14-1 可以看出：

第一，从企业家能力总体指数看，2020 年指数均值为 32.7635 分。八个年度中，2011～2017 年连续下降，之后年度波动式上升（参见图 14-1）。相比 2011 年，2020 年下降 2.9513 分；相比 2019 年，2020 年上升 3.1365 分。

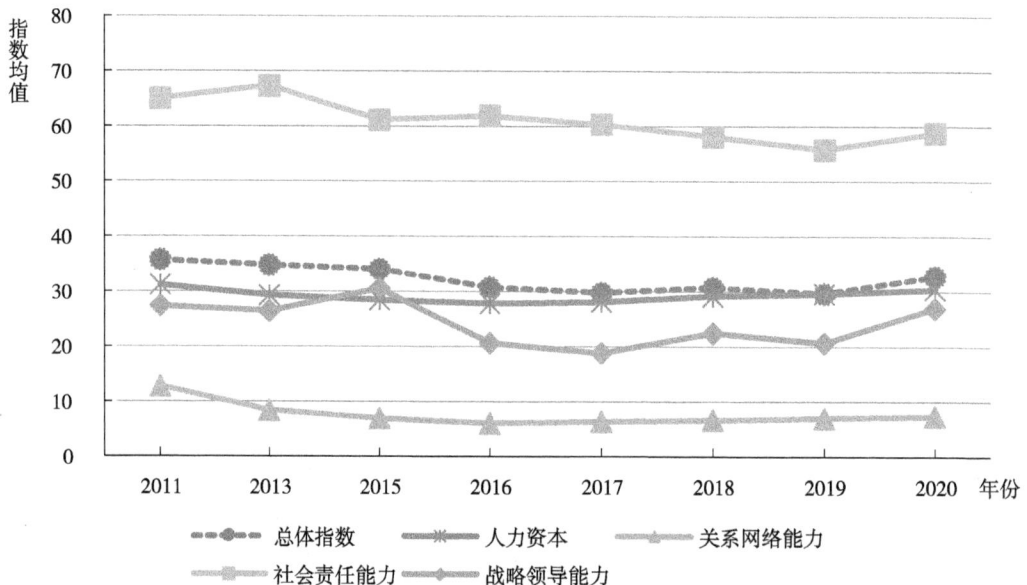

图14-1　2011～2020年上市公司企业家能力总体指数及分项指数的变化

第二，从人力资本分项指数看，2020 年该分项指数均值为 30.3867 分。2011～2016 年连续下降，2017～2020 年连续上升。相比 2011 年，2020 年下降 0.7887 分；相比 2019 年，2020 年上升 0.7758 分。

第三，从关系网络能力分项指数看，2020 年该分项指数均值为 7.3603 分。2011～2016 年连续下降，2017～2020 年连续上升。相比 2011 年，2020 年下降 5.4295 分；相比 2019 年，2020 年上升 0.3509 分。

第四，从社会责任能力分项指数看，2020 年该分项指数均值为 58.7983 分。2011～2019

年波动下降，2020 年有所上升。相比 2011 年，2020 年下降 6.2251 分，在四个分项指数中下降最多；相比 2019 年，2020 年上升 3.0351 分。

第五，从战略领导能力分项指数看，2020 年该分项指数均值为 26.9680 分。2011～2019 年一直处于波动状态，且波动幅度较大，2020 年明显上升。相比 2011 年，2020 年下降 0.3645 分；相比 2019 年，2020 年上升 6.3270 分。

在八个年度中，企业家社会责任能力分项指数都是最高的，人力资本和战略领导能力两个分项指数比较接近，而关系网络能力则都是最低的，这与政府的强力反腐行动应该有一定关联，正常的关系网络也受到了较大影响。

14.2　分地区企业家能力指数的年度比较

按照四个地区的划分，对不同地区上市公司 2011 年、2013 年，以及 2015～2020 年八个年度企业家能力总体指数和四个分项指数进行比较，结果参见表 14-2。

表 14-2　2011～2020 年不同地区中国上市公司企业家能力指数均值比较

地区	年份	总体指数	分项指数				总体指数排名
			人力资本	关系网络能力	社会责任能力	战略领导能力	
东部	2011	37.0764	31.8740	13.3074	66.9994	29.0979	1
	2013	35.2368	29.4781	8.2526	68.2440	26.8683	1
	2015	34.5315	28.4254	6.6235	61.9865	31.4443	1
	2016	31.1775	27.7371	5.7790	62.9578	21.3912	1
	2017	29.9032	27.9301	6.0786	60.6884	19.0860	2
	2018	31.0305	29.0054	6.3551	58.9722	23.0403	1
	2019	29.9584	29.5740	6.7326	56.7806	20.9913	1
	2020	33.0022	30.5956	7.1087	59.1841	27.3746	1
中部	2011	33.9689	29.2953	12.7987	62.6896	25.1964	2
	2013	34.5201	28.0449	10.0252	67.5119	25.2811	2
	2015	34.3358	28.0531	8.9871	61.8937	29.8810	2
	2016	31.0231	27.8429	7.9472	62.0490	20.4075	2
	2017	30.4743	28.1904	8.7247	60.7675	19.1316	1
	2018	30.9326	29.1929	8.5781	57.5645	22.5519	2

续表

地区	年份	总体指数	分项指数				总体指数排名
			人力资本	关系网络能力	社会责任能力	战略领导能力	
中部	2019	29.7909	29.0476	8.8769	55.6368	20.5968	2
	2020	32.6717	29.5902	9.1872	57.5371	27.2543	2
西部	2011	32.9734	29.9420	11.2642	61.0806	23.8978	4
	2013	33.3583	29.1603	6.8552	64.0466	25.5780	4
	2015	32.3076	28.9519	6.1198	58.1052	27.7916	3
	2016	28.8794	28.0542	5.5405	58.4952	17.9840	3
	2017	28.8755	28.6210	5.2855	59.1122	17.2272	3
	2018	29.2565	29.6817	6.2781	55.8338	19.8117	3
	2019	28.4092	30.3940	6.8655	52.6136	19.0752	3
	2020	31.9339	30.1370	7.3583	58.7704	24.6407	3
东北	2011	33.0709	31.8843	11.3815	60.5721	23.2441	3
	2013	34.3554	30.0510	10.5247	64.1865	25.8840	3
	2015	32.2167	28.4658	7.0970	57.1713	28.0703	4
	2016	28.6188	27.6093	5.6803	57.3679	18.3365	4
	2017	28.5537	27.6482	6.0469	57.5842	17.7351	4
	2018	28.7592	29.0125	7.0470	53.1187	20.5505	4
	2019	27.5127	29.4891	6.2546	49.3641	19.9531	4
	2020	31.5530	30.1055	5.8538	56.1657	26.4603	4

由表 14-2 可以看出：

第一，从企业家能力总体指数看，八个年度中，四个地区 2011 ～ 2019 年整体均呈现波动下降趋势，但 2020 年四个地区均有所上升。相比 2011 年，四个地区都下降，东部下降幅度最大，下降 4.0742 分；相比 2019 年，四个地区都上升，东北升幅最大，上升 4.0403 分。

第二，从人力资本分项指数看，相比 2011 年，2020 年中部和西部地区上升，中部升幅最大，上升 0.2949 分，东部和东北下降，东北降幅最大，下降 1.7788 分；相比 2019 年，2020 年仅西部下降 0.2570 分，其他三个地区均为上升，东部升幅最大，上升 1.0216 分。

第三，从关系网络能力分项指数看，相比 2011 年，2020 年四个地区都下降，东部降幅最大，下降 6.1987 分；相比 2019 年，2020 年仅东北下降 0.4008 分，其他三个地区都上升，西部升幅最大，为 0.4928 分。

第四，从社会责任能力分项指数看，相比 2011 年，2020 年四个地区都下降，东部降幅最大，下降 7.8153 分；相比 2019 年，2020 年四个地区都上升，东北升幅最大，上升 6.8016 分。

第五，从战略领导能力分项指数看，相比 2011 年，2020 年仅东部下降，下降 1.7233 分，其余三个地区上升，东北升幅最大，上升 3.2162 分；相比 2019 年，2020 年四个地区都是上升的，中部升幅最大，上升 6.6575 分。

图 14-2 显示了四个地区企业家能力总体指数的变化。从总体指数排名看，八个年度中，东部和中部地区一直保持前两位；中部地区仅在 2017 年超越东部成为第一名，其余年份东部地区均为第一名；东北自 2015 年开始都是最后一名。

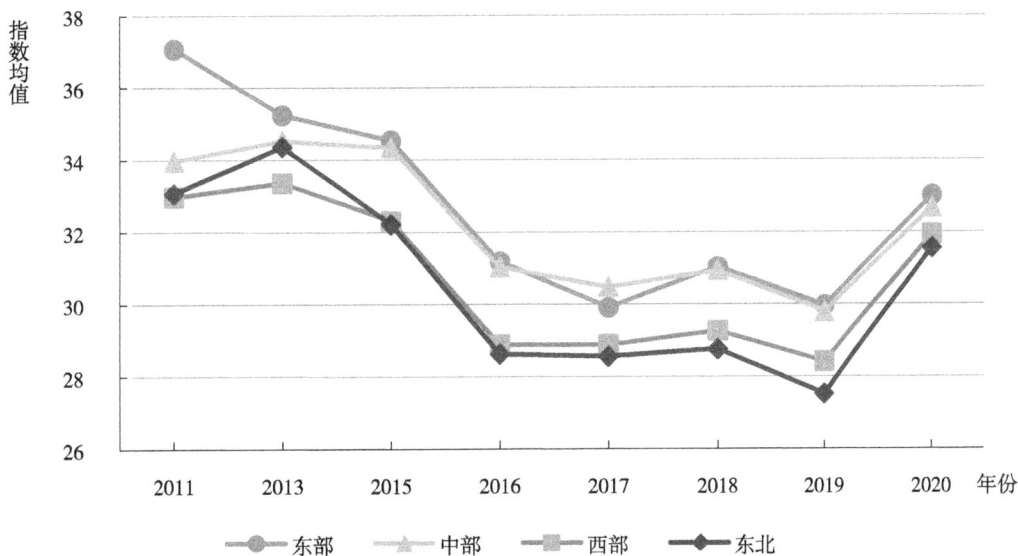

图14-2　2011～2020年不同地区上市公司企业家能力总体指数的变化

14.3　分行业企业家能力指数的年度比较

本节对 18 个行业上市公司 2013 年以及 2015～2020 年七个年度企业家能力总体指数和四个分项指数进行比较。需要说明的是，由于《中国上市公司企业家能力指数报告 2012》使用的是《上市公司行业分类（2001 年）》，与之后报告使用的《上市公司行业分类（2012 年）》有所不同，因此，2011 年企业家能力指数不再纳入本年度行业比较分析，只比较 2013 年以及 2015～2020 年七个年度的企业家能力指数。结果参见表 14-3。

表 14-3　2013～2020 年不同行业上市公司企业家能力指数均值比较

行业	年份	总体指数	分项指数			
			人力资本	关系网络能力	社会责任能力	战略领导能力
农林牧渔业（A）	2013	35.4346	30.8776	12.7302	67.3980	24.7712
	2015	32.8621	27.2959	10.2249	61.3434	25.6870
	2016	32.6173	28.9935	10.9722	65.4099	20.0702
	2017	29.7496	27.1259	10.8466	60.8899	16.3825
	2018	29.7458	27.7700	11.7886	54.5958	20.5729
	2019	29.8897	29.4599	10.9756	55.5178	19.5686
	2020	32.9310	30.2211	10.7143	60.5959	24.2796
采矿业（B）	2013	33.8269	30.5300	6.3710	65.3802	25.2571
	2015	33.2365	30.9198	3.9041	62.0402	27.2870
	2016	30.0147	29.9902	3.3409	60.1597	19.9760
	2017	29.4619	29.1795	4.1291	59.2397	19.1619
	2018	30.2459	29.9060	4.4591	55.8156	23.6760
	2019	27.4415	31.3333	4.1481	46.8692	21.6959
	2020	31.5530	30.5429	5.1111	53.4998	28.7551
制造业（C）	2013	35.2253	28.3266	8.8984	68.7298	26.8539
	2015	35.0164	27.8084	7.5701	62.6837	32.2409
	2016	31.3063	27.4962	6.5427	62.7810	21.6700
	2017	30.2219	27.6314	6.8126	61.1016	19.5135
	2018	31.2851	28.7033	6.8896	59.1849	23.5491
	2019	30.3745	29.1039	7.3858	57.9797	21.2307
	2020	33.4185	30.0418	7.6345	59.8492	28.1773
电力、热力、燃气及水生产和供应业（D）	2013	33.2295	30.9524	6.8357	65.9679	22.4249
	2015	31.2371	28.7560	6.1486	58.2017	24.5782
	2016	28.5166	26.9866	5.2025	58.7826	17.5476
	2017	28.2160	29.2926	4.9083	57.1963	16.5491
	2018	28.9009	30.7959	6.2963	55.6513	18.1249

行业	年份	总体指数	分项指数			
			人力资本	关系网络能力	社会责任能力	战略领导能力
电力、热力、燃气及水生产和供应业（D）	2019	27.7393	31.1533	5.3007	52.2132	17.7173
	2020	30.5302	31.6416	5.9454	55.3804	22.9184
建筑业（E）	2013	32.7491	27.5370	9.7031	61.2377	25.5546
	2015	32.1820	28.5714	8.1612	54.2603	29.6930
	2016	29.8184	27.2727	8.6219	57.9894	20.0842
	2017	28.7725	27.4603	6.7901	56.9375	18.6473
	2018	28.8088	28.8413	7.0370	52.8182	21.0673
	2019	28.2234	29.9774	7.7193	48.9756	21.2990
	2020	30.2613	31.1654	8.4795	50.3201	25.1733
批发和零售业（F）	2013	33.9472	30.8424	7.2682	62.4754	27.2980
	2015	34.0337	29.2906	5.0076	59.9260	31.9244
	2016	30.7258	29.0299	4.4144	60.0068	22.3155
	2017	29.6670	28.4268	4.5007	57.7603	21.2961
	2018	31.1373	30.4443	5.6233	56.5709	24.7663
	2019	29.8730	30.2529	5.6936	53.3751	23.6323
	2020	32.1179	30.3351	6.5158	55.9215	27.8585
交通运输、仓储和邮政业（G）	2013	33.9336	31.1317	5.0072	63.4045	24.5052
	2015	32.2609	30.6526	5.0480	60.0899	25.4735
	2016	29.0787	27.9228	4.2593	59.6759	18.4127
	2017	28.4385	29.8016	5.7407	58.3700	15.4674
	2018	29.1927	29.7496	4.5819	56.8768	19.6480
	2019	28.4198	29.5098	5.6100	53.9571	19.2881
	2020	30.8902	29.6571	5.9444	57.0262	23.9948
住宿和餐饮业（H）	2013	33.9200	31.4286	5.8025	65.4762	25.1705
	2015	31.2901	34.2857	6.8182	52.3120	25.4861
	2016	24.9495	26.6883	6.5657	46.6133	16.1283
	2017	27.1153	32.7778	4.3210	48.8005	18.0632

行业	年份	总体指数	分项指数			
			人力资本	关系网络能力	社会责任能力	战略领导能力
住宿和餐饮业（H）	2018	27.7038	33.2540	4.3210	47.2351	20.8115
	2019	27.9047	36.4286	4.3210	45.8684	20.4123
	2020	34.0973	36.2245	6.3492	61.9160	25.1086
信息传输、软件和信息技术服务业（I）	2013	35.0535	30.3480	9.0313	67.5214	25.8937
	2015	33.4360	27.9902	5.6475	61.8588	29.0493
	2016	29.7844	27.6231	4.3252	62.5047	18.4054
	2017	28.8666	27.8847	4.8879	59.8190	17.3328
	2018	29.6980	29.3071	5.7636	58.0602	19.8634
	2019	28.1201	29.4924	5.6777	53.2767	18.9097
	2020	32.4710	31.0761	6.5723	60.6928	24.4995
金融业（J）	2013	37.0652	37.7992	8.4384	63.6583	30.4940
	2015	29.1822	33.0904	4.4785	44.9430	27.1982
	2016	30.7738	33.3459	4.3762	60.5586	19.1390
	2017	28.4293	32.3377	4.7619	55.9856	16.2271
	2018	28.8896	32.1023	5.6818	54.1565	18.7749
	2019	26.4030	32.4099	5.7113	46.2934	17.4371
	2020	30.9884	33.7057	6.2678	52.1534	25.3901
房地产业（K）	2013	32.5684	29.8229	5.5005	63.6659	23.7895
	2015	31.1584	29.4456	4.1915	57.9848	25.1266
	2016	28.2079	28.5200	4.5378	59.2513	15.5638
	2017	29.7686	29.0971	5.3778	63.2934	16.1481
	2018	28.8615	30.1382	5.6452	56.6119	18.0166
	2019	28.7836	31.8036	6.8519	54.4094	17.8054
	2020	30.7463	31.4164	5.9829	56.7153	22.6126
租赁和商务服务业（L）	2013	35.3286	27.9643	10.8333	69.0179	26.1149
	2015	31.0658	28.3242	6.2179	52.9344	28.6190
	2016	29.6661	26.0893	4.7500	64.4093	17.2829

行业	年份	总体指数	分项指数			
			人力资本	关系网络能力	社会责任能力	战略领导能力
租赁和商务服务业（L）	2017	28.1306	27.1429	6.6138	55.2155	18.4166
	2018	29.6292	25.6604	6.7086	58.5092	21.2127
	2019	26.7631	26.3736	8.9744	48.8250	18.7162
	2020	31.4256	28.2266	7.3755	58.4462	24.6333
科学研究和技术服务业（M）	2013	37.6685	31.2338	10.4040	71.4286	29.2905
	2015	35.4892	29.5238	11.4815	63.9329	29.3629
	2016	30.0951	25.7764	5.3623	57.6518	23.9881
	2017	28.7492	28.5938	8.1597	58.5216	15.7710
	2018	30.4198	30.0446	8.3333	55.7333	20.6507
	2019	30.1692	30.9683	8.8889	56.9737	19.3581
	2020	33.9734	32.0728	9.0414	63.4183	24.8108
水利、环境和公共设施管理业（N）	2013	36.0363	31.2500	9.2361	74.4792	22.4685
	2015	33.5916	30.9762	7.8333	62.5295	25.7750
	2016	28.7023	28.8745	7.7946	62.1871	12.6414
	2017	30.0726	29.5893	8.0556	62.7335	15.7326
	2018	30.4198	30.7286	8.6667	59.5066	18.3288
	2019	29.9725	30.7672	9.0535	58.8299	17.2867
	2020	31.3763	29.7926	10.3047	56.8221	23.1588
教育（P）	2013	37.7685	60.0000	0.0000	57.1429	27.7064
	2015	40.5919	31.4286	5.5556	75.0000	37.7381
	2016	30.9630	16.4286	10.7407	66.6849	22.5502
	2017	33.3152	30.8929	8.3333	62.6271	24.6381
	2018	30.1647	25.4464	10.4167	57.8264	21.5096
	2019	29.0055	33.8393	4.1667	50.0264	22.1717
	2020	33.7852	26.4286	8.8889	65.5635	26.3494
卫生和社会工作（Q）	2013	37.4562	27.6190	6.2963	76.1905	29.4217
	2015	31.4771	31.4286	3.7778	57.5447	25.3521

续表

行业	年份	总体指数	分项指数			
			人力资本	关系网络能力	社会责任能力	战略领导能力
卫生和社会工作（Q）	2016	34.3330	30.2041	5.3968	67.8772	25.5022
	2017	30.4832	28.0357	5.5556	57.9393	23.3115
	2018	30.9759	35.7143	7.8704	53.1346	22.3259
	2019	29.8317	33.5119	5.5556	48.9758	24.9982
	2020	31.8644	37.8571	6.8376	52.1427	24.9648
文化、体育和娱乐业（R）	2013	37.5355	36.9156	9.8485	67.2890	28.7712
	2015	33.9998	31.8056	9.4290	61.8405	26.1486
	2016	30.4291	27.8746	6.3550	63.1432	18.5601
	2017	30.3603	29.1369	6.9444	64.4430	16.1189
	2018	31.8038	29.1502	8.7165	61.2225	22.1705
	2019	28.2663	29.7744	7.5049	51.3393	19.7488
	2020	32.9272	29.2118	7.5670	61.7026	25.7626
综合（S）	2013	32.8815	31.8012	6.7150	57.2981	27.9592
	2015	28.7070	29.0571	2.8000	49.5269	25.6269
	2016	27.5760	25.9627	3.7198	54.9167	19.3530
	2017	26.8156	23.7888	2.4155	58.7906	16.0460
	2018	25.6433	27.7211	5.5556	42.8603	21.1661
	2019	27.4389	31.8487	3.9216	44.8696	23.1028
	2020	27.0627	27.8571	3.8462	47.8709	22.2209

注：①由于教育（P）在2013年和2015年只有1家上市公司，难以反映该行业的实际平均水平，故只比较2016～2020年；②居民服务、修理和其他服务业（O）只有1家上市公司，难以代表该行业整体水平，故排名时剔除。

从表14-3可以看出：

第一，从企业家能力总体指数看，相比2013年，2020年只有住宿和餐饮业（H）上升，上升0.1773分，其余16个行业（剔除教育）都是下降，降幅最大的是金融业（J），下降6.0768分；相比2019年，2020年只有综合（S）下降，下降0.3762分，其余17个行业上升，升幅最大的是住宿和餐饮业（H），上升6.1926分。

第二，从人力资本分项指数看，相比2013年，2020年有7个行业（剔除教育）下降，降幅最大的是文化、体育和娱乐业（R），下降7.7038分；其他10个行业都上升，升幅最大的是卫生和社会工作（Q），上升10.2381分。相比2019年，2020年有11个行业上升，卫生和社会工作（Q）升幅最大，上升4.3452分；另外7个行业下降，降幅最大的是教育（P），下降7.4107分。

第三，从关系网络能力分项指数看，相比2013年，2020年有12个行业下降，降幅最大的是租赁和商务服务业（L），下降3.4578分；其他5个行业（剔除教育）上升，升幅最大的是水利、环境和公共设施管理业（N），上升1.0686分。相比2019年，2020年有14个行业上升，升幅最大的是教育（P），上升4.7222分；有4个行业下降，降幅最大的是租赁和商务服务业（L），下降1.5989分。

第四，从社会责任能力分项指数看，相比2013年，2020年全部17个行业（剔除教育）都下降，降幅最大的是卫生和社会工作（Q），下降24.0478分。相比2019年，2020年仅水利、环境和公共设施管理业（N）下降，下降2.0078分；其他17个行业都上升，升幅最大的行业是住宿和餐饮业（H），上升16.0476分。

第五，从战略领导能力分项指数看，相比2013年，2020年有12个行业（剔除教育）下降，其中降幅最大的行业是综合（S），下降5.7383分；其余5个行业上升，升幅最大的是采矿业（B），上升3.4980分。相比2019年，2020年只有2个行业下降，但下降幅度都没有超过1分；其余16个行业上升，升幅最大的行业是金融业（J），上升7.9530分。

14.4　分所有制企业家能力指数的年度比较

依照第1章的五种所有制类型的划分，对2011年、2013年以及2015~2020年八个年度企业家能力总体指数和四个分项指数进行比较，结果参见表14-4 Panel A。另外，进一步将样本按照国有控股公司和非国有控股公司分类，结果参见表14-4 Panel B。

表14-4　2011~2020年不同所有制上市公司企业家能力指数均值比较

所有制类型	年份	总体指数	分项指数				总体指数排名
			人力资本	关系网络能力	社会责任能力	战略领导能力	
Panel A 按照五类所有制公司分类							
国有绝对控股公司	2011	36.6200	30.8870	11.9411	66.6021	29.4469	2
	2013	35.0605	31.2867	7.7628	65.5724	27.5756	2

所有制类型	年份	总体指数	分项指数				总体指数排名
			人力资本	关系网络能力	社会责任能力	战略领导能力	
国有绝对控股公司	2015	33.5482	29.4649	5.9379	60.2598	29.5511	3
	2016	31.1328	28.8857	5.6622	60.4623	22.5915	2
	2017	30.3042	29.5970	5.9014	59.6134	20.1631	1
	2018	30.8418	29.6751	5.6645	57.4401	23.6505	1
	2019	29.4823	30.4377	5.9106	53.5198	22.0851	4
	2020	31.6608	31.1341	6.3379	54.5145	27.1841	5
国有强相对控股公司	2011	34.6124	29.8701	12.2300	62.1758	27.4967	4
	2013	34.3110	30.4860	7.4047	64.0029	27.3169	3
	2015	33.2207	28.6551	5.8896	60.2390	29.1427	4
	2016	30.3597	28.3908	5.2671	59.9801	21.1870	4
	2017	29.8292	28.8425	5.0595	60.5392	18.9303	3
	2018	30.3090	30.0620	5.0209	57.4175	22.1449	5
	2019	29.6020	30.7294	5.9468	54.4077	21.5068	3
	2020	32.3904	30.9990	6.4900	57.1369	27.2610	3
国有弱相对控股公司	2011	33.5773	30.0183	13.4119	59.8940	25.4746	5
	2013	33.8378	29.2576	7.5459	64.1803	26.4809	5
	2015	32.9314	28.6846	6.9366	58.6606	28.9628	5
	2016	29.5753	27.3618	5.9226	59.7691	19.3089	5
	2017	29.3766	28.1253	6.3356	58.8970	18.6815	5
	2018	30.4272	30.4639	6.5519	56.4107	22.2198	4
	2019	29.0393	30.8766	6.8448	53.1707	20.2203	5
	2020	32.1282	30.1989	7.6184	56.9857	26.5066	4
国有参股公司	2011	36.0996	32.0099	14.5207	65.3461	26.7294	3
	2013	34.2035	28.8689	8.4327	66.3176	25.6172	4
	2015	34.6433	29.1045	7.3125	61.7948	31.1083	1
	2016	31.2702	28.2294	6.7668	62.9059	20.8444	1
	2017	30.0960	27.8159	7.0321	60.7474	19.1772	2

所有制类型	年份	总体指数	分项指数				总体指数排名
			人力资本	关系网络能力	社会责任能力	战略领导能力	
国有参股公司	2018	30.7267	28.7752	7.2684	57.9195	22.6336	3
	2019	29.7873	29.7659	7.2167	55.6187	21.0286	1
	2020	32.9414	30.7972	8.0587	58.0021	27.5019	2
无国有股份公司	2011	36.6351	31.9971	12.2375	67.8597	27.5576	1
	2013	35.3275	28.4158	9.1546	69.9090	25.9994	1
	2015	34.5358	27.6232	7.3950	62.1225	31.4610	2
	2016	30.7007	27.1487	6.0173	63.0071	20.1673	3
	2017	29.5881	27.5959	6.4499	60.5559	18.2584	4
	2018	30.7928	28.6531	6.9630	58.9240	22.2613	2
	2019	29.7233	28.7335	7.4122	57.2982	20.0451	2
	2020	33.1640	29.8447	7.4807	61.0601	26.6306	1
Panel B 按照国有控股公司和非国有控股公司分类							
国有控股公司	2011	34.8450	30.2017	12.5250	62.6886	27.3994	2
	2013	34.4258	30.4028	7.5642	64.5760	27.1650	2
	2015	33.2349	28.8968	6.1942	59.8068	29.2106	2
	2016	30.2914	28.1751	5.5772	60.0283	20.9150	2
	2017	29.7952	28.7890	5.6873	59.7697	19.1485	1
	2018	30.4800	30.1089	5.7144	57.0698	22.5372	2
	2019	29.3614	30.7149	6.2763	53.7291	21.1609	2
	2020	32.0289	30.8927	6.6561	55.9992	27.0746	2
非国有控股公司	2011	36.4528	32.0015	13.0145	67.0043	27.2757	1
	2013	35.0540	28.5261	8.9789	69.0349	25.9064	1
	2015	34.5755	28.1705	7.3645	62.0014	31.3307	1
	2016	30.9240	27.5724	6.3111	62.9674	20.4327	1
	2017	29.7689	27.6742	6.6571	60.6241	18.5854	2
	2018	30.7693	28.6964	7.0713	58.5676	22.3934	1
	2019	29.7468	29.1126	7.3404	56.6814	20.4062	1
	2020	33.0899	30.1618	7.6732	60.0419	26.9207	1

从表 14-4 Panel A 可以看出：

第一，从企业家能力总体指数看，2011～2019 年，五类公司总体呈下降趋势，2020 年明显回升，参见图 14-3。相比 2011 年，2020 年五类公司企业家能力总体指数都是下降的，降幅最大的是国有绝对控股公司，下降 4.9592 分；相比 2019 年，2020 年五类公司企业家能力总体指数均上升，升幅最大的是无国有股份公司，上升 3.4407 分。

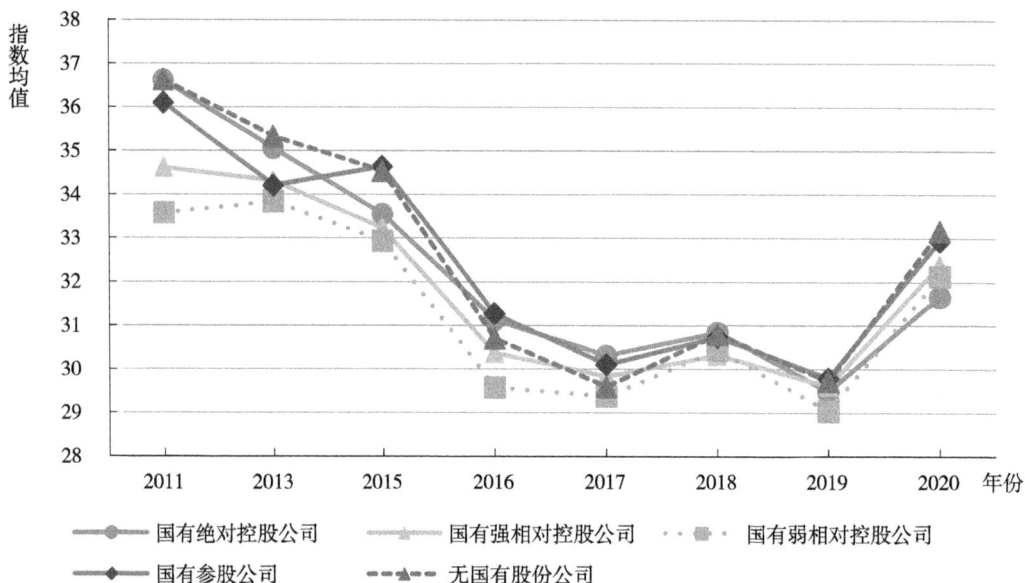

图14-3　2011～2020年不同所有制上市公司企业家能力总体指数的变化

第二，从人力资本分项指数看，相比 2011 年，2020 年国有参股公司、无国有股份公司下降，降幅最大的是无国有股份公司，下降 2.1524 分；三类国有控股公司均上升，但升幅都很小，升幅最大的是国有强相对控股公司，上升 1.1289 分。相比 2019 年，2020 年只有国有弱相对控股公司下降，下降 0.6777 分，其余四类公司都上升，但升幅都不大，升幅最大的是无国有股份公司，上升 1.1112 分。

第三，从关系网络能力分项指数看，相比 2011 年，2020 年五类公司全部下降，降幅最大的是国有参股公司，下降 6.4620 分；相比 2019 年，2020 年五类公司全部上升，但升幅都很小，升幅最大的是国有参股公司，上升 0.8420 分。

第四，从社会责任能力分项指数看，相比 2011 年，2020 年五类公司全部下降，降幅最大的是国有绝对控股公司，下降 12.0876 分；相比 2019 年，2020 年五类公司全部上升，升幅最大的是国有弱相对控股公司，上升 3.8150 分。

第五，从战略领导能力分项指数看，相比 2011 年，2020 年国有弱相对控股公司和国有参股公司上升，分别上升 1.0320 分和 0.7725 分；其余三类公司下降，降幅最大的是国有绝对控股公司，下降 2.2628 分。相比 2019 年，2020 年五类公司均上升，其中升幅最大的是无国有股份公司，上升 6.5855 分。

从表 14-4 Panel B 可以看出：

第一，从企业家能力总体指数看，国有控股公司和非国有控股公司都是 2011～2017 年连续下降，之后三年呈波动式上升趋势。相比 2011 年，2020 年国有控股公司和非国有控股公司数分别下降 2.8161 分和 3.3629 分；相比 2019 年，2020 年两类公司分别上升 2.6675 分和 3.3431 分，参见图 14-4。

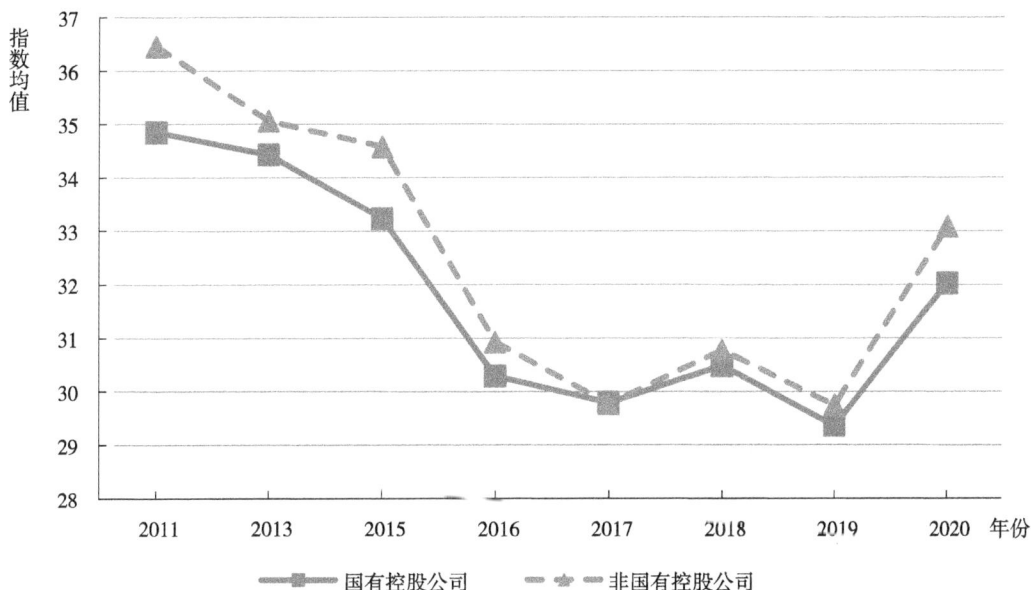

图14-4　2011～2020年国有控股与非国有控股上市公司企业家能力总体指数的变化

第二，从人力资本分项指数看，相比 2011 年，2020 年国有控股公司上升 0.6910 分，非国有控股公司下降 1.8397 分；相比 2019 年，2020 年国有控股公司和非国有控股公司分别上升 0.1778 分和 1.0492 分。

第三，从关系网络能力分项指数看，相比 2011 年，2020 年两类公司都下降较多，降幅均在 5.5 分左右；相比 2019 年，2020 年两类公司都上升，但升幅均未超过 0.5 分。

第四，从社会责任能力分项指数看，相比 2011 年，2020 年两类公司都下降较多，降幅都接近 7 分；相比 2019 年，2020 年国有控股公司和非国有控股公司分别上升 2.2701 分和 3.3605 分。

第五，从战略领导能力分项指数看，相比 2011 年，2020 年两类公司都下降，但降幅都小于 0.36 分；相比 2019 年，两类公司都上升 6 分左右，非国有控股公司升幅大于国有控股公司。

14.5 分上市板块企业家能力指数的年度比较

按照四个上市板块的划分，对不同板块上市公司2011年、2013年以及2015～2020年八个年度企业家能力总体指数和四个分项指数进行比较。由于沪市科创板2019年6月才开板，只有本年度的数据，所以只比较其他三个板块。另外，深市主板含原来的中小企业板。统计结果参见表14-5。

表 14-5　2011 ～ 2020 年不同板块上市公司企业家能力指数均值比较

板块	年份	总体指数	分项指数				总体指数排名
			人力资本	关系网络能力	社会责任能力	战略领导能力	
深市主板	2011	35.7933	29.9688	14.4127	65.4489	27.1422	2
	2013	34.9544	28.3196	8.2880	68.8262	26.2915	2
	2015	34.3515	28.3542	7.1690	61.8218	30.7817	2
	2016	30.9104	28.0114	6.8164	62.2040	20.4451	2
	2017	29.8633	28.6490	7.0995	59.9249	18.5487	1
	2018	31.5597	29.3583	7.1202	57.5269	25.1742	1
	2019	29.3846	29.7702	7.3671	54.4811	20.6516	3
	2020	32.0268	29.9319	7.3755	56.8193	26.6469	4
深市创业板	2011	37.5760	36.3633	10.0835	73.9613	23.6763	1
	2013	35.4176	27.8615	11.2732	70.4787	25.0179	1
	2015	35.1422	28.9903	8.0556	62.8472	31.4313	1
	2016	31.4809	28.4793	6.6556	64.8129	19.8171	1
	2017	29.7976	27.9615	6.7821	61.0468	18.0659	2
	2018	30.7422	28.8079	6.9252	59.0603	21.9193	2
	2019	29.7433	29.0540	7.4249	57.0740	20.0674	2
	2020	33.5658	30.3033	7.2795	62.3194	26.6227	2
沪市主板	2011	35.2654	31.6598	11.3264	62.8061	28.2592	3
	2013	34.4077	30.9134	7.5433	64.2635	27.0349	3
	2015	33.2549	28.3376	6.1291	59.6516	29.8088	3

板块	年份	总体指数	分项指数				总体指数排名
			人力资本	关系网络能力	社会责任能力	战略领导能力	
沪市主板	2016	30.0818	27.2172	4.8742	60.2048	21.1612	3
	2017	29.6775	27.4565	5.2985	60.4189	19.3657	3
	2018	30.6580	29.0507	6.0830	58.2077	22.6537	3
	2019	29.7984	29.7451	6.4546	56.3133	20.9254	1
	2020	32.8620	30.2835	7.2196	58.4362	27.7093	3
沪市科创板	2020	35.3439	39.4757	10.0473	64.0842	22.9155	1

从表14-5可以看出：

第一，从企业家能力总体指数看，八个年度中，2011～2019年三个板块总体呈波动式下降趋势，2020年三个板块均有明显回升。三个板块中，沪市主板从2011～2018年历年排名最后一位升为2019年的排名第一，2020年又降至第三（第一名为沪市科创板），深市创业板近四年都排名第二，而深市主板则从2017年和2018年连续两年排名第一降为2019年和2020年连续排名最后一位（参见图14-5）。相比2011年，2020年三个板块都下降，降幅最大的是深市创业板，下降4.0102分；相比2019年，2020年三个板块都上升，升幅最大的是深市创业板，上升3.8225分。

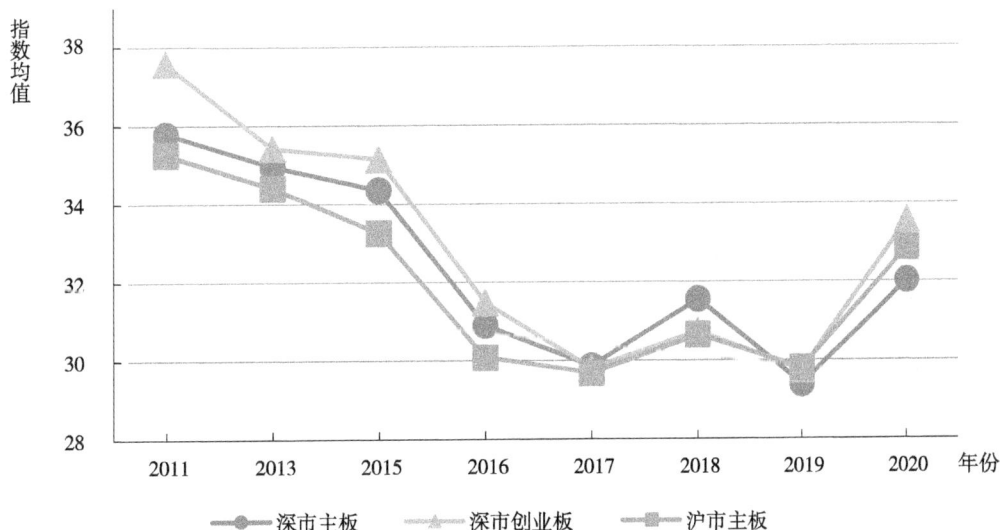

图14-5 2011～2020年不同板块上市公司企业家能力指数的变化

第二，从人力资本分项指数看，相比2011年，2020年三个板块都下降，降幅最大的是深市创业板，下降6.0600分；相比2019年，2020年三个板块均上升，升幅最大的是深市创业板，上升 1.2493 分。

第三，从关系网络能力分项指数看，相比 2011 年，2020 年三个板块都下降，降幅最大的是深市主板，下降 7.0372 分；相比 2019 年，2020 年深市创业板有所下降，下降 0.1454 分，其余两个板块均略有上升，升幅均未超过 0.77 分。

第四，从社会责任能力分项指数看，相比 2011 年，2020 年三个板块都下降，降幅最大的是深市创业板，下降 11.6419 分；相比 2019 年，2020 年三个板块都上升，深市创业板升幅最大，为 5.2454 分。

第五，从战略领导能力分项指数看，相比 2011 年，2020 年深市创业板上升，升幅为 2.9464 分，其余两个板块都下降，但降幅均未超过 0.55 分；相比 2019 年，2020 年三个板块都上升，升幅最大的是沪市主板，上升 6.7839 分。

14.6　本章小结

本章从总体、地区、行业、所有制和上市板块五个角度分别比较了 2011 年、2013 年，以及 2015～2020 年中国上市公司的企业家能力水平，主要结论如下：

从总体看，2011～2020 年，2011～2017 年连续下降，之后年度波动式上升。相比 2011 年，2020 年下降 2.9513 分；相比 2019 年，2020 年上升 3.1365 分。在四个分项指数上，人力资本和关系网络能力两个分项指数在 2011～2016 年连续下降，2017～2020 年连续上升；社会责任能力和战略领导能力两个分项指数 2011～2019 年处于波动状态，2020 年明显上升。相比 2011 年，2020 年四个分项指数都下降，社会责任能力分项指数降幅最大；相比 2019 年，2020 年四个分项指数都上升，战略领导能力分项指数升幅最大。

从地区看，在企业家能力总体指数上，相比 2011 年，四个地区都下降，东部下降幅度最大；相比 2019 年，四个地区都上升，东北升幅最大。在四个分项指数上，相比 2011 年，2020 年中部和西部地区的人力资本分项指数略有上升，东部和东北地区的人力资本分项指数略有下降，除东部地区外其余三个地区战略领导能力分项指数上升，四个地区的其余两个分项指数都是下降的；相比 2019 年，2020 年在社会责任能力和战略领导能力两个分项指数上，四个地区都上升；人力资本分项指数除西部下降外，其他三个地区都上升；关系网络能力分项指数除东北下降外，其他三个地区都上升。

从行业看，在企业家能力总体指数上，相比 2013 年，2020 年有 16 个行业（剔除教育）下降；相比 2019 年，2020 年有 17 个行业上升。在人力资本分项指数上，相比 2013 年，2020 年有 7 个行业（剔除教育）下降；相比 2019 年，2020 年有 11 个行业上升。在关系网络能力分项指数上，相比 2013 年，2020 年有 12 个行业下降；相比 2019 年，2020 年有 14 个行业上升。在社会责任能力分项指数上，相比 2013 年，2020 年全部 17 个行业（剔除教育）都下降；相比 2019 年，2020 年有 17 个行业上升。在战略领导能力分项指数上，相比 2013 年，2020 年有 12 个行业（剔除教育）下降；相比 2019 年，2020 年有 16 个行业上升。

从所有制看，国有控股公司和非国有控股公司都是 2011 ～ 2017 年连续下降，之后三年呈波动式上升趋势。相比 2011 年，2020 年两类公司都下降；相比 2019 年，2020 年两类公司都上升。在人力资本分项指数上，相比 2011 年，2020 年国有控股公司上升，非国有控股公司下降；相比 2019 年，2020 年两类公司都上升。在从关系网络能力分项指数上，相比 2011 年，2020 年两类公司都下降较多；相比 2019 年，2020 年两类公司都略有上升。在社会责任能力分项指数上，相比 2011 年，2020 年两类公司都下降较多；相比 2019 年，2020 年两类公司都上升。在战略领导能力分项指数上，相比 2011 年，2020 年两类公司都略有下降；相比 2019 年，两类公司都较大幅度上升。

从上市板块看，在企业家能力总体指数上，相比 2011 年，2020 年三个板块都下降，降幅最大的是深市创业板；相比 2019 年，2020 年三个板块都上升，升幅最大的是深市创业板。在人力资本分项指数上，相比 2011 年，2020 年三个板块都下降；相比 2019 年，2020 年三个板块均上升。在关系网络能力分项指数上，相比 2011 年，2020 年三个板块都下降；相比 2019 年，2020 年深市创业板有所下降，其余两个板块均略有上升。在社会责任能力分项指数上，相比 2011 年，2020 年三个板块都下降；相比 2019 年，2020 年三个板块都上升。在战略领导能力分项指数上，相比 2011 年，2020 年深市创业板上升，其余两个板块都下降；相比 2019 年，2020 年三个板块都上升。

第五篇　财务治理指数

第15章 财务治理总体指数排名及比较

根据第 1 章确定的财务治理指数评价方法，以及我们评估获得的 2020 年度 3774 家样本上市公司财务治理指数数据，本章将对这些公司的财务治理指数进行排名分析，然后分别从地区、行业及上市板块三个角度进行比较分析。

15.1 财务治理指数总体分布及排名

基于上市公司 2020 年的公开数据，根据第 1 章构建的财务治理指标体系和指数计算方法，我们对 3774 家上市公司的财务治理指数进行了计算，得到 2020 年中国上市公司财务治理指数的总体排名情况。

15.1.1 财务治理指数总体分布

在 3774 家上市公司中，财务治理指数最大值为 73.6792 分，最小值为 20.0327 分，平均值为 53.8022 分，中位值为 54.3677 分。整体而言，全部样本的绝对差距较大，最大值高出最小值 53.6465 分，详见表 15-1。

表 15-1　2020 年上市公司财务治理指数总体情况

项目	公司数目	平均值	中位值	最大值	最小值	标准差	偏度系数	峰度系数
数值	3774	53.8022	54.3677	73.6792	20.0327	7.1646	−0.4555	0.4652

为进一步了解财务治理指数在各个得分区间的分布情况，我们将财务治理指数在有分布的区域按 5 分一个区间划分为 13 个区间（其中 [0，20）和 [75，100] 的公司数目为 0，因此将指数区间合并），每个得分区间的企业数目和所占比重参见表 15-2 和图 15-1。

表 15-2　2020 年上市公司财务治理指数分布情况

指数区间	公司数目	占比（%）	累计占比（%）
[0, 20)	0	0.00	0.00
[20, 25)	1	0.03	0.03
[25, 30)	9	0.24	0.26
[30, 35)	41	1.09	1.35
[35, 40)	94	2.49	3.84
[40, 45)	269	7.13	10.97
[45, 50)	623	16.51	27.48
[50, 55)	987	26.15	53.63
[55, 60)	1056	27.98	81.61
[60, 65)	523	13.86	95.47
[65, 70)	153	4.05	99.52
[70, 75)	18	0.48	100.00
[75, 100]	0	0.00	100.00
总计	3774	100.00	—

由表 15-2 可知，财务治理指数分值主要集中在 [45，65）区间，共有 3189 家公司，占全部样本公司的 84.50%。其中在 [55，60）区间的公司数最多，有 1056 家，占样本总数的 27.98%。及格（达到 60 分）的公司有 694 家，占比为 18.39%，比 2019 年下降 3.72 个百分点（2019 年及格率为 22.11%），反映了 2020 年中国上市公司财务治理水平有所下降。

图 15-1 直观地反映了 2020 年上市公司财务治理指数的分布。可以看出，2020 年上市公司财务治理指数的区间分布相对比较集中。从表 15-1 可知，上市公司财务治理指数的偏度系数为 -0.4555，峰度系数为 0.4652，财务治理指数整体分布基本满足正态分布，指数分布为负偏态。

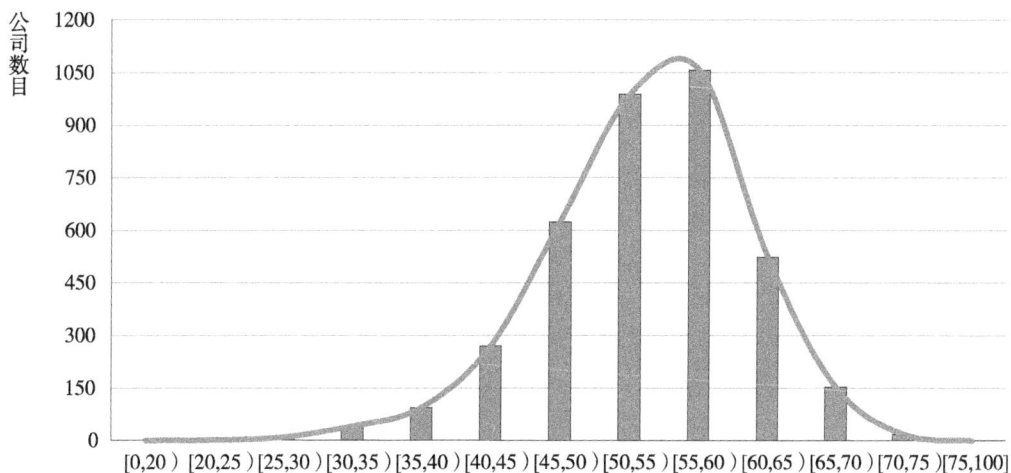

图15-1　2020年上市公司财务治理指数区间分布

15.1.2　财务治理指数前100名

表 15-3 给出了 3774 家上市公司中排名前 100 位公司的财务治理指数的基本统计数据。可以看出，前 100 名公司的财务治理指数均值为 68.4291 分，较 2019 年下降 1.6009 分；指数中位值为 67.9866 分，较上年下降 1.4027 分。

表 15-3　2020 年上市公司财务治理指数前 100 名情况

项目	平均值	中位值	最大值	最小值	标准差
前100名	68.4291	67.9866	73.6792	66.3343	1.7045
总体	53.8022	54.3677	73.6792	20.0327	7.1646

我们对 3774 家上市公司的财务治理指数从大到小降序排列，财务治理指数越高，说明上市公司财务治理水平越高。表 15-4 是财务治理指数排名前 100 的上市公司情况。

表 15-4　2020 年上市公司财务治理指数总体排名前 100 名

排名	代码	公司简称	指数值	排名	代码	公司简称	指数值
1	001965	招商公路	73.6792	5	601333	广深铁路	72.1260
2	000676	智度股份	72.8978	6	002709	天赐材料	71.8371
3	600750	江中药业	72.5884	7	600660	福耀玻璃	71.7084
4	601107	四川成渝	72.1351	8	000898	鞍钢股份	71.6017

排名	代码	公司简称	指数值	排名	代码	公司简称	指数值
9	300197	节能铁汉	71.3677	34	002926	华西证券	68.8426
10	000637	茂化实华	71.0816	35	000936	华西股份	68.7943
11	600062	华润双鹤	71.0500	36	600315	上海家化	68.6698
12	002180	纳思达	70.9138	37	002246	北化股份	68.5353
13	300218	安利股份	70.6347	38	600798	宁波海运	68.4147
14	000738	航发控制	70.5167	39	000985	大庆华科	68.3578
15	002020	京新药业	70.4404	40	002449	国星光电	68.3428
16	600026	中远海能	70.3847	41	002190	成飞集成	68.2837
17	000987	越秀金控	70.3048	42	600262	北方股份	68.2269
18	000966	长源电力	70.2307	43	002771	真视通	68.1926
19	002628	成都路桥	69.7922	44	601628	中国人寿	68.1750
20	000513	丽珠集团	69.7609	45	600115	中国东航	68.1694
21	000612	焦作万方	69.5952	46	002506	协鑫集成	68.1425
22	002722	金轮股份	69.5752	47	002906	华阳集团	68.1188
23	002285	世联行	69.5425	48	601872	招商轮船	68.0475
24	300737	科顺股份	69.5384	49	000039	中集集团	67.9972
25	000931	中关村	69.5251	50	000919	金陵药业	67.9893
26	002455	百川股份	69.5232	51	002507	涪陵榨菜	67.9839
27	002059	云南旅游	69.4772	52	000402	金融街	67.9696
28	603060	国检集团	69.2502	53	601828	美凯龙	67.8896
29	601088	中国神华	69.1114	54	600188	兖州煤业	67.8709
30	002110	三钢闽光	69.0727	55	002008	大族激光	67.8277
31	600775	南京熊猫	69.0276	56	002212	天融信	67.7483
32	300584	海辰药业	68.8636	57	000973	佛塑科技	67.6638
33	300691	联合光电	68.8542	58	300625	三雄极光	67.6423

排名	代码	公司简称	指数值	排名	代码	公司简称	指数值
59	300146	汤臣倍健	67.5837	80	300043	星辉娱乐	66.8195
60	002615	哈尔斯	67.5405	81	002045	国光电器	66.8190
61	002267	陕天然气	67.5300	82	002254	泰和新材	66.8027
62	002597	金禾实业	67.4966	83	300017	网宿科技	66.7742
63	001872	招商港口	67.4707	84	002090	金智科技	66.7678
64	300448	浩云科技	67.4687	85	002077	大港股份	66.7649
65	300265	通光线缆	67.4529	86	002047	宝鹰股份	66.7571
66	601598	中国外运	67.4476	87	300444	双杰电气	66.7496
67	002003	伟星股份	67.4224	88	600732	爱旭股份	66.7450
68	300572	安车检测	67.4183	89	002340	格林美	66.7348
69	300424	航新科技	67.3902	90	000155	川能动力	66.7273
70	000999	华润三九	67.3404	91	002646	青青稞酒	66.7214
71	002305	南国置业	67.3110	92	000757	浩物股份	66.7199
72	300174	元力股份	67.2682	93	300134	大富科技	66.7135
73	300796	贝斯美	67.2341	94	002630	华西能源	66.6901
74	600251	冠农股份	67.0513	95	300021	大禹节水	66.6560
75	000937	冀中能源	67.0077	96	002736	国信证券	66.4604
76	000050	深天马A	66.9876	97	002108	沧州明珠	66.4541
77	000009	中国宝安	66.8845	98	601860	紫金银行	66.4106
78	300009	安科生物	66.8654	99	000401	冀东水泥	66.3692
79	002825	纳尔股份	66.8429	100	000529	广弘控股	66.3343

由表 15-4 可以看出，财务治理指数最高的前三家公司分别是招商公路、智度股份和江中制药。有 17 家公司近两年连续出现在前 100 名中，它们是招商公路、广深铁路、中远海能、丽珠集团、云南旅游、中国神华、华西股份、中集集团、哈尔斯、招商港口、伟星股份、华润三九、冠农股份、纳尔股份、星辉娱乐、双杰电气、川能动力。有

6家公司近三年连续出现在前100名中，他们是广深铁路、丽珠集团、华西股份、中集集团、伟星股份、星辉娱乐。

从地区分布来看，前100名中，东部、中部、西部和东北地区各有75家、8家、15家和2家，分别占各地区上市公司总数的2.83%、1.64%、3.06%和1.34%。其中，排在前10名的公司中有7家来自东部地区，其他三个地区各有1家。从行业来看，制造业（C）63家，交通运输、仓储和邮政业（G）9家，信息传输、软件和信息技术服务业（I）6家，金融业（J）5家，分别占所在行业上市公司总数的2.65%、9.00%、1.96%和4.27%。从所有制看，国有控股公司46家，非国有控股公司54家，分别占两类所有制公司总数的3.96%和2.07%。从最终控制人看，中央企业（或监管机构）控制的公司有24家，地方国企（或监管机构）控制的公司有25家，非国有企业或自然人控制的公司有51家，分别占三类最终控制人控制公司总数的5.84%、3.08%和2.00%。从上市板块来看，深市主板（含原中小企业板）、深市创业板和沪市主板分别有60家、19家和21家，分别占所在板块全部上市公司数的4.30%、2.39%和1.41%。

需要注意的是，财务治理指数最高的前100名在地区、行业和控股类型中的分布，并不能完全说明某个地区、行业和控股类型表现更好，因为各地区、行业和控股类型的上市公司数量不同。比如，制造业进入前100名的公司数多于交通运输、仓储和邮政业，但后者进入前100名的占比更高，无疑交通运输、仓储和邮政业的表现更好。

图15-2为前100名上市公司财务治理指数分布情况。从图15-2可以看出，前100家公司的财务治理指数均值从高到低的变化趋势比较小，最高73.6792分，最低66.3343分，绝对差距7.3449分。

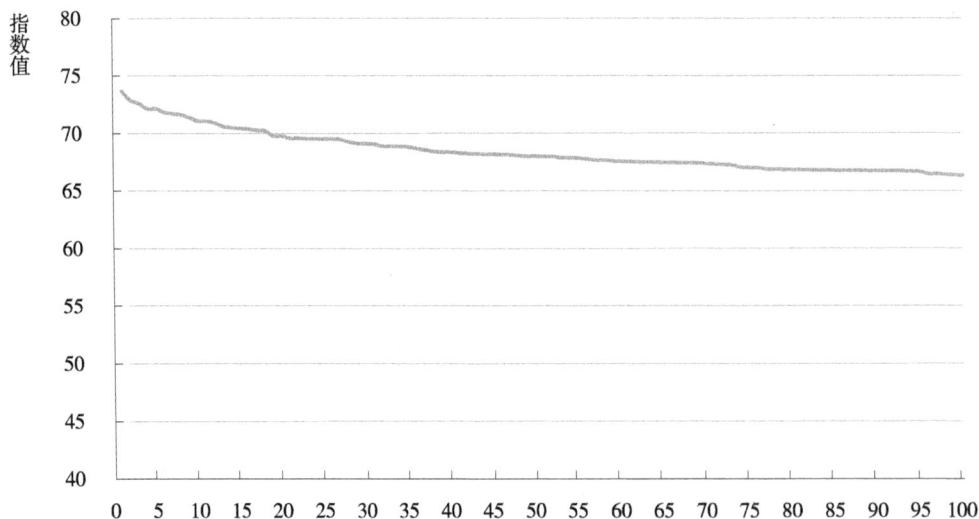

图15-2　2020年上市公司财务治理指数分布情况-前100名

15.2　分地区财务治理指数排名及比较

根据东部、中部、西部和东北四个地区的划分，对上市公司财务治理指数按照均值从高到低的顺序进行排名和比较，结果参见表 15-5。

表 15-5　2020 年不同地区上市公司财务治理指数比较

排名	地区	公司数目	平均值	中位值	最大值	最小值	标准差
1	东部	2647	54.0399	54.6461	73.6792	25.2284	7.1072
2	西部	490	53.5178	54.2814	72.1351	28.8737	7.4092
3	中部	488	53.4127	53.7329	72.5884	20.0327	7.0237
4	东北	149	51.7903	51.4190	71.6017	30.4089	7.4084
总体		3774	53.8022	54.3677	73.6792	20.0327	7.1646

由表 15-5 可见，上市公司财务治理指数均值由大到小分别为东部、西部、中部和东北，各地区之间财务治理指数略有差异。

图 15-3 直观地显示了四个地区财务治理指数的差异。可以看到，只有东部地区的财务治理指数均值高于总体均值，其他三个地区低于总体均值，尤其是东北地区较明显低于其他三个地区。

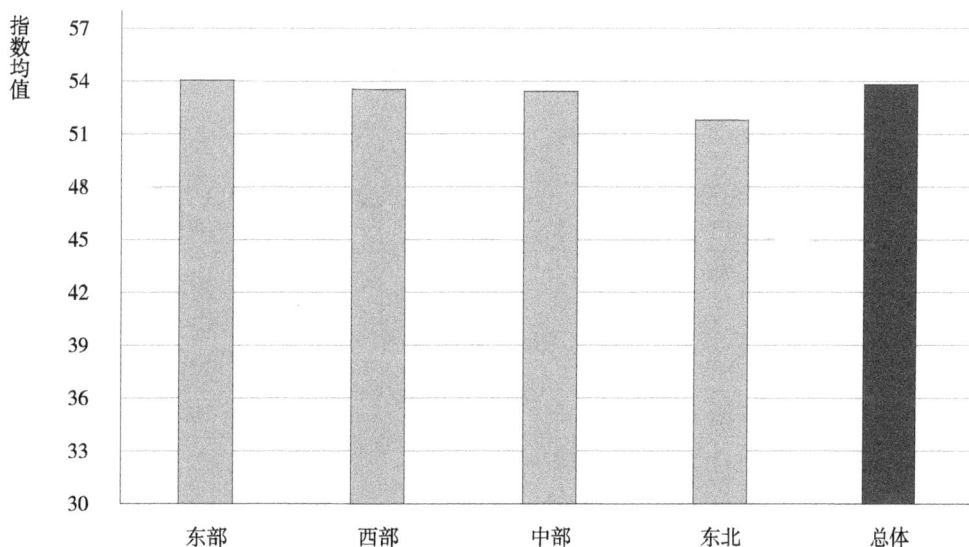

图15-3　2020年不同地区上市公司财务治理指数均值比较

按照省份进一步进行细分，对 31 个省份的上市公司财务治理指数按照均值从高到低的顺序进行排名，结果参见表 15-6。

表 15-6　2020 年不同省份上市公司财务治理指数比较

排名	省份	公司数目	平均值	中位值	最大值	最小值	标准差
1	北京	343	55.6418	56.4635	71.0500	32.0786	6.6495
2	广东	622	55.5208	55.9992	72.8978	29.8717	7.1432
3	宁夏	14	55.5129	57.4612	65.2713	40.3580	7.2442
4	重庆	53	55.3148	54.8507	67.9839	41.7667	6.3106
5	云南	37	55.1952	54.9711	69.4772	42.1415	5.7090
6	天津	55	54.8353	54.3738	73.6792	41.1024	6.1969
7	江西	48	54.5590	54.4420	72.5884	34.6716	7.1157
8	山西	39	54.3982	55.2591	66.1558	34.7732	7.6077
9	甘肃	33	54.2871	55.8245	66.6560	32.4634	6.9634
10	四川	126	54.0915	54.3282	72.1351	30.0266	8.0853
11	安徽	108	54.0211	54.3073	70.6347	37.8811	6.1735
12	河北	57	53.9181	52.2924	67.0077	42.4145	6.4229
13	福建	141	53.7151	54.2512	71.7084	30.1883	7.1828
14	上海	300	53.6846	53.6786	70.3847	36.9751	6.7278
15	青海	10	53.4442	53.5960	66.7214	39.0363	7.2860
16	陕西	52	53.3901	53.2426	67.5300	34.7464	6.7714
17	山东	211	53.3595	54.4432	67.8709	29.7346	6.7909
18	湖南	107	53.3164	53.5261	65.2594	20.0327	6.4332
19	黑龙江	36	53.0781	54.1442	68.3578	35.5829	7.6751
20	江苏	424	53.0054	53.1902	70.5167	27.6075	7.1622
21	湖北	106	52.9382	53.6637	70.2307	30.1996	7.7671
22	吉林	40	52.7053	52.3782	64.4729	40.8332	6.3539
23	浙江	462	52.5671	53.5667	70.4404	25.2284	7.1657
24	内蒙古	25	52.2209	55.0834	68.2269	29.1680	9.5323
25	河南	80	52.1806	52.7351	69.5952	25.1951	7.2114
26	贵州	29	52.0331	53.9351	61.1469	33.2681	7.0323
27	西藏	19	51.9110	52.8735	63.0798	37.7406	6.8110
28	新疆	55	51.8324	52.5117	67.0513	28.8737	7.1456
29	广西	37	51.4412	52.3990	63.1044	32.0289	7.0450

续表

排名	省份	公司数目	平均值	中位值	最大值	最小值	标准差
30	海南	32	51.1551	51.0860	64.5653	32.2981	8.1573
31	辽宁	73	50.6539	50.3662	71.6017	30.4089	7.6344
总体		3774	53.8022	54.3677	73.6792	20.0327	7.1646

从表 15-6 可以看出，31 个省份中，有 12 个省份的财务治理指数均值高于总体均值，这 12 个省份的最大均值与总体均值之间的绝对差距为 1.8396 分，其他 19 个省份的财务治理指数均值低于总体均值，总体均值与这 19 个省份的最小均值之间的绝对差距为 3.1483 分。高分区省份上市公司财务治理指数的内部差距小于低分区省份。上市公司财务治理指数均值最高的三个省份是北京、广东和宁夏；财务治理指数均值最低的三个省份是辽宁、海南和广西。

图 15-4 进一步显示了不同省份上市公司财务治理水平的差别。可以看出，各省份上市公司财务治理指数均值集中在 [50，56] 这一范围内，各省份上市公司财务治理水平差距不是很大。

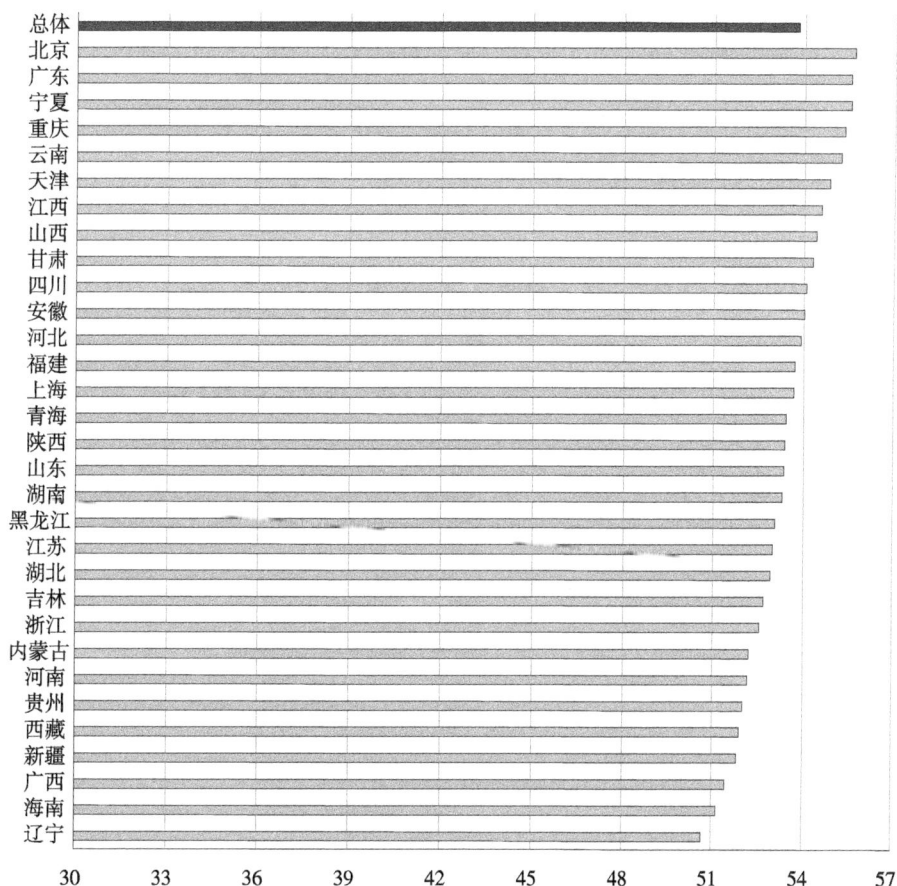

图15-4　2020年不同省份上市公司财务治理指数均值比较

15.3　分行业财务治理指数排名及比较

对18个行业上市公司财务治理指数按照均值由高到低的顺序进行排名和比较，结果见表15-7。

表 15-7　2020 年不同行业上市公司财务治理指数比较

排名	行业名称	公司数目	平均值	中位值	最大值	最小值	标准差
1	交通运输、仓储和邮政业（G）	100	57.6188	57.6630	73.6792	40.8217	6.6449
2	金融业（J）	117	56.4433	57.7054	70.3048	20.0327	7.8542
3	科学研究和技术服务业（M）	51	55.4528	56.3725	69.2502	39.9054	5.6431
4	建筑业（E）	95	54.9959	56.4595	69.7922	32.6484	6.8381
5	文化、体育和娱乐业（R）	58	54.8081	55.4779	64.6321	34.7732	6.3456
6	住宿和餐饮业（H）	7	54.3202	54.4429	65.6658	44.3920	6.4631
7	采矿业（B）	75	54.0573	54.7992	69.1114	32.4634	7.3437
8	信息传输、软件和信息技术服务业（I）	306	53.9271	54.9209	72.8978	25.2284	7.4126
9	电力、热力、燃气及水生产和供应业（D）	114	53.9145	53.7540	70.2307	32.7187	6.4960
10	房地产业（K）	117	53.8364	55.2066	69.5425	29.8717	7.6677
11	水利、环境和公共设施管理业（N）	62	53.5774	52.5790	71.3677	30.4089	7.3470
12	制造业（C）	2373	53.4783	53.8116	72.5884	25.1951	7.0581
13	批发和零售业（F）	162	53.4049	54.4848	66.7199	27.6075	7.2080
14	卫生和社会工作（Q）	13	53.1306	54.9909	62.8352	42.7896	6.9067
15	租赁和商务服务业（L）	58	52.6690	54.5136	67.8896	30.1996	8.6031

续表

排名	行业名称	公司数目	平均值	中位值	最大值	最小值	标准差
16	教育（P）	10	52.4634	52.1880	58.3443	44.7087	4.0005
17	农、林、牧、渔业（A）	42	52.3460	52.9518	66.1174	38.1227	6.6405
18	综合（S）	13	52.1286	51.9593	66.8845	39.2361	7.7536
	总体	3774	53.8022	54.3677	73.6792	20.0327	7.1646

注：居民服务、修理和其他服务业（O）只有1家上市公司，难以代表该行业整体水平，故排名时剔除。

从表15-7可以看出，18个行业中，有10个行业的上市公司财务治理指数均值高于总体均值，这10个行业的最大均值与总体均值的绝对差距是3.8166分；另外8个行业的上市公司财务治理指数均值低于总体均值，总体均值与这8个行业的最小均值的绝对差距是1.6736分。财务治理指数低分区行业的内部差距小于高分区行业。上市公司财务治理水平最好的三个行业是交通运输、仓储和邮政业（G），金融业（J），以及科学研究和技术服务业（M）；财务治理水平最差的三个行业是综合（S），农、林、牧、渔业（A），以及教育（P）。

图15-5进一步显示了行业间上市公司财务治理水平的差别。可以看出，各行业上市公司财务治理指数均值集中在[52，58]这一范围内，各行业财务治理水平之间的差距不是很大。

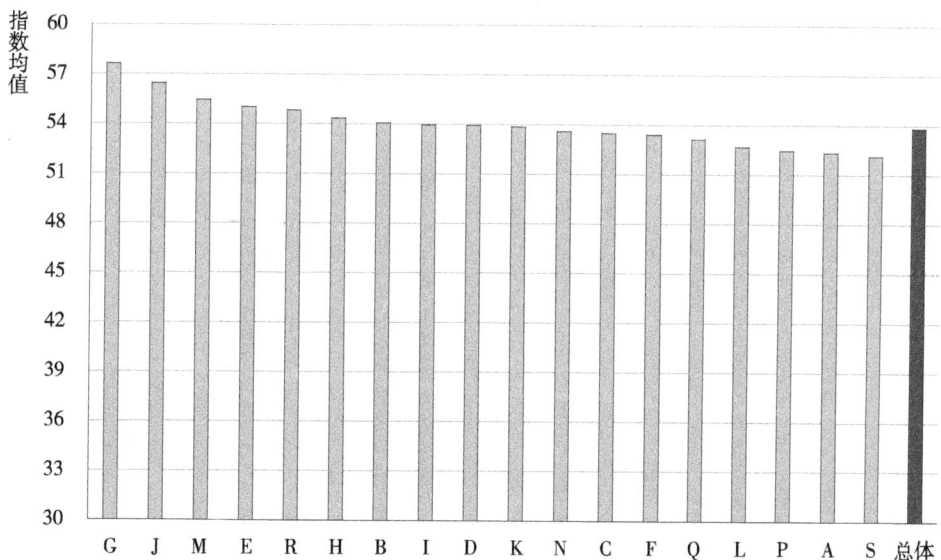

图15-5　2020年不同行业上市公司财务治理指数均值比较

15.4 分上市板块财务治理指数排名及比较

根据四个上市板块的划分（深市主板含原中小企业板），对上市公司财务治理指数按照均值从高到低的顺序进行排名和比较，结果参见表 15-8 和图 15-6。

表 15-8　2020 年不同板块上市公司财务治理指数比较

排名	板块	公司数目	平均值	中位值	最大值	最小值	标准差
1	深市主板	1395	54.9509	55.7353	73.6792	25.2284	7.2896
2	深市创业板	796	54.9302	55.2507	71.3677	30.1883	6.4190
3	沪市主板	1489	52.4495	52.5450	72.5884	20.0327	7.1524
4	沪市科创板	94	48.6312	48.8519	64.0189	34.1128	5.1893
	总体	3774	53.8022	54.3677	73.6792	20.0327	7.1646

从表 15-8 和图 15-6 可以看出，财务治理指数平均值从高到低排列依次为深市主板、深市创业板、沪市主板和沪市科创板。深市主板和深市创业板上市公司的财务治理指数均值高于总体均值，其他两个板块的财务治理指数均值都低于总体均值，沪市科创板财务治理指数均值较大幅度低于其他三个板块。

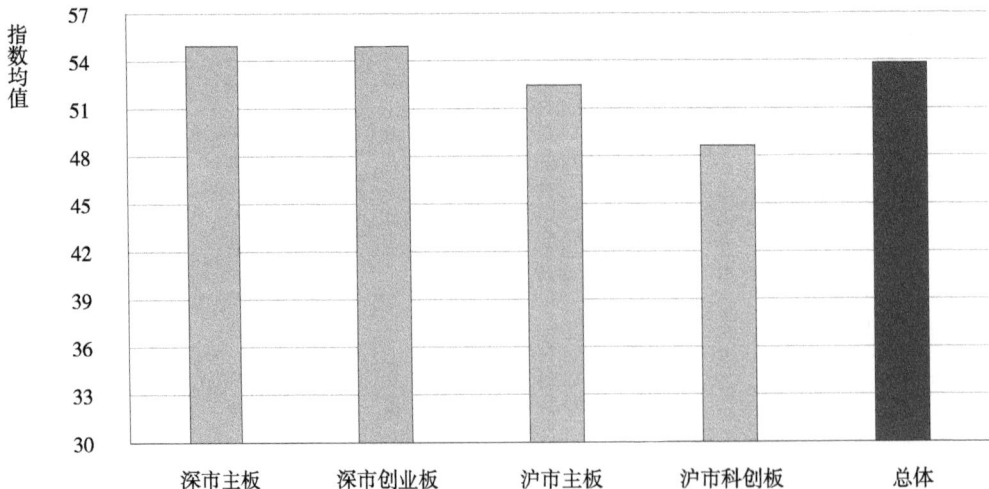

图15-6　2020年不同板块上市公司财务治理指数均值比较

15.5 本章小结

本章从总体、地区分布、行业属性以及上市板块等多角度全面评价了 2020 年中国上市公司财务治理水平。主要结论如下：

从总体看，2020 年中国上市公司财务治理指数最大值 73.6792 分，最小值为 20.0327 分，平均值为 53.8022 分，中位值为 54.3677 分，全部样本的绝对差距较大。财务治理指数分值主要集中在 [45，65）区间，占全部样本公司的 84.50%。及格（达到 60 分）公司占比为 18.39%，比 2019 年下降 3.72 个百分点，反映了 2020 年中国上市公司财务治理水平有所下降。

从地区看，上市公司财务治理指数均值由大到小分别为东部、西部、中部和东北，各地区之间财务治理指数略有差异，东北地区较明显低于其他三个地区。从省份看，上市公司财务治理指数均值最高的三个省份是北京、广东和宁夏；财务治理指数均值最低的三个省份是辽宁、海南和广西。

从行业看，18 个行业中，上市公司财务治理指数均值最高的三个行业是交通运输、仓储和邮政业（G），金融业（J），以及科学研究和技术服务业（M）；财务治理水平最差的三个行业是综合（S），农、林、牧、渔业（A），以及教育（P）。各行业财务治理水平之间的差距不是很大。

从上市板块看，财务治理指数均值从高到低排列依次为深市主板、深市创业板、沪市主板和沪市科创板，沪市科创板财务治理指数均值较大幅度低于其他三个板块。

第16章 财务治理分项指数排名及比较

第 15 章从总体上对中国上市公司财务治理指数作了排名，并从地区、行业以及上市板块三个角度进行了比较分析。本章按照对财务治理指数四个维度的划分，把财务治理指数分解为财权配置、财务控制、财务监督和财务激励四个分项指数，对 2020 年四个分项指数进行排名和比较分析。

16.1 财务治理分项指数总体比较

本报告以 2020 年 3774 家上市公司样本，计算获得了 2020 年中国上市公司财务治理的四个分项指数，其描述性统计结果参见表 16-1。

表 16-1 2020 年上市公司财务治理分项指数描述性统计

分项指数	公司数目	平均值	中位值	最大值	最小值	标准差
财权配置	3774	48.2536	48.3333	84.6046	3.8889	12.6764
财务控制	3774	69.4413	71.9748	91.6337	21.5074	10.8091
财务监督	3774	71.2242	68.7500	100.0000	6.2500	16.8394
财务激励	3774	26.2898	25.0280	66.7475	0.0000	12.7695

从表 16-1 可以看出，财务治理四个分项指数中，财务监督分项指数均值最大，财务激励分项指数均值最小。财权配置和财务监督分项指数与去年相比均有所上升，且财务监督分项指数略超 70 分；财务控制分项指数得分比去年略有下降，但仍接近 70 分；财权配置和财务激励两个分项指数均值距离及格线甚远。这说明，中国上市公司财务控制和财务监督相对于财权配置和财务激励表现更好，财权配置和财务激励需要加大改进力度。

图 16-1 更直观地对财务治理四个分项指数进行了对比。可以看到，四个分项指数的平均值和中位值的排序大体一致，财务监督分项指数的均值最高，财务控制分项指数的中位值最高，而财务激励分项指数的均值和中位值都是最低的。

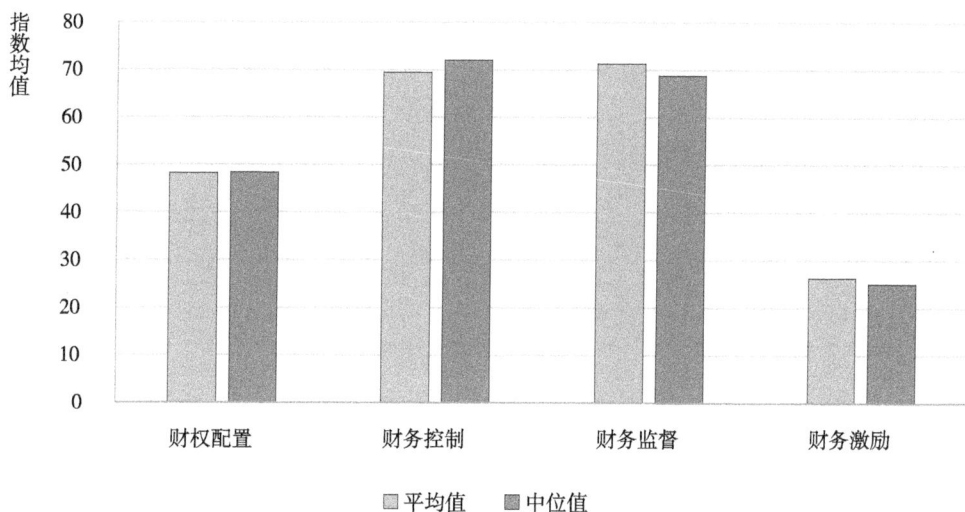

图16-1　2020年上市公司财务治理四个分项指数比较

16.2　财权配置分项指数排名及比较

财权配置分项指数主要考察企业的各利益相关者是否能够行使好自己的财务决策权。本节主要是对财权配置分项指数排名的各种情况进行比较分析。

16.2.1　财权配置分项指数总体分布

基于 3774 家上市公司财权配置的各项指标，我们得到了每家上市公司的财权配置分项指数。以 10 分为间隔，可以将财权配置分项指数划分为 10 个得分区间，各得分区间的分布情况参见表 16-2。

表 16-2　2020 年上市公司财权配置分项指数区间分布

得分区间	公司数目	占比（%）	累计占比（%）
[0，10）	3	0.08	0.08
[10，20）	38	1.01	1.09
[20，30）	302	8.00	9.09
[30，40）	847	22.44	31.53

得分区间	公司数目	占比（%）	累计占比（%）
[40，50）	1162	30.79	62.32
[50，60）	929	24.62	86.94
[60，70）	213	5.64	92.58
[70，80）	271	7.18	99.76
[80，90）	9	0.24	100.00
[90，100）	0	0.00	100.00
总计	3774	100.00	——

从表 16-2 可见，2020 年上市公司财权配置分项指数在 9 个区间有分布，但主要集中在 [30，60）区间，共有 2938 家公司，占比 77.85%。及格（达到 60 分）的公司有 493 家，及格率为 13.06%，相比上年（8.74%）提高 4.32 个百分点。

图 16-2 直观地描绘了财权配置分项指数的分布区间。可以看出，2020 年上市公司财权配置分项指数从低分到高分，公司数目呈负偏态分布，偏度系数是 -0.1450。

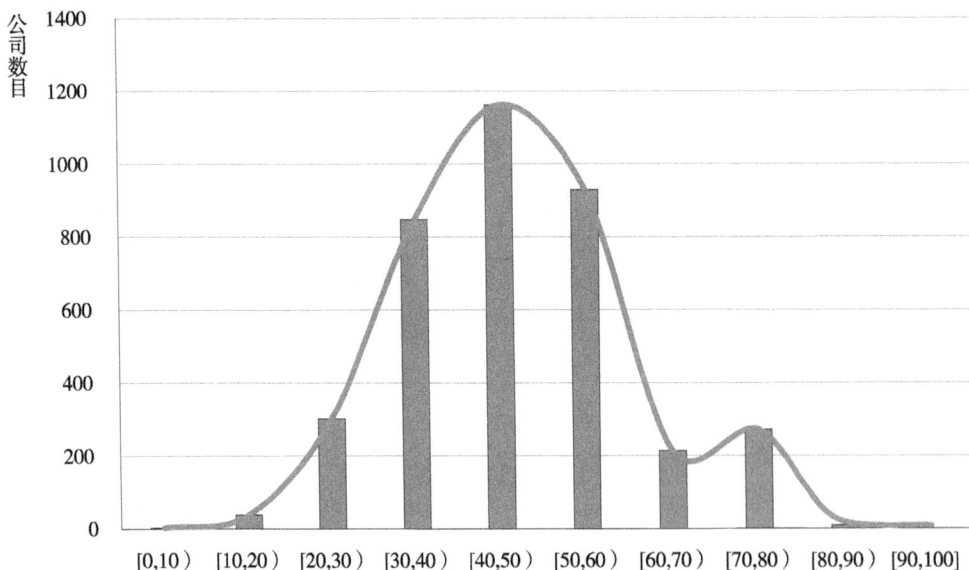

图16-2　2020年上市公司财权配置分项指数区间分布

16.2.2　分地区财权配置分项指数比较

按照东部、中部、西部和东北四个地区的划分，对上市公司财权配置分项指数按照均值从高到低的顺序进行排名和比较，结果参见表 16-3。

表 16-3　2020 年不同地区上市公司财权配置分项指数比较

排名	地区	公司数目	平均值	中位值	最大值	最小值	标准差
1	西部	490	50.9063	48.4710	75.8498	15.0000	12.4019
2	中部	488	50.5976	48.3333	81.6667	15.0000	12.7614
3	东北	149	49.4724	48.3333	74.4444	15.0000	12.0994
4	东部	2647	47.2618	48.3333	84.6046	3.8889	12.6091
总体		3774	48.2536	48.3333	84.6046	3.8889	12.6764

从表 16-3 可以看出，四个地区上市公司财权配置分项指数均值从高到低依次为西部、中部、东北和东部，均值最大值与最小值之间的绝对差距为 3.6445 分，差距不大。

图 16-3 更直观地反映了四个地区上市公司财权配置分项指数的差异。可以看到，西部、中部和东北上市公司财权配置分项指数均值高于总体均值，东部地区上市公司财权配置分项指数均值低于总体均值，西部和中部明显高于东北和东部。

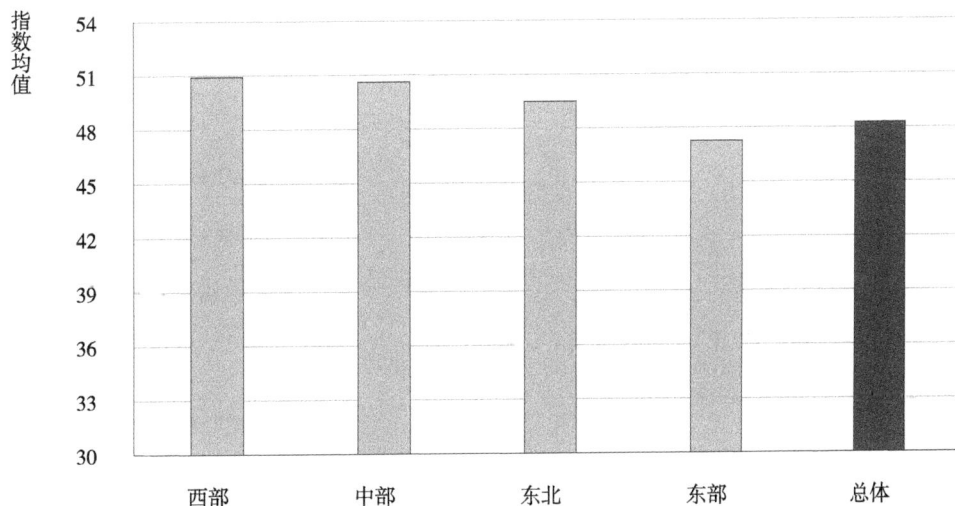

图16-3　2020年不同地区上市公司财权配置分项指数比较

16.2.3　分行业财权配置分项指数比较

对 18 个行业上市公司财权配置分项指数按照均值从高到低的顺序进行排名和比较，结果参见表 16-4。

表 16-4 2020 年不同行业上市公司财权配置分项指数比较

排名	行业	公司数目	平均值	中位值	最大值	最小值	标准差
1	交通运输、仓储和邮政业（G）	100	55.0710	59.4444	72.9217	15.9957	11.4865
2	采矿业（B）	75	54.5975	59.4444	74.4444	26.1111	12.6171
3	电力、热力、燃气及水生产和供应业（D）	114	53.7191	59.4444	81.6667	15.0000	11.0780
4	建筑业（E）	95	52.0635	50.3749	76.5235	15.0000	12.3503
5	综合（S）	13	51.8690	56.4208	60.7471	37.2222	9.0709
6	农、林、牧、渔业（A）	42	51.4233	48.3333	81.6667	26.1111	13.5358
7	金融业（J）	117	50.5332	48.3651	72.4969	26.1111	10.5272
8	房地产业（K）	117	50.3975	48.3333	74.0669	26.1111	11.2029
9	科学研究和技术服务业（M）	51	50.1968	48.6995	70.6216	20.5556	14.2306
10	批发和零售业（F）	162	50.0130	48.3333	72.3105	26.1111	10.7257
11	水利、环境和公共设施管理业（N）	62	49.0213	48.5007	76.1111	20.5556	13.1887
12	文化、体育和娱乐业（R）	58	48.8555	48.3333	70.5556	15.0000	11.8446
13	住宿和餐饮业（H）	7	47.5013	48.3333	71.9533	26.1111	13.8665
14	制造业（C）	2373	47.3740	48.3333	84.6046	3.8889	12.8191
15	教育（P）	10	47.1269	48.3333	59.4444	26.1111	9.3823
16	租赁和商务服务业（L）	58	46.8763	48.3333	71.9625	20.5556	10.257
17	卫生和社会工作（Q）	13	45.6649	48.3333	63.3333	26.1111	9.7023
18	信息传输、软件和信息技术服务业（I）	306	44.7292	46.6667	74.4444	9.4521	12.5403
	总体	3774	48.2536	48.3333	84.6046	3.8889	12.6764

注：居民服务、修理和其他服务业（O）只有 1 家上市公司，难以代表该行业整体水平，故排名时剔除。

从表 16-4 可以看出，18 个行业中，财权配置指数均值的最大值和最小值之间的绝对差距为 10.3418 分，差距较大。有 12 个行业的财权配置分项指数均值高于总体均值，这 12 个行业的最大均值与总体均值之间的绝对差距为 6.8174 分；有 6 个行业的财权配置分项指数均值低于总体均值，总体均值与这 6 个行业的最小均值的绝对差距为 3.5244 分。可以看出，高分区行业内部的差距大于低分区行业。财权配置分项指数均值排名前三位的行业分别是交通运输、仓储和邮政业（G），采矿业（B），电力、热力、燃气及水生产和供应业（D）；排名最后三位的行业分别是信息传输、软件和信息技术服务业（I），卫生和社会工作（Q），租赁和商务服务业（L）。

图 16-4 更直观地反映了不同行业上市公司财权配置分项指数的差异。可以看到，排名前三位行业的上市公司财权配置分项指数相对比较突出，其他行业呈阶梯状分布，相对差距比较均匀。整体来讲，不同行业上市公司财权配置分项指数相对差距较大。

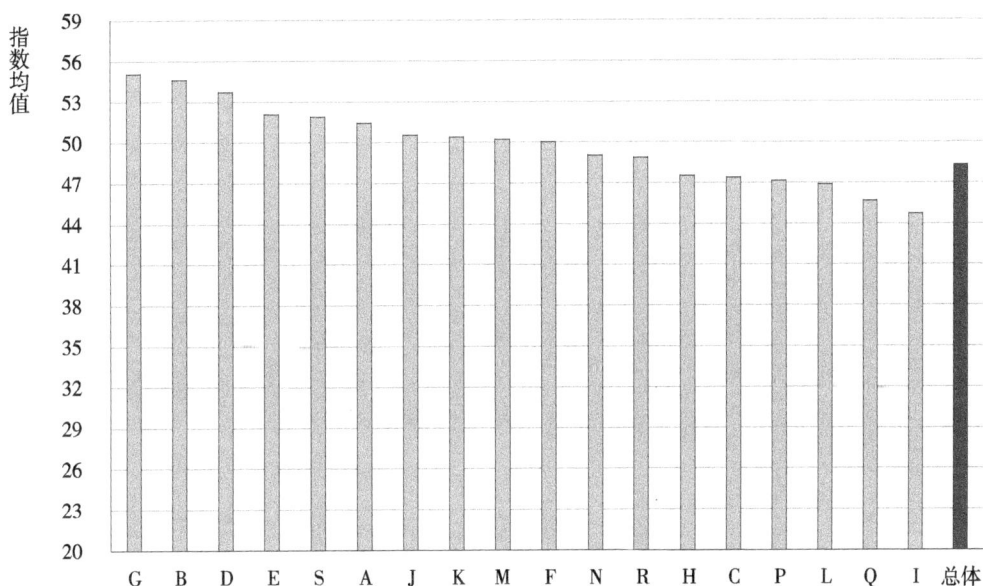

图16-4　2020年不同行业上市公司财权配置分项指数比较

16.3　财务控制分项指数排名及比较

财务控制分项指数包含三方面的内容：一是对上市公司内部控制体系和风险控制体系建设的评估；二是对董事会风险委员会设立的评估；三是对上市公司财务风险状况的评估。本节主要对财务控制分项指数排名的各种情况进行比较分析。

16.3.1　财务控制分项指数总体分布

基于 3774 家上市公司财务控制的各项指标，我们得到了每家上市公司的财务控制分项指数。以 10 分为间隔，可以将财务控制分项指数划分为 9 个得分区间（公司数目为 0 的连续区间合并），各得分区间的分布情况参见表 16-5。

表 16-5　2020 年上市公司财务控制分项指数区间分布

指数区间	公司数目	占比（%）	累计占比（%）
[0，20）	0	0.00	0.00
[20，30）	8	0.21	0.21
[30，40）	50	1.32	1.54
[40，50）	85	2.25	3.79
[50，60）	913	24.19	27.98
[60，70）	738	19.55	47.54
[70，80）	1703	45.12	92.66
[80，90）	261	6.92	99.58
[90，100]	16	0.42	100.00
总计	3774	100.00	—

由表 16-5 可见，2020 年上市公司财务控制分项指数共有 8 个得分区间，主要集中在 [50，80）区间，总计有 3354 家公司，占比高达 88.87%。及格（达到 60 分）公司有 2718 家，及格率 72.02%，相比上年（91.23%）下降 19.21 个百分点，反映本年度上市公司财务控制水平退步明显。

图 16-5 更直观地描绘了财权控制分项指数的分布区间。可以看出，2020 年上市公司财务控制分项指数从低分到高分呈负偏态分布，分布不太规则。

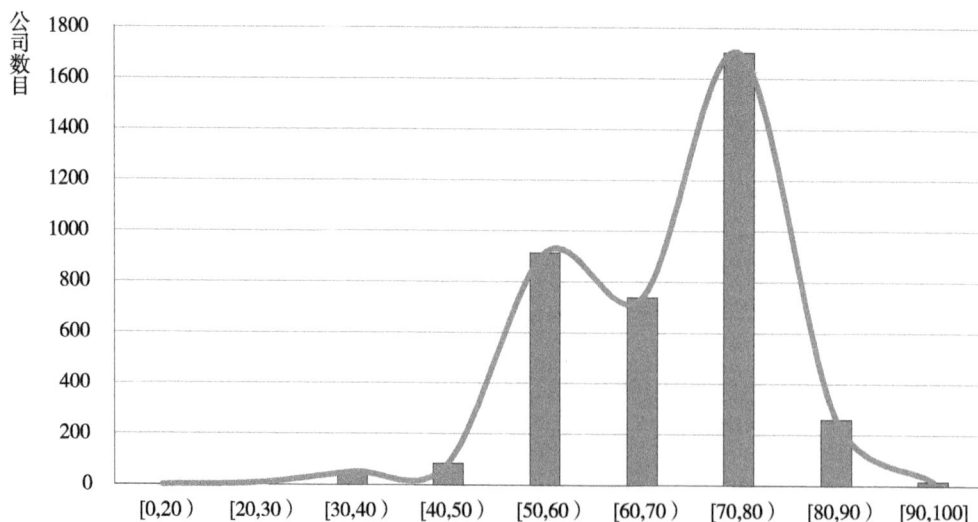

图16-5　2020年上市公司财务控制分项指数区间分布

16.3.2 分地区财务控制分项指数比较

按照东部、中部、西部和东北四个地区的划分，对上市公司财务控制分项指数按照均值从高到低的顺序进行排名和比较，结果参见表16-6。

表 16-6 2020 年不同地区上市公司财务控制分项指数比较

排名	地区	公司数目	平均值	中位值	最大值	最小值	标准差
1	东部	2647	69.8861	72.0817	91.1985	21.5074	10.5318
2	中部	488	69.0277	71.9832	85.4492	28.1415	10.7068
3	西部	490	68.2746	71.6274	91.6337	28.0723	11.8904
4	东北	149	66.7290	65.8235	90.7786	33.6787	11.5126
总体		3774	69.4413	71.9748	91.6337	21.5074	10.8091

从表16 6可以看出，四个地区上市公司财务控制分项指数均值从高到低依次为东部、中部、西部和东北。最大均值和最小均值之间的绝对差距为3.1571分，差距不大。

图16-6更直观地反映了四个地区上市公司财务控制分项指数均值的差异。可以看到，只有东部地区财务控制分项指数均值超过总体均值，其他三个地区的财务控制分项指数均值都低于总体均值。

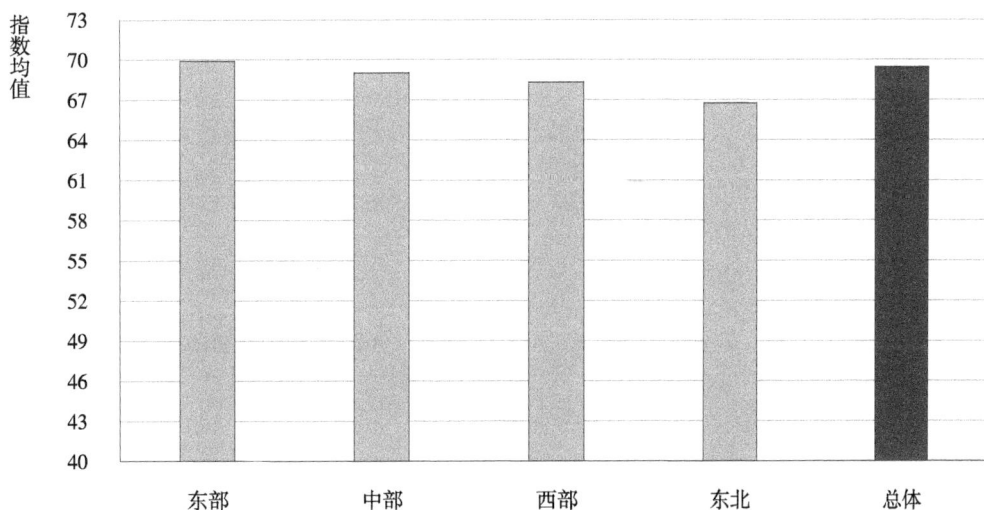

图16-6 2020年不同地区上市公司财务控制分项指数比较

16.3.3 分行业财务控制分项指数比较

对 18 个行业上市公司财务控制分项指数按照均值从高到低的顺序进行排名和比较，结果参见表 16-7。

表 16-7 2020 年不同行业上市公司财务控制分项指数比较

排名	行业	公司数目	平均值	中位值	最大值	最小值	标准差
1	金融业（J）	117	76.8708	78.3054	90.8939	32.8843	11.1280
2	信息传输、软件和信息技术服务业（I）	306	70.5174	77.9191	90.6448	27.5804	11.2908
3	科学研究和技术服务业（M）	51	70.4704	72.2483	84.8196	40.9089	9.4833
4	制造业（C）	2373	69.6323	71.9894	91.6337	21.5074	10.3990
5	交通运输、仓储和邮政业（G）	100	69.4422	66.3664	91.1985	40.6233	9.9655
6	建筑业（E）	95	69.1286	71.9211	90.7691	34.0996	10.9187
7	教育（P）	10	68.9646	66.1174	79.5640	58.9788	8.1877
8	水利、环境和公共设施管理业（N）	62	68.5632	66.0130	84.8698	34.4133	10.0179
9	文化、体育和娱乐业（R）	58	68.4481	72.0233	84.4609	40.6533	10.1380
10	批发和零售业（F）	162	67.5074	66.0874	85.0946	21.7073	11.7345
11	租赁和商务服务业（L）	58	67.3300	66.0625	84.5381	33.5763	12.3387
12	房地产业（K）	117	67.2327	65.8525	84.7527	32.9509	11.5550
13	卫生和社会工作（Q）	13	66.8487	65.8590	84.5940	34.3364	13.6412
14	农、林、牧、渔业（A）	42	66.7693	65.9540	84.8010	34.3082	13.3443
15	住宿和餐饮业（H）	7	66.4887	65.5937	78.2481	52.8456	8.5457
16	电力、热力、燃气及水生产和供应业（D）	114	66.3682	65.8195	90.8654	34.4112	10.5270

排名	行业	公司数目	平均值	中位值	最大值	最小值	标准差
17	采矿业（B）	75	66.2710	66.0449	84.9443	34.3212	10.2578
18	综合（S）	13	61.4416	59.5814	84.4733	21.7293	14.6658
	总体	3774	69.4413	71.9748	91.6337	21.5074	10.8091

注：居民服务、修理和其他服务业（O）只有1家上市公司，难以代表该行业整体水平，故排名时剔除。

从表16-7可以看出，18个行业中，财务控制指数均值的最大值和最小值之间的绝对差距为15.4292分，差距较大。有5个行业的财务控制分项指数均值高于总体均值，这5个行业的最大均值与总体均值之间的绝对差距为7.4295分；有13个行业低于总体均值，总体均值与这13个行业的最小均值之间的绝对差距为7.9997分。可以看出，低分区行业内部的差距略大于高分区行业。财务控制分项指数均值排名前三位的行业分别为金融业（J）、信息传输、软件和信息技术服务业（I），以及科学研究和技术服务业（M）；排名最后三位的行业分别为综合（S）、采矿业（B），以及电力、热力、燃气及水生产和供应业（D）。

图16-7更直观地反映了不同行业上市公司财务控制分项指数均值的差异。可以看到，金融业（J）较大幅度领先于其他行业，最后一名综合（S）较明显落后于其他行业，其他各行业之间的变化相对比较平缓。

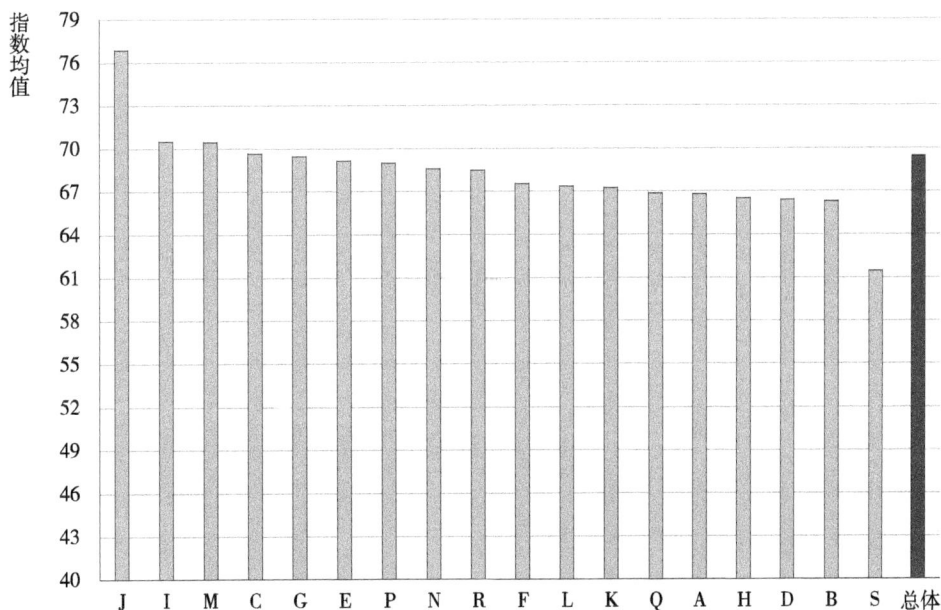

图16-7　2020年不同行业上市公司财务控制分项指数比较

16.4 财务监督分项指数排名及比较

财务监督分项指数主要考察企业各个职能部门及其他利益相关者对财务权力执行过程的监督，包括企业的内部监督机制以及外部监督机制。本节主要对财务监督分项指数排名的各种情况进行比较分析。

16.4.1 财务监督分项指数总体分布

基于3774家上市公司财务监督的各项指标，我们得到了每家上市公司的财务监督分项指数。以10分为间隔，可以将财务监督分项指数划分为10个得分区间，各得分区间的分布情况参见表16-8。

表 16-8　2020 年上市公司财务监督分项指数区间分布

指数区间	公司数目	占比（%）	累计占比（%）
[0，10)	1	0.03	0.03
[10，20)	4	0.11	0.13
[20，30)	91	2.41	2.54
[30，40)	184	4.88	7.42
[40，50)	18	0.48	7.90
[50，60)	255	6.76	14.65
[60，70)	1368	36.25	50.90
[70，80)	206	5.46	56.36
[80，90)	1556	41.23	97.59
[90，100]	91	2.41	100.00
总计	3774	100.00	——

表 16-8 显示，2020 年上市公司财务监督分项指数分布在所有区间，但主要集中在 [60，70) 和 [80，90) 区间，共有 2924 家公司，占比为 77.48%。及格（达到 60 分）的公司有 3221 家，及格率为 85.35%，相比上年（84.42%）提高 0.98 个百分点。

图 16-8 更直观地显示了财务监督分项指数的区间分布情况。可以看到，财务监督分项指数的分布不太规则，从低分到高分呈负偏态。

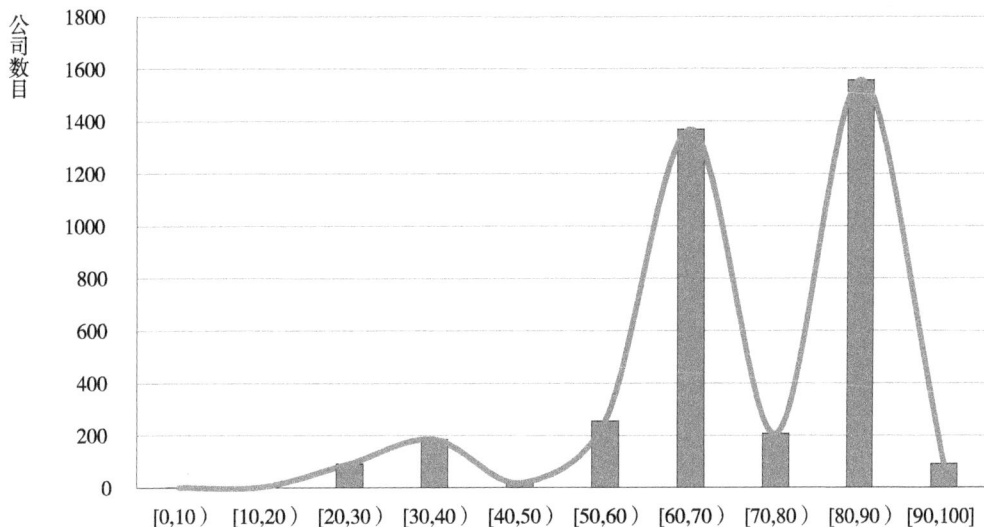

图16-8 2020年上市公司财务监督分项指数区间分布

16.4.2 分地区财务监督分项指数比较

按照东部、中部、西部和东北四个地区的划分，对上市公司财务监督分项指数按照均值从高到低的顺序进行排名和比较，结果参见表16-9。

表 16-9 2020 年不同地区上市公司财务监督分项指数比较

排名	地区	公司数目	平均值	中位值	最大值	最小值	标准差
1	东部	2647	72.3413	75.0000	100.0000	6.2500	16.6578
2	西部	490	69.2347	62.5000	100.0000	18.7500	16.7063
3	中部	488	69.1342	62.5000	93.7500	12.5000	17.0886
4	东北	149	64.7651	62.5000	100.0000	25.0000	16.9542
	总体	3774	71.2242	68.7500	100.0000	6.2500	16.8394

从表 16-9 可以看出，四个地区上市公司财务监督分项指数均值从高到低依次为东部、西部、中部和东北。最大均值和最小均值之间的绝对差距为 7.5762 分，差距较大。

图 16-9 更直观地反映了四个地区上市公司财务监督分项指数均值的差异。可以看出，只有东部上市公司的财务监督分项指数均值高于总体均值，其他三个地区都低于总体均值。

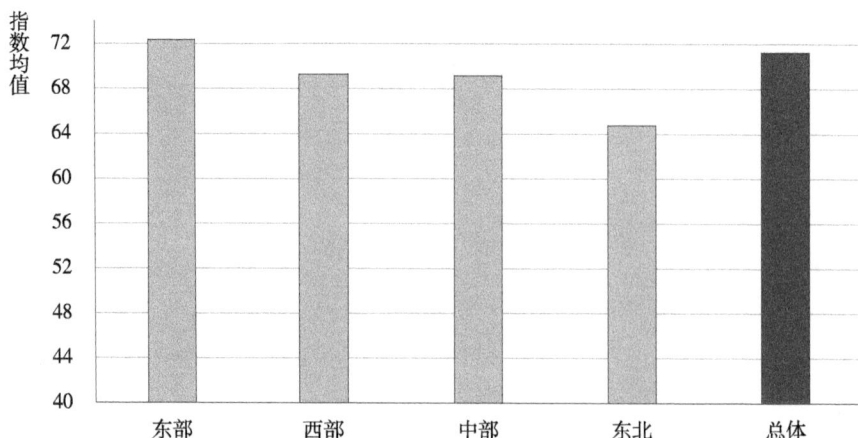

图16-9 2020年不同地区上市公司财务监督分项指数比较

16.4.3 分行业财务监督分项指数比较

对 18 个行业上市公司财务监督分项指数按照均值从高到低的顺序进行排名和比较，结果参见表 16-10。

表 16-10 2020 年不同行业上市公司财务监督分项指数比较

排名	行业	公司数目	平均值	中位值	最大值	最小值	标准差
1	金融业（J）	117	77.1902	87.5000	100.0000	12.5000	17.7025
2	交通运输、仓储和邮政业（G）	100	75.8750	81.2500	100.0000	37.5000	14.3347
3	科学研究和技术服务业（M）	51	74.3873	81.2500	100.0000	31.2500	15.3720
4	建筑业（E）	95	74.2763	75.0000	93.7500	25.0000	14.9248
5	文化、体育和娱乐业（R）	58	73.5991	75.0000	93.7500	25.0000	15.7449
6	信息传输、软件和信息技术服务业（I）	306	72.7124	75.0000	93.7500	25.0000	16.2596
7	住宿和餐饮业（H）	7	72.3214	62.5000	87.5000	62.5000	11.5037
8	批发和零售业（F）	162	71.2191	71.8750	100.0000	25.0000	16.9159
9	房地产业（K）	117	70.8333	75.0000	100.0000	6.25000	19.8148
10	电力、热力、燃气及水生产和供应业（D）	114	70.8333	62.5000	93.7500	25.0000	15.0763
11	制造业（C）	2373	70.7122	62.5000	100.0000	18.7500	16.8016
12	采矿业（B）	75	69.6667	68.7500	93.7500	25.0000	15.9652
13	卫生和社会工作（Q）	13	69.2308	62.5000	93.7500	37.5000	16.8886
14	水利、环境和公共设施管理业（N）	62	69.1532	62.5000	87.5000	25.0000	16.8332

续表

排名	行业	公司数目	平均值	中位值	最大值	最小值	标准差
15	综合（S）	13	66.3462	62.5000	87.5000	37.5000	13.5471
16	租赁和商务服务业（L）	58	66.2716	62.5000	93.7500	25.0000	20.1001
17	教育（P）	10	66.2500	65.6250	87.5000	37.5000	17.0477
18	农、林、牧、渔业（A）	42	65.7738	62.5000	87.5000	25.0000	17.6902
	总体	3774	71.2242	68.7500	100.0000	6.2500	16.8394

注：居民服务、修理和其他服务业（O）只有 1 家上市公司，难以代表该行业整体水平，故排名时剔除。

由表 16-10 可知，18 个行业中，财务监督指数均值的最大值和最小值之间的绝对差距 11.4164 分，差距较大。有 7 个行业的财务监督分项指数均值高于总体均值，这 7 个行业的最大均值与总体均值之间的绝对差距为 5.9660 分；另外 11 个行业的财务监督分项指数均值低于总体均值，总体均值与这 11 个行业的最小均值之间的绝对差距为 5.4504 分。高分区行业的内部差距略大于低分区行业。财务监督分项指数均值排名前三的行业分别是金融业（J），交通运输、仓储和邮政业（G），以及科学研究和技术服务业（M）；排在最后三位的分别是农、林、牧、渔业（A），教育（P），以及租赁和商务服务业（L）。

图 16-10 更直观地反映了不同行业上市公司财务监督分项指数均值的差异。可以看到，不同行业上市公司财务监督分项指数均值呈阶梯状分布，排名后四位的行业财务监督分项指数均值较明显低于其他行业。

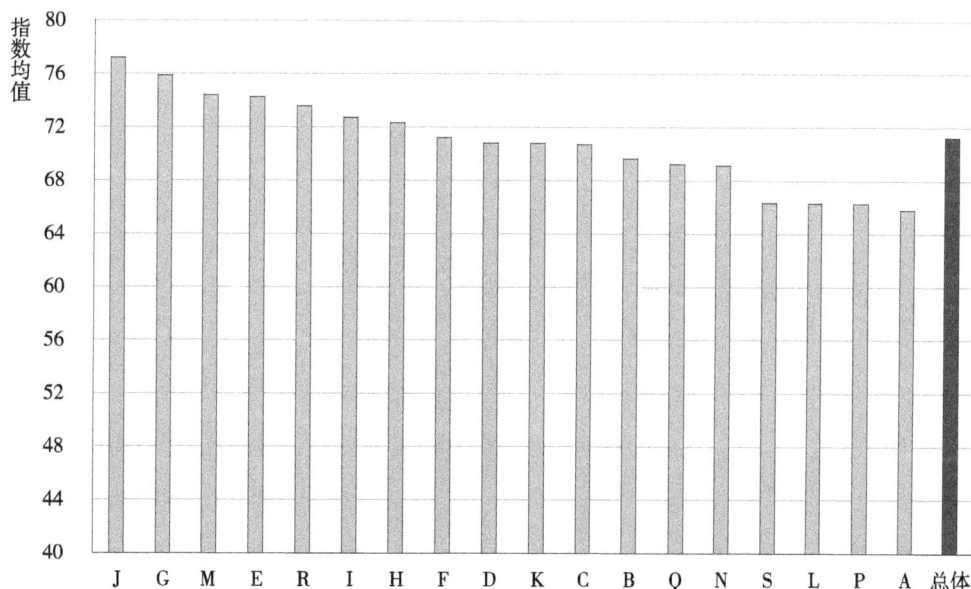

图16-10　2020年不同行业上市公司财务监督分项指数比较

16.5 财务激励分项指数排名及比较

财务激励分项指数主要考察企业是否具有足够有效的财务激励机制。本节主要是对财务激励分项指数排名的各种情况进行比较分析。

16.5.1 财务激励分项指数总体分布

基于 3774 家上市公司财务激励的各项指标，我们得到了每家上市公司的财务激励分项指数。以 10 分为间隔，可以将财务激励分项指数划分为 8 个得分区间（公司数目为 0 的连续区间合并），各得分区间的分布情况参见表 16-11。

表 16-11　2020 年上市公司财务激励分项指数区间分布

指数区间	公司数目	占比（%）	累计占比（%）
[0，10）	780	20.67	20.67
[10，20）	262	6.94	27.61
[20，30）	1462	38.74	66.35
[30，40）	363	9.62	75.97
[40，50）	723	19.16	95.12
[50，60）	172	4.56	99.68
[60，70）	12	0.32	100.00
[70，100]	0	0.00	100.00
总计	3774	100.00	—

从表 16-11 可以看出，财务激励分项指数主要集中在 [0，10）、[20，30）和 [40，50）三个区间，共有 2965 家公司，占比 78.56%。及格（达到 60 分）的公司有 12 家，及格率为 0.32%，比上年（0.73%）下降 0.41 个百分点。

图 16-11 更直观地显示了财务激励分项指数的区间分布情况。可以看到，财务激励分项指数的分布很不规则，但集中在低分区的公司比较多。

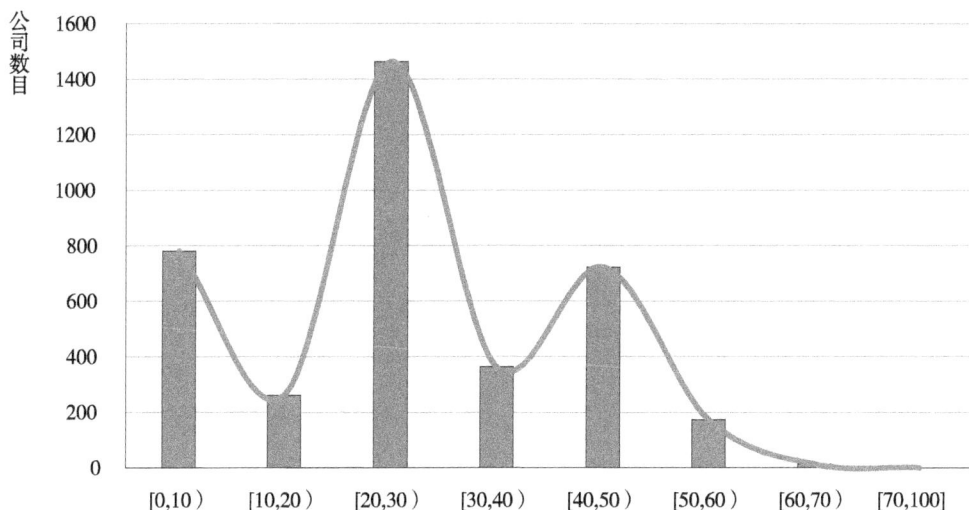

图16-11　2020年上市公司财务激励分项指数区间分布

16.5.2　分地区财务激励分项指数比较

按照东部、中部、西部和东北四个地区的划分，对上市公司财务激励分项指数按照均值从高到低的顺序进行排名和比较，结果参见表 16-12。

表 16-12　2020 年不同地区上市公司财务激励分项指数比较

排名	地区	公司数目	平均值	中位值	最大值	最小值	标准差
1	东部	2647	26.6704	25.0313	66.7475	0.0000	13.0513
2	东北	149	26.1948	25.0172	58.3333	0.0000	12.2868
3	西部	490	25.6556	25.0226	58.3502	0.0000	11.9535
4	中部	488	24.8912	25.0229	58.3451	0.0000	12.0162
总体		3774	26.2898	25.0280	66.7475	0.0000	12.7695

由表 16-12 可知，财务激励分项指数均值从高到低依次为东部、东北、西部和中部，各地区差距不大，整体偏低。

图 16-12 更直观地反映了不同地区上市公司财务激励分项指数均值的差异。可以看出，只有东部地区财务激励分项指数均值高于总体均值，其他三个地区的财务激励分项指数均值都低于总体均值。

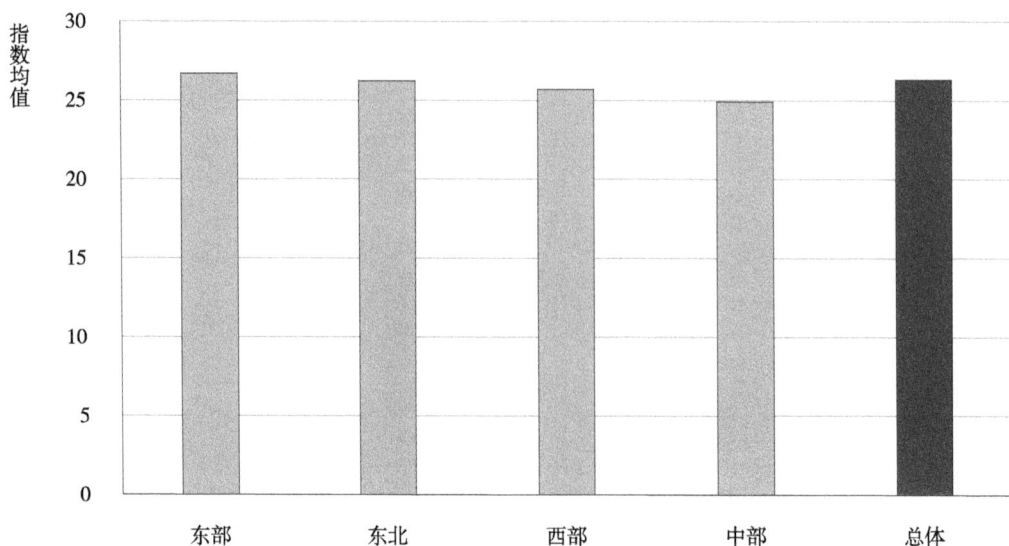

图16-12　2020年不同地区上市公司财务激励分项指数比较

16.5.3　分行业财务激励分项指数比较

对18个行业上市公司财务激励分项指数按照均值从高到低的顺序进行排名和比较，结果参见表 16-13。

表 16-13　2020 年不同行业上市公司财务激励分项指数比较

排名	行业	公司数目	平均值	中位值	最大值	最小值	标准差
1	住宿和餐饮业（H）	7	30.9693	25.0595	41.6667	25.0000	7.3319
2	卫生和社会工作（Q）	13	30.7782	33.3333	58.3333	8.3333	14.0124
3	租赁和商务服务业（L）	58	30.1981	25.0863	66.6825	0.0000	13.3005
4	交通运输、仓储和邮政业（G）	100	30.0868	33.3333	58.3805	0.0325	12.2929
5	综合（S）	13	28.8577	25.0089	58.3424	8.3333	13.7246
6	文化、体育和娱乐业（R）	58	28.3297	25.0290	50.0628	8.3333	11.9771
7	信息传输、软件和信息技术服务业（I）	306	27.7494	25.0220	66.6809	8.3333	13.9259
8	水利、环境和公共设施管理业（N）	62	27.5719	25.0200	58.3333	8.3333	12.2144

排名	行业	公司数目	平均值	中位值	最大值	最小值	标准差
9	教育（P）	10	27.5119	29.1667	41.7170	8.3333	13.9649
10	房地产业（K）	117	26.8821	25.0316	50.0118	0.0338	11.7877
11	科学研究和技术服务业（M）	51	26.7567	25.0201	58.4043	8.3333	11.5884
12	制造业（C）	2373	26.1945	25.0310	66.7418	0.0000	12.6916
13	采矿业（B）	75	25.6942	25.0409	50.0379	0.0340	13.2386
14	农、林、牧、渔业（A）	42	25.4177	25.0162	41.6929	8.3333	9.6121
15	批发和零售业（F）	162	24.8802	25.0215	66.6667	0.0000	13.3550
16	电力、热力、燃气及水生产和供应业（D）	114	24.7373	25.0218	50.0356	0.0000	11.9841
17	建筑业（E）	95	24.5152	25.0087	66.7475	0.0343	13.6757
18	金融业（J）	117	21.1789	16.6975	50.0298	8.3333	10.3136
	总体	3774	26.2898	25.0280	66.7475	0.0000	12.7695

注：居民服务、修理和其他服务业（O）只有1家上市公司，难以代表该行业整体水平，故排名时剔除。

从表 16-13 中可以看出，18 个行业中，行业最大均值与最小均值的绝对差距为 9.7904 分，行业间有较大差距。有 11 个行业的财务激励分项指数均值高于总体均值，这 11 个行业的最大均值与总体均值之间的绝对差距为 4.6795 分；另外 7 个行业的财务激励分项指数均值低于总体均值，总体均值与这 7 个行业的最小均值之间的绝对差距为 5.1109 分。低分区行业内部的差距略大于高分区行业。财务激励分项指数均值排名前三的行业分别是住宿和餐饮业（H），卫生和社会工作（Q），以及租赁和商务服务业（L）；排名最后三位的行业分别是金融业（J），建筑业（E），以及电力、热力、燃气及水生产和供应业（D）。

图 16-13 更直观地反映了不同行业上市公司财务激励分项指数均值的差异。可以看出，除了排名最后一位的金融业（J）外，其他行业的财务激励分项指数均值按从大到小的顺序整体上呈平缓的梯形分布。金融业（J）的财务激励分项指数均值较大幅度低于其他行业。

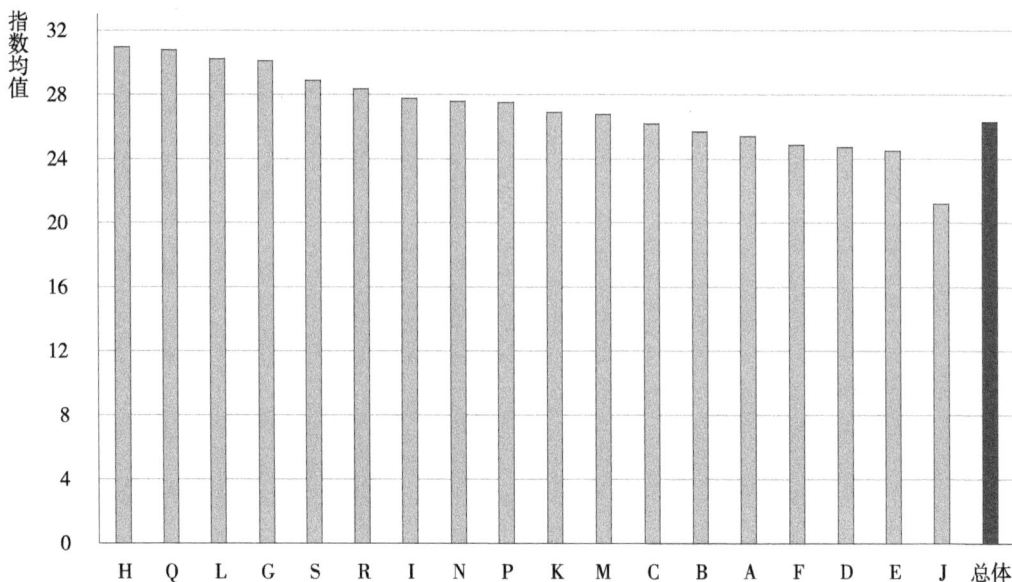

图16-13 2020年不同行业上市公司财务激励分项指数比较

16.6 本章小结

本章从指数分布以及地区、行业三个角度，对2020年财务治理指数的四个维度，即财权配置、财务控制、财务监督和财务激励进行了比较分析。主要结论如下：

从财务治理四个分项指数比较来看，财务监督分项指数均值最大，财务激励分项指数均值最小。财务监督分项指数均值略超70分，财务控制分项指数均值接近70分，而财权配置和财务激励两个分项指数的均值距离及格线甚远。财权配置分项指数主要集中在 [30，60) 区间，占比 77.85%；财务控制分项指数主要集中在 [50，80) 区间，占比 88.87%；财务监督分项指数主要集中在 [60，70) 和 [80，90) 区间，占比为 77.48%；财务激励分项指数主要集中在 [0，10)、[20，30) 和 [40，50) 三个区间，占比 78.56%。

从地区来看，财权配置分项指数均值从高到低依次为西部、中部、东北和东部；财务控制分项指数均值从高到低依次为东部、中部、西部和东北；财务监督分项指数均值从高到低依次为东部、西部、中部和东北；财务激励分项指数均值从高到低依次是东部、东北、西部和中部。总体来看，东部地区上市公司在除财权配置之外的三个分项上表现较好，其他三个地区在四个分项上的表现互有上下。需要指出的是，四个地区在财务激励分项指数上的得分都非常低。

从行业来看，上市公司财权配置分项指数均值排名前三位的行业分别是交通运输、仓储和邮政业（G），采矿业（B），电力、热力、燃气及水生产和供应业（D）；财务控制分项指数均值排名前三位的行业分别为金融业（J），信息传输、软件和信息技术服务业（I），以及科学研究和技术服务业（M）；财务监督分项指数均值排名前三位的行业分别是金融业（J），交通运输、仓储和邮政业（G），以及科学研究和技术服务业（M）；财务激励分项指数均值排名前三位的行业分别是住宿和餐饮业（H），卫生和社会工作（Q），以及租赁和商务服务业（L）。四个分项指数中，各个行业之间的差距都较大，四个分项指数的行业最大均值与最小均值的差距都超过或接近10分。

第17章　财务治理指数的所有制比较

根据第 1 章的控股或所有制类型划分，本章对 2020 年 3774 家样本上市公司的财务治理指数及四个分项指数从所有制角度进行比较分析，以了解国有控股公司和非国有控股公司在财务治理方面存在的异同。

17.1　财务治理指数总体的所有制比较

17.1.1　财务治理总体指数比较

不同的所有制会对上市公司财务治理产生影响，表 17-1 比较了不同所有制上市公司的财务治理指数，并按照均值从高到低的顺序进行了排名。

表 17-1　2020 年不同所有制上市公司财务治理指数比较

排名	所有制类型	公司数目	平均值	中位值	最大值	最小值	标准差
1	国有绝对控股公司	490	56.0631	56.1059	73.6792	37.2315	6.2172
2	国有强相对控股公司	434	55.3852	55.7114	72.5884	36.2766	6.1926
3	国有参股公司	870	54.0107	54.7079	71.8371	29.0938	7.4201
4	国有弱相对控股公司	237	53.7415	54.0067	68.3428	30.3819	7.2448
5	无国有股份公司	1743	52.6766	53.3876	72.8978	20.0327	7.2636
	总体	3774	53.8022	54.3677	73.6792	20.0327	7.1646

从表 17-1 可以看出，五类所有制上市公司的财务治理指数均值都未达到 60 分的及格水平。国有绝对控股公司的财务治理指数均值最高，为 56.0631 分，无国有股份公司的财务治理指数均值最低，为 52.6766 分。最大值与最小值之间的绝对差距为 3.3865 分，

差距不是很大。从中位值看，最高的也是国有绝对控股公司，最低的也是无国有股份公司。从标准差看，国有参股公司的标准差最大，国有强相对控股公司的标准差最小，五类公司的标准差差异不大，说明五类公司财务治理指数的离散程度相近。

图 17-1 更直观地反映了不同所有制上市公司财务治理指数的差异。可以看出，国有绝对控股公司、国有强相对控股公司和国有参股公司的财务治理指数均值高于总体均值，国有弱相对控股公司和无国有股份公司的财务治理指数均值低于总体均值。随着前十大股东中的国有股份比例的下降，财务治理指数均值先下降，后上升，再下降，大体呈"S"型，说明国有股东控股比例，并不一定与财务治理完全正相关。但从三类国有控股公司看，则明显是正相关的。

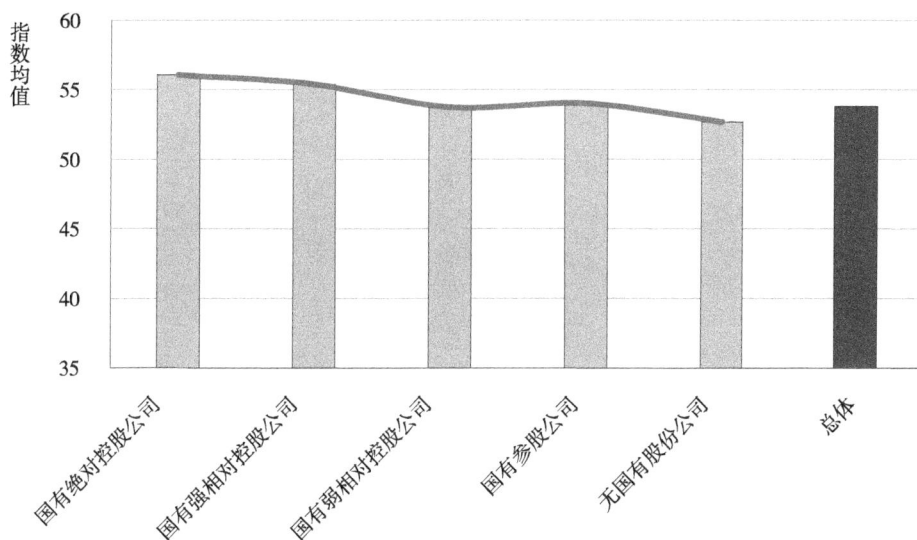

图17-1 2020年不同所有制上市公司财务治理指数均值比较

我们进一步将国有绝对控股公司、国有强相对控股公司和国有弱相对控股公司归类为国有控股公司，将国有参股公司和无国有股份公司归类为非国有控股公司，表 17-2 比较了国有控股公司和非国有控股公司的财务治理指数，并按照均值大小进行了排名。

表 17-2 2020 年国有与非国有控股上市公司财务治理指数比较

排名	所有制	公司数目	平均值	中位值	最大值	最小值	标准差
1	国有控股公司	1161	55.3358	55.5817	73.6792	30.3819	6.4889
2	非国有控股公司	2613	53.1208	53.7116	72.8978	20.0327	7.3431
	总体	3774	53.8022	54.3677	73.6792	20.0327	7.1646

从表 17-2 可以看出，2020 年上市公司中，国有控股公司财务治理指数的均值和中位值都高于非国有控股公司，两类公司财务治理指数均值的绝对差距为 2.2150 分，差距不大。

根据实际控制人的性质，我们将上市公司进一步划分为中央企业（或监管机构）、地方国企（或监管机构）和非国有企业或自然人最终控制的三类上市公司。表 17-3 比较了三类公司的财务治理指数。

表 17-3　2020 年不同最终控制人上市公司财务治理指数比较

排名	最终控制人	公司数目	平均值	中位值	最大值	最小值	标准差
1	中央企业（或监管机构）	411	56.4886	56.4635	73.6792	37.7324	6.2412
2	地方国企（或监管机构）	811	54.7825	55.2998	72.1351	30.3819	6.6198
3	非国有企业或自然人	2552	53.0580	53.6207	72.8978	20.0327	7.3273
	总体	3774	53.8022	54.3677	73.6792	20.0327	7.1646

从表 17-3 可以看出，中央企业（或监管机构）最终控制的公司的财务治理指数的均值和中位值都高于地方国企（或监管机构）最终控制的公司，同时也高于非国有企业或自然人最终控制的公司，差距比较明显；地方国企（或监管机构）最终控制的公司的财务治理指数的均值和中位值也都高于非国有企业或自然人最终控制的公司。

17.1.2　财务治理分项指数总体比较

财务治理指数包括财权配置、财务控制、财务监督和财务激励四个分项指数，表 17-4 对五类所有制上市公司的四个财务治理分项指数进行了比较。

表 17-4　2020 年不同所有制上市公司财务治理分项指数均值比较

所有制类型	财权配置	财务控制	财务监督	财务激励
国有绝对控股公司	56.2359	69.5479	75.2806	23.1881
国有强相对控股公司	54.2105	69.4808	73.0559	24.7935
国有弱相对控股公司	49.9715	69.2398	70.2268	25.5277

续表

所有制类型	财权配置	财务控制	财务监督	财务激励
国有参股公司	47.3108	70.6560	71.2069	26.8691
无国有股份公司	44.7634	68.8225	69.7719	27.3488
总体	48.2536	69.4413	71.2242	26.2898

从表 17-4 可以看出，五类所有制上市公司的四个财务治理分项指数存在一定差异。图 17-2 更直观地反映了不同所有制上市公司财务治理四个分项指数的差异。可以看出，三类国有控股公司的财权配置分项指数明显高于其他两类非国有控股公司；国有绝对控股公司和国有强相对控股公司的财务监督分项指数明显高于其他三类公司，说明这两类公司来自国有大股东的监督力度较大；无国有股份公司和国有参股公司的财务激励分项指数明显高于其他三类公司。随着前十大股东中的国有股份比例的降低，财权配置、财务控制和财务监督三个分项指数总体呈下降态势，而财务激励分项指数则呈逐渐上升趋势，这说明在目前的制度和市场条件下，适度降低国有股份比例对于提高公司财务激励水平有一定作用，但可能不利于财权配置和财务监督。

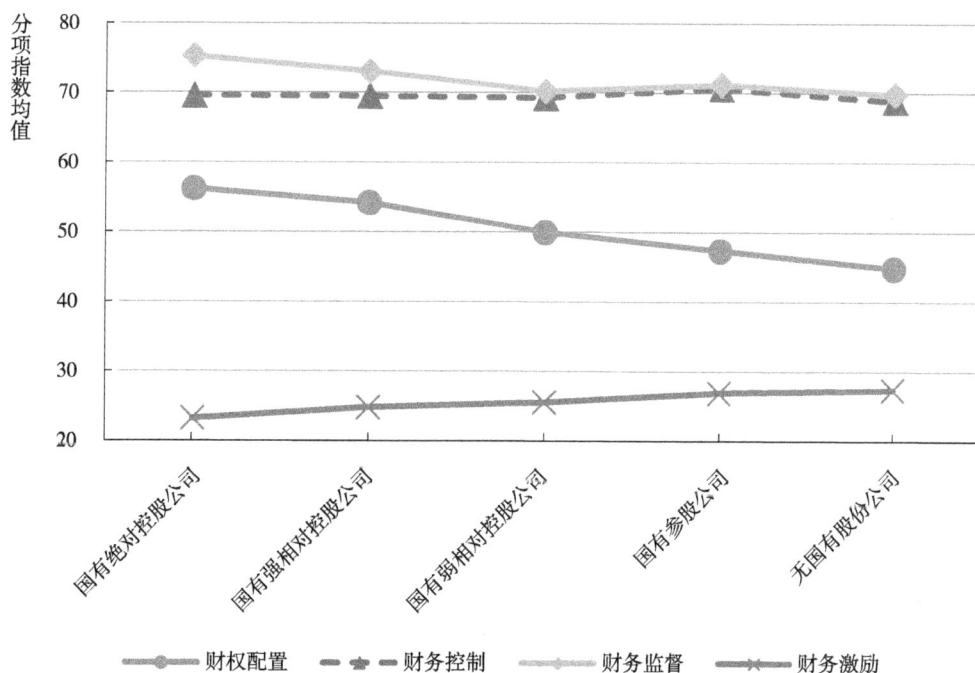

图17-2 2020年不同所有制上市公司财务治理分项指数变化趋势

我们进一步将国有绝对控股公司、国有强相对控股公司和国有弱相对控股公司合并，视为国有控股公司，将国有参股公司和无国有股份公司合并，视为非国有控股公司，两者的比较见表 17-5 和图 17-3。可以看出，在财权配置和财务监督两个分项指数上，国有控股公司明显高于非国有控股公司；在财务激励分项指数上，国有控股公司低于非国有控股公司；在财务控制分项指数上，国有控股公司与非国有控股公司非常接近，前者略高于后者。

表 17-5　2020 年国有与非国有控股上市公司财务治理分项指数均值比较

所有制类型	财权配置	财务控制	财务监督	财务激励
国有控股公司	54.2000	69.4599	73.4173	24.2658
非国有控股公司	45.6115	69.4330	70.2497	27.1891
总体	48.2536	69.4413	71.2242	26.2898

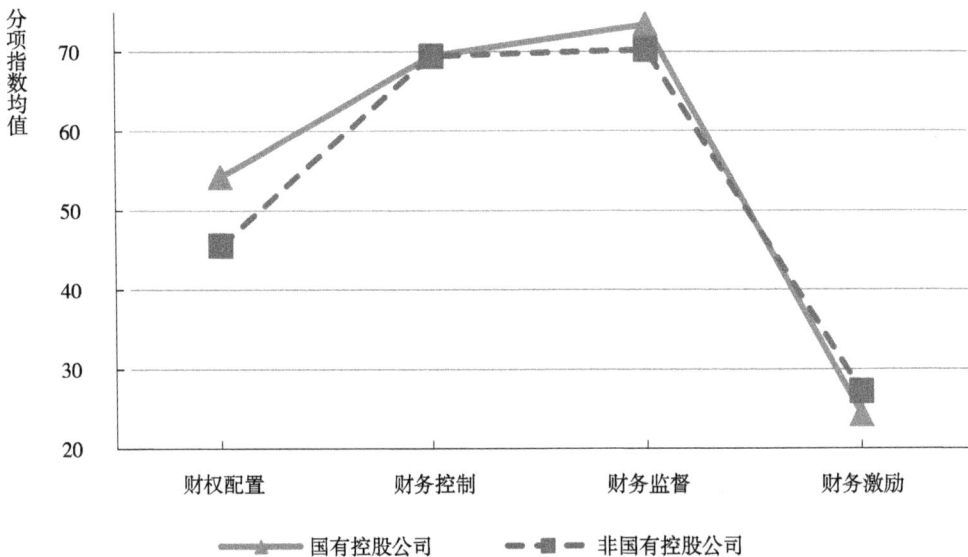

图17-3　2020年国有与非国有控股上市公司财务治理分项指数均值比较

　　根据三类实际控制人的划分，比较它们最终控制的公司在财务治理四个分项指数均值上的差异，结果参见表 17-6 和图 17-4。可以看出，在财权配置分项指数上，中央企业（或监管机构）最终控制的公司最高，两类国企（或监管机构）最终控制的公司都明显高于非国有企业或自然人最终控制的公司；在财务控制分项指数上，仍是中央企业（或监管机构）最终控制的公司最高，但地方国企（或监管机构）最终控制的公司略低于非国有企业或自然人最终控制的公司；在财务监督分项指数上，还是中央企业（或监管机构）最终控制的公司最高，且两类国企（或监管机构）都高于非国有企业或自然人最终控制的公司；在财务激励分项指数上，非国有企业或自然人最终控制的公司最高，地方国企（或监管机构）最终控制的公司次之，最低的是中央企业（或监管机构）最终控制的公司。总体上，在财权配置、财务控制和财务监督三个分项指数上，两类国企（或监管机构）尤其是中央企业（或监管机构）最终控制的公司明显占优；而在财务激励分项指数上，则是非国有企业或自然人最终控制的公司占优。

表 17-6　2020 年不同最终控制人上市公司财务治理分项指数均值比较

最终控制人	财权配置	财务控制	财务监督	财务激励
中央企业（或监管机构）	55.6907	70.7553	75.2585	24.2498
地方国企（或监管机构）	53.4167	68.8505	72.2025	24.6602
非国有企业或自然人	45.4151	69.4174	70.2635	27.1362
总体	48.2536	69.4413	71.2242	26.2898

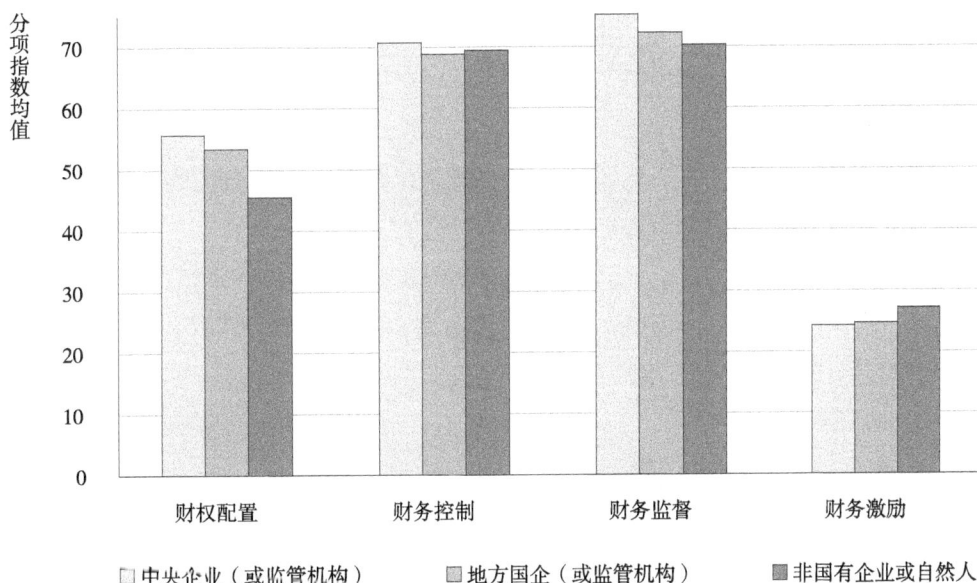

图17-4　2020年不同最终控制人上市公司财务治理分项指数均值比较

17.2　分地区财务治理指数的所有制比较

17.2.1　分地区财务治理总体指数比较

按照国家统计局四个地区的划分，我们统计了四个地区国有控股与非国有控股上市公司的财务治理指数，参见表 17-7。

表 17-7　2020 年不同地区国有与非国有控股上市公司财务治理指数比较

地区	所有制类型	公司数目	平均值	中位值	最大值	最小值	标准差
东部	国有控股公司	693	55.8550	56.2926	73.6792	30.3819	6.4462
	非国有控股公司	1954	53.3962	53.9376	72.8978	25.2284	7.2185
	总体	2647	54.0399	54.6461	73.6792	25.2284	7.1072
中部	国有控股公司	197	54.6794	54.9329	72.5884	35.5678	6.1005
	非国有控股公司	291	52.5551	53.1946	70.6347	20.0327	7.4642
	总体	488	53.4127	53.7329	72.5884	20.0327	7.0237
西部	国有控股公司	213	54.9655	55.2664	72.1351	36.2766	6.4730
	非国有控股公司	277	52.4046	53.1223	69.7922	28.8737	7.8764
	总体	490	53.5178	54.2814	72.1351	28.8737	7.4092
东北	国有控股公司	58	52.7208	53.1240	71.6017	30.4089	7.3518
	非国有控股公司	91	51.1972	50.7810	64.8130	33.5156	7.3832
	总体	149	51.7903	51.4190	71.6017	30.4089	7.4084

从表 17-7 可以看出，四个地区的国有控股公司财务治理指数的均值和中位值都高于非国有控股公司。

图 17-5 直观地反映了四个地区不同所有制上市公司财务治理指数均值的差异。可以看出，无论是国有控股公司还是非国有控股公司，东部上市公司财务治理的表现相对最好，而东北上市公司财务治理的表现则相对最差。

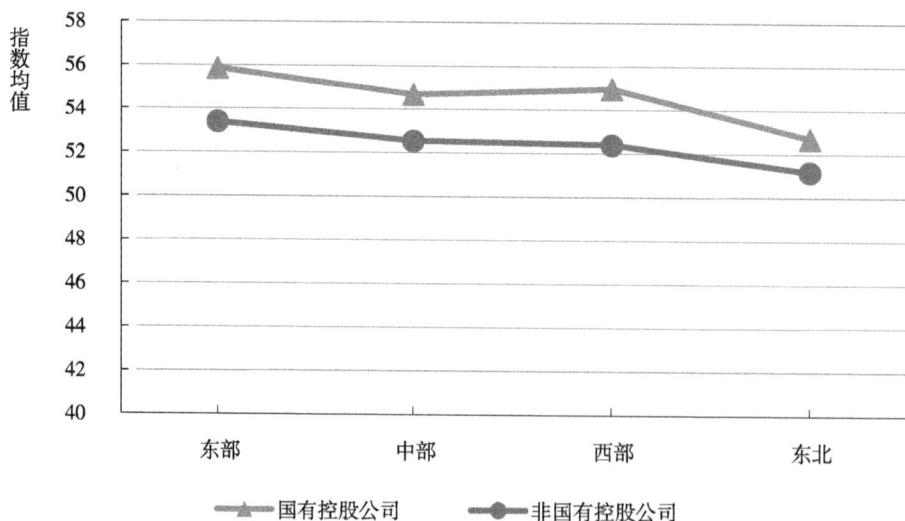

图17-5　2020年不同地区国有与非国有控股上市公司财务治理指数均值比较

17.2.2 分地区财务治理分项指数比较

接下来，我们对四个地区国有控股与非国有控股上市公司的财务治理分项指数均值进行比较分析，参见表17-8。

表 17-8　2020 年不同地区国有与非国有控股上市公司财务治理分项指数均值比较

地区	所有制类型	财权配置	财务控制	财务监督	财务激励
东部	国有控股公司	53.5209	70.0493	74.8016	25.0483
	非国有控股公司	45.0420	69.8283	71.4688	27.2457
	总体	47.2618	69.8861	72.3413	26.6704
中部	国有控股公司	55.3741	68.5763	72.2716	22.4958
	非国有控股公司	47.3640	69.3333	67.0103	26.5128
	总体	50.5976	69.0277	69.1342	24.8912
西部	国有控股公司	55.3030	69.2640	71.7136	23.5816
	非国有控股公司	47.5253	67.5139	67.3285	27.2505
	总体	50.9063	68.2746	69.2347	25.6556
东北	国有控股公司	54.2752	66.1398	67.0259	23.4424
	非国有控股公司	46.4112	67.1044	63.3242	27.9490
	总体	49.4724	66.7290	64.7651	26.1948

由表17-8可以看出，四个地区两类所有制上市公司在财务治理四个分项指数上并没有一致的排序。为了便于比较，我们计算出四个地区非国有控股公司财务治理四个分项指数均值与对应的国有控股公司财务治理四个分项指数均值的差值，由此可以反映四个地区两类所有制上市公司财务治理四个分项指数的差异，如图17-6所示。可以看出，在财权配置和财务监督两个分项指数上，四个地区均为国有控股公司高于非国有控股公司，财权配置分项指数中两类公司差距最大的是东部，为8.4789分；财务监督分项指数中两类公司差距最大的是中部，为5.2613分。在财务激励分项指数上，四个地区均为国有控股公司低于非国有控股公司，差距最大的是东北，为4.5066分；在财务控制分项指数上，东部和西部地区是国有控股公司高于非国有控股公司，中部和东北地区是非国有控股公司高于国有控股公司，西部地区两类公司差距最大，为1.7501分。总体来看，在财权配置和财务监督两个分项指数上，四个地区的国有控股公司明显占优；而在财务激

励分项指数上，则是非国有控股公司占优；财务控制分项指数，并不能直观反映国有控股公司和非国有控股公司孰优孰劣，还需要根据不同地区做具体分析。

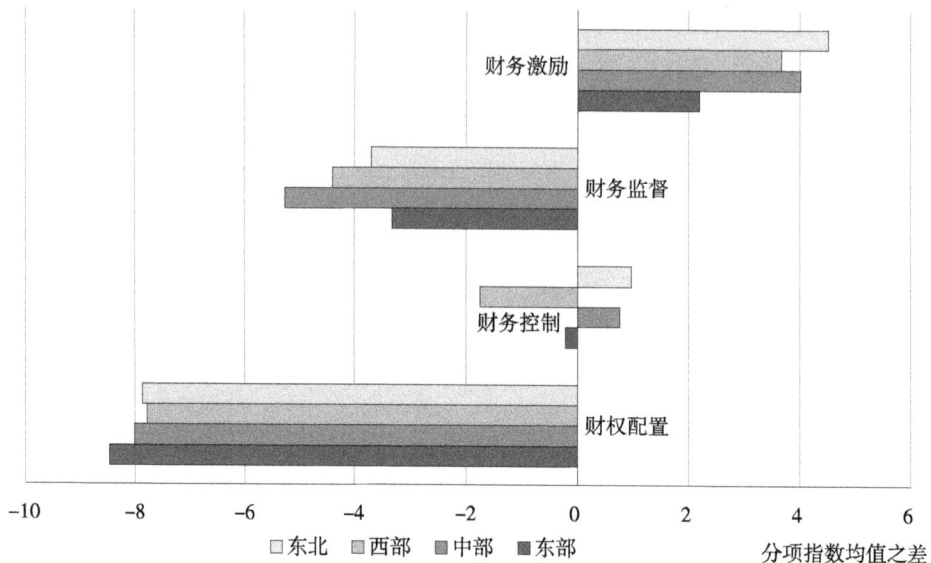

注：指数均值之差＝非国有控股公司财务治理分项指数均值－国有控股公司财务治理分项指数均值。

图17-6　2020年不同地区国有与非国有控股上市公司财务治理分项指数差值比较

17.3　分行业财务治理指数的所有制比较

17.3.1　分行业财务治理总体指数比较

这里，我们选择上市公司较多且具有代表性的六个行业，分别是制造业（C），电力、热力、燃气及水生产和供应业（D），交通运输、仓储和邮政业（G），信息传输、软件和信息技术服务业（I），金融业（J）和房地产业（K），上述六个行业财务治理指数比较参见表17-9。

表 17-9　2020 年不同行业国有与非国有控股上市公司财务治理指数比较

行业	所有制类型	公司数目	平均值	中位值	最大值	最小值	标准差
制造业（C）	国有控股公司	547	54.9406	55.1764	72.5884	30.3819	6.5089
	非国有控股公司	1826	53.0402	53.4824	71.8371	25.1951	7.1566
	总体	2373	53.4783	53.8116	72.5884	25.1951	7.0581
电力、热力、燃气及水生产和供应业（D）	国有控股公司	84	54.5958	54.0808	70.2307	35.5678	5.8840
	非国有控股公司	30	52.0067	53.4499	64.0037	32.7187	7.6469
	总体	114	53.9145	53.7540	70.2307	32.7187	6.4960

行业	所有制类型	公司数目	平均值	中位值	最大值	最小值	标准差
交通运输、仓储和邮政业（G）	国有控股公司	71	58.7835	58.9936	73.6792	45.9845	6.5655
	非国有控股公司	29	54.7672	54.9967	67.4707	40.8217	5.9389
	总体	100	57.6188	57.6630	73.6792	40.8217	6.6449
信息传输、软件和信息技术服务业（I）	国有控股公司	50	55.0513	55.6666	65.2994	35.4966	5.5806
	非国有控股公司	256	53.7075	54.4124	72.8978	25.2284	7.7007
	总体	306	53.9271	54.9209	72.8978	25.2284	7.4126
金融业（J）	国有控股公司	75	57.9080	58.0620	70.3048	39.9834	6.0001
	非国有控股公司	42	53.8277	57.1102	65.5048	20.0327	9.8430
	总体	117	56.4433	57.7054	70.3048	20.0327	7.8542
房地产业（K）	国有控股公司	59	54.9978	55.1176	67.9696	41.7435	6.3621
	非国有控股公司	58	52.6550	55.6477	69.5425	29.8717	8.6406
	总体	117	53.8364	55.2066	69.5425	29.8717	7.6677

从表 17-9 可以看出，六个行业的国有控股公司财务治理指数均值都高于非国有控股公司，这基本上可以说明，国有控股公司的财务治理水平好于非国有控股公司。

图 17-7 更直观地反映了六个行业国有控股公司与非国有控股公司财务治理指数的差异。可以看出，六个行业中，两类公司财务治理指数均值最高的均是交通运输、仓储和邮政业（G）。两类公司财务治理指数均值最低的都是电力、热力、燃气及水生产和供应业（D）。

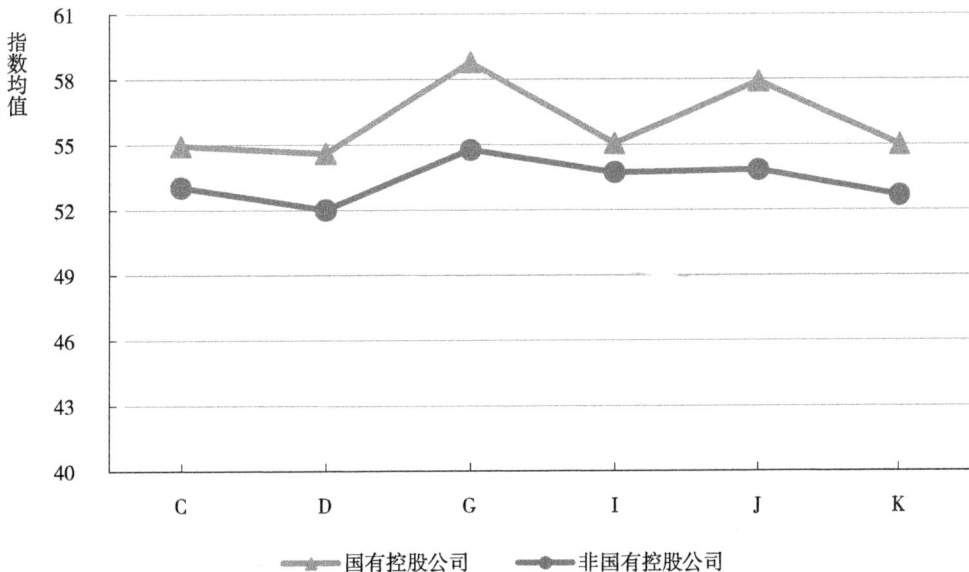

图17-7　2020年不同行业国有与非国有控股上市公司财务治理指数均值比较

17.3.2 分行业财务治理分项指数比较

表17-10对六个行业国有控股与非国有控股上市公司财务治理四个分项指数进行了比较。

表17-10 2020年不同行业国有与非国有控股上市公司财务治理分项指数均值比较

行业	所有制类型	财权配置	财务控制	财务监督	财务激励
制造业（C）	国有控股公司	53.9937	69.2456	72.0407	24.4825
	非国有控股公司	45.3911	69.7482	70.3142	26.7073
	总体	47.3740	69.6323	70.7122	26.1945
电力、热力、燃气及水生产和供应业（D）	国有控股公司	54.9544	67.0435	73.1399	23.2456
	非国有控股公司	50.2602	64.4773	64.3750	28.9141
	总体	53.7191	66.3682	70.8333	24.7373
交通运输、仓储和邮政业（G）	国有控股公司	57.6230	70.8042	77.0246	29.6820
	非国有控股公司	48.8229	66.1074	73.0603	31.0781
	总体	55.0710	69.4422	75.8750	30.0868
信息传输、软件和信息技术服务业（I）	国有控股公司	53.6258	69.5877	74.6250	22.3668
	非国有控股公司	42.9915	70.6990	72.3389	28.8006
	总体	44.7292	70.5174	72.7124	27.7494
金融业（J）	国有控股公司	51.6405	78.4361	81.0833	20.4719
	非国有控股公司	48.5557	74.0757	70.2381	22.4413
	总体	50.5332	76.8708	77.1902	21.1789
房地产业（K）	国有控股公司	52.0330	67.5805	74.3644	26.0132
	非国有控股公司	48.7339	66.8789	67.2414	27.7660
	总体	50.3975	67.2327	70.8333	26.8821

由表17-10可以看出，与地区一样，六个代表性行业两类所有制上市公司在财务治理四个分项指数上的排序也不一致。为了便于比较，我们计算出六个行业非国有控股公司财务治理四个分项指数均值与对应的国有控股公司财务治理四个分项指数均值的差值，由此可以反映六个行业的两类所有制上市公司在财务治理四个分项指数上的差异，参见图17-8。可以看出，在财权配置和财务监督两个分项指数上，六个行业都是国有控

股公司高于非国有控股公司；在财务激励分项指数上，六个行业都是非国有控股公司高于国有控股公司；在财务控制分项指数上，制造业（C），信息传输、软件和信息技术服务业（I）两个行业的非国有控股公司高于国有控股公司，其他四个行业都是国有控股公司高于非国有控股公司。

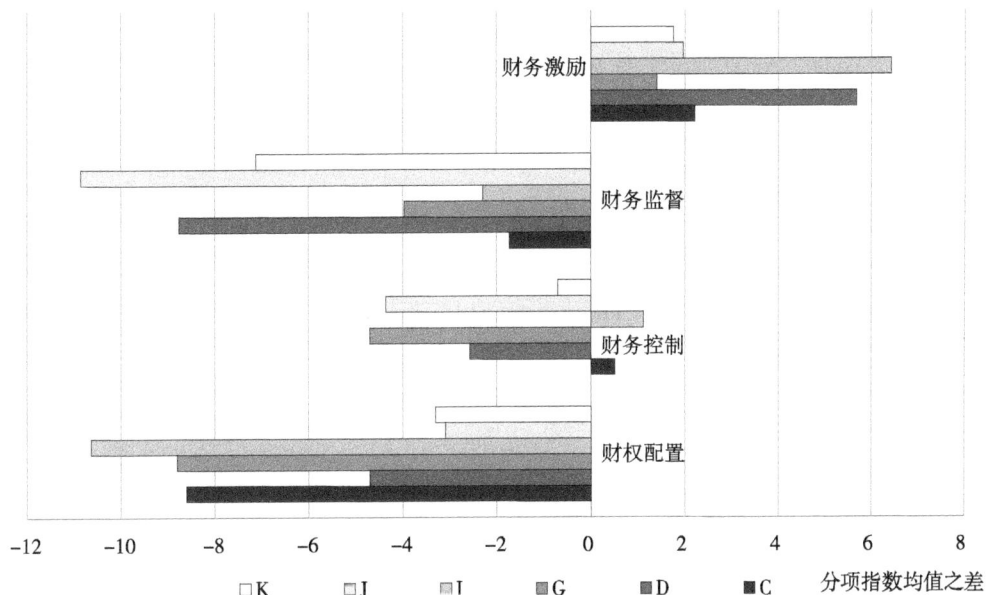

注：指数均值之差 = 非国有控股公司财务治理分项指数均值 - 国有控股公司财务治理分项指数均值。

图17-8　2020年不同行业国有与非国有控股上市公司财务治理分项指数差值比较

17.4　本章小结

本章从所有制角度对2020年沪深两市3774家上市公司财务治理指数及四个分项指数进行了统计和分析，主要结论如下：

关于财务治理总体指数：①五类所有制上市公司的财务治理指数均值都未达到60分的及格水平。随着前十大股东中的国有股份比例的下降，财务治理指数均值先下降，后上升，再下降，大体呈"S"型，说明国有股东控股比例，并不一定与财务治理完全正相关。但从三类国有控股公司看，则明显是正相关的。②总体上，国有控股公司财务治理指数的均值和中位值都高于非国有控股公司。③中央企业（或监管机构）最终控制的公司的财务治理指数的均值和中位值都高于地方国企（或监管机构）和非国有企业或自然人最终控制的公司，非国有企业或自然人最终控制的公司的财务治理指数的均值和中位值最低。④从地区看，四个地区国有控股公司财务治理指数的均值和中位值都高于非国有控股公司；无论是国有控股公司还是非国有控股公司，东部上市公司财务治理的表现相对最好，而东北上市公司财务治理的表现则相对最差。⑤从行业看，六个代表性行业的国有控股公司财务治理指数均值都高于非国有控股公司。

关于财务治理分项指数：①随着前十大股东中的国有股比例的降低，财权配置、财务控制和财务监督三个分项指数总体呈下降态势，而财务激励分项指数则呈逐渐上升趋势，这说明在目前的制度和市场条件下，适度降低国有股比例对于提高公司财务激励水平有一定作用，但可能不利于财权配置和财务监督。国有绝对控股公司和国有强相对控股公司的财务监督分项指数高于其他三类公司，说明这两类公司中来自国有大股东的监督力度较大。②总体看，在财权配置、财务控制和财务监督三个分项指数上，国有控股公司高于非国有控股公司；在财务激励分项指数上，国有控股公司低于非国有控股公司。③从最终控制人角度，在财权配置、财务控制和财务监督三个分项指数上，中央企业（或监管机构）和地方国企（或监管机构）最终控制的公司明显占优；而在财务激励分项指数上，则是非国有企业或自然人最终控制的公司占优。④从地区看，在财权配置和财务监督两个分项指数上，四个地区的国有控股公司明显占优；而在财务激励分项指数上，则是非国有控股公司占优。⑤从行业看，在财权配置和财务监督两个分项指数上，六个行业都是国有控股公司高于非国有控股公司；在财务激励分项指数上，六个行业都是非国有控股公司高于国有控股公司；在财务控制分项指数上，制造业（C），信息传输、软件和信息技术服务业（I）两个行业的非国有控股公司高于国有控股公司，其他四个行业都是国有控股公司高于非国有控股公司。

第18章 财务治理指数的年度比较
（2010～2020）

2011～2020年，我们对2010年、2012年，以及2014～2019年度的中国上市公司财务治理水平进行了八次测度，今年是第九次测度。本章将从总体、地区、行业、所有制和上市板块五个角度，比较分析九个年度中国上市公司财务治理水平，以便了解财务治理水平是否有所提高以及提高程度，以期对财务治理的完善有所启示。

18.1 财务治理指数总体的年度比较

财务治理指数评价的样本公司每年增加，从2010年（2011年评价）的1722家，增至2020年（2021年评价）的3774家，基本上是对全部上市公司的评价。比较九个年度样本上市公司的财务治理指数，以及财权配置分项指数、财务控制分项指数、财务监督分项指数和财务激励分项指数，结果见表18-1。

表18-1 2010～2020年上市公司财务治理指数均值比较

年份	样本量	总体指数	分项指数			
			财权配置	财务控制	财务监督	财务激励
2010	1722	53.5458	51.2195	55.3971	75.8711	31.6957
2012	2314	57.6130	50.0502	56.6335	76.1884	47.5799
2014	2514	52.7871	41.1152	45.2939	72.3846	52.3548
2015	2655	53.1157	41.1131	66.2514	75.8498	29.2487
2016	2840	53.5234	41.2217	70.5093	73.2240	29.1386
2017	3147	53.6690	42.4202	72.3981	72.0349	27.8230

年份	样本量	总体指数	分项指数			
			财权配置	财务控制	财务监督	财务激励
2018	3490	52.0315	45.6415	66.6148	69.8030	26.0665
2019	3569	54.1839	45.4266	71.8277	70.3944	29.0870
2020	3774	53.8022	48.2536	69.4413	71.2242	26.2898

由表 18-1 可知：

第一，从财务治理总体指数看，九个年度中，2012 年是最高水平，2014 年下降，2015～2017 年连续上升，2018～2020 年呈波动式变化，参见图 18-1。2020 年，上市公司财务治理指数均值为 53.8022 分，相比 2010 年，2020 年上升 0.2564 分；相比 2019 年，2020 年下降 0.3817 分。

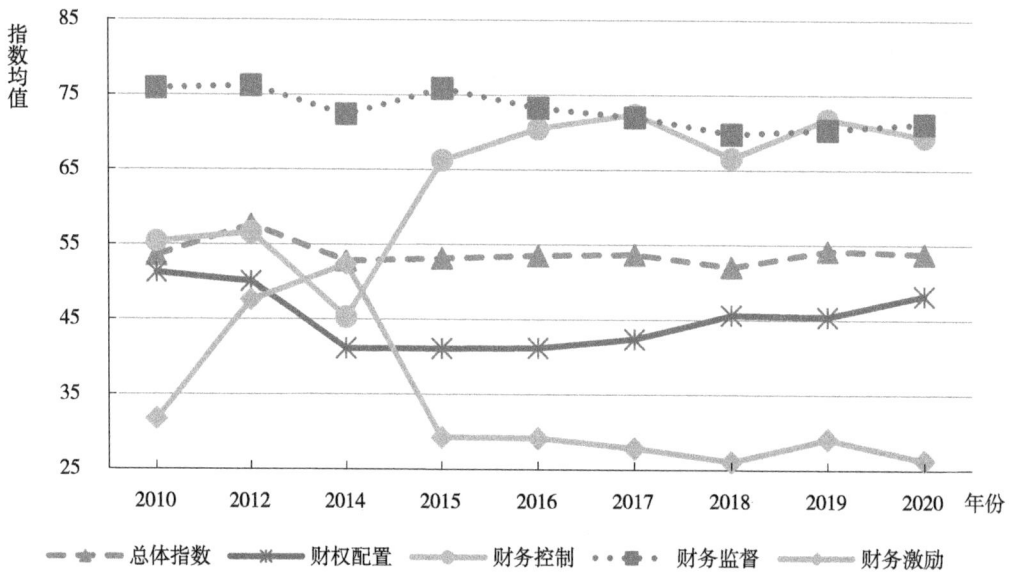

图18-1　2010～2020年上市公司财务治理总体指数及分项指数的变化

第二，从财权配置分项指数看，九个年度中，财权配置分项指数在 2010 年是最高水平，为 51.2195 分；相比 2010 年，2020 年下降 2.9659 分；相比 2019 年，2020 年上升 2.8270 分。

第三，从财务控制分项指数看，相比 2010 年，2020 年上升 14.0442 分，上升幅度比较大；相比 2019 年，2020 年下降 2.3864 分。

第四，从财务监督分项指数看，相比 2010 年，2020 年下降 4.6469 分；相比 2019 年，2020 年上升 0.8298 分。

第五，从财务激励分项指数看，相比 2010 年，2020 年下降 5.4059 分；相比 2019 年，2020 年下降 2.7972 分。

从财务治理四个分项指数的变化看，相比 2019 年，2020 年财务治理总体指数的下降主要源于财务控制和财务激励分项指数的降低。

18.2　分地区财务治理指数的年度比较

按照四个地区的划分，对不同地区上市公司 2010 年、2012 年，以及 2014 ～ 2020 年九个年度财务治理总体指数和四个分项指数进行比较，结果参见表 18-2。

表 18-2　2010 ～ 2020 年不同地区上市公司财务治理指数均值比较

地区	年份	总体指数	分项指数				总体指数排名
			财权配置	财务控制	财务监督	财务激励	
东部	2010	54.2146	51.1283	56.4676	77.4541	31.8085	1
	2012	58.3986	48.9966	57.2510	77.5151	49.8318	1
	2014	53.3793	40.6038	45.1748	73.8298	53.9088	1
	2015	53.6273	40.4942	67.0381	77.5093	29.4675	1
	2016	54.0767	40.4768	71.3229	74.6324	29.8747	1
	2017	54.2155	41.6053	73.1176	73.5363	28.6027	1
	2018	52.2457	44.6198	67.1256	70.8747	26.3628	1
	2019	54.4790	44.5449	72.3484	71.7035	29.3193	1
	2020	54.0399	47.2618	69.8861	72.3413	26.6704	1
中部	2010	53.2077	52.7984	54.8148	73.7731	31.4444	2
	2012	57.0858	52.3318	54.7187	74.9110	46.3818	2
	2014	52.0075	42.7339	45.1805	70.0613	50.0545	2
	2015	52.4275	42.1399	65.1865	73.5983	28.7853	2
	2016	53.0566	42.8824	70.2286	71.2656	27.8498	2
	2017	52.9763	44.6983	71.1333	69.2263	26.8472	2
	2018	51.9231	48.6101	66.2206	67.6487	25.2131	2
	2019	53.9052	47.3193	71.3190	68.2930	28.6895	2
	2020	53.4127	50.5976	69.0277	69.1342	24.8912	3

地区	年份	总体指数	分项指数				总体指数排名
			财权配置	财务控制	财务监督	财务激励	
西部	2010	52.1861	50.6011	52.8689	74.1598	31.1148	3
	2012	55.4520	51.8691	55.6736	73.1988	41.0663	4
	2014	51.6890	42.2169	46.1749	69.6209	48.7432	3
	2015	52.2594	42.9271	64.7037	72.3890	29.0176	3
	2016	52.4414	42.9788	68.1501	70.8282	27.8085	3
	2017	52.5564	44.5665	70.7258	69.2998	25.6337	3
	2018	51.5188	47.6435	65.1659	67.7639	25.5022	3
	2019	53.6784	47.8287	70.6895	67.7632	28.4323	3
	2020	53.5178	50.9063	68.2746	69.2347	25.6556	2
东北	2010	51.9042	49.9508	53.8164	71.0177	32.8319	4
	2012	55.8248	51.0780	57.3077	72.4519	42.4615	3
	2014	50.6834	39.9672	44.6691	68.6121	49.4853	4
	2015	50.9549	41.1104	63.5670	70.7306	28.4115	4
	2016	50.6792	41.4111	67.3442	67.0918	26.8695	4
	2017	51.0432	41.2385	70.5879	66.5391	25.8071	4
	2018	50.4978	46.8740	64.0880	65.3943	25.6348	4
	2019	51.7896	46.5104	68.4309	63.6589	28.5580	4
	2020	51.7903	49.4724	66.7290	64.7651	26.1948	4

由表 18-2 可以看出：

第一，从财务治理总体指数看，九个年度中，四个地区都是波动式变化，但变化趋势基本一致（参见图 18-2）。四个地区在 2012 年都是最高值，相比 2012 年，2020 年四个地区都是下降的，下降幅度在 1.93～4.36 分，东部下降幅度最大，西部下降幅度最小；相比 2019 年，除了东北略微上升 0.0007 分外，其他三个地区都是下降的，但下降幅度都没有超过 0.5 分。总体来看，东部上市公司在所有年份的财务治理表现均最好，东北地区除 2012 年外，其他年份的财务治理表现均最差。

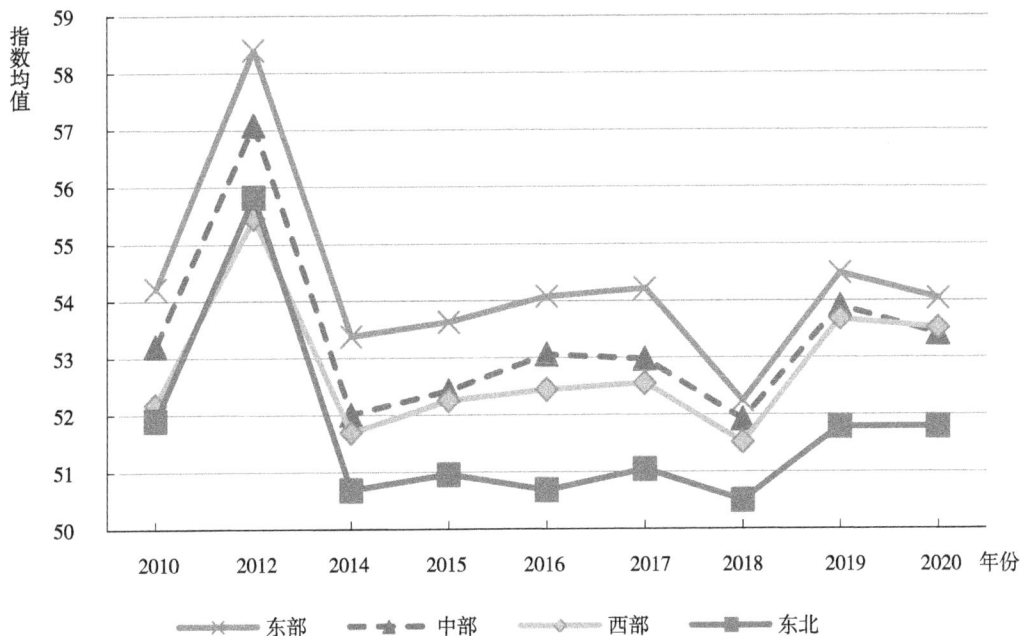

图18-2　2010～2020年不同地区上市公司财务治理总体指数的变化

第二，从财权配置分项指数看，相比 2010 年，2020 年除西部上升 0.3052 分外，其他三个地区都是下降的，降幅在 0.47～3.87 分，东部降幅最大；相比 2019 年，四个地区都出现上升，升幅在 2.71～3.28 分，中部升幅最大。

第三，从财务控制分项指数看，相比 2010 年，2020 年四个地区都大幅提升，升幅在 12.91～15.41 分，西部升幅最大；相比 2019 年，2020 年四个地区都出现下降，降幅在 1.70～2.47 分，东部降幅最大。

第四，从财务监督分项指数看，相比 2010 年，2020 年四个地区都下降，降幅在 4.63～6.26 分，东北降幅最大；相比 2019 年，2020 年四个地区都上升，升幅在 0.63～1.48 分，西部升幅最大。

第五，从财务激励分项指数看，相比 2010 年，2020 年四个地区都下降，降幅在 5.13～6.64 分，东北降幅最大；相比 2019 年，2020 年四个地区都下降，降幅在 2.36～3.80 分，中部降幅最大。

18.3　分行业财务治理指数的年度比较

本节对 18 个行业上市公司 2012 年以及 2014～2020 年八个年度财务治理总体指数和四个分项指数进行比较。需要注意的是，2011 年我们出版的《中国上市公司财务治理指数报告 2011》使用的是《上市公司行业分类（2001 年）》，而之后的报告使用的是《上市公司行业分类（2012 年）》，这两个行业分类标准存在差异，为便于比较，本年度行业分析剔除 2010 年数据（2011 年评价），只比较 2012～2020 年的财务治理指数，参见表 18-3。

表 18-3　2010～2020 年不同行业上市公司财务治理指数均值比较

行业	年份	总体指数	分项指数			
			财权配置	财务控制	财务监督	财务激励
农林牧渔业（A）	2012	55.1089	48.6302	52.4306	74.6528	44.7222
	2014	49.1032	37.1629	44.2188	68.2813	46.7500
	2015	50.4630	37.7224	66.2174	72.4702	25.4420
	2016	52.3723	38.0457	71.5614	67.1875	32.6948
	2017	52.7094	40.7712	72.6102	65.4762	31.9802
	2018	49.9439	45.8813	64.8905	61.7378	27.2660
	2019	52.5398	46.1993	70.3563	64.9390	28.6646
	2020	52.3460	51.4233	66.7693	65.7738	25.4177
采矿业（B）	2012	57.2542	53.6879	58.7719	76.2061	40.3509
	2014	54.6737	47.1914	52.0833	72.4638	46.9565
	2015	54.6107	47.5247	64.4930	75.5137	30.9114
	2016	52.5758	44.7274	67.4037	72.0034	26.1685
	2017	51.1777	46.3204	68.6776	69.8480	19.8647
	2018	51.8609	50.9897	63.9959	67.5987	24.8594
	2019	53.7029	50.5525	70.4614	68.4167	25.3812
	2020	54.0573	54.5975	66.2710	69.6667	25.6942
制造业（C）	2012	57.3196	48.8504	56.1136	74.9829	49.3315
	2014	52.8116	40.7191	44.7772	71.8396	53.9106
	2015	52.9852	40.7726	66.7037	75.0935	29.3711
	2016	53.5459	40.9548	71.0868	72.7746	29.3672
	2017	53.7015	42.0299	72.8411	72.0145	27.9204
	2018	51.7881	44.8502	66.8370	69.5736	25.8915
	2019	54.0106	44.6275	71.8947	70.0695	29.4509
	2020	53.4783	47.3740	69.6323	70.7122	26.1945

行业	年份	总体指数	分项指数			
			财权配置	财务控制	财务监督	财务激励
电力、热力、燃气及水生产和供应业（D）	2012	58.9678	53.9231	59.3344	77.6786	44.9351
	2014	55.0902	43.5469	53.5061	74.1616	49.1463
	2015	54.8764	42.2115	63.9149	78.5815	34.7977
	2016	53.7206	42.9737	68.7831	76.7578	26.3679
	2017	53.2514	45.3511	69.8601	72.3301	25.4642
	2018	50.9979	49.3765	63.5879	67.0238	24.0034
	2019	53.9868	49.2106	68.7358	68.9794	29.0213
	2020	53.9145	53.7191	66.3682	70.8333	24.7373
建筑业（E）	2012	60.8051	55.4524	58.5938	78.4598	50.7143
	2014	53.6685	45.0528	46.9697	73.8636	48.7879
	2015	53.9492	43.7992	65.9048	78.3451	27.7478
	2016	54.2788	44.2997	72.2280	73.0519	27.5356
	2017	53.9259	44.1703	71.3871	72.1528	27.9934
	2018	52.6761	49.1903	65.6501	70.6250	25.2390
	2019	55.5176	50.3171	72.1325	72.3026	27.3183
	2020	54.9959	52.0635	69.1286	74.2763	24.5152
批发和零售业（F）	2012	57.5062	53.1666	60.8750	75.2500	40.7333
	2014	52.5888	41.2445	49.2030	70.8473	49.0604
	2015	53.2726	42.1279	64.1261	76.6156	30.2206
	2016	51.8932	41.2758	67.7222	72.8041	25.7707
	2017	52.3162	43.5221	69.6163	71.2421	24.8843
	2018	51.3520	46.8663	64.8085	69.6265	24.1067
	2019	52.9674	45.5915	68.6751	70.0699	27.5333
	2020	53.4049	50.0130	67.5074	71.2191	24.8802
交通运输、仓储和邮政业（G）	2012	61.7665	56.6762	59.5779	82.6299	48.1818
	2014	55.1145	43.7452	50.5401	77.1605	49.0124
	2015	56.0587	45.3165	63.6881	81.9444	33.2857

续表

行业	年份	总体指数	分项指数			
			财权配置	财务控制	财务监督	财务激励
交通运输、仓储和邮政业（G）	2016	54.3192	46.0027	66.2921	77.9454	27.0364
	2017	54.0626	47.9040	70.3897	73.5417	24.4150
	2018	53.8242	51.2498	64.5213	73.7113	25.8143
	2019	56.7842	50.6737	71.9834	73.9583	30.5212
	2020	57.6188	55.0710	69.4422	75.8750	30.0868
住宿和餐饮业（H）	2012	55.9314	49.1423	59.3750	71.8750	43.3333
	2014	46.6029	40.5026	43.7500	58.5227	43.6364
	2015	46.6809	34.8243	58.2862	62.5000	31.1130
	2016	47.0656	42.4816	59.0194	63.6364	23.1251
	2017	50.4527	44.6506	68.0188	66.6667	22.4748
	2018	50.9520	47.6498	66.0948	65.9722	24.0913
	2019	50.4842	40.4453	73.7134	70.1389	17.6394
	2020	54.3202	47.5013	66.4887	72.3214	30.9693
信息传输、软件和信息技术服务业（I）	2012	55.8042	46.1252	48.5767	78.7129	49.8020
	2014	50.3246	38.2759	34.7481	72.5280	55.7463
	2015	52.8880	36.2358	69.5188	79.0086	26.7888
	2016	53.9917	38.1654	71.2074	75.0000	31.5942
	2017	54.6867	39.2779	73.8938	74.6513	30.9236
	2018	52.3871	42.0853	68.4437	71.2313	27.7881
	2019	54.4313	42.7998	73.5074	72.2527	29.1654
	2020	53.9271	44.7292	70.5174	72.7124	27.7494
金融业（J）	2012	62.6992	50.4308	69.9695	87.9573	42.4390
	2014	53.9330	36.4297	56.5407	81.8314	40.9302
	2015	53.3176	42.8806	74.4261	77.1684	18.7953
	2016	55.7111	39.9407	79.0492	75.4386	28.4161
	2017	55.8318	43.3271	78.6650	74.6753	26.6598
	2018	55.9357	47.4689	72.8150	74.3608	29.0979

行业	年份	总体指数	分项指数			
			财权配置	财务控制	财务监督	财务激励
金融业（J）	2019	57.3374	47.9694	76.5354	75.4673	29.3777
	2020	56.4433	50.5332	76.8708	77.1902	21.1789
房地产业（K）	2012	58.1007	52.8870	58.7148	78.8292	41.9718
	2014	52.1633	42.6305	44.0341	73.5795	48.4091
	2015	51.9559	43.4657	61.1955	75.6063	27.5561
	2016	53.3262	43.0907	67.2531	74.0000	28.9607
	2017	53.7800	45.0595	69.3932	70.6000	30.0674
	2018	52.9165	48.7524	64.1446	72.5806	26.1882
	2019	54.1746	47.4167	70.1497	71.9792	27.1527
	2020	53.8364	50.3975	67.2327	70.8333	26.8821
租赁和商务服务业（L）	2012	58.0943	49.0440	57.4405	80.6548	45.2381
	2014	54.7657	41.2503	46.0938	78.3854	53.3333
	2015	53.6921	37.3458	68.6568	76.2019	32.5638
	2016	53.4474	38.4302	71.4298	70.9375	32.9921
	2017	52.4975	38.3763	73.5386	71.2798	26.7953
	2018	51.1779	44.4769	67.9925	64.3868	27.8552
	2019	52.9121	43.6016	73.7399	65.2644	29.0423
	2020	52.6690	46.8763	67.3300	66.2716	30.1981
科学研究和技术服务业（M）	2012	56.3698	44.9235	52.0833	72.9167	55.5556
	2014	53.9702	38.7218	38.0682	77.2727	61.8182
	2015	54.4614	40.4106	68.3486	78.4722	30.6143
	2016	54.2613	41.4610	71.9294	73.3696	30.2852
	2017	53.9235	44.4577	72.9601	69.7266	28.5497
	2018	52.2642	45.8882	67.5902	72.0052	23.5732
	2019	55.9676	47.2550	72.4096	76.9444	27.2613
	2020	55.4528	50.1968	70.4704	74.3873	26.7567

续表

行业	年份	总体指数	分项指数			
			财权配置	财务控制	财务监督	财务激励
水利、环境和公共设施管理业（N）	2012	54.2085	46.6709	48.3696	77.4457	44.3478
	2014	52.5266	40.4909	43.5096	71.8750	54.2308
	2015	53.1966	42.9241	67.5955	76.4583	25.8086
	2016	55.0095	41.4772	71.0954	76.1364	31.3289
	2017	54.2497	41.1034	72.0424	71.8750	31.9781
	2018	53.3088	47.1011	66.3963	70.0000	29.7380
	2019	54.7483	47.5350	72.7638	68.4028	30.2917
	2020	53.5774	49.0213	68.5632	69.1532	27.5719
教育（P）	2012	59.8958	33.3333	62.5000	93.7500	50.0000
	2014	47.3958	33.3333	37.5000	68.7500	50.0000
	2015	56.7766	48.3333	68.3564	68.7500	41.6667
	2016	49.0068	34.3742	57.4618	70.8333	49.0068
	2017	51.3908	32.9526	69.3161	71.8750	31.4195
	2018	48.9604	42.7778	63.4619	62.5000	27.1019
	2019	52.8870	45.7231	70.7376	71.0938	23.9935
	2020	52.4634	47.1269	68.9646	66.2500	27.5119
卫生和社会工作（Q）	2012	56.9318	50.2272	45.8333	75.0000	56.6667
	2014	50.8067	43.2269	32.8125	67.1875	60.0000
	2015	51.9037	38.9519	68.1866	73.7500	26.7263
	2016	53.7651	40.7624	69.1012	71.4286	33.7683
	2017	52.3252	40.0480	70.1254	68.7500	30.3774
	2018	54.2863	50.6782	66.8015	71.8750	27.7906
	2019	54.3477	44.5153	73.8939	61.4583	37.5233
	2020	53.1306	45.6649	66.8487	69.2308	30.7782
文化、体育和娱乐业（R）	2012	59.3099	52.9273	55.6250	82.1875	46.5000
	2014	52.2369	39.8095	43.5345	76.2931	49.3103
	2015	52.9619	38.3229	64.9135	78.4722	30.1391

行业	年份	总体指数	分项指数			
			财权配置	财务控制	财务监督	财务激励
文化、体育和娱乐业（R）	2016	54.5302	41.6635	68.9940	75.9146	31.5486
	2017	54.9002	41.3676	72.1267	74.8698	31.2366
	2018	54.6103	47.6769	66.4333	73.7069	30.6242
	2019	54.0479	45.8921	70.8894	68.9693	30.4407
	2020	54.8081	48.8555	68.4481	73.5991	28.3297
综合（S）	2012	54.1662	55.3579	48.0114	73.2955	40.0000
	2014	51.9079	47.0067	42.4479	69.0104	49.1667
	2015	51.4724	41.1287	62.7573	72.2500	29.7538
	2016	52.2414	41.1376	66.7459	70.9239	30.1581
	2017	51.4838	42.0461	70.2843	65.2174	28.3875
	2018	47.1910	48.7507	61.0409	58.3333	20.6393
	2019	49.4460	49.4194	65.2542	58.0882	25.0222
	2020	52.1286	51.8690	61.4416	66.3462	28.8577

　　注：①由于教育（P）在2012年、2014年和2015年只有1家上市公司，难以反映该行业的实际平均水平，故只比较2016～2020年；②居民服务、修理和其他服务业（O）只有1家上市公司，难以代表该行业整体水平，故排名时剔除。

　　从表18-3可以看出：

　　第一，从财务治理总体指数看，2012～2020年，除水利、环境和公共设施管理业（N）的上市公司财务治理指数均值在2016年处于最高水平外，其他16个行业（剔除教育）都在2012年属于最高水平。相比2012年，2020年全部17个行业（剔除教育）都有不同程度的下降，降幅在0.63～6.26分，降幅最大的是金融业（J），降幅最小的是水利、环境和公共设施管理业（N）。相比2019年，2020年有6个行业上升，升幅在0.35～3.84分，升幅最大的是住宿和餐饮业（H），升幅最小的是采矿业（B）；其他12个行业下降，降幅在0.07～1.22分，降幅最大的是卫生和社会工作（Q），降幅最小的是电力、热力、燃气及水生产和供应业（D）。

　　第二，从财权配置分项指数看，相比2012年，2020年有5个行业（剔除教育）上升，升幅在0.10～5.28分，升幅最大的是科学研究和技术服务业（M）；有12个行业下降，降幅在0.20～4.57分，降幅最大的是卫生和社会工作（Q）。相比2019年，2020年全部18个行业都上升，升幅在1.14～7.06分，升幅最大的是住宿和餐饮业（H），升幅最小的是卫生和社会工作（Q）。

第三，从财务控制分项指数看，相比 2012 年，2020 年全部 17 个行业（剔除教育）都上升，升幅在 6.63 ~ 21.95 分，升幅最大的是信息传输、软件和信息技术服务业（I），升幅最小的是批发和零售业（F）；相比 2019 年，2020 年除金融业（J）上升外，其他 17 个行业全部下降，降幅在 1.16 ~ 7.23 分，降幅最大的是住宿和餐饮业（H），降幅最小的是批发和零售业（F）。

第四，从财务监督分项指数看，相比 2012 年，2020 年有 15 个行业（剔除教育）都下降，降幅在 4.03 ~ 14.39 分，降幅最大的是租赁和商务服务业（L），降幅最小的是批发和零售业（F）；只有科学研究和技术服务业（M），住宿和餐饮业（H）是上升的。相比 2019 年，2020 年除教育业（P），科学研究和技术服务业（M），房地产业（K）下降外，其他 15 个行业都上升，升幅在 0.45 ~ 8.26 分，升幅最大的是综合（S），升幅最小的是信息传输、软件和信息技术服务业（I）。

第五，从财务激励分项指数看，相比 2012 年，2020 年全部 17 个行业（剔除教育）都下降，降幅在 11.14 ~ 28.80 分，降幅最小的是综合（S），降幅最大的是科学研究和技术服务业（M）。相比 2019 年，2020 年有 5 个行业上升，升幅在 0.31 ~ 13.33 分，升幅最大的是住宿和餐饮业（H），升幅最小的是采矿业（B）；有 13 个行业下降，降幅在 0.27 ~ 8.20 分，降幅最大的是金融业（J），降幅最小的是房地产业（K）。

18.4 分所有制财务治理指数的年度比较

依照第 1 章的五种所有制类型的划分，对 2010 年、2012 年以及 2014 ~ 2020 年九个年度财务治理总体指数和四个分项指数进行比较，结果参见表 18-4 Panel A。另外，进一步将样本按照国有控股公司和非国有控股公司分类，结果参见表 18-4 Panel B。

表 18-4 2010 ~ 2020 年不同所有制上市公司财务治理指数均值比较

所有制类型	年份	总体指数	分项指数				总体指数排名
			财权配置	财务控制	财务监督	财务激励	
Panel A 按照五类所有制公司分类							
国有绝对控股公司	2010	56.9361	56.2882	58.0586	78.8919	34.5055	1
	2012	60.2658	56.1718	62.4774	79.5516	42.8623	1
	2014	55.8363	45.9251	51.4310	77.3359	48.6532	1
	2015	55.6342	45.3314	65.2675	79.4703	32.4673	1

所有制类型	年份	总体指数	分项指数				总体指数排名
			财权配置	财务控制	财务监督	财务激励	
国有绝对控股公司	2016	54.4177	45.5535	68.3606	78.0000	25.7568	2
	2017	54.0869	47.0012	71.5693	73.8327	23.9444	2
	2018	53.6337	51.6210	65.4281	73.6275	23.8581	1
	2019	56.7598	51.9071	71.5877	75.7519	27.7925	1
	2020	56.0631	56.2359	69.5479	75.2806	23.1881	1
国有强相对控股公司	2010	54.0436	53.3522	54.8513	76.4695	31.5014	2
	2012	59.9686	54.3536	62.0605	78.4342	45.0260	2
	2014	54.1256	43.3430	50.1044	73.0310	50.0239	2
	2015	54.3197	44.0420	63.8879	76.9003	32.4487	2
	2016	53.1303	44.1244	68.3274	72.8837	27.1859	4
	2017	53.3406	46.3855	70.4295	71.5123	25.0352	4
	2018	53.3740	51.0791	65.2764	71.2881	25.8524	2
	2019	55.8340	51.4051	71.5917	73.0487	27.2906	2
	2020	55.3852	54.2105	69.4808	73.0559	24.7935	2
国有弱相对控股公司	2010	52.7225	51.5832	53.1736	74.5790	31.5544	4
	2012	57.7006	52.9208	58.7662	75.7711	43.3442	3
	2014	52.3055	42.0644	47.4743	70.8476	48.8356	3
	2015	52.4671	41.7287	64.2727	73.3055	30.5617	4
	2016	52.3695	43.0366	69.0926	69.8289	27.5198	5
	2017	53.0626	44.1147	70.9358	69.9140	27.2859	5
	2018	52.5647	48.5637	66.2617	68.9538	26.4796	3
	2019	54.8741	48.9252	71.8126	70.4844	28.2741	3
	2020	53.7415	49.9715	69.2398	70.2268	25.5277	4
国有参股公司	2010	52.1170	47.8697	54.3546	74.7650	31.4787	5
	2012	56.0275	46.5483	54.4527	75.0000	48.1088	5
	2014	52.0085	39.1030	45.3973	70.8979	52.6357	4
	2015	52.8823	40.3522	66.7156	76.2334	28.2280	3

所有制类型	年份	总体指数	分项指数				总体指数排名
			财权配置	财务控制	财务监督	财务激励	
国有参股公司	2016	54.5714	40.1255	72.7376	74.3310	31.0914	1
	2017	54.2392	41.1978	73.8211	72.8859	29.0518	1
	2018	52.2659	44.7690	68.0841	70.0852	26.1254	4
	2019	54.3117	44.7378	72.8463	69.5321	30.1307	4
	2020	54.0107	47.3108	70.6560	71.2069	26.8691	3
无国有股份公司	2010	52.8073	49.4929	56.0144	75.1860	30.5357	3
	2012	56.5175	47.0559	52.9753	74.9349	51.1042	4
	2014	51.8716	39.4525	41.2589	71.7437	55.0313	5
	2015	52.1901	38.9159	67.8273	74.8360	27.1811	5
	2016	53.1548	39.2231	70.8705	72.5988	29.9268	3
	2017	53.5404	40.4659	72.8024	71.9445	28.9489	3
	2018	51.1554	42.9995	66.4436	68.8254	26.3531	5
	2019	53.0322	42.1418	71.3464	69.2280	29.4128	5
	2020	52.6766	44.7634	68.8225	69.7719	27.3488	5
Panel B 按照国有控股公司和非国有控股公司分类							
国有控股公司	2010	54.6964	53.9140	55.5250	76.8315	32.5153	1
	2012	59.3317	54.4161	61.1312	77.9055	43.8740	1
	2014	54.1024	43.7334	49.7334	73.6669	49.2758	1
	2015	54.1845	43.7716	64.3925	76.6435	31.9302	1
	2016	53.1947	44.1164	68.5853	73.1293	26.9477	2
	2017	53.4305	45.7837	70.8751	71.5489	25.5145	2
	2018	53.1532	50.3284	65.6589	71.0379	25.5877	1
	2019	55.6944	50.5915	71.6739	72.7309	27.7812	1
	2020	55.3358	54.2000	69.4599	73.4173	24.2658	1
非国有控股公司	2010	52.5023	48.7757	55.2810	75.0000	30.9524	2
	2012	56.3770	46.9103	53.3990	75.9536	50.2452	2
	2014	51.9068	39.3627	42.3224	71.5264	54.4157	2

所有制类型	年份	总体指数	分项指数				总体指数排名
			财权配置	财务控制	财务监督	财务激励	
非国有控股公司	2015	52.4458	39.4466	67.4166	75.3523	27.5679	2
	2016	53.7102	39.5769	71.6025	73.2779	30.3834	1
	2017	53.7892	40.7264	73.1650	72.2796	28.9856	1
	2018	51.5494	43.6273	67.0256	69.2723	26.2723	2
	2019	53.5021	43.0951	71.8972	69.3397	29.6764	2
	2020	53.1208	45.6115	69.4330	70.2497	27.1891	2

从表18-4 Panel A可以看出：

第一，从财务治理总体指数看，九个年度中，五类所有制公司基本上都是波动式变化。国有绝对控股公司在2014～2018年连续五年下降，国有强相对控股公司2017～2019年连续三年上升，无国有股份公司2015～2017年连续三年上升。九个年度中，五类公司的财务治理指数都在2012年处于最高水平（参见图18-3）。相比2010年，2020年国有绝对控股公司和无国有股份公司都下降不到1分；其他三类公司都上升，升幅在1.01～1.90分，国有参股公司升幅最大。相比2019年，2020年五类公司财务治理指数均有不同程度的下降，降幅在0.30～1.14分，降幅最大的是国有弱相对控股公司，降幅最小的是国有参股公司。

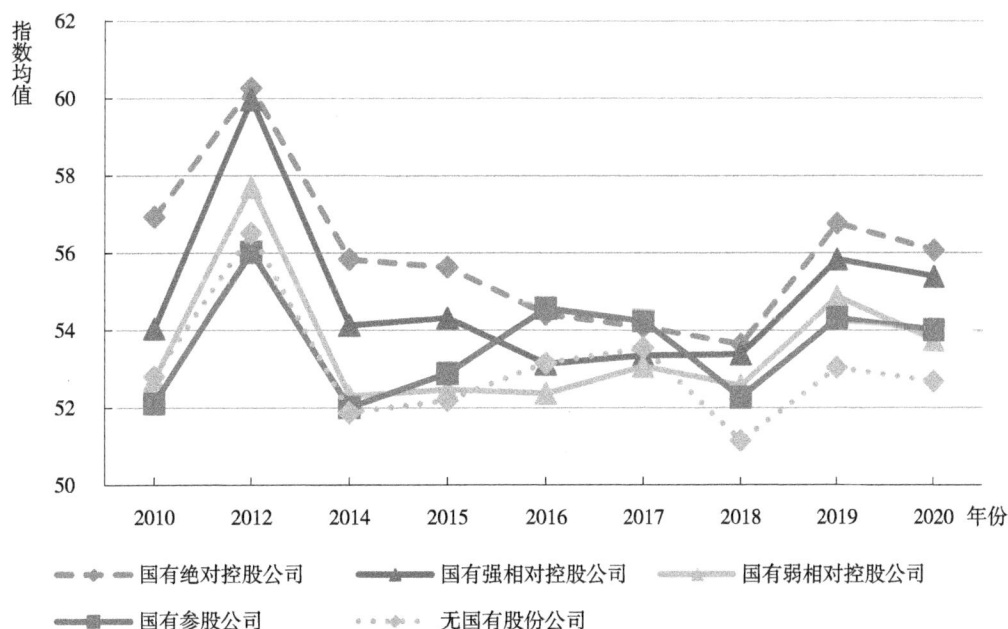

图18-3 2010～2020年不同所有制上市公司财务治理总体指数的变化

第二，从财权配置分项指数看，相比 2010 年，2020 年除国有强相对控股公司上升 0.8583 分以外，其他四类公司都下降，降幅在 0.05 ～ 4.73 分，降幅最大的是无国有股份公司，降幅最小的是国有绝对控股公司；相比 2019 年，2020 年五类公司都上升，升幅在 1.04 ～ 4.33 分，升幅最大的是国有绝对控股公司，升幅最小的是国有弱相对控股公司。

第三，从财务控制分项指数看，相比 2010 年，2020 年五类公司都大幅上升，升幅在 11.48 ～ 16.31 分，升幅最大的是国有参股公司，升幅最小的是国有绝对控股公司；相比 2019 年，2020 年五类公司都出现下降，降幅在 2.03 ～ 2.58 分，降幅最大的是国有弱相对控股公司，降幅最小的是国有绝对控股公司。

第四，从财务监督分项指数看，相比 2010 年，2020 年五类公司都下降，降幅在 3.41 ～ 5.42 分，降幅最大的是无国有股份公司，降幅最小的是国有强相对控股公司。相比 2019 年，2020 年国有绝对控股公司和国有弱相对控股公司下降，降幅分别为 0.4713 分和 0.2576 分；其他三类公司均有所上升，升幅在 0.007 ～ 1.68 分，升幅最大的是国有参股公司，升幅最小的是国有强相对控股公司。

第五，从财务激励分项指数看，相比 2010 年，2020 年五类公司都下降，降幅在 3.18 ～ 11.32 分，降幅最大的是国有绝对控股公司，降幅最小的是无国有股份公司；相比 2019 年，2020 年五类公司也均下降，降幅在 2.06 ～ 4.61 分，降幅最大的是国有绝对控股公司，降幅最小的是无国有股份公司。

从表 18-4 Panel B 可以看出：

第一，从财务治理总体指数看，九个年度中，两类公司基本上都呈波动式变化。除了 2016 年和 2017 年非国有控股公司财务治理指数均值大于国有控股公司外，其他年度都是国有控股公司大于非国有控股公司（参见图 18-4）。九个年度中，国有控股公司和非国有控股公司都在 2012 年属于最高水平，分别为 59.3317 分和 56.3770 分。相比 2010 年，2020 年国有控股公司和非国有控股公司分别上升 0.6394 分和 0.6185 分；相比 2019 年，2020 年国有控股公司和非国有控股公司分别下降 0.3586 分和 0.3813 分。

第二，从财权配置分项指数看，相比 2010 年，2020 年国有控股公司上升 0.2860 分，非国有控股公司下降 3.1642 分；相比 2019 年，2020 年国有控股公司和非国有控股公司分别上升 3.6085 分和 2.5164 分。

第三，从财务控制分项指数看，相比 2010 年，2020 年国有控股公司和非国有控股公司分别上升 13.9349 分和 14.1520 分；相比 2019 年，2020 年国有控股公司和非国有控股公司分别下降 2.2140 分和 2.4642 分。

第四，从财务监督分项指数看，相比 2010 年，2020 年国有控股公司和非国有控股公司分别下降 3.4142 分和 4.7503 分；相比 2019 年，2020 年国有控股公司和非国有控股公司分别上升 0.6864 分和 0.9100 分。

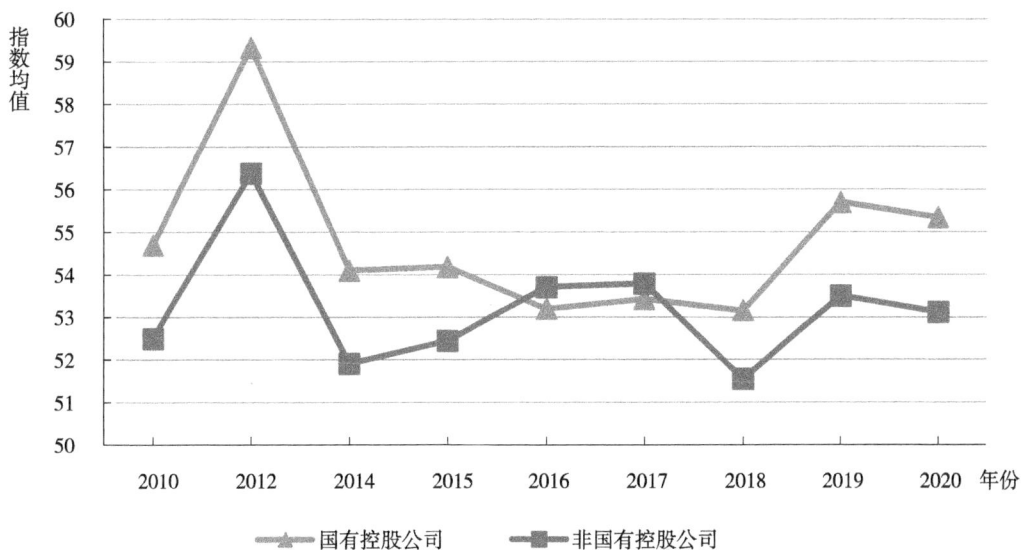

图18-4　2010～2020年国有控股与非国有控股上市公司财务治理总体指数的变化

第五，从财务激励分项指数看，相比 2010 年，2020 年国有控股公司和非国有控股公司分别下降 8.2495 分和 3.7633 分；相比 2019 年，2020 年国有控股公司和非国有控股公司分别下降 3.5154 分和 2.4873 分。

18.5　分上市板块财务治理指数的年度比较

按照四个上市板块的划分，对不同板块上市公司2010年、2012年以及2014～2020年九个年度财务治理总体指数和四个分项指数进行比较。由于沪市科创板 2019 年 6 月才开板，只有本年度的数据，所以只比较其他三个板块。另外，深市主板含原来的中小企业板。统计结果参见表 18-5。

表 18-5　2010 ～ 2020 年不同板块上市公司财务治理指数均值比较

板块	年份	总体指数	分项指数				总体指数排名
			财权配置	财务控制	财务监督	财务激励	
深市主板	2010	53.6162	50.5447	58.2184	74.8928	30.8088	2
	2012	58.2953	47.7612	60.6183	74.8824	49.9194	2
	2014	53.6512	38.1041	49.0778	73.0133	54.4098	2
	2015	53.7475	39.9713	69.4043	75.6302	29.9842	1
	2016	54.9109	40.8760	75.3303	72.9150	30.5223	2

续表

板块	年份	总体指数	分项指数				总体指数排名
			财权配置	财务控制	财务监督	财务激励	
深市主板	2017	55.3111	42.4676	77.2118	72.2768	29.2882	2
	2018	53.4919	45.9878	71.3667	68.9877	27.6253	1
	2019	55.6314	46.7327	75.6409	69.6513	30.5008	1
	2020	54.9509	48.5016	74.0008	69.8925	27.4086	1
深市创业板	2010	60.3307	61.9586	66.9492	81.5678	30.8475	1
	2012	52.3863	44.6296	35.2758	76.5792	53.0605	3
	2014	47.8391	39.7698	23.4664	72.1306	55.9895	3
	2015	53.3254	37.8095	71.5965	77.8037	26.0919	2
	2016	55.8157	39.7167	74.7528	77.5918	31.2017	1
	2017	56.3712	41.5710	78.1426	75.2334	30.5378	1
	2018	53.4451	43.1685	71.9474	71.8317	26.8326	2
	2019	55.5933	43.4077	77.9881	71.6184	29.3588	2
	2020	54.9302	44.5964	74.8562	72.0634	28.2048	2
沪市主板	2010	53.0055	51.1216	51.8743	76.4168	32.6092	3
	2012	58.3843	54.4969	58.3288	77.6581	43.0534	1
	2014	54.1904	45.4155	49.5719	73.4391	48.3351	1
	2015	52.2759	43.8618	60.2507	75.2888	29.7022	3
	2016	50.8625	42.3180	62.9909	71.5527	26.5884	3
	2017	50.5866	42.7949	64.4503	70.1806	24.9207	3
	2018	49.8780	46.5779	59.2301	69.5530	24.1507	3
	2019	52.0783	45.2174	65.0232	70.4746	27.5981	3
	2020	52.4495	50.6270	62.8451	71.5245	24.8013	3
沪市科创板	2020	48.6312	37.9476	60.4065	79.1223	17.0483	4

从表18-5可以看出：

第一，从财务治理总体指数看，九个年度中，深市创业板在2015～2017年连续三年上升，沪市主板在2014～2018年连续五年下降，而深市主板的上升和下降变化比较频繁。三个板块中，深市主板近三年都排名第一，深市创业板近三年都排名第二位，而沪市主板近六年都排在最后一位（参见图18-5）。相比2010年，2020年深市主板上升1.3347分，深市创业板和沪市主板分别下降5.4005分和0.5560分；相比2019年，2020年深市主板和深市创业板分别下降不到0.7分，而沪市主板上升0.3712分。

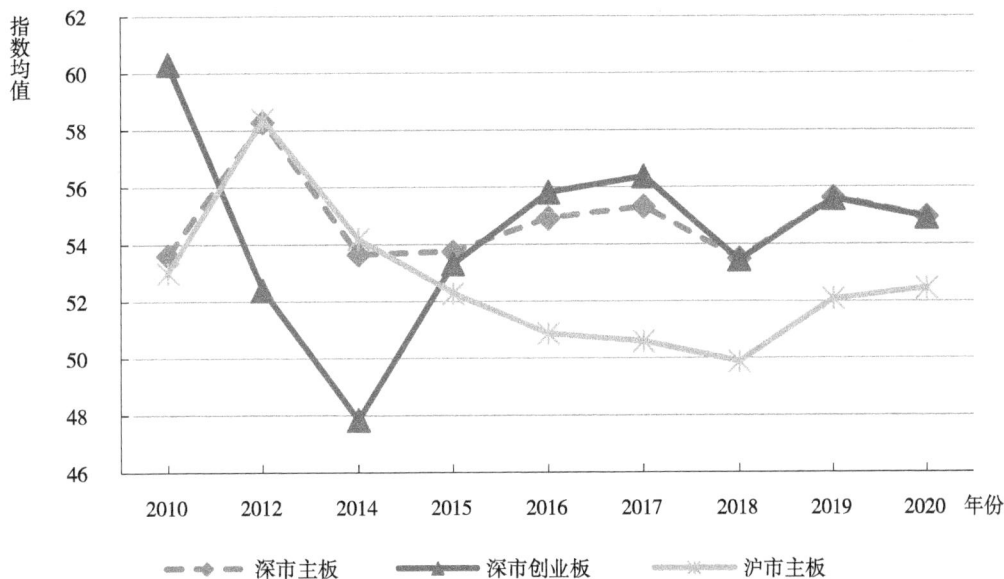

图18-5 2010～2020年不同板块上市公司财务治理总体指数的变化

第二，从财权配置分项指数看，相比2010年，2020年三个板块都是下降的，尤其是深市创业板大幅下降17.3622分，其他两个板块下降在2.05分以下；相比2019年，2020年三个板块均上升，升幅最大的是沪市主板，上升5.4096分；升幅最小的是深市创业板，上升1.1887分。

第三，从财务控制分项指数看，相比2010年，2020年三个板块都明显上升，升幅最大的是深市主板，上升15.7824分；升幅最小的是深市创业板，上升7.9070分。相比2019年，2020年三个板块都下降，降幅最大的是深市创业板，下降3.1319分；降幅最小的是深市主板，下降1.6401分。

第四，从财务监督分项指数看，相比2010年，2020年三个板块都下降，降幅最大的是深市创业板，下降9.5044分；降幅最小的是沪市主板，下降4.8923分。相比2019年，2020年三个板块都上升，深市主板、深市创业板和沪市主板分别上升0.2412分、0.4450分和1.0499分。

第五，从财务激励分项指数看，相比2010年，2020年三个板块都下降，降幅最大的是沪市主板，下降7.8079分；降幅最小的是深市创业板，下降2.6427分。相比2019年，2020年三个板块也均下降，降幅最大的是深市主板，下降3.0922分；降幅最小的是深市创业板，下降1.1540分。

18.6　本章小结

本章从总体、地区、行业、所有制类型和上市板块角度比较了2010～2020年中国上市公司的财务治理水平，主要结论如下：

从总体看，九个年度中，2012年是最高水平，2014年下降，2015～2017年连续上升，2018～2020年呈波动式变化。相比2010年，2020年上升0.2564分；相比2019年，2020年下降0.3817分。在财权配置分项指数上，相比2010年，2020年下降2.9659分；相比2019年，2020年上升2.8270分。在财务控制分项指数上，相比2010年，2020年上升14.0442分；但相比2019年，2020年下降2.3864分。在财务监督分项指数上，相比2010年，2020年下降4.6469分；相比2019年，2020年上升0.8298分。在财务激励分项指数上，相比2010年，2020年下降5.4059分；相比2019年，2020年下降2.7972分。从四个分项指数的变化看，相比2019年，2020年财务治理总体指数的下降主要源于财务控制和财务激励分项指数的降低。

从地区看，在财务治理总体指数上，九个年度中，四个地区都是波动式变化，但变化趋势基本一致。相比2012年，2020年四个地区都下降，下降幅度在4.36分以下；相比2019年，除了东北略微上升外，其他三个地区都下降，但下降幅度都没有超过0.5分。在财权配置分项指数上，相比2010年，2020年除西部轻微上升外，其他三个地区都下降；相比2019年，四个地区都出现上升。在财务控制分项指数上，相比2010年，2020年四个地区都大幅提升；相比2019年，2020年四个地区都下降。在财务监督分项指数上，相比2010年，2020年四个地区都下降；相比2019年，2020年四个地区都上升。在财务激励分项指数上，相比2010年和2019年，2020年四个地区都下降。

从行业看，在财务治理总体指数上，相比2012年，2020年全部17个行业（剔除教育）都下降；相比2019年，2020年有6个行业上升，12个行业下降。在财权配置分项指数上，相比2012年，2020年有5个行业（剔除教育）上升，12个行业下降；相比2019年，2020年全部18个行业都上升。在财务控制分项指数上，相比2012年，2020年全部17个行业（剔除教育）都上升；相比2019年，2020年有17个行业下降。在财务监督分项指数上，相比2012年，2020年有15个行业（剔除教育）下降；相比2019年，2020年有15个行业上升。在财务激励分项指数上，相比2012年，2020年全部17个行业（剔除教育）都下降；相比2019年，2020年有13个行业下降。

从所有制看，在财务治理总体指数上，九个年度中，国有控股公司和非国有控股公司基本上都呈波动式变化。除了2016年和2017年非国有控股公司财务治理指数均值大于国有控股公司外，其他年度都是国有控股公司大于非国有控股公司。相比2010年，

2020 年两类公司都上升不到 0.64 分；相比 2019 年，2020 年两类公司都下降不到 0.39 分。在财权配置分项指数上，相比 2010 年，2020 年国有控股公司轻微上升，非国有控股公司下降 3.16 分；相比 2019 年，2020 年两类公司都上升不到 3.61 分。在财务控制分项指数上，相比 2010 年，2020 年两类公司都上升；相比 2019 年，2020 年两类公司都下降。在财务监督分项指数上，相比 2010 年，2020 年两类公司都下降；相比 2019 年，2020 年两类公司都上升。在财务激励分项指数上，相比 2010 年和 2019 年，2020 年两类公司都下降。

从上市板块看，在财务治理总体指数上，相比 2010 年，2020 年深市主板上升 1.33 分，深市创业板和沪市主板分别下降 5.40 分和 0.56 分；相比 2019 年，2020 年深市主板和深市创业板分别下降不到 0.7 分，而沪市主板上升 0.37 分。在财权配置分项指数上，相比 2010 年，2020 年三个板块都下降，尤其是深市创业板大幅下降；相比 2019 年，2020 年三个板块均上升。在财务控制分项指数上，相比 2010 年，2020 年三个板块都明显上升；相比 2019 年，2020 年三个板块都下降。在财务监督分项指数上，相比 2010 年，2020 年三个板块都下降；相比 2019 年，2020 年三个板块都上升。在财务激励分项指数上，相比 2010 年和 2019 年，2020 年三个板块都下降。

第六篇　自愿性信息披露指数

第19章 自愿性信息披露总体指数排名及比较

根据本报告第1章自愿性信息披露指数评价方法,以及我们评估获得的2020年度3774家样本上市公司指数数据,本章对这些上市公司的自愿性信息披露指数进行总体排名和分析,然后分别从地区、行业和上市板块三个方面进行比较分析。

19.1 自愿性信息披露指数总体分布及排名

基于上市公司和监管机构发布的各类公开数据,我们对3774家上市公司自愿性信息披露指数进行了计算,据此可以得到中国上市公司自愿性信息披露指数的总体排名情况。

19.1.1 自愿性信息披露指数总体分布

2020年上市公司自愿性信息披露指数的总体情况参见表19-1。

表 19-1 2020 年上市公司自愿性信息披露指数总体情况

项目	公司数目	平均值	中位值	最大值	最小值	标准差	偏度系数	峰度系数
数值	3774	63.4487	63.5417	83.8542	41.1458	6.4907	−0.1162	−0.0153

从表19-1可以看出,2020年中国上市公司自愿性信息披露指数最大值为83.8542分,最小值为41.1458分,平均值为63.4487分,中位值为63.5417分。相较于2019年的平均值59.7517分,本年度自愿性信息披露水平有所改善,上升3.6970分,已经略超过及格线(60分)。全部样本的绝对差距较大,最大值高出最小值42.7084分。

为了进一步了解上市公司自愿性信息披露指数的具体分布,我们将自愿性信息披露指数按5分为一个间隔,划分为11个区间。由于40分以下和85分及以上的公司数为0,可以把[0,40)和[85,100]各作为一个区间,各区间公司数目分布和所占比重参见表19-2。

表 19-2　2020 年上市公司自愿性信息披露指数区间分布

分值区间	公司数目	占比（%）	累计占比（%）
[0，40）	0	0.00	0.00
[40，45）	8	0.21	0.21
[45，50）	85	2.25	2.46
[50，55）	283	7.50	9.96
[55，60）	690	18.28	28.25
[60，65）	1180	31.27	59.51
[65，70）	955	25.30	84.82
[70，75）	435	11.53	96.34
[75，80）	122	3.23	99.58
[80，85）	16	0.42	100.00
[85，100]	0	0.00	100.00
总计	3774	100	--

图 19-1 更直观地显示了 2020 年上市公司自愿性信息披露指数分布情况。从表 19-1 可知，上市公司自愿性信息披露指数分布的偏态系数为 -0.1162，基本符合正态分布，为负偏态分布。

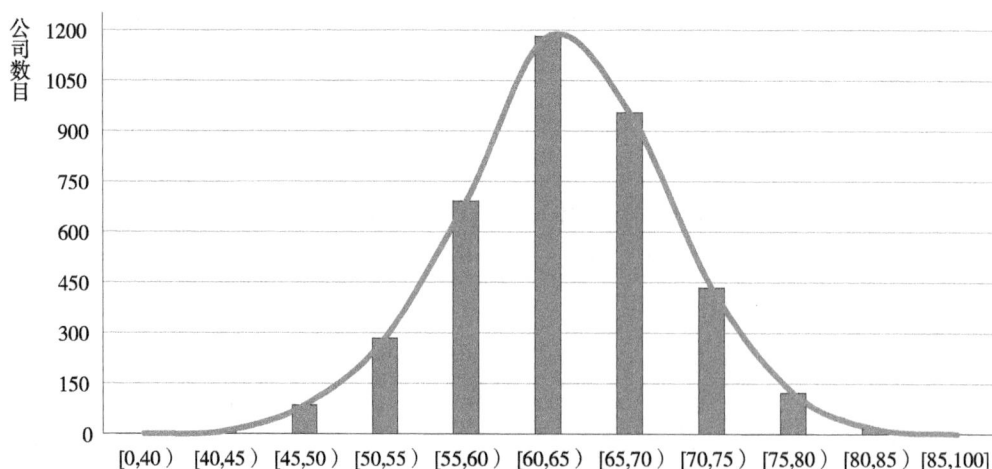

图19-1　2020年上市公司自愿性信息披露指数区间分布

由表 19-2 和图 19-1 可知，2020 年中国上市公司自愿性信息披露指数分布相对比较集中，绝大多数分布在 [55，70) 这个区间，有 2825 家公司，占比为 74.85%。其中，分布在 [60，65) 的公司最多，有 1180 家，占比为 31.27%。达到及格线（60 分）的有 2708 家，占比为 71.75%，相比 2019 年的 51.86%，提高了 19.89 个百分点，及格率提高幅度很大。

结合之前年度的评价结果 ❶，不难得出，中国上市公司披露信息的意愿在逐步地提升，尤其是近三年，上升幅度较大。

19.1.2 自愿性信息披露指数前100名

表 19-3 给出了 3774 家上市公司中排名前 100 的自愿性信息披露指数的基本统计数据。可以看出，前 100 名公司的自愿性信息披露指数均值为 77.8045 分，较 2019 年上升 2.2275 分。

表 19-3 2020 年上市公司自愿性信息披露指数前 100 名

项目	平均值	中位值	最大值	最小值	标准差
前100名	77.8045	77.4306	83.8542	75.8681	1.8187
总体	63.4487	63.5417	83.8542	41.1458	6.4907

注：因存在指数值相同的公司，故前 100 名公司实际是 117 家公司。

我们对 3774 家上市公司的自愿性信息披露指数从大到小降序排列，指数越高，说明上市公司自愿性信息披露水平越高。表 19-4 是自愿性信息披露指数排名前 100 的上市公司情况。

表 19-4 2020 年上市公司自愿性信息披露指数排名 - 前 100 名

排名	代码	公司简称	指数值	排名	代码	公司简称	指数值
1	000968	蓝焰控股	83.8542	4	000833	粤桂股份	82.2917
2	000498	山东路桥	83.5069	5	000756	新华制药	81.5972
3	600837	海通证券	82.8125	6	002847	盐津铺子	81.0764

❶ 在对2009和2011两个年度的评估中，既有自愿性信息披露，也有强制性信息披露，自愿性信息披露水平和强制性信息披露水平存在巨大反差，前者大大低于后者。参见高明华等：《中国上市公司信息披露指数报告 2010》和《中国上市公司信息披露指数报告 2012》，经济科学出版社 2010 年版和 2012 年版。

排名	代码	公司简称	指数值	排名	代码	公司简称	指数值
6	600997	开滦股份	81.0764	29	300330	华虹计通	78.6458
8	000598	兴蓉环境	80.7292	29	600999	招商证券	78.6458
8	300070	碧水源	80.7292	29	601688	华泰证券	78.6458
10	000933	神火股份	80.5556	29	601696	中银证券	78.6458
10	300717	华信新材	80.5556	38	300037	新宙邦	78.2986
12	000058	深赛格	80.2083	38	300527	中船应急	78.2986
12	002863	今飞凯达	80.2083	38	601600	中国铝业	78.2986
12	600958	东方证券	80.2083	41	000547	航天发展	77.9514
12	601011	宝泰隆	80.2083	41	002414	高德红外	77.9514
16	600688	上海石化	80.0347	41	002465	海格通信	77.9514
17	000976	华铁股份	79.8611	41	003816	中国广核	77.9514
17	002783	凯龙股份	79.8611	41	300387	富邦股份	77.9514
17	300406	九强生物	79.8611	46	000533	顺钠股份	77.7778
17	601326	秦港股份	79.8611	46	000982	中银绒业	77.7778
21	000088	盐田港	79.6875	46	002758	浙农股份	77.7778
21	300106	西部牧业	79.6875	49	000961	中南建设	77.6042
21	601881	中国银河	79.6875	49	002498	汉缆股份	77.6042
24	000550	江铃汽车	79.5139	49	603060	国检集团	77.6042
24	600115	中国东航	79.5139	52	000719	中原传媒	77.4306
26	000039	中集集团	78.9931	52	001896	豫能控股	77.4306
26	000798	中水渔业	78.9931	52	002180	纳思达	77.4306
26	002357	富临运业	78.9931	52	002322	理工环科	77.4306
29	000002	万科A	78.6458	52	002469	三维化学	77.4306
29	000809	铁岭新城	78.6458	52	002903	宇环数控	77.4306
29	002095	生意宝	78.6458	52	300057	万顺新材	77.4306
29	002307	北新路桥	78.6458	52	300284	苏交科	77.4306
29	002551	尚荣医疗	78.6458	52	300712	永福股份	77.4306

排名	代码	公司简称	指数值	排名	代码	公司简称	指数值
52	300821	东岳硅材	77.4306	82	601226	华电重工	76.3889
52	688086	紫晶存储	77.4306	89	000011	深物业A	76.2153
63	000607	华媒控股	77.0833	89	002514	宝馨科技	76.2153
63	002310	东方园林	77.0833	89	002909	集泰股份	76.2153
63	002941	新疆交建	77.0833	89	300288	朗玛信息	76.2153
63	300147	香雪制药	77.0833	89	300430	诚益通	76.2153
63	300332	天壕环境	77.0833	89	300586	美联新材	76.2153
63	300617	安靠智电	77.0833	95	002929	润建股份	76.0417
63	600026	中远海能	77.0833	95	603555	ST贵人	76.0417
63	601066	中信建投	77.0833	97	000615	奥园美谷	75.8681
63	002153	石基信息	77.0833	97	000683	远兴能源	75.8681
72	000430	张家界	76.9097	97	000720	新能泰山	75.8681
72	002259	*ST升达	76.9097	97	000821	京山轻机	75.8681
72	600332	白云山	76.9097	97	001965	招商公路	75.8681
75	000027	深圳能源	76.7361	97	002237	恒邦股份	75.8681
75	000035	中国天楹	76.7361	97	002282	博深股份	75.8681
75	600660	福耀玻璃	76.7361	97	002339	积成电子	75.8681
75	600872	中炬高新	76.7361	97	002500	山西证券	75.8681
75	601186	中国铁建	76.7361	97	002592	ST八菱	75.8681
80	000882	华联股份	76.5625	97	002622	融钰集团	75.8681
80	600383	金地集团	76.5625	97	002778	中晟高科	75.8681
82	000407	胜利股份	76.3889	97	002857	三晖电气	75.8681
82	000735	罗牛山	76.3889	97	002939	长城证券	75.8681
82	000793	华闻集团	76.3889	97	300047	天源迪科	75.8681
82	002140	东华科技	76.3889	97	300091	金通灵	75.8681
82	002179	中航光电	76.3889	97	300310	宜通世纪	75.8681
82	300504	天邑股份	76.3889	97	600321	正源股份	75.8681

排名	代码	公司简称	指数值	排名	代码	公司简称	指数值
97	600326	西藏天路	75.8681	97	600988	赤峰黄金	75.8681
97	600610	中毅达	75.8681				

注：因存在指数值相同的公司，故前100名公司实际是117家公司。

从表19-4可以看出，2020年中国上市公司自愿性信息披露指数前三名是蓝焰控股、山东路桥和海通证券，分数都超过了80分。有38家公司连续出现在近两年的前100名中，分别是蓝焰控股、山东路桥、盐津铺子、兴蓉环境、碧水源、东方证券、凯龙股份、九强生物、盐田港、富临运业、招商证券、华泰证券、航天发展、海格通信、中南建设、豫能控股、宇环数控、万顺新材、苏交科、永福股份、华媒控股、新疆交建、天壕环境、石基信息、白云山、深圳能源、中国天楹、胜利股份、罗牛山、华闻集团、东华科技、天邑股份、深物业A、润建股份、招商公路、恒邦股份、金通灵、宜通世纪；有15家公司连续出现在近三年的前100名中，分别是蓝焰控股、山东路桥、盐津铺子、兴蓉环境、碧水源、东方证券、九强生物、盐田港、招商证券、华泰证券、宇环数控、苏交科、石基信息、罗牛山、金通灵。

从地区看，前100名（实为117家）公司中，东部、中部、西部和东北各有80家、18家、16家和3家，分别占所在地区上市公司总数的3.02%、3.69%、3.27%和2.01%。从行业看，进入前100最多的三个行业分别是制造业（C），金融业（J），信息传输、软件和信息技术服务业（I），分别有55家、9家和8家，分别占所在行业全部上市公司数的2.32%、7.69%和2.61%。从控股类型看，国有控股公司有55家，非国有控股公司有62家，分别占同类公司总数的4.74%和2.37%。从最终控制人看，中央企业（或监管机构）控制的公司有24家，地方国企（或监管机构）控制的公司有38家，非国有企业或自然人控制的公司有55家，分别占同类公司总数的5.84%、4.69%和2.16%。从上市板块来看，深市主板（含原中小企业板）、深市创业板、沪市主板和沪市科创板分别有68家、22家、26家和1家，分别占所在板块全部上市公司数的4.87%、2.76%、1.75%和1.06%。

需要注意的是，自愿性信息披露指数得分前100名在某个地区、行业和控股类型中的分布，并不能完全说明该地区、行业和控股类型整体表现就好，因为各地区、行业和控股类型的上市公司数量不同。比如，制造业尽管有55家进入前100名，但比例却低于金融业（J），虽然后者只有9家公司进入前100名，但是比例更高。从这个角度看，金融业（J）反而表现更好一些。

图19-2为前100名上市公司自愿性信息披露指数分布情况。可以看出，前100名

（实为前 117 名）上市公司自愿性信息披露指数分布比较平坦，除了前 7 家公司外，其他 110 家公司都处于 75.86 ～ 80.73 分区间内，最大差距不到 4.87 分。

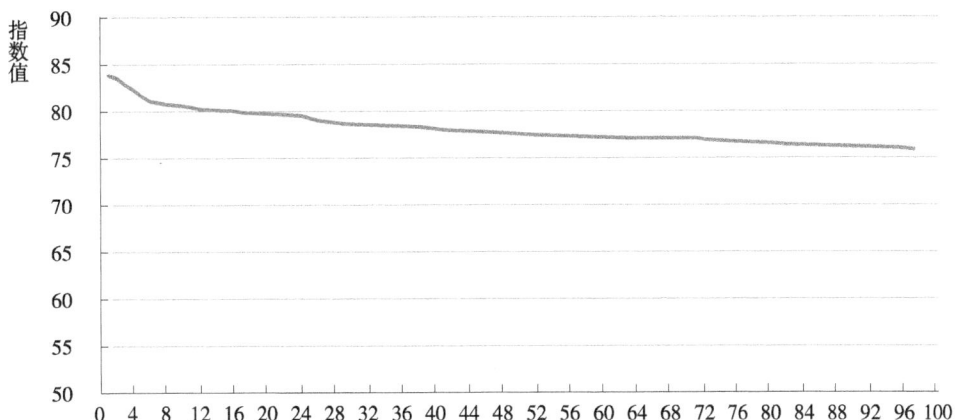

图19-2 2020年上市公司自愿性信息披露指数分布-前100名

19.2 分地区自愿性信息披露指数比较

根据东部、中部、西部、东北四个地区的划分，对上市公司自愿性信息披露指数按照均值从高到低的顺序进行排名和比较，结果参见表 19-5。

表 19-5 2020 年不同地区上市公司自愿性信息披露指数比较

排名	地区	公司数目	平均值	中位值	最大值	最小值	标准差
1	中部	488	63.7075	63.4549	83.8542	43.4028	6.531
2	西部	490	63.6451	63.9757	82.2917	41.1458	6.4505
3	东部	2647	63.4251	63.5417	83.5069	42.0139	6.4646
4	东北	149	62.3765	62.6736	80.2083	47.3958	6.8285
总体		3774	63.4487	63.5417	83.8542	41.1458	6.4907

由表 19-5 可见，各地区上市公司自愿性信息披露指数平均值由大到小分别为中部、西部、东部和东北。中部和西部上市公司自愿性信息披露指数均值高于总体均值，东部和东北地区上市公司自愿性信息披露指数均值低于总体均值。

图 19-3 展示了不同地区上市公司自愿性信息披露指数分布。可以看出，中部、西部和东部地区的上市公司自愿性信息披露指数均值差异较小，东北地区的上市公司自愿性信息披露指数明显低于其他三个地区。

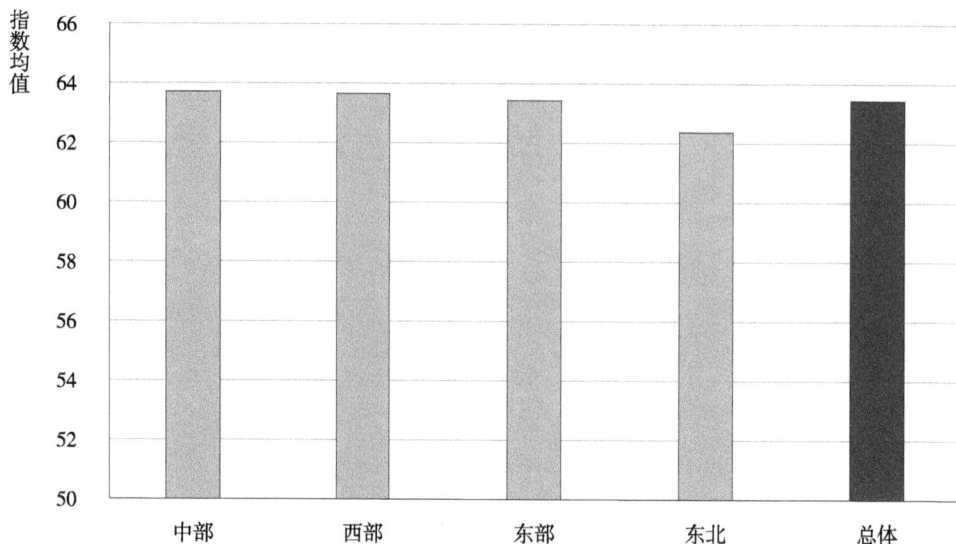

图19-3 2020年不同地区上市公司自愿性信息披露指数比较

按照省份进一步进行细分，对31个省份的上市公司自愿性信息披露指数按照均值从高到低的顺序进行排名，结果参见表19-6。

表 19-6 2020 年不同省份上市公司自愿性信息披露指数比较

排名	省份	公司数目	平均值	中位值	最大值	最小值	标准差
1	广西	37	65.6015	66.3194	82.2917	51.3889	6.5616
2	云南	37	65.1276	66.4931	74.3056	52.7778	5.7895
3	广东	622	65.0598	65.4514	80.2083	46.0069	5.9701
4	宁夏	14	64.9058	63.8021	77.7778	57.6389	6.1240
5	海南	32	64.8383	65.7986	76.3889	46.3542	6.9779
6	河南	80	64.8199	65.1042	80.5556	48.9583	6.6842
7	北京	343	64.6147	64.7569	80.7292	46.7014	6.3553
8	河北	57	64.3244	64.4097	81.0764	46.3542	7.3332
9	内蒙古	25	64.1806	62.8472	75.8681	44.0972	8.3091
10	山西	39	64.1026	62.6736	83.8542	44.9653	7.3469
11	陕西	52	63.9857	64.4965	74.6528	48.0903	5.3072
12	四川	126	63.9440	64.4965	80.7292	47.2222	6.4506
13	江西	48	63.7478	62.5868	79.5139	53.2986	5.8961

排名	省份	公司数目	平均值	中位值	最大值	最小值	标准差
14	福建	141	63.6045	63.3681	77.9514	47.5694	6.2594
15	湖南	107	63.5839	63.1944	81.0764	49.4792	5.9476
16	新疆	55	63.3554	63.3681	79.6875	45.1389	7.1271
17	湖北	106	63.2731	63.1076	79.8611	43.4028	7.3106
18	安徽	108	63.2716	63.3681	76.3889	51.2153	5.9857
19	山东	211	63.1467	63.0208	83.5069	48.0903	6.7849
20	西藏	19	62.9386	62.8472	75.8681	53.4722	4.8720
21	贵州	29	62.8412	64.7569	76.2153	45.6597	7.3273
22	黑龙江	36	62.8328	63.2813	80.2083	47.3958	6.3430
23	吉林	40	62.7300	62.7604	75.8681	50.8681	6.8401
24	浙江	462	62.3572	62.8472	80.2083	44.2708	6.0512
25	江苏	424	62.3518	62.3264	80.5556	42.0139	6.5051
26	天津	55	62.3011	61.8056	75.8681	50.5208	6.3140
27	重庆	53	62.2674	62.3264	72.3958	45.6597	5.6015
28	辽宁	73	61.9578	61.9792	78.6458	48.0903	7.0248
29	上海	300	61.8328	62.3264	82.8125	44.0972	6.7233
30	青海	10	61.6319	60.5903	68.0556	56.9444	3.9475
31	甘肃	33	61.5899	60.2431	73.9583	41.1458	6.4972
总体		3774	63.4487	63.5417	83.8542	41.1458	6.4907

　　从表 19-6 可以看出，31 个省份中，有 15 个省份的自愿性信息披露指数均值高于总体均值，这 15 个省份的最大均值与总体均值之间的绝对差距为 2.1528 分，其他 16 个省份的自愿性信息披露指数均值低于总体均值，总体均值与这 16 个省份的最小均值之间的绝对差距为 1.8588 分。高分区省份上市公司自愿性信息披露指数的内部差距略大于低分区省份。上市公司自愿性信息披露指数均值最高的三个省份是广西、云南和广东；自愿性信息披露指数均值最低的三个省份是甘肃、青海和上海。

　　图 19-4 进一步显示了不同省份上市公司自愿性信息披露水平的差别。可以看出，各省份上市公司自愿性信息披露指数均值集中在 [61，66] 这一范围内，各省份上市公司自愿性信息披露水平之间的差距不算大。

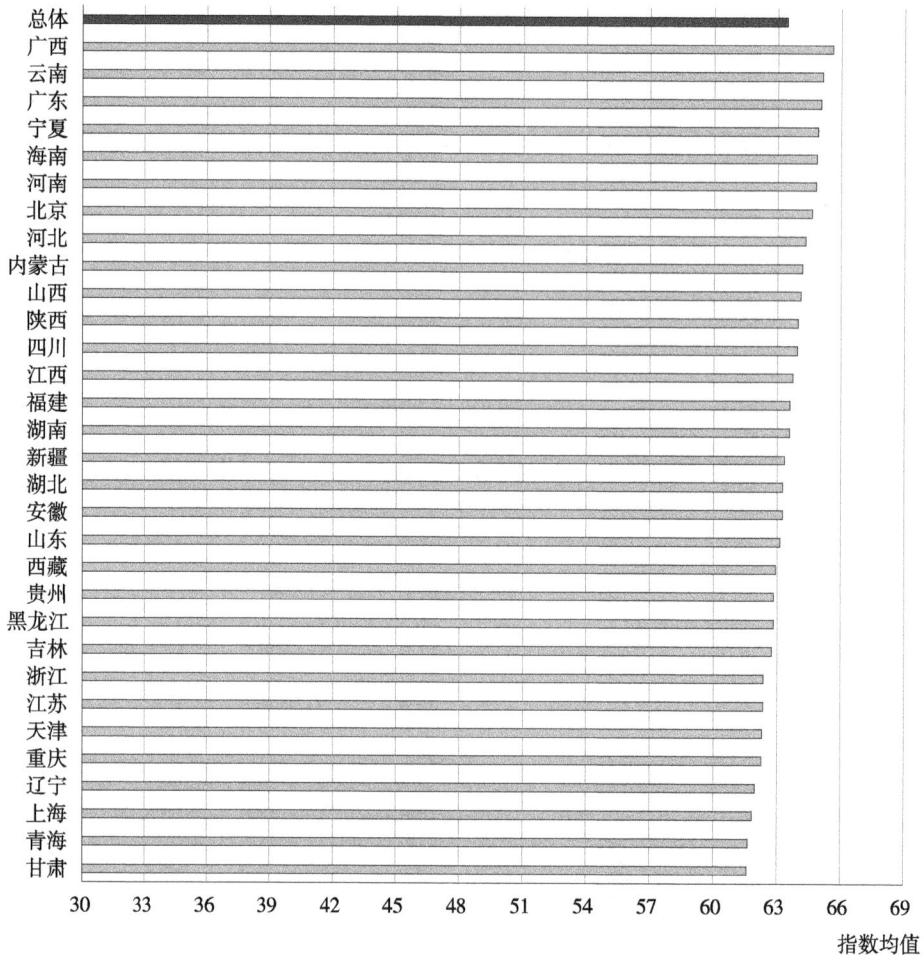

图19-4 2020年不同省份上市公司自愿性信息披露指数比较

19.3 分行业自愿性信息披露指数比较

对18个行业上市公司自愿性信息披露指数按照均值从高到低的顺序进行排名和比较，结果见表19-7。

表 19-7 2020 年不同行业上市公司自愿性信息披露指数比较

排名	行业名称	公司数目	平均值	中位值	最大值	最小值	标准差
1	交通运输、仓储和邮政业（G）	100	65.2535	65.1042	79.8611	44.0972	6.7863
2	金融业（J）	117	65.1057	64.5833	82.8125	50.6944	7.3621
3	水利、环境和公共公共设施管理业（N）	62	65.0622	66.0590	80.7292	47.2222	7.3404

排名	行业名称	公司数目	平均值	中位值	最大值	最小值	标准差
4	文化、体育和娱乐业（R）	58	64.8587	64.6701	77.4306	48.7847	6.3060
5	建筑业（E）	95	64.6930	64.5833	83.5069	48.9583	6.4527
6	电力、热力、燃气及水生产和供应业（D）	114	64.3975	64.4097	80.7292	43.5764	7.5704
7	科学研究和技术服务业（M）	51	64.3791	64.4097	77.6042	49.1319	6.7525
8	采矿业（B）	75	64.1088	64.7569	83.8542	41.1458	7.5296
9	房地产业（K）	117	63.8622	64.4097	78.6458	47.9167	6.5223
10	住宿和餐饮业（H）	7	63.6905	61.2847	73.4375	56.0764	5.8400
11	信息传输、软件和服务业（I）	306	63.6829	64.4097	78.6458	45.1389	6.5358
12	制造业（C）	2373	63.2033	63.3681	81.5972	42.0139	6.2230
13	租赁和商务服务业（L）	58	63.1825	63.8889	80.2083	43.4028	6.6366
14	农、林、牧、渔业（A）	42	62.7811	62.5000	79.6875	51.3889	6.8951
15	综合（S）	13	61.9925	61.2847	82.2917	45.6597	9.2824
16	批发和零售业（F）	162	61.7434	61.8924	77.7778	46.3542	6.2503
17	卫生和社会工作（Q）	13	61.5785	61.8056	71.3542	46.3542	5.9308
18	教育（P）	10	57.7257	56.3368	72.7431	47.9167	6.0596
	总体	3774	63.4487	63.5417	83.8542	41.1458	6.4907

注：居民服务、修理和其他服务业（O）只有1家上市公司，难以代表该行业整体水平，故排名时剔除。

从表19-6可以看出，在18个行业中，有11个行业的自愿性信息披露指数均值高于总体均值，这11个行业的行业最大均值与总体均值之间的绝对差距为1.8048分，其他7个行业的自愿性信息披露指数均值低于总体均值，总体均值与这7个行业的最小均值之间的绝对差距为5.7230分。高分区行业上市公司自愿性信息披露的内部差距小于低分区行业。上市公司自愿性信息披露水平最好的三个行业是交通运输、仓储和邮政业（G），金融业（J），水利、环境和公共公共设施管理业（N）；自愿性信息披露水平最差的三个行业是教育（P），卫生和社会工作（Q），批发和零售业（F）。

图19-5进一步显示了行业间上市公司自愿性信息披露水平的差别。可以看出，各行业上市公司自愿性信息披露指数均值集中在[57，66]这一范围内，各行业上市公司自愿性信息披露水平之间的差距不是很大。

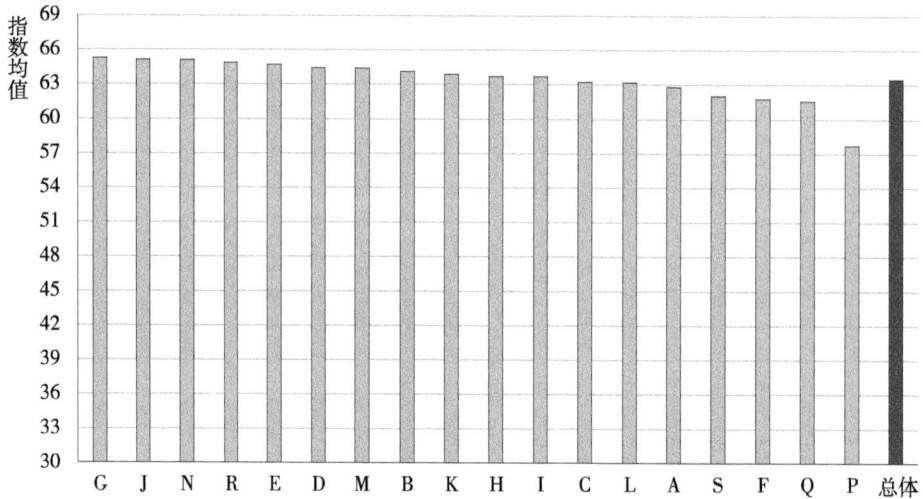

图19-5　2020年不同行业上市公司自愿性信息披露指数比较

19.4　分上市板块自愿性信息披露指数比较

根据四个上市板块的划分（深市主板含原中小企业板），对上市公司自愿性信息披露指数按照均值从高到低的顺序进行排名和比较，结果参见表 19-8 和图 19-6。

表 19-8　2020 年不同板块上市公司自愿性信息披露指数比较

排名	上市板块	公司数目	平均值	中位值	最大值	最小值	标准差
1	深市创业板	796	65.4038	65.6250	80.7292	45.3125	5.3901
2	深市主板	1395	65.3356	65.6250	83.8542	43.5764	5.9719
3	沪市科创板	94	62.3393	61.8056	77.4306	48.7847	6.1946
4	沪市主板	1489	60.7058	60.5903	82.8125	41.1458	6.5142
	总体	3774	63.4487	63.5417	83.8542	41.1458	6.4907

由表 19-8 和图 19-6 可知，不同板块的上市公司自愿性信息披露指数均值之间的差异不是很大。深市创业板上市公司的自愿性信息披露指数均值最高，最低的是沪市主板。总体看，沪市上市公司自愿性信息披露水平明显低于深市上市公司。沪市科创板于 2019 年 6 月开板，是试点注册制的一个板块，而注册制对信息披露的要求比较高，但从表 19-8 看，沪市科创板上市公司的信息披露并没有达到预想的效果。2020 年 6 月，深市创业板也开始试点注册制，不远的将来会全面推行注册制。为了保护投资者利益，严格的信息披露需要引起监管机构的高度注意。

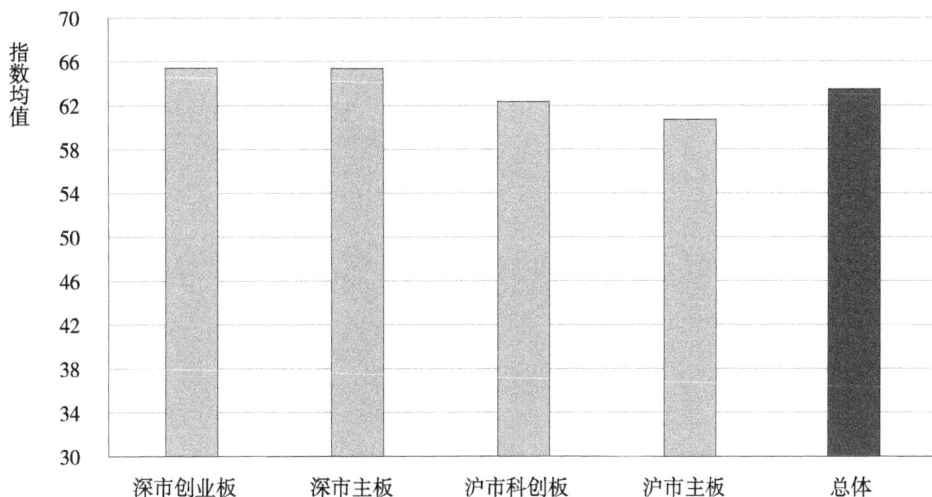

图19-6 2020年不同板块上市公司自愿性信息披露指数比较

19.5 本章小结

本章分别从总体、地区、行业及上市板块四个方面对2020年上市公司自愿性信息披露指数进行了比较与分析,主要结论如下:

从总体看,2020年上市公司自愿性信息披露指数最大值为83.8542分,最小值为41.1458分,平均值为63.4487分,总体水平已经略超及格线。74.85%的上市公司的自愿性信息披露指数分值集中在[55,70)这个区间。超过60分的公司有2708家,占样本上市公司总数的71.75%。

从地区看,上市公司自愿性信息披露指数均值由大到小依次为中部、西部、东部和东北。进一步按省份细分,上市公司自愿性信息披露指数最高的三个省份是广西、云南和广东;自愿性信息披露指数最低的三个省份是甘肃、青海和上海。不同省份上市公司自愿性信息披露指数之间的差距不是很大。

从行业看,上市公司自愿性信息披露水平最好的三个行业是交通运输、仓储和邮政业(G),金融业(J),水利、环境和公共公共设施管理业(N);自愿性信息披露水平最差的三个行业是教育(P),卫生和社会工作(Q),批发和零售业(F)。不同行业上市公司自愿性信息披露指数之间的差距也不是很大。

从上市板块看,上市公司自愿性信息披露指数均值从高到低依次是深市创业板、深市主板、沪市科创板和沪市主板。沪市上市公司自愿性信息披露水平明显低于深市上市公司。沪市科创板是2019年6月开板时试点注册制的板块,而注册制对信息披露的要求比较高,但从本报告评估看,沪市科创板上市公司的信息披露并没有达到预想的效果。

第20章 自愿性信息披露分项指数排名及比较

第 19 章从总体上对中国上市公司自愿性信息披露指数做了排名，并从地区、行业、上市板块三个方面进行了比较分析。本章按照对自愿性信息披露指数四个维度的划分，即把自愿性信息披露指数分解为治理结构、治理效率、利益相关者、风险控制四个分项指数，对 2020 年四个分项指数进行排名和比较分析。

20.1 自愿性信息披露分项指数总体比较

本报告以 2020 年 3774 家上市公司样本，计算获得了 2020 年中国上市公司自愿性信息披露的四个分项指数，其描述性统计结果参见表 20-1。

表 20-1 2020 年上市公司自愿性信息披露分项指数描述性统计

分项指数	公司数目	平均值	中位值	最大值	最小值	标准差
治理结构	3774	68.1488	68.7500	100.0000	25.0000	14.3424
治理效率	3774	77.5520	81.2500	100.0000	43.7500	5.8636
利益相关者	3774	54.9792	58.3333	100.0000	0.0000	16.1586
风险控制	3774	53.1149	55.5556	88.8889	11.1111	10.3606

从表 20-1 可以看出，2020 年上市公司自愿性信息披露四个分项指数的均值和中位值中，治理结构和治理效率两个分项指数都超过了 60 分的及格线。治理效率分项指数的均值和中位值都是最高的，风险控制分项指数的均值最低。从标准差看，治理结构和利益相关者两个分项指数的标准差明显大于其他两个分项指数，说明这两个分项指数的离散程度比较高。

图 20-1 可以更直观地反映出四个分项指数的情况。可以看到，利益相关者和风险控制两个分项指数的均值远小于另两个分项指数。

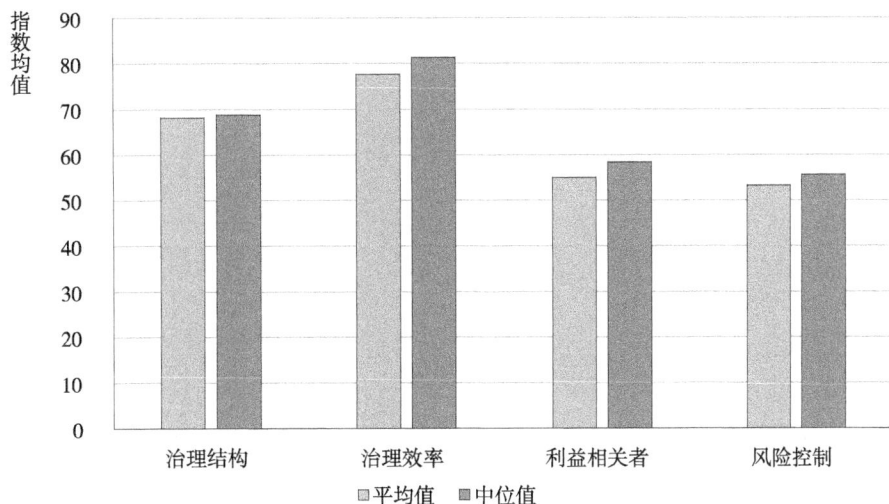

图20-1 2020年上市公司自愿性信息披露分项指数比较

需要注意的是，由于各分项指数指标的数量和赋值不同，四个分项指数的可比性有限。例如，治理效率自愿性信息披露分项指数高于其他三个分项指数，但这还不足以说明上市公司治理效率是较高的，因为信息披露并不是治理效率的全部，况且本报告的自愿性信息披露并未涉及真实性和及时性问题。

20.2 自愿性信息披露治理结构分项指数排名及比较

治理结构方面的自愿性信息披露重在评价公司治理机关以及成员方面的信息披露情况。本节主要对自愿性信息披露治理结构分项指数进行比较分析。

20.2.1 自愿性信息披露治理结构分项指数总体分布

通过对 3774 家上市公司治理结构方面的自愿性信息披露进行评价，我们得出了每家上市公司自愿性信息披露治理结构分项指数，并进行了排名。按照每 10 分一个区间，可以将自愿性信息披露治理结构分项指数划分为 9 个区间段（20 分以下区间的公司数目为 0，合并为一个区间），每个区间段的公司数目和所占比重参见表 20-2。

表 20-2 2020 年上市公司自愿性信息披露治理结构分项指数区间分布

指数区间	公司数目	占比（%）	累计占比（%）
[0，20）	0	0.00	0.00
[20，30）	3	0.08	0.08

指数区间	公司数目	占比（%）	累计占比（%）
[30，40）	129	3.42	3.50
[40，50）	160	4.24	7.74
[50，60）	719	19.05	26.79
[60，70）	966	25.60	52.38
[70，80）	841	22.28	74.67
[80，90）	856	22.68	97.35
[90，100]	100	2.65	100.00
总体	3774	100.00	--

图 20-2 更直观地显示了自愿性信息披露治理结构分项指数的区间分布情况。

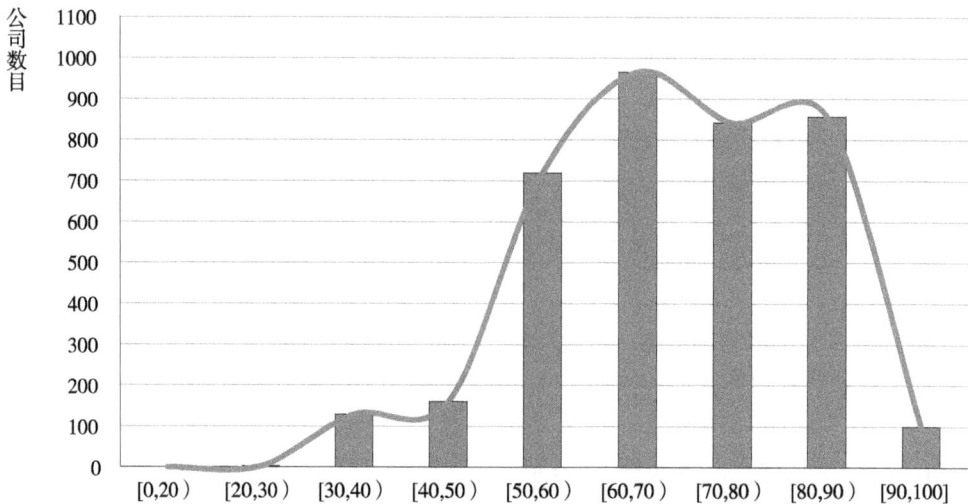

图20-2　2020年上市公司自愿性信息披露治理结构分项指数区间分布

从表 20-2 和图 20-2 可以看出，2020 年上市公司自愿性信息披露治理结构分项指数主要集中在 [50，90）区间，有 3382 家，占全部样本的 89.61 %。达到及格线（60 分）的公司有 2763 家，占全部样本的 73.21%，相比上年（70.33%）有所提升，说明公司披露治理结构信息的意愿显著提高。

20.2.2　分地区自愿性信息披露治理结构分项指数比较

根据东部、中部、西部和东北四个地区的划分，对上市公司自愿性信息披露治理结构分项指数按照均值从高到低的顺序进行排名和比较，结果参见表 20-3。

表 20-3　2020 年不同地区上市公司自愿性信息披露治理结构分项指数比较

排名	地区	公司数目	平均值	中位值	最大值	最小值	标准差
1	东部	2647	68.5635	68.7500	100.0000	25.0000	14.2357
2	中部	488	67.7638	68.7500	100.0000	25.0000	14.4896
3	西部	490	67.3469	68.7500	100.0000	31.2500	14.5930
4	东北	149	64.6812	62.5000	87.5000	31.2500	14.2986
总体		3774	68.1488	68.7500	100.0000	25.0000	14.3424

从表 20-3 可以看到，四个地区中，东部上市公司自愿性信息披露治理结构分项指数均值最高，为 68.5635 分；东北最低，为 64.6812 分，二者绝对差距为 3.8823 分。自愿性信息披露治理结构分项指数的最大值同时出自东部、中部和西部，最小值同时出自东部和中部。

图 20-3 更直观地显示了四个地区上市公司自愿性信息披露治理结构分项指数的差异。

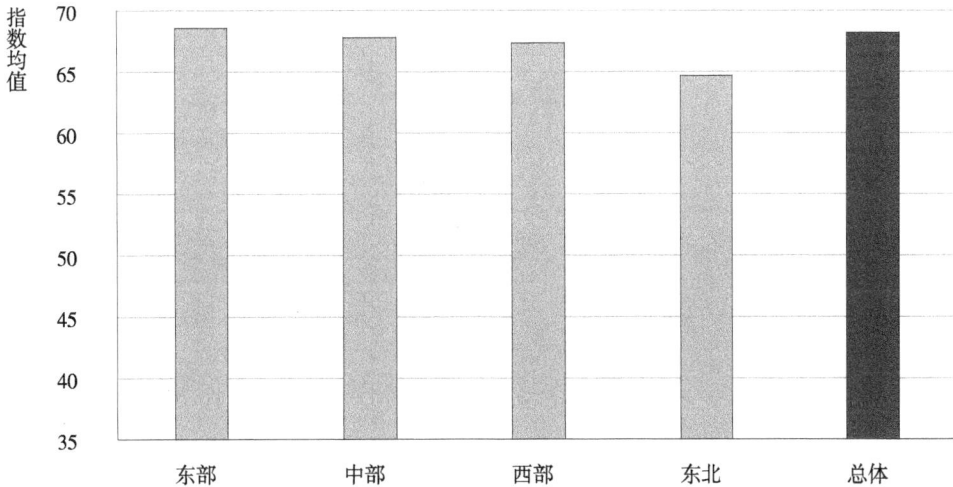

图20-3　2020年不同地区上市公司自愿性信息披露治理结构分项指数比较

从图 20-3 可以看出，只有东部地区自愿性信息披露治理结构分项指数均值高于总体均值，其他三个地区都低于总体均值。四个地区自愿性信息披露治理结构分项指数的标准差都比较大，说明各地区上市公司自愿性信息披露治理结构分项指数的内部差距较大。

20.2.3 分行业自愿性信息披露治理结构分项指数比较

对 18 个行业上市公司自愿性信息披露治理结构分项指数按照均值从高到低的顺序进行排名和比较，结果参见表 20-4。

表 20-4 2020 年不同行业上市公司自愿性信息披露治理结构分项指数比较

排名	行业	公司数目	平均值	中位值	最大值	最小值	标准差
1	金融业（J）	117	80.1282	81.2500	100.0000	43.7500	14.3087
2	信息传输、软件和信息技术服务业（I）	306	71.0580	75.0000	93.7500	31.2500	13.0754
3	科学研究和技术服务业（M）	51	70.8333	75.0000	87.5000	37.5000	13.7637
4	文化、体育和娱乐业（R）	58	70.7974	75.0000	93.7500	37.5000	13.8975
5	建筑业（E）	95	68.8816	75.0000	93.7500	37.5000	13.2963
6	租赁和商务服务业（L）	58	68.2112	71.8750	93.7500	43.7500	12.5690
7	水利、环境和公共设施管理业（N）	62	68.1452	68.7500	93.7500	37.5000	13.9623
8	制造业（C）	2373	67.8782	68.7500	100.0000	25.0000	14.1509
9	住宿和餐饮业（H）	7	67.8571	62.5000	87.5000	50.0000	12.6899
10	交通运输、仓储和邮政业（G）	100	67.5000	68.7500	93.7500	31.2500	15.0260
11	农、林、牧、渔业（A）	42	66.8155	68.7500	87.5000	37.5000	13.6037
12	房地产业（K）	117	66.1325	68.7500	93.7500	31.2500	13.6060
13	采矿业（B）	75	65.4167	62.5000	93.7500	31.2500	15.6236
14	卫生和社会工作（Q）	13	65.3846	62.5000	87.5000	43.7500	14.4231
15	电力、热力、燃气及水生产和供应业（D）	114	64.0899	68.7500	93.7500	31.2500	15.0795
16	批发和零售业（F）	162	63.3102	62.5000	93.7500	25.0000	14.4361

排名	行业	公司数目	平均值	中位值	最大值	最小值	标准差
17	综合（S）	13	61.5385	62.5000	87.5000	43.7500	13.8341
18	教育（P）	10	58.7500	59.3750	75.0000	50.0000	8.4779
	总体	3774	68.1488	68.7500	100.0000	25.0000	14.3424

注：居民服务、修理和其他服务业（O）只有1家上市公司，难以代表该行业整体水平，故排名时剔除。

由表20-4可知，18个行业中，有6个行业的自愿性信息披露治理结构分项指数均值高于总体均值，这10个行业的最大均值与总体均值之间的绝对差距为11.9794分，主要是排名第一的金融业（J）远高于其他行业，其与第二位的均值差距高达9.0702分；其他12个行业的自愿性信息披露治理结构分项指数均值低于总体均值，总体均值与这12个行业的最小均值之间的绝对差距为9.3988分。显然，高分区行业内部的差距大于低分区行业。18个行业中，排名最高的金融业（J）自愿性信息披露治理结构分项指数均值与排名最低的教育（P）行业的指数均值相差21.3782分，相差很大。自愿性信息披露治理结构分项指数均值排名前三位的行业分别为金融业（J），信息传输、软件和信息技术服务业（I），科学研究和技术服务业（M）；而教育（P），综合（S），批发和零售业（F）则排名最后三位。

图20-4更直观地体现了不同行业上市公司自愿性信息披露治理结构分项指数均值的差异。可以看到，各个行业自愿性信息披露治理结构分项指数均值基本上都集中在[58，72]区间，只有排名第一的金融业（J）除外。除了排名最高的金融业（J）外，其他行业的自愿性信息披露治理结构分项指数均值自大到小的变化比较平缓。

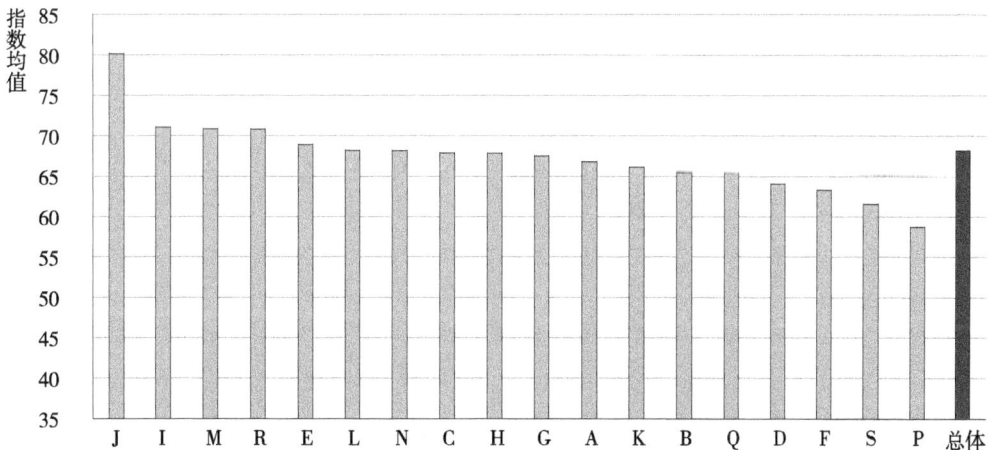

图20-4 2020年不同行业上市公司自愿性信息披露治理结构分项指数比较

20.3　自愿性信息披露治理效率分项指数排名及比较

治理效率方面的自愿性信息披露重在评价公司治理机关运作效率方面的信息披露情况。本节对治理效率分项指数进行比较分析。

20.3.1　自愿性信息披露治理效率分项指数总体分布

通过对 3774 家上市公司自愿性信息披露治理效率分项指数进行评价，我们得出了每家上市公司自愿性信息披露治理效率分项指数，并进行了排名。按照每 10 分一个区间，可以将上市公司自愿性信息披露治理效率分项指数划分为 7 个区间段（40 分以下区间的公司数目为 0，合并为一个区间），每个区间段的公司数目和所占比重参见表 20-5。

表 20-5　2020 年上市公司自愿性信息披露治理效率分项指数区间分布

指数区间	公司数目	占比（%）	累计占比（%）
[0，40）	0	0.00	0.00
[40，50）	1	0.03	0.03
[50，60）	29	0.77	0.79
[60，70）	554	14.68	15.47
[70，80）	930	24.64	40.12
[80，90）	2246	59.51	99.63
[90，100]	14	0.37	100.00
总体	3774	100.00	---

图 20-5 更直观地显示了自愿性信息披露治理效率分项指数的区间分布情况。

从表 20-5 和图 20-5 可以看出，2020 年上市公司自愿性信息披露治理效率分项指数主要集中在 [60，90] 区间，有 3730 家，占样本总数的 98.83%。达到及格线（60 分）的公司有 3744 家，占样本总数的 99.21%，相比上年（78.34%）有显著提高，说明公司披露治理效率信息的意识继续显著提升。

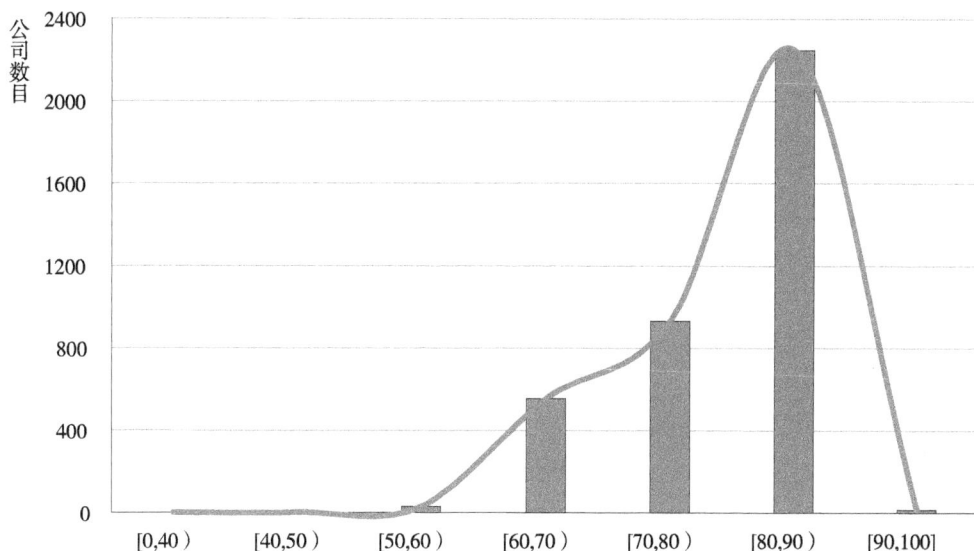

图20-5　2020年上市公司自愿性信息披露治理效率分项指数区间分布

20.3.2　分地区自愿性信息披露治理效率分项指数比较

根据东部、中部、西部和东北四个地区的划分，对上市公司自愿性信息披露治理效率分项指数按照均值从高到低的顺序进行排名和比较，结果参见表20-6。

表 20-6　2020 年不同地区上市公司自愿性信息披露治理效率分项指数比较

排名	地区	公司数目	平均值	中位值	最大值	最小值	标准差
1	东部	2647	77.8948	81.2500	100.0000	43.7500	5.6382
2	中部	488	76.9339	81.2500	93.7500	56.2500	6.1874
3	东北	149	76.6779	81.2500	87.5000	62.5000	5.9107
4	西部	490	76.5816	81.2500	93.7500	50.0000	6.4916
	总体	3774	77.5520	81.2500	100.0000	43.7500	5.8636

从表 20-6 可以看到，四个地区中，东部上市公司自愿性信息披露治理效率分项指数均值最高，为 77.8948 分；西部最低，为 76.5816 分，二者绝对差距为 1.3132 分。自愿性信息披露治理效率分项指数的最大值和最小值都出自东部。

图 20-6 更直观地显示了不同地区上市公司自愿性信息披露治理效率分项指数的差异。

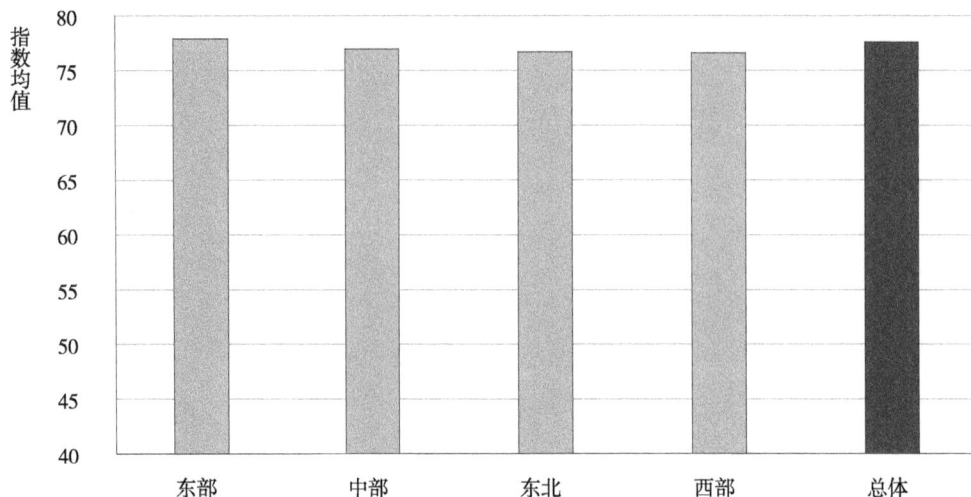

图20-6　2020年不同地区上市公司自愿性信息披露治理效率分项指数比较

由图 20-6 可以看出，只有东部地区自愿性信息披露治理效率分项指数均值高于总体均值，其他三个地区都低于总体均值，但四个地区差距不大。四个地区自愿性信息披露治理效率分项指数的标准差比较接近，也不高，说明各地区治理效率分项指数内部差异不太大。

20.3.3　分行业自愿性信息披露治理效率分项指数比较

对 18 个行业上市公司自愿性信息披露治理效率分项指数按照均值从高到低的顺序进行排名和比较，结果参见表 20-7。

表 20-7　2020 年不同行业上市公司自愿性信息披露治理效率分项指数比较

排名	行业	公司数目	平均值	中位值	最大值	最小值	标准差
1	农、林、牧、渔业（A）	42	79.0179	81.2500	87.5000	56.2500	5.4249
2	租赁和商务服务业（L）	58	78.7716	81.2500	87.5000	62.5000	5.3109
3	文化、体育和娱乐业（R）	58	78.7716	81.2500	93.7500	56.2500	5.6786
4	建筑业（E）	95	77.9605	81.2500	93.7500	56.2500	6.0045
5	综合（S）	13	77.8846	81.2500	87.5000	62.5000	6.3052
6	交通运输、仓储和邮政业（G）	100	77.8750	81.2500	93.7500	56.2500	6.0221
7	信息传输、软件和信息技术服务业（I）	306	77.6552	81.2500	93.7500	56.2500	5.5209

排名	行业	公司数目	平均值	中位值	最大值	最小值	标准差
8	制造业（C）	2373	77.6470	81.2500	100.0000	43.7500	5.6763
9	电力、热力、燃气及水生产和供应业（D）	114	77.2478	81.2500	87.5000	50.0000	6.6807
10	科学研究和技术服务业（M）	51	77.2059	81.2500	81.2500	56.2500	6.1665
11	房地产业（K）	117	76.9231	81.2500	93.7500	62.5000	6.3012
12	水利、环境和公共设施管理业（N）	62	76.9153	81.2500	87.5000	62.5000	5.7883
13	批发和零售业（F）	162	76.8904	81.2500	93.7500	56.2500	6.2535
14	采矿业（B）	75	76.8333	81.2500	87.5000	62.5000	6.6750
15	卫生和社会工作（Q）	13	76.4423	75.0000	81.2500	68.7500	4.9963
16	金融业（J）	117	76.2821	81.2500	87.5000	50.0000	7.5133
17	住宿和餐饮业（H）	7	75.0000	75.0000	81.2500	68.7500	5.7864
18	教育（P）	10	74.3750	75.0000	81.2500	68.7500	4.3750
	总体	3774	77.5520	81.2500	100.0000	43.7500	5.8636

注：居民服务、修理和其他服务业（O）只有1家上市公司，难以代表该行业整体水平，故排名时剔除。

由表20-7可以看出，18个行业中，有8个行业的上市公司自愿性信息披露治理效率分项指数均值高于总体均值，这8个行业的行业最大均值与总体均值之间的绝对差距为1.4659分；其他10个行业的上市公司自愿性信息披露治理效率分项指数均值低于总体均值，总体均值与这10个行业的最小均值之间的绝对差距为3.1770分。显然，低分区行业内部的差距大于高分区行业。自愿性信息披露治理效率分项指数均值排名前三位的行业分别为农、林、牧、渔业（A），租赁和商务服务业（L），文化、体育和娱乐业（R）；而教育（P），住宿和餐饮业（H），金融业（J）则排名最后三位。

图20-7更直观地体现了不同行业上市公司自愿性信息披露治理效率分项指数均值的差异。可以看到，各个行业上市公司自愿性信息披露治理效率分项指数均值集中在区间 [74，80]，行业之间的差距不是很大，分布比较平稳。

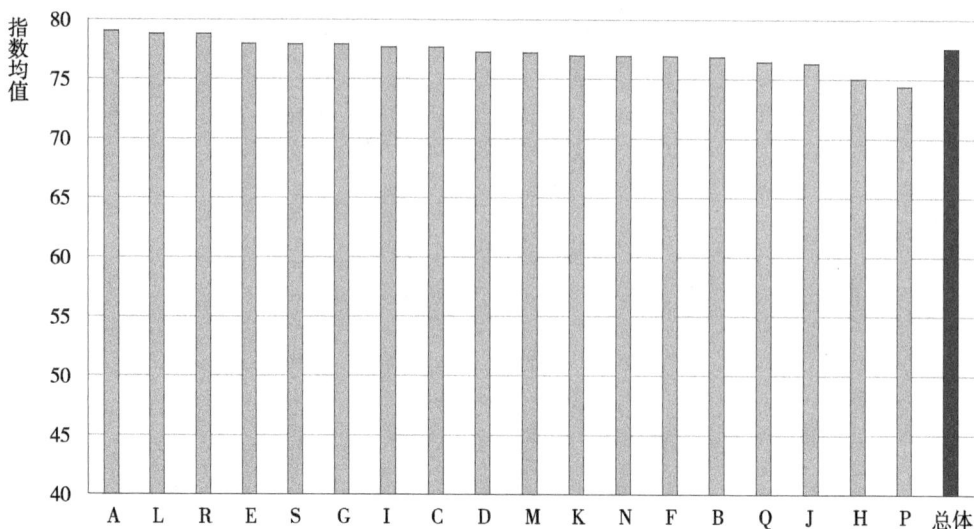

图20-7　2020年不同行业上市公司自愿性信息披露治理效率分项指数比较

20.4　自愿性信息披露利益相关者分项指数排名及比较

利益相关者方面的自愿性信息披露重在评价公司有关各利益相关者的信息披露情况。本节主要对利益相关者分项指数排名的各种情况进行比较和分析。

20.4.1　自愿性信息披露利益相关者分项指数总体分布

通过对3774家上市公司在利益相关者方面的自愿性信息披露进行评价，我们得出每家上市公司自愿性信息披露利益相关者分项指数，并进行了排名。按照每10分一个区间，可以将上市公司自愿性信息披露利益相关者分项指数划分为10个区间段，每个区间段的公司数目和所占比重参见表20-8。

表20-8　2020年上市公司自愿性信息披露利益相关者分项指数区间分布

指数区间	公司数目	占比（％）	累计占比（％）
[0，10）	23	0.61	0.61
[10，20）	30	0.79	1.40
[20，30）	180	4.77	6.17
[30，40）	182	4.82	11.00
[40，50）	664	17.59	28.59

指数区间	公司数目	占比（%）	累计占比（%）
[50，60）	1797	47.62	76.21
[60，70）	519	13.75	89.96
[70，80）	86	2.28	92.24
[80，90）	65	1.72	93.96
[90，100]	228	6.04	100.00
总体	3774	100.00	--

图 20-8 更直观地显示了自愿性信息披露利益相关者分项指数的区间分布情况。

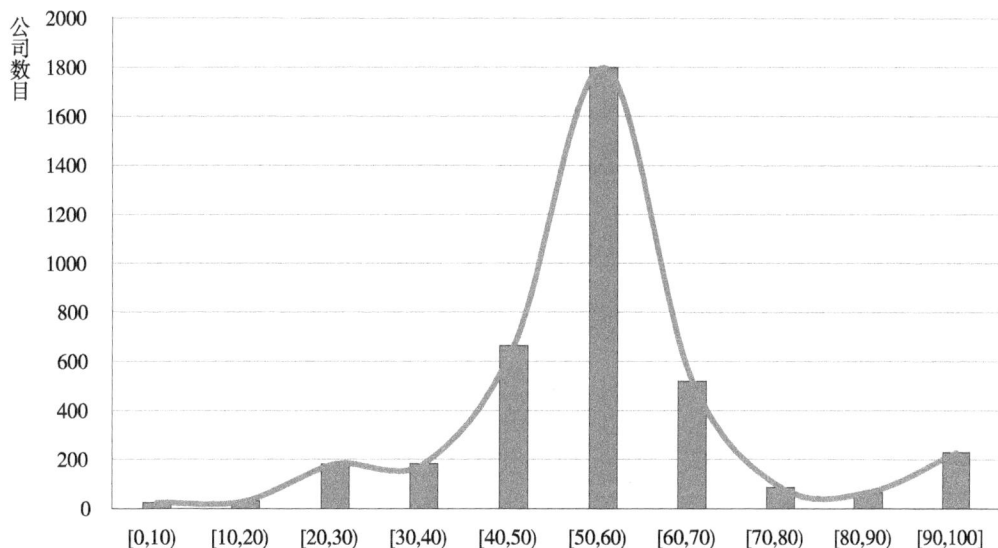

图20-8　2020年上市公司自愿性信息披露利益相关者分项指数区间分布

由表 20-8 和图 20-8 可以看出，自愿性信息披露利益相关者分项指数主要集中在 [40，70）区间，有公司 2980 家，占全部样本的 78.96 %，其中 [50，60）区间公司数目达到 1797 家，占全部样本的 47.62%。达到及格线（60 分）的公司有 898 家，占 23.79 %，相比上年（26.09 %）有所下降，说明公司披露利益相关者信息的意愿还有待提高。

20.4.2　分地区自愿性信息披露利益相关者分项指数比较

根据东部、中部、西部和东北四个地区的划分，对上市公司自愿性信息披露利益相关者分项指数按照均值从高到低的顺序进行排名和比较，结果参见表 20-9。

表 20-9　2020 年不同地区上市公司自愿性信息披露利益相关者分项指数比较

排名	地区	公司数目	平均值	中位值	最大值	最小值	标准差
1	西部	490	58.3503	58.3333	100.0000	0.0000	16.3013
2	东北	149	57.1029	58.3333	100.0000	16.6667	17.0366
3	中部	488	57.0697	58.3333	100.0000	8.3333	16.0170
4	东部	2647	53.8503	58.3333	100.0000	0.0000	15.9688
总体		3774	54.9792	58.3333	100.0000	0.0000	16.1586

　　从表 20-9 可以看到，四个地区中，西部上市公司自愿性信息披露利益相关者分项指数均值最高，为 58.3503 分；东部最低，为 53.8503 分，二者绝对差距为 4.5000 分。自愿性信息披露利益相关者分项指数的最大值同时出自四个地区，最小值同时出自东部和西部。

　　图 20-9 更直观地显示了不同地区上市公司自愿性信息披露利益相关者分项指数的差异。

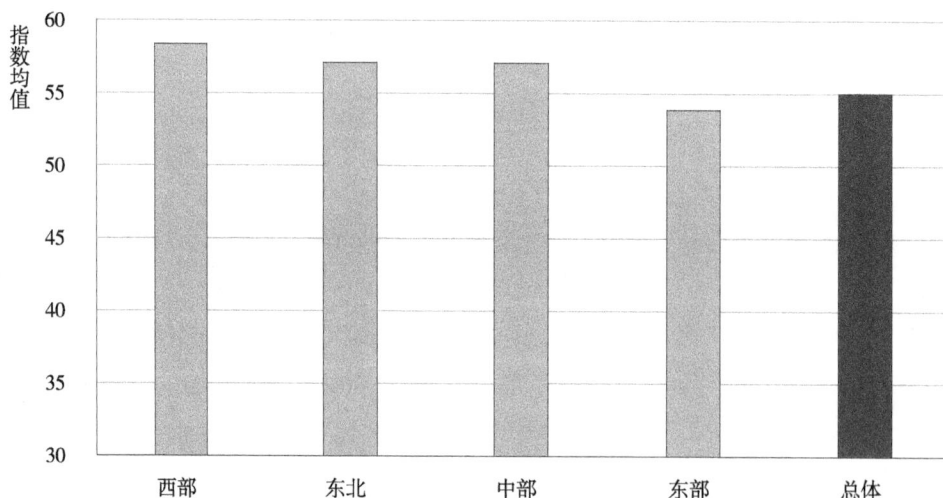

图20-9　2020年不同地区上市公司自愿性信息披露利益相关者分项指数比较

　　由图 20-9 可以看出，除了东部，其他三个地区自愿性信息披露利益相关者分项指数均值都超过总体均值。从标准差看，四个地区的标准差都比较大，说明四个地区自愿性信息披露利益相关者分项指数内部差异较大。

20.4.3　分行业自愿性信息披露利益相关者分项指数比较

对 18 个行业上市公司自愿性信息披露利益相关者分项指数按照均值从高到低的顺序进行排名和比较，结果见表 20-10。

表 20-10　2020 年不同行业上市公司自愿性信息披露利益相关者分项指数比较

排名	行业	公司数目	平均值	中位值	最大值	最小值	标准差
1	电力、热力、燃气及水生产和供应业（D）	114	63.2310	58.3333	100.0000	33.3333	19.3967
2	水利、环境和公共设施管理业（N）	62	61.6935	58.3333	100.0000	8.3333	18.7812
3	房地产业（K）	117	60.9687	58.3333	100.0000	25.0000	17.3181
4	采矿业（B）	75	60.1111	58.3333	100.0000	25.0000	18.0171
5	交通运输、仓储和邮政业（G）	100	60.0833	58.3333	100.0000	8.3333	16.2999
6	住宿和餐饮业（H）	7	59.5238	58.3333	91.6667	41.6667	16.3230
7	文化、体育和娱乐业（R）	58	59.4828	58.3333	100.0000	33.3333	14.7170
8	综合（S）	13	58.9744	50.0000	100.0000	25.0000	21.7949
9	建筑业（E）	95	56.8421	58.3333	100.0000	16.6667	16.7532
10	科学研究和技术服务业（M）	51	56.5359	58.3333	100.0000	16.6667	17.9501
11	卫生和社会工作（Q）	13	55.7692	58.3333	83.3333	33.3333	11.9582
12	租赁和商务服务业（L）	58	55.7471	58.3333	100.0000	16.6667	14.6974
13	信息传输、软件和信息技术服务业（I）	306	55.2560	58.3333	100.0000	0.0000	15.9662
14	农、林、牧、渔业（A）	42	55.1587	58.3333	100.0000	25.0000	16.5624
15	批发和零售业（F）	162	54.3724	58.3333	100.0000	16.6667	15.1071
16	制造业（C）	2373	53.7997	58.3333	100.0000	0.0000	15.4442
17	教育（P）	10	53.3333	54.1667	91.6667	33.3333	16.7498
18	金融业（J）	117	48.3618	50.0000	91.6667	0.0000	16.3154
	总体	3774	54.9792	58.3333	100.0000	0.0000	16.1586

注：居民服务、修理和其他服务业（O）只有 1 家上市公司，难以代表该行业整体水平，故排名时剔除。

由表 20-10 可知，18 个行业中，有 14 个行业的上市公司自愿性信息披露利益相关者分项指数均值高于总体均值，这 14 个行业的行业最大均值与总体均值之间的绝对差距为 8.2518 分；其他 4 个行业的上市公司自愿性信息披露利益相关者分项指数均值低于总体均值，总体均值与这 4 个行业的最小均值之间的绝对差距为 6.6174 分。显然，低分区行业内部的差距小于高分区行业。排名前三名的行业是电力、热力、燃气及水生产和供应业（D），水利、环境和公共设施管理业（N），房地产业（K），排名后三名的行业是金融业（J），教育（P），制造业（C）。

图 20-10 更直观地显示了不同行业上市公司自愿性信息披露利益相关者分项指数均值的差异。可以看到，排名最后的金融业（J）与其他行业差别较大，其他各行业的变化相对比较平缓。

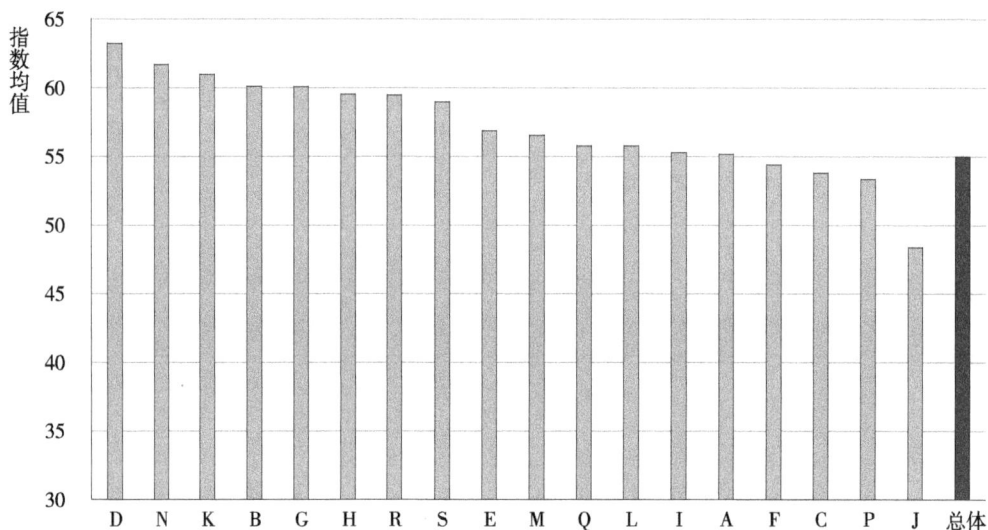

图20-10 2020年不同行业上市公司自愿性信息披露利益相关者分项指数比较

20.5 自愿性信息披露风险控制分项指数排名及比较

风险控制方面的自愿性信息披露重在评价公司对各利益相关者公开公司风险及其控制方面的信息披露情况。本节对风险控制分项指数进行比较分析。

20.5.1 自愿性信息披露风险控制分项指数总体分布

通过对 3744 家上市公司在风险控制方面的自愿性信息披露进行评价，我们得出了每家上市公司的自愿性信息披露风险控制分项指数，并进行了排名。按照每 10 分一个区间，可以将上市公司自愿性信息披露风险控制分项指数划分为 10 个区间段，每个区间段的公司数目和所占比重参见表 20-11。

表 20-11　2020 年上市公司自愿性信息披露风险控制分项指数区间分布

指数区间	公司数目	占比（%）	累计占比（%）
[0，10）	0	0.00	0.00
[10，20）	5	0.13	0.13
[20，30）	50	1.32	1.46
[30，40）	281	7.45	8.90
[40，50）	870	23.05	31.96
[50，60）	1863	49.36	81.32
[60，70）	626	16.59	97.91
[70，80）	77	2.04	99.95
[80，90）	2	0.05	100.00
[90，100]	0	0.00	100.00
总体	3744	100.00	--

图 20-11 更直观地显示了自愿性信息披露风险控制分项指数的区间分布情况。

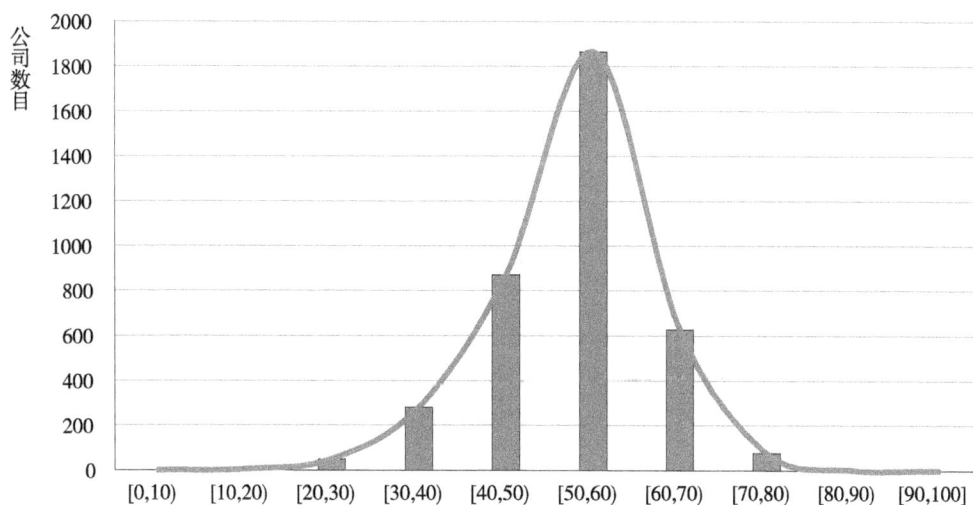

图20-11　2020年上市公司自愿性信息披露风险控制分项指数区间分布

从表 20-11 和图 20-11 可以看出，2020 年上市公司自愿性信息披露风险控制分项指数主要集中在 [40，70）区间，有 3359 家，占样本总数的 89.00%。达到及格线 60 分的公司有 705 家，占总样总数的 18.68%，尽管比上年（15.05%）略有提升，但仍很低，说明公司披露自身风险信息的意愿还不强。

20.5.2　分地区自愿性信息披露风险控制分项指数比较

根据东部、中部、西部和东北四个地区的划分，对上市公司自愿性信息披露风险控制分项指数按照均值从高到低的顺序进行排名和比较，结果参见表 20-12。

表 20-12　2020 年不同地区上市公司自愿性信息披露风险控制分项指数比较

排名	地区	公司数目	平均值	中位值	最大值	最小值	标准差
1	东部	2647	53.3917	55.5556	88.8889	11.1111	10.2846
2	中部	488	53.0624	55.5556	77.7778	11.1111	10.5587
3	西部	490	52.3016	55.5556	77.7778	22.2222	10.2835
4	东北	149	51.0440	55.5556	77.7778	22.2222	10.9111
	总体	3774	53.1149	55.5556	88.8889	11.1111	10.3606

从表 20-12 可以看到，四个地区中，东部上市公司自愿性信息披露风险控制分项指数均值最高，为 53.3917 分；东北最低，为 51.0440 分，二者绝对差距为 2.3477 分。自愿性信息披露风险控制分项指数的最大值出自东部，最小值同时出自东部和中部。

图 20-12 可以更直观地看出四个地区上市公司自愿性信息披露风险控制分项指数的差异。

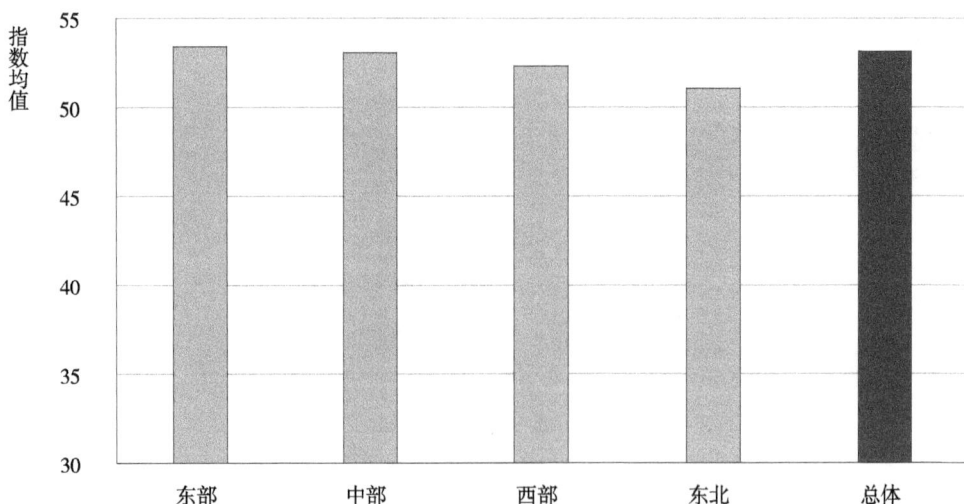

图20-12　2020年不同地区上市公司自愿性信息披露风险控制分项指数比较

由图 20-12 可以看出，四个地区中，只有东部上市公司自愿性信息披露风险控制分项指数均值超过总体均值,其他三个地区都低于总体均值。总体来看,四个地区上市公司自愿性信息披露风险控制分项指数均值差别不大。

20.5.3 分行业自愿性信息披露风险控制分项指数比较

对 18 个行业上市公司自愿性信息披露风险控制分项指数按照均值从高到低的顺序进行排名和比较,结果参见表 20-13。

表 20-13 2020 年不同行业上市公司自愿性信息披露风险控制分项指数比较

排名	行业	公司数目	平均值	中位值	最大值	最小值	标准差
1	金融业(J)	117	55.6505	55.5556	66.6667	33.3333	9.8791
2	交通运输、仓储和邮政业(G)	100	55.5556	55.5556	88.8889	22.2222	11.2491
3	建筑业(E)	95	55.0877	55.5556	77.7778	33.3333	10.3438
4	采矿业(B)	75	54.0741	55.5556	77.7778	22.2222	11.3795
5	水利、环境和公共设施管理业(N)	62	53.4946	55.5556	66.6667	22.2222	10.4762
6	制造业(C)	2373	53.4883	55.5556	88.8889	11.1111	9.7910
7	电力、热力、燃气及水生产和供应业(D)	114	53.0214	55.5556	77.7778	22.2222	11.2115
8	科学研究和技术服务业(M)	51	52.9412	55.5556	66.6667	22.2222	8.4041
9	批发和零售业(F)	162	52.4005	55.5556	77.7778	22.2222	10.7251
10	住宿和餐饮业(H)	7	52.3810	55.5556	55.5556	33.3333	7.7762
11	房地产业(K)	117	51.4245	55.5556	77.7778	22.2222	12.7092
12	信息传输、软件和信息技术服务业(I)	306	50.7625	55.5556	77.7778	11.1111	10.8643
13	文化、体育和娱乐业(R)	58	50.3831	55.5556	66.6667	22.2222	9.7249
14	农、林、牧、渔业(A)	42	50.1323	55.5556	66.6667	22.2222	10.3217
15	租赁和商务服务业(L)	58	50.0000	55.5556	66.6667	11.1111	13.7251
16	综合(S)	13	49.5726	44.4444	77.7778	22.2222	15.4793
17	卫生和社会工作(Q)	13	48.7179	55.5556	66.6667	22.2222	14.8039
18	教育(P)	10	44.4444	44.4444	55.5556	33.3333	11.1111
	总体	3744	53.1149	55.5556	88.8889	11.1111	10.3606

注:居民服务、修理和其他服务业(O)只有 1 家上市公司,难以代表该行业整体水平,故排名时剔除。

由表 20-13 可以看出，18 个行业中，有 6 个行业的上市公司自愿性信息披露风险控制分项指数均值高于总体均值，这 6 个行业的行业最大均值与总体均值之间的绝对差距为 2.5356 分；其他 12 个行业的上市公司自愿性信息披露风险控制分项指数均值低于总体均值，总体均值与这 12 个行业的最小均值之间的绝对差距为 8.6704 分。显然高分区行业的内部差距小于低分区行业。上市公司自愿性信息披露风险控制分项指数排名前三位的行业分别为金融业（J），交通运输、仓储和邮政业（G），建筑业（E）。教育（P），卫生和社会工作（Q），综合（S）则排名最后三位。

图 20-13 更直观地体现了不同行业上市公司自愿性信息披露风险控制分项指数均值的差异。可以看到，除了排名最后的金融业（J）外，其他行业的自愿性信息披露风险控制分项指数均值自大到小的变化比较平缓。

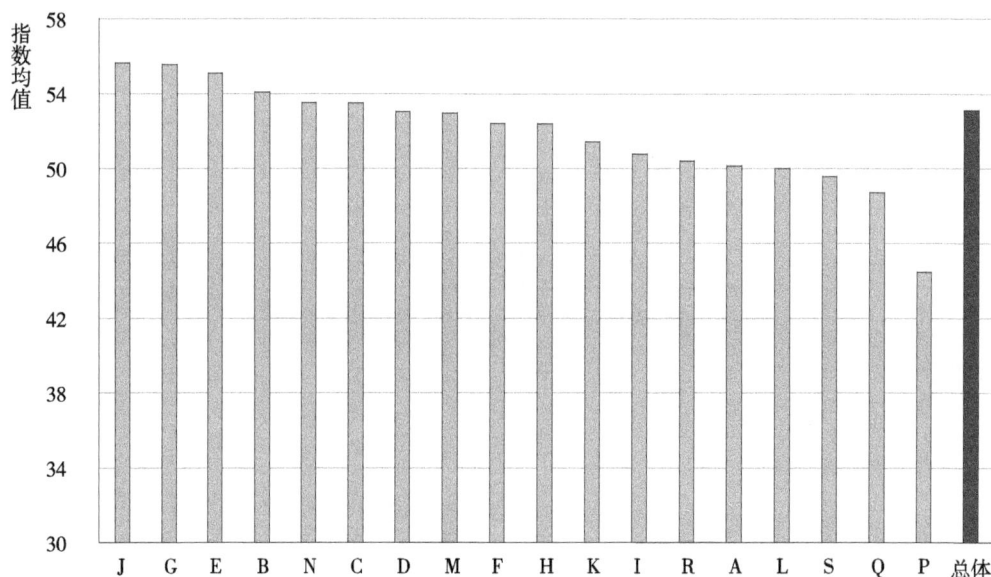

图20-13　2020年不同行业上市公司自愿性信息披露风险控制分项指数比较

20.6　本章小结

本章从指数总体分布以及地区和行业三个方面，对 2020 年自愿性信息披露的四个分项指数，即治理结构、治理效率、利益相关者、风险控制进行了比较分析，通过分析我们发现：

从自愿性信息披露四个分项指数比较看，治理效率分项指数均值最高，风险控制分项指数均值最低。从指数分布区间看，四个分项指数的分布都比较集中。其中，治理结构分项指数主要分布在 [50，90）区间，占样本总数的 89.61 %；治理效率分项指数主要分布在 [60，90）区间，占总样本的 98.83 %；利益相关者分项指数主要分布在 [40，70）

区间，占样本总数的 78.96%；风险控制分项指数主要分布在 [40，70）区间，占样本总数的 89.00 %。只有治理结构和治理效率两个分项指数的均值超过了 60 分的及格线，而利益相关者和风险控制两个分项指数均值均低于 60 分，未达及格线，这说明公司在利益相关者和风险控制方面的自愿性信息披露还较差。

从地区来看，自愿性信息披露治理结构分项指数均值从高到低依次是东部、中部、西部和东北地区；治理效率分项指数均值从高到低依次是东部、中部、东北和西部地区；利益相关者分项指数均值从高到低依次是西部、东北、中部和东部地区；风险控制分项指数的均值从高到低依次是东部、中部、西部和东北地区。总体看，东部地区除利益相关者分项指数均值，排名都位居第一位。

从行业来看，自愿性信息披露治理结构分项指数均值最高的前三名是金融业（J），信息传输、软件和信息技术服务业（I），科学研究和技术服务业（M）；治理效率分项指数均值最高的前三名是农、林、牧、渔业（A），租赁和商务服务业（L），文化、体育和娱乐业（R）；利益相关者分项指数均值最高的前三名是电力、热力、燃气及水生产和供应业（D），水利、环境和公共设施管理业（N），房地产业（K）；风险控制分项指数均值最高的前三名是金融业（J），交通运输、仓储和邮政业（G），建筑业（E）。总体来看，各行业在四个分项指数中的表现各有侧重。

第21章　自愿性信息披露指数的所有制比较

根据第 1 章的控股或所有制类型划分，本章对 2020 年 3774 家样本上市公司的自愿性信息披露指数及四个分项指数从所有制角度进行比较分析，以了解国有控股公司和非国有控股公司在自愿性信息披露方面存在的异同。

21.1　自愿性信息披露指数总体的所有制比较

21.1.1　自愿性信息披露总体指数比较

不同的所有制会对上市公司自愿性信息披露产生影响，表 21-1 比较了不同所有制上市公司总体的自愿性信息披露指数，并按照均值从高到低的顺序进行了排名。

表 21-1　2020 年不同所有制上市公司自愿性信息披露指数比较

排名	所有制类型	公司数目	平均值	中位值	最大值	最小值	标准差
1	国有绝对控股公司	490	64.3867	64.4097	83.8542	45.6597	6.9708
2	国有参股公司	870	63.8637	64.1493	82.8125	44.0972	5.9646
3	国有强相对控股公司	434	63.1656	63.1076	81.5972	44.9653	6.7137
4	无国有股份公司	1743	63.0975	63.3681	81.0764	41.1458	6.3964
5	国有弱相对控股公司	237	63.0875	63.1944	80.5556	44.2708	7.2616
	总体	3774	63.4487	63.5417	83.8542	41.1458	6.4907

从表 21-1 可以看出，五类所有制公司自愿性信息披露指数均值都达到及格水平，且彼此之间的差异不大，最大均值和最小均值之差仅为 1.2992 分。国有绝对控股公司自愿性信息披露指数的均值和中位值都是最高的；国有弱相对股份公司自愿性信息披露

指数的均值最低；国有强相对控股公司自愿性信息披露指数的中位值最低。从标准差来看，国有弱相对控股公司最高，国有参股公司最低，二者相差 1.2970 分。

图 21-1 按照前十大股东中的国有股份比例从大到小进行了排序，从而更直观地反映了不同所有制上市公司自愿性信息披露指数均值的差异。可以发现，从总体趋势看，随着前十大股东中的国有股东持股比例的降低，自愿性信息披露指数先下降后上升，最后又下降，呈现出一个"S"型，说明国有股东控股比例，并不一定与自愿性信息披露完全正相关。

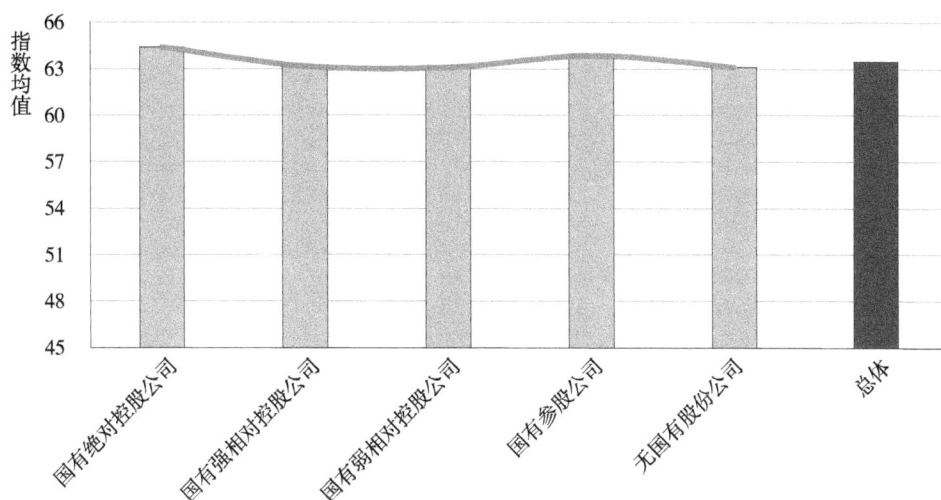

图21-1　2020年不同所有制上市公司自愿性信息披露指数均值比较

我们进一步将国有绝对控股公司、国有强相对控股公司和国有弱相对控股公司归类为国有控股公司，将国有参股公司和无国有股份公司归类为非国有控股公司，表 21-2 比较了国有控股公司和非国有控股公司自愿性信息披露指数的差异。

表 21-2　2020 年国有与非国有控股上市公司自愿性信息披露指数比较

排名	控股类型	公司数目	平均值	中位值	最大值	最小值	标准差
1	国有控股公司	1161	63.6650	63.5417	83.8542	44.2708	6.9644
2	非国有控股公司	2613	63.3526	63.5417	82.8125	41.1458	6.2664
	总体	3774	63.4487	63.5417	83.8542	41.1458	6.4907

从表 21-2 可知，国有控股公司自愿性信息披露指数均值大于非国有控股公司，但差距很小，前者仅高出后者 0.3124 分。自愿性信息披露指数的最大值来自国有控股公司，最小值来自非国有控股公司。

根据实际控制人的性质，我们还可以将上市公司进一步区分为中央企业（或监管机构）、地方国企（或监管机构）和非国有企业或自然人最终控制的上市公司三类，表21-3对三类上市公司进行了比较，并按照均值从高到低的顺序进行了排名。可以发现，中央企业（或监管机构）最终控制的公司的自愿性信息披露指数均值高于地方国企（或监管机构）和非国有企业或自然人最终控制的公司，前者比地方国企（或监管机构）自愿性信息披露指数均值高出 0.9303 分，比非国有企业或自然人最终控制的公司高出 1.0162 分。

表 21-3 2020 年不同最终控制人上市公司自愿性信息披露指数比较

排名	最终控制人	公司数目	平均值	中位值	最大值	最小值	标准差
1	中央企业（或监管机构）	411	64.3358	64.4097	80.7292	46.3542	6.7744
2	地方国企（或监管机构）	811	63.4055	63.3681	83.8542	44.0972	7.0467
3	非国有企业或自然人	2552	63.3196	63.5417	81.0764	41.1458	6.2440
	总体	3774	63.4487	63.5417	83.8542	41.1458	6.4907

21.1.2 自愿性信息披露分项指数总体比较

自愿性信息披露指数包括治理结构、治理效率、利益相关者和风险控制四个分项指数，表21-4对五类所有制上市公司的四个自愿性信息披露分项指数进行了比较。

表 21-4 2020 年不同所有制上市公司自愿性信息披露分项指数均值比较

所有制类型	治理结构	治理效率	利益相关者	风险控制
国有绝对控股公司	66.7092	76.6199	59.6939	54.5238
国有强相对控股公司	64.6313	76.4977	58.6406	52.8930
国有弱相对控股公司	66.9831	76.6350	56.6456	52.0863
国有参股公司	68.7428	77.6796	55.7759	53.2567
无国有股份公司	69.2915	78.1376	52.1180	52.8431
总体	68.1488	77.5520	54.9792	53.1149

从表21-4可以看出，五类所有制上市公司的治理结构和治理效率两个分项指数的均值都达到了及格水平，且治理效率的均值都超过 75 分；在利益相关者和风险控制两个分项指数上，五类所有制公司的均值都未达到及格水平。

　　自愿性信息披露四个分项指数均值之间存在大小不等的差异，图 21-2 直观地反映了这种差异。可以发现，随着前十大股东中的国有股比例的降低，治理结构分项指数先下降后逐步提高，在无国有股份公司达到最高；治理效率分项指数在五类公司中差异很小，无国有股份公司最高；利益相关者分项指数呈现逐步下降的趋势，说明国有控股公司对利益相关者的信息披露更加重视；风险控制分项指数在国有绝对控股公司最高，而后呈现先下降后上升再下降的趋势。

　　总体上看，无国有股份公司和国有参股公司相对更偏重治理结构和治理效率方面的信息披露；国有绝对控股公司和国有强相对控股公司相对较注重利益相关者和风险控制方面的信息披露。

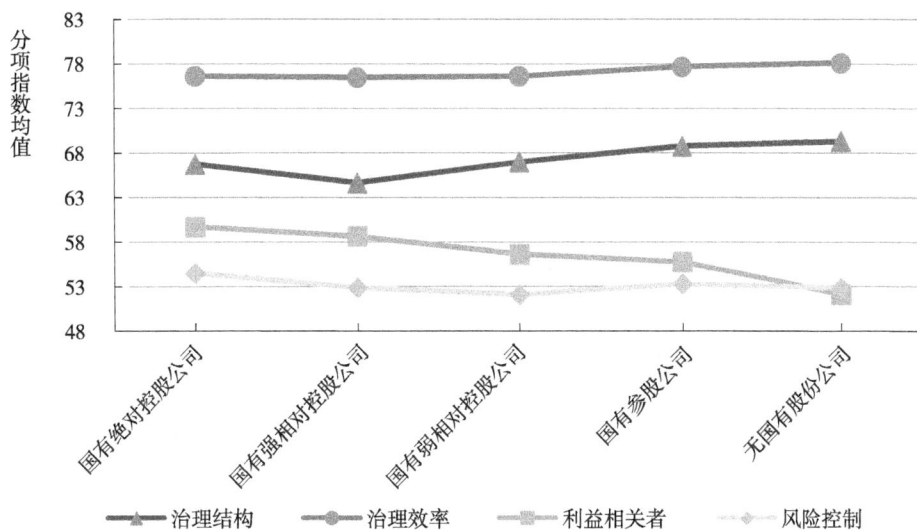

图21-2　2020年不同所有制上市公司自愿性信息披露分项指数变化趋势

　　我们进一步将国有绝对控股公司、国有强相对控股公司和国有弱相对控股公司归类为国有控股公司，将国有参股公司和无国有股份公司归类为非国有控股公司，两类所有制上市公司自愿性信息披露分项指数均值的比较参见表 21-5 和图 21-3。可以看到，在治理结构和治理效率分项指数上，非国有控股公司自愿性信息披露具有优势；在利益相关者和风险控制分项指数上，国有控股公司自愿性信息披露具有优势。

表 21-5　2020 年国有与非国有控股上市公司自愿性信息披露分项指数均值比较

控股类型	治理结构	治理效率	利益相关者	风险控制
国有控股公司	65.9884	76.5773	58.6779	53.4166
非国有控股公司	69.1088	77.9851	53.3359	52.9808
总体	68.1488	77.5520	54.9792	53.1149

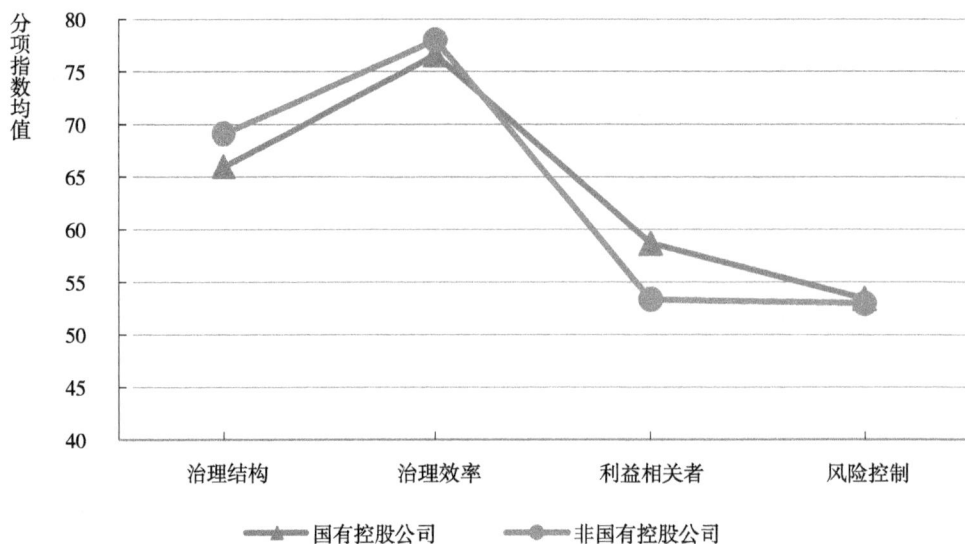

图21-3 2020年国有与非国有控股上市公司自愿性信息披露分项指数均值比较

根据实际控制人的划分，再来比较三类控制人控制的上市公司在自愿性信息披露指数上的差别，三者的比较参见表21-6和图21-4。可以看出，在治理结构分项指数上，非国有企业或自然人最终控制的公司明显好于中央企业（或监管机构），后者略好于地方国企（或监管机构）最终控制的公司；在治理效率分项指数上，非国有企业或自然人最终控制的公司好于中央企业（或监管机构）和地方国企（或监管机构）最终控制的公司；在利益相关者分项指数上，中央企业（或监管机构）最终控制的公司好于地方国企（或监管机构）最终控制的公司，且这两类公司都明显好于非国有企业或自然人最终控制的公司；在风险控制分项指数上，中央企业（或监管机构）最终控制的公司略好于地方国企（或监管机构）和非国有企业或自然人最终控制的公司。

表 21-6　2020 年不同最终控制人上市公司自愿性信息披露分项指数均值比较

最终控制人	治理结构	治理效率	利益相关者	风险控制
中央企业（或监管机构）	66.8948	76.5055	59.9959	53.9470
地方国企（或监管机构）	65.7213	76.8650	58.0148	53.0210
非国有企业或自然人	69.1223	77.9389	53.2066	53.0107
总体	68.1488	77.5520	54.9792	53.1149

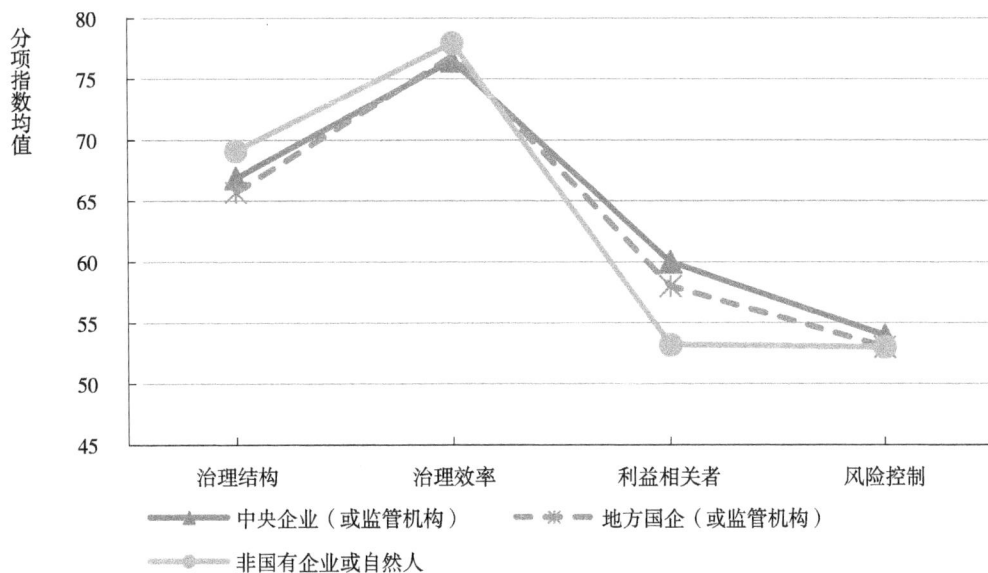

图21-4 2020年不同最终控制人上市公司自愿性信息披露分项指数均值比较

21.2 分地区自愿性信息披露指数的所有制比较

21.2.1 分地区自愿性信息披露总体指数比较

按照四个地区的划分标准，我们进一步统计了不同地区国有控股和非国有控股上市公司的自愿性信息披露指数，参见表 21-7。

表 21-7 2020 年不同地区国有与非国有控股上市公司自愿性信息披露指数比较

地区	所有制类型	公司数目	平均值	中位值	最大值	最小值	标准差
东部	国有控股公司	693	63.7431	63.5417	83.5069	44.2708	6.9746
	非国有控股公司	1954	63.3123	63.5417	82.8125	42.0139	6.2699
	总体	2647	63.4251	63.5417	83.5069	42.0139	6.4646
中部	国有控股公司	197	63.6042	63.3681	83.8542	44.9653	7.1845
	非国有控股公司	291	63.7773	64.4097	81.0764	43.4028	6.0477
	总体	488	63.7075	63.4549	83.8542	43.4028	6.5310

续表

地区	所有制类型	公司数目	平均值	中位值	最大值	最小值	标准差
西部	国有控股公司	213	64.0014	64.5833	82.2917	45.6597	6.6466
	非国有控股公司	277	63.3712	63.3681	78.9931	41.1458	6.2818
	总体	490	63.6451	63.9757	82.2917	41.1458	6.4505
东北	国有控股公司	58	61.7038	62.1528	78.6458	48.4375	6.9105
	非国有控股公司	91	62.8053	63.0208	80.2083	47.3958	6.7407
	总体	149	62.3765	62.6736	80.2083	47.3958	6.8285

从表 21-7 可以看出，东部和西部地区，国有控股公司的自愿性信息披露指数均值都略高于非国有控股公司；中部和东北地区，国有控股公司的自愿性信息披露指数均值都略低于非国有控股公司。

图 21-5 直观地反映了四个地区国有控股上市公司与非国有控股上市公司自愿性信息披露指数均值的差异。可以看出，在国有控股公司自愿性信息披露上，西部最好，其后依次是东部和中部，东北最差。在非国有控股公司自愿性信息披露上，中部最好，其后依次是西部和东部，东北仍是最差。

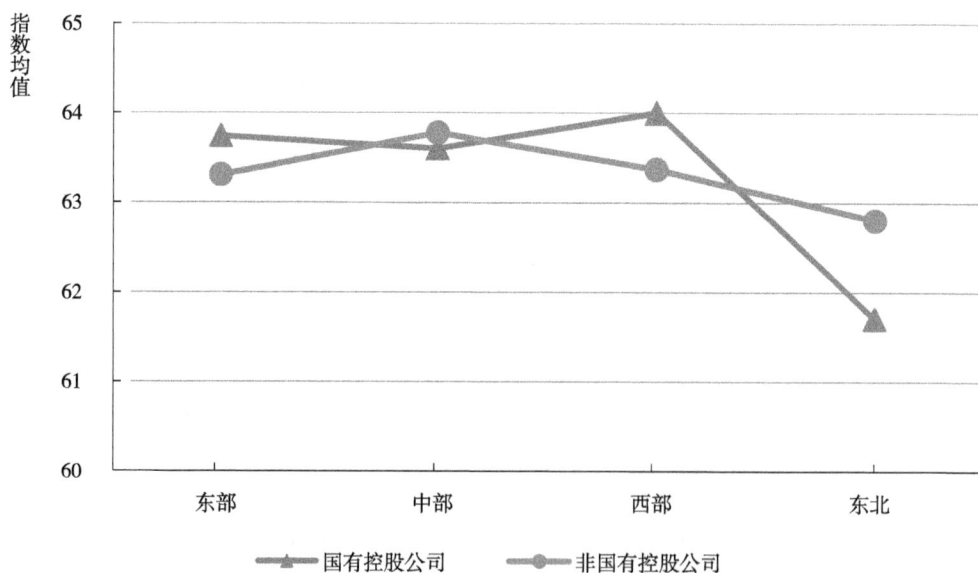

图21-5 2020年不同地区国有与非国有控股上市公司自愿性信息披露指数均值比较

21.2.2　分地区自愿性信息披露分项指数比较

接下来，我们对四个地区国有控股与非国有控股上市公司的自愿性信息披露分项指数均值进行比较分析，参见表 21-8。

表 21-8　2020 年不同地区国有与非国有控股上市公司自愿性信息披露分项指数均值比较

地区	所有制类型	治理结构	治理效率	利益相关者	风险控制
东部	国有控股公司	66.5404	77.0202	57.7321	53.6797
	非国有控股公司	69.2810	78.2050	52.4736	53.2895
	总体	68.5635	77.8948	53.8503	53.3917
中部	国有控股公司	65.3871	76.1421	59.4755	53.4123
	非国有控股公司	69.3729	77.4699	55.4410	52.8255
	总体	67.7638	76.9339	57.0697	53.0624
西部	国有控股公司	66.1385	75.8216	60.7590	53.2864
	非国有控股公司	68.2762	77.1661	56.4982	51.5443
	总体	67.3469	76.5816	58.3503	52.3016
东北	国有控股公司	60.8836	75.5388	59.6264	50.7663
	非国有控股公司	67.1016	77.4038	55.4945	51.2210
	总体	64.6812	76.6779	57.1029	51.0440

由表 21-8 可以看出，四个地区两类所有制上市公司自愿性信息披露在四个分项指数上并没有一致的排序。为了便于比较，我们计算出四个地区非国有控股公司自愿性信息披露四个分项指数均值与对应的国有控股公司自愿性信息披露四个分项指数均值的差值，由此可以反映四个地区两类所有制上市公司自愿性信息披露四个分项指数的差异，如图 21-6 所示。可以看出，在治理结构和治理效率两个分项指数上，四个地区都是非国有控股公司优于国有控股公司；在利益相关者分项指数上，四个地区均是国有控股公司优于非国有控股公司；在风险控制分项指数上，东部、中部和西部地区是国有控股公司优于非国有控股公司，东北地区是非国有控股公司优于国有控股公司。

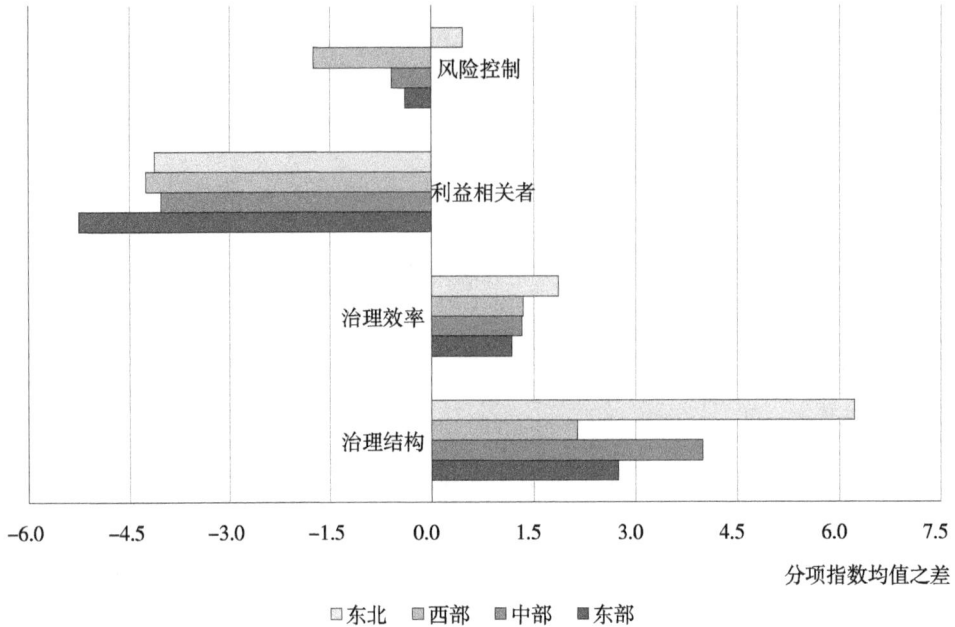

注：指数均值之差 = 非国有控股公司自愿性信息披露分项指数均值－国有控股公司自愿性信息披露分项指数均值。

图21-6　2020年不同地区国有与非国有控股上市公司自愿性信息披露指数差值比较

21.3　分行业自愿性信息披露指数的所有制比较

21.3.1　分行业自愿性信息披露总体指数比较

由于上市公司涉及19个行业，各行业上市公司数目不等。这里，我们选择上市公司较多且有较强代表性的六个行业：制造业（C），电力、热力、燃气及水生产和供应业（D），交通运输、仓储和邮政业（G），信息传输、软件和信息技术服务业（I），金融业（J）和房地产业（K），上述六个行业自愿性信息披露指数比较参见表21-9。

表21-9　2020年不同行业国有与非国有控股上市公司自愿性信息披露指数比较

行业	所有制类型	公司数目	平均值	中位值	最大值	最小值	标准差
	国有控股公司	547	62.9866	62.8472	81.5972	44.2708	6.5313
制造业（C）	非国有控股公司	1826	63.2682	63.3681	81.0764	42.0139	6.1262
	总体	2373	63.2033	63.3681	81.5972	42.0139	6.2230

行业	所有制类型	公司数目	平均值	中位值	最大值	最小值	标准差
电力、热力、燃气及水生产和供应业（D）	国有控股公司	84	64.2237	63.9757	80.7292	48.0903	7.6879
	非国有控股公司	30	64.8843	64.5833	77.0833	43.5764	7.2089
	总体	114	64.3975	64.4097	80.7292	43.5764	7.5704
交通运输、仓储和邮政业（G）	国有控股公司	71	65.7888	65.6250	79.8611	45.6597	6.6221
	非国有控股公司	29	63.9428	64.4097	78.9931	44.0972	7.0015
	总体	100	65.2535	65.1042	79.8611	44.0972	6.7863
信息传输、软件和信息技术服务业（I）	国有控股公司	50	62.1875	63.2813	78.6458	45.1389	7.8267
	非国有控股公司	256	63.9750	64.4097	78.6458	47.3958	6.2107
	总体	306	63.6829	64.4097	78.6458	45.1389	6.5358
金融业（J）	国有控股公司	75	66.2083	66.1458	80.2083	50.6944	7.1916
	非国有控股公司	42	63.1366	61.8056	82.8125	51.5625	7.2515
	总体	117	65.1057	64.5833	82.8125	50.6944	7.3621
房地产业（K）	国有控股公司	59	63.9919	63.3681	78.6458	51.9097	6.0619
	非国有控股公司	58	63.7302	64.4965	77.6042	47.9167	6.9570
	总体	117	63.8622	64.4097	78.6458	47.9167	6.5223

从表21-9可以看出，六个代表性行业中，交通运输、仓储和邮政业（G），金融业（J）以及房地产业（K）三个行业的国有控股公司自愿性信息披露指数均值高于非国有控股公司；其他三个行业的国有控股公司自愿性信息披露指数均值则低于非国有控股公司。

图21-7更直观地反映了六个行业国有控股公司与非国有控股公司自愿性信息披露指数均值的差异。可以看到，六个行业中，国有控股公司自愿性信息披露指数均值最高的行业是金融业（J），最低的是信息传输、软件和信息技术服务业（I）。非国有控股公司自愿性信息披露指数均值最高的行业是电力、热力、燃气及水生产和供应业（D），最低的行业是金融业（J）。

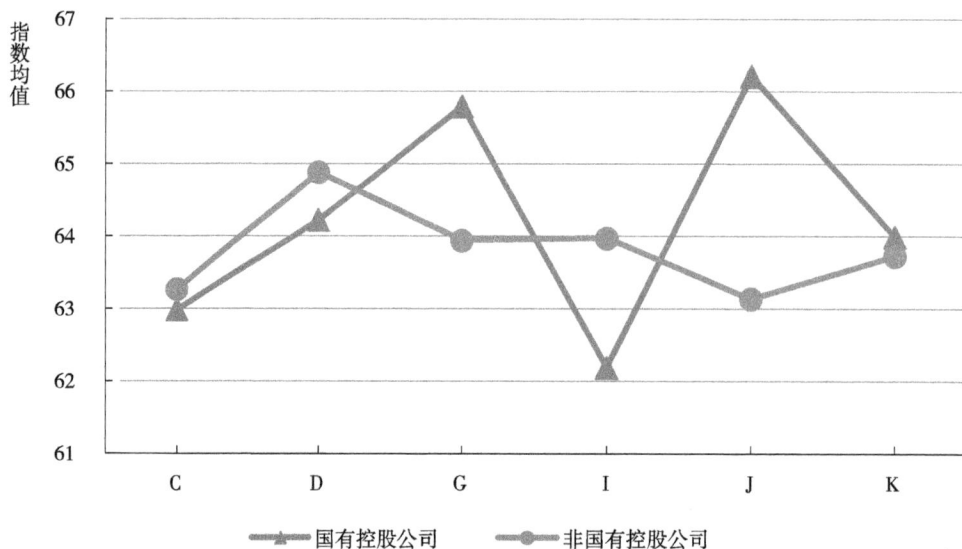

图21-7　2020年不同行业国有与非国有控股上市公司自愿性信息披露指数均值比较

21.3.2　分行业自愿性信息披露分项指数比较

接下来，我们对六个行业国有控股与非国有控股上市公司的自愿性信息披露分项指数进行比较，参见表21-10。

表 21-10　2020 年不同行业国有与非国有控股上市公司自愿性信息披露分项指数比较

行业	所有制类型	治理结构	治理效率	利益相关者	风险控制
制造业（C）	国有控股公司	63.9397	76.3368	58.3790	53.2907
	非国有控股公司	69.0581	78.0394	52.4279	53.5475
	总体	67.8782	77.6470	53.7997	53.4883
电力、热力、燃气及水生产和供应业（D）	国有控股公司	62.4256	77.0089	64.2857	53.1746
	非国有控股公司	68.7500	77.9167	60.2778	52.5926
	总体	64.0899	77.2478	63.2310	53.0214
交通运输、仓储和邮政业（G）	国有控股公司	67.1655	77.6408	62.3239	56.0250
	非国有控股公司	68.3190	78.4483	54.5977	54.4061
	总体	67.5000	77.8750	60.0833	55.5556
信息传输、软件和信息技术服务业（I）	国有控股公司	65.3750	76.8750	57.1667	49.3333
	非国有控股公司	72.1680	77.8076	54.8828	51.0417
	总体	71.0580	77.6552	55.2560	50.7625

行业	所有制类型	治理结构	治理效率	利益相关者	风险控制
金融业（J）	国有控股公司	82.5000	76.0000	48.1111	58.2222
	非国有控股公司	75.8929	76.7857	48.8095	51.0582
	总体	80.1282	76.2821	48.3618	55.6505
房地产业（K）	国有控股公司	65.9958	76.2712	60.3107	53.3898
	非国有控股公司	66.2716	77.5862	61.6379	49.4253
	总体	66.1325	76.9231	60.9687	51.4245

可以看出，与地区一样，六个行业两类所有制上市公司在自愿性信息披露四个分项指数上的排序也不一致。为了便于比较，我们计算了六个代表性行业非国有控股公司自愿性信息披露四个分项指数均值与对应的国有控股公司自愿性信息披露四个分项指数均值的差值，由此可以反映这六个代表性行业两类所有制上市公司自愿性信息披露四个分项指数的差异，如图 21-8 所示。

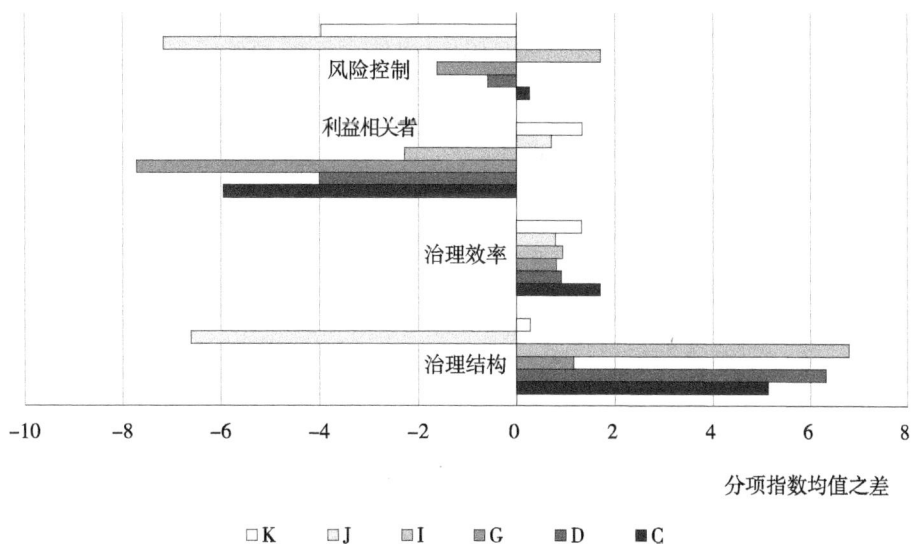

注：指数均值之差 = 非国有控股公司自愿性信息披露分项指数均值－国有控股公司自愿性信息披露分项指数均值。

图21-8　2020年不同行业国有与非国有控股上市公司自愿性信息披露分项指数差值比较

由图 21-8 可以看出，在治理结构分项指数上，仅金融业（J）的国有控股公司优于非国有控股公司，其他五个行业则是非国有控股公司优于国有控股公司；在治理效率分项指数上，六个行业的非国有控股公司都优于国有控股公司；在利益相关者分项指数上，除金融业（J）、房地产业（K）的非国有控股公司优于国有控股公司外，其他四个行业均是国有控股公司好于非国有控股公司；在风险控制分项指数上，除制造业（C）、信息传输、软件和信息技术服务业（I）的非国有控股公司优于国有控股公司外，其他四个行业均是国有控股公司好于非国有控股公司。总体来看，在六个代表性行业中，国有控股公司在利益相关者和风险控制两个分项指数上表现相对较好；而非国有控股公司则相对更注重治理结构和治理效率两个方面的自愿性信息披露。

21.4　本章小结

本章对 2020 年沪深两市国有控股公司与非国有控股公司的自愿性信息披露指数及四个分项指数进行了统计和比较分析，结论如下：

关于自愿性信息披露总体指数：①随着前十大股东中的国有股东持股比例的降低，自愿性信息披露指数先下降后上升，最后又下降，呈现出一个"S"型，说明国有股东控股比例，并不一定与自愿性信息披露完全正相关。②国有控股公司自愿性信息披露指数均值大于非国有控股公司，但差距很小。③中央企业（或监管机构）最终控制的公司的自愿性信息披露指数的均值高于地方国企（或监管机构）和非国有企业或自然人最终控制的公司。④从地区看，在国有控股公司自愿性信息披露上，西部最好，东北最差；在非国有控股公司自愿性信息披露上，中部最好，东北仍是最差。⑤从行业看，六个代表性行业中，交通运输、仓储和邮政业（G），金融业（J）以及房地产业（K）三个行业的国有控股公司自愿性信息披露指数均值高于非国有控股公司；其他三个行业的国有控股公司自愿性信息披露指数均值则低于非国有控股公司。

关于自愿性信息披露分项指数：①从总体上看，在治理结构和治理效率分项指数上，非国有控股公司自愿性信息披露具有优势；在利益相关者和风险控制分项指数上，国有控股公司自愿性信息披露具有优势。②在治理结构和治理效率分项指数上，非国有企业或自然人最终控制的公司好于中央企业（或监管机构）和地方国企（或监管机构）最终控制的公司；在利益相关者和风险控制分项指数上，中央企业（或监管机构）最终控制的公司好于地方国企（或监管机构）和非国有企业或自然人最终控制的公司。③从地区看，在治理结构和治理效率两个分项指数上，四个地区都是非国有控股公司优于国有控股公司；在利益相关者分项指数上，四个地区均是国有控股公司优于非国有控股公司；在风险控制分项指数上，东部、中部和西部地区是国有控股公司优于非国有控股公司，东北地区是非国有控股公司优于国有控股公司。④从行业看，在六个代表性行业中，国有控股公司在利益相关者和风险控制两个分项指数上表现相对较好；而非国有控股公司则相对更注重治理结构和治理效率两个方面的自愿性信息披露。

第22章 自愿性信息披露指数的年度比较
（2013～2020）

2014～2020年，我们对2013年以及2015～2019年的中国上市公司自愿性信息披露水平进行了六次测度❶，今年是第七次测度。本章将从总体、地区、行业、所有制和上市板块五个角度，比较分析2013年以及2015～2020年七个年度中国上市公司自愿性信息披露水平，以便了解自愿性信息披露质量是否有所改进以及改进程度，以期对自愿性信息披露制度和水平的完善有所启示。

22.1　自愿性信息披露指数总体的年度比较

自愿性信息披露指数评价的样本公司每年增加，从2013年（2014年评价）的2464家增至2020年（2021年评价）的3774家，评价样本基本涵盖全部上市公司。比较2013年以及2015～2020年七个年度的样本上市公司自愿性信息披露总指数，以及治理结构、治理效率、利益相关者和风险控制四个分项指数，结果参见表22-1。

表22-1　2013～2020年中国上市公司自愿性信息披露指数均值比较

年份	样本量	总体指数	分项指数			
			治理结构	治理效率	利益相关者	风险控制
2013	2464	41.6970	34.8189	30.0502	66.3758	35.5429
2015	2655	41.0242	41.7420	41.3724	41.9240	39.0584

---

❶ 2010年和2012年，我们也曾对2009年和2011年的上市公司信息披露水平进行测度，但这两次测度时，自愿性信息披露只是作为信息披露指数的一个维度，还有三个维度分别是强制性、真实性和及时性。由于这两次衡量自愿性信息披露水平的指标数量与2014年开始的专门针对自愿性信息披露指数的测度指标数量有很大差异，所以没有纳入年度比较。

年份	样本量	总体指数	分项指数			
			治理结构	治理效率	利益相关者	风险控制
2016	2840	50.2542	43.4771	45.6294	64.9266	46.9836
2017	3147	49.5507	44.7510	54.8101	51.3214	47.3202
2018	3490	53.2397	46.3968	62.8886	52.4140	51.2592
2019	3569	59.7517	65.7677	66.1512	55.9237	51.1644
2020	3774	63.4487	68.1488	77.5520	54.9792	53.1149

由表 22-1 可知：

第一，从自愿性信息披露总体指数看，2013～2020 年，2015 年小幅下降，2016 年大幅上升，2017 年再次小幅下降，2018～2020 年连续上升，中国上市公司自愿性信息披露水平呈波动式上升趋势，但近三年上升明显加快（参见图 22-1）。与 2013 年相比，2020 年自愿性信息披露指数均值提高 21.7517 分；与 2019 年相比，2020 年提高 3.6970 分，并且首次突破 60 分及格线，中国上市公司自愿性信息披露水平整体有较大幅度提升。

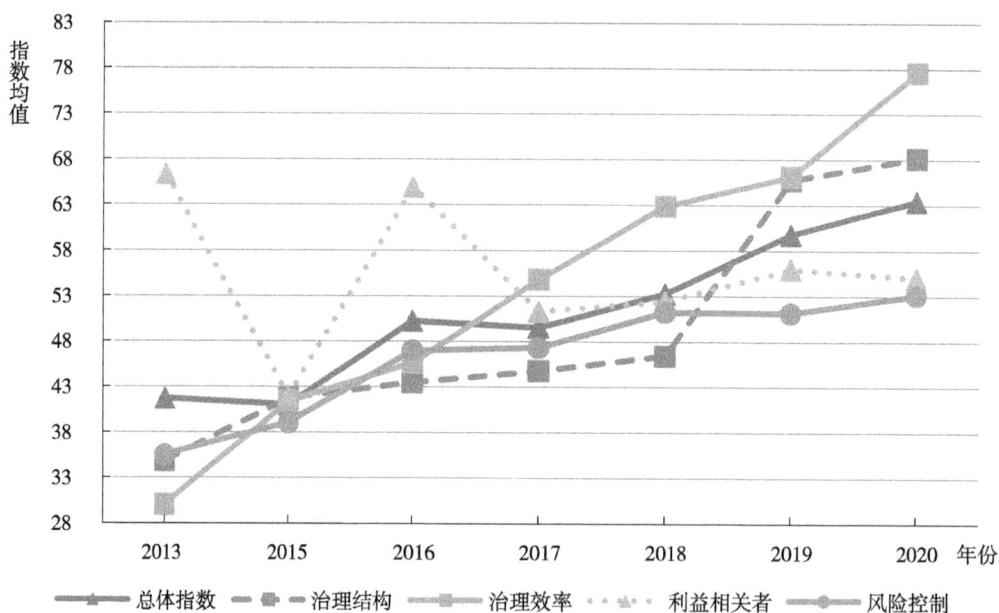

图22-1　2013～2020年上市公司自愿性信息披露总体指数和分项指数的变化

第二，从治理结构分项指数看，2013～2020 年连续上升。相比 2013 年，2020 年上升 33.3299 分；相比 2019 年，2020 年提升 2.3811 分。

第三，从治理效率分项指数看，与治理结构分项指数的变化一样，2013～2020年连续上升。相比2013年，2020年上升47.5018分；相比2019年，2020年大幅上升11.4008分。

第四，从利益相关者分项指数看，其趋势为波动式下降。相比2013年，2020年下降11.3966分；相比2019年，2020年下降0.9445分。

第五，从风险控制分项指数看，2013～2020年呈波动式上升趋势，近三年较大幅度上升。相比2013年，2020年上升17.5720分；相比2019年，2020年上升1.9505分。

总的来看，上市公司越来越注重治理结构和治理效率方面的自愿性信息披露，但利益相关者和风险控制方面的信息披露则不甚理想。

22.2　分地区自愿性信息披露指数的年度比较

按照四个地区的划分，对不同地区上市公司2013年以及2015～2020年七个年度自愿性信息披露总体指数和四个分项指数进行比较，结果参见表22-2。

表22-2　2013～2020年不同地区中国上市公司自愿性信息披露指数均值比较

地区	年份	总体指数	分项指数				总体指数排名
			治理结构	治理效率	利益相关者	风险控制	
东部	2013	41.8026	35.4570	29.9633	65.9129	35.8772	2
	2015	41.6715	42.3365	42.0331	42.8469	39.4695	1
	2016	50.5258	43.9918	45.8963	65.1298	47.0853	1
	2017	49.4673	45.3601	55.1815	50.0234	47.3042	3
	2018	53.3806	46.9784	63.2160	51.8645	51.4636	2
	2019	59.7200	65.9453	66.5204	54.9570	51.4573	3
	2020	63.4251	68.5635	77.8948	53.8503	53.3917	3
中部	2013	42.0024	34.9174	30.7507	67.6309	34.7107	1
	2015	40.5480	41.0950	41.1280	40.8751	39.0941	2
	2016	50.4774	42.9844	45.3906	66.1042	47.4306	2
	2017	49.6468	43.6778	53.8251	53.6374	47.4468	2
	2018	53.5388	45.1542	63.1333	54.1300	51.7377	1
	2019	60.1829	66.1962	65.8199	57.7957	50.9200	1
	2020	63.7075	67.7638	76.9339	57.0697	53.0624	1

地区	年份	总体指数	分项指数				总体指数排名
			治理结构	治理效率	利益相关者	风险控制	
西部	2013	41.5980	33.6710	29.8592	67.6053	35.2564	3
	2015	39.9074	40.8616	39.6704	41.3403	37.7575	3
	2016	49.8918	42.9033	45.3202	64.4499	46.8938	3
	2017	50.2902	43.6777	54.4994	55.3627	47.6209	1
	2018	52.9414	45.4158	61.8603	53.9446	50.5449	3
	2019	60.1232	65.6447	65.1579	58.7193	50.9708	2
	2020	63.6451	67.3469	76.5816	58.3503	52.3016	2
东北	2013	39.8748	30.0373	29.7108	65.1741	34.5771	4
	2015	37.3252	38.5123	38.4683	34.9178	37.4022	4
	2016	47.1608	39.7959	43.7075	60.4308	44.7090	4
	2017	48.3052	42.2194	53.2313	51.4739	46.2963	4
	2018	50.9799	43.8339	60.0671	51.2864	48.7323	4
	2019	57.7769	61.9205	64.2384	57.2296	47.7189	4
	2020	62.3765	64.6812	76.6779	57.1029	51.0440	4

由表 22-2 可以看出：

第一，从自愿性信息披露总体指数来看，东北地区在七个年度中都是最低的，另外三个地区指数值比较接近。东部和中部地区 2013 ～ 2017 年呈波动式上升趋势，但 2018 ～ 2020 年连续上升；西部和东北地区在 2015 年小幅下降之后，2016 ～ 2020 年连续上升，其中 2016 年和 2019 年的上升幅度较大（参见图 22-2）。相比 2013 年，2020 年四个地区都是上升的，升幅都在 22 分左右；相比 2019 年，2020 年四个地区也都是上升的，升幅都在 4 分左右。

第二，从治理结构分项指数看，相比 2013 年，2020 年四个地区都上升，升幅在 32.84 ～ 34.65 分，东北升幅最大，中部升幅最小；相比 2019 年，2020 年四个地区也都上升，升幅都在 2 分左右。

第三，从治理效率分项指数看，相比 2013 年，2020 年四个地区都上升，升幅相近，在 47 分左右；相比 2019 年，2020 年四个地区也都上升，升幅也相近，都在 12 分左右。

第四，从利益相关者分项指数看，相比 2013 年，2020 年四个地区都下降，降幅在 8.07 ～ 12.07 分，东部降幅最大，东北降幅最小；相比 2019 年，四个地区都下降，降幅较小，在 0.12 ～ 1.11 分，东部降幅最大，东北降幅最小。

第五，从风险控制分项指数看，相比 2013 年，2020 年四个地区都上升，升幅在 16.46 ～ 18.36 分，中部升幅最大，东北升幅最小；相比 2019 年，四个地区都上升，升幅在 1.33 ～ 3.33 分，东北升幅最大，西部升幅最小。

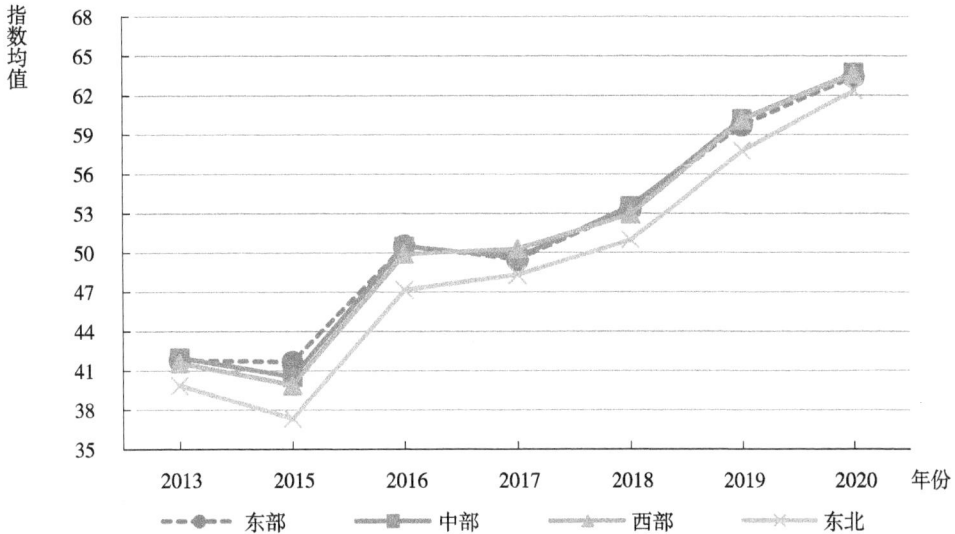

图22-2　2013～2020年不同地区上市公司自愿性信息披露总体指数的变化

22.3　分行业自愿性信息披露指数的年度比较

对 18 个行业上市公司 2013 年以及 2015 ～ 2020 年七个年度自愿性信息披露总体指数和四个分项指数进行比较，结果参见表 22-3。

表 22-3　2013 ～ 2020 年不同行业上市公司自愿性信息披露指数均值比较

行业	年份	总体指数	分项指数			
			治理结构	治理效率	利益相关者	风险控制
农、林、牧、渔业（A）	2013	42.3923	35.0962	31.4103	67.7350	35.3276
	2015	39.8975	39.2857	39.8810	42.0635	38.3598
	2016	50.5563	40.9091	48.4375	64.3939	48.4848
	2017	49.5453	43.8988	55.8036	53.7698	44.7090
	2018	52.8540	44.2073	62.8049	53.4553	50.9485
	2019	59.2564	66.9207	68.1402	55.0813	46.8835
	2020	62.7811	66.8155	79.0179	55.1587	50.1323

行业	年份	总体指数	分项指数			
			治理结构	治理效率	利益相关者	风险控制
采矿业（B）	2013	41.1038	34.8485	30.1136	68.8131	30.6397
	2015	39.7760	40.9247	38.2706	41.3242	38.5845
	2016	48.6706	40.8390	42.1233	63.9269	47.7930
	2017	51.5531	41.8074	53.9696	59.9099	50.5255
	2018	52.6133	43.6678	59.6217	55.7018	51.4620
	2019	59.9977	63.4167	63.8333	61.1111	51.6296
	2020	64.1088	65.4167	76.8333	60.1111	54.0741
制造业（C）	2013	42.2785	35.4407	28.8908	67.9729	36.8096
	2015	41.8253	42.0342	42.0567	43.9095	39.3009
	2016	50.7704	43.9049	45.8873	66.1408	47.1487
	2017	49.2309	45.0359	54.9577	49.4527	47.4773
	2018	53.3103	46.5077	63.4011	51.7409	51.5917
	2019	59.4570	65.4807	66.4668	54.6728	51.2077
	2020	63.2033	67.8782	77.6470	53.7997	53.4883
电力、热力、燃气及水生产和供应业（D）	2013	41.3986	28.9557	33.2279	72.4684	30.9423
	2015	37.0065	36.8680	38.0618	35.5805	37.5156
	2016	47.7792	38.8021	44.2708	61.1111	46.9329
	2017	49.6494	40.0485	53.1553	60.5178	44.8759
	2018	52.9481	43.6310	59.8810	56.7460	51.5344
	2019	60.3163	62.9014	63.5321	63.9144	50.9174
	2020	64.3975	64.0899	77.2478	63.2310	53.0214
建筑业（E）	2013	43.8575	35.9127	34.6230	71.5609	33.3333
	2015	42.4907	42.7817	42.5176	43.8967	40.7668
	2016	51.8331	44.3994	46.5909	65.0433	51.2987
	2017	50.5035	43.9583	54.7222	53.5185	49.8148
	2018	52.6196	44.5833	61.6667	52.8704	51.3580
	2019	61.3597	66.9737	66.4474	58.6842	53.3333
	2020	64.6930	68.8816	77.9605	56.8421	55.0877

行业	年份	总体指数	分项指数			
			治理结构	治理效率	利益相关者	风险控制
批发和零售业（F）	2013	39.3583	28.0428	32.2780	63.2675	33.8450
	2015	36.5434	35.5017	37.5425	34.2404	38.8889
	2016	45.9542	38.5980	42.6098	58.5023	44.1066
	2017	47.1530	38.4494	53.0459	49.8945	47.2222
	2018	50.7802	39.6341	60.0991	52.5406	50.8469
	2019	57.4976	60.1708	64.4022	54.7619	50.6556
	2020	61.7434	63.3102	76.8904	54.3724	52.4005
交通运输、仓储和邮政业（G）	2013	40.6076	34.2188	36.0938	60.3125	31.8056
	2015	39.3218	40.8179	40.5093	35.6996	40.2606
	2016	49.3774	40.8046	43.6782	64.5594	48.4674
	2017	51.0822	43.0556	53.4028	57.5000	50.3704
	2018	54.2347	45.7474	61.3402	58.0756	51.7755
	2019	60.5665	65.9314	63.9706	60.1307	52.2331
	2020	65.2535	67.5000	77.8750	60.0833	55.5556
住宿和餐饮业（H）	2013	39.9016	37.5000	26.0417	64.5833	31.4815
	2015	40.5303	44.3182	39.7727	43.1818	34.8485
	2016	49.6212	43.7500	47.1591	69.6970	37.8788
	2017	52.0640	43.7500	52.7778	64.8148	46.9136
	2018	55.0154	49.3056	59.0278	64.8148	46.9136
	2019	62.7893	66.6667	65.9722	70.3704	48.1482
	2020	63.6905	67.8571	75.0000	59.5238	52.3810
信息传输、软件和信息技术服务业（I）	2013	39.8430	38.7195	25.1016	59.6884	35.8627
	2015	42.9143	45.6466	43.5776	42.8161	39.6168
	2016	52.4051	47.5989	47.0339	68.7853	46.2021
	2017	50.9075	49.8927	57.2425	51.4306	45.0644
	2018	53.9931	49.7893	64.7472	51.8102	49.6255
	2019	60.6787	68.3379	68.5668	56.0134	49.7965
	2020	63.6829	71.0580	77.6552	55.2560	50.7625

行业	年份	总体指数	分项指数			
			治理结构	治理效率	利益相关者	风险控制
金融业（J）	2013	45.5265	60.3198	42.0058	39.7287	40.0517
	2015	45.0078	59.0561	42.8571	33.3333	44.7846
	2016	49.1350	56.9079	46.1623	47.9532	45.5166
	2017	51.5602	59.1721	53.4903	46.1039	47.4747
	2018	54.9025	62.2869	59.9432	44.9811	52.3990
	2019	61.5103	77.3949	61.0397	51.0125	56.5940
	2020	65.1057	80.1282	76.2821	48.3618	55.6505
房地产业（K）	2013	39.4110	27.9851	32.9758	65.6716	31.0116
	2015	37.6153	39.2258	38.8060	38.4328	33.9967
	2016	49.1722	40.8000	45.0000	62.4000	48.4889
	2017	49.6139	40.3500	53.5500	57.5333	47.0222
	2018	52.1225	42.6915	61.5423	54.5699	49.6864
	2019	60.2836	63.6458	65.1042	61.7361	50.6481
	2020	63.8622	66.1325	76.9231	60.9687	51.4245
租赁和商务服务业（L）	2013	39.6660	34.2262	30.6548	63.0952	30.6878
	2015	41.0791	38.4615	44.2308	42.9487	38.6752
	2016	49.4488	40.1563	46.8750	63.5417	47.2222
	2017	48.5946	40.1786	53.2738	53.5714	47.3545
	2018	54.0487	44.3396	64.6226	56.6038	50.6289
	2019	60.3966	65.1442	68.2692	58.4936	49.6795
	2020	63.1825	68.2112	78.7716	55.7471	50.0000
科学研究和技术服务业（M）	2013	40.1910	36.4583	25.0000	54.8611	44.4444
	2015	44.5216	49.6528	44.7917	39.8148	43.8272
	2016	52.1890	51.0870	47.2826	66.6667	43.7198
	2017	50.6782	45.1172	56.6406	54.9479	46.0069
	2018	53.6531	48.1771	63.0208	52.6042	50.8102
	2019	60.7137	67.3611	65.5556	59.8148	50.1235
	2020	64.3791	70.8333	77.2059	56.5359	52.9412

行业	年份	总体指数	分项指数			
			治理结构	治理效率	利益相关者	风险控制
水利、环境和公共设施管理业（N）	2013	41.9071	38.7019	29.5673	63.4615	35.8974
	2015	43.4491	45.0000	45.0000	42.5000	41.2963
	2016	50.3262	42.4242	48.8636	67.4242	42.5926
	2017	51.0937	43.5938	53.9063	58.9583	47.9167
	2018	54.7674	47.0000	64.6250	55.0000	52.4445
	2019	62.1689	67.5926	67.2454	61.2654	52.5720
	2020	65.0622	68.1452	76.9153	61.6935	53.4946
教育（P）	2013	34.2014	12.5000	43.7500	58.3333	22.2222
	2015	26.3889	18.7500	31.2500	16.6667	38.8889
	2016	40.3935	29.1667	41.6667	50.0000	40.7407
	2017	50.9983	42.1875	62.5000	52.0833	47.2222
	2018	48.7196	39.8438	57.8125	54.1667	43.0556
	2019	59.7222	61.7188	66.4063	63.5417	47.2222
	2020	57.7257	58.7500	74.3750	53.3333	44.4444
卫生和社会工作（Q）	2013	38.5995	31.2500	25.0000	61.1111	37.0370
	2015	39.1667	38.7500	41.2500	43.3333	33.3333
	2016	53.0506	41.0714	43.7500	79.7619	47.6190
	2017	47.2222	40.6250	50.0000	53.1250	45.1389
	2018	55.3241	45.3125	65.1042	56.2500	54.6297
	2019	59.5052	66.6667	67.1875	54.1667	50.0000
	2020	61.5785	65.3846	76.4423	55.7692	48.7179
文化、体育和娱乐业（R）	2013	39.9089	35.4167	33.5938	57.2917	33.3333
	2015	39.0818	43.0556	37.5000	37.5000	38.2716
	2016	49.2420	44.0549	46.9512	59.3496	46.6125
	2017	51.9459	47.7865	57.1615	57.1181	45.7176
	2018	53.6907	47.1983	63.6853	55.3161	48.5632
	2019	60.2461	68.4211	66.6667	58.0409	47.8558
	2020	64.8587	70.7974	78.7716	59.4828	50.3831

续表

行业	年份	总体指数	分项指数			
			治理结构	治理效率	利益相关者	风险控制
综合（S）	2013	39.0625	22.0109	35.3261	68.4783	30.4348
	2015	32.9722	32.0000	36.0000	29.6667	34.2222
	2016	44.8973	32.3370	41.5761	61.9565	43.7198
	2017	47.7732	35.0543	53.2609	55.4348	47.3430
	2018	49.6941	37.2024	58.9286	51.5873	51.0582
	2019	57.3632	58.0882	64.3382	55.3922	51.6340
	2020	61.9925	61.5385	77.8846	58.9744	49.5726

注：①由于教育（P）在 2013 年和 2015 年只有 1 家上市公司，难以反映该行业的实际平均水平，故只比较 2016 ～ 2020 年；②居民服务、修理和其他服务业（O）只有 1 家上市公司，难以代表该行业整体水平，故排名时剔除。

从表 22-3 可以看出：

第一，从自愿性信息披露总体指数看，各行业上市公司自愿性信息披露水平大致可以分为两个阶段，2016 年是拐点，2013 年和 2015 年两个年度自愿性信息披露水平较低，2016 ～ 2020 年五个年度的自愿性信息披露水平达到了一个更高的梯度。相比 2013 年，2020 年所有 17 个行业（剔除教育）自愿性信息披露指数均值都是上升的，升幅在 19.57 ～ 24.95 分，升幅最大的是文化、体育和娱乐业（R），升幅最小的金融业（J）；相比 2019 年，2020 年除了教育（P）下降近 2 分，其余 17 个行业自愿性信息披露指数均值也都是上升的，升幅在 0.90 ～ 4.69 分，升幅最大的是交通运输、仓储和邮政业（G），升幅最小的是住宿和餐饮业（H）。

第二，从治理结构分项指数看，相比 2013 年，2020 年全部 17 个行业（剔除教育）都显著上升，升幅在 19.80 ～ 39.53 分，升幅最大的是综合（S），升幅最小的是金融业（J）；相比 2019 年，2020 年有 3 个行业下降，降幅在 0.10 ～ 2.97 分，降幅最大的是教育（P）；有 15 个行业上升，升幅在 0.55 ～ 3.48 分，升幅最大是科学研究和技术服务业（M）。

第三，从治理效率分项指数看，相比 2013 年，2020 年全部 17 个行业（剔除教育）都显著上升，升幅在在 34.27 ～ 52.56 分，升幅最大的是信息传输、软件和信息技术服务业（I），升幅最小的是金融业（J）；相比 2019 年，2020 年全部 18 个行业都上升，升幅在 7.96 ～ 15.25 分，升幅最大的是金融业（J），升幅最小的是教育（P）。

第四，从利益相关者分项指数看，相比 2013 年，2020 年有 14 个行业（剔除教育）

下降，降幅在 0.22 ~ 14.72 分，降幅最大的是建筑业（E）；有 3 个行业上升，升幅在 1.67 ~ 8.64 分，升幅最大的是金融业（J）。相比 2019 年，2020 年有 13 个行业下降，降幅在 0.04 ~ 10.85 分，降幅最大的是住宿和餐饮业（H）；有 5 个行业上升，升幅在 0.07 ~ 3.59 分，升幅最大的是综合（S）。

第五，从风险控制分项指数看，相比 2013 年，2020 年全部 17 个行业（剔除教育）都显著上升，升幅在 8.49 ~ 23.75 分，升幅最大的是交通运输、仓储和邮政业（G），升幅最小的是科学研究和技术服务业（M）。相比 2019 年，2020 年有 14 个行业上升，升幅在 0.32 ~ 4.24 分，升幅最大的是住宿和餐饮业（H）；有 4 个行业下降，降幅在 0.94 ~ 2.78 分，降幅最大的是教育（P）。

22.4　分所有制自愿性信息披露指数的年度比较

依照第 1 章五种所有制类型的划分，对 2013 年以及 2015 ~ 2020 年七个年度自愿性信息披露总体指数和四个分项指数进行比较，结果见表 22-4 Panel A。另外，进一步将样本按照国有控股公司和非国有控股公司分类，比较结果见表 22-4 Panel B。

表 22-4　2013 ~ 2020 年不同所有制上市公司自愿性信息披露指数均值比较

所有制类型	年份	总体指数	分项指数				总体指数排名
			治理结构	治理效率	利益相关者	风险控制	
Panel A按照五类所有制公司分类							
国有绝对控股公司	2013	41.3881	32.4962	33.3206	66.5389	33.1970	3
	2015	38.3369	38.6229	37.6059	37.6836	39.4350	5
	2016	48.6653	40.6000	42.3500	63.4000	48.3111	4
	2017	50.8302	41.5856	54.1586	57.5551	50.0216	1
	2018	53.3578	44.8284	59.0931	57.5490	51.9608	2
	2019	60.2887	65.6250	62.9464	60.1191	52.4645	2
	2020	64.3867	66.7092	76.6199	59.6939	54.5238	1
国有强相对控股公司	2013	41.3686	32.2945	32.9178	66.5993	33.6628	4
	2015	38.7039	39.6819	38.9077	36.9745	39.2517	4
	2016	48.5535	40.4769	43.9616	62.7351	47.0404	5
	2017	50.0949	41.0156	53.1948	58.2775	47.8919	2
	2018	52.5463	42.2389	59.6978	56.0837	52.1649	5
	2019	59.3905	62.6467	62.8521	60.0939	51.9692	4
	2020	63.1656	64.6313	76.4977	58.6406	52.8930	3

续表

所有制类型	年份	总体指数	分项指数				总体指数排名
			治理结构	治理效率	利益相关者	风险控制	
国有弱相对控股公司	2013	40.7636	30.9702	32.6959	65.5162	33.8723	5
	2015	38.7734	38.0502	38.6884	39.7594	38.5954	3
	2016	48.7754	41.3876	44.4382	62.6984	46.5774	3
	2017	49.9035	42.4427	53.6533	56.1605	47.3575	3
	2018	52.6792	45.3295	61.0394	53.3062	51.0417	4
	2019	59.7758	65.0568	65.1017	58.1340	50.8107	3
	2020	63.0875	66.9831	76.6350	56.6456	52.0863	5
国有参股公司	2013	42.2503	34.9275	30.2832	67.6335	36.1572	1
	2015	42.6392	43.0556	43.0348	45.3013	39.1653	1
	2016	52.0457	44.9296	47.2007	68.6268	47.4257	1
	2017	49.5766	45.3104	55.2181	50.2013	47.5764	4
	2018	53.8996	47.0699	64.5064	53.0023	51.0200	1
	2019	60.5578	66.3137	67.7810	56.4692	51.6673	1
	2020	63.8637	68.7428	77.6796	55.7759	53.2567	2
无国有股份公司	2013	41.9365	37.1812	27.4791	66.0583	37.0273	2
	2015	42.4706	43.7743	43.2823	43.8938	38.9321	2
	2016	50.5953	45.0386	46.3953	64.4490	46.4981	2
	2017	49.0202	46.8843	55.5453	47.1872	46.4639	5
	2018	53.1762	47.6548	63.9087	50.0582	51.0829	3
	2019	59.2846	66.5207	66.9385	53.1545	50.5249	5
	2020	63.0975	69.2915	78.1376	52.1180	52.8431	4
Panel B 按照国有控股公司和非国有控股公司分类							
国有控股公司	2013	41.2072	31.9948	32.9922	66.2781	33.5636	2
	2015	38.6174	38.9235	38.4714	37.9521	39.1224	2
	2016	48.6531	40.8042	43.7257	62.8847	47.1979	2
	2017	50.2108	41.6271	53.5816	57.4004	48.2342	1
	2018	52.7902	43.9526	60.0215	55.4655	51.7212	2
	2019	59.7508	64.2680	63.7218	59.3619	51.6517	2
	2020	63.6650	65.9884	76.5773	58.6779	53.4166	1

所有制类型	年份	总体指数	分项指数				总体指数排名
			治理结构	治理效率	利益相关者	风险控制	
非国有控股公司	2013	42.0123	36.6369	28.1563	66.4387	36.8171	1
	2015	42.5329	43.5087	43.1909	44.4138	39.0182	1
	2016	51.1639	44.9559	46.7111	66.0869	46.8618	1
	2017	49.2182	46.3241	55.4288	48.2601	46.8599	2
	2018	53.4328	47.4473	64.1208	51.1027	51.0606	1
	2019	59.7522	66.4447	67.2479	54.3717	50.9444	1
	2020	63.3526	69.1088	77.9851	53.3359	52.9808	2

由表 22-4 Panel A 可以看出：

第一，从自愿性信息披露总体指数看，三类国有控股公司指数值历年比较接近，且变化趋势保持一致，2015 年下降，2016 ~ 2020 年连续上升，其中 2016 年上升幅度较大（10 分左右）；两类非国有控股公司指数值历年也比较接近，且变化趋势保持一致，2015 ~ 2020 年除 2017 年下降外，其余四个年度均上升，其中 2016 年涨幅较大（参见图 22-3）。相比 2013 年，2020 年五类所有制公司自愿性信息披露指数均值都上升 22 分左右；相比 2019 年，2020 年五类所有制公司自愿性信息披露指数均值上升 3.30 ~ 4.10 分，其中国有绝对控股公司升幅最大。

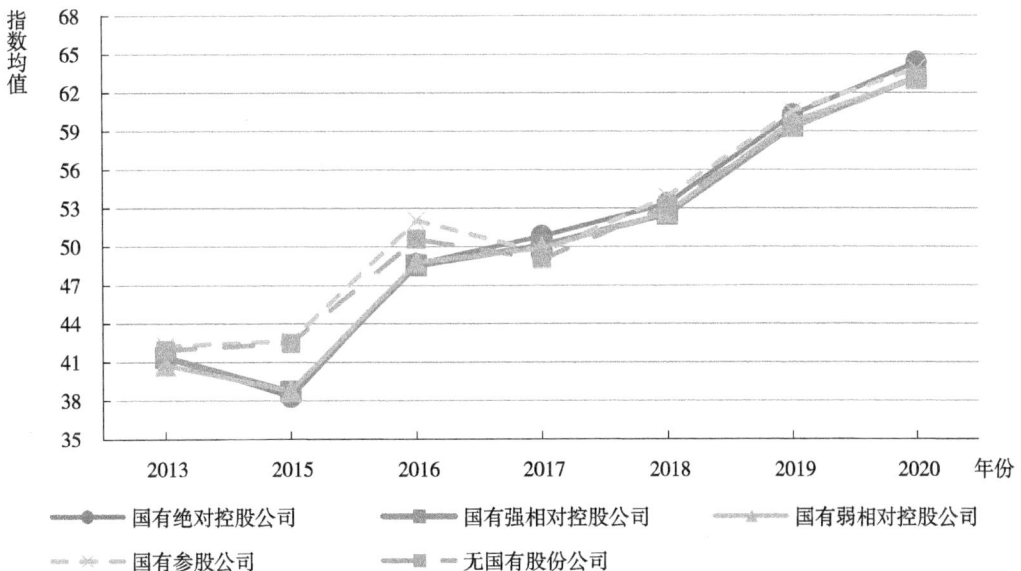

图22-3　2013~2020年不同所有制上市公司自愿性信息披露总体指数的变化

第二，从治理结构分项指数看，相比 2013 年，2020 年五类公司都上升，升幅在 32.11～36.02 分，升幅最大的是国有弱相对控股公司；相比 2019 年，2020 年五类公司也都上升，升幅在 1.08～2.78 分，升幅最大的是无国有股份公司。

第三，从治理效率分项指数看，相比 2013 年，2020 年五类公司都上升，升幅在 43.29～50.66 分，升幅最大的是无国有股份公司；相比 2019 年，2020 年五类公司也都上升，升幅在 9.89～13.68 分，升幅最大的是国有绝对控股公司。

第四，从利益相关者分项指数看，相比 2013 年，2020 年五类公司都下降，降幅在 6.84～13.95 分，降幅最大的是无国有股份公司；相比 2019 年，2020 年五类公司都下降，降幅在 0.42～1.49 分，降幅最大的是国有弱相对控股公司。

第五，从风险控制分项指数看，相比 2013 年，2020 年五类公司都上升，升幅在 15.81～21.33 分，升幅最大的是国有绝对控股公司；相比 2019 年，2020 年五类公司都上升，升幅在 0.92～2.32 分，升幅最大的是无国有股份公司。

由表 22-4 Panel B 可以看出：

第一，从自愿性信息披露总体指数看，两类公司中，非国有控股公司自愿性信息披露指数均值于 2017 年和 2020 年低于国有控股公司，其余五个年度均高于国有控股公司（参见图 22-4）。相比 2013 年，2020 年国有控股公司和非国有控股公司分别上升 22.4578 分和 21.3403 分；相比 2019 年，两类公司分别上升 3.9142 分和 3.6004 分。

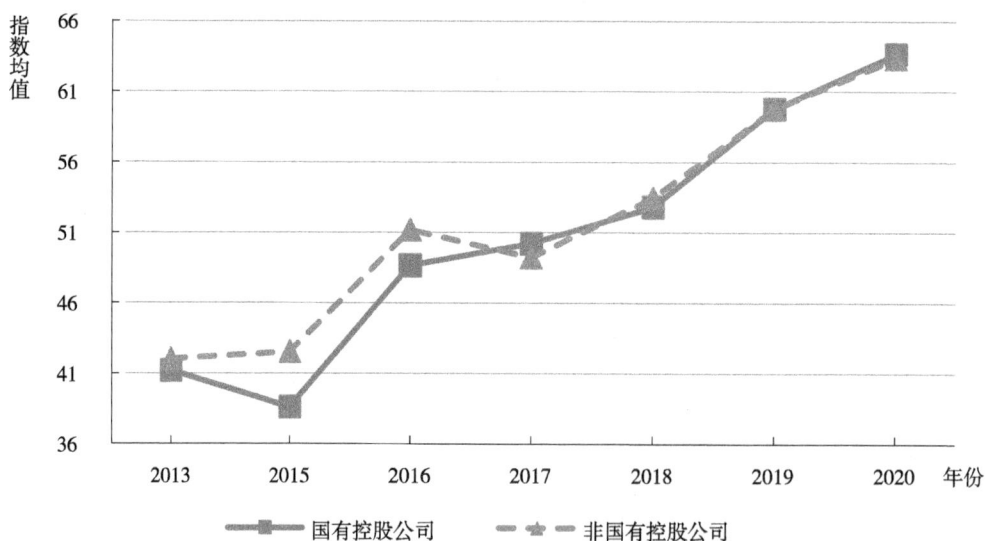

图22-4　2013～2020年国有控股与非国有控股上市公司自愿性信息披露总体指数的变化

第二，从治理结构和治理效率两个分项指数看，两类公司在各个年度都呈上升趋势。相比 2013 年，2020 年两类公司治理结构分项指数均值升幅分别为 33.9936 分和 32.4719 分，治理效率分项指数均值升幅分别为 43.5851 分和 49.8288 分；相比 2019 年，

2020年两类公司治理结构分项指数均值分别上升1.7204分和2.6641分，治理效率分项指数均值分别上升12.8555分和10.7372分。

第三，从利益相关者分项指数看，相比2013年，国有控股公司和非国有控股公司都下降，降幅分别是7.6002分和13.1028分；相比2019年，2020年两类公司分别下降0.6840分和1.0358分。

第四，从风险控制分项指数看，相比2013年，国有控股公司和非国有控股公司都上升，升幅分别是19.8530分和16.1637分；相比2019年，2020年两类公司分别上升1.7649分和2.0364分。

22.5 分上市板块自愿性信息披露指数的年度比较

按照四个上市板块的划分，对不同板块上市公司2013年以及2015～2020年七个年度自愿性信息披露总体指数和四个分项指数进行比较。由于沪市科创板2019年6月才开板，只有本年度的数据，所以只比较其他三个板块。另外，深市主板含原来的中小企业板。统计结果参见表22-5。

表22-5 2013～2020年不同板块上市公司自愿性信息披露指数均值比较

板块	年份	总体指数	分项指数				总体指数排名
			治理结构	治理效率	利益相关者	风险控制	
深市主板	2013	45.5805	39.3996	27.7023	75.9703	39.2504	1
	2015	46.4497	46.7200	45.9452	54.2631	38.8705	1
	2016	55.3611	47.8400	49.5200	76.1733	47.9111	1
	2017	51.2657	47.3393	55.7496	54.9718	47.0020	2
	2018	55.9551	50.5486	66.6880	56.0839	50.4999	2
	2019	62.8362	70.0679	70.4937	60.8756	49.9074	2
	2020	65.3356	72.1819	76.8369	60.1135	52.2103	2
深市创业板	2013	37.0677	41.6197	19.4366	51.0329	36.1815	3
	2015	45.0501	49.7079	45.2249	46.1449	39.1225	2
	2016	54.4505	51.9593	50.1736	69.3618	46.3073	2
	2017	51.7443	55.4890	58.1169	47.5379	45.8333	1
	2018	56.3260	54.4841	68.1614	50.7502	51.9083	1
	2019	62.8580	73.3008	71.4502	55.3275	51.3534	1
	2020	65.4038	75.9579	78.3291	54.3132	53.0151	1

续表

板块	年份	总体指数	分项指数				总体指数排名
			治理结构	治理效率	利益相关者	风险控制	
沪市主板	2013	38.6228	26.5675	36.9687	60.2551	30.7002	2
	2015	32.8748	32.4668	34.3105	25.4671	39.2549	3
	2016	42.4286	34.5189	39.0424	49.9233	46.2298	3
	2017	46.6456	36.6528	52.1662	49.3642	48.3992	3
	2018	48.9996	38.1781	56.4641	49.6907	51.6655	3
	2019	55.2121	57.7930	59.2842	51.5042	52.2668	3
	2020	60.7058	60.2628	77.6990	51.1753	53.6863	4
沪市科创板	2020	62.3393	67.0878	79.2553	44.6809	58.3333	3

由表22-5可以看出：

第一，从自愿性信息披露总体指数来看，沪市主板在2015年下降后，2016～2020年连续上升；其他两个上市板块都是在2017年下降，其余五个年度上升。三个板块中，深市创业板自愿性信息披露指数均值近四年都排名第一位，深市主板近四年都排名第二位，而沪市主板近六年都排名最后一位，沪市科创板2020年排名第三位（参见图22-5）。相比2013年，2020年三个板块都上升，升幅在19.75～28.34分，升幅最大的是深市创业板；相比2019年，2020年三个板块也都上升，升幅在2.49～5.50分，升幅最大的是沪市主板。

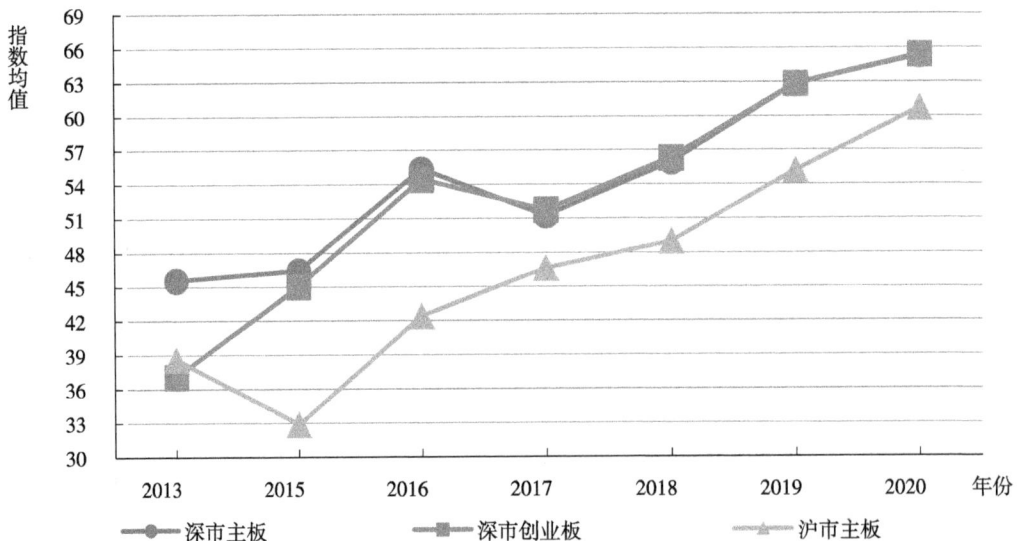

图22-5 2013～2020年不同板块上市公司自愿性信息披露总体指数的变化

第二，从治理结构分项指数看，相比 2013 年，2020 年三个板块都上升，升幅在 32.78 ～ 34.34 分，深市创业板升幅最大；相比 2019 年，2020 年三个板块也都上升，升幅相近，都在 2 分左右。

第三，从治理效率分项指数看，相比 2013 年，2020 年三个板块都上升，升幅在 40.73 ～ 58.90 分，深市创业板升幅最大；相比 2019 年，2020 年三个板块也都上升，升幅在 6.34 ～ 18.42 分，升幅最大的是沪市主板。

第四，从利益相关者分项指数看，相比 2013 年，2020 年除了深市创业板上升 3.2803 分外，其他两个板块都下降，深市主板降幅最大，下降 15.8568 分；相比 2019 年，2020 年三个板块都下降，降幅在 0.32 ～ 1.02 分，降幅最大的是深市创业板。

第五，从风险控制分项指数看，相比 2013 年，2020 年三个板块都上升，升幅在 12.95 ～ 22.99 分，升幅最大的是沪市主板；相比 2019 年，2020 年三个板块都上升，升幅在 1.41 ～ 2.31 分，升幅最大的是深市主板。

22.6　本章小结

本章从总体、地区、行业、所有制和上市板块五个角度比较了 2013 年以及 2015 ～ 2020 年七个年度的中国上市公司自愿性信息披露总体指数及四个分项指数，主要结论如下：

从总体看，中国上市公司自愿性信息披露指数呈波动式上升趋势。与 2013 年相比，2020 年提高 21.7517 分；与 2019 年相比，2020 年提高 3.6970 分，并且首次突破 60 分及格线，自愿性信息披露水平整体有较大幅度的提升。在治理结构分项指数上，相比 2013 年，2020 年上升 33.3299 分；相比 2019 年，2020 年提升 2.3811 分。在治理效率分项指数上，相比 2013 年，2020 年上升 47.5018 分；相比 2019 年，2020 年大幅上升 11.4008 分。在利益相关者分项指数上，相比 2013 年，2020 年下降 11.3966 分；相比 2019 年，2020 年下降 0.9445 分。在风险控制分项指数上，相比 2013 年，2020 年上升 17.5720 分；相比 2019 年，2020 年上升 1.9505 分。整体来看，上市公司越来越注重治理结构和治理效率方面的自愿性信息披露，但利益相关者和风险控制方面的信息披露则不甚理想。

从地区看，在自愿性信息披露总体指数上，东北地区在七个年度中都是最低的，另外三个地区指数值比较接近。相比 2013 年和 2019 年，2020 年四个地区都是上升的。在治理结构和治理效率两个分项指数上，相比 2013 年和 2019 年，2020 年四个地区都上升。在利益相关者分项指数上，相比 2013 年和 2019 年，2020 年四个地区都下降，东部降幅最大，东北降幅最小。在风险控制分项指数上，相比 2013 年，2020 年四个地区都上升，中部升幅最大；相比 2019 年，四个地区都上升，东北升幅最大。

从行业看，在自愿性信息披露总体指数上，相比 2013 年，2020 年所有 17 个行业（剔除教育）都上升，升幅最大的是文化、体育和娱乐业（R）；相比 2019 年，2020 年除了教育（P）下降，其余 17 个行业都上升，升幅最大的是交通运输、仓储和邮政业（G）。在治理结构分项指数上，相比 2013 年，2020 年全部 17 个行业（剔除教育）都显著上升；相比 2019 年，2020 年有 15 个行业上升。在治理效率分项指数上，相比 2013 年，2020 年全部 17 个行业（剔除教育）都显著上升；相比 2019 年，2020 年全部 18 个行业都上升。在利益相关者分项指数上，相比 2013 年，2020 年有 14 个行业（剔除教育）下降；相比 2019 年，2020 年有 13 个行业下降。在风险控制分项指数上，相比 2013 年，2020 年 17 个行业（剔除教育）都显著上升；相比 2019 年，2020 年有 14 个行业上升。

从所有制看，在自愿性信息披露总体指数上，相比 2013 年，2020 年国有控股公司和非国有控股公司分别上升 22.4578 分和 21.3403 分；相比 2019 年，两类公司分别上升 3.9142 分和 3.6004 分。在治理结构和治理效率两个分项指数上，两类公司在各个年度都呈上升趋势。相比 2013 年，2020 年两类公司治理结构分项指数均值升幅分别为 33.9936 分和 32.4719 分，治理效率分项指数均值升幅分别为 43.5851 分和 49.8288 分；相比 2019 年，2020 年两类公司治理结构分项指数均值分别上升 1.7204 分和 2.6641 分，治理效率分项指数均值分别上升 12.8555 分和 10.7372 分。在利益相关者分项指数上，相比 2013 年，国有控股公司和非国有控股公司都下降，降幅分别是 7.6002 分和 13.1028 分；相比 2019 年，2020 年两类公司分别下降 0.6840 分和 1.0358 分。在风险控制分项指数上，相比 2013 年，国有控股公司和非国有控股公司都上升，升幅分别是 19.8530 分和 16.1637 分；相比 2019 年，2020 年两类公司分别上升 1.7649 分和 2.0364 分。

从上市板块看，在自愿性信息披露总体指数上，相比 2013 年，2020 年三个板块都上升，升幅在 19.75 ～ 28.34 分，升幅最大的是深市创业板；相比 2019 年，2020 年三个板块也都上升，升幅在 2.49 ～ 5.50 分，升幅最大的是沪市主板。在治理结构和治理效率两个分项指数上，相比 2013 年和 2019 年，2020 年三个板块都上升。在利益相关者分项指数上，相比 2013 年，2020 年除了深市创业板上升 3.2803 分外，其他两个板块都下降，深市主板降幅最大；相比 2019 年，2020 年三个板块都下降，降幅最大的是深市创业板。在风险控制分项指数上，相比 2013 年，2020 年三个板块都上升，升幅最大的是沪市主板；相比 2019 年，2020 年三个板块都上升，升幅最大的是深市主板。

第七篇　高管薪酬指数

第23章　高管薪酬指数排名及比较

根据第1章确定的高管薪酬指数评价方法，以及我们评估获得的2020年度3754家样本上市公司指数数据，首先对这3754家公司的高管薪酬指数进行排名和比较，然后分别从地区、行业和上市板块三个角度依次进行分析和比较，最后对这些上市公司的高管薪酬绝对值进行总体描述。需要说明的是，由于总样本量与前面各篇略有差别，本章关于地区、行业、上市板块等方面的样本量统计均以3754家总样本量为基准。

23.1　高管薪酬指数总体分布及排名

根据第1章确定的高管薪酬指数评价方法，我们对3754家上市公司高管薪酬指数进行了测算，并以降序方式进行了排名。然后，我们对高管薪酬指数的总体情况进行了统计，并根据四分之一分位法确定了高管薪酬激励过度、激励适中和激励不足的指数区间。最后，我们对激励过度、激励适中和激励不足的前100名公司进行了排名。

23.1.1　高管薪酬指数总体分布

2020年上市公司高管薪酬指数的总体分布参见表23-1。

表 23-1　2020 年上市公司高管薪酬指数总体分布

项目	公司数目	平均值	中位值	最大值	最小值	标准差
激励过度	938	584.5328	302.1317	20420.9766	183.1611	1244.3672
激励适中	1877	89.8681	81.5870	183.1458	33.4308	40.8949
激励不足	939	15.8068	15.5211	33.3759	0.1358	9.5854
总体	3754	194.9432	81.5595	20420.9766	0.1358	662.7498

从表 23-1 可以看出，2020 年上市公司高管薪酬指数最大值为 20420.9766 分，最小值为 0.1358 分，平均值为 194.9432 分，中位值为 81.5595 分。高管薪酬指数在 183.1458（不含）分以上的属于薪酬激励过度，高管薪酬指数在 33.4308 分（含）至 183.1458 分（含）之间的属于薪酬激励适中，高管薪酬指数在 33.4308（不含）以下的属于薪酬激励不足。在 3754 家上市公司中，激励过度的公司有 938 家，激励适中的公司有 1877 家，激励不足的公司有 939 家。激励过度的公司的高管薪酬指数标准差很大，表明激励过度的 938 家公司高管薪酬指数离散程度很大。激励适中和激励不足的公司的高管薪酬指数标准差较小，尤其是激励不足的公司，表明薪酬激励不足的公司的高管薪酬指数更为集中，不同公司的高管薪酬差异性较小。

23.1.2 高管薪酬指数排名

表 23-2 列示了高管薪酬激励过度前 100 名公司，这些公司的高管薪酬指数越大，则表明其薪酬激励越是过度。由于本报告对高管薪酬指数采取从大到小的降序排列，排名为 1～100 的公司即为薪酬激励过度前 100 名公司。

表 23-2　2020 年上市公司高管薪酬指数排名——激励过度前 100 名

排名	代码	公司简称	指数值	排名	代码	公司简称	指数值
1	002473	*ST圣莱	20420.9766	15	300023	*ST宝德	4226.4195
2	600890	*ST中房	16343.3161	16	600870	*ST厦华	3600.3878
3	600695	*ST绿庭	11635.4564	17	300312	*ST邦讯	3324.5132
4	688266	泽璟制药	11281.4244	18	000416	民生控股	3265.0488
5	002188	*ST巴士	10547.7233	19	688200	华峰测控	3159.4817
6	000502	*ST绿景	7507.2459	20	002499	*ST科林	3150.0103
7	000835	*ST长动	7098.1886	21	000007	*ST全新	2857.9047
8	600620	天宸股份	6590.5010	22	600615	*ST丰华	2812.7843
9	000611	*ST天首	6522.5751	23	000972	*ST中基	2519.1090
10	600652	*ST游久	5957.0742	24	300795	*ST米奥	2458.9906
11	000613	*ST东海A	5834.5281	25	002618	*ST丹邦	2358.8081
12	600555	*ST海创	5370.0399	26	688037	芯源微	2346.8640
13	600896	*ST海医	4925.1181	27	600275	*ST昌鱼	2309.5515
14	600883	博闻科技	4507.1755	28	600769	祥龙电业	2267.5156

排名	代码	公司简称	指数值	排名	代码	公司简称	指数值
29	000687	*ST华讯	2236.8945	57	600783	鲁信创投	1372.5782
30	600319	*ST亚星	2134.1896	58	600146	*ST环球	1358.9402
31	600730	中国高科	2060.8305	59	000532	华金资本	1346.4219
32	600265	*ST景谷	2048.6341	60	000679	大连友谊	1282.9859
33	000585	*ST东电	2006.5678	61	300116	保力新	1267.7446
34	600696	岩石股份	1958.4542	62	000567	海德股份	1264.9946
35	603032	*ST德新	1945.4599	63	002289	宇顺电子	1255.6226
36	000668	荣丰控股	1921.6714	64	688016	心脉医疗	1221.6409
37	300668	杰恩设计	1845.0390	65	300688	创业黑马	1217.8716
38	000509	*ST华塑	1777.9684	66	300492	华图山鼎	1210.4069
39	000996	中国中期	1747.5087	67	000068	华控赛格	1156.1916
40	688177	百奥泰	1741.6584	68	603996	*ST中新	1126.4828
41	000892	欢瑞世纪	1695.8021	69	300136	信维通信	1121.4024
42	002622	融钰集团	1677.7203	70	603860	中公高科	1120.9487
43	300530	*ST达志	1667.6482	71	300561	汇金科技	1115.2609
44	600209	*ST罗顿	1663.0720	72	300076	GQY视讯	1112.7064
45	688321	微芯生物	1636.6602	73	300404	博济医药	1111.9426
46	000609	*ST中迪	1626.8894	74	000503	国新健康	1093.3487
47	600766	*ST园城	1621.6222	75	300653	正海生物	1087.9767
48	300379	东方通	1620.6232	76	000608	阳光股份	1080.9979
49	600767	ST运盛	1619.1609	77	300810	中科海讯	1072.4135
50	600721	*ST百花	1612.1184	78	000633	合金投资	1057.2275
51	002575	*ST群兴	1606.9284	79	600605	汇通能源	1050.7021
52	300333	兆日科技	1558.9990	80	300235	方直科技	1050.1830
53	002501	*ST利源	1534.6878	81	600091	*ST明科	1047.5309
54	300461	田中精机	1502.7572	82	600052	浙江广厦	1041.7460
55	600385	*ST金泰	1496.8952	83	600084	*ST中葡	1041.4572
56	002058	*ST威尔	1407.2016	84	002629	ST仁智	1036.4122

续表

排名	代码	公司简称	指数值	排名	代码	公司简称	指数值
85	300179	四方达	1033.8583	93	688233	神工股份	922.8254
86	600838	上海九百	1026.1001	94	603963	大理药业	919.1029
87	300731	科创新源	1012.8017	95	603655	朗博科技	905.3052
88	002729	好利来	1000.7951	96	000558	莱茵体育	891.0648
89	600165	新日恒力	992.8567	97	300125	聆达股份	879.6133
90	600345	长江通信	984.3258	98	002148	北纬科技	876.4468
91	300799	左江科技	929.5235	99	300609	汇纳科技	869.4504
92	300518	盛讯达	925.7718	100	300813	泰林生物	858.8200

在激励过度前 100 家公司中，ST 公司有 42 家，在所有 176 家 ST 公司中的占比为 23.86%，这个比例已经很高，说明这些 ST 公司的高管薪酬远超其绩效。从地区看，东部、中部、西部和东北各有 70 家、4 家、20 家和 6 家，分别占所在地区上市公司总数的 2.66%、0.82%、4.12% 和 4.03%，从相对值（占比）看，西部上市公司高管激励过度问题较为突出；从行业看，制造业有 47 家，信息传输、软件和信息技术服务业有 14 家，房地产业有 7 家，分别占所在行业上市公司总数的 1.99%、4.61% 和 5.98%，从相对值（占比）看，住宿和餐饮业、教育、综合尽管分别只有 1 家、1 家和 4 家，但占所在行业上市公司总数的比重却分别达 14.29%、10.00% 和 30.77%，显然这三个行业上市公司高管激励过度问题较为突出；从控股类型看，国有控股公司有 14 家，非国有控股公司有 86 家，分别占同类型公司总数的 1.21% 和 3.31%，从相对值（占比）看，激励过度主要体现在非国有控股公司中；从上市板块看，深市主板、沪市主板、深市创业板和沪市科创板各有 34 家、34 家、25 家和 7 家，分别占各板块上市公司总数的 2.45%、2.30%、3.16% 和 7.45%，从相对值（占比），沪市科创板上市公司高管激励过度问题较为突出。

图 23-1 显示了激励过度前 100 名公司高管薪酬指数的分布情况。可以看出，激励过度前 100 家公司的高管薪酬指数差异很大，最高值为 20420.9766，最低值为 858.8200，后面 95 家的高管薪酬指数和前面 5 家的高管薪酬指数差距很大。

表 23-3 列示了高管薪酬激励适中前 100 名公司，这些公司的高管薪酬指数越接近 100，则表明其薪酬激励越是适中。

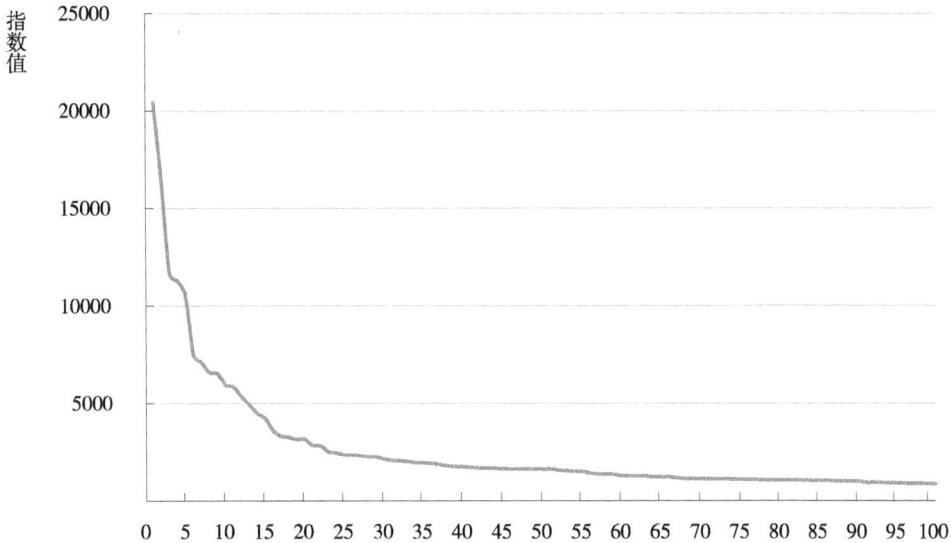

图23-1 2020年激励过度前100名上市公司高管薪酬指数分布情况

表 23-3 2020 年上市公司高管薪酬指数排名——激励适中前 100 名

排名	代码	公司简称	指数值	排名	代码	公司简称	指数值
1597	600076	康欣新材	105.4393	1613	300627	华测导航	103.5436
1598	002740	爱迪尔	105.3852	1614	600365	ST通葡	103.4759
1599	300427	红相股份	105.3456	1615	300017	网宿科技	103.4416
1600	300035	中科电气	105.2855	1616	002206	海利得	103.2838
1601	688186	广大特材	105.2095	1617	601901	方正证券	103.2447
1602	603685	晨丰科技	105.2086	1618	002846	英联股份	103.1956
1603	600283	钱江水利	105.0190	1619	603596	伯特利	102.9877
1604	000915	华特达因	104.6633	1620	002079	苏州固锝	102.9210
1605	002147	*ST新光	104.4104	1621	002480	新筑股份	102.7822
1606	000766	通化金马	104.4062	1622	300724	捷佳伟创	102.7056
1607	603608	天创时尚	104.3741	1623	300451	创业慧康	102.5387
1608	603998	方盛制药	104.1374	1624	300303	聚飞光电	102.5079
1609	300687	赛意信息	104.0790	1625	002105	信隆健康	102.4511
1610	603968	醋化股份	103.7473	1626	601965	中国汽研	102.4146
1611	600962	国投中鲁	103.7002	1627	600234	山水文化	102.4018
1612	002965	祥鑫科技	103.6491	1628	600722	金牛化工	102.3761

续表

排名	代码	公司简称	指数值	排名	代码	公司简称	指数值
1629	603399	吉翔股份	102.3205	1657	000828	东莞控股	99.4104
1630	002687	乔治白	102.2630	1658	603979	金诚信	99.3896
1631	600220	江苏阳光	102.0785	1659	600369	西南证券	99.2856
1632	000677	恒天海龙	102.0170	1660	603959	百利科技	99.2143
1633	002362	汉王科技	101.9413	1661	300365	恒华科技	99.1524
1634	002127	南极电商	101.9199	1662	300120	经纬辉开	98.7919
1635	600099	林海股份	101.8702	1663	600897	厦门空港	98.6520
1636	603630	拉芳家化	101.8614	1664	603348	文灿股份	98.5547
1637	600933	爱柯迪	101.7047	1665	300792	壹网壹创	98.5214
1638	002014	永新股份	101.5783	1666	002939	长城证券	98.3533
1639	002940	昂利康	101.4846	1667	002270	华明装备	98.3216
1640	603726	朗迪集团	101.3689	1668	300457	赢合科技	98.0903
1641	000055	方大集团	101.3416	1669	000819	岳阳兴长	97.7638
1642	688158	优刻得	101.3414	1670	002069	獐子岛	97.5415
1643	002436	兴森科技	101.0732	1671	002273	水晶光电	97.5160
1644	600824	益民集团	100.9980	1672	300039	上海凯宝	97.1998
1645	300078	思创医惠	100.8612	1673	603698	航天工程	97.1888
1646	002123	梦网科技	100.6120	1674	000636	风华高科	97.1084
1647	600825	新华传媒	100.5696	1675	300021	大禹节水	96.9202
1648	300034	钢研高纳	100.5454	1676	000529	广弘控股	96.8534
1649	603328	依顿电子	100.3850	1677	300266	兴源环境	96.8072
1650	002876	三利谱	100.3403	1678	000838	财信发展	96.7859
1651	601555	东吴证券	100.3379	1679	300691	联合光电	96.7111
1652	300443	金雷股份	100.3182	1680	603319	湘油泵	96.5443
1653	600988	赤峰黄金	100.0101	1681	600513	联环药业	96.3701
1654	300494	盛天网络	99.7433	1682	000006	深振业A	96.3576
1655	000790	华神科技	99.6845	1683	603589	口子窖	95.9990
1656	300009	安科生物	99.5873	1684	600185	格力地产	95.9357

续表

排名	代码	公司简称	指数值	排名	代码	公司简称	指数值
1685	300520	科大国创	95.9146	1691	002341	新纶科技	94.9682
1686	600611	大众交通	95.7444	1692	300682	朗新科技	94.9029
1687	002121	科陆电子	95.6610	1693	603922	金鸿顺	94.8966
1688	300771	智莱科技	95.4821	1694	000026	飞亚达	94.6267
1689	603157	*ST拉夏	95.3467	1695	300495	*ST美尚	94.5580
1690	688128	中国电研	95.0025	1696	002223	鱼跃医疗	94.4846

在激励最适中前 100 家公司中，赤峰黄金（600988）高管薪酬指数为 100.0101，最接近 100，激励最适中。从地区看，东部、中部、西部和东北各有 73 家、14 家、8 家和 5 家，分别占所在地区上市公司总数的 2.77%、2.88%、1.65% 和 3.36%，从相对值（占比）看，东北上市公司高管激励更适中一些；从行业看，制造业有 66 家，信息传输、软件和信息技术服务业有 10 家，房地产业有 4 家，金融业有 4 家，分别占所在行业上市公司总数的 2.80%、3.29%、3.42% 和 3.45%，从相对值（占比）看，金融业高管激励更适中一些；从所有制看，国有控股公司有 28 家，非国有控股公司有 72 家，分别占同类型公司总数的 2.43% 和 2.77%，从相对值（占比）看，非国有控股公司高管激励适中的情况更多一些；从上市板块看，深市主板、沪市主板、深市创业板和沪市科创板各有 35 家、37 家、25 家和 3 家，分别占各板块上市公司总数的 2.52%、2.50%、3.16% 和 3.19%，从相对值（占比）看，沪市科创板上市公司的高管激励更适中一些。

图 23-2 显示了激励适中前 100 名上市公司的高管薪酬指数的分布情况。可以看出，激励适中前 100 名上市公司的高管薪酬指数集中在 94.48 ～ 105.44，分布比较均匀。

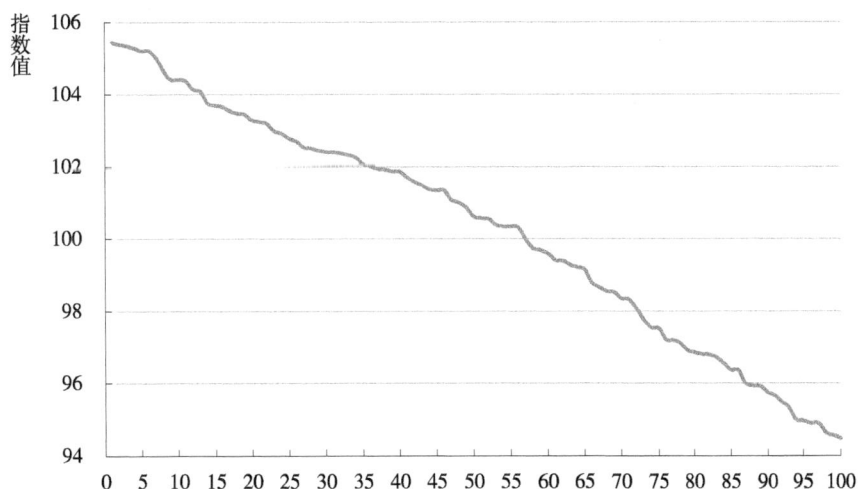

图23-2　2020年激励适中前100名上市公司高管薪酬指数分布情况

表 23-4 列示了高管薪酬激励不足前 100 名公司，这些公司的高管薪酬指数越小，则表明其薪酬激励越是不足。排名为 3655 ～ 3754 的公司为薪酬激励不足前 100 名公司。

表 23-4 2020 年上市公司高管薪酬指数排名——激励不足前 100 名

排名	代码	公司简称	薪酬指数	排名	代码	公司简称	薪酬指数
3655	600939	重庆建工	3.2669	3680	002183	怡亚通	2.4347
3656	600546	山煤国际	3.2014	3681	600010	包钢股份	2.3594
3657	002500	山西证券	3.0840	3682	600339	中油工程	2.3558
3658	600741	华域汽车	3.0466	3683	002589	瑞康医药	2.3310
3659	002092	中泰化学	3.0252	3684	600985	淮北矿业	2.3306
3660	600997	开滦股份	2.9757	3685	601727	上海电气	2.2874
3661	600039	四川路桥	2.9690	3686	000878	云南铜业	2.2803
3662	600502	安徽建工	2.9595	3687	000825	太钢不锈	2.2681
3663	601992	金隅集团	2.9573	3688	600782	新钢股份	2.2681
3664	600096	云天化	2.9535	3689	601601	中国太保	2.2336
3665	688009	中国通号	2.9488	3690	601998	中信银行	2.1817
3666	600489	中金黄金	2.9404	3691	600839	四川长虹	2.1094
3667	002493	荣盛石化	2.9127	3692	600795	国电电力	2.0615
3668	000951	中国重汽	2.8462	3693	600755	厦门国贸	2.0549
3669	000800	一汽解放	2.7895	3694	000701	厦门信达	1.9678
3670	600688	上海石化	2.7697	3695	601138	工业富联	1.9534
3671	600569	安阳钢铁	2.7535	3696	600998	九州通	1.8739
3672	600808	马钢股份	2.7306	3697	600153	建发股份	1.8092
3673	000338	潍柴动力	2.7208	3698	601991	大唐发电	1.7957
3674	601336	新华保险	2.7193	3699	600027	华电国际	1.7847
3675	600585	海螺水泥	2.7062	3700	600547	山东黄金	1.7714
3676	000035	中国天楹	2.7022	3701	601225	陕西煤业	1.7504
3677	601077	渝农商行	2.4889	3702	600057	厦门象屿	1.7354
3678	600036	招商银行	2.4432	3703	600346	恒力石化	1.6915
3679	601318	中国平安	2.4366	3704	601117	中国化学	1.6802

续表

排名	代码	公司简称	薪酬指数	排名	代码	公司简称	薪酬指数
3705	600068	葛洲坝	1.6080	3730	601328	交通银行	0.8494
3706	600019	宝钢股份	1.5922	3731	601766	中国中车	0.7932
3707	000761	本钢板材	1.5400	3732	601618	中国中冶	0.7787
3708	000959	首钢股份	1.5395	3733	600104	上汽集团	0.7286
3709	000898	鞍钢股份	1.5343	3734	601319	中国人保	0.6823
3710	000709	河钢股份	1.5165	3735	600362	江西铜业	0.6725
3711	002024	苏宁易购	1.4706	3736	600050	中国联通	0.6114
3712	601898	中煤能源	1.4389	3737	601658	邮储银行	0.5422
3713	601212	白银有色	1.4384	3738	601800	中国交建	0.5404
3714	002761	浙江建投	1.4247	3739	601818	光大银行	0.5136
3715	600519	贵州茅台	1.4083	3740	600248	陕西建工	0.4975
3716	600170	上海建工	1.3723	3741	601669	中国电建	0.4808
3717	600188	兖州煤业	1.3321	3742	601988	中国银行	0.4270
3718	600022	山东钢铁	1.3110	3743	601628	中国人寿	0.3844
3719	600011	华能国际	1.2920	3744	600395	盘江股份	0.3785
3720	601006	大秦铁路	1.2897	3745	601939	建设银行	0.3014
3721	601166	兴业银行	1.1711	3746	601288	农业银行	0.2771
3722	000630	铜陵有色	1.1606	3747	600871	石化油服	0.2632
3723	601919	中远海控	1.0903	3748	601398	工商银行	0.2545
3724	600690	海尔智家	1.0746	3749	601186	中国铁建	0.2254
3725	000932	华菱钢铁	1.0450	3750	600751	海航科技	0.2128
3726	600000	浦发银行	1.0259	3751	601390	中国中铁	0.2112
3727	601600	中国铝业	1.0134	3752	601857	中国石油	0.1599
3728	601088	中国神华	1.0078	3753	600028	中国石化	0.1431
3729	600704	物产中大	0.9560	3754	601668	中国建筑	0.1358

在高管激励最不足的100家公司中，从地区看，东部、中部、西部和东北各有66家、15家、14家和5家，分别占所在地区上市公司总数的2.51%、3.09%、2.89%和3.36%，从相对值（占比）看，东北上市公司高管激励不足的问题较为突出。从行业看，

制造业有 37 家，金融业有 18 家，建筑业有 14 家，采矿业有 12 家，分别占所在行业上市公司总数的 1.57%、15.52%、14.74% 和 16.00%，从相对值（占比）看，金融业、建筑业、采矿业上市公司高管激励不足的问题较为突出。从所有制看，国有控股公司有 89 家，非国有控股公司有 11 家，分别占同类型公司总数的 7.71% 和 0.42%，从相对值（占比）看，国有控股公司高管激励不足的问题较为突出。但需要注意的是，这里我们没有考虑一些国有企业因政府赋予的垄断资源而带来的绩效问题，从而可能高估公司高管的贡献，导致评估结果出现激励不足。另外，也与近些年的工资总额控制和限薪政策有关。从上市板块看，深市主板、沪市主板和沪市科创板各有 20 家、79 家和 1 家，分别占各板块上市公司总数的 1.44%、5.33%、和 1.06%，没有深市创业板上市公司，从相对值（占比）看，沪市主板上市公司高管激励不足的问题较为突出。

图 23-3 为激励不足前 100 名的上市公司高管薪酬指数的分布情况（按倒序排列，即指数最后一位作为倒数第一位）。可以看出，激励不足前 100 名上市公司高管薪酬指数集中在 0.13 ～ 3.27，分布比较均匀。

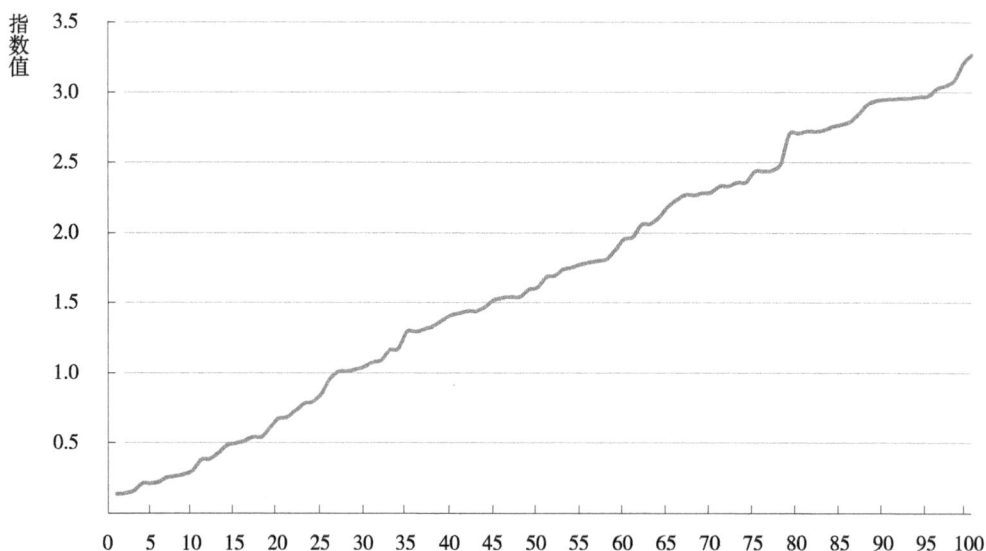

图23-3 2020年激励不足前100名上市公司高管薪酬指数分布情况

23.2 分地区高管薪酬指数比较

按照东部、中部、西部和东北的地区划分和省份划分，本节对不同地区、不同省份的高管薪酬指数进行比较。

表 23-5 按照高管薪酬指数均值从大到小列示了 2020 年四个地区的上市公司高管薪酬指数。

表 23-5　2020 年不同地区上市公司高管薪酬指数比较

区域	公司数目	平均值	中位值	最大值	最小值	标准差
西部	485	215.2240	74.0918	7098.1886	0.3785	579.8625
东部	2634	205.7575	88.1258	20420.9766	0.1358	741.1695
东北	149	183.6099	62.9116	2346.8640	1.5343	322.6298
中部	486	119.5678	55.9923	2309.5515	0.6725	203.2755
总体	3754	194.9432	81.5595	20420.9766	0.1358	662.7498

从表 23-5 可以看出，以均值排列，各地区高管薪酬指数由大到小依次为西部、东部、东北和中部，各地区上市公司高管薪酬指数均值存在较大差异；以中位值排列，各地区高管薪酬指数由大到小的次序为东部、西部、东北和中部；从标准差来看，东部上市公司的高管薪酬指数离散程度最大，中部上市公司高管薪酬指数离散程度最小。

如第 1 章所述，我们按照四分之一分位法将高管薪酬指数划分为激励过度、激励适中和激励不足三个区间。表 23-6 按照激励适中比例从大到小列示了 2020 年不同地区上市公司高管薪酬激励情况。

表 23-6　2020 年不同地区上市公司高管薪酬激励情况比较

地区	公司数目	其中		
		激励适中	激励过度	激励不足
东部	2634	1340（50.87%）	691（26.24%）	603（22.89%）
中部	486	236（48.56%）	86（17.70%）	164（33.74%）
西部	485	235（48.45%）	124（25.57%）	126（25.98%）
东北	149	66（44.30%）	37（24.83%）	46（30.87%）
总体	3754	1877（50.00%）	938（24.99%）	939（25.01%）

注：括号中的数字为某地区上市公司中不同激励类型公司数与该地区全部公司数的比例。

从表 23-6 可以看出，各地区上市公司高管薪酬激励情况存在一定差异。

东部地区高管薪酬激励适中的公司所占比重最大，为 50.87%；其次为中部和西部；东北地区高管薪酬激励适中的公司所占比重最小，但比重也达到 44.30%。四个地区中，只有东部高管激励适中的公司比例超过了 50% 的标准比例，其他三个地区高管激励适中的公司比例则都低于 50% 的标准比例。与 2019 年评价结果相比，2020 年中部、西部和东北高管激励适中的公司比例出现了上升，只有东部高管激励适中的公司比例有所下降，下降 0.89 个百分点。

东部地区高管薪酬激励过度的公司所占比重最大，其次为西部和东北，中部地区高管薪酬激励过度的公司所占比重最小。东部和西部地区高管激励过度的公司所占比重高于 25% 的标准比例，而中部和东北地区高管激励过度的公司所占比重都低于 25% 的标准比例。与 2019 年相比，2020 年西部和中部地区高管激励过度的公司比例均有所下降，而东部和东北地区高管激励过度的公司比例则有所上升。

中部地区高管薪酬激励不足的公司所占比重最大，其次为东北和西部，东部地区高管薪酬激励不足的公司所占比重最小。中部、东北和西部三个地区高管激励不足的公司比例都超过 25% 的标准比例，尤其是中部和东北，超过了 30%，只有东部地区高管激励不足的公司比例低于 25% 的标准比例，为 22.89%。相比 2019 年，2020 年东部地区高管激励不足的公司比例有所上升，中部、西部和东北地区高管激励不足的公司比例均出现下降。

总体来说，东部地区高管激励适中的公司所占比重较大，同时东部地区高管激励过度的公司所占比重也较大，中部和东北地区高管激励不足的问题较为突出。

图 23-4 更直观地展现了东部、中部、西部、东北四个地区上市公司高管薪酬激励过度、激励适中和激励不足的情况。图中纵坐标列示的地区顺序由下到上，依次对应的是高管激励适中比例由高到低，东部高管激励适中比例最高，东北高管激励适中比例最低。

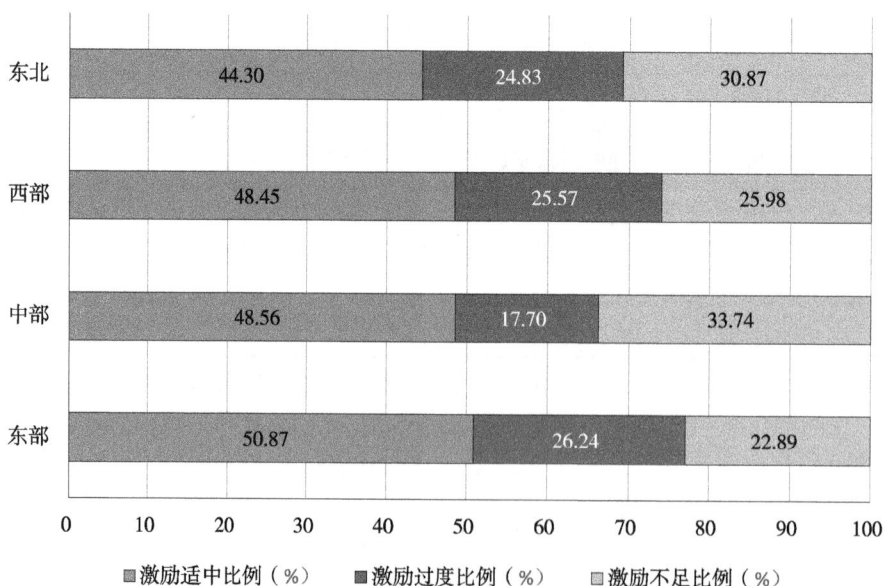

图23-4 2020年不同地区上市公司高管薪酬激励情况比较

表 23-7 按照高管薪酬指数均值从大到小列示了 2020 年不同省份的上市公司高管薪酬指数。可以看到，上市公司高管薪酬指数均值最高的三个省份是海南、内蒙古和宁夏；最低的三个省份是安徽、贵州和山西。

表 23-7　2020 年不同省份上市公司高管薪酬指数比较

省份	公司数目	平均值	中位值	最大值	最小值	标准差
海南	32	810.5945	125.1811	5834.5281	4.0778	1553.0611
内蒙古	25	371.1044	46.6939	6522.5751	2.3594	1273.6290
宁夏	13	303.5705	107.2032	1358.9402	31.6444	408.6771
云南	36	300.7351	59.8842	4507.1755	2.2803	800.1209
新疆	54	256.8551	71.0039	2519.1090	2.3558	499.4845
上海	294	252.5088	98.8847	11635.4564	0.7286	879.3480
北京	343	235.7023	88.6059	16343.3161	0.1358	939.2234
四川	124	229.7280	106.0226	7098.1886	2.1094	668.8590
西藏	19	228.6496	160.3147	709.3349	9.3840	177.1082
浙江	460	217.1007	86.3934	20420.9766	0.9560	1080.4572
陕西	52	210.6456	73.3251	4226.4195	0.4975	599.1420
辽宁	73	201.9179	52.6179	2346.8640	1.5343	361.6210
吉林	40	201.1353	76.2252	1677.7203	2.7895	349.7268
广东	618	197.4695	107.3215	7507.2459	1.9534	403.4800
湖北	105	189.4525	67.1849	2309.5515	1.6080	347.2413
江苏	423	169.1676	86.3673	11281.4244	1.4706	579.0163
广西	37	166.9243	69.5125	1080.9979	3.2792	229.9927
福建	141	158.2181	86.5131	3600.3878	1.1711	325.6777
青海	10	158.1855	65.1152	762.7083	3.8013	231.0449
重庆	53	150.4524	58.9597	1695.8021	2.4889	254.7941
山东	211	148.8988	51.9630	3265.0488	1.0746	336.5220
甘肃	33	137.2550	72.5759	600.8793	1.4384	148.8147
湖南	107	131.0526	79.9509	748.3948	1.0450	146.5241
天津	55	127.1090	79.4179	628.1337	0.2128	145.8639

续表

省份	公司数目	平均值	中位值	最大值	最小值	标准差
黑龙江	36	127.0128	54.0100	589.3925	5.9059	159.7564
河北	57	118.6839	39.8245	2236.8945	1.5165	305.1224
江西	47	106.8034	53.2256	430.7419	0.6725	117.1665
河南	80	96.4267	38.6262	1033.8583	2.7535	158.7724
山西	39	83.8264	14.8628	684.2615	1.2897	145.2248
贵州	29	83.3564	48.0633	430.0512	0.3785	100.2324
安徽	108	75.8487	45.2494	487.7256	1.1606	86.3950
总体	3754	194.9432	81.5595	20420.9766	0.1358	662.7498

图 23-5 直观地显示了不同省份上市公司高管薪酬指数均值的差异。

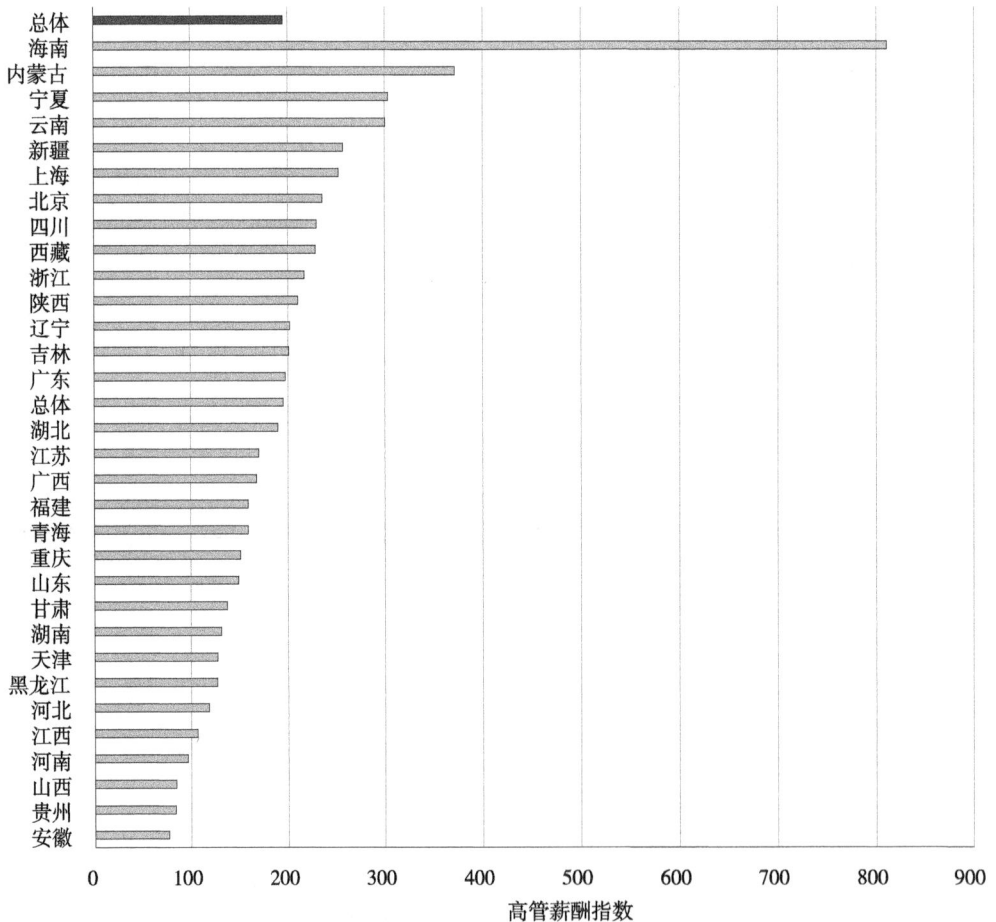

图23-5　2020年不同省份上市公司高管薪酬指数均值比较

从图 23-5 可以看出，在 31 个省份中，海南省上市公司高管薪酬指数均值明显高于其他省份，海南省上市公司高管薪酬指数均值是最低的安徽的大约 11 倍。

高管薪酬指数总体均值为 194.9432 分，31 个省份中高管薪酬指数均值高于总体均值的有 14 个，低于总体均值的有 17 个。

表 23-8 按照激励适中比例从大到小列示了 2020 年不同省份上市公司高管薪酬激励情况。

表 23-8 2020 年不同省份上市公司高管薪酬激励情况比较

地区	公司数目	其中		
		激励适中	激励过度	激励不足
贵州	29	18（62.07%）	3（10.34%）	8（27.59%）
宁夏	13	8（61.54%）	4（30.77%）	1（7.69%）
安徽	108	62（57.41%）	9（8.33%）	37（34.26%）
江苏	423	238（56.26%）	103（24.35%）	82（19.39%）
广东	618	341（55.18%）	184（29.77%）	93（15.05%）
湖南	107	59（55.14%）	24（22.43%）	24（22.43%）
甘肃	33	18（54.55%）	7（21.21%）	8（24.24%）
浙江	460	244（53.04%）	118（25.65%）	98（21.30%）
黑龙江	36	19（52.78%）	7（19.44%）	10（27.78%）
天津	55	29（52.73%）	11（20.00%）	15（27.27%）
西藏	19	10（52.63%）	8（42.11%）	1（5.26%）
吉林	40	21（52.50%）	10（25.00%）	9（22.50%）
重庆	53	27（50.94%）	13（24.53%）	13（24.53%）
四川	124	63（50.81%）	39（31.45%）	22（17.74%）
青海	10	5（50.00%）	2（20.00%）	3（30.00%）
福建	141	70（49.65%）	36（25.53%）	35（24.82%）
陕西	52	25（48.08%）	12（23.08%）	15（28.85%）
湖北	105	50（47.62%）	28（26.67%）	27（25.71%）
山东	211	97（45.97%）	36（17.06%）	78（36.97%）
上海	294	133（45.24%）	88（29.93%）	73（24.83%）

续表

地区	公司数目	其中		
		激励适中	激励过度	激励不足
河北	57	25（43.86%）	7（12.28%）	25（43.86%）
海南	32	14（43.75%）	12（37.50%）	6（18.75%）
北京	343	149（43.44%）	96（27.99%）	98（28.57%）
广西	37	16（43.24%）	10（27.03%）	11（29.73%）
云南	36	15（41.67%）	8（22.22%）	13（36.11%）
河南	80	33（41.25%）	11（13.75%）	36（45.00%）
江西	47	19（40.43%）	10（21.28%）	18（38.30%）
新疆	54	21（38.89%）	13（24.07%）	20（37.04%）
内蒙古	25	9（36.00%）	5（20.00%）	11（44.00%）
辽宁	73	26（35.62%）	20（27.40%）	27（36.99%）
山西	39	13（33.33%）	4（10.26%）	22（56.41%）
总体	3754	1877（50.00%）	938（24.99%）	939（25.01%）

注：括号中的数字为某省份上市公司中不同激励类型公司数与该省份全部公司数的比例。

从表23-8可以看出，高管激励适中比例最高的前三个省份为贵州、宁夏、安徽；高管激励过度比例最高的前三个省份为西藏、海南、四川；高管激励不足比例最高的前三个省份为山西、河南、内蒙古。

高管激励适中比例超过50%（含50%）和低于50%标准比例的省份分别是15个和16个；高管激励过度比例超过25%（含25%）和低于25%标准比例的省份分别是13个和18个；高管激励不足比例超过25%（含25%）和低于25%标准比例的省份分别是18个和13个。

进一步观察，我们发现，有的省份上市公司高管激励适中比例等于或大于50%，但激励过度比例远大于25%，激励不足比例远小于25%，如宁夏、广东等，这意味着高管激励适中比例高的省份并不代表该省份上市公司高管激励都是合理的。

23.3 分行业高管薪酬指数比较

表23-9按高管薪酬指数均值由大到小列示了2020年不同行业上市公司高管薪酬指数。可以看到，上市公司高管薪酬指数均值最高的三个行业是住宿和餐饮业（H），综合

（S），卫生和社会工作（Q）；最低的三个行业是交通运输、仓储和邮政业（G），采矿业（B），建筑业（E）。

表 23-9　2020 年不同行业上市公司高管薪酬指数比较

行业	公司数目	平均值	中位值	最大值	最小值	标准差
住宿和餐饮业（H）	7	961.9375	154.6423	5834.5281	13.5899	1990.4976
综合（S）	13	947.3940	191.2493	6590.5010	9.1160	1735.1050
卫生和社会工作业（Q）	13	607.7856	65.5309	4925.1181	18.4654	1325.6869
教育（P）	10	453.1180	204.6396	2060.8305	30.9845	585.5130
房地产业（K）	117	406.1754	57.2184	16343.3161	3.4016	1729.9213
租赁和商务服务业（L）	58	393.3580	79.6277	10547.7233	1.7354	1396.1248
科学研究和技术服务业（M）	50	326.8117	145.2437	1845.0390	21.8904	413.6186
信息传输、软件和信息技术服务业（I）	304	285.4944	144.5718	7098.1886	0.6114	596.3224
文化、体育和娱乐业（R）	58	247.8246	152.5318	1695.8021	8.0705	292.1823
金融业（J）	116	235.1986	40.8087	11635.4564	0.2545	1119.3058
农、林、牧、渔业（A）	42	190.5332	86.2793	2048.6341	5.8084	335.9366
制造业（C）	2361	175.2285	86.2093	20420.9766	0.6725	566.2877
水利、环境和公共设施管理业（N）	62	161.5923	95.6826	816.6828	2.7022	172.3358
电力、热力、燃气及水的生产和供应业（D）	113	114.1514	41.9521	3150.0103	1.2920	365.9414
批发和零售业（F）	162	110.9813	31.2215	1747.5087	0.2128	232.5022
建筑业（E）	95	93.9700	34.6030	1663.0720	0.1358	195.6197
采矿业（B）	75	86.8446	24.6416	1036.4122	0.1431	156.3560
交通运输、仓储和邮政业（G）	97	71.4815	41.6955	534.3929	1.0903	89.9751
总体	3754	194.9432	81.5595	20420.9766	0.1358	662.7498

注：居民服务、修理和其他服务业（O）只有 1 家上市公司，难以代表该行业整体水平，故排名时剔除。

图 23-6 直观地显示了不同行业上市公司高管薪酬指数均值的差异。

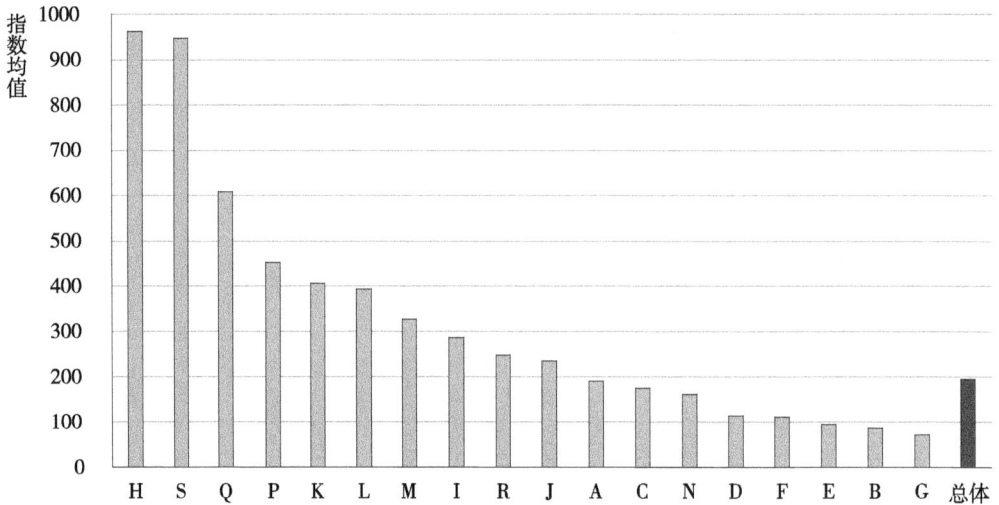

图23-6 2020年不同行业上市公司高管薪酬指数均值比较

从图 23-6 可以看出，在 18 个行业中，住宿和餐饮业（H），综合（S）这两个行业的上市公司高管薪酬指数均值明显高于其他行业，住宿和餐饮业（H）上市公司高管薪酬指数均值是最低的交通运输、仓储和邮政业（G）的大约 13 倍。

高管薪酬指数总体均值为 194.9432 分，18 个行业中高管薪酬指数均值高于总体均值的有 10 个，低于总体均值的有 8 个。

表 23-10 按高管薪酬激励适中的公司比例由高到低列示了 2020 年不同行业上市公司高管激励情况。

表 23-10 2020 年不同行业上市公司高管薪酬激励情况比较

行业	公司数目	其中		
		激励适中	激励过度	激励不足
制造业（C）	2361	1282（54.30%）	580（24.57%）	499（21.14%）
卫生和社会工作业（Q）	13	13（53.85%）	7（30.77%）	4（15.38%）
水利、环境和公共设施管理业（N）	62	32（51.61%）	18（29.03%）	12（19.35%）
房地产业（K）	117	60（51.28%）	22（18.80%）	35（29.91%）
信息传输、软件和信息技术服务业（I）	304	153（50.33%）	129（42.43%）	22（7.24%）

续表

行业	公司数目	其中		
		激励适中	激励过度	激励不足
科学研究和技术服务业（M）	50	25（50.00%）	22（44.00%）	3（6.00%）
租赁和商务服务业（L）	58	29（50.00%）	18（31.03%）	11（18.97%）
电力、热力、燃气及水的生产和供应业（D）	113	52（46.02%）	10（8.85%）	51（45.13%）
交通运输、仓储和邮政业（G）	97	43（44.33%）	9（9.28%）	45（46.39%）
农、林、牧、渔业（A）	42	18（42.86%）	11（26.19%）	13（30.95%）
住宿和餐饮业（H）	7	3（42.86%）	3（42.86%）	1（14.29%）
教育（P）	10	4（40.00%）	5（50.00%）	1（10.00%）
综合（S）	13	5（38.46%）	7（53.85%）	1（7.69%）
建筑业（E）	95	35（36.84%）	13（13.68%）	47（49.47%）
文化、体育和娱乐业（R）	58	20（34.48%）	27（46.55%）	11（18.97%）
金融业（J）	116	37（31.90%）	25（21.55%）	54（46.55%）
采矿业（B）	75	23（30.67%）	9（12.00%）	43（57.33%）
批发和零售业（F）	162	49（30.25%）	25（15.43%）	88（54.32%）
总体	3754	1877（50.00%）	938（24.99%）	939（25.01%）

注：居民服务、修理和其他服务业（O）只有1家上市公司，难以代表该行业整体水平，故排名时剔除。括号中的数字为某行业上市公司中不同激励类型公司数与该行业全部公司数的比例。

从表23-10可以看出，剔除样本量过少的居民服务、修理和其他服务业（O）后，高管激励适中比例最高的前三个行业为制造业（C），卫生和社会工作业（Q），水利、环境和公共设施管理业（N）；高管激励过度比例最高的前三个行业为综合（S），教育（P），文化、体育和娱乐业（R）；高管激励不足比例最高的前三个行业为采矿业（B），批发和零售业（F），建筑业（E）。

高管激励适中比例超过50%（含50%）和低于50%标准比例的行业分别是7个和11个；高管激励过度比例超过25%（含25%）和低于25%标准比例的行业分别是10个和8个；高管激励不足比例超过25%（含25%）和低于25%标准比例的行业分别是8个和10个。

进一步观察，我们发现，有的行业上市公司高管激励适中比例等于或大于50%，但激励过度比例远大于25%，激励不足比例远小于25%，如信息传输、软件和信息技术服务业（I）、科学研究和技术服务业（M）等，这意味着高管激励适中比例高的行业并不代表该行业上市公司高管激励都是合理的。

图 23-7 更直观地展示了 2020 年 18 个行业上市公司高管薪酬激励情况的不同。图中纵坐标列示的行业顺序由下到上，依次对应的是高管激励适中比例由高到低，制造业（C）高管激励适中比例最高，批发和零售业（F）薪酬高管激励适中比例最低。

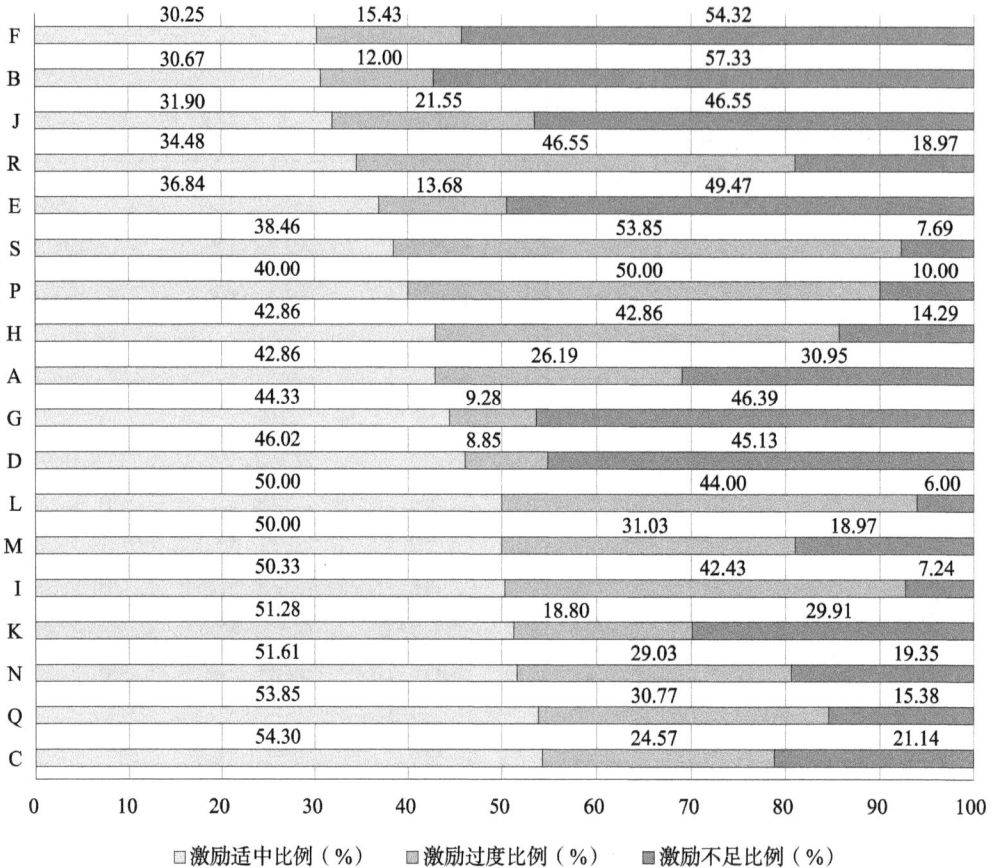

图23-7　2020年不同行业上市公司高管薪酬激励情况比较

23.4　分上市板块高管薪酬指数比较

根据上市公司四个板块的划分，不同板块上市公司高管薪酬指数情况如表 23-11所示。

表 23-11　2020 年不同板块上市公司高管薪酬指数比较

上市板块	公司数目	平均值	中位值	最大值	最小值	标准差
沪市科创板	94	527.1074	252.0973	11281.4244	2.9488	1208.4342
深市创业板	792	232.2371	152.0715	4226.4195	4.1732	301.3932

上市板块	公司数目	平均值	中位值	最大值	最小值	标准差
深市主板	1387	185.9502	67.3904	20420.9766	1.0450	756.9021
沪市主板	1481	162.3389	58.0871	16343.3161	0.1358	653.2064
总体	3754	194.9432	81.5595	20420.9766	0.1358	662.7498

表 23-11 按照高管薪酬指数平均值由高到低进行排列，可以看出，沪市科创板高管薪酬指数均值最高，为 527.1074 分，其后依次是深市创业板和深市主板，沪市主板高管薪酬指数均值最低，为 162.3389 分。沪市科创板的高管薪酬指数中位值也是最高的，远高于其他三个板块。从标准差来看，沪市科创板的离散程度同样远高于其他三个板块，不同板块上市公司高管薪酬指数离散程度存在较大差距。

表 23-12 按高管薪酬激励适中公司的比例由高到低列示了 2020 年不同板块上市公司高管激励情况。

表 23-12 2020 年不同板块上市公司高管薪酬激励比较

上市板块	公司数目	其中		
		激励适中	激励过度	激励不足
深市创业板	792	423（53.41%）	334（42.17%）	35（4.42%）
深市主板	1387	730（52.63%）	281（20.26%）	376（27.11%）
沪市主板	1481	694（46.86%）	261（17.62%）	526（35.52%）
沪市科创板	94	30（31.91%）	62（65.96%）	2（2.13%）
总体	3754	1877（50.00%）	938（24.99%）	939（25.01%）

注：括号中的数字为某板块上市公司中不同激励类型公司数与该板块全部公司数的比例。

由表 23-12 可以看出，深市创业板高管激励适中的比例最高，为 53.41%，其后依次是深市主板和沪市主板，沪市科创板的比例最低，为 31.91%。沪市科创板高管激励过度的比例最高，为 65.96%，明显高于其他三个板块，沪市主板最低，为 17.62%。沪市主板高管激励不足的比例最高，为 35.52%，其后依次是深市主板和深市创业板，沪市科创板高管激励不足的比例最低，仅为 2.13%，远低于其他三个板块。

总体而言，深市创业板公司高管激励最为适中，而沪市科创板则有较多的公司高管存在激励过度问题，沪市主板公司的高管激励不足问题比较突出。

图 23-8 更直观地显示了 2020 年不同板块公司高管激励的差异。图中纵坐标列示的板块顺序由下到上，依次对应的是公司高管激励适中比例由高到低，深市创业板公司高

管激励适中比例最高, 沪市科创板公司高管激励适中比例最低。

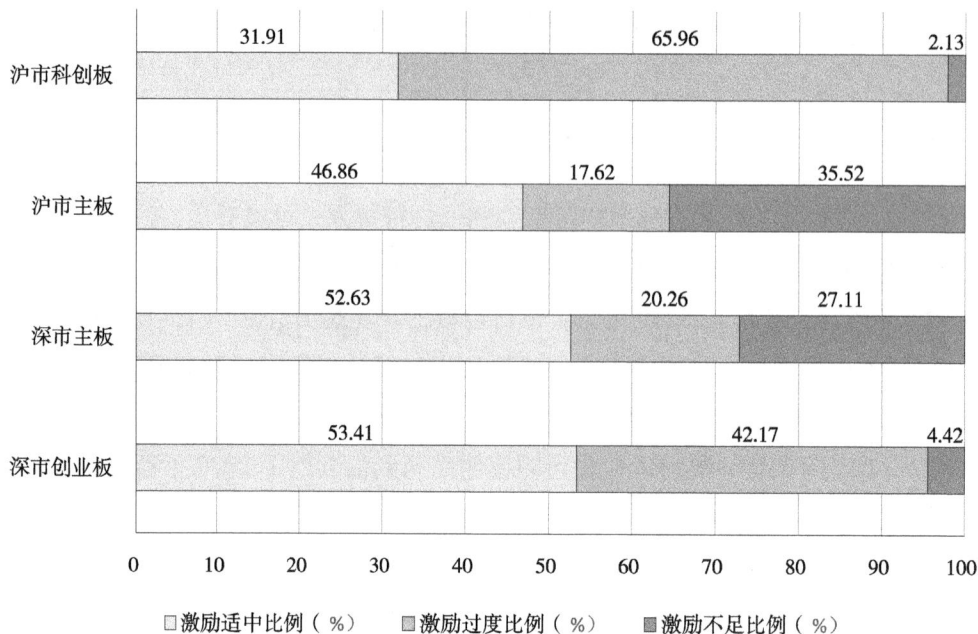

图23-8 2020年不同板块上市公司高管薪酬激励比较

23.5 高管薪酬绝对值比较

为便于比较高管薪酬绝对值与高管薪酬指数的吻合度, 我们对二者进行比较, 以区别二者关注的重点, 使人们更多地从高管薪酬激励角度去看待高管薪酬的变化, 而不是简单化地过度解读高管薪酬绝对值。

23.5.1 高管薪酬绝对值总体情况

我们选取 3754 家上市公司 2020 年年度报告披露的薪酬最高的前三位高管的平均薪酬 (其中 2020 年行权的股票期权、限制性股票和股票增值权折算成现金薪酬) 来代表上市公司高管薪酬的总体情况, 这 3754 家上市公司高管薪酬绝对值总体情况如表 23-13 所示。

表 23-13 2020 年上市公司高管薪酬绝对值总体情况

单位: 万元

项目	公司数目	平均值	中位值	最大值	最小值	标准差
数值	3754	115.6868	81.4217	3478.2979	1.1900	136.7837

在 3754 家上市公司中，2020 年度高管薪酬最高额为 3478.30 万元，最低额为 1.19 万元，最大值和最小值之间的差距非常大；中位值为 81.42 万元，平均值为 115.69 万元，标准差为 136.78，表明上市公司高管薪酬的离散程度很大。

表 23-14 列示了 2020 年上市公司高管薪酬最高的前 10 名。

表 23-14　2020 年上市公司高管薪酬最高前 10 名公司

代码	简称	省份	地区	行业	所有制	薪酬均值（万元）	薪酬指数	激励区间
300136	信维通信	广东	东部	制造业	无国有股份公司	3478.30	1121.4024	激励过度
000656	金科股份	重庆	西部	房地产业	无国有股份公司	1770.76	41.6180	激励适中
600031	三一重工	北京	东部	制造业	国有参股公司	1642.90	33.8468	激励适中
600887	伊利股份	内蒙古	西部	制造业	国有弱相对控股公司	1594.90	33.9325	激励适中
600340	华夏幸福	河北	东部	房地产业	国有参股公司	1458.65	29.7082	激励不足
601318	中国平安	广东	东部	金融业	国有弱相对控股公司	1440.15	2.4366	激励不足
600299	安迪苏	北京	东部	制造业	国有绝对控股公司	1343.67	232.5449	激励过度
300760	迈瑞医疗	广东	东部	制造业	国有参股公司	1218.04	119.4128	激励适中
603259	药明康德	江苏	东部	科学研究和技术服务业	无国有股份公司	1185.86	147.8296	激励适中
000961	中南建设	江苏	东部	房地产业	无国有股份公司	1162.81	30.4947	激励不足

注：高管平均薪酬是指薪酬最高的前三位高管的平均薪酬，下同。

从表 23-14 可以看出，2020 年排名前 10 位的上市公司薪酬最高的前三位高管的平均薪酬都超过 1000 万，其中 1000～1500 万的公司有 6 家，1500～2000 万的公司有 3 家，超过 2000 万的公司有 1 家，为信维通信（300136）。从地区看，这 10 家公司东部有 8 家，西部有 2 家；从行业看，制造业有 5 家，房地产业有 3 家，金融业有 1 家，科学研究和技术服务业有 1 家；从控股类型看，3 家为国有控股公司，7 家为非国有控股公司；从高管薪酬激励情况看，激励过度 2 家，激励适中 5 家，激励不足 3 家。

2020 年上市公司高管薪酬最低的前 10 家公司参见表 23-15。

表 23-15 2020 年上市公司高管薪酬最低前 10 名

代码	简称	省份	地区	行业	所有制	薪酬均值（万元）	薪酬指数	激励区间
600395	盘江股份	贵州	西部	采矿业	国有绝对控股公司	1.19	0.3785	激励不足
002500	山西证券	山西	中部	金融业	国有强相对控股公司	5.00	3.0840	激励不足
600191	*ST华资	内蒙古	西部	制造业	无国有股份公司	8.47	452.0293	激励过度
600871	石化油服	北京	东部	采矿业	国有绝对控股公司	8.69	0.2632	激励不足
600091	*ST明科	内蒙古	西部	制造业	国有参股公司	9.27	1047.5309	激励过度
002072	*ST凯瑞	湖北	中部	信息传输、软件和信息技术服务业	无国有股份公司	10.20	792.9999	激励过度
300106	西部牧业	新疆	西部	农、林、牧、渔业	国有强相对控股公司	10.55	26.5183	激励不足
002346	柘中股份	上海	东部	制造业	无国有股份公司	11.67	39.7877	激励适中
002667	鞍重股份	辽宁	东北	制造业	无国有股份公司	12.17	86.4818	激励适中
600368	五洲交通	广西	西部	交通运输、仓储和邮政业	国有参股公司	12.90	15.4338	激励不足

从表 23-15 可以看出，在 2020 年高管薪酬最低的 10 家公司中，薪酬最高的前三位高管的平均薪酬都在 13 万元以下。在这些公司中，有 3 家为 ST 公司；从地区看，东部 2 家，中部 2 家，西部 5 家，东北 1 家；从行业看，制造业 4 家，采矿业 2 家，金融业，信息传输、软件和信息技术服务业，农、林、牧、渔业，交通运输、仓储和邮政业各有 1 家；从控股类型看，国有控股公司 4 家，非国有控股公司 6 家；从高管薪酬激励情况看，激励过度 3 家，激励适中 2 家，激励不足 5 家。

结合表 23-14 和表 23-15，我们可以看出，上市公司高管薪酬差异悬殊。尽管排名前 10 名的上市公司呈现出薪酬绝对值高的局面，排名最后 10 名的上市公司则呈现出薪酬绝对值低的局面，但都出现了高管薪酬激励过度、激励适中和激励不足的情况，这也反映出衡量高管薪酬合理与否要结合公司业绩，即应该考虑相对薪酬。

23.5.2 高管薪酬绝对值的激励区间分布

为了进一步验证高管薪酬绝对值大小与高管薪酬所属激励区间的关系，我们统计了三个薪酬激励区间的高管薪酬绝对值，参见表 23-16。

表 23-16 2020 年上市公司高管薪酬绝对值的激励区间分布

单位：万元

激励区间	公司数目	平均值	中位值	最大值	最小值	标准差
激励适中	1877	110.6077	78.3933	1770.7600	11.6667	123.5358
激励过度	938	117.5852	82.6050	3478.2979	8.4733	155.8427
激励不足	939	123.9431	84.1333	1458.6471	1.1900	141.0990

由表 23-16 可见，激励不足区间的高管薪酬绝对值并不比激励适中和激励过度两个区间的高管薪酬绝对值低，反而更高。尽管这种情况并非出现在各个年度，各个年度出现的情况不尽相同。这种情况与前述分析一样，同样反映了高管薪酬与高管激励之间未必一定是正向关系，这有利于纠正社会对较高或较低的高管薪酬存在的误区，即认为高薪酬就是激励过度，低薪酬就是激励不足，而这种误区导致一刀切的降薪或提薪。

我们进一步将高管薪酬以万元为单位划分为 7 个区间，统计不同区间的公司数目和具体激励情况，详见表 23-17。

表 23-17 2020 年上市公司高管薪酬总体分布和激励情况

薪酬区间（万元）	公司数目	其中		
		激励适中	激励过度	激励不足
≥2000	1	0（0.00%）	1（100.00%）	0（0.00%）
[1500，2000）	3	3（100.00%）	0（0.00%）	0（0.00%）
[1000，1500）	10	4（40.00%）	1（10.00%）	5（50.00%）
[500，1000）	62	22（35.48%）	15（24.19%）	25（40.32%）
[300，500）	122	62（50.82%）	28（22.95%）	32（26.23%）
[100，300）	1181	564（47.76%）	310（26.25%）	307（25.99%）

薪酬区间 （万元）	公司数目	其中		
		激励适中	激励过度	激励不足
[50，100）	1597	813（50.91%）	398（24.92%）	386（24.17%）
[10，50）	773	409（52.91%）	183（23.67%）	181（23.42%）
<10	5	0（0.00%）	2（40.00%）	3（60.00%）

注：括号中的数字为某区间上市公司中不同激励类型公司数与该区间全部公司数的比例。

图 23-9 更直观地反映了上市公司不同薪酬区间的激励情况。

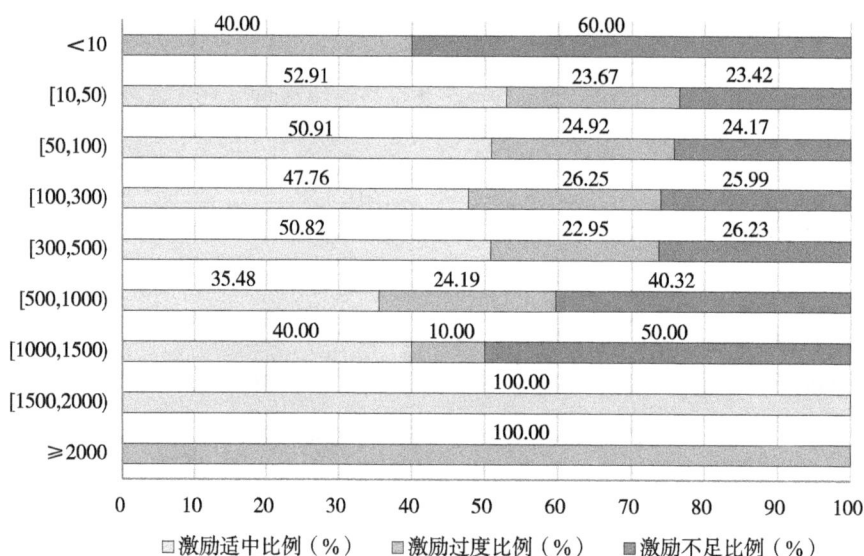

图23-9　2020年上市公司高管薪酬各区间激励比较

从表 23-17 和图 23-9 可以看出，薪酬最高的前三位高管的平均薪酬在 2000 万元及以上的上市公司只有 1 家，为激励过度；在 [1500，2000）区间段的上市公司只有 3 家，为激励适中；[1000，1500）区间段的激励适中占 40%，激励过度占 10%，激励不足达到了 50%，但这个区间的公司只有 10 家，不具有普遍代表性；薪酬在 10 万元以下的上市公司有 5 家，激励过度 2 家，激励不足 3 家；其他各个薪酬区间段都同时存在激励适中、激励过度和激励不足。可以看出，薪酬绝对值的高低并不能代表激励程度的高低。

薪酬在 10 万元（含 10 万元）到 500 万元四个区间段的上市公司中，激励适中比例都接近 50% 左右的标准比例，激励过度和激励不足的比例也大都接近于 25% 的标准比例，分布比较均匀，说明这四个区间是目前中国上市公司高管薪酬激励相对适中的范围。薪酬在 500 万元（含 500 万元）到 1000 万（不含 1000 万）的区间，分布不均匀。

图 23-10 进一步反映了 2020 年上市公司高管薪酬绝对值分布情况。

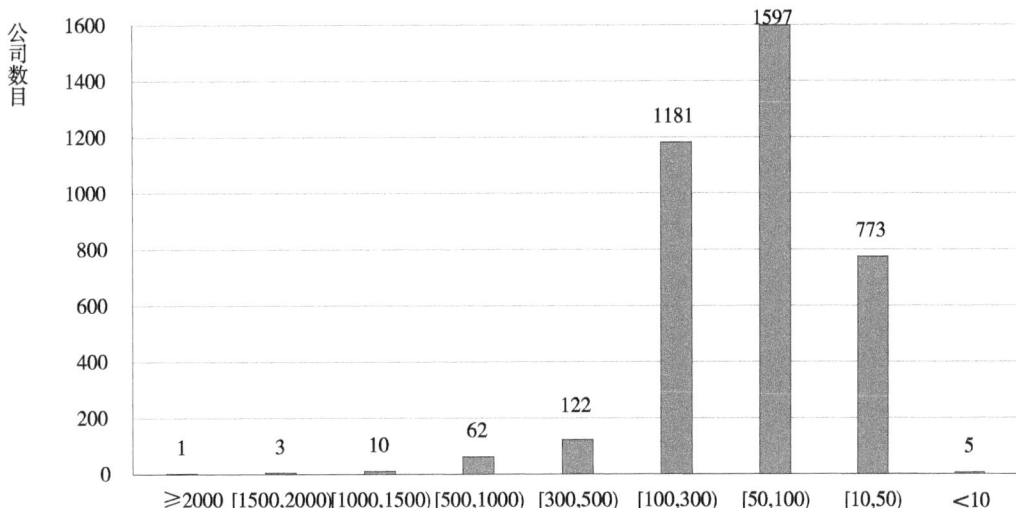

图23-10　2020年上市公司高管薪酬总体分布情况

从图 23-10 可以看出，绝大部分公司的高管薪酬处于 10～300 万元，反映出中国上市公司高管薪酬还不是很高，这与目前的激励制度不到位是有密切关系的。

23.5.3　高管薪酬绝对值的地区、行业和上市板块差异

首先来分析不同地区上市公司高管薪酬的差异。表 23-18 比较了不同地区上市公司高管薪酬，并按薪酬平均值从高到低进行了排名。

表 23-18　2020 年不同地区上市公司高管薪酬比较

单位：万元

地区	公司数目	平均值	中位值	最大值	最小值	标准差
东部	2634	122.7354	87.5550	3478.2979	8.6931	142.0642
西部	485	107.7785	68.2067	1770.7600	1.1900	154.5054
中部	486	94.5963	67.9700	829.0200	5.0000	94.1429
东北	149	85.6153	70.1667	449.2000	12.1733	67.5147
总体	3754	115.6868	81.4217	3478.2979	1.1900	136.7837

从表 23-18 可以看出，东部地区上市公司薪酬最高前三位高管的平均薪酬的均值最大，其次是西部，中部排名第三，最后是东北，可见上市公司高管薪酬有明显的地区差异。从标准差来看，西部地区上市公司高管薪酬标准差最大，说明西部地区上市公司高管薪酬离散程度最大，其次是东部和中部地区，东北地区最小。四个地区中，只有东部

上市公司高管薪酬高于总体均值，其他三个地区都低于总体均值。

其次分析不同行业上市公司高管薪酬的差异。表 23-19 比较了不同行业上市公司高管薪酬，并按薪酬平均值从高到低的顺序进行了排名。

表 23-19 2020 年不同行业上市公司高管薪酬比较

单位：万元

行业	公司数目	平均值	中位值	最大值	最小值	标准差
金融业（J）	116	237.4404	188.1583	1440.1500	5.0000	202.5499
房地产业（K）	117	225.1728	121.4000	1770.7600	32.0300	272.3877
卫生和社会工作（Q）	13	156.5700	73.3767	699.5055	18.7033	178.6837
科学研究和技术服务业（M）	50	145.6276	97.6750	1185.8624	25.2100	181.8212
租赁和商务服务业（L）	58	128.4830	87.9067	613.7567	23.9467	108.8047
批发和零售业（F）	162	122.3318	98.1650	507.1767	17.7633	86.4270
住宿和餐饮业（H）	7	120.7538	53.0833	514.5533	33.2033	161.5071
综合（S）	13	117.5566	83.8167	368.6333	20.6333	104.9894
农、林、牧、渔业（A）	42	114.2337	60.9983	745.1333	10.5533	157.3594
信息传输、软件和信息技术服务业（I）	304	110.9421	88.5377	619.0922	10.2000	90.8606
制造业（C）	2361	109.0633	78.3933	3478.2979	8.4733	135.1771
教育（P）	10	107.6860	98.1250	321.2133	21.8900	83.4320
文化、体育和娱乐业（R）	58	104.8163	83.5233	533.0000	25.3867	92.0497
交通运输、仓储和邮政业（G）	97	96.0529	75.0800	507.6000	12.9000	77.3392
采矿业（B）	75	92.8336	80.5533	553.7133	1.1900	74.6138
建筑业（E）	95	86.2807	84.1333	234.0223	21.3033	40.2312
水利、环境和公共设施管理业（N）	62	79.2666	64.7850	310.4067	17.0533	51.0390
电力、热力、燃气及水生产和供应业（D）	113	78.0302	65.4000	270.2233	26.4367	43.2487
总体	3754	115.6868	81.4217	3478.2979	1.1900	136.7837

注：居民服务、修理和其他服务业（O）只有 1 家上市公司，难以代表该行业整体水平，故排名时剔除。

从表23-19可以看出，上市公司薪酬最高的前三位高管的平均薪酬具有明显的行业差异。18个行业中，8个行业的上市公司高管薪酬高于总体均值，另外10个行业低于总体均值。薪酬最高的三个行业是金融业（J），房地产业（K），卫生和社会工作（Q）；薪酬最低的三个行业是电力、热力、燃气及水生产和供应业（D），水利、环境和公共设施管理业（N），建筑业（E）。从标准差来看，各行业的标准差有很大差异，离散程度不一样。其中房地产业（K）上市公司高管薪酬离散程度最大，标准差为272.39；建筑业（E）上市公司高管薪酬离散程度最小，标准差是40.23。

最后考察不同板块上市公司的高管薪酬。表23-20对不同板块上市公司高管薪酬进行了比较。

表 23-20 2020年不同板块上市公司高管薪酬比较

单位：万元

上市板块	公司数目	平均值	中位值	最大值	最小值	标准差
沪市科创板	94	124.2211	96.9300	609.2467	29.7400	96.4452
深市主板	1387	119.6772	80.8000	1770.7600	5.0000	130.2867
沪市主板	1481	118.8399	83.2267	1642.8960	1.1900	136.4693
深市创业板	792	101.7894	76.1333	3478.2979	10.5533	150.9222
总体	3754	115.6868	81.4217	3478.2979	1.1900	136.7837

从表23-20可以看出，不同板块上市公司薪酬最高的前三位高管的平均薪酬存在较大差别，其中沪市科创板高管平均薪酬最高，为124.22万元，其后依次是深市主板、沪市主板和深市创业板。从标准差来看，深市创业板的离散程度最大，其后依次是沪市主板、深市主板和沪市科创板。四个板块中，沪市科创板、深市主板和沪市主板上市公司高管薪酬均值高于总体均值，深市创业板上市公司高管薪酬均值低于总体均值。

23.6 本章小结

本章对3754家上市公司高管薪酬指数，从地区、行业、上市板块这三个角度进行了对比分析，并对高管薪酬绝对值进行了比较分析。主要结论如下：

从总体看，2020年上市公司高管薪酬指数最大值为20420.9766分，最小值为0.1358分，平均值为194.9432分，中位值为81.5595分。高管薪酬指数在183.1458分（不含）以上的属于薪酬激励过度，高管薪酬指数在33.4308分（含）至183.1458分（含）

之间的属于薪酬激励适中，高管薪酬指数在 33.4308 分（不含）以下的属于薪酬激励不足。

从地区来看，各地区高管薪酬指数由大到小依次为西部、东部、东北和中部，各地区上市公司高管薪酬指数均值存在较大差异。从薪酬激励看，东部地区薪酬激励适中的公司所占比重较大，同时东部地区薪酬激励过度的公司所占比重也较大，中部和东北地区薪酬激励不足的问题较为突出。

从省份来看，各省份上市公司高管薪酬指数均值最高的三个省份是海南、内蒙古和宁夏；最低的三个省份是安徽、贵州和山西。从薪酬激励看，激励适中比例最高的前三个省份为贵州、宁夏、安徽；激励过度比例最高的前三个省份为西藏、海南、四川；激励不足比例最高的前三个省份为山西、河南、内蒙古。但需要注意，薪酬激励适中比例高的省份并不代表该省份上市公司高管薪酬激励都是合理的。

从行业来看，上市公司高管薪酬指数均值最高的三个行业是住宿和餐饮业（H），综合（S），卫生和社会工作（Q）；最低的三个行业是交通运输、仓储和邮政业（G），采矿业（B），建筑业（E）。从薪酬激励看，有的行业上市公司高管薪酬激励适中比例等于或大于 50%，但激励过度比例远大于 25%，激励不足比例远小于 25%，这意味着薪酬激励适中比例高的行业并不代表该行业上市公司高管薪酬激励都是合理的。

从上市板块来看，上市公司高管薪酬指数均值从大到小依次是沪市科创板、深市创业板、深市主板和沪市主板。从薪酬激励看，深市创业板上市公司高管薪酬激励最为适中，而沪市科创板则有较多的上市公司高管薪酬存在激励过度问题，沪市主板存在高管薪酬激励不足问题比较突出。

从高管薪酬绝对值与高管薪酬指数的比较看，上市公司高管薪酬差异显著。薪酬绝对值相对高的上市公司也存在激励不足，而薪酬绝对值相对低的公司也存在激励过度。因此，衡量高管薪酬合理与否要结合公司绩效，即应该考虑相对薪酬。这有利于纠正社会上对较高或较低的高管薪酬存在的错误认识，即认为高薪酬就是激励过度，低薪酬就是激励不足，而这种误区容易导致一刀切的降薪或提薪。

第24章　不同所有制公司高管薪酬指数的比较

本报告对高管薪酬的评价是在考虑企业经营绩效的基础上对高管薪酬进行比较研究，即用指数形式来反映高管薪酬相对于企业绩效的合理程度。国有企业和非国有企业是中国经济的两个基本组成部分，但二者具有各自的鲜明特点，对高管薪酬指数有着重要的、但却不同的影响。那么，国有企业与非国有企业的高管薪酬水平有何差异，两类所有制企业的高管薪酬激励是否与企业绩效吻合？本章将从所有制角度对2020年3754家上市公司高管薪酬的合理性进行比较分析。

24.1　高管薪酬指数总体的所有制比较

本报告按所有制或控股类型，将上市公司分为国有绝对控股公司、国有强相对控股公司、国有弱相对控股公司、国有参股公司和无国有股份公司，本章将对这五类所有制上市公司的高管薪酬指数和绝对值进行比较分析。

24.1.1　高管薪酬指数和绝对值的总体比较

表 24-1 比较了 2020 年不同所有制上市公司的高管薪酬指数与高管薪酬绝对值，并按照均值从高到低的顺序进行了排名。

表 24-1　2020 年不同所有制上市公司高管薪酬指数和薪酬绝对值比较

排名	所有制类型	公司数目	平均值	中位值	最大值	最小值	标准差
			高管薪酬指数				
1	无国有股份公司	1736	247.2218	116.5424	20420.9766	0.2128	776.4792
2	国有参股公司	864	223.9610	91.8173	16343.3161	1.4384	790.7136
3	国有弱相对控股公司	237	167.1368	64.9675	2267.5156	0.8494	310.5008

续表

排名	所有制类型	公司数目	平均值	中位值	最大值	最小值	标准差
4	国有强相对控股公司	430	96.7982	45.7818	2519.1090	0.6114	188.3609
5	国有绝对控股公司	487	57.2953	24.6664	1372.5782	0.1358	100.3160
	总体	3754	194.9432	81.5596	20420.9766	0.1358	662.7498
高管薪酬绝对值（单位：万元）							
1	国有弱相对控股公司	237	149.0195	91.9933	1594.8957	16.1067	194.7010
2	国有参股公司	864	136.3463	91.7200	1642.8960	9.2667	151.2345
3	国有强相对控股公司	430	114.2815	80.8800	1000.7800	5.0000	116.4484
4	国有绝对控股公司	487	108.3740	79.6900	1343.6667	1.1900	100.8712
5	无国有股份公司	1736	103.2536	77.0467	3478.2979	8.4733	130.9691
	总体	3754	115.6868	81.4217	3478.2979	1.1900	136.7837

从表 24-1 可以看出，就高管薪酬指数而言，无国有股份公司的高管薪酬指数均值最高，为 247.2218，其后依次是国有参股公司、国有弱相对控股公司、国有强相对控股公司，高管薪酬指数均值最低的是国有绝对控股公司，为 57.2953。国有强相对控股公司相较于其他四类所有制上市公司，更接近 100，即其高管的平均激励程度相对更为适中。高管薪酬指数中位值从高到低的位次与平均值相同。从标准差来看，2020 年国有参股公司和无国有股份公司的标准差明显高于其他三类所有制上市公司，分别为 790.7136 和776.4792。而国有绝对控股公司的标准差最小，仅为 100.3160。2020 年不同所有制上市公司高管薪酬指数的离散程度呈现较明显的两极分化，而且两极内部之间的差别也都比较大。

就高管薪酬绝对值而言，不同所有制的上市公司，其高管薪酬绝对值存在较明显的差异。国有弱相对控股公司高管薪酬均值最高，其后分别为国有参股公司、国有强相对控股公司、国有绝对控股公司，无国有股份公司高管薪酬均值最低。从标准差来看，国有弱相对控股公司高管薪酬离散程度最大，国有绝对控股公司和国有强相对控股公司的高管薪酬标准差相对小一些。不同所有制上市公司高管薪酬绝对值离散程度也存在较大的差异。

图 24-1 更直观地反映了不同所有制上市公司高管薪酬指数均值的差异。可以发现，不同所有制上市公司的高管薪酬指数均值相差很大。两类非国有控股公司的高管薪酬指数均值相差不大，且都高于三类国有控股公司和总体的高管薪酬指数均值，而三类国有控股公司的高管薪酬指数均值则低于总体均值，尤其是国有绝对控股公司和国有强相对

控股公司。

特别需要关注的是，随着前十大股东中国有股份比例的降低，上市公司高管薪酬指数均值表现出逐渐提高的趋势，即国有股份比例越高，其高管薪酬激励相对于企业绩效来说就越低。但需要注意的是，高管薪酬指数低，尽管从数字上看表明薪酬激励不足，但从客观角度，应该考虑企业业绩是否都是或主要是由高管贡献带来的，因为现实中，不少国有企业还有很强的垄断性质，很多业绩是由垄断特别是政府赋予的垄断资源（包括无形的垄断资源，如特殊政策）产生的。

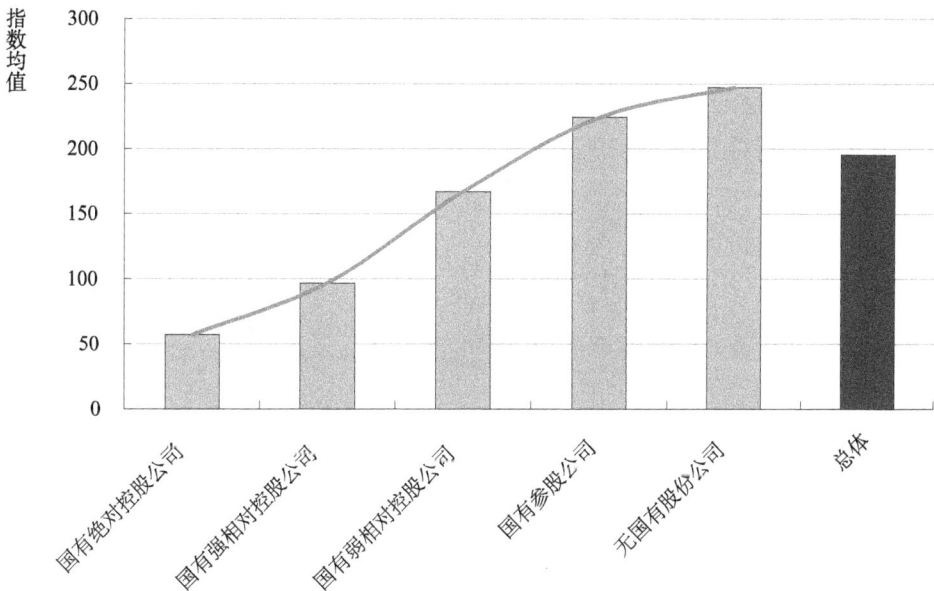

图24-1 2020年不同所有制上市公司高管薪酬指数均值比较

我们进一步将国有绝对控股公司、国有强相对控股公司和国有弱相对控股公司归类为国有控股公司，将国有参股公司和无国有股份公司归类为非国有控股公司，表24-2比较了2020年国有控股公司和非国有控股公司的高管薪酬指数和高管薪酬绝对值，并按照均值从高到低的顺序进行了排名。

表24-2 2020年国有与非国有控股上市公司高管薪酬指数和薪酬绝对值比较

排名	所有制类型	公司数目	平均值	中位值	最大值	最小值	标准差
高管薪酬指数							
1	非国有控股公司	2600	239.4920	108.8939	20420.9766	0.2128	781.3150
2	国有控股公司	1154	94.5732	39.7632	2519.1090	0.1358	197.3246
	总体	3754	194.9432	81.5596	20420.9766	0.1358	662.7498

续表

排名	所有制类型	公司数目	平均值	中位值	最大值	最小值	标准差
高管薪酬绝对值（单位：万元）							
1	国有控股公司	1154	118.9227	81.3200	1594.8957	1.1900	131.8071
2	非国有控股公司	2600	114.2505	81.4584	3478.2979	8.4733	138.9113
	总体	3754	115.6868	81.4217	3478.2979	1.1900	136.7837

由表 24-2 可以看出，从 2020 年上市公司高管薪酬指数的平均值和中位值来看，非国有控股公司都远高于国有控股公司，其中非国有控股公司高管薪酬指数均值是国有控股公司高管薪酬指数均值的 2.53 倍。就离散程度而言，非国有控股公司高管薪酬指数的离散程度远高于国有控股公司。就高管薪酬绝对值而言，非国有控股公司高管薪酬的平均值小于国有控股公司，而中位值、最大值、最小值和标准差都高于国有控股公司，其中中位值很接近。可以看出，非国有控股公司高管薪酬指数明显高于国有控股公司，但非国有控股公司高管薪酬绝对值均值却略小于国有控股公司，这反映了两类所有制上市公司高管薪酬与其绩效的对应程度存在一定的差异。

进一步根据三类最终控制人的划分，比较 2020 年这三类最终控制人控制的上市公司的高管薪酬指数和高管薪酬绝对值，并按照均值从高到低的顺序进行了排名，参见表 24-3。

表 24-3　2020 年不同最终控制人上市公司高管薪酬指数和薪酬绝对值比较

排名	最终控制人	公司数目	平均值	中位值	最大值	最小值	标准差
高管薪酬指数							
1	非国有企业或自然人	2539	242.5289	109.5789	20420.9766	0.2128	790.6677
2	地方国企（或监管机构）	810	101.0611	44.5260	2267.5156	0.3785	185.6538
3	中央企业（或监管机构）	405	84.3857	35.2917	2309.5515	0.1358	197.9524
	总体	3754	194.9432	81.5595	20420.9766	0.1358	662.7498
高管薪酬绝对值（单位：万元）							
1	中央企业（或监管机构）	405	128.6982	94.5833	1343.6667	8.6931	123.0535
3	地方国企（或监管机构）	810	114.9784	74.8650	1594.8957	1.1900	135.9430
2	非国有企业或自然人	2539	113.8373	81.3100	3478.2979	8.4733	139.0015
	总体	3754	115.6868	81.4217	3478.2979	1.1900	136.7837

从表24-3可以看出，地方国企（或监管机构）最终控制的公司的高管薪酬指数均值高于中央国企（或监管机构）最终控制的公司，但前者的高管薪酬绝对值均值却低于后者。另外，中央企业（或监管机构）和地方国企（或监管机构）最终控制的公司的高管薪酬指数均值都远低于非国有企业或自然人最终控制的公司，但中央企业（或监管机构）最终控制的公司和地方国企（或监管机构）最终控制的公司的高管薪酬绝对值均值却高于非国有企业或自然人最终控制的公司。

24.1.2 高管薪酬激励区间的总体比较

根据本报告使用的四分之一分位法，我们将高管薪酬指数划分为激励过度、激励适中和激励不足三个区间。表24-4列示了不同所有制上市公司的高管薪酬指数和绝对值情况，并分别按照激励适中的比例和高管薪酬绝对值均值从高到低的顺序进行了排名。

表 24-4　2020 年不同所有制上市公司高管薪酬激励区间比较

所有制类型	公司数目	其中		
		激励适中	激励过度	激励不足
高管薪酬指数				
无国有股份公司	1736	941（54.20％）	568（32.72%）	227（13.08％）
国有参股公司	864	445（51.50％）	226（26.16%）	193（22.34％）
国有弱相对控股公司	237	119（50.21％）	53（22.36%）	65（27.43％）
国有强相对控股公司	430	202（46.98％）	55（12.79%）	173（40.23％）
国有绝对控股公司	487	170（34.91％）	36（7.39%）	281（57.70％）
高管薪酬绝对值均值（单位：万元）				
国有弱相对控股公司	237	140.9808	142.9920	168.6513
国有参股公司	864	133.1377	118.2649	164.9173
国有绝对控股公司	487	112.7174	152.3868	100.1076
国有强相对控股公司	430	110.7177	127.4358	114.2606
无国有股份公司	1736	95.7075	111.7844	113.1888

注：括号中的数字为某类所有制上市公司中不同激励类型公司数占该类所有制公司总数的比例。

由表24-4可知，从高管薪酬指数来看，无国有股份公司高管薪酬激励适中的比例最高，其次是国有参股公司和国有弱相对控股公司，这三类公司高管薪酬激励适中的比例都超过 50% 的标准比例；国有绝对控股公司高管薪酬激励适中的比例最低，为 34.91 %，远低于 50% 的标准比例。无国有股份公司高管薪酬激励过度的比例最高，为 32.72 %，远高于 25% 的标准比例；国有弱相对控股公司、国有强相对控股公司和国有绝对控股公司这三类公司高管薪酬激励过度的比例都低于 25% 的标准比例。国有绝对控股公司高管薪酬激励不足的比例最高，为 57.70 %，远高于 25% 的标准比例；其后依次是国有强相对控股公司和国有弱相对控股公司，也都超过 25% 的标准比例；国有参股公司和无国有股份公司高管薪酬激励不足的比例则都低于 25% 的标准比例。

图 24-2 更直观地展示了 2020 年不同所有制上市公司高管薪酬激励情况的差异。图中纵坐标列示的所有制顺序由下到上，依次对应的是薪酬激励适中比例由高到低，无国有股份公司高管薪酬激励适中比例最高，国有绝对控股公司高管薪酬激励适中比例最低。

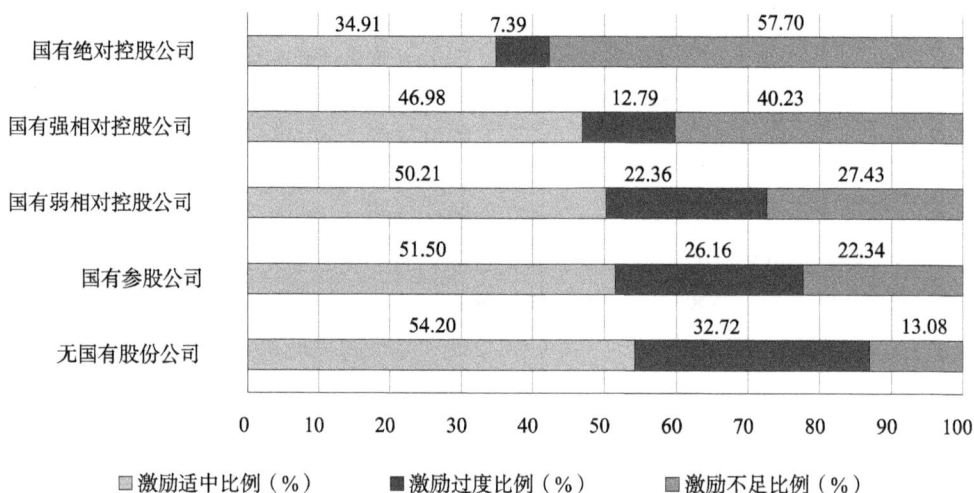

图24-2　2020年不同所有制上市公司高管薪酬激励区间比较

从高管薪酬绝对值来看，在激励适中区间，国有弱相对控股公司高管薪酬均值最高，为 140.9808 万元，最低是无国有股份公司，高管薪酬均值为 95.7075 万元；在激励过度区间，国有绝对控股公司高管薪酬均值最高，为 152.3868 万元，最低是无国有股份公司，为 111.7844 万元；在激励不足区间，国有弱相对控股公司高管薪酬均值最高，为 168.6513 万元，最低是国有绝对控股公司，为 100.1076 万元。从数据可以看出，激励过度区间中的高管薪酬并不一定比激励适中区间的高管薪酬高，也并不一定比激励不足区间的高管薪酬高，激励不足区间的高管薪酬也不一定比另两个区间的高管薪酬低，因为高管薪酬指数反映的是高管薪酬与其绩效的吻合度，只看高管薪酬绝对值是反映不出激励的本质内涵的。

图 24-3 更直观地展示了 2020 年不同所有制上市公司不同激励区间的高管薪酬均值

的差异。可以看到，五类所有制上市公司存在于每个激励区间。

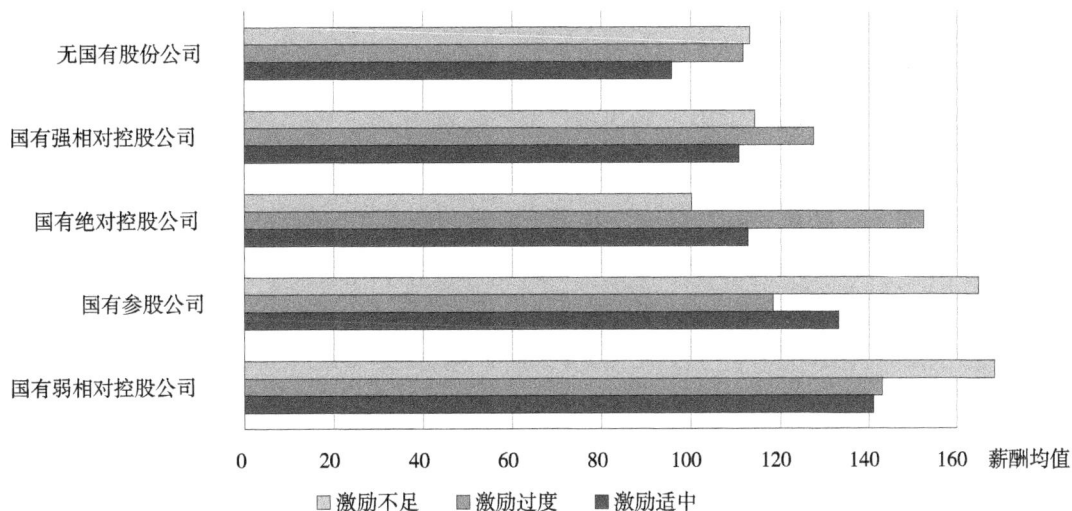

图24-3 2020年不同所有制上市公司不同激励区间高管薪酬均值比较（单位：万元）

我们进一步把五种所有制类型归类为国有控股公司和非国有控股公司两种类型，表 24-5 列示了两种类型上市公司的高管薪酬指数和绝对值情况。

表 24-5 2020 年国有与非国有控股上市公司高管薪酬激励区间比较

所有制类型	公司数目	其中		
		激励适中	激励过度	激励不足
高管薪酬指数				
国有控股公司	1154	491（42.55%）	144（12.48%）	519（44.97%）
非国有控股公司	2600	1386（53.31%）	794（30.54%）	420（16.15%）
高管薪酬绝对值均值（单位：万元）				
国有控股公司	1154	118.7447	139.3991	113.4097
非国有控股公司	2600	107.7251	113.6290	136.9593

注：括号中的数字为某类所有制上市公司中不同激励类型公司数占该类所有制公司总数的比例。

由表 24-5 可以看出，从高管薪酬指数比较，非国有控股公司高管薪酬激励适中比例较高，为 53.31%，大于国有控股公司高管薪酬激励适中比例 42.55%，但只是略高于 50% 的标准比例；非国有控股公司高管薪酬激励过度的比例也较高，为 30.54%，高于国有控股公司高管薪酬激励过度的比例 12.48 % 和 25% 的标准比例；国有控股公司高管薪酬激励不足比例较高，为 44.97 %，远高于非国有控股公司薪酬激励不足的比例 16.15% 和 25% 的标准比例。

从高管薪酬绝对值比较，在激励适中区间，国有控股公司高管薪酬均值比非国有控股公司高出 11.02 万元；在激励过度区间，国有控股公司高管薪酬均值比非国有控股公司高出 25.77 万元；在激励不足区间，非国有控股公司高管薪酬均值比国有控股公司高出 23.55 万元。可以看出，在激励适中和激励过度两个区间，国有控股公司高管薪酬绝对值均值都比非国有控股公司高，而在激励不足区间，则反之。

再按三类最终控制人的不同，比较三类上市公司的高管薪酬激励情况，参见表 24-6。

表 24-6　2020 年不同最终控制人上市公司高管薪酬激励区间比较

最终控制人	公司数目	其中		
		激励适中	激励过度	激励不足
高管薪酬指数				
中央企业（或监管机构）	405	175（43.21%）	38（9.38 %）	192（47.41 %）
地方国企（或监管机构）	810	346（42.72 %）	119（14.69%）	345（42.59%）
非国有企业或自然人	2539	1356（53.41 %）	781（30.76 %）	402（15.83 %）
高管薪酬绝对值均值（单位：万元）				
中央企业（或监管机构）	405	132.7515	135.6812	123.6218
地方国企（或监管机构）	810	112.0548	131.6638	112.1552
非国有企业或自然人	2539	107.3807	114.5596	134.2129

注：括号中的数字为不同最终控制人上市公司中不同激励类型公司数占该类最终控制人公司总数的比例。

由表 24-6 可知，从高管薪酬指数看，中央企业（或监管机构）最终控制的公司的高管薪酬激励适中的比例与地方国企（或监管机构）最终控制的公司相差不大，两者都低于 50% 的标准比例；两类企业高管激励过度和激励不足的比例也相差不大，但激励过度的比例远低于 25% 的标准比例，而激励不足的比例则远高于 25% 的标准比例。另外，两类企业高管激励适中和激励过度的比例都远低于非国有企业或自然人最终控制的公司，而激励不足的比例却远高于后者。这意味着，中央企业（或监管机构）和地方国企（或监管机构）最终控制的公司中有 43% 左右的公司高管薪酬激励适中的同时，也有 45% 左右的公司存在激励不足问题。

从高管薪酬绝对值看，在激励适中和激励过度两个区间，中央企业（或监管机构）最终控制的公司的高管薪酬均值都高于地方国企（或监管机构）和非国有企业或自然人最终控制的公司。在激励不足区间，非国有企业或自然人最终控制的公司的高管薪酬均值高于中央企业（或监管机构）和地方国企（或监管机构）最终控制的公司，地方国企（或监管机构）最终控制的公司的高管薪酬均值最低。这同样反映了，高管薪酬低未必激励不足，高管薪酬高仍可能是薪酬激励不足。

24.2 分地区高管薪酬指数的所有制比较

按照东部、中部、西部和东北的地区划分，我们对不同地区不同所有制上市公司的高管薪酬指数和绝对值进行比较。

24.2.1 分地区高管薪酬指数和绝对值的比较

四个不同地区不同所有制上市公司的高管薪酬指数和绝对值的描述性统计参见表24-7。

表 24-7　2020 年不同地区国有与非国有控股上市公司高管薪酬指数和薪酬绝对值比较

地区	所有制类型	公司数目	平均值	中位值	最大值	最小值	标准差
			高管薪酬指数				
东部	国有控股公司	689	98.9229	42.8374	2134.1896	0.1358	196.5762
	非国有控股公司	1945	243.6028	111.0713	20420.9766	0.2128	851.3310
	总体	2634	205.7575	88.1258	20420.9766	0.1358	741.1695
中部	国有控股公司	196	81.4306	29.4992	2267.5156	0.6725	199.2215
	非国有控股公司	290	145.3432	77.9848	2309.5515	1.8739	201.9316
	总体	486	119.5678	55.9923	2309.5515	0.6725	203.2755
西部	国有控股公司	211	96.3632	41.9963	2519.1090	0.3785	209.6323
	非国有控股公司	274	306.7555	119.3376	7098.1886	1.4384	736.2550
	总体	485	215.2240	74.0918	7098.1886	0.3785	579.8625
东北	国有控股公司	58	80.8027	31.6155	816.6828	1.5343	143.7579
	非国有控股公司	91	249.1355	103.4759	2346.8640	1.6915	382.4017
	总体	149	183.6099	62.9116	2346.8640	1.5343	322.6298

续表

地区	所有制类型	公司数目	平均值	中位值	最大值	最小值	标准差
	高管薪酬绝对值（单位：万元）						
东部	国有控股公司	689	136.3930	95.7333	1440.1500	8.6931	135.3405
	非国有控股公司	1945	117.8973	83.9733	3478.2979	11.6667	144.0607
	总体	2634	122.7354	87.5550	3478.2979	8.6931	142.0642
中部	国有控股公司	196	92.5629	60.4883	829.0200	5.0000	96.2096
	非国有控股公司	290	95.9706	70.2167	723.3333	10.2000	92.6947
	总体	486	94.5963	67.9700	829.0200	5.0000	94.1429
西部	国有控股公司	211	100.1189	65.5400	1594.8957	1.1900	153.5532
	非国有控股公司	274	113.6770	73.5217	1770.7600	8.4733	154.9768
	总体	485	107.7785	68.2067	1770.7600	1.1900	154.5054
东北	国有控股公司	58	68.8727	60.6572	165.6000	14.4133	35.3388
	非国有控股公司	91	96.2864	77.5567	449.2000	12.1733	79.8436
	总体	149	85.6153	70.1667	449.2000	12.1733	67.5147

根据表24-7，从高管薪酬指数来看，四个地区国有控股公司的高管薪酬指数均值和中位值都远低于非国有控股公司，说明各地区国有控股公司高管薪酬存在较多的激励不足问题，而非国有控股公司高管薪酬则存在较多的激励过度问题。图24-4直观地反映了四个地区不同所有制上市公司高管薪酬指数均值的差异。

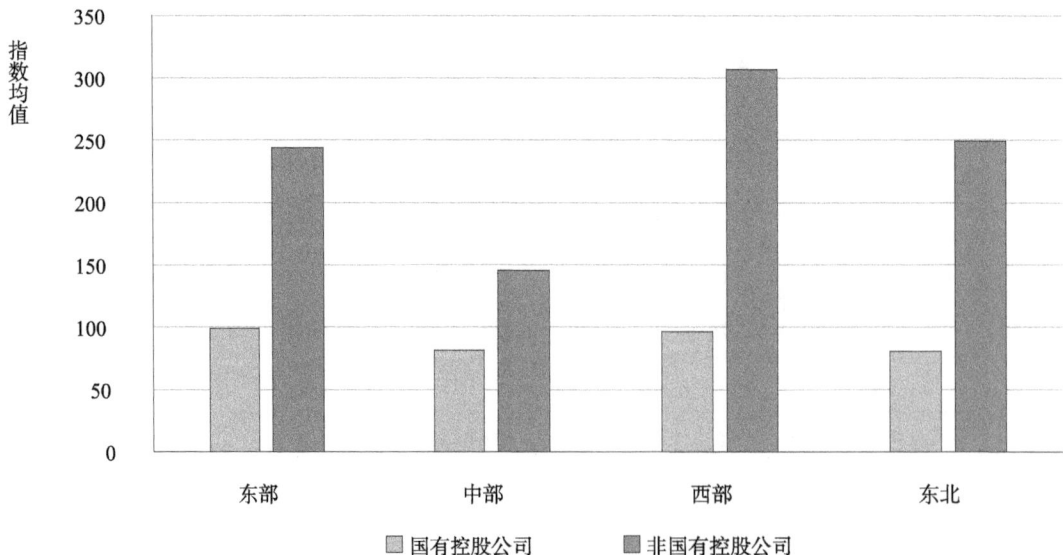

图24-4　2020年不同地区国有与非国有控股上市公司高管薪酬指数均值比较

从高管薪酬绝对值来看，东部地区的国有控股公司高管薪酬均值高于非国有控股公司，其他三个地区的国有控股公司高管薪酬均值则低于非国有控股公司；除了东部地区，其他三个地区的国有控股公司高管薪酬的中位值也都低于非国有控股公司。

为了更准确地判断四个地区国有与非国有控股上市公司高管薪酬指数的差异，我们将两种类型上市公司高管薪酬指数均值的倍数计算出来，如表24-8所示。

表24-8 2020年不同地区国有与非国有控股上市公司高管薪酬指数均值的倍数

项目	东部	中部	西部	东北
国有控股公司高管薪酬指数均值（1）	98.9229	81.4306	96.3632	80.8027
非国有控股公司高管薪酬指数均值（2）	243.6028	145.3432	306.7555	249.1355
（2）/（1）	2.4626	1.7849	3.1833	3.0833

由表24-8可知，西部和东北两个地区非国有控股公司高管薪酬指数均值都是国有控股公司高管薪酬指数均值的3倍多，比值最高的是西部地区，达到3.18倍；最小的是中部地区，为1.78倍。

24.2.2 分地区高管薪酬激励区间的比较

表24-9列示了四个地区国有控股公司与非国有控股公司的高管薪酬激励情况。

表24-9 2020年不同地区国有与非国有控股上市公司高管薪酬激励区间比较

区域	所有制类型	公司数目	其中		
			激励适中	激励过度	激励不足
高管薪酬指数					
东部	国有控股公司	689	297（43.11%）	90（13.06%）	302（43.83%）
	非国有控股公司	1945	1043（53.62%）	601（30.90%）	301（15.48%）
中部	国有控股公司	196	76（38.78%）	20（10.20%）	100（51.02%）
	非国有控股公司	290	160（55.17%）	66（22.76%）	64（22.07%）
西部	国有控股公司	211	95（45.02%）	28（13.27%）	88（41.71%）
	非国有控股公司	274	140（51.09%）	96（35.04%）	38（13.87%）

续表

区域	所有制类型	公司数目	其中		
			激励适中	激励过度	激励不足
东北	国有控股公司	58	23（39.66%）	6（10.34%）	29（50.00%）
	非国有控股公司	91	43（47.25%）	31（34.07%）	17（18.68%）
高管薪酬绝对值均值（单位：万元）					
东部	国有控股公司	689	131.9280	146.1631	137.8724
	非国有控股公司	1945	110.1747	117.5080	145.4344
中部	国有控股公司	196	99.2162	127.1557	80.5878
	非国有控股公司	290	92.0539	86.9422	115.0730
西部	国有控股公司	211	107.7915	144.0851	77.8467
	非国有控股公司	274	112.4848	113.4469	118.6503
东北	国有控股公司	58	58.2797	56.8824	79.7547
	非国有控股公司	91	91.1231	95.8069	110.2208

注：括号中的数字为某地区某类所有制上市公司中不同激励类型公司数占该地区该类型所有制全部公司数的比例。

由表 24-9 可以看出，从高管薪酬指数比较，四个地区国有控股公司高管薪酬激励适中比例均低于非国有控股公司，前者都低于 50% 的标准比例，尤其是中部更低，后者除东北外都略高于 50% 的标准比例；四个地区国有控股公司高管薪酬激励过度比例均低于非国有控股公司，前者都远低于 25% 的标准比例，后者除中部外都高于 25% 的标准比例；四个地区国有控股公司高管薪酬激励不足比例均高于非国有控股公司，前者都远高于 25% 的标准比例。四个地区激励适中、激励过度和激励不足的比例相差都较大。

从高管薪酬绝对值比较，在激励适中和激励过度区间，东部和中部两个地区国有控股公司高管薪酬均值高于非国有控股公司，东北地区国有控股公司高管薪酬均值则低于非国有控股公司；在激励不足区间，四个地区国有控股公司高管薪酬均值都低于非国有控股公司。

24.3　分行业高管薪酬指数的所有制比较

同前面各章一样，我们选择上市公司数目较多且具有代表性的六个行业，即制造业（C），电力、热力、燃气及水生产和供应业（D），交通运输、仓储和邮政业（G），信息传输、软件和信息技术服务业（I），金融业（J），房地产业（K），对这六个行业的上市公司高管薪酬激励进行比较分析。

24.3.1　分行业高管薪酬指数和绝对值的比较

表24-10列示了六个行业上市公司高管薪酬指数和绝对值的描述性统计结果。

表 24-10　2020 年不同行业国有与非国有控股上市公司高管薪酬指数和薪酬绝对值比较

行业	所有制类型	公司数目	平均值	中位值	最大值	最小值	标准差
高管薪酬指数							
制造业（C）	国有控股公司	543	92.7662	44.5691	2519.1090	0.6725	196.7167
	非国有控股公司	1818	199.8584	107.4624	20420.9766	1.0746	634.2453
	总体	2361	175.2285	86.2093	20420.9766	0.6725	566.2877
电力、热力、燃气及水生产和供应业（D）	国有控股公司	84	71.3061	26.1766	2267.5156	1.2920	246.8623
	非国有控股公司	29	238.2550	81.4128	3150.0103	5.0305	569.7031
	总体	113	114.1514	41.9521	3150.0103	1.2920	365.9414
交通运输、仓储和邮政业（G）	国有控股公司	68	56.6438	32.0210	308.0947	1.0903	64.4350
	非国有控股公司	29	106.2733	58.7043	534.3929	4.0778	124.9640
	总体	97	71.4815	41.6955	534.3929	1.0903	89.9751
信息传输、软件和信息技术服务业（I）	国有控股公司	50	142.7272	68.3673	1093.3487	0.6114	179.6954
	非国有控股公司	254	313.5982	161.0668	7098.1886	4.1732	643.7717
	总体	304	285.4944	144.5718	7098.1886	0.6114	596.3224
金融业（J）	国有控股公司	75	76.5522	26.0943	1372.5782	0.2545	172.5809
	非国有控股公司	41	525.4053	121.1343	11635.4564	4.0185	1833.0010
	总体	116	235.1986	40.8087	11635.4564	0.2545	1119.3058
房地产业（K）	国有控股公司	59	115.8107	53.8577	891.0648	4.2576	171.9038
	非国有控股公司	58	701.5464	75.0166	16343.3161	3.4016	2415.3225
	总体	117	406.1754	57.2184	16343.3161	3.4016	1729.9213

行业	所有制类型	公司数目	平均值	中位值	最大值	最小值	标准差
		高管薪酬绝对值（单位：万元）					
制造业（C）	国有控股公司	543	115.3212	78.9733	1594.8957	14.4133	136.6895
	非国有控股公司	1818	107.1942	78.2267	3478.2979	8.4733	134.6657
	总体	2361	109.0633	78.3933	3478.2979	8.4733	135.1771
电力、热力、燃气及水生产和供应业（D）	国有控股公司	84	75.5816	64.4067	270.2233	27.8767	39.6144
	非国有控股公司	29	85.1228	65.4000	226.2967	26.4367	51.7212
	总体	113	78.0302	65.4000	270.2233	26.4367	43.2487
交通运输、仓储和邮政业（G）	国有控股公司	68	86.3934	67.0484	507.6000	24.5667	66.0725
	非国有控股公司	29	118.7028	94.1100	421.0400	12.9000	95.0697
	总体	97	96.0529	75.0800	507.6000	12.9000	77.3392
信息传输、软件和信息技术服务业（I）	国有控股公司	50	100.9039	90.2000	426.6667	35.0367	61.3205
	非国有控股公司	254	112.9182	87.6828	619.0922	10.2000	95.4822
	总体	304	110.9421	88.5377	619.0922	10.2000	90.8606
金融业（J）	国有控股公司	75	251.9099	186.4933	1440.1500	5.0000	225.8478
	非国有控股公司	41	210.9719	191.3333	766.7033	18.6233	147.2597
	总体	116	237.4404	188.1583	1440.1500	5.0000	202.5499
房地产业（K）	国有控股公司	59	176.9728	114.3100	865.6667	45.6033	167.7782
	非国有控股公司	58	274.2038	149.0600	1770.7600	32.0300	340.9797
	总体	117	225.1728	121.4000	1770.7600	32.0300	272.3877

由表 24-10 可知，从高管薪酬指数比较看，六个代表性行业国有控股公司高管薪酬指数均值都远低于非国有控股公司，尤其是金融业（J）和房地产业（K）差距非常大。这说明各行业国有控股公司高管薪酬存在较多的激励不足问题，而非国有控股公司高管薪酬则存在较多的激励过度问题。图 24-5 直观地反映了六个代表性行业中不同所有制上市公司高管薪酬指数均值的差异。

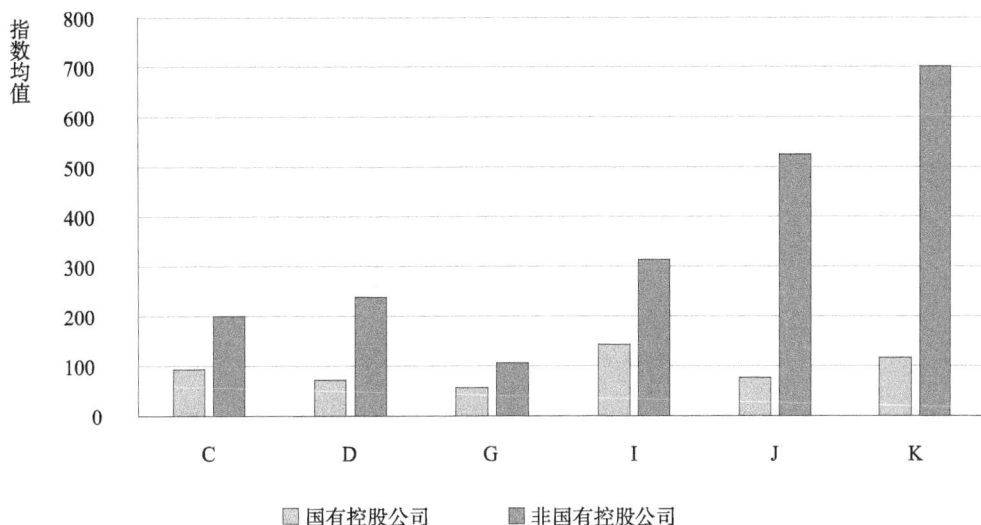

图24-5　2020年不同行业国有与非国有控股上市公司高管薪酬指数均值比较

　　从高管薪酬绝对值比较看，制造业（C）和金融业（J）的国有控股公司高管薪酬均值高于非国有控股公司，其他四个行业国有控股公司高管薪酬均值低于非国有控股公司。差距最大的行业是房地产业（K），非国有控股公司高管薪酬均值是国有控股公司的1.55倍，绝对差距达到97.23万元。制造业（C）、电力、热力、燃气及水生产和供应业（D）和信息传输、软件和信息技术服务业（I），非国有控股公司高管薪酬均值与国有控股公司的差距在10万元左右。

　　进一步比较六个行业国有与非国有控股上市公司高管薪酬指数均值的倍数，参见表24-11。

表 24-11　2020 年不同行业国有与非国有控股上市公司高管薪酬指数均值的倍数

项目	C	D	G	I	J	K
国有控股公司高管薪酬指数均值（1）	92.7662	71.3061	56.6438	142.7272	76.5522	115.8107
非国有控股公司高管薪酬指数均值（2）	199.8584	238.2550	106.2733	313.5982	525.4053	701.5464
（2）/（1）	2.1544	3.3413	1.8762	2.1972	6.8634	6.0577

　　由表24-11可知，金融业（J）非国有控股公司高管薪酬指数均值是国有控股公司的6.86倍，在六个行业中差距最大，但该行业非国有控股公司高管薪酬绝对值却低于国有控股公司；交通运输、仓储和邮政业（G）非国有控股公司高管薪酬指数均值是国有

控股公司的 1.88 倍, 在六个行业中差距最小。高管薪酬指数和高管薪酬绝对值的不同方向, 说明高管薪酬绝对值低, 未必激励力度小。

24.3.2 分行业高管薪酬激励区间的比较

表 24-12 列示了六个行业国有控股和非国有控股上市公司的高管薪酬激励情况。

表 24-12　2020 年不同行业国有与非国有控股上市公司高管薪酬激励区间比较

行业	所有制类型	公司数目	其中		
			激励适中	激励过度	激励不足
高管薪酬指数					
制造业（C）	国有控股公司	543	264（48.62%）	61（11.23%）	218（40.15%）
	非国有控股公司	1818	1018（56.00%）	519（28.55%）	281（15.46%）
电力、热力、燃气及水生产和供应业（D）	国有控股公司	84	34（40.48%）	3（3.57%）	47（55.95%）
	非国有控股公司	29	18（62.07%）	7（24.14%）	4（13.79%）
交通运输、仓储和邮政业（G）	国有控股公司	68	30（44.12%）	4（5.88%）	34（50.00%）
	非国有控股公司	29	13（44.83%）	5（17.24%）	11（37.93%）
信息传输、软件和信息技术服务业（I）	国有控股公司	50	25（50.00%）	14（28.00%）	11（22.00%）
	非国有控股公司	254	128（50.39%）	115（45.28%）	11（4.33%）
金融业（J）	国有控股公司	75	23（30.67%）	9（12.00%）	43（57.33%）
	非国有控股公司	41	14（34.15%）	16（39.02%）	11（26.83%）
房地产业（K）	国有控股公司	59	31（52.54%）	9（15.25%）	19（32.20%）
	非国有控股公司	58	29（50.00%）	13（22.41%）	16（27.59%）
高管薪酬绝对值均值（单位：万元）					
制造业（C）	国有控股公司	543	116.4967	146.8082	105.0870
	非国有控股公司	1818	101.7346	111.6798	118.6883
电力、热力、燃气及水生产和供应业（D）	国有控股公司	84	66.2241	40.5178	84.5890
	非国有控股公司	29	87.8645	61.2371	114.5850
交通运输、仓储和邮政业（G）	国有控股公司	68	86.5843	86.4575	86.2174
	非国有控股公司	29	99.2458	75.3240	161.4151

行业	所有制类型	公司数目	其中		
			激励适中	激励过度	激励不足
信息传输、软件和信息技术服务业（I）	国有控股公司	50	106.9671	99.0164	89.5264
	非国有控股公司	254	109.8543	118.1717	93.6470
金融业（J）	国有控股公司	75	310.1236	409.2462	187.8414
	非国有控股公司	41	198.5366	196.9196	247.2382
房地产业（K）	国有控股公司	59	153.7850	113.5503	244.8477
	非国有控股公司	58	229.6492	158.3479	449.0919

注：括号中的数字为某行业某类所有制上市公司中不同激励类型公司数占该行业该类型所有制全部公司数的比例。

从表24-12可知，从高管薪酬指数比较看，六个行业中，除了房地产业（K）国有控股公司高管薪酬激励适中比例高于非国有控股公司外，其他五个行业国有控股公司高管薪酬激励适中比例都低于非国有控股公司，且这五个行业国有控股公司激励适中比例都低于50%的标准比例。六个行业国有控股公司高管薪酬激励过度比例都远低于非国有控股公司，除了信息传输、软件和信息技术服务业（I）外，其余五个行业国有控股公司高管薪酬激励过度比例都低于或远低于25%的标准比例。六个行业国有控股公司高管薪酬激励不足比例都高于非国有控股公司，除了信息传输、软件和信息技术服务业（I）外，其他五个行业国有控股公司高管薪酬激励不足比例都高于或远高于25%的标准比例。

从高管薪酬绝对值比较看，在激励适中区间，制造业（C）和金融业（J）国有控股公司高管薪酬均值都高于非国有控股公司，其中，金融业（J）国有控股公司高管薪酬均值高出非国有控股公司111.59万元，差距较大；另外四个行业则是非国有控股公司高管薪酬高于国有控股公司，其中房地产业（K）超过最多，达到75.86万元。在激励过度区间，制造业（C），交通运输、仓储和邮政业（G）以及金融业（J）的国有控股公司高管薪酬均值高于非国有控股公司，其中金融业（J）超过额度为212.33万元；其他三个行业的国有控股公司高管薪酬均值都低于非国有控股公司，但差额都不是很大。在激励不足区间，六个行业都是国有控股公司高管薪酬均值低于非国有控股公司，其中房地产业（K）低出很多，达204.24万元。需要注意的是，在激励过度区间，电力、热力、燃气及水生产和供应业（D），交通运输、仓储和邮政业（G），信息传输、软件和信息技术服务业（I），以及房地产业（K）国有控股公司高管薪酬均值低于同类公司激励适中区间的高管薪酬均值；电力、热力、燃气及水生产和供应业（D），交通运输、仓储和邮政业（G），金融业（J），以及房地产业（K）非国有控股公司在激励过度区间的高管薪酬均值低于同类公司激励适中区间的高管薪酬均值，这与人们印象中激励过度区间的高管薪酬一般更高似乎不相符。其实，这不难理解，因为本报告的高管薪酬指数是基于企业业绩计算出来的。高管薪酬不高，却激励过度，实际反映了这些企业的业绩比较低下。

24.4　本章小结

本章从所有制层面对 3754 家上市公司的高管薪酬指数和绝对值进行了统计和比较分析，主要结论如下：

第一，从总体看，非国有控股公司高管薪酬指数均值和中位值都远高于国有控股公司。随着前十大股东中的国有股份比例的降低，上市公司高管薪酬指数均值表现出逐渐提高的趋势，即国有股份比例越高，其高管薪酬激励相对于企业绩效来说就越低。需要注意的是，高管薪酬指数低，判断是否属于薪酬激励不足，还需要考虑垄断特别是政府赋予垄断资源的影响。

从高管薪酬激励区间看，无国有股份公司高管薪酬激励适中的比例最高，国有绝对控股公司高管薪酬激励适中的比例最低；无国有股份公司高管薪酬激励过度的比例最高；国有绝对控股公司高管薪酬激励不足的比例最高。

从高管薪酬绝对值看，非国有控股公司高管薪酬的平均值小于国有控股公司。在激励适中区间，国有弱相对控股公司高管薪酬均值最高，最低是无国有股份公司；在激励过度区间，国有绝对控股公司高管薪酬均值最高，最低是无国有股份公司；在激励不足区间，国有弱相对控股公司高管薪酬均值最高，最低是国有绝对控股公司。从数据可以看出，激励过度区间中的高管薪酬并不一定比激励适中和激励不足区间的高管薪酬高，因为高管薪酬指数反映的是高管薪酬与其绩效的吻合度，只看高管薪酬绝对值是反映不出激励的本质内涵的。

第二，从地区看，从高管薪酬指数比较，四个地区国有控股公司的高管薪酬指数均值和中位值都远低于非国有控股公司；从高管薪酬绝对值比较，东部地区的国有控股公司高管薪酬均值高于非国有控股公司，其他三个地区的国有控股公司高管薪酬均值则低于非国有控股公司。

从激励区间比较，从高管薪酬指数角度，四个地区国有控股公司高管薪酬激励适中比例和激励过度比例均低于非国有控股公司；四个地区国有控股公司高管薪酬激励不足比例均高于非国有控股公司。从高管薪酬绝对值角度，在激励适中和激励过度区间，东部和中部两个地区国有控股公司高管薪酬均值高于非国有控股公司，东北地区国有控股公司高管薪酬均值则低于非国有控股公司；在激励不足区间，四个地区国有控股公司高管薪酬均值都低于非国有控股公司。

第三，从行业看，从高管薪酬指数比较，六个代表性行业国有控股公司高管薪酬指数均值都远低于非国有控股公司，尤其是金融业（J）和房地产业（K）差距非常大。从高管薪酬绝对值比较，制造业（C）和金融业（J）的国有控股公司高管薪酬均值高于非国有控股公司，其他四个行业国有控股公司高管薪酬均值低于非国有控股公司。

从激励区间比较，从高管薪酬指数角度，六个行业中，除了房地产业（K）外，其他五个行业国有控股公司高管薪酬激励适中比例都低于非国有控股公司；六个行业国有控股公司高管薪酬激励过度比例都远低于非国有控股公司；六个行业国有控股公司高管薪酬激励不足比例都高于非国有控股公司。从高管薪酬绝对值角度，六个行业中，在激励适中区间，除制造业（C）和金融业（J）外，其他四个行业都是非国有控股公司高管薪酬高于国有控股公司；在激励过度区间，制造业（C），交通运输、仓储和邮政业（G）以及金融业（J）的国有控股公司高管薪酬均值高于非国有控股公司，其他三个行业的国有控股公司高管薪酬均值都低于非国有控股公司；在激励不足区间，六个行业都是国有控股公司高管薪酬均值低于非国有控股公司。需要注意的是，一些行业非国有控股公司在激励过度区间的高管薪酬均值低于同类公司激励适中区间的高管薪酬均值，是因为本报告的高管薪酬指数是基于企业业绩计算出来的。高管薪酬不高，却激励过度，实际反映了这些企业的业绩比较低下。

第25章　高管薪酬及指数的年度比较
（2012～2020）

2009～2020年，我们对中国上市公司高管薪酬合理化水平进行了八次测度，今年是第九次测度。本章将从总体、地区、行业、所有制四个角度，并结合四分之一分位法所划分的激励适中、激励过度和激励不足三个激励区间，来比较分析2012年以及2015～2020年七个年度中国上市公司高管薪酬合理化程度和绝对水平，以便了解高管薪酬合理化水平的变化情况，以期对高管薪酬有更加完善的认识。需要注意的是，在比较各年度高管薪酬绝对额时，不考虑通货膨胀因素。

25.1　高管薪酬的年度比较

高管薪酬指数评价的样本公司每年增加，从2012年（2013年评价）的2310家增至2020年（2021年评价）的3754家。本节将从总体、地区、行业和所有制这四个角度，来比较2012年以及2015～2020年样本上市公司高管薪酬的变化情况。需要说明的是，从2017年度开始，在计算高管薪酬及指数时，对其中当年行权的股票期权，摒弃了以前简单计算期权收益总额的方法，而是按照行权人数，对薪酬最高的前三位高管行权的期权收益进行调整，同时对之前年度的高管薪酬和指数也做了相应调整。今年又把2020年行权的限制性股票和股票增值权考虑进来，由于本年度行权的这两类股权很少，之前年度更少，所以未对之前年度补充这两类股权的数据，尽管与之前比较时略有不对称，但影响很小。经过2017年和本年度两次调整，计算出来的薪酬最高的前三位高管的薪酬以及指数更加客观。

25.1.1　高管薪酬总体的年度比较

表25-1列示了2012年以及2015～2020年高管薪酬的变化情况。

表 25-1 2012～2020 年上市公司高管薪酬比较

单位：万元

年份	样本量	平均值	中位值	最大值	最小值	标准差
2012	2310	63.61	46.73	1458.33	3.40	68.56
2015	2632	81.60	54.33	3462.22	0.28	119.09
2016	2829	83.60	56.60	2591.61	4.00	108.95
2017	3140	88.59	62.19	2062.00	5.60	98.08
2018	3484	91.78	64.75	1566.65	5.40	101.94
2019	3560	105.25	74.28	3045.43	4.53	127.22
2020	3754	115.69	81.42	3478.30	1.19	136.78
八年增幅		52.08	34.69	2019.97	−2.21	—
年均增长率（%）		7.76	7.19	11.48	−12.30	—
比上年增幅		10.44	7.14	432.87	−3.34	—
比上年增长率（%）		9.92	9.61	14.21	−73.73	—

注：①薪酬增幅误差源于原始数据库的四舍五入；②"比上年增幅"和"比上年增长率"均指 2020 年与 2019 年的比较。

从表 25-1 可以看出，2012 年上市公司高管薪酬均值为 63.61 万元，2020 年为 115.69 万元，高管薪酬均值八年增幅为 52.08 万元，年均增长率为 7.76%。与 2019 年相比，2020 年上市公司高管薪酬均值增加 10.44 万元，增长 9.92%，出现较快增长。此外，最小值降幅明显，下降 73.73%，但最大值同比增加 14.21%，结合 2020 年标准差高于 2019 年，说明 2020 年不同公司高管薪酬离散程度进一步加大。

25.1.2 分地区高管薪酬的年度比较

依然按照东部、中部、西部和东北四个地区的划分，我们对 2012 年以及 2015～2020 年上市公司高管薪酬的变化情况进行比较，如表 25-2 所示。

表 25-2　2012～2020 年不同地区上市公司高管薪酬比较

单位：万元

地区	年份	平均值	中位值	最大值	最小值	标准差
东部	2012	69.70	52.00	1458.33	3.40	73.77
	2015	90.00	60.02	3462.22	0.28	131.84
	2016	92.40	63.33	2591.61	4.10	119.90
	2017	95.47	66.92	2062.00	5.60	104.51
	2018	97.75	70.19	1460.33	5.40	103.39
	2019	112.35	80.14	3045.43	7.20	133.34
	2020	122.74	87.56	3478.30	8.69	142.06
	八年增幅	53.04	35.56	2019.97	5.29	—
	年均增长率（%）	7.33	6.73	11.48	12.45	
	比上年增幅	10.39	7.42	432.87	1.49	—
	比上年增长率（%）	9.25	9.26	14.21	20.69	
中部	2012	53.41	39.71	776.49	4.40	65.64
	2015	65.67	44.86	1233.70	5.90	87.50
	2016	67.08	45.70	923.76	6.25	81.70
	2017	73.95	51.60	800.84	7.65	75.89
	2018	74.88	53.30	1566.65	7.65	91.91
	2019	88.49	61.50	1551.47	12.10	104.78
	2020	94.60	67.97	829.02	5.00	94.14
	八年增幅	41.19	28.26	52.53	0.60	—
	年均增长率（%）	7.41	6.95	0.82	1.61	
	比上年增幅	6.11	6.47	-722.45	-7.10	—
	比上年增长率（%）	6.90	10.52	-46.57	-58.68	—
西部	2012	50.03	37.65	475.92	3.75	45.51
	2015	63.96	41.91	795.43	2.85	81.53
	2016	66.23	46.19	813.65	4.00	84.02
	2017	75.78	50.73	903.77	7.74	89.78

地区	年份	平均值	中位值	最大值	最小值	标准差
西部	2018	84.06	56.49	1233.16	8.25	111.75
	2019	93.54	61.76	1665.14	6.31	127.19
	2020	107.78	68.21	1770.76	1.19	154.51
	八年增幅	57.75	30.56	1294.84	−2.56	—
	年均增长率（%）	10.07	7.71	17.85	−13.37	—
	比上年增幅	14.24	6.45	105.62	−5.12	—
	比上年增长率（%）	15.22	10.44	6.34	−81.14	—
东北	2012	57.54	41.20	318.63	5.57	55.77
	2015	68.02	43.33	922.81	4.55	99.19
	2016	63.73	46.76	477.08	9.77	64.78
	2017	69.10	50.15	496.78	9.98	66.61
	2018	70.36	61.30	449.33	8.84	53.81
	2019	76.89	62.68	449.20	4.53	55.50
	2020	85.62	70.17	449.20	12.17	67.51
	八年增幅	28.08	28.97	130.57	6.60	—
	年均增长率（%）	5.09	6.88	4.39	10.26	—
	比上年增幅	8.73	7.49	0.00	7.64	—
	比上年增长率（%）	11.35	11.95	0.00	168.65	—

注：①薪酬增幅误差源于原始数据库的四舍五入；②"比上年增幅"和"比上年增长率"均指2020年与2019年的比较。

从表25-2可以看出，2012～2020年，四个地区上市公司高管薪酬均值都呈现上涨态势，西部地区高管薪酬均值年均增长率排名第一，达到10.07%，增幅同样排名第一，达到57.75万元；东部地区增幅排名第二，为53.04万元，略低于西部地区；中部地区年均增长率排名第二，为7.41%；东北地区增幅和年均增长率均排名末位。

图25-1更为直观地显示了四个地区在2012～2020年度上市公司高管薪酬均值增幅和增长率的比较结果。很明显，四个地区上市公司高管薪酬都有所增长，增长幅度从高到低依次是西部、东部、中部和东北，年均增长率从高到低依次是西部、中部、东部和东北。

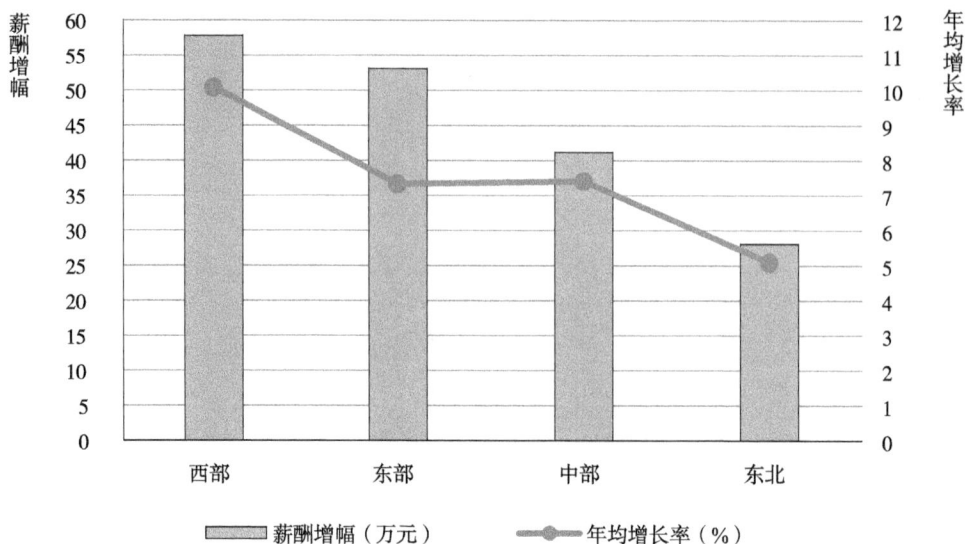

图25-1　2012～2020年不同地区上市公司高管薪酬均值增幅和年均增长率的变化

与 2019 年相比，2020 年四个地区上市公司高管薪酬均值都有所上升，西部地区增幅和增长率均排名第一，分别为 14.24 万元和 15.22%；东部地区增幅排名第二，为 10.39 万元；东北地区增长率排名第二，达到 11.35%；中部地区增幅和增长率均最小，分别为 6.11 万元和 6.90%。参见图 25-2。

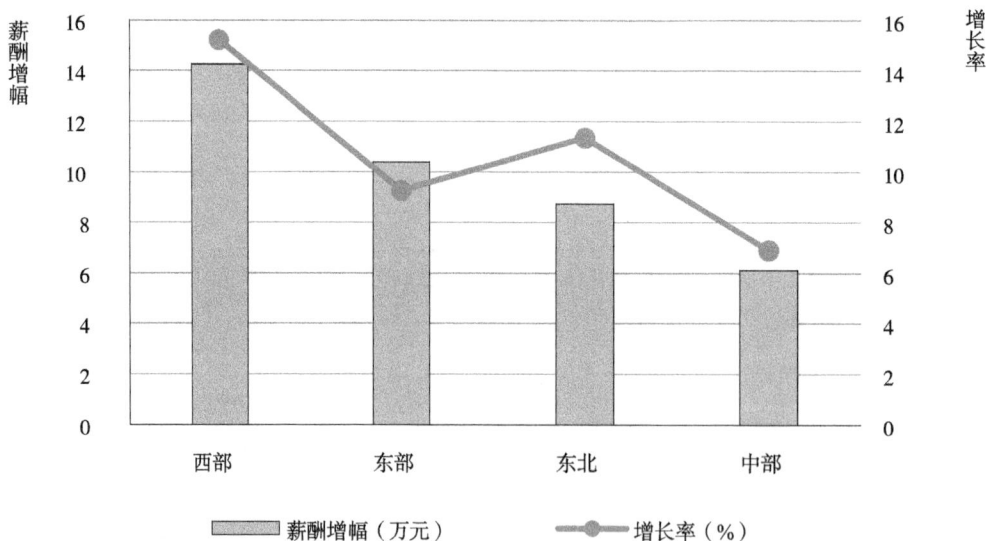

图25-2　2019～2020年不同地区上市公司高管薪酬均值增幅和增长率的变化

25.1.3　分行业高管薪酬的年度比较

各行业在不同年度的经营状况不一，高管薪酬也会受到影响，我们比较了 2012 年以及 2015 ～ 2020 年上市公司高管薪酬在不同行业的变化情况，如表 25-3 所示。

表 25-3 2012 ～ 2020 年不同行业上市公司高管薪酬比较

单位：万元

行业	年份	平均值	中位值	最大值	最小值	标准差
农、林、牧、渔业（A）	2012	40.39	36.58	115.82	10.40	26.77
	2015	43.88	36.23	224.76	10.89	40.56
	2016	55.38	38.81	300.00	12.00	54.95
	2017	61.29	40.90	383.22	12.64	66.52
	2018	66.66	41.09	407.48	8.25	79.60
	2019	81.24	54.37	557.83	12.77	105.66
	2020	114.23	61.00	745.13	10.55	157.36
	八年增幅	73.84	24.42	629.31	0.15	—
	年均增长率（%）	13.88	6.60	26.20	0.18	—
	比上年增幅	32.99	6.63	187.30	-2.22	—
	比上年增长率（%）	40.61	12.19	33.58	-17.38	—
采矿业（B）	2012	77.63	61.05	606.52	6.67	85.07
	2015	59.80	50.14	322.98	7.33	46.39
	2016	58.88	47.24	298.78	5.67	44.08
	2017	70.31	59.08	460.73	5.67	58.10
	2018	78.16	67.66	310.90	13.55	53.87
	2019	86.42	73.21	378.45	17.40	60.11
	2020	92.83	80.55	553.71	1.19	74.61
	八年增幅	15.20	19.50	-52.81	-5.48	—
	年均增长率（%）	2.26	3.53	-1.13	19.38	—
	比上年增幅	6.41	7.34	175.26	-16.21	—
	比上年增长率（%）	7.42	10.03	46.31	-93.16	—
制造业（C）	2012	55.25	42.55	776.49	4.06	52.23
	2015	73.53	50.27	3462.22	4.00	118.50
	2016	73.05	53.43	908.34	4.00	76.06
	2017	80.16	58.33	2062.00	7.65	89.11

行业	年份	平均值	中位值	最大值	最小值	标准差
制造业（C）	2018	83.71	61.96	1566.65	7.65	92.25
	2019	96.21	70.85	1778.29	4.53	105.80
	2020	109.06	78.39	3478.30	8.47	135.18
	八年增幅	53.81	35.84	2701.81	4.41	—
	年均增长率（%）	8.87	7.94	20.62	9.63	—
	比上年增幅	12.85	7.54	1700.01	3.94	—
	比上年增长率（%）	13.36	10.64	95.60	86.98	—
电力、热力、燃气及水生产和供应业（D）	2012	52.34	46.60	184.38	13.53	24.93
	2015	55.56	50.69	173.24	14.84	25.12
	2016	59.83	52.41	281.00	14.84	33.57
	2017	60.05	53.70	186.00	14.89	27.70
	2018	64.31	57.52	337.68	12.79	38.11
	2019	70.60	61.60	237.00	23.01	33.73
	2020	78.03	65.40	270.22	26.44	43.25
	八年增幅	25.69	18.80	85.84	12.91	—
	年均增长率（%）	5.12	4.33	4.89	8.74	—
	比上年增幅	7.43	3.80	33.22	3.43	—
	比上年增长率（%）	10.52	6.17	14.02	14.91	—
建筑业（E）	2012	64.99	57.59	250.00	10.33	43.99
	2015	72.31	59.46	203.63	5.90	44.73
	2016	69.38	61.60	240.00	10.03	42.75
	2017	74.58	64.60	196.10	20.82	41.38
	2018	72.86	63.09	168.91	18.85	33.43
	2019	85.45	71.77	248.02	24.66	45.60
	2020	86.28	84.13	234.02	21.30	40.23
	八年增幅	21.29	26.54	-15.98	10.97	—
	年均增长率（%）	3.61	4.85	-0.82	9.47	—
	比上年增幅	0.83	12.36	-14.00	-3.36	—
	比上年增长率（%）	0.97	17.22	-5.64	-13.63	—

续表

行业	年份	平均值	中位值	最大值	最小值	标准差
批发和零售业（F）	2012	71.47	55.29	318.63	3.40	59.00
	2015	76.66	63.42	275.59	9.00	53.89
	2016	91.34	68.72	923.76	14.71	88.63
	2017	98.89	78.62	637.86	9.98	79.75
	2018	100.70	78.76	381.50	8.84	72.04
	2019	111.75	90.78	610.98	8.84	85.29
	2020	122.33	98.17	507.18	17.76	86.43
	八年增幅	50.86	42.88	188.55	14.36	—
	年均增长率（%）	6.95	7.44	5.98	22.95	—
	比上年增幅	10.58	7.39	−103.80	8.92	—
	比上年增长率（%）	9.47	8.14	−16.99	100.90	—
交通运输、仓储和邮政业（G）	2012	66.22	59.97	242.03	21.35	37.78
	2015	78.41	53.90	774.17	20.47	91.22
	2016	70.29	54.98	300.18	6.25	50.17
	2017	90.77	59.44	603.65	21.15	89.02
	2018	95.50	65.55	716.08	22.81	95.80
	2019	102.63	72.66	544.28	11.52	84.88
	2020	96.05	75.08	507.60	12.90	77.34
	八年增幅	29.83	15.11	265.57	−8.45	—
	年均增长率（%）	4.76	2.85	9.70	−6.10	—
	比上年增幅	−6.58	2.42	−36.68	1.38	—
	比上年增长率（%）	−6.41	3.33	−6.74	11.98	—
住宿和餐饮业（H）	2012	57.95	46.76	145.59	17.34	36.45
	2015	55.54	65.88	97.80	24.22	22.50
	2016	89.48	53.20	420.94	22.70	107.15
	2017	106.71	59.74	501.57	45.67	139.84
	2018	113.11	61.60	563.73	36.23	159.94
	2019	138.64	62.40	722.36	43.05	206.94

续表

行业	年份	平均值	中位值	最大值	最小值	标准差
住宿和餐饮业（H）	2020	120.75	53.08	514.55	33.20	161.51
	八年增幅	62.80	6.32	368.96	15.86	—
	年均增长率（%）	9.61	1.60	17.09	8.46	—
	比上年增幅	-17.89	-9.32	-207.81	-9.85	—
	比上年增长率（%）	-12.90	-14.94	-28.77	-22.88	—
信息传输、软件和信息技术服务业（I）	2012	60.10	52.24	442.27	12.00	52.11
	2015	98.78	71.46	634.29	19.31	96.57
	2016	102.88	63.67	2591.61	4.13	203.65
	2017	83.88	65.17	577.33	5.60	70.92
	2018	88.27	68.64	449.33	5.40	71.16
	2019	99.15	77.63	570.20	7.20	79.33
	2020	110.94	88.54	619.09	10.20	90.86
	八年增幅	50.84	36.30	176.82	-1.80	—
	年均增长率（%）	7.96	6.82	4.29	-2.01	—
	比上年增幅	11.79	10.91	48.89	3.00	—
	比上年增长率（%）	11.89	14.05	8.57	41.67	—
金融业（J）	2012	232.95	212.83	701.33	37.80	135.01
	2015	297.09	244.06	1060.12	57.28	212.27
	2016	286.20	183.56	1097.75	13.67	241.94
	2017	245.21	185.13	1302.51	27.85	200.44
	2018	226.99	165.02	1406.56	19.91	216.49
	2019	231.10	178.77	1506.27	19.83	200.10
	2020	237.44	188.16	1440.15	5.00	202.55
	八年增幅	4.49	-24.67	738.82	-32.80	—
	年均增长率（%）	0.24	-1.53	9.41	-22.34	—
	比上年增幅	6.34	9.39	-66.12	-14.83	—
	比上年增长率（%）	2.74	5.25	-4.39	-74.79	—

行业	年份	平均值	中位值	最大值	最小值	标准差
房地产业（K）	2012	101.75	66.30	1458.33	6.33	144.63
	2015	137.69	73.23	1350.20	0.28	195.66
	2016	163.39	97.75	1506.81	5.13	218.42
	2017	173.12	106.67	999.27	7.74	171.32
	2018	184.00	102.57	1045.60	18.73	199.94
	2019	233.20	116.93	3045.43	17.80	372.79
	2020	225.17	121.40	1770.76	32.03	272.39
	八年增幅	123.42	55.10	312.43	25.70	—
	年均增长率（%）	10.44	7.85	2.46	22.47	—
	比上年增幅	-8.03	4.47	-1274.67	14.23	—
	比上年增长率（%）	-3.44	3.82	-41.86	79.94	—
租赁和商务服务业（L）	2012	71.85	60.76	287.33	33.98	55.34
	2015	89.61	70.12	340.63	28.03	65.68
	2016	93.74	69.84	336.33	20.48	75.54
	2017	95.37	72.70	433.99	20.54	76.77
	2018	124.66	87.85	511.66	22.16	105.74
	2019	135.08	95.69	641.48	22.67	116.40
	2020	128.48	87.91	613.76	23.95	108.80
	八年增幅	56.63	27.15	326.43	-10.03	—
	年均增长率（%）	7.54	4.73	9.95	-4.28	—
	比上年增幅	-6.60	-7.78	-27.72	1.28	—
	比上年增长率（%）	-4.89	-8.13	-4.32	5.65	—
科学研究和技术服务业（M）	2012	67.43	75.80	95.77	31.08	24.16
	2015	94.55	85.85	227.31	23.29	51.87
	2016	97.07	76.75	525.00	9.36	102.24
	2017	74.48	68.06	244.29	23.34	45.79
	2018	84.72	72.08	315.41	14.69	55.79
	2019	119.78	81.00	972.90	25.95	143.62

行业	年份	平均值	中位值	最大值	最小值	标准差
科学研究和技术服务业（M）	2020	145.63	97.68	1185.86	25.21	181.82
	八年增幅	78.20	21.88	1090.09	−5.87	—
	年均增长率（%）	10.10	3.22	36.96	−2.58	—
	比上年增幅	25.85	16.68	212.96	−0.74	—
	比上年增长率（%）	21.58	20.59	21.89	−2.85	—
水利、环境和公共设施管理业（N）	2012	42.44	36.55	116.71	17.82	22.39
	2015	78.41	49.46	677.96	16.64	116.52
	2016	62.79	47.73	266.78	16.45	51.45
	2017	70.06	60.18	278.41	15.56	46.22
	2018	64.95	55.08	204.96	15.61	41.86
	2019	73.13	57.40	261.68	15.50	50.42
	2020	79.27	64.79	310.41	17.05	51.04
	八年增幅	36.83	28.24	193.70	−0.77	—
	年均增长率（%）	8.12	7.42	13.01	−0.55	—
	比上年增幅	6.14	7.39	48.73	1.55	—
	比上年增长率（%）	8.40	12.87	18.62	10.00	—
教育行业（P）	2012	30.29	30.29	30.29	30.29	0.00
	2015	58.33	58.33	58.33	58.33	0.00
	2016	54.57	44.17	86.67	32.87	23.16
	2017	66.71	67.77	98.92	32.39	26.35
	2018	74.32	69.69	182.62	24.11	46.74
	2019	96.61	97.20	166.43	24.19	45.88
	2020	107.69	98.12	321.21	21.89	83.43
	八年增幅	77.40	67.83	290.92	−8.40	—
	年均增长率（%）	17.18	15.83	34.33	−3.98	—
	比上年增幅	11.08	0.92	154.78	−2.30	—
	比上年增长率（%）	11.47	0.95	93.00	−9.51	—

行业	年份	平均值	中位值	最大值	最小值	标准差
卫生和社会工作（Q）	2012	60.33	48.67	92.33	40.00	28.05
	2015	71.50	72.31	112.81	28.55	31.23
	2016	100.77	126.31	203.76	18.91	62.32
	2017	113.09	89.03	263.89	24.80	80.39
	2018	88.45	95.90	166.67	27.17	46.31
	2019	112.66	106.36	268.01	25.62	76.77
	2020	156.57	73.38	699.51	18.70	178.68
	八年增幅	96.24	24.71	607.18	−21.30	—
	年均增长率（%）	12.66	5.27	28.80	−9.07	—
	比上年增幅	43.91	−32.98	431.50	−6.92	—
	比上年增长率（%）	38.98	−31.01	161.00	−27.01	—
文化、体育和娱乐业（R）	2012	73.75	63.13	201.55	28.42	43.72
	2015	94.79	64.41	442.59	22.82	89.31
	2016	89.74	59.38	681.90	15.33	107.87
	2017	94.21	69.26	727.60	24.69	102.51
	2018	94.18	70.25	689.46	12.99	97.73
	2019	105.16	73.30	637.51	21.87	108.30
	2020	104.82	83.52	533.00	25.39	92.05
	八年增幅	31.07	20.39	331.45	−3.03	—
	年均增长率（%）	4.49	3.56	12.93	−1.40	—
	比上年增幅	−0.34	10.22	−104.51	3.52	—
	比上年增长率（%）	−0.32	13.94	−16.39	16.10	—
综合（S）	2012	57.60	59.34	125.35	16.57	32.34
	2015	65.40	61.23	229.76	2.85	46.19
	2016	80.62	59.25	381.49	17.75	74.50
	2017	91.76	63.00	443.43	23.10	89.79
	2018	79.60	63.11	273.36	26.49	59.91
	2019	91.42	67.10	290.17	29.14	71.29

续表

行业	年份	平均值	中位值	最大值	最小值	标准差
	2020	117.56	83.82	368.63	20.63	104.99
	八年增幅	59.96	24.48	243.28	4.06	—
综合（S）	年均增长率（%）	9.33	4.41	14.43	2.78	—
	比上年增幅	26.14	16.72	78.46	−8.51	—
	比上年增长率（%）	28.59	24.92	27.04	−29.20	—

注：①薪酬增幅误差源于原始数据库的四舍五入；②"比上年增幅"和"比上年增长率"均指2020年与2019年的比较；③居民服务、修理和其他服务业（O）只有1家上市公司，难以代表该行业整体水平，无法比较，故予以剔除。

从表25-3可以看出，2012～2020年，全部18个行业的上市公司高管薪酬均值都有一定程度增长。其中，房地产业（K）薪酬增幅最大，为123.42万元，年均增长率为10.44%；教育（P）年均增长率最高，达到17.18%；金融业（J）薪酬增幅和年均增长率都排在末位，分别为4.49万元，0.24%。

图25-3更直观地描绘了不同行业2012～2020年上市公司高管薪酬均值增幅和年均增长率的比较结果，可以看出，薪酬增幅最大的三个行业分别是房地产业（K），卫生和社会工作（Q），科学研究和技术服务业（M）；薪酬增幅最小的三个行业分别是金融业（J），采矿业（B），建筑业（E）。

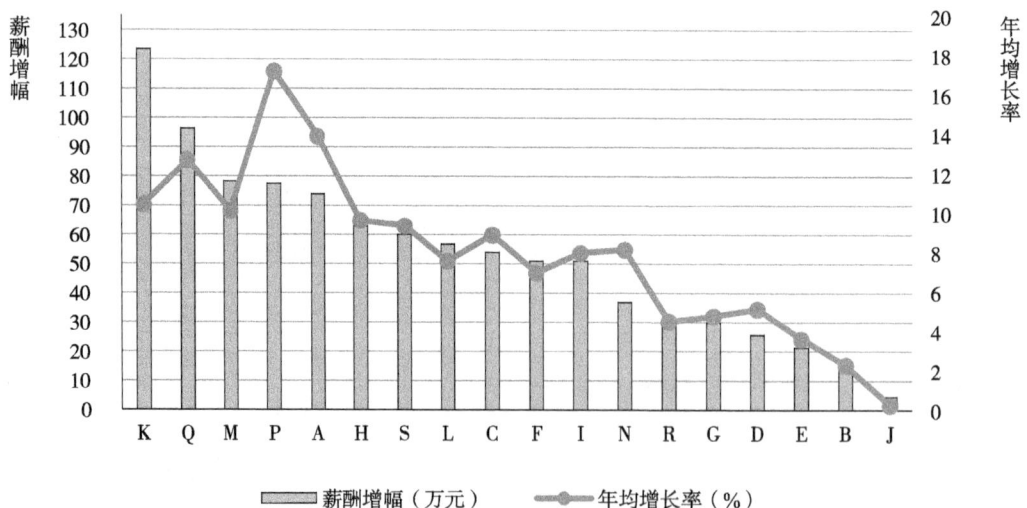

图25-3 2012～2020年不同行业上市公司高管薪酬均值增幅和年均增长率的变化

与2019年相比，2020年有13个行业的上市公司高管薪酬均值上升，其中，薪酬增幅最大的是卫生和社会工作（Q），增幅达到43.91万元，增长率为38.98%，这可能与

2020 年暴发的新冠疫情造成国内外市场对医疗产品的需求增加有关。增长率最高的是农、林、牧、渔业（A），达到 40.61%，增幅为 32.99 万元。有 5 个行业的高管薪酬均值下降，下降幅度最大的是住宿和餐饮业（H），降幅达 17.89 万元，下降 12.90%。

图 25-4 描绘了不同行业 2019～2020 年上市公司高管薪酬均值增幅和增长率的比较结果，可以看出，18 个行业的高管薪酬增幅和增长率不都是一致的。

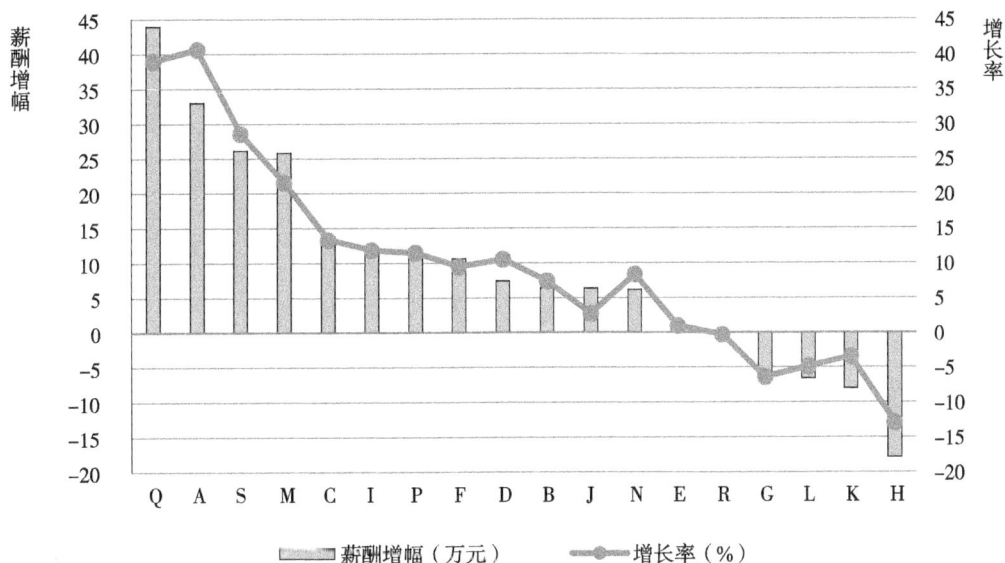

图25-4　2019～2020年不同行业上市公司高管薪酬均值增幅和增长率比较

25.1.4　分所有制高管薪酬的年度比较

不同的所有制会对上市公司高管薪酬产生影响。表 25-4 比较了 2012 年以及 2015～2020 年不同所有制上市公司高管薪酬的变化情况。

表 25-4　2012～2020 年不同所有制上市公司高管薪酬比较

单位：万元

所有制	年份	平均值	中位值	最大值	最小值	标准差
国有绝对控股公司	2012	64.55	55.79	275.74	7.42	42.10
	2015	75.22	58.51	774.17	4.55	71.71
	2016	74.13	61.28	466.51	6.10	60.84
	2017	84.29	65.94	542.33	13.58	70.17
	2018	96.43	69.66	1460.33	13.55	112.91
	2019	100.07	78.70	650.63	15.50	81.38

续表

所有制	年份	平均值	中位值	最大值	最小值	标准差
国有绝对控股公司	2020	108.37	79.69	1343.67	1.19	100.87
	八年增幅	43.82	23.90	1067.93	−6.23	—
	年均增长率（%）	6.69	4.56	21.89	−20.45	—
	比上年增幅	8.30	0.99	693.04	−14.31	—
	比上年增长率（%）	8.29	1.26	106.52	−92.32	—
国有强相对控股公司	2012	66.31	48.35	569.40	5.57	60.60
	2015	72.64	52.90	863.70	6.30	74.47
	2016	79.91	57.80	856.28	6.31	81.91
	2017	87.10	63.96	602.33	9.52	78.22
	2018	87.36	64.08	563.73	8.25	74.59
	2019	97.20	76.16	722.36	4.53	80.25
	2020	114.28	80.88	1000.78	5.00	116.45
	八年增幅	47.97	32.53	431.38	−0.57	—
	年均增长率（%）	7.04	6.64	7.30	−1.34	—
	比上年增幅	17.08	4.72	278.42	0.47	—
	比上年增长率（%）	17.57	6.20	38.54	10.38	—
国有弱相对控股公司	2012	75.16	47.72	1458.33	6.00	109.49
	2015	85.39	55.01	856.53	7.63	106.89
	2016	92.97	54.06	1068.82	4.10	125.17
	2017	101.53	63.09	999.27	11.52	118.96
	2018	114.14	72.09	1406.56	8.25	144.73
	2019	123.80	78.34	1506.27	7.52	140.56
	2020	149.02	91.99	1594.90	16.11	194.70
	八年增幅	73.86	44.27	136.57	10.11	—
	年均增长率（%）	8.93	8.55	1.13	13.14	—
	比上年增幅	25.22	13.65	88.63	8.59	—
	比上年增长率（%）	20.37	17.42	5.88	114.23	—

所有制	年份	平均值	中位值	最大值	最小值	标准差
国有参股公司	2012	64.58	46.52	530.00	3.40	65.45
	2015	99.87	58.53	3462.22	4.67	186.11
	2016	99.21	60.94	2591.61	5.20	157.33
	2017	103.26	65.75	2062.00	5.60	136.47
	2018	102.36	70.62	1233.16	9.27	112.49
	2019	122.32	79.77	3045.43	6.31	174.30
	2020	136.35	91.72	1642.90	9.27	151.23
	八年增幅	71.77	45.20	1112.90	5.87	—
	年均增长率（%）	9.79	8.86	15.19	13.36	—
	比上年增幅	14.03	11.95	-1402.53	2.96	—
	比上年增长率（%）	11.47	14.98	-46.05	46.91	—
无国有股份公司	2012	58.17	43.68	776.49	3.75	61.17
	2015	75.50	50.63	1271.91	0.28	94.61
	2016	74.30	54.49	923.76	4.00	77.63
	2017	78.42	58.07	800.84	5.67	72.42
	2018	81.15	60.83	1566.65	5.40	85.46
	2019	93.46	69.70	1864.47	7.20	104.18
	2020	103.25	77.05	3478.30	8.47	130.97
	八年增幅	45.08	33.37	2701.81	4.72	—
	年均增长率（%）	7.44	7.35	20.62	10.72	—
	比上年增幅	9.79	7.35	1613.83	1.27	—
	比上年增长率（%）	10.48	10.55	86.56	17.64	—

注：①薪酬增幅误差源于原始数据库的四舍五入；②"比上年增幅"和"比上年增长率"均指2020年与2019年的比较。

由表25-4可知，2012～2020年，五类所有制上市公司高管薪酬总体都处于增长态势。其中，国有弱相对控股公司高管薪酬均值增幅最大，为73.86万元；国有参股公司高管薪酬均值年均增长率最高，为9.79%；高管薪酬均值增幅和年均增长率最低的都是国有绝对控股公司，分别为43.82万元和6.69%。

图25-5更加直观地描绘了2012～2020年不同所有制上市公司高管薪酬均值增幅

和年均增长率的比较结果。可以看出，国有弱相对控股公司和国有参股公司的薪酬增幅
分列前两位，且较为接近，明显领先其他三类所有制公司。

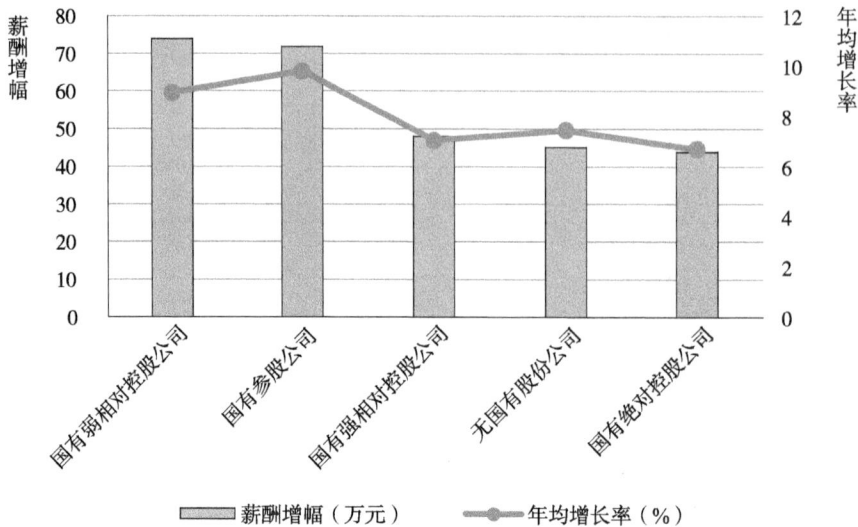

图25-5 2012～2020年不同所有制上市公司高管薪酬均值增幅和年均增长率的变化

与2019年相比，2020年五类所有制公司高管薪酬均值都是增长的，增幅和增长率
最大的都是国有弱相对控股公司，分别为25.22万元和20.37%，明显高于其他四类所有
制公司；增幅和增长率最低的都是国有绝对控股公司，分别为8.30万元和8.29%。

图25-6描绘了2019～2020年不同所有制上市公司高管薪酬均值增幅和增长率的
变化情况。可以看出，高管薪酬均值增幅和增长率从高到低依次均为国有弱相对控股公
司、国有强相对控股公司、国有参股公司、无国有股份公司和国有绝对控股公司。

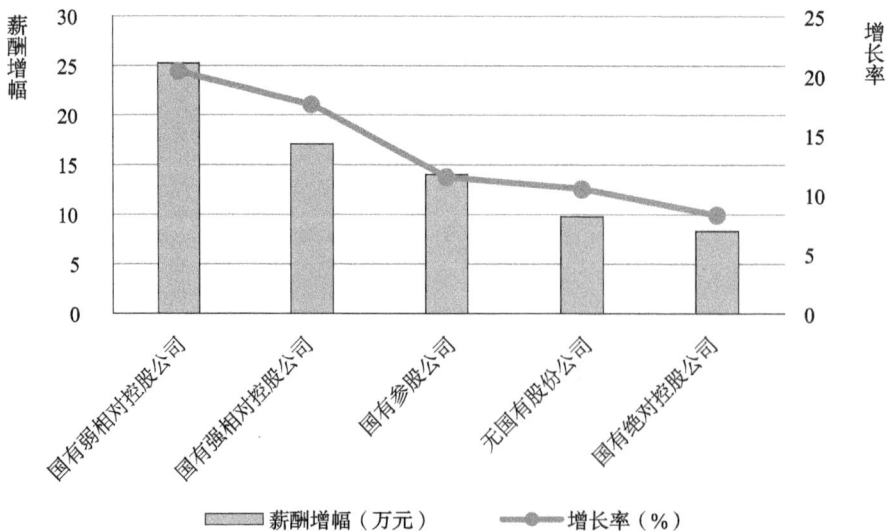

图25-6 2019～2020年不同所有制上市公司高管薪酬均值增幅和增长率比较

我们进一步将国有绝对控股公司、国有强相对控股公司和国有弱相对控股公司归类为国有控股公司，将国有参股公司和无国有股份公司归类为非国有控股公司，表25-5比较了2012～2020年国有控股公司和非国有控股公司高管薪酬的变化情况。

表25-5　2012～2020年国有和非国有控股公司高管薪酬比较

单位：万元

所有制	年份	平均值	中位值	最大值	最小值	标准差
国有控股公司	2012	68.61	51.67	1458.33	45.57	75.97
	2015	76.93	55.33	863.70	4.55	84.25
	2016	82.78	56.65	1068.82	4.10	94.68
	2017	91.21	64.25	999.27	9.52	92.46
	2018	98.96	67.43	1460.33	8.25	113.33
	2019	107.90	77.09	1506.27	4.53	107.94
	2020	118.92	81.32	1594.90	1.19	131.81
	八年增幅	50.31	29.65	136.57	-44.38	—
	年均增长率（%）	7.12	5.83	1.13	-36.60	—
	比上年增幅	11.02	4.23	88.63	-3.34	—
	比上年增长率（%）	10.21	5.49	5.88	-73.73	—
非国有控股公司	2012	60.01	44.57	776.49	3.40	62.47
	2015	84.53	54.07	3462.22	0.28	136.40
	2016	84.07	56.38	2591.61	4.00	116.27
	2017	87.27	60.80	2062.00	5.60	100.77
	2018	88.69	63.70	1566.65	5.40	96.48
	2019	104.06	73.29	3045.43	6.31	134.99
	2020	114.25	81.46	3478.30	8.47	138.91
	八年增幅	54.24	36.89	2701.81	5.07	—
	年均增长率（%）	8.38	7.83	20.62	12.09	—
	比上年增幅	10.19	8.17	432.87	2.16	—
	比上年增长率（%）	9.79	11.15	14.21	34.23	—

注：①薪酬增幅误差源于原始数据库的四舍五入；②"比上年增幅"和"比上年增长率"均指2020年与2019年的比较。

从表 25-5 可以看出，2012 ～ 2020 年，非国有控股公司高管薪酬增幅和年均增长率分别为 54.24 万元和 8.38%，均高于国有控股公司的 50.31 万元和 7.12%。与 2019 年相比，2020 年国有控股公司和非国有控股公司高管薪酬均值都出现增长，前者的增幅和增长率分别是 11.02 万元和 10.21%，后者的增幅和增长率分别是 10.19 万元和 9.79%，国有控股公司增幅和增长率均微高于非国有控股公司。

25.2　高管薪酬指数的年度比较

本节将从总体、地区、行业和所有制四个角度，来比较 2012 年以及 2015 ～ 2020 年样本上市公司高管薪酬指数的变化情况。需要说明的是，从 2019 年度开始，在计算高管薪酬指数时，采用了高管薪酬对营业总收入求比值方法，而不是对营业收入求比值，以使计算出来的薪酬指数更加客观。为便于比较，对之前年度的高管薪酬指数也进行了同样的调整。

25.2.1　高管薪酬指数总体的年度比较

表 25-6 列示了 2012 年以及 2015 ～ 2020 年高管薪酬指数的变化情况。

表 25-6　2012 ～ 2020 年上市公司高管薪酬指数比较

年份	样本量	平均值	中位值	最大值	最小值	标准差
2012	2310	130.49	55.90	9915.94	0.08	388.89
2015	2632	208.93	82.03	13844.05	0.08	629.98
2016	2829	220.68	86.09	30477.98	0.06	889.58
2017	3140	202.12	87.84	13978.82	0.11	638.62
2018	3484	192.83	84.07	20168.57	0.10	638.25
2019	3560	189.35	78.07	45843.07	0.09	959.06
2020	3754	194.94	81.56	20420.98	0.14	662.75
八年增幅		64.45	25.66	10505.04	0.06	—
年均增长率（%）		5.15	4.84	9.45	7.25	—
比上年增幅		5.59	3.49	-25422.09	0.05	
比上年增长率（%）		2.95	4.47	-55.45	55.56	

注：①薪酬指数增幅误差源于原始数据库的四舍五入；②"比上年增幅"和"比上年增长率"均指 2020 年与 2019 年的比较。

从表 25-6 可以看出，上市公司高管薪酬指数均值从 2012 年的 130.49 分，逐步上升至 2016 年的 220.68 分，但是之后连续三年下降，在 2020 年又回升至 194.94 分，呈现先升后降再升的波动趋势。与 2019 年相比，2020 年上市公司高管薪酬指数均值提高 5.59 分，上升 2.95%。

25.2.2 分地区高管薪酬指数的年度比较

按照东部、中部、西部和东北四个地区的划分，我们对 2012 年以及 2015～2020 年上市公司高管薪酬指数的变化情况进行比较，如表 25-7 所示。

表 25-7　2012～2020 年不同地区上市公司高管薪酬指数比较

地区	年份	平均值	中位值	最大值	最小值	标准差
东部	2012	141.95	62.52	9915.94	0.08	447.87
	2015	204.81	93.83	13844.05	0.08	588.76
	2016	224.33	93.65	30477.98	0.06	950.46
	2017	209.90	95.96	13978.82	0.11	649.75
	2018	200.34	91.86	17250.47	0.10	613.62
	2019	183.72	88.05	19345.24	0.09	644.18
	2020	205.76	88.13	20420.98	0.14	741.17
	八年增幅	63.81	25.61	10505.04	0.06	—
	年均增长率（%）	4.75	4.39	9.45	7.25	—
	比上年增幅	22.04	0.08	1075.74	0.05	—
	比上年增长率（%）	12.00	0.09	5.56	55.56	—
中部	2012	92.76	38.16	2874.93	0.54	208.83
	2015	199.38	58.34	6529.41	0.38	638.41
	2016	176.46	61.46	6000.66	0.30	537.01
	2017	184.47	64.22	12450.08	1.03	691.56
	2018	184.42	58.29	20168.57	0.62	975.96
	2019	237.19	56.96	45843.07	0.72	2148.50
	2020	119.57	55.99	2309.55	0.67	203.28
	八年增幅	26.81	17.83	-565.38	0.13	—
	年均增长率（%）	3.22	4.91	-2.70	2.73	—
	比上年增幅	-117.62	-0.97	-43533.52	-0.05	—
	比上年增长率（%）	-49.59	-1.70	-94.96	-6.94	—

续表

地区	年份	平均值	中位值	最大值	最小值	标准差
西部	2012	126.19	52.33	3120.32	0.50	299.88
	2015	225.94	74.44	10121.59	0.83	737.42
	2016	252.03	80.99	13242.34	1.29	949.31
	2017	196.34	82.23	11300.85	1.43	615.65
	2018	180.11	79.55	5385.24	1.74	392.07
	2019	179.22	69.95	6524.29	1.81	457.53
	2020	215.22	74.09	7098.19	0.38	579.86
	八年增幅	89.03	21.76	3977.87	-0.12	—
	年均增长率（%）	6.90	4.44	10.82	-3.37	—
	比上年增幅	36.00	4.14	573.90	-1.43	—
	比上年增长率（%）	20.09	5.92	8.80	-79.01	—
东北	2012	112.43	56.13	1424.01	0.72	188.43
	2015	239.34	64.92	5817.78	0.96	768.14
	2016	207.71	65.76	7048.30	2.19	641.09
	2017	157.88	67.33	2196.84	2.04	271.98
	2018	136.55	62.74	1697.99	1.36	207.23
	2019	166.85	69.01	2371.19	1.38	312.18
	2020	183.61	62.91	2346.86	1.53	322.63
	八年增幅	71.18	6.78	922.85	0.81	—
	年均增长率（%）	6.32	1.44	6.44	9.88	—
	比上年增幅	16.76	-6.10	-24.33	0.15	—
	比上年增长率（%）	10.04	-8.84	-1.03	10.87	—

注：①薪酬指数增幅误差源于原始数据库的四舍五入；②"比上年增幅"和"比上年增长率"均指 2020 年与 2019 年的比较。

　　从表 25-7 可以看出，2012 ～ 2020 年，四个地区上市公司高管薪酬指数均值都呈现上升态势。其中，西部地区高管薪酬指数均值增幅和年均增长率都是最高，分别为 89.03 分和 6.90%；中部地区高管薪酬指数均值增幅和年均增长率都是最低，分别为 26.81 分和 3.22%。

　　图 25-7 更为直观地显示了 2012 ～ 2020 年四个地区上市公司高管薪酬指数均值增

幅和增长率的比较结果。四个地区上市公司高管薪酬指数均值增幅和年均增长率从高到低依次都是西部、东北、东部和中部。其中，中部地区高管薪酬指数均值增幅和年均增长率都明显低于其他三个地区。

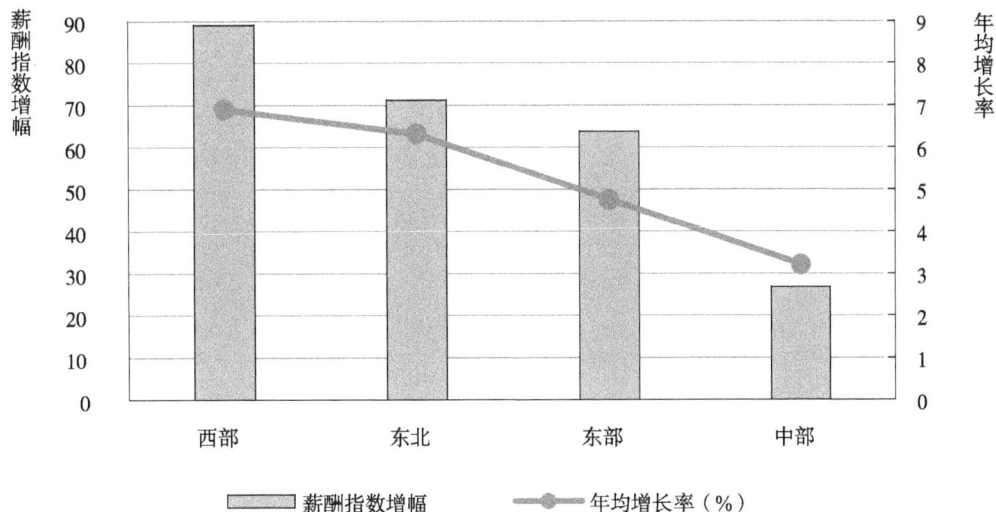

图25-7　2012～2020年不同地区上市公司高管薪酬指数均值增幅和年均增长率的变化

与2019年相比，2020年西部、东部和东北三个地区上市公司高管薪酬指数均值在上升，其中西部地区上升幅度和增长速度均为最大，增幅为36.00分，上升20.09%；中部地区上市公司高管薪酬指数均值出现断崖式下降，降幅达117.62分，下降49.59%。

图25-8显示了2019～2020年四个地区上市公司高管薪酬指数均值增幅和增长率的变化情况。薪酬指数均值增幅和增长率从高到低依次都是西部、东部、东北和中部。

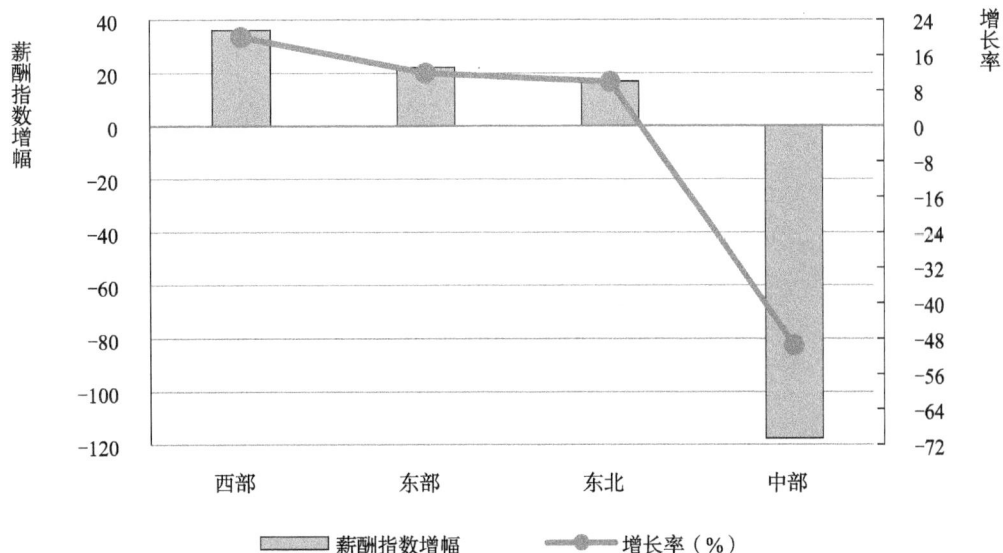

图25-8　2019～2020年不同地区上市公司高管薪酬指数均值增幅和增长率比较

25.2.3 分行业高管薪酬指数的年度比较

各行业在不同年度的经营状况不一，高管薪酬指数也会受到影响，我们比较了2012年以及2015～2020年上市公司高管薪酬指数在不同行业的变化情况，如表25-8所示。

表 25-8 2012～2020年不同行业上市公司高管薪酬指数比较

行业	年份	平均值	中位值	最大值	最小值	标准差
农、林、牧、渔业（A）	2012	94.69	71.93	367.25	5.54	87.54
	2015	155.87	79.81	1029.90	13.14	214.40
	2016	165.50	72.17	835.82	8.33	198.40
	2017	168.84	84.49	1024.60	16.79	229.59
	2018	187.56	75.46	1572.25	6.58	297.98
	2019	188.16	72.63	2145.29	9.85	376.92
	2020	190.53	86.28	2048.63	5.81	335.94
	八年增幅	95.84	14.35	1681.38	0.27	—
	年均增长率（%）	9.13	2.30	23.97	0.60	—
	比上年增幅	2.37	13.65	−96.66	−4.04	—
	比上年增长率（%）	1.26	18.79	−4.51	−41.02	—
采矿业（B）	2012	86.06	18.65	1093.37	0.08	191.12
	2015	227.01	35.63	3565.38	0.08	592.22
	2016	334.64	31.64	13242.34	0.10	1551.58
	2017	141.47	31.86	1636.45	0.11	290.21
	2018	174.62	27.56	4668.88	0.10	572.19
	2019	101.34	27.44	1795.27	0.09	251.58
	2020	86.84	24.64	1036.41	0.14	156.36
	八年增幅	0.78	5.99	−56.96	0.06	—
	年均增长率（%）	0.11	3.54	−0.67	7.25	—
	比上年增幅	−14.50	−2.80	−758.86	0.05	—
	比上年增长率（%）	−14.31	−10.20	−42.27	55.56	—

行业	年份	平均值	中位值	最大值	最小值	标准差
制造业（C）	2012	108.59	56.89	5002.34	0.46	250.43
	2015	182.80	88.14	10121.59	0.38	488.29
	2016	176.68	91.03	8195.70	0.47	369.89
	2017	182.94	92.29	12450.08	0.58	484.59
	2018	173.25	89.32	20168.57	0.76	543.14
	2019	172.56	86.99	45843.07	0.72	1010.28
	2020	175.23	86.21	20420.98	0.67	566.29
	八年增幅	66.64	29.32	15418.64	0.21	—
	年均增长率（%）	6.16	5.33	19.22	4.81	—
	比上年增幅	2.67	−0.78	−25422.09	−0.05	—
	比上年增长率（%）	1.55	−0.90	−55.45	−6.94	—
电力、热力、燃气及水生产和供应业（D）	2012	77.13	32.63	1592.90	1.15	186.79
	2015	71.76	46.61	559.23	1.89	87.54
	2016	82.05	52.75	677.39	1.60	104.27
	2017	92.74	55.06	1634.12	1.49	182.19
	2018	94.92	44.45	1928.77	1.33	222.84
	2019	99.70	38.55	2805.57	1.16	280.60
	2020	114.15	41.95	3150.01	1.29	365.94
	八年增幅	37.02	9.32	1557.11	0.14	—
	年均增长率（%）	5.02	3.19	8.90	1.45	—
	比上年增幅	14.45	3.40	344.44	0.13	—
	比上年增长率（%）	14.49	8.82	12.28	11.21	—
建筑业（E）	2012	38.78	28.37	207.01	0.27	39.91
	2015	89.95	33.80	2371.57	0.37	283.56
	2016	101.74	41.63	1602.25	0.29	213.56
	2017	82.05	40.85	1234.56	0.28	145.08
	2018	99.69	40.48	1335.11	0.28	199.13
	2019	105.58	36.84	2722.62	0.29	302.91

续表

行业	年份	平均值	中位值	最大值	最小值	标准差
建筑业（E）	2020	93.97	34.60	1663.07	0.14	195.62
	八年增幅	55.19	6.23	1456.06	-0.13	—
	年均增长率（%）	11.70	2.51	29.75	-7.88	—
	比上年增幅	-11.61	-2.24	-1059.55	-0.15	—
	比上年增长率（%）	-11.00	-6.08	-38.92	-51.72	—
批发和零售业（F）	2012	74.44	23.77	1426.80	0.16	176.37
	2015	145.17	28.24	4844.17	0.53	518.86
	2016	136.42	31.09	5475.92	1.18	503.65
	2017	180.29	31.02	11060.73	0.40	914.03
	2018	136.99	30.65	7647.21	0.51	622.97
	2019	189.83	25.76	15434.59	0.21	1226.80
	2020	110.98	31.22	1747.51	0.21	232.50
	八年增幅	36.54	7.45	320.71	0.05	—
	年均增长率（%）	5.12	3.47	2.57	3.46	—
	比上年增幅	-78.85	5.46	-13687.08	0.00	—
	比上年增长率（%）	-41.54	21.20	-88.68	0.00	—
交通运输、仓储和邮政业（G）	2012	83.04	42.66	356.15	1.67	94.90
	2015	105.31	65.01	703.69	1.93	132.16
	2016	95.65	46.33	571.27	0.30	122.11
	2017	86.41	47.50	590.51	1.93	119.41
	2018	85.02	40.39	519.77	1.43	115.75
	2019	93.01	39.17	1949.41	1.32	211.90
	2020	71.48	41.70	534.39	1.09	89.98
	八年增幅	-11.56	-0.96	178.24	-0.58	—
	年均增长率（%）	-1.86	-0.28	5.20	-5.19	—
	比上年增幅	-21.53	2.53	-1415.02	-0.23	—
	比上年增长率（%）	-23.15	6.46	-72.59	-17.42	—

行业	年份	平均值	中位值	最大值	最小值	标准差
住宿和餐饮业（H）	2012	440.45	129.89	1898.26	28.23	626.64
	2015	909.03	247.45	5144.51	36.15	1479.53
	2016	1282.26	180.47	4989.14	12.83	1702.24
	2017	854.76	170.91	4981.70	13.70	1548.08
	2018	637.43	174.53	3334.78	12.51	1052.99
	2019	727.11	183.46	3728.41	10.82	1210.09
	2020	961.94	154.64	5834.53	13.59	1990.50
	八年增幅	521.49	24.75	3936.27	-14.64	—
	年均增长率（%）	10.26	2.20	15.07	-8.73	—
	比上年增幅	234.83	-28.82	2106.12	2.77	—
	比上年增长率（%）	32.30	-15.71	56.49	25.60	—
信息传输、软件和信息技术服务业（I）	2012	232.35	169.83	3120.32	0.17	346.30
	2015	307.61	226.81	2617.14	0.38	341.73
	2016	256.22	158.01	2084.40	0.06	301.27
	2017	246.13	169.45	1905.72	0.59	250.18
	2018	246.94	145.74	3456.34	0.57	328.13
	2019	232.91	142.18	3451.93	0.56	329.63
	2020	285.49	144.57	7098.19	0.61	596.32
	八年增幅	53.14	-25.26	3977.87	0.44	—
	年均增长率（%）	2.61	-1.99	10.82	17.32	—
	比上年增幅	52.58	2.39	3646.26	0.05	—
	比上年增长率（%）	22.58	1.68	105.63	8.93	—
金融业（J）	2012	135.37	66.92	531.35	0.35	156.37
	2015	112.45	30.10	1816.02	0.28	266.62
	2016	262.26	52.45	7387.03	0.23	980.06
	2017	292.82	69.09	5346.34	0.40	851.33
	2018	360.55	82.91	8605.17	0.34	1212.34
	2019	223.68	53.14	8041.54	0.25	845.01

行业	年份	平均值	中位值	最大值	最小值	标准差
金融业（J）	2020	235.20	40.81	11635.46	0.25	1119.31
	八年增幅	99.83	−26.11	11104.11	−0.10	—
	年均增长率（%）	7.15	−5.99	47.08	−4.12	—
	比上年增幅	11.52	−12.33	3593.92	0.00	—
	比上年增长率（%）	5.15	−23.20	44.69	0.00	—
房地产业（K）	2012	323.97	88.12	7838.23	6.32	896.59
	2015	480.75	94.63	8729.60	6.00	1311.47
	2016	809.87	83.57	30477.98	3.16	3335.37
	2017	446.60	87.92	12232.29	2.50	1566.18
	2018	398.73	78.22	17250.47	5.90	1693.66
	2019	334.56	68.73	8480.24	4.22	1058.83
	2020	406.18	57.22	16343.32	3.40	1729.92
	八年增幅	82.21	−30.90	8505.09	−2.92	—
	年均增长率（%）	2.87	−5.25	9.62	−7.46	—
	比上年增幅	71.62	−11.51	7863.08	−0.82	—
	比上年增长率（%）	21.41	−16.75	92.72	−19.43	—
租赁和商务服务业（L）	2012	92.42	39.26	480.99	4.00	131.29
	2015	152.29	55.36	1712.59	3.64	327.11
	2016	140.91	85.15	1378.33	2.25	233.34
	2017	122.54	84.65	614.65	2.67	135.64
	2018	152.42	80.28	1500.86	2.61	238.77
	2019	288.22	78.81	7156.76	1.89	980.85
	2020	393.36	79.63	10547.72	1.74	1396.12
	八年增幅	300.94	40.37	10066.73	−2.26	—
	年均增长率（%）	19.85	9.24	47.11	−9.88	—
	比上年增幅	105.14	0.82	3390.96	−0.15	—
	比上年增长率（%）	36.48	1.04	47.38	−7.94	—

续表

行业	年份	平均值	中位值	最大值	最小值	标准差
科学研究和技术服务业（M）	2012	231.02	126.89	483.28	29.71	170.83
	2015	259.15	161.95	606.58	46.79	188.57
	2016	363.27	280.28	1544.92	35.15	378.30
	2017	405.57	211.36	3647.66	27.66	648.05
	2018	369.04	157.16	2439.95	31.57	504.46
	2019	335.27	168.63	2371.19	27.03	448.29
	2020	326.81	145.24	1845.04	21.89	413.62
	八年增幅	95.79	18.35	1361.76	−7.82	—
	年均增长率（%）	4.43	1.70	18.23	−3.75	—
	比上年增幅	−8.46	−23.39	−526.15	−5.14	—
	比上年增长率（%）	−2.52	−13.87	−22.19	−19.02	—
水利、环境和公共设施管理业（N）	2012	150.40	116.86	447.86	9.03	124.70
	2015	386.41	156.80	5577.07	12.29	981.55
	2016	392.79	138.71	7048.30	3.65	1187.36
	2017	221.72	122.56	2196.84	17.63	345.38
	2018	158.96	101.04	1007.23	12.67	165.66
	2019	137.68	85.63	724.59	3.46	148.91
	2020	161.59	95.68	816.68	2.70	172.34
	八年增幅	11.19	−21.18	368.82	−6.33	—
	年均增长率（%）	0.90	−2.47	7.80	−14.01	—
	比上年增幅	23.91	10.05	92.09	−0.76	—
	比上年增长率（%）	17.37	11.74	12.71	−21.97	—
教育（P）	2012	104.73	104.73	104.73	104.73	—
	2015	132.88	132.88	132.88	132.88	—
	2016	116.16	94.53	174.41	79.55	41.64
	2017	171.65	121.90	390.73	52.07	133.13
	2018	794.51	109.84	4481.53	11.49	1522.97
	2019	520.79	89.15	3114.94	40.74	990.97

行业	年份	平均值	中位值	最大值	最小值	标准差
教育（P）	2020	453.12	204.64	2060.83	30.98	585.51
	八年增幅	348.39	99.91	1956.10	−73.75	—
	年均增长率（%）	20.09	8.73	45.13	−14.12	—
	比上年增幅	−67.67	115.49	−1054.11	−9.76	—
	比上年增长率（%）	−12.99	129.55	−33.84	−23.96	—
卫生和社会工作（Q）	2012	193.76	118.85	420.36	42.07	199.96
	2015	139.63	86.96	312.90	71.71	100.61
	2016	164.54	88.30	421.55	40.80	139.75
	2017	1834.73	100.10	13978.82	33.61	4590.35
	2018	715.02	64.81	7047.72	33.34	2003.19
	2019	1694.95	84.77	19345.24	29.73	5322.10
	2020	607.79	65.53	4925.12	18.47	1325.69
	八年增幅	414.03	−53.32	4504.76	−23.60	—
	年均增长率（%）	15.36	−7.17	36.02	−9.78	—
	比上年增幅	−1087.16	−19.24	−14420.12	−11.26	—
	比上年增长率（%）	−64.14	−22.70	−74.54	−37.87	—
文化、体育和娱乐业（R）	2012	112.00	84.90	638.19	13.25	143.42
	2015	369.81	111.88	6529.41	15.60	1072.78
	2016	167.52	106.50	1542.72	9.23	245.48
	2017	146.23	119.60	542.21	11.20	112.75
	2018	154.99	110.73	1170.62	10.78	177.78
	2019	168.61	98.45	1156.62	9.15	201.02
	2020	247.82	152.53	1695.80	8.07	292.18
	八年增幅	135.82	67.63	1057.61	−5.18	—
	年均增长率（%）	10.44	7.60	12.99	−6.01	—
	比上年增幅	79.21	54.08	539.18	−1.08	—
	比上年增长率（%）	46.98	54.93	46.62	−11.80	—

行业	年份	平均值	中位值	最大值	最小值	标准差
综合（S）	2012	850.70	118.05	9915.94	30.66	2171.55
	2015	981.85	117.92	13844.05	24.65	2762.41
	2016	1115.34	165.41	9449.11	27.61	2493.52
	2017	680.28	159.40	6530.44	20.92	1393.39
	2018	738.79	120.59	5758.32	10.98	1453.32
	2019	489.06	88.72	4996.28	8.44	1176.63
	2020	947.39	191.25	6590.50	9.12	1735.10
	八年增幅	96.69	73.20	−3325.44	−21.54	—
	年均增长率（%）	1.35	6.22	−4.98	−14.06	—
	比上年增幅	458.33	102.53	1594.22	0.68	—
	比上年增长率（%）	93.72	115.57	31.91	8.06	—

注：①薪酬指数增幅误差源于原始数据库的四舍五入；②"比上年增幅"和"比上年增长率"均指2020年与2019年的比较；③居民服务、修理和其他服务业（O）只有1家上市公司，难以代表该行业整体水平，无法比较，故予以剔除。

从表25-8可以看出，2012～2020年，18个行业中，有17个行业的上市公司高管薪酬指数均值都是增长的，而且差距比较大。其中住宿和餐饮业（H）高管薪酬指数均值增幅最大，为521.49分，教育（P）的年均增长速度最快，为20.09%。只有交通运输、仓储和邮政业（G）的上市公司高管薪酬指数均值是下降的，降幅为11.56分，年均下降1.86%。

图25-9更直观地描绘了2012～2020年不同行业上市公司高管薪酬指数均值增幅和年均增长率的变化情况，可以看出，增幅最大的三个行业分别是住宿和餐饮业（H），卫生和社会工作（Q），以及教育（P）；增幅最小的三个行业分别是交通运输、仓储和邮政业（G），采矿业（B）以及水利、环境和公共设施管理业（N）。

与2019年相比，2020年有11个行业的上市公司高管薪酬指数均值上升，增幅和增长速度最大的行业都是综合（S），增幅为458.33分，增长率为93.72%，远高于其他行业。住宿和餐饮业（H）的高管薪酬指数均值增幅位居第二，为234.83分，这与2020年新冠疫情导致住宿和餐饮业（H）业绩急剧下滑甚至亏损严重，但员工（含高管）薪酬难以随之快速下降有关。有7个行业的上市公司高管薪酬指数均值出现下降，降幅和下降速度最大的是卫生和社会工作（Q），降幅达1087.16分，下降64.14%。这同样与新冠疫情对卫生和社会工作行业的巨大影响密切相关，即该行业业绩上升，但高管薪酬没有同步增长。

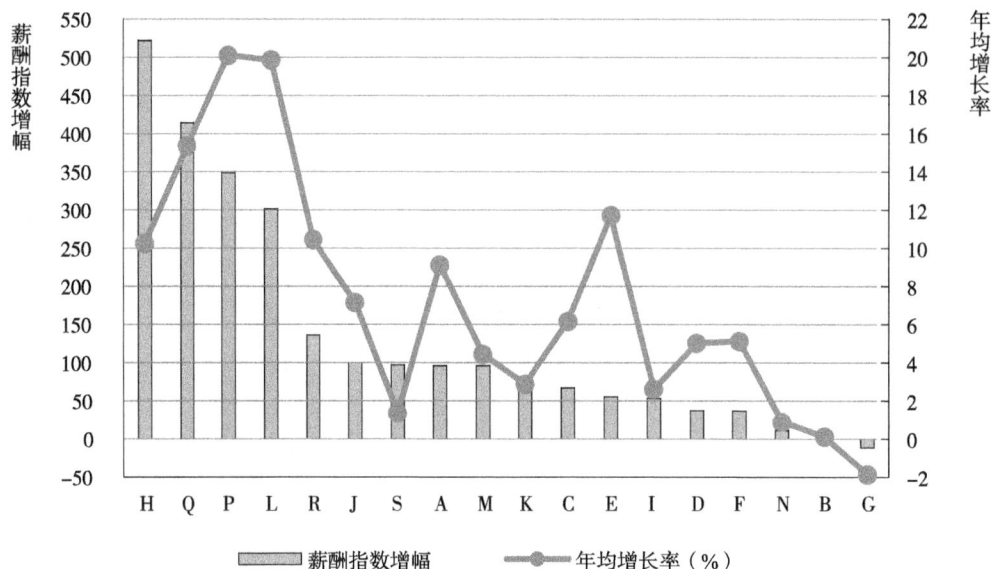

图25-9　2012～2020年不同行业上市公司高管薪酬指数均值增幅和年均增长率的变化

图 25-10 描绘了 2019 ～ 2020 年不同行业上市公司高管薪酬指数均值增幅和增长率的变化情况，可以看出，18 个行业的高管薪酬指数均值增幅和增长率不都是一致的。

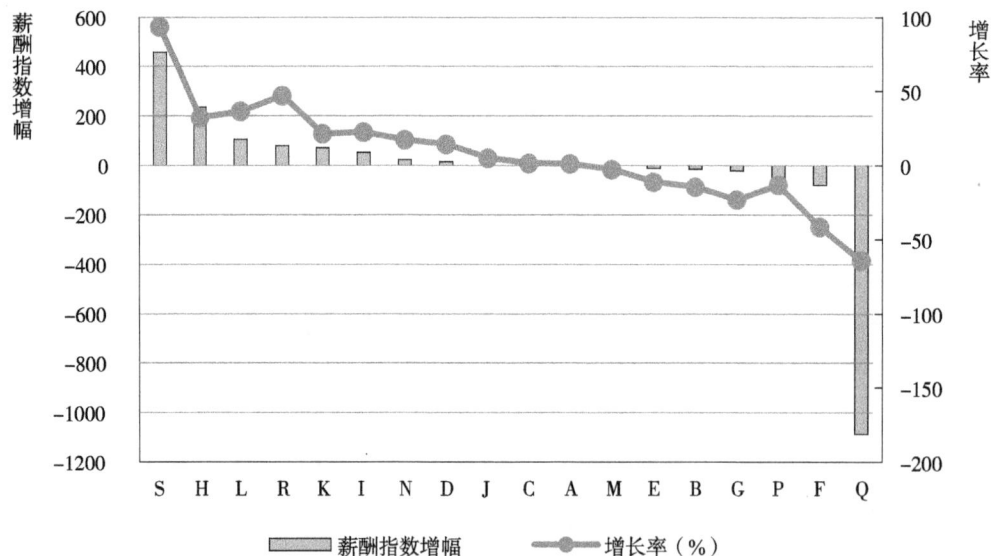

图25-10　2019～2020年不同行业上市公司高管薪酬指数均值增幅和增长率比较

25.2.4　分所有制高管薪酬指数的年度比较

不同的所有制会对上市公司高管薪酬指数产生影响。表 25-9 比较了 2012 年以及 2015 ～ 2020 年不同所有制上市公司高管薪酬指数的变化情况。

表 25-9　2012 ～ 2020 年不同所有制上市公司高管薪酬指数比较

所有制	年份	平均值	中位值	最大值	最小值	标准差
国有绝对控股公司	2012	40.71	19.11	459.90	0.08	58.83
	2015	57.64	27.52	892.84	0.08	88.80
	2016	61.36	25.93	1263.85	0.06	113.77
	2017	63.60	25.59	1137.84	0.11	113.07
	2018	64.39	25.65	1170.62	0.10	124.92
	2019	52.77	23.20	865.96	0.09	98.28
	2020	57.30	24.67	1372.58	0.14	100.32
	八年增幅	16.59	5.56	912.68	0.06	—
	年均增长率（%）	4.37	3.24	14.65	7.25	—
	比上年增幅	4.53	1.47	506.62	0.05	—
	比上年增长率（%）	8.58	6.34	58.50	55.56	—
国有强相对控股公司	2012	56.65	29.92	1050.79	0.35	86.49
	2015	114.77	42.33	5577.07	0.28	424.73
	2016	122.51	45.77	7919.14	0.23	521.81
	2017	110.50	45.90	11060.73	0.40	539.60
	2018	94.88	43.60	7647.21	0.34	382.51
	2019	105.45	38.72	15434.59	0.26	750.27
	2020	96.80	45.78	2519.11	0.61	188.3609
	八年增幅	40.15	15.86	1468.32	0.26	—
	年均增长率（%）	6.93	5.46	11.55	7.19	—
	比上年增幅	-8.65	7.06	-12915.48	0.35	—
	比上年增长率（%）	-8.20	18.23	-83.68	134.62	—
国有弱相对控股公司	2012	117.52	47.09	7838.23	1.18	476.85
	2015	220.44	58.52	13844.05	1.35	1056.63
	2016	233.09	58.38	30477.98	0.95	1730.01
	2017	145.94	65.05	3647.66	1.26	313.63
	2018	148.71	57.74	4481.53	0.36	368.83

续表

所有制	年份	平均值	中位值	最大值	最小值	标准差
国有弱相对控股公司	2019	132.97	54.75	3114.94	0.91	307.03
	2020	167.14	64.97	2267.52	0.85	310.50
	八年增幅	49.62	17.88	−5570.71	−0.33	—
	年均增长率（%）	4.50	4.11	−14.36	−4.02	—
	比上年增幅	34.17	10.22	−847.42	−0.06	—
	比上年增长率（%）	25.70	18.67	−27.21	−6.59	—
国有参股公司	2012	177.91	70.16	4069.49	0.16	410.85
	2015	239.77	105.41	7899.92	0.53	556.94
	2016	276.05	97.49	16613.61	0.30	1033.87
	2017	216.27	99.54	13978.82	1.77	637.30
	2018	229.06	89.14	17250.47	1.67	811.81
	2019	243.46	89.10	45843.07	1.00	1687.55
	2020	223.96	91.82	16343.32	1.44	790.71
	八年增幅	46.05	21.66	12273.83	1.28	—
	年均增长率（%）	2.92	3.42	18.98	31.61	—
	比上年增幅	−19.50	2.72	−29499.75	0.44	—
	比上年增长率（%）	−8.01	3.05	−64.35	44.00	—
无国有股份公司	2012	170.98	85.07	9915.94	1.39	461.96
	2015	271.62	122.31	10121.59	0.38	661.75
	2016	256.70	125.09	7387.03	1.85	558.43
	2017	265.68	127.39	12450.08	0.40	769.14
	2018	230.43	120.37	20168.57	0.51	676.91
	2019	219.20	110.65	8480.24	0.21	514.71
	2020	247.22	116.54	20420.98	0.21	776.48
	八年增幅	76.24	31.47	10505.04	−1.18	—
	年均增长率（%）	4.72	4.01	9.45	−21.04	—
	比上年增幅	28.02	5.89	11940.74	0.00	—
	比上年增长率（%）	12.78	5.32	140.81	0.00	—

注：①薪酬指数增幅误差源于原始数据库的四舍五入；②"比上年增幅"和"比上年增长率"均指2020年与2019年的比较。

由表 25-9 可知，2012 ~ 2020 年，五类所有制上市公司高管薪酬指数均值都处于增长态势。其中，无国有股份公司高管薪酬指数均值增幅最高，为 76.24 分；国有强相对控股公司年均增长率最高，为 6.93%。高管薪酬指数均值增幅最低的是国有绝对控股公司，为 16.59 分；年均增长率最低的是国有参股公司，为 2.92%。

图 25-11 更加直观地描绘了 2012 ~ 2020 年不同所有制上市公司高管薪酬指数均值增幅和年均增长率的变化情况。可以看出，五类公司的高管薪酬指数均值增幅和年均增长率的差异是比较大的。

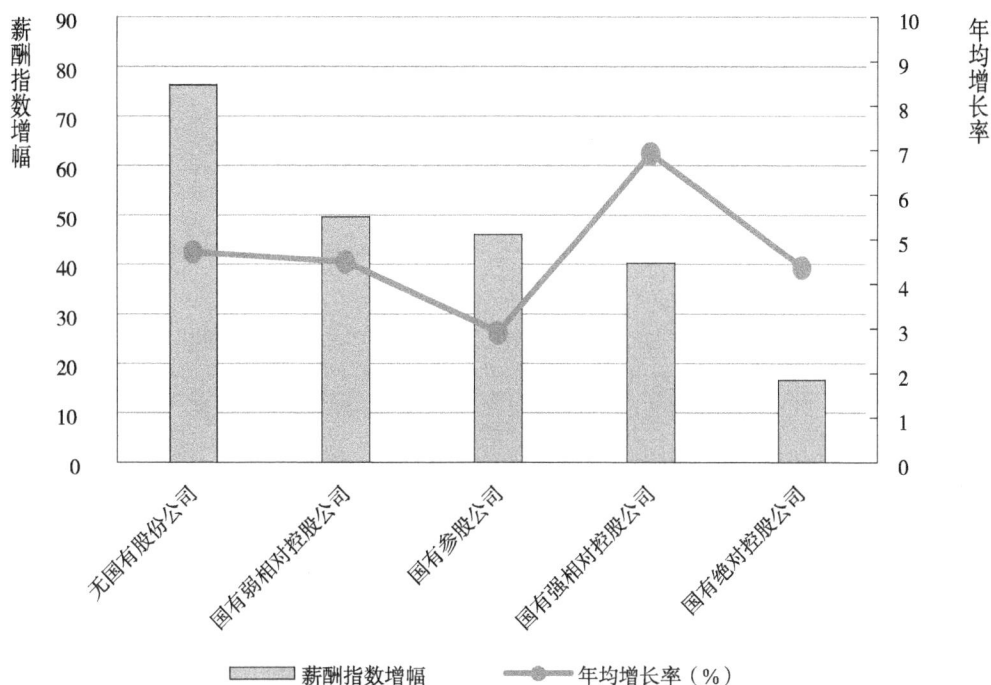

图25-11　2012~2020年不同所有制上市公司高管薪酬指数均值增幅和年均增长率的变化

与 2019 年相比，2020 年国有弱相对控股公司高管薪酬指数均值增幅和增长率均是最高的，分别为 34.17 分和 25.70%；国有参股公司下降幅度最大，减少 19.50 分；国有强相对控股公司下降速度最大，下降 8.20%。

图 25-12 描绘了 2019 ~ 2020 年不同所有制上市公司高管薪酬指数均值和增长率的变化情况。可以看出，国有弱相对控股公司、无国有股份公司和国有绝对控股公司高管薪酬指数均值增加，其余两类公司高管薪酬指数均值下降，相互之间差距明显。

我们进一步将国有绝对控股公司、国有强相对控股公司和国有弱相对控股公司归类为国有控股公司，将国有参股公司和无国有股份公司归类为非国有控股公司，表 25-10 比较了 2012 ~ 2020 年国有控股公司和非国有控股公司高管薪酬指数的变化情况。

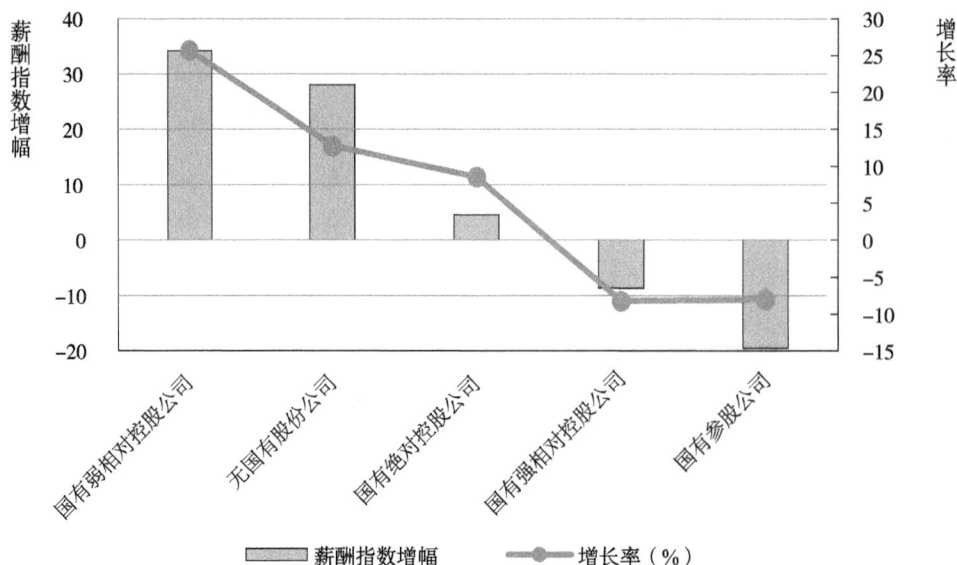

图25-12 2019～2020年不同所有制上市公司高管薪酬指数均值增幅和增长率比较

表 25-10 2012 ～ 2020 年国有控股和非国有控股公司高管薪酬指数比较

所有制	年份	平均值	中位值	最大值	最小值	标准差
国有控股公司	2012	71.38	30.50	7838.23	0.08	277.23
	2015	127.86	42.12	13844.05	0.08	629.13
	2016	143.82	43.33	30477.98	0.06	1050.59
	2017	110.89	44.79	11060.73	0.11	400.85
	2018	106.43	43.22	7647.21	0.10	335.00
	2019	103.23	39.70	15434.59	0.09	505.21
	2020	94.57	39.76	2519.11	0.14	197.32
	八年增幅	23.19	9.26	−5319.12	0.06	—
	年均增长率（%）	3.58	3.37	−13.23	7.25	—
	比上年增幅	−8.66	0.06	−12915.48	0.05	—
	比上年增长率（%）	−8.39	0.15	−83.68	55.56	—
非国有控股公司	2012	172.97	80.35	9915.94	0.16	447.74
	2015	259.82	115.76	10121.59	0.38	625.16
	2016	264.29	114.63	16613.61	0.30	780.30
	2017	248.08	117.86	13978.82	0.40	725.30
	2018	229.94	111.12	20168.57	0.51	727.72

续表

所有制	年份	平均值	中位值	最大值	最小值	标准差
	2019	228.11	102.81	45843.07	0.21	1101.84
	2020	239.49	108.89	20420.98	0.21	781.31
非国有控股公司	八年增幅	66.52	28.54	10505.04	0.05	—
	年均增长率（%）	4.15	3.87	9.45	3.46	—
	比上年增幅	11.38	6.08	−25422.09	0.00	—
	比上年增长率（%）	4.99	5.91	−55.45	0.00	—

注：①薪酬指数增幅误差源于原始数据库的四舍五入；②"比上年增幅"和"比上年增长率"均指2020年与2019年的比较。

从表25-10可以看出，2012～2020年，国有控股公司高管薪酬指数均值增幅和年均增长率均低于非国有控股公司。与2019年相比，2020年国有控股公司高管薪酬指数均值出现下降，减少8.66分，降低8.39%；非国有控股公司高管薪酬指数均值出现上升，增加11.38分，上升4.99%。这反映国有企业高管薪酬增幅低于营业收入增幅。

25.3　不同激励区间高管薪酬的年度比较

25.3.1　激励适中区间高管薪酬的年度比较

表25-11列示了2012～2020年激励适中区间上市公司高管薪酬的变化情况。

表25-11　2012～2020年激励适中区间上市公司高管薪酬比较

单位：万元

年份	样本量	激励适中比例（%）	平均值	中位值	最大值	最小值	标准差
2012	1156	50.04	61.73	45.83	1458.33	3.75	7.20
2015	1316	50.00	74.79	51.69	1350.20	0.28	90.53
2016	1415	50.02	75.56	54.34	1068.82	7.47	79.53
2017	1570	50.00	85.58	60.93	903.77	8.51	87.04
2018	1742	50.00	88.27	62.74	1278.31	10.42	92.13
2019	1780	50.00	101.68	71.00	3045.43	6.31	136.34
2020	1877	50.00	110.61	78.39	1770.76	11.67	123.54

年份	样本量	激励适中比例（%）	平均值	中位值	最大值	最小值	标准差
八年增幅	—		48.88	32.56	312.43	7.92	—
年均增长率（%）	—		7.56	6.94	2.46	15.25	—
比上年增幅	—		8.93	7.39	-1274.67	5.36	—
比上年增长率（%）	—		8.78	10.41	-41.86	84.94	—

注：①薪酬增幅误差源于原始数据库的四舍五入；②本表中激励适中比例是指激励适中公司数占全部样本公司数的比例；③"比上年增幅"和"比上年增长率"均指 2020 年与 2019 年的比较。

从表 25-11 可以看出，2012 ～ 2020 年，在激励适中区间，上市公司高管薪酬均值增加 48.88 万元，年均增长率为 7.56%。与 2019 年相比，2020 年处于激励适中区间的上市公司高管薪酬均值增加 8.93 万元，增长 8.78%。

25.3.2 激励过度区间高管薪酬的年度比较

表 25-12 列示了 2012 ～ 2020 年度处于激励过度区间上市公司高管薪酬的总体变化情况。

表 25-12 2012 ～ 2020 年激励过度区间上市公司高管薪酬比较

单位：万元

年份	样本量	激励过度比例（%）	平均值	中位值	最大值	最小值	标准差
2012	577	24.98	62.98	47.26	569.40	4.06	57.16
2015	658	25.00	98.83	59.61	3462.22	2.85	172.76
2016	707	24.99	103.30	63.09	2591.61	4.00	158.08
2017	785	25.00	92.23	63.51	2062.00	5.60	109.94
2018	871	25.00	94.07	68.28	1566.65	5.40	110.08
2019	890	25.00	105.26	76.93	1551.47	7.20	111.48
2020	938	24.99	117.59	82.61	3478.30	8.47	155.84
八年增幅			54.61	35.35	2908.90	4.41	
年均增长率（%）			8.12	7.23	25.38	9.63	
比上年增幅			12.33	5.68	1926.83	1.27	
比上年增长率（%）			11.71	7.38	124.19	17.64	

注：①薪酬增幅误差源于原始数据库的四舍五入；②本表中激励过度比例是指激励过度公司数占全部样本公司数的比例；③"比上年增幅"和"比上年增长率"均指 2020 年与 2019 年的比较。

从表 25-12 可以看出，2012～2020 年，在激励过度区间，上市公司高管薪酬均值增加 54.61 万元，年均增长率为 8.12%。与 2019 年相比，2020 年处于激励过度区间的上市公司高管薪酬均值增加 12.33 万元，增长 11.71%。

25.3.3 激励不足区间高管薪酬的年度比较

表 25-13 列示了 2012～2020 年激励不足区间上市公司高管薪酬的变化情况。

表 25-13　2012～2020 年激励不足区间上市公司高管薪酬比较

单位：万元

年份	样本量	激励不足比例（%）	平均值	中位值	最大值	最小值	标准差
2012	577	24.98	67.99	48.70	606.52	3.40	71.37
2015	658	25.00	77.99	55.35	1060.12	4.55	100.41
2016	707	24.99	79.98	55.94	1097.75	4.10	96.55
2017	785	25.00	90.95	62.41	1302.51	9.52	105.84
2018	871	25.00	96.50	65.67	1406.56	8.25	111.47
2019	890	25.00	112.39	78.39	1506.27	4.53	122.72
2020	939	25.01	123.94	84.13	1458.65	1.19	141.10
八年增幅	—		55.95	35.43	852.13	-2.21	—
年均增长率（%）	—		7.79	7.07	11.59	-12.30	—
比上年增幅			11.55	5.74	-47.62	-3.34	
比上年增长率（%）			10.28	7.32	-3.16	-73.73	

注：①薪酬增幅误差源于原始数据库的四舍五入；②本表中激励不足比例是指激励不足公司数占全部样本公司数的比例；③"比上年增幅"和"比上年增长率"均指 2020 年与 2019 年的比较。

从表 25-13 可以看出，2012～2020 年，激励不足区间的上市公司高管薪酬均值增加了 55.95 万元，年均增长 7.79%。与 2019 年相比，2020 年激励不足区间上市公司高管薪酬均值增加 11.55 万元，增长 10.28%。

25.4　本章小结

本章从总体、地区、行业、所有制四个角度，比较了 2012～2020 年中国上市公司高管薪酬及指数的变化情况，主要结论如下：

从高管薪酬总体来看，2012～2020年，高管薪酬均值增幅为52.08万元，年均增长率为7.76%；相比2019年，2020年上市公司高管薪酬均值增加10.44万元，增长9.92%，出现较快增长。从地区看，2012～2020年，四个地区上市公司高管薪酬均值都呈现上涨趋势，增长幅度从高到低依次是西部、东部、中部和东北，年均增长率从高到低依次是西部、中部、东部和东北；相比2019年，2020年四个地区上市公司高管薪酬均值都上升，西部地区增幅和增长率都最大，中部地区增幅和增长率都最小。从行业看，2012～2020年，全部18个行业上市公司高管薪酬均值都有增长；相比2019年，2020年有13个行业的上市公司高管薪酬均值上升，5个行业的高管薪酬均值下降。从所有制看，2012～2020年，非国有控股公司高管薪酬增幅和年均增长率都大于国有控股公司；相比2019年，2020年国有控股公司和非国有控股公司高管薪酬均值都出现增长，国有控股公司增幅和增长率均微高于非国有控股公司。

从高管薪酬指数总体来看，2012～2020年，高管薪酬指数均值呈先升后降再升的波动趋势；相比2019年，2020年上市公司高管薪酬指数均值上升2.95%。从地区看，2012～2020年，四个地区上市公司高管薪酬指数均值都有所增长，增长幅度和年均增长率从高到低依次都是西部、东北、东部和中部；相比2019年，2020年西部、东部和东北上市公司高管薪酬指数均值上升，而中部上市公司高管薪酬指数均值出现断崖式下降。从行业看，2012～2020年，有17个行业的上市公司高管薪酬指数均值增长，只有交通运输、仓储和邮政业（G）下降；相比2019年，2020年有11个行业的上市公司高管薪酬指数均值上升，7个行业下降。从所有制看，2012～2020年，国有控股公司高管薪酬指数均值增幅和年均增长率均低于非国有控股公司；相比2019年，2020年国有控股公司高管薪酬指数均值出现下降，但非国有控股公司高管薪酬指数均值出现上升，这反映国有企业高管薪酬增幅低于营业收入增幅。

从高管激励区间看，2012～2020年，在激励适中区间，上市公司高管薪酬均值年均增长7.56%；相比2019年，2020年上市公司高管薪酬均值增长8.78%。在激励过度区间，上市公司高管薪酬均值年均增长8.12%；相比2019年，2020年上市公司高管薪酬均值增长11.71%。在激励不足区间，上市公司高管薪酬均值年均增长7.79%；相比2019年，2020年上市公司高管薪酬均值增长10.28%。

第八篇　政策建议

第26章 完善公司治理的政策建议
——以金融业公司治理为例❶

近几年，基于每年的中国上市公司治理分类指数数据，我们先后提出强调规范化退市、加强制衡机制建设、"去形式化"等政策建议，并针对中小投资者权益保护、董事会治理、企业家能力建设、财务治理、自愿性信息披露和高管薪酬合理化，提出了一些具体的改进措施。目前，这些方面都取得了一定的成效，但公司治理的规范化仍在路上，距离目标仍相差很多。本章依据本报告公司治理指数所揭示的问题，结合一些典型案例，就公司治理的改进谈一些看法。

金融企业是资源配置和宏观调控的重要工具，金融企业公司治理是防范系统性风险的基础工程。近年来，国内外经济金融运行环境正在发生深刻变化，金融危机外溢性凸显，金融行业健康发展和稳健监管面临新的挑战。尽管我国金融业已建立了完整的分业经营、分业监管的体系，但还是发生了蚂蚁金服因潜在巨大风险而急刹车IPO的情况。此前也多次发生旁氏骗局、信披欺瞒、滥用股权质押、代理人侵权、内部人控制和贪污腐败，以及金融体系自我循环、脱实向虚、资本无序扩张、互联网金融监管缺位、金融监管"牛栏关猫"等问题，这些问题暴露了金融监管落后于实践发展的客观现实。究其根源，主要在于金融业公司治理不健全，金融监管缺乏针对性。问题突出表现为：中小型金融机构存在大股东操纵，对利益相关者利益的关注不足；董事会履职质效不高，董

❶ 2020年底，我们在《中国上市公司治理分类指数报告.NO.19，2020》的基础上，又完成了《中国金融业上市公司治理分类指数报告No.1（2020）》。2021年1月9日，中信改革发展研究基金会与中国公司治理50人论坛联合举办"公司治理与金融监管研讨会"，会议发布了这份报告。与会专家有：陈元、孔丹、苏宁、李小雪、李克穆、楚序平、高明华、刘纪鹏、郭明社、陈卫东、黄震、钮文新等。陈元同志发表了《努力实现金融企业治理体系和治理能力现代化》的讲话，与会专家围绕加强金融业公司防范金融系统性风险提出了一些真知灼见和对策。会后形成专稿《"把资本关进笼子里：提高金融企业公司治理水平"》，发表在中信改革发展研究基金会主办的《导刊内参》2021年第12期，本章内容在该文的基础上，结合本报告又做了部分修改，数据也作了更新。执笔人：楚序平、高明华、李国文、雷桂林、贾洪图、史岩。

事和高管的行为规则不健全，责任不清晰，激励约束机制不健全；风险控制观念不强，短期行为较为严重；信息化时代下的金融创新与互联网金融监管失衡。金融监管主要是对公司治理的监管，公司治理缺陷导致的金融监管缺乏针对性是金融机构发生风险的主要诱因，因此，健全和完善金融企业公司治理已成当务之急。

26.1 建立国际接轨和中国特色的现代金融企业治理制度

2016 年由中国主办的 G20 杭州峰会发表的公报明确提出，支持《G20/OECD 公司治理原则》的有效实施。2020 年 12 月 30 日，中国和欧盟完成《中欧全面投资协定》谈判，承诺中国金融业继续向欧盟投资者开放。但目前我国金融业公司治理距离国际公司治理准则还有较大差距，尤其是董事会履职能力和独立性不强。根据我们完成的历年《中国上市公司治理分类指数报告》，我国金融业上市公司董事会形式化突出，实质性作用弱。比如，按照国际惯例，审计委员会、薪酬委员会和提名委员会必须保持高度的独立性，其中审计委员会必须全部由独立董事组成，薪酬委员会和提名委员会中的独立董事也要达到 50% 以上，甚至也要达到 100%。但在我国金融业上市公司中，2020 年审计委员会 2020 年审计委员会全部由独立董事构成的公司比例仅为 6.84%；薪酬委员会和提名委员会中独立董事达到 50% 的公司比例分别只有 60.68% 和 57.26%。[1] 如果薪酬委员会和提名委员会也按发达国家要求的由 100% 的独立董事构成，那么后两个比例极可能也会低至个位数。这组数据表明，三个委员会的独立性还较低，而不独立意味着内部人控制、内幕交易、资金转移等方面的风险加大。

为此，应着重于以下方面进行改革和完善：

一是要完善程序法，提高法律威慑力。目前的监管偏重行政监管，法律的威慑力不够。规范主体权利义务和职权责任的实体法相对健全，而保证行使权利职权、履行义务责任的程序法尤其不足。英国公司法有 1300 条和 16 个附件，而我国现行的公司法只有218 条，"牛栏关猫"漏洞多。建议尽快修订《公司法》，研究出台《内幕交易处罚法》、《反欺诈法》等"中国版萨班斯法"，加大对违规欺诈处罚力度，高度重视完善程序法，确保法律有效实施执行。

二是要充分发挥股东会的作用。在目前的金融国有资本管理体制中，财政部门主要通过董事会履行出资人权利。在金融企业股东会、董事会、监事会、经营管理层架构中，往往偏重强调董事会的作用，而对股东会缺乏足够的重视。建议高度重视发挥股东

---

[1] 数据来源：北京师范大学公司治理与企业发展研究中心"中国上市公司治理分类指数数据库"。需要注意，这三个比例的分母是金融业上市公司中设立三个委员会的公司数目，不是全部金融业上市公司数目。

会作用，由财政部等出资人机构委派若干名独立、专职的股东代表，组建所出资金融机构的股东会，由股东会对所出资金融机构履行出资人职责，进行个性化管理。股东代表制度要彰显国有资本股东代表人格化特色，淡化级别意识，独立履行股东职责，允许股东代表投出相反意见，强化股东代表的责任意识。要构建完整的责任体系，形成可以向股东代表个人追责的责任体系，落实权责匹配、权责对等、权责统一原则。

三是要层层压实各治理主体责任。现代金融企业制度要落实落细，要着力构建作风建设长效机制，坚决杜绝徇私舞弊、设租寻租、利益输送等违纪违法行为。建立规范的董事会和专业委员会，形成股东会、董事会、管理层、监事会有效制衡、各就其位、各自承担，防止公司治理内卷化、形式化，使非国有控股金融企业真正成为守法合规的模范、服务客户的模范、落实民主管理和履行社会责任的模范。

26.2　加强中小金融机构穿透式监管，维护中小股东权益

股权集中好还是分散好，不能一概而论。从实践看，大型国有金融机构由于其稳定市场的作用和承担较多的社会责任，可能需要保持适当的集中度。但是中小金融机构过度集中的股权结构在实践中产生了一些问题，有些股东控股参股的金融机构数量众多，股东身份难以穿透，导致一些股东与行动一致合伙人的持股比例已经高到成为"隐性"的第一大股东，比如明天系通过各种方式持有包商银行90%的股份，蚂蚁金服也通过协议或AB股方式，被背后的大股东控制着，大股东操纵问题比较突出。

中小金融机构的大股东操纵严重侵害了中小股东的权益。数据显示，2020年金融业上市公司中，在中小股东决策与监督权方面，中小股东提请召开临时股东大会的公司比例仅有0.85%，中小股东提案的公司比例仅有4.27%，有中小股东累积投票的公司比例仅有35.04%；在信息披露方面，22.22%的公司缺乏对投资者关系管理的说明，51.28%的公司没有清晰披露债权人情况，34.19%的公司没有清晰披露债务人情况，几乎没有公司披露企业战略目标和营运能力分析，49.57%的公司没有偿债能力分析，98.29%的公司不披露竞争对手情况。另外，大股东股权质押也比较突出，数据显示，2019年，36家A股上市银行的平均股权质押比例是9.1%，其中城商行的股权质押比例是11.2%。❶过多的股权质押导致股权结构不稳定，出现债务违约的可能性大增，传导至二级市场导致股价暴跌，从而极大地损害了中小投资者利益。

为此，需要着重于以下几个方面的改革和完善：

一是要高度重视对股东的"穿透"式监管。要按照穿透原则整治虚假注资、循环注

---

❶ 数据来源：北京师范大学公司治理与企业发展研究中心"中国上市公司治理分类指数数据库"。

资、隐形股东、违规代持、违规一致行动人，要坚决治理大股东不当干预、向大股东输送利益等问题。建立全国统一的金融机构投资人股权管理不良记录，向社会公开一批严重违法违规的股东，依法严厉查处。

二是解决维护中小股东权益"最后一公里"难题。目前，维护中小股东权益还有"镜中花""水中月"、有法不依、落实难等问题。建议完善程序法律，把中小股东的提案权、累积投票权、集体诉讼权落到实处。开展落实中小股东权益执法检查，完善程序规定，强化累积投票法律的执行，保障分散的中小股东提名的董事、监事人选有可能进入董事会、监事会，参与公司的经营决策和监督，实现董事会、监事会内部监督。我国金融业上市公司股利支付率仅为30%左右的门槛股利，而美国上市公司一般为50%～70%。因此，要制定法律，刚性规制金融上市企业分红制度，通过规制分红真金白银回报中小股东，引导价值投资。

三是严厉约束大股东行为。大股东滥用对公司的控制权意味着公司的不独立，这与独立法人理念严重冲突。要避免大股东或最终控制人对公司过度干预，维护中小股东行使法定权利。要建立大股东交易公允价格说明制度，防止大股东预埋后手，严厉处罚关联交易。要强化自愿性信息披露，树立"能说都要说"的意识，加强对信息欺瞒行为的处罚。

26.3 完善独立董事制度，加强独立董事人才建设

独立董事是公司治理、资本市场的高层次管理人才，是上市公司良好公司治理的重要载体，肩负着在董事会监督大股东和经理人、维护中小股东权益的重要责任。但是，包括金融业在内的我国上市公司独立董事长期被称为"花瓶"，存在制度性缺陷。从产生方式看，我国尚未形成成熟的独立董事市场，独立董事一般都是大股东和管理层的朋友，由董事会、大股东和公司管理层推荐、聘用，独立董事难以代表中小股东利益，监督作用先天不足。从激励约束看，独立董事领取固定津贴，其收入和公司绩效无关，也与其付出程度和风险分担无关，激励显著不足。从履职条件和环境看，许多独立董事无法获得足够的决策信息，难以实质性参与上市公司重要经营决策。调查发现，近年来上市公司独立董事每年对董事会决策事项投否决票的只占独董总人数的1%左右，99%的独立董事没有投过反对票，且投过否定票的独立董事在未来一年内离职的可能性成倍增加，存在独立董事逆淘汰现象。

为此，需要着重于以下几个方面的改革和完善：

一是尝试建立独立的独立董事聘任和薪酬机制。可以考虑授权证监会或者证券交易所或者中国上市公司协会等机构，或成立中国独立董事公会，承担独立董事的选聘任免，代表上市公司支付独立董事薪酬。授权机构制定独立董事人才发展战略、落实独立

董事重大政策，开展独立董事教育培训，管理独立董事从业资质，建立独立董事人才库，制定独立董事薪酬政策，负责独立董事的业绩考核，进行独立董事的行业监督。

二是要制定董事行为准则。董事会不应仅仅满足于董事会议事规则，更要制定董事行为准则和责任机制，不应过度强调董事会的集体责任，而应当能够清晰界定每个董事的具体责任，强化对董事会会议前董事行为（调研、沟通、信息核实、撰写可行性报告）的督促，以使他们积极履职。要强调独立董事不能仅仅实现身份独立，更要强调行为独立。要突出董事会决策一人一票制，股权董事不能强制董事会采纳其意志。按照国际惯例修订董事会制度，独立董事在董事会中应当占半数以上，并依法保证审计委员会全部由独立董事担任，薪酬委员会和提名委员会等关键委员会独立董事占 50% 以上，并由独立董事担任委员会主席。

三是要建立和培育独立董事人才市场。建议构建高水平的独立董事市场，广开进贤之路，广纳天下英才，汇聚优秀独立董事人才。要拓宽独立董事人才范围，将律师、会计师、审计师等专业人才，以及国企、民企和政府部门退休人才等，纳入独立董事系统，发挥他们的专业能力和作用。制定有关独立董事的政策和法律，探索建立市场化的高层次独立董事人才发现机制、评价机制、信用机制、监督机制，构建公平有序的市场平台，保护独立董事合法的经济利益，发挥好人才市场的纽带作用。

26.4 加强信息经济时代反垄断，坚决防止资本无序扩张

中央经济工作会议提出，要强化反垄断和防止资本无序扩张。近年来，我国互联网平台企业快速壮大，市场垄断、无序扩张、野蛮生长问题日益凸显，限制竞争、赢者通吃、价格歧视、泄露个人隐私、损害消费者权益、风险隐患积累等问题日益严重，资本无序扩张会遏制技术创新，形成垄断，攫取垄断超额收益，损害消费者利益。据央视2020 年 3.15 晚会公布，金融类 APP 违规采集个人信息已是一个现象级的问题。整个金融市场存在监管滞后甚至监管空白的问题。

对此，应该着重于以下几个方面的改革和完善：

一是要制定法律把"资本关进笼子里"。20 世纪，孙中山先生就洞见资本家用金钱势力操纵全国政权、财富两极分化等弊端，提出"节制资本"和"平均地权"民生主义两大任务。2018 年中信集团原董事长孔丹先生也提出"资本是逐利的，如果为追逐资本的最大利益而无序发展，其负面作用就可能超过正面作用，因此有必要对其进行严密的监督和管控，把资本也关在笼子里。"建议要健全完善法律法规，坚决反对垄断和不正当竞争行为，防止资本肆无忌惮，防范金融系统性风险，更好发挥金融企业动员社会资源和配置社会资源功能，更好维护国家和社会的公共利益。

二是要立法维护数据安全、数据确权、隐私安全。十九届五中全会已经将数据列为与劳动、资本、技术并列的生产要素，数据确权是数据市场化配置及报酬定价的基础性问题，各国法律都还没有准确界定数据财产权益的归属，还是法律空白。建议尽快开展数据权益立法，明确各方数据权益归属，公平合理地利用数据价值。要通过法律防止大型互联网企业非法获取、过度采集、使用企业和个人数据，反对滥用数据垄断优势，健全数字规则，坚守伦理底线，保护公民隐私和信息安全，确保金融创新在审慎监管的前提下进行。

三是要防止资本大鳄掌控舆论。深入研究社交平台和自媒体时代传播特点和规律，制定出台相关法律法规，防止互联网平台企业和资本大鳄掌控舆论控制权，建议在大型互联网平台企业探索实施国家特殊管理股制度，享有一票否决权，在企业内部治理和运营机制中嵌入体现国家意志的机制。要防止资本干预政治，防止平台公司巨头凌驾于法律之上，防止数字寡头干预公民个人生活和社会组织。

26.5　本章小结

金融企业是资源配置和宏观调控的重要工具，金融企业公司治理是防范系统性风险的基础工程。本章以金融业公司治理为例，结合我国金融企业公司治理存在的问题，提出了健全公司治理的一些建议，主要包括：

一是要建立国际接轨和中国特色的现代金融企业治理制度。要完善程序法，加大对违规欺诈处罚力度，确保法律有效实施执行；要充分发挥股东会的作用，股东要淡化级别意识，独立履行股东职责，落实权责匹配、权责对等、权责统一原则；要层层压实各治理主体责任，着力构建作风建设长效机制，坚决杜绝徇私舞弊、设租寻租、利益输送等违纪违法行为。

二是加强中小金融机构穿透式监管，维护中小股东权益。要高度重视对股东的"穿透"式监管，坚决治理大股东不当干预、向大股东输送利益等问题；要解决维护中小股东权益"最后一公里"难题，把中小股东的提案权、累积投票权、集体诉讼权等权益落到实处；要强化自愿性信息披露，树立"能说都要说"的意识，加强对信息欺瞒行为的处罚。

三是完善独立董事制度，加强独立董事人才建设。可以尝试建立独立的独立董事聘任和薪酬机制；要制定董事行为准则，不仅要实现身份独立，更要强调行为独立；要建立和培育独立董事人才市场。

四是加强信息经济时代反垄断，坚决防止资本无序扩张。要制定法律把"资本关进笼子里"，防范金融系统性风险；要立法维护数据安全、数据确权、隐私安全；要防止资本大鳄掌控舆论，在企业内部治理和运营机制中嵌入体现国家意志的机制。

附：中国上市公司治理分类指数报告系列

[1] 高明华，等.《中国上市公司高管薪酬指数报告2009》[M].北京：经济科学出版社，2010.

[2] 高明华，等.《中国上市公司信息披露指数报告2010》[M].北京：经济科学出版社，2010.

[3] 高明华，等.《中国上市公司高管薪酬指数报告2011》[M].北京：经济科学出版社，2011.

[4] 高明华，等.《中国上市公司财务治理指数报告2011》[M].北京：经济科学出版社，2011.

[5] 高明华，等.《中国上市公司信息披露指数报告2012》[M].北京：经济科学出版社，2012.

[6] 高明华，等.《中国上市公司企业家能力指数报告2012》[M].北京：经济科学出版社，2012.

[7] 高明华，杜雯翠，等.《中国上市公司高管薪酬指数报告2013》[M].北京：经济科学出版社，2013.

[8] 高明华，张会丽，等.《中国上市公司财务治理指数报告2013》[M].北京：经济科学出版社，2013.

[9] 高明华，苏然，方芳，等.《中国上市公司董事会治理指数报告2013》[M].北京：经济科学出版社，2013.

[10] 高明华，张祚禄，杨丹，等.《中国上市公司自愿性信息披露指数报告2014》[M].北京：经济科学出版社，2014.

[11] 高明华，万峰，等.《中国上市公司企业家能力指数报告2014》[M].北京：经济科学出版社，2014.

[12] 高明华，张会丽，等.《中国上市公司财务治理指数报告2015》[M].北京：经济科学出版社，2015.

[13] 高明华，蔡卫星，等．《中国上市公司董事会治理指数报告2015》［M］．北京：经济科学出版社，2015.

[14] 高明华，蔡卫星，赵旋，等．《中国上市公司中小投资者权益保护指数报告2015》［M］．北京：经济科学出版社，2015.

[15] 高明华，张惠琳，等．《中国公司治理分类指数报告No.15（2016）》［M］．北京：中国出版集团东方出版中心，2016.

[16] 高明华，曹向东，等．《中国公司治理分类指数报告No.16（2017）》［M］．北京：中国出版集团东方出版中心，2018.

[17] 高明华，程恒森，等．《中国上市公司治理分类指数报告No.17（2018）》［M］．北京：社会科学文献出版社，2018.

[18] 高明华，刘波波，等．《中国上市公司治理分类指数报告No.18（2019）》［M］．北京：社会科学文献出版社，2019.

[19] 高明华，郭传孜，邵梦影，等．《中国上市公司治理分类指数报告．No.19，2020》［M］．北京：中国纺织出版社，2020.

[20] 高明华，周炳羽，朱玥，等．《中国上市公司治理分类指数报告．No.20，2021》［M］．北京：社会科学文献出版社有限公司，2021.

[21] 高明华．《中国上市公司质量指数报告．No.1，2020》［M］．北京：中国纺织出版社有限公司，2021.

后　记

本报告出版得到了北京师范大学"双一流"建设项目的资助。

本报告是"中国上市公司治理分类指数报告系列"的第 20 部报告。

今年新冠疫情仍在持续，加之经济下行压力的影响，学校继续过紧日子，大幅压缩科研经费，本年度报告未能获得任何经费支持。但因上市公司数量继续增加，本研究的工作量每年都在增加。由于本研究高度依赖于自行开发的指数数据，数据又几乎全部来自手工采集，且数据量十分庞大，因此研究人员和数据采集人员的劳务支出是重头，因路径依赖，这部分劳务支出不能减少，只好"吃老本"。可以说，本年度报告是在十分困难的情况下完成的。

自 2007 年开始，我们开发"中国公司治理分类指数"已历经 15 个年头。中间经历了 2007 年和 2008 年因初次开发经验不足而导致数据库丢失的失败，有首部《中国上市公司高管薪酬指数报告 No.1（2008）》因不成熟和时间错失而未能出版的遗憾，有每年研究人员和数据采集人员更替（研究力量以在校博士生和硕士生为主，数据采集人员以硕士生和高年级本科生为主）以及上市公司规模大幅扩张导致工作量加大而产生的焦虑，有缺少稳定的数据库系统专业开发人员导致数据库系统不稳定而产生的彷徨，有每年公司治理论坛的各种程序问题而产生的不安，有经费筹集及报账占用大量时间而产生的苦恼。各种痛苦，难以言表。但我们还是快乐着，坚持着，因为我们每年都有收获：当我们每年看到指数报告正式出版的时候，当我们看到研究成果得到社会认可的时候，当我们看到研究团队使用自己开发的数据库在国内外重要期刊发表论文的时候，当我们看到指数数据被政府和企业采用的时候，当看到那么多人在支持和期待我们的时候。有各种各样的喜悦，我们不能不坚持。

本报告是第六次集六类指数（中小投资者权益保护指数、董事会治理指数、企业家能力指数、财务治理指数、自愿性信息披露指数和高管薪酬指数）之大成的一部公司治理指数报告，从中可以多维度、全景式了解中国上市公司的治理水平。从 2019 年开始，在六类公司治理分类指数的基础上，计算了中国上市公司治理总指数，本年度继续延续这项工作。由于公司治理涉及面很广，不同方面的界限又很难清晰界定，因此，公司治理总指数只能是一个"大约数"。

本报告是集体智慧的结晶。由我设计研究框架、基本思路、指标体系和数据库构架，通过研究团队深入讨论确定。然后开发数据库、采集和录入数据、计算各类指数和总指数，撰写初稿。初稿撰写具体分工如下：导论、第1章：高明华；第2、第8章：朱玥；第3、第4章：彭圣；第5、第6章：刘波波；第7、第23章：任辉；第9、第10章：周炳羽；第11、第12章：谭祖坤；第13、第14章：郭传孜；第15、第16章：陈柯谚；第17、第18章：薛佳安；第19、第25章：程恒森；第20、第24章：蔡慧莹；第21、第22章：高方喆；第26章：楚序平、高明华、雷桂林、贾洪图、李国文、史岩；数据库开发和维护：于学德。

中国公司治理分类指数报告的评价对象是截至2020年12月31日的全部A股上市公司。截至2020年12月31日，共有A股上市公司4115家，剔除上市时间不足一年而年报信息不全、截止本报告撰写时未披露年报和退市停牌的公司，本年度评价的上市公司数目达到3774家，等同于对全部A股上市公司的评价，基础数据和指数数据已经超过100万（不完全包括单列的、本年度首次开发的"中国上市公司相对质量指数数据库"，该数据库与"中国上市公司治理分类指数数据库"有部分重叠）。由于同时开发6类指数，数据又全部是第一手资料，且均是手工采集和整理（基于指标特性，无法实现计算机采集），并录入数据库系统，可以想象，工作量非常庞大，每年指标精准化讨论、数据库修正、数据采集和录入的持续时间都长达半年。以下同学为此做出了很大贡献：

数据试录入（按姓氏字母顺序）：郭传孜、刘波波、邵梦影、薛佳安、周炳羽、朱玥。试录入人员必须是之前参与过数据采集和录入的有经验人员。在试录入过程中，试录入人员彼此核查，以保证把问题发现在正式录入之前。

数据采集和录入（按工作量多少排序）：杨羽鸥、赵智勇、谭祖坤、王小山、张梦倩、王梦婕、马睿、丁国宁、赵雪廷、彭圣、谢睿、郝苗、陈柯谚、蔡慧莹、韩斐、顾嘉欣、万琳、易萌、范文婷、葛涛、周炳羽、杨博星、张琳琳、洪梓羚、潘红珊、李家瑞、徐福佳、陈诗诺、高垲霖、徐坤、郭传孜、邵梦影、程恒森、薛佳安、朱玥、李国文、贾洪图、雷桂林、黄琳、金洪玉。

数据核实（按工作量多少排序）：韩斐、程恒森、朱玥、周炳羽、薛佳安、邵梦影、郭传孜、马睿。

特别要指出的是，研究生周炳羽和朱玥作为数据采集及培训的总指挥，在数据录入培训和协调等工作中付出了大量心血。他们精心制作了培训视频，通过视频会议和微信群耐心答疑。同时，他们在最终数据库的完善、指数计算、核实、补充等工作中，不辞辛苦，任劳任怨，着实让人动容。

初稿完成后，我开始"闭关"，对初稿进行修改、补充、完善，有的完全重写。由于数据量庞大，且同时开发6类指数和总指数，并有不同维度、不同行业、不同所有制、不同上市板块、不同年度的比较，稍有不慎就会出错，因此，统计分析需要高度的细心和耐心，我几乎对每个数字都做了核实，每天工作都几乎超过16小时，有时甚至是通宵。每年"闭关"期间的高强度工作已经延续了12年。对此，要感谢家人对我这段时间不管家事、不陪他们外出度假（正赶上暑假）的理解！

在研究过程中，研究团队就数据采集、录入、数据库开发、写作思路，甚至后续的数据运用，都多次进行深入讨论，每周二晚是雷打不动的讨论时间，同时通过邮件、微信和电话反复进行沟通和校正，几易其稿才最终定稿。实际上，每一章都不是某个人的独自贡献，而是包含着整个团队（包括以前参与人员）的辛劳、智慧和思想，研究团队的团结和协作精神使我非常欣慰和感动！

感谢中国纺织出版社，尤其感谢本书编辑史岩女士，她对本报告出版付出了很多心血。

北京师范大学经济与工商管理学院、北京师范大学公司治理与企业发展研究中心各位同仁对本研究给予了大力支持，在此也谨表谢意！

感谢北京师范大学经济与工商管理学院院长戚聿东教授、党委书记孙志军教授、副书记葛玉良老师、副院长张平淡教授、崔学刚教授和蔡宏波教授对本报告系列的大力支持！

"中国公司治理分类指数报告系列"已历经近15年，出版了6类20部报告（包括本书）。长期以来，该系列报告已经形成了自己的特色和研究范式，这些特色和研究范式的形成，与之前参与过该项研究的同仁的贡献是分不开的，值本报告出版之际，特向他们表示衷心的感谢！他们是（排名不分先后）：张平淡、蔡卫星、杜雯翠、朱松、吕兆德、孙运传、赵峰、李欲晓、曾诚、曾广录、张海燕、肖松、焦豪、张会丽、杨丹、方芳、葛伟、任缙、苏然、谭玥宁、万峰、柯希嘉、于换军、黄晓丰、原玉杰、赵璐、崔磊、郑飞、柴俊超、王慧、孙银英、张文艳、刘常魁、包璐璐、张艳楠、贾鑫、唐小凤、谭世杰、张瑶、宋盼盼、张祚禄、付亚伟、李国文、杨一新、赵旋、刘敏佳、张惠琳、国伊宁、曹沥方、王健忠、曹向东、高婷、万真真、王远东、王得文等。还要感谢近15年来不同时段参与过数据采集、录入和数据库开发的老师和同学。参与过该项研究的多位同事和博士，都已经成长为教授、博士生导师、副教授、院长、副院长和业务骨干，对他们的成长，我由衷地表示祝贺！

此外，还要感谢每年为了主办"中国公司治理论坛"而奔波的诸君，包括李国文、范智展、刘志民、徐丽、靳伟、杨裴、陈显龙、贾洪图、雷桂林、史岩和黄琳等（人员太多，恕不能一一列举）。当然，更要感谢为"中国公司治理论坛"慷慨解囊的企业家们。

2020 年 10 月 31 日，我们发起成立了"中国公司治理 50 人论坛"，50 人论坛的各位专家也对本研究给予了大量支持和鼓励。在 2020 年 10 月 31 日"中国公司治理 50 人论坛成立暨首届主题论坛"和 2021 年 1 月 9 日"公司治理与金融监管研讨会"上，与会专家（含 50 人论坛专家）对本研究给予了积极评价，并提出了宝贵意见。在此也表示诚挚地感谢！

本报告作为对中国上市公司治理水平的全景式、多维度和客观性的评估，做了诸多尝试性工作。如果通过本报告的评估，能够对中国公司治理水平的提高有所裨益，将是对我们的极大鼓励。当然，本报告纰漏甚至错误难以避免，希望广大读者批评指正，并电邮至 mhgao@bnu.edu.cn。

北京师范大学公司治理与企业发展研究中心
北京师范大学经济与工商管理学院

高明华

2021 年 8 月 26 日